Entre a palavra e o chão

Memória toponímica da Estrada Real

Entre a palavra e o chão

Memória toponímica da Estrada Real

Francisco de Assis Carvalho

alameda

Grafia atualizada segundo o Acordo Ortográfico da Língua Portuguesa de 1990, que entrou em vigor no Brasil em 2009.

Edição: Joana Monteleone/Haroldo Ceravolo Sereza
Editor assistente: João Paulo Putini
Projeto gráfico, capa e diagramação: Ana Lígia Martins
Revisão: Hélio Sanchez
Assistente acadêmica: Danuza Vallim
Assistente de produção: Maiara Heleodoro dos Passos

Imagem de capa: Cris "Negrabela" Borges. *Mar de Minas.*
Imagem de contracapa: Marcelo Arantes. *Pico do Papagaio de Aiuruoca.*

Este livro foi publicado com o apoio da Fapesp.

CIP-BRASIL. CATALOGAÇÃO NA PUBLICAÇÃO
SINDICATO NACIONAL DOS EDITORES DE LIVROS, RJ

C323e

Carvalho, Francisco de Assis, 1965-
ENTRE A PALAVRA E O CHÃO : MEMÓRIA TOPONÍMICA DA ESTRADA REAL
Francisco de Assis Carvalho. - 1. ed.
São Paulo : Alameda, 2014
536p.; il.; 23 cm

Inclui bibliografia
ISBN 978-85-7939-290-0

1. Linguística - História. 2. Língua portuguesa - Topônimos. I. Título.

14-15100   CDD: 411.09
                                                  CDU: 003(09)

ALAMEDA CASA EDITORIAL
Rua Conselheiro Ramalho, 694 – Bela Vista
CEP 01325-000 – São Paulo – SP
Tel. (11) 3012-2400
www.alamedaeditorial.com.br

Dedicatória

AO CHICO ESTANDARTE, COM SAUDADES de Aiuruoca, e por minha vida ter sido exatamente do jeito que foi e por ser ela exatamente como é. Por tudo ter acontecido exatamente do jeitinho como aconteceu: cada alegria, cada tristeza, cada desafio e cada vitória.

Aos meus pais, Lucas e Lourdes e aos meus avós Felisbina e Jonas, Maria José Senador e Aureliano Coelho de Carvalho (*in memorian*). Aos meus irmãos, Leni, Marli, Antonio, Cláudio, sobrinhos e a Clotildes. Ao meu tio-avô, Felippe Senador (*in memorian*), que nos deu a casa do barranco da Rua da Campina e às minhas tias: Anunciata, Angelina, Risoleta, Eulália (Lalita), Maroca e Roque Pinto de quem guardo ternas lembranças, e aos primos queridos.

Às professoras: Maria José Emátne e Inesita Araújo (*in memorian*) e Leila Albarez, que me ensinou a ler e a escrever. A Maria Nilse Senador (*in memorian*), minha madrinha que me incentivou e ajudou a estudar, e a Janice de Oliveira Lima (*in memorian*), que me proporcionou conhecer o mundo. A Rosária e Geraldo (*in memorian*) e Maria Rita que sempre me amaram incondicionalmente.

Ao Monsenhor Luís Vieira Arantes e à Diocese da Campanha, na pessoa de Dom Diamantino Prata de Carvalho. Ao inesquecível Pe. José Meireles de Barros (*in memorian*) e ao Mons. José Nunes Senador (*in memorian*).

Ao Educandário São Francisco de Itamonte, D. Glorinha, Irmã Rosa, Dudu, Pedro Custódio, Ana Paula e todos os que começaram esta escola junto comigo.

A Marcio Vani Bemfica, Adriano Senador, Alessandra Craveiro, Antero José Nogueira, Stela Maris Pavanelli, Maria Stela Carvalho Boreli, Paulina Orsi Junho e aos amigos de Aiuruoca, Itamonte, Natércia, Três Corações e dos outros lugares em que vivi e trabalhei.

À Universidade de São Paulo, pelo mestrado e doutorado em Letras Clássicas e à Profa. Vicentina, pela orientação e direcionamento nos estudos. À Fundação de Amparo à Pesquisa de São Paulo (Fapesp) pelo apoio financeiro dos cinco anos de pesquisa para a elaboração deste trabalho e à Coordenação de Aperfeiçoamento de Pessoal de Nível Superior (Capes) pela bolsa de pesquisa que me proporcionou experiências de vida em Portugal, França e Inglaterra.

Ao Dr. Francisco Vani Bemfica e à direção da Fadiva, instituição em que leciono e à Paróquia Bem-Aventurada Nhá Chica, onde exerço o meu ministério.

A Deus e a todos os Seres de Luz: Nossa Senhora, Santos e Anjos que sempre estão comigo.

Sumário

A vastidão desses campos.
A alta muralha das serras.
As lavras inchadas de ouro.
Os diamantes entre as pedras.
Negros, índios e mulatos.
Almocafres e gamelas.
Os rios todos virados.
Toda revirada, a terra.
Capitães, governadores,
Padres, intendentes, poetas.
Carros, liteiras douradas,
Cavalos de crina aberta.
A água a transbordar das fontes.
Altares cheios de velas.
Cavalhadas. Luminárias.
Sinos. Procissões. Promessas.
Anjos e santos nascendo
em mãos de gangrena e lepra.
Finas músicas broslando
as alfaias das capelas.
Todos os sonhos barrocos
Deslizando pelas pedras.
Pátios de seixos. Escadas.
Boticas. Pontes. Conversas.
Gente que chega e que passa.
E as ideias.

Fonte: *Revista Oceanos*, 2000, p. 61.

Cecília Meireles
Romanceiro da Inconfidência

Prefácio

É MOTIVO DE SATISFAÇÃO, particularmente para todos quantos se interessam pelos estudos do léxico, poder ler um trabalho que explora, com muita propriedade, uma das múltiplas faces da Toponímia.

Ao longo do século XX, sobretudo no continente europeu, as vozes pioneiras de Albert Dauzat (1929; 1926) e de M. Auguste Vincent (1937) se sobressaem por consolidarem os princípios da Toponímia Científica. No Brasil, as vozes pioneiras que fincam os alicerces da Toponímia são as de Theodoro Sampaio (1955), de Levy Cardoso (1961) e de Carlos Drumond (1965). A essas vozes pioneiras sucedem-se várias outras. Estas, longe de ecoarem em sítios distantes, àquelas se somam, colhem elementos diversos em seu trajeto, sobretudo de outras áreas do conhecimento, e ampliam determinados tons. O resultado é um conjunto harmônico que reflete as múltiplas faces da Toponímia.

No Brasil, uma nova face da Toponímia pode ser vista na obra de Maria Vicentina de Paula do Amaral Dick (2006, 2004, 1990; 1996; 1999; 1998; 1987; 1975). Além de apresentar os princípios teórico-metodológicos para a Toponímia, Dick esboça um modelo taxionômico para a análise dos dados toponímicos e põe-se em campo para a elaboração do *Atlas Toponímico do Estado de São Paulo – Projeto ATESP* – e do *Atlas Toponímico do Brasil – Projeto ATB.*

A presente obra, intitulada *Entre a palavra e o chão: memória toponímica da Estrada Real*, de Francisco de Assis Carvalho, segue o caminho aberto por Dick, sua ex-orientadora. Todavia, o texto, originariamente sua tese de doutorado defendida na Universidade de São Paulo em 2012, vai além do modelo proposto por Dick. O autor faz uma pesquisa profunda na bibliografia disponível no País e no exterior, amplia tendências e, de posse desse vasto material, faz recortes adequados ao enfoque do objeto a ser analisado.

Na busca por explorar uma nova face da Toponímia, o autor divide o texto em dois segmentos. Enquanto o primeiro segmento, o núcleo básico, é integrado por três grandes partes, explicitadas nos título e subtítulo da obra, o segundo é constituído dos elementos complementares, a saber: Referências, Bibliografia, Apêndice e Anexos. A primeira parte, "A palavra", contém a fundamentação teórica. Após abordar o ato de nomear, o autor passa a discorrer sobre o diálogo entre Toponímia e léxico, bem como sobre as relações interdisciplinares da Toponímia com outras áreas do conhecimento, com destaque para a Geografia e a História. Em seguida, trata dos estudos toponímicos no Brasil, em que discorre sobre a Toponímia de origem portuguesa, a de origem tupi e a de origem africana. Por fim, faz uma explanação da Motivação Toponímica, de Dick (1990), modelo a ser utilizado na análise. A segunda parte, "O chão", remete ao espaço, mais especificamente à Estrada Real. Os aspectos histórico-geográficos arrolados são complementados pela voz dos naturalistas selecionados pelo autor e dispostos em quadros descritivos. No legado deixado pelos naturalistas, o autor destaca as "fontes documentais preciosas para a compreensão dos lugares". A chamada "rota do ouro", tal como o autor apresenta, permite que ela seja pensada como o espaço a que se reporta Milton Santos (2008, p. 138) – "ele [o espaço] testemunha um *momento* de um modo de produção pela memória do espaço construído, das coisas fixadas na paisagem criada." (grifo do autor). A terceira parte, "A memória toponímica da Estrada Real", enfoca a dimensão temporal da Toponímia (Dorion, 2003). Nesta parte, o autor apresenta 242 fichas lexicográficas, segundo o modelo de Dick, em que os topônimos são analisados quanto aos enfoques linguístico/sincrônico e histórico/linguístico-histórico. A seguir, faz a análise quantitativa dos dados e a discussão dos resultados. O autor complementa a análise com exemplos, tabelas e gráficos.

Ao cabo da leitura da obra, fica evidente o valor de um texto bem elaborado, rico e orgânico que explora plenamente uma nova face da Toponímia. Cabe dar parabéns ao autor não apenas pela reflexão madura sobre o objeto em pauta, bem como pelo trabalho relevante que certamente irá preencher uma lacuna de que se ressentem os estudos toponímicos no Brasil. Que esta seja a primeira de uma série de contribuições à Toponímia.

São Paulo, novembro de 2013

Irenilde Pereira dos Santos
Universidade de São Paulo
Grupo de Pesquisa em Dialetologia e Geolinguística da USP

O ESTUDO TOPONÍMICO CONSTITUI-SE como uma importante área de investigação, que tem como fundamento principal a ideia de que a nomeação de um espaço não se dá de maneira aleatória ou despropositada, mas que esse processo denominativo, ao ser investigado, pode revelar importantes informações referentes à língua em uso e aos costumes e valores preponderantes na conduta dos falantes contribuindo assim, de maneira mais profunda, para um melhor conhecimento dos determinantes culturais da região investigada.

Em face desta primeira observação sobre a importância do estudo toponímico, parece pertinente salientar que a pesquisa toponímica é um estudo instigante, que envolve conhecimentos geográficos, linguísticos, históricos e sociais e um olhar atento, já que sempre há muitas informações que se interpenetram e merecem interpretação, uma vez que a descrição dos aspectos culturais de uma região é uma árdua tarefa que exige método e estudo dedicado.

A finalidade deste trabalho é descrever a formação toponímica dos municípios e logradouros que compõem o conjunto dos caminhos da Estrada Real. O roteiro da *Estrada Real* elucida a importância da exploração do ouro para a economia brasileira e traz à memória fatos históricos que se ligam ao surgimento das primeiras vilas mineiras e à Inconfidência, bem como ao tempo do Império no Brasil. Esta rota movimentou, por mais de 150 anos, a economia do País, tornando a região das Minas Gerais uma das mais importantes da América.

Os quatro caminhos que compõem a Estrada Real surgiram em tempos históricos diferenciados e sucessivos: a primeira via ligando a antiga Vila Rica, hoje Ouro Preto, ao porto de Paraty, ficou conhecida como "Caminho Velho". O *Caminho Velho* foi aberto pelos bandeirantes em fins do século XVII. Tinha 600 km de extensão e seu trajeto ligava Vila Rica (Ouro Preto), em Minas Gerais, a Parati, cidade portuária do Rio de Janeiro. Devido aos assaltos e aos roubos que ocorriam neste caminho, foi necessária a abertura de uma rota mais segura e menos lenta. No século XVIII surgiu esta nova rota, que veio ligar o Rio de Janeiro à antiga capital das "Minas Gerais", o chamado "Caminho Novo". O *Caminho Novo* passou a ligar Vila Rica diretamente ao porto do Rio de Janeiro. Ambos os caminhos tiveram importância nacional por abranger os Estados de Minas, Rio de Janeiro e São Paulo. No entanto, com a descoberta de diamantes na região do Serro Frio, em 1729, foi estabelecido o "Caminho dos Diamantes", ligando Ouro Preto à atual Diamantina. O *Caminho dos Diamantes* foi de importância regional e começou a ser usado desde a descoberta das jazidas diamantíferas na região, no início do século XVIII, no chamado Distrito Diamantino. Neste percurso, a Coroa exerceu um severo controle com inúmeras proibições, ligando Vila Rica ao Arraial do Tijuco e à Vila do Príncipe. Paralelamente ao Caminho dos Diamantes surgiu o *Caminho de Sabarabuçu*, de curto trajeto. Este foi um prolongamento do Caminho Velho, tendo sido aberto pelos bandeirantes para facilitar o escoamento do ouro entre as vilas mineiras, hoje cidades de Sabará e Caeté.

Há que se considerar também a abertura de outros caminhos e até de "descaminhos" dentro do Brasil colonial.Contudo, de acordo com o Programa Estrada Real, o foco de nosso estudo limitou-se somente às cidades e logradouros que se formaram nas regiões que abrangem o *Caminho Velho*, o *Caminho Novo*, o *Caminho dos Diamantes* e o *Caminho de Sabarabuçu*, conforme o mapa do *Instituto Estrada Real* que apresentamos neste trabalho.

O surgimento da Estrada Real no cenário da colônia causou o deslocamento do eixo econômico que, desde o descobrimento, localizava-se no litoral, para o interior, proporcionando a formação de uma civilização urbana, marcada pela criação de dezenas de vilas e cidades com matizes sociais e culturais diferentes.

A Toponímia da Estrada Real tornou-se um memorial vivo de tudo o que se sucedeu no espaço e no tempo, ao longo das regiões abrangidas pela rota do ouro e das pedras preciosas, assinalando as marcas deixadas pelas populações que passaram pelos caminhos ou lá viveram, no entrelaçamento cultural das raças indígena, negra e branca. Ela retrata, como num variado mosaico, o apogeu e a crise econômica da mineração com todas as suas implicações e envolvimentos, deixando ecoar a reminiscência de fatos e acontecimentos importantes para a história de Minas e do Brasil.

Agregadas a essas designações estão, também, os escritos e os relatos dos viajantes que passaram por esses caminhos no século XIX. Os textos de viagem apresentam a especificidade de consubstanciar, na linearização verbal, referenciações das vilas e povoados por onde esses viajantes passaram, deixando os registros dos nomes que encontraram e, também, as impressões do que viram. Buscamos elementos para proceder um estudo toponímico na tentativa de perceber as mudanças e as evoluções ocorridas ao longo do tempo da constituição e configuração dos topônimos. A prossecução de um trabalho desse tipo envolve opções bem definidas. Salientamos que, na análise da produção textual dos relatos dos viajantes, buscamos apenas um apoio para a pesquisa toponímica, ignorando questões relativas à interpretação do discurso feito por eles e outras afins. Esses viajantes, conhecidos como naturalistas, tinham um olhar atento e curioso, e sólidos conhecimentos acadêmicos. Empreenderam um trabalho de estudar, sistematizar e coletar pela primeira vez espécies da fauna e da flora brasileiras e, graças a trabalhos desenvolvidos nas áreas de arqueologia, botânica, zoologia, etnografia e mineralogia, entre outros, eles inscreveram seus nomes na história das Ciências Naturais.

Os relatos dos viajantes constituem uma fonte documental valiosa, já que suas impressões, ainda que estejam moldadas por uma cultura europeia, permitem estabelecer um paralelo histórico entre o hoje e o ontem, na tentativa de descrever historicamente como a toponímia se formou, e as modificações que sofreu ao longo do tempo.

O critério da escolha do *corpus* está refletido de várias maneiras nas motivações que nortearam a escolha deste tema e o justificam:

1.   O percurso da Estrada Real tem atualmente despertado grande interesse para os estudiosos das ciências humanas em interface com o turismo. No dizer de Pereira e Maia (2010, p. 7): "A Estrada Real que, no passado, constituiu uma rede de caminhos para o acesso às minas e escoamento do ouro e do diamante, hoje representa o maior projeto turístico brasileiro, que integra o Sudeste do país aos destinos e rotas culturais internacionais";

2.   Verificamos que são raros os trabalhos de pesquisa sobre as regiões que compõem a Estrada Real, no que tange ao estudo toponímico. Procedemos, com este intento, o levantamento dos topônimos, para verificar as denominações que os lugares apresentam, uma vez que as palavras, através da sua origem, encerram um conjunto de informações que nos podem conduzir a uma longa caminhada, quer no tempo, quer no espaço. Através do estudo toponímico faz-se um apelo ao que foi "vivido" que, apesar de constituir uma abertura para problemas significativos, põe a questão da identidade ou da procura da identidade;

3.   O estudo sistemático dos relatos dos viajantes naturalistas que passaram por estes caminhos é algo inédito, em relação às marcas toponímicas registradas por eles. Neste encalço, esperamos poder demonstrar as articulações existentes entre as descrições dos lugares feitas por eles, em paralelo com a atual configuração toponímica;

4.   Interessa-nos, sobretudo, como pesquisadores da Linguística, investigar a toponímia desta região, tendo em vista que a linguagem se constitui como um fenômeno de muitas faces e desdobramentos, que possibilita um melhor entendimento histórico e cultural destes caminhos atravessados por povos de diferentes etnias e culturas,

que deixaram as suas marcas estampadas na variedade do signo toponímico. Bem sabemos, que todo trabalho toponímico constitui um caminho possível para o conhecimento do *modus vivendi* e da cosmovisão das comunidades linguísticas que ocupam um determinado espaço.

Como objetivo principal, nossa pesquisa buscou, primordialmente, investigar a motivação que influenciou a denominação dos lugares, considerando-se os aspectos linguísticos e culturais preservados pela toponímia das regiões da Estrada Real. Como objetivos específicos, estabelecemos:

- Fazer o levantamento designativo dos topônimos dos municípios, distritos e logradouros das regiões que compõem o roteiro da Estrada Real;
- Coletar dados históricos e socioculturais que fundamentem a origem e a motivação dos nomes designativos dos lugares, demonstrando como ocorreu a formação toponímica e a etimologia desses topônimos, o processo de formação e a estrutura morfossintático e semântico-lexical;
- Apresentar, quando possível, as referências toponímicas na literatura produzida pelos Viajantes Estrangeiros dos séculos XVIII e XIX, com base na linha do *Atlas Toponímico do Brasil*;
- Efetuar um estudo das motivações toponímicas e identificar as mudanças ocorridas do seu surgimento aos dias de hoje;
- Fazer a classificação dos topônimos, segundo as taxonomias propostas pela metodologia de Dick (1990).

Naturalmente que está subjacente a todo este trabalho o desenho nítido de uma plataforma teórica e dinâmica, fundamentada no trabalho desenvolvido pela pesquisadora Maria Vicentina de Paula do Amaral Dick (1990), no que se refere à motivação e à classificação dos topônimos.

A metodologia utilizada nesta pesquisa teve como fio condutor a ideia de Labov (1974), que parte "do presente para o passado e volta ao presente". O *corpus* selecionado foi a Carta da Estrada Real elaborada pelo *Instituto Estrada Real*. Primeiramente partimos em busca de documentos, cartas geográficas, bibliografia dos principais historiadores do período e dos municípios que compõem o roteiro, e também dos relatos dos viajantes. Depois, os nomes de lugares apresentados pelo *corpus* passaram, então, a ser confrontados com os dados adquiridos com a finalidade de observar a sua motivação e as mudanças toponímicas ocorridas ao longo do tempo até à atual configuração designativa. O material pesquisado foi organizado dentro dos esquemas classificatórios de Dick (1990), em seguida, sistematizado e adaptado nas *Fichas Lexicográficas*.

Em conformidade com a limitação deste trabalho, as informações adquiridas, devido à amplitude histórica, tiveram que passar por um exame seletivo na sua apresentação. Foi fundamental para o desenvolvimento desta investigação o acesso ao acervo das seguintes bibliotecas e locais de pesquisa, onde estivemos:

Biblioteca Florestan Fernandes (USP);

Biblioteca Nacional do Rio de Janeiro;

Biblioteca Nacional de Portugal;

Biblioteca da Ajuda(Portugal);

Arquivo Nacional da Torre do Tombo(Portugal);

Biblioteca Geral da Universidade de Coimbra;

Biblioteca Geral da Universidade de Évora;

Biblioteca da Faculdade de Letras da Universidade de Lisboa;

The British Library (Londres);

Biblioteca Nadir Gouvêa Kfouri(PUC-SP);

Instituto Histórico e Geográfico de Minas Gerais(Belo Horizonte);

Biblioteca Pública Municipal CônegoVítor (Campanha MG);

Centro de Estudos Campanhense Monsenhor Lefort;

Arquivo Público Mineiro (Belo Horizonte).

A organização deste trabalho seguiu uma disposição estrutural clássica e está dividida em três partes didáticas e complementares: uma componente de revisão e fundamentação teórica nas partes I e II, antecedendo a componente analítica com a discussão dos resultados na parte III. Optamos, ainda, por uma forma temática de apresentação desses conteúdos, de modo a criar laços de continuidade e pontos de consonância entre os temas enfeixados.

A Parte I – A Palavra foi dedicada a uma revisão seletiva de estudos toponímicos e, por isso, no Capítulo I – Toponímia: Palavra que nomeia, partimos do pressuposto de que o ato de nomear é intrínseco à cultura humana e que a ciência toponímica se constitui como conhecimento amplo e interdisciplinar. Estes estudos procuram abrir caminho, direta ou indiretamente, para a questão do estudo do léxico e da motivação que subjaz o processo de formação toponímica. Procuramos mostrar aqui o arcabouço teórico que sustenta nossa pesquisa, indo até as fontes originárias do estudo toponímico e visitando os principais autores. Em especial, nos detivemos na *teoria da motivação toponímica* elaborada por Dick. Dessa maneira, apresentamos no Capítulo I os pressupostos teóricos que embasam esta pesquisa.

Em um segundo momento, na Parte II – O Chão, no Capítulo II – Aspectos Históricos da Estrada Real, traçamos um perfil abrangente do ciclo do ouro e sua importância para o surgimento de Minas Gerais e para a consolidação do Brasil. No Capitulo III – Aspectos Geográficos da Estrada Real, delineamos os diversos roteiros que originaram essa "estrada da rota do ouro". No Capítulo IV – A Palavra dos Viajantes Naturalistas na Estrada Real, elaboramos uma sucinta biografia dos principais viajantes, cujos textos foram coletados para nossa pesquisa.

Para além da parte teórica, a Parte III, no Capítulo V– A Memória Toponímica, segue com a apresentação das 242 *Fichas Lexicográficas* de Dick (1990). No Capítulo VI – Análise Quantitativa e Discussão dos Resultados, divulgamos os resultados das análises por meio de gráficos e exemplos, considerando os conteúdos das fichas.

Por último, nas Considerações Finais, elaboramos algumas premissas de conclusão ligadas a este estudo linguístico-cultural, visando ainda reafirmar o valor da investigação toponímica para o entendimento da cultura desta região. Nos Anexos, incluímos alguns documentos que julgamos ser essenciais para uma compreensão mais completa do *corpus* analisado.

Há de se relevar que o trabalho de análise toponímica arrasta sempre uma atividade hermenêutica, que permite apurar significações acima de toda a mensagem literal e imediata. Uma posição metodológica deste cariz é, desde há muito sentida como necessária para um entendimento mais completo do *corpus* pesquisado, de alta relevância pela originalidade e importância histórica.

Parte I

A palavra

Fonte: *Revista Oceanos*, 1995, p. 16.

Correi de leite, e mel, ó pátrios rios,
E abri dos seios o metal guardado;
Os borbotões de prata, e de oiro os fios
Saiam do Luso a enriquecer o estado;
Intratáveis penedos, montes frios,
Deixai ver as entranhas, onde o Fado
Reserva pela mão do Herói mais nobre
Dar ao mundo os tesoiros que inda encobre.

Cláudio Manuel da Costa
Poesias Manuscritas

Capítulo I

Toponímia: palavra que nomeia

Ato de nomear

O PROCESSO DE NOMEAÇÃO DO ESPAÇO é uma atividade privilegiada que permite ver as profundas relações que o cérebro humano desenha no espaço; ou seja; a espacialidade em que se desenrola a nomeação constitui-se numa dimensão simbólica da forma como o cérebro interpreta as configurações espaciais. Na verdade, um topônimo é uma porção delimitada de espaço que está representado numa palavra. Ele traduz a maneira como alguém se "apropriou" do espaço, as suas concepções e a forma como se relacionava com o mundo. Ao se apropriar do espaço, nomeando-o, o ser humano revela-se. Por isso, no processo de nomeação presentifica-se um caráter simbólico e figurativo. Despontam, assim, as ideologias e as crenças. Destarte, o estudo da nomeação dos lugares mostra que a espacialidade é o laço que ata a linguagem à experiência que o ser humano constrói sobre o mundo. O topônimo é sempre a expressão de um conceito. O estruturalismo linguístico defende que tudo o que é conceitual só o pode ser pela linguagem. A primeira noção de espaço que o homem tem lhe é dada por sua língua. Como a língua é aprendida na infância, nós não temos consciência de como conceituamos o espaço. "Vamos pela vida afora pensando, raciocinando e vivendo, usando aquelas noções que a língua nos fornece" (PONTES, 1992, p. 11).

A Toponímia é o estudo dos nomes atribuídos ao espaço habitado pelo ser humano. A palavra é derivada dos termos gregos τόπος (tópos), lugar, e ὄνομα (nome), literalmente, o nome de um lugar. H. Dorion, especialista dessas questões, presenteia-nos com uma reflexão que complementa as considerações anteriormente apresentadas, quando salienta que a toponímia, assim como as outras ciências humanas, se inscreve em uma dupla dimensão: a do espaço, chamada também de "função toponímica" e a do tempo, que pode ser compreendida como "a memória toponímica". Assim, a toponímia tem uma relação especial com a geografia, já que os nomes de lugar constituem o vocabulário próprio desta ciência, e com a história, tendo em vista que os topônimos constituem o testemunho através do tempo da relação entre o homem e o espaço. Por outro lado, o nome de lugar é um signo linguístico e, como tal, interessa à linguística. (2003, p. 3).

É pela linguagem, pelo processo de nomear as coisas e tudo o que existe que o ser humano representa o "espaço". Para Piaget (1948), a construção do espaço ocorre desde o nascimento do indivíduo e é paralela às demais construções mentais, constituindo-se com a própria inteligência. Essa construção se processa progressivamente, nos planos perceptivo e representativo. Inicialmente, a construção do espaço prende-se a um espaço sensório-motor ligado à percepção e à motricidade. Este espaço sensório-motor emerge dos diversos espaços orgânicos. O espaço sensório-motor não é constituído por simples reflexos, mas por uma interação entre o organismo e o meio-ambiente, perante a qual o sujeito se organiza e se adapta continuamente em relação ao objeto. Em seguida, a construção do espaço passa a ser representativa, coincidindo com o aparecimento da imagem e do pensamento simbólico, que são contemporâneos ao desenvolvimento da linguagem. Assim, o espaço torna-se "representativo". Ele é ordenado e sistematizado pelas capacidades simbólicas do sujeito perceptivo. Este, para ordenar e *definir* o espaço nomeia as coisas e os lugares, numa tentativa de ordenamento e sistematização.

Lévi-Strauss (1989, p. 190) postula que "o espaço é uma sociedade de lugares nomeados tal como as pessoas são pontos de referência dentro de um grupo". Os lugares e os indivíduos são igualmente designados por nomes próprios, que, em circunstâncias frequentes e comuns em muitas sociedades, podem ser substituídos uns pelos outros. O autor cita o exemplo dos *Yurok* da Califórnia que têm uma "geografia personificada", onde cada casa é denominada e onde os nomes de lugares substituem os nomes pessoais do uso corrente.

A Toponímia é sempre a expressão de uma apropriação do espaço por um grupo cultural e por isso se constitui em um poderoso elemento identitário. Nomear e renomear rios, montanhas, cidades, bairros e logradouros tem um significado político e cultural, envolvendo etnias ou grupos culturais, hegemônicos ou não. O espaço apropriado pelo ser humano está impregnado de toponímia e constitui-se um rico campo de estudo que revela as articulações apontadas.

A Toponímia como Ciência

Na Grécia Antiga havia uma curiosidade e um interesse acerca da origem da linguagem. Em Platão (428-348 a.C.) e em Aristóteles (384-322 a.C.) podemos encontrar discussões interessantes (ABBAGNANO, 2000, p. 615). Uma reflexão notável é a de Platão no *Crátilo*, no sentido de que as palavras refletem, por natureza, a realidade que nomeiam. No *Organon*, Aristóteles revela a convicção de que o significado dos nomes resulta de um acordo entre os homens, de modo convencional. O estudo conceitual dos *topônimos* não pode ser apartado da problemática geral que se liga ao estudo dos *nomes*. Assim falando, é importante ressaltar que os filósofos sublinham as dificuldades em definir claramente as categorias de "nome comum" e "nome próprio". Para Ferrater (1979), nem sempre é fácil saber por que um nome é usado como próprio. Moran (1996) lembra que a melhor definição para essa questão ainda é a tradicional e remonta a Dionísio da Trácia que nasceu em Alexandria e viveu entre 170 e 90 a.C., aproximadamente. Ficou conhecido por ser o autor da *Téchnégrammatiké*. Ele afirmava que os nomes são substantivos e podem ser divididos em duas categorias: *comum*, quando expressa uma ideia geral e *próprio*, quando designa uma única ideia. O debate sobre a *natureza do nome* foi tratado pelos filósofos antigos Platão e Aristóteles; na Idade Média por Thomas de Erfurt; na Modernidade por Hobbes, Locke, Stuart Mill e Taine; na Idade Contemporânea por Husserl, Frege, Wittgenstein, Carnap e Bertrand Russel.

O estudo do significado e da origem dos nomes dos lugares, também chamados de *topônimos*, constitui-se em um amplo campo de pesquisa que envolve diversos saberes humanos. A Toponímia tem por objeto de estudo os topônimos. Dentro do domínio linguístico, ela se estabelece junto da Onomástica – estudo dos nomes próprios e da Antroponímia – estudo dos nomes de pessoas (nomes geográficos resultantes de nomes próprios das pessoas).

A Toponímia ocupa-se em estudar os nomes dos lugares habitados (vilarejos, cidades, países, ruas, caminhos etc.). Pela vastidão de aspectos que apresenta, é uma ciência cultivada na atualidade em diversos países, visto que interessa não apenas à linguística, mas também, como veremos de modo especial, à geografia e à história, e também à arqueologia, à botânica e à zoologia, entre outras. Os dicionários costumam definir o termo *topônimo* como "nome de lugar" (neste sentido, HOUAISS, 2003, p. 3541). Trata-se de uma definição excessivamente aberta, que alguns autores têm procurado melhor delimitar. Consideramos significativa a definição de Moreau-Rey do topônimo como *"um nome próprio que serve para distinguir um lugar preciso e único dentro de um contexto concreto"* (2003, p. 45).

Podemos afirmar que a Toponímia é uma ciência recente, ainda que os homens de todas as épocas e lugares sempre tenham manifestado a curiosidade de saber o sentido dos nomes de lugar e as explicações ligadas às suas origens. Na antiguidade surgiram lendas, mais ou menos poéticas ou míticas e etimologias fantasiosas e trocadilhos que, muitas vezes, inspiraram os brasões das cidades e famílias nobres como forma de compreender os nomes e o seu sentido. No entanto, a toponímia científica somente teve início no século XIX, juntamente com a filologia e a dialetologia.

Ainda que tivesse havido alguns precursores, o primeiro que estudou e ensinou a toponímia científica na França foi Auguste Longnon, que deixou uma obra póstuma chamada *Les noms de lieu de la France* (1920-1929) que tem ainda grande valor. O alemão Hermann Grohler escreveu *UberUrsprungundBedeutung derfranzosischenOrtsnamen*(1913-1933) que também tem importância histórica no que refere-se à iniciação dos estudos toponímicos. Todavia, a obra que mais foi fundamentada, sobretudo com relação ao mérito de reunir as pesquisas anteriores foi *Toponymie de la France,* de M. Auguste Vicent (1937). O autor apresentou nesse livro um estudo documental que ainda hoje é utilizado pelos especialistas. Com Albert Dauzat a toponímia científica encontrou ampla divulgação e passou a ser conhecida no mundo inteiro. *La ToponymieFrançaise* (1939) estuda a formação e a constituição dos nomes em algumas regiões da França. *Les noms de lieux* (1932) agrega quase todos topônimos franceses e uma fundamentação teórica interessante. Dauzat, em 1949, fundou a *Revueinternationale d'onomastique* que representou um grande marco para os pesquisadores toponimistas. Assim, os estudos toponímicos se internacionalizaram e se espalharam pelo mundo afora.

Moreau-Rey, ao falar sobre os aspectos teóricos da Toponímia, propõe uma aproximação conceitual que nos parece bem marcada, quando enfatiza de maneira particular a questão espacial, apresentando por nomes de lugar, ou nomes geográficos, no sentido mais amplo, todos os nomes simples ou expressões compostas que designam os lugares habitados, tanto antigamente como na atualidade (nomes de países, de comarcas, de territórios de qualquer tipo, de aglomerações urbanas ou rurais – cidades, vilas, povoados, aldeias, bairros, ruas, avenidas, praças); como também os lugares desabitados; os nomes relativos ao relevo, tanto de terras interiores como costeiras: montanhas, planícies, ilhas, cabos, bahias; os nomes relativos à agua, terrestre ou marítima: mares, lagos, rios, torrentes, fontes, pântanos; os nomes das vias de comunicação. Em geral, tanto se trata de nomes do presente ou do passado – ou aqueles em desuso – cabe designá-los para todos os efeitos como nomes de lugar. (1982, p. 10).

De fato, a natureza peculiar desses nomes e sua transcendência social encontram-se na base da curiosidade que despertam quando falamos de uma *memória coletiva*. Conforme o historiador Le Goff, a memória é um elemento essencial do que se costuma chamar *identidade*, individual ou coletiva, cuja busca é uma das atividades fundamentais dos indivíduos e das sociedades de hoje, na febre e na angústia. A memória coletiva é não somente uma conquista, mas é também um instrumento e um objeto de poder. (LE GOFF, 2003, p. 470). O estudo científico da *memória coletiva* encontra na toponímia um rico material de estudo. Na expressão de Le Goff: "Esses materiais da memória podem apresentar-se sob duas formas principais: os monumentos, herança do passado, e os documentos, escolha do historiador". (2003, p. 525).

Assim, no mundo das palavras ocupa um lugar especial o *nome* que, inicialmente emanado do mundo comum para ser aplicado a um espaço concreto, sofre as modificações realizadas pelo homem que o transforma e o reconstrói para o uso das gerações seguintes. Conhecer um *topônimo* não é somente saber escrevê-lo e pronunciá-lo, mas é preciso descobrir a origem e o significado etimológico. Desse modo, adquirimos conhecimentos, que não suspeitávamos poderem chegar até nós por tal via: fatos históricos, acontecimentos importantes, indicações geográficas etc. O espanhol Menéndez Pidal refere-se ao estudo dos topônimos mostrando que os nomes de lugar são como "viva voz" das pessoas, povos ou grupos desaparecidos, transmitidos de geração em geração, de boca em boca. O nome de lugar é propriedade de ninguém e, ao mesmo tempo, de todo o mundo. Ele possui de alguma maneira a memória coletiva de um povo. Ele é um meio de comunicação que testemunha o contexto de sua origem e revela as transformações de um povo. (1952, p. 4)

Na expressão de Dick (1990), os nomes são "como recortes de uma realidade" vivenciada, conscientemente ou não, pelo denominador isolado ou pelo próprio grupo, numa absorção coletiva dos valores especiais que representam a mentalidade do tempo histórico ou *ethos* grupal. Ela afirma que a Toponímia é corresponsável pela preservação dos fatos culturais em uma determinada área geográfica. Atua como "forma conservadora da memória do núcleo, que se faz presente nos estágios denominativos, de diversas origens e causas".[1] (p. 112).

Ela reflete de perto a vivência do homem, enquanto entidade individual e enquanto membro do grupo que a acolhe. É, pois, uma ciência dinâmica e de amplas perspectivas. Ela não se limita à investigação apenas dos aspectos linguísticos e à categorização dos nomes, mas direciona-se para as motivações que estão presentes no ato de nomear.

---

1   Antes de tudo, esta ciência constitui inicialmente um importante capítulo de psicologia social, ensinando como podemos designar os tempos e os lugares, as aldeias e vilas, os campos, os rios e as montanhas fazendo-nos compreender melhor a alma de um povo, suas tendências místicas ou realistas, seus meios de expressão.

Atualmente, a toponímia ultrapassou o estágio de "mera curiosidade" classificatória para tornar-se uma ciência essencial para a caracterização do espaço, levando em conta as ligações entrelaçadas entre a paisagem, a sociedade e as questões ambientais e históricas.

Para Moreu-Rey, o estudo da Toponímia é de fundamental importância para as ciências humanas na medida em que deixou de ser apenas auxiliar da filologia e da onomástica e passou a ser reconhecido como um importante campo de estudos das ciências do homem.

> La toponímia pertenece a las denominadas ciencias humanas, campo que abraza también las diferentes ramas de la história, la historia de la economía y de las instituciones, la sociología y la antropologia cultural, la geografía humana, la linguística y la filología (...). La toponimia utiliza básicamente los servicios de otras tres ciencias: la historia, la linguística y la geografia, pero debe recorrer también al auxilio suplementario de la epigrafia, la arqueologia, la archivística y la paleografia, así como la etnografía y el folclore, la psicología social, la topografia o la botánica.[2] (2003, p. 3).

Toponímia e Léxico

Conforme a etimologia, o termo "léxico" significa "lista de palavras". Inicialmente, o léxico de uma língua corresponde ao vocabulário de uma língua. É uma entidade abstrata porque é ilimitada no tempo, já que integra todas as palavras de todas as sincronias, da formação da língua aos tempos atuais. É também ilimitado no espaço porque compreende todas as palavras de todos os dialetos e irrestrito na adequação do real, dado que inclui as palavras de todos os registros de uma língua (MATEUS & VILLALVA, 2006, p. 61). No léxico integram-se também as unidades menores de palavras, sufixos e afixos que permitem os *neologismos*. Ele pode ser entendido como a "matéria-prima" que possibilita a construção e a compreensão dos enunciados linguísticos, relacionando-se com todas as nuances gramaticais, integrando palavras e frases dentro de uma categoria sintática, morfossintática, representação fonológica e sintática. Assim, cada unidade lexical é portadora de muitas informações que se relacionam aos registros de uma língua ou a um vocabulário especializado. Associa-se também às palavras a informação sobre o seu

---

2   A toponímia pertence a chamadas ciências humanas, campo que abrange também os diferentes ramos da história, da história da economia e das instituições, a sociologia e a antropologia cultural, a geografia humana, a linguística e a filologia (...). a toponímia utiliza basicamente os domínios de outras três ciências: a história, a linguística e a geografia, mas também recorre a epigrafia, a arqueologia, a arquivística e paleografia, assim como a etnografia e o folclore, a psicologia social, a topografia ou a botânica.

percurso histórico. Como, por exemplo, a informação sobre a origem das palavras, que é chamada *etimologia*.

Acercar-se do léxico toponomástico de um lugar implica, de certa forma, "aprender uma nova língua" e interrogar-se sobre os significantes que ouvimos cujos significados ignoramos. Isso, sobretudo, refere-se aos topônimos que designam os lugares. A toponímia de qualquer lugar é sempre constituída pelo resultado das múltiplas línguas funcionais que se sucederam no tempo. O léxico toponímico é sempre dinâmico e, quando utilizado por uma comunidade de falantes, está sempre exposto às mudanças e evoluções, sofrendo influências.

Podemos observar que algumas palavras logo se incorporam ao léxico da língua, enquanto outros empréstimos aparecem em uma época determinada e desaparecem rapidamente. Dessa maneira é que constatamos que o léxico de uma língua não é um *sistema fechado*, mas sim, um inventário aberto no qual constantemente aparecem palavras novas e desaparecem outras.

A criança que aprende a falar não recebe uma língua completamente feita, mas a recria totalmente quando a utiliza, conforme o que ouve ao seu redor. Está provado que as crianças pequenas começam dando às palavras sentidos bem diferentes do que estas têm no uso dos adultos, quando as aprendem. Esse contínuo recriar da linguagem traz consigo, no passar da história das gerações, posições de deslizamento nas unidades e nas relações no plano significativo e faz com que o léxico esteja em contínuo desenvolvimento. Vale lembrar que uma língua é sempre um código de comunicação de uma comunidade social. Nela se expressam todas as experiências e, por isso, a história da língua está sempre ligada à história da evolução histórica de uma comunidade que a usa.

Maximiano Trapero afirma que no estudo toponímico de uma região podemos perceber "todos os problemas linguísticos de um repertório dialetal", tais como: a arbitrariedade e motivação dos topônimos; os fenômenos fonéticos; os nomes próprios e os nomes comuns; os nomes primitivos e os nomes derivados com os seus processos derivativos; os gêneros gramaticais e a semântica. O autor recomenda prudência e modéstia para aqueles que se põem ao estudo da Toponímia de uma região: "prudência para não dar nada por muito seguro e confirmado e modéstia para estar aberto na aceitação de outra teoria ou explicação". (1997, p. 242).

A Toponímia é uma língua funcional que em cada momento mostra-se como um todo sincrônico característico de uma região ou lugar. Conforme Trapero (1997), podemos entender como "língua funcional" uma língua que se constitui de um só dialeto ou estilo de língua que manifesta um modelo ideal próprio de uma comunidade determinada em um tempo determinado.

No entanto, ela é também o resultado de uma diacronia perceptível nos extratos lexicais que revelam as etapas históricas que se sucederam no passar do tempo.

A Toponímia de qualquer lugar pode ser compreendida como o resultado das muitas línguas funcionais sucedidas ao longo do tempo. Assim, podemos dizer que na Toponímia são preservados como "fósseis" uma infinidade de elementos linguísticos de épocas passadas de tipo lexical, fonológico, gramatical que podem ser encontrados na formação dos nomes de lugar. Trapero esclarece que "a Toponímia é uma parte do léxico que proporciona um excelente estudo dos estratos linguísticos que não estão mortos e desfuncionalizados" (1997, p. 244). A Toponímia é um *corpus* lexical vivo e funcional que se atualiza continuamente na fala comum, já que, o léxico, ao ser utilizado pelos falantes, em todas as situações da fala, torna-se passível de sofrer mudanças e submetido a evoluções. Ainda que, diante da língua comum, o léxico toponímico seja mais conservador.

Outro estudioso da área, Joan Coromines, explicou esta situação de maneira eloquente, quando em sua afirmação mostra que toda a sociedade, em principio, é depositária do patrimônio linguístico:

> El estudio de los nombres de lugar es una de las cosas que más ha desvelado la curiosidad de los eruditos e incluso la del pueblo en general. Es natural que sea así. Estos nombres se aplican a la heredad de la que somos proprietários, o a la montaña que limita nuestro horizonte, o al río de donde extraemos el agua para el riego, o al pueblo o la ciudad que nos há visto nacer y que amamos por encima de cualquier outra, o a la comarca, el país o el estado donde está enmarcada nuestra vida colectiva.¿ El hombre, que desde que tiene uso de razón se pregunta el porqué de todas las cosas que ve y que siente, no se preguntaría sobre el porqué de estos nombres que todo el mundo tiene continuamente en los lábios?[3] (2003, p. 2).

O *léxico* que compõe a toponímia brasileira é formado por uma série de elementos diversificados de variadas origens. É necessário assinalar, em primeiro lugar, um grande número de palavras que provêm do *latim* e que estão ligadas aos termos patrimoniais da Língua Portuguesa. A esse conjunto de palavras tradicionais devem ser somados os

---

3   O estudo dos topônimos é uma das coisas que tem mais despertado a curiosidade dos estudiosos e até mesmo do povo em geral. É natural que seja assim. Estes nomes se aplicam a propriedade que possuímos, ou a montanha que limita nosso horizonte; ou ao rio de onde tiramos água para a irrigação; ou ao povoado ou à cidade que nos viu nascer e que amamos acima de qualquer coisa; ou a região, o país ou estado onde se desenvolve a nossa vida social: o homem, que desde que tem uso da razão se pergunta sobre o porque de todas as coisas que vê e que sente, não se perguntaria também ele sobre o porque desses nomes que todos trazem constantemente em seus lábios?

empréstimos que, no decorrer da história da língua, têm sido produzidos. Encontramos palavras de origem europeia e muitas palavras, sobretudo vindas do francês e do inglês. É notório encontrar em nosso léxico, palavras que vieram dos dialetos indígenas, como vimos, da língua *tupi*. Também encontramos em menor número, é bem verdade, palavras provindas dos dialetos africanos.

No caso da Estrada Real, *corpus* desta pesquisa, podemos salientar a conservação de estratos lexicais que remontam à língua do habitante aborígene ou dos bandeirantes que desbravaram os sertões e falavam o Tupi, a língua geral; topônimos que remontam à época dos tropeiros e mercadores; topônimos que mostram a presença dos missionários e religiosos; topônimos que revelam a atividade econômica da mineração e do ciclo do ouro e das pedras preciosas; topônimos que apontam para fatos históricos acontecidos; topônimos que revelam fatos e pessoas de um tempo histórico mais recente, dentre outros.

O tipo de variação interna mais característica do léxico toponímico é o diatópico.[4] Cada região toma para o léxico toponímico os termos que melhor se adaptam as suas especificidades geográficas e a fatos históricos a que se referem, quase sempre, a situações particulares e *sui-generis*. Desse modo, a Toponímia de uma região naturalmente desenvolve uma dupla personalidade: a de seu conjunto lexical e a do alcance semântico de cada um de seus elementos lexicais.

Em se tratando da Estrada Real, frequentemente ouvimos alguém interrogar-se a respeito de um nome de lugar. Isso sempre acontece quando esse nome é ouvido pela primeira vez. "Qual o significado de Catas Altas?" Essa pergunta é feita por causa do nome ter sido dado a um lugar e por ser ele um nome próprio. A interrogação oculta a finalidade de desvendar se o topônimo em questão tem um significado que se origina ou não de um nome comum. Assim, muitas vezes a resposta não pode ser baseada apenas na Linguística, mas é necessário recorrer à História, à Geografia, à Sociolinguística ou a outros ramos do saber. Por exemplo, no caso de *Catas Altas* a história ensina que esse topônimo faz alusão às profundas escavações praticadas a céu aberto feitas para a mineração no período do ouro das Minas Gerais. Cata(s) é derivação regressiva do verbo "catar", "procurar". O nome deve-se à lavra mineira que se verificou no local nos fins do século XVIII. Agora, o significado inicial foi alterado com a sua referência motivadora primitiva. De tal maneira que o "significado" primitivo caducou.

Coseriu (1977, p. 185) lembra que convém fazer a distinção entre *significado* e *significante*. Um significado é um "valor" que corresponde a uma palavra (lexema), e que resulta de uma oposição semântica na ocorrência dessa palavra na língua. Assim, o

---

4   O nível diatópico está relacionado com a região geográfica em que determinadas palavras ou acepções são empregadas. (COSERIU, 1956).

significado de *Catas Altas* está em relação com as escavações mineradoras do ouro. O seu valor é uma unidade estável quando se refere ao período do ouro em MG no século XVIII, porém, os topônimos designam, mas não significam. Podemos assim inferir que no processo da nomeação toponímica ocorre sempre um "batismo" que foi realizado pelos primeiros povoadores de um lugar, quando na paisagem encontraram características que se acomodavam a um vocabulário ligado aos acidentes geográficos que ansiavam por nomear. Podemos lembrar os seguintes exemplos, dentre outros: a um rio chamaram *Paraíba,* do tupi: *pará* (rio) + *ayba* (ruim) por ser impróprio à navegação; a uma serra chamaram de *Itatiaia* (do tupi: "pedra cheia de pontas"); a uma mata chamaram de *Taquaruçú* (do tupi: "taquara grande").

O estudo do *corpus toponímico* de uma região mostra que qualquer palavra pode prestar-se para formar um topônimo. Lembra Trapero:

> Los nombres que aparecen en cualquier corpus toponímico hacen referencia preferentemente a la geografia (las formas topográficas, la realidad climática, la naturaleza y aspecto del terreno, etc.), pero también a la historia (a personajes históricos o locales, a instituciones políticas, administrativas, sociales, etc.), y a la antropologia (a personajes legendarios, a creencias y ritos, a oficios y profesiones, a leyendas y anécdotas locales, etc.) y a religión (nombres de santos, advocaciones y cultos, edifícios y signos religiosos, etc.), y a la arqueologia (yacimientos, incripciones, enterramientos, etc.), y a la biologia (nombres de animales y de plantas características de cada lugar) etc.[5] (1997, p. 47).

A variedade do léxico refletida na toponímia revela que esta se compõe de elementos da vida privada ou coletiva do homem. Por isso, um topônimo é uma forma lexical que tem uma função semântica que anseia identificar um ponto concreto da geografia. Dessa forma, pela designação linguística a realidade nomeada é sempre simples e o ponto geográfico é individualizado.

---

5   Os nomes que aparecem em qualquer *corpus* toponímico fazem referência preferentemente à geografia (topografia, clima, natureza, aspecto do terreno etc.), mas também à história (personagens históricos, instituições políticas, administrativas, sociais etc.), à antropologia (personagens lendários, crenças e ritos, profissões e ofícios, lendas e anedotas), a religião (nomes de santos, devoções e cultos, locais e símbolos religiosos etc), à arqueologia (inscrições, túmulos etc.), à biologia (nomes de animais e plantas e plantas características de cada lugar) etc.

Interdisciplinaridade e Toponímia

Os estudiosos caracterizam, de maneira geral, a Toponímia como campo de conhecimento interdisciplinar, ligando-a com áreas científicas que têm uma relação mais próxima com o estudo dos nomes de lugar. Tort (2003) enfatiza que os três pilares auxiliares do estudo toponímico são a história, a geografia e a linguística (desdobrada em dialetologia e fonética). Incidindo de modo especial nas vertentes psicológica e sociológica da toponímia, Dauzat assim se expressa:

> Cette science constitue d'abord un chapit reprécieux de psychologie sociale. En nous enseignant commenton a désigne, suivant les *époques* et les milieux, les villes et villages, les domaines et les champs, les rivières et les montagnes, elle nous fait mieux comprendre l'âmepopulaire, sestendan ces mystiques ou réalistes, sesmoyens d'expression. (1971, p. 4).

Ao relacionar o processo de nomeação com as marcas ideológicas envolvidas dentro da memória coletiva de um grupo social, Dick salienta que o estudo toponímico da nomeação de um lugar precisa levar em conta as coordenadas tempo-situacionais, nas quais gravitam "actantes básicos": o *nomeador,* o sujeito que enuncia o nome em primeiro lugar; o *objeto nomeado* que se liga ao espaço e as suas divisões conceituais, incorporando a função referencial nomeada; e o *receptor,* ou enunciatário, que recebe os efeitos da nomeação. A singularidade do processo denominativo é exatamente a constituição dessa cadeia gerativa de enunciação, que revela contornos particulares; um denominador isolado, construtor de uma mensagem (doador de um único nome ou de vários nomes, em situação de abrangência areal), interferindo em uma coletividade receptora, que passa a ser usuária do(s) designativo(s), sem que interagisse na dinâmica do processo. A adequação da escolha, que passa pelo crivo da objetividade ou da subjetividade do nomeador, ainda que inconscientemente, será sentida ou pela reação do grupo ou pela análise posterior do linguista, em uma fase posterior, distinta do momento inicial de marcação do lugar ou do batismo da pessoa na compreensão do presente, em sua função pragmática. (DICK, 1996).

Para Canadian Poirier (1965), existem três ciências que podem auxiliar a Toponímia: a História, a Geografia e a Linguística (Dialetologia e Fonética). Dauzat enfatiza os aspectos sociológicos e psicológicos (1971). Por sua vez, um autor especializado em metodologia, Querol, defende que esta disciplina "deve ter bases epistemológicas para se firmar junto à ciência" (1995, p. 65). A natureza pluralista dos nomes de lugar e o seu estudo servem como uma "ponte" entre muitas áreas de estudo e disciplinas.

Ainda que a Toponímia seja uma área de estudos que interessa a muitas outras ciências, é na Linguística que ela encontra o seu ancoradouro, já que nenhuma outra ciência tem por finalidade e objeto de estudo a parcela do léxico de um lugar, de uma língua ou de uma região. Rafael Lapesa lembra que "a Toponímia interessa ao linguista como a paleontologia ao biólogo, ou melhor, como a arqueologia ou a documentação das épocas passadas interessam ao historiador". (1992, p. 170).

Para melhor vislumbrar estas conexões e interfaces com a ciência toponímica, procederemos agora uma explanação entre três áreas de conhecimento que interessam particularmente a execução deste trabalho: a Geografia, a História e a Religião.

Toponímia e Geografia

Uma das vertentes da diversidade linguística é a variação geográfica. De uma maneira geral, a *Geografia Linguística*, que é também chamada *Dialetologia*, ocupa-se do estudo da variação linguística dentro do espaço geográfico. Considerando a "terra como habitat do homem", assume ao mesmo tempo, como seu objeto de estudo, todas as realizações humanas que acontecem na extensão do *espaço* geográfico, não só pelo emprego do instrumento cartográfico, como também pela tentativa de compreender o que se passa na vida social e cultural do homem dentro do ambiente natural. Nas palavras de Coseriu:

> En la terminologia técnica de la linguística actual, la expresión "geografialinguística" designa exclusivamente un método dialectológico y comparativo que ha llegado a tener extraordinario desarrollo en nuestro siglo, sobre todo en el campo románico, y que pressupone el registro en mapas especiales de un número relativamente elevado de formas linguísticas (fónicas, léxicas o gramaticales) comprobadas mediante encuesta directa y unitaria en una red de puntos de un territorio determinado, o, por lo menos, tiene en cuenta la distribución de las formas en el espacio geográfico correspondiente a la lengua, a las lenguas, a los dialectos o a los hablares estudiados.[6] (1956, p. 5).

---

6   Na terminologia técnica da linguística atual, a "geografia linguística" se refere exclusivamente a um método dialetológico e comparativo que passou a ter extraordinário desenvolvimento em nosso século, sobretudo no campo românico e que pressupõe o registro em mapas especiais de um número relativamente elevado de formas linguísticas (fonéticas, lexicais ou gramaticais) comprovadas mediante uma unidade de pesquisa em uma rede de pontos de um determinado território, ou pelo menos tem em consideração a distribuição das formas na área geográfica correspondente à linguagem, línguas, dialetos ou falares estudados.

A utilização do termo dialeto não se refere a uma forma diferente ou desprestigiada do falar de uma língua, mas sim da forma de falar de uma língua em uma região a que pertence o falante. Existe uma estreita ligação entre a dialetologia e a linguística histórica no que tange às marcas e semelhanças entre os dialetos passados e os dialetos presentes. Por isso, pode-se falar em dialetos conservadores.

O método de trabalho da geografia linguística ou dialetologia é bastante exigente, quer no que diz respeito às fontes de informações, ou quanto aos registros dos dados coletados. Os atlas e os mapas dialetais representam graficamente a distribuição dos dialetos de uma região. Coseriu lembra que:

> Caben dentro de este concepto de geografialinguística los mapas linguísticos que se encuentran en los atlas geográficos comunes y en los atlas históricos, como también gran parte de las indicaciones y de los mapas que contienen las obras acerca de las lenguas del mundo, u otras obras que registran la distribución de las "lenguas" en ciertos territorios. La labor correspondiente, aunque realizada comúnmente por linguistas, pertenece con más derecho a la geografia (y a la historia), y dentro de la linguistica representa más bien una labor previa de información "exterior".[7] (1956, p. 11).

Ao falarmos em Geografia e Ciências da Natureza, podemos afirmar que a paisagem é um elemento significativo. O termo paisagem traduz, etimologicamente, a entidade constituída pelo conjunto de elementos visíveis ou sensíveis que integram e caracterizam um país. Tanto "país" como "paisagem" são termos que têm uma raiz comum derivada do latim.[8] Acredita-se que o termo paisagem, conforme Bonato (2010, p. 219) deriva do termo latino *pagus*, que significa "marco ou balisa metida na terra" ou "compartimento de território ocupado por uma comunidade" cuja vida cotidiana decorre, portanto, dentro de um mesmo horizonte visual.

---

7   Encaixa-se dentro deste conceito de geografia linguística os mapas linguísticos que são encontrados em atlas geográficos comuns e em atlas históricos, como também grande parte das indicações e dos mapas que contêm obras referentes às línguas do mundo, ou outras obras que registram a distribuição das línguas em certos territórios. O trabalho correspondente, ainda que realizado por linguistas, pertence com mais propriedade à geografia e à história. Dentro da linguística representam um esforço maior para elaborar informações externas.

8   O termo latino estava ligado à demarcação da terra. *Pagus* era um distrito rural composto de várias fazendas, que não possuía poder político direto, sendo uma jurisprudência da unidade administrativa maior, a *civitas*. Os habitantes de um *pagus*, em geral, eram diferentes dos habitantes das cidades romanas. Eram componeses e agricultores que veneravam os deuses locais: o espírito das florestas, das matas, dos campos e dos lares. Segundo Seemann (2007, p. 52), vem daí a ligação do termo com a palavra pagão.

O termo paisagem designa um conjunto no qual os elementos naturais ou diretamente derivados do meio natural (relevo, clima, solo, vegetais e animais) combinam-se dialeticamente com os elementos humanos. Fica evidente que o termo carrega consigo três concepções distintas e inseparáveis: a paisagem é a natureza em si, ou uma parte dela, um território, um espaço; é também a visualização desse espaço através de um observador e a representação desse espaço, seja pela pintura ou pela escrita. Daí a importância da relação entre toponímia e geografia. O campo da Geografia é, indiscutivelmente, a paisagem ou o espaço em sentido genérico, como afirma Bonato (2010, p. 221) sobre os *Relatos de Viagem*: "os relatos de viagem trazem uma construção de uma paisagem ou uma paisagem representada". A representação é feita por naturalistas que percorreram a paisagem enquanto espaço físico e a visualizaram enquanto observadores.

O simbolismo é peça-chave para a interpretação da paisagem. De acordo com Cosgrove a paisagem é como um texto cultural, reconhecendo que "os textos têm muitas dimensões, oferecendo possibilidades de leituras diferentes, simultâneas e igualmente válidas". (1998, p. 101).

Para Dick, o homem, ao designar o nome próprio de um lugar com o topônimo, em sua formalização na nomenclatura onomástica, faz a ligação entre um nome e o acidente geográfico que o identifica, constituindo um conjunto ou uma relação binômica que se pode seccionar para melhor se distinguirem os seus termos formadores. A autora salienta que dessa simbiose nasce um termo ou elemento genérico ou elemento ou termo específico, ou "topônimo propriamente dito, que particularizará a noção espacial, identificando-a e singularizando-a dentre outras semelhantes". (1990, p. 11).

As investigações da toponímia têm interesse para o geógrafo porque estabelecem conexões entre grande parte dos topônimos com os termos do vocabulário geográfico dialetal, ou seja, com os vocábulos comuns referentes aos vários objetos geográficos, testemunhando quer a presença e a difusão de determinados fenômenos, quer particularmente a consciência (mais do que o conhecimento) que deles têm os habitantes.

As paisagens toponímicas da terra, de maneira quase generalizada, apontam um número considerável de termos emprestados à Geografia, tanto do ponto de vista físico quanto humano. O inter-relacionamento da disciplina com a ciência – que constitui, ao lado da História e da Linguística, um dos seus embasamentos teóricos – acentua-se, assim, à medida que os acidentes geográficos incorporam também o sentido do "topônimo", dando origem a novas construções toponomásticas. (DICK, 1990, p. 64).

A transformação de um termo geográfico dialetal em topônimo é bastante frequente. Ocorre quando o correspondente objeto geográfico adquire um particular interesse para o homem, quer ele se limite simplesmente a notar-lhe qualidade ou atributos, quer o encare como elemento favorável ou desfavorável às suas atividades. São vocábulos de língua geral que entram no discurso toponímico pelas necessidades básicas ocorridas no momento da enunciação. Parte-se do pressuposto de que o topônimo mudou de categoria gramatical, em dois sentidos: passou de substantivo comum a substantivo próprio e, do ponto de vista mais específico, passou de lexia virtual (antes do momento da enunciação) a lexema (como ocorre com qualquer palavra- ocorrência) e a termo, quando se configura o sintagma toponímico, composto por dois termos, a saber: termo ou elemento genérico (o acidente físico ou humano a ser descrito ou denominado) e o termo ou elemento específico (o topônimo propriamente dito). Ex.: Morro da Água Quente, Rio Acima, Alagoa.

Em qualquer dos casos, o homem já exprimiu um juízo, fez um confronto, salientou analogias ou diferenças e estabeleceu uma classificação. Em suma, atribuiu-lhe um valor segundo os seus próprios critérios e as suas finalidades. Nas palavras de Dick: "... será de variada natureza conforme seja a motivação envolvida, semanticamente, de acordo com a maior ou a menor preferência do denominador, ou segundo a inclinação de seu espírito." (1990, p. 13). Desse ponto de vista, a toponímia é um testemunho da presença do homem, num certo espaço, numa paisagem, ao longo do tempo. Nas palavras de Tort (2003): "Os nomes de lugar são viva voz dos povos desaparecidos, transmitidos de geração a geração, de boca em boca pelos antepassados na necessidade diária de nomear a paisagem. Tornam-se uma ponte entre os habitantes de hoje e os do passado".

Com efeito, a possibilidade de reconstruir a estratificação cronológica da toponímia de dada área facilita muito a investigação das transformações históricas, da ocupação e valorização humana desse território. A frequência dos diversos topônimos ou de várias categorias pode, de modo particular, fornecer ao estudioso da geografia indicações preciosas dos modos de desenvolvimento do povoado e das fases em que se desenrolou a ação humana de exploração e de utilização do território.

O eminente geógrafo americano H.C. Darby ressalta que a afinidade entre Toponímia e Geografia não é uma questão secundária, salientando a importância de se ter conhecimento direto de ambas. Lembra que as conclusões do filólogo devem ser sempre colocadas em relação à realidade topográfica, quer através de mapas e inquéritos específicos, quer conhecendo o espaço geográfico para adquirir a chave para o significado dos nomes. (1957, p. 390).

Tort (2003) salienta que, em relação aos "nomes de lugares", a partir da perspectiva da Geografia, devem ser levadas em conta as questões metodológicas fundamentais para que qualquer estudo seja epistemológico. Segundo o autor, o analista deve estar atento para três aspectos em particular: o fato de que muitos nomes são de difícil compreensão; as questões de mudança (em relação ao tempo e ao espaço) e a validade do chamado "princípio da excepcionalidade". Assim, um certo conjunto de nomes pode ser de fácil compreensão. No entanto, podem existir nomes cujo significado não tenha sentido e não correspondam a qualquer palavra falada dentro de um estudo geográfico e linguístico. Moreu-Rey chama isso de nomes "não transparentes ou fósseis". Em suas palavras são "velhos nomes comuns cristalizados ou congelados, e preservados por milênios, em alguns casos" (1982, p. 13). Com relação ao segundo aspecto, nunca devemos esquecer, segundo o autor acima citado, que a noção de mudança linguística é fundamental para a interpretação toponímica. Um nome determinado pode sofrer uma mudança por causa da evolução da língua falada ou por causa das alterações geográficas ocorridas. Na prática, é preciso apreender as transformações mais importantes que afetaram um determinado lugar ou região para se interpretar corretamente o significado original de um nome associado a este lugar. Finalmente, o terceiro aspecto liga-se a um padrão comum que se refere aos nomes dos lugares: o fato de que os topônimos tendem a refletir as "características únicas e singulares" do meio. Este princípio foi formulado no início do século XX pelo russo Savarensky (DORION & POIRIER, 1975, p. 93).

Toponímia e História

A Toponímia pode ser uma grande auxiliar para a ciência histórica e permite, através da linguagem, esquadrinhar as sucessivas vivências humanas, sobretudo nos lugares onde povos, culturas e línguas diferentes se sobrepuseram. Nesse caso, os nomes de rios e linhas de água de montanhas e acidentes geográficos, dada a sua maior permanência e quase imutabilidade, acabam por ser, através da respectiva nomenclatura, testemunhas da longa duração dos nomes primitivos ou arcaicos. Dauzat também salienta a importância da relação toponímia/história quando diz que: "La toponymie, conjuguée avec l'histoire, indique ou précise les mouvements anciens des peuples, les migrations, les aires de colonisation, les régions où tel ou tel groupe linguistique a laissé ses traces"[9] (1932, p. 7).

A pesquisadora inglesa Barbara M. Wainwright aborda o tema do entrelaçamento necessário entre o historiador, o arqueólogo e o estudante da linguagem toponímica para a realização de uma pesquisa. Em seu livro *Archaeology and Place – Names and History* ela realça esta ideia:

> The historian, the archaeologist and the student of language can co-operate in all periods for which there is historical evidence, archaeological remains and linguistic information. In the prehistoric periods proper the archaeologist is undisputed master: he

---

9   A toponímia junto com a história indica os movimentos antigos dos povos, as migrações, o tempo da colonização, as regiões onde tal grupo linguístico deixou os seus traços.

may seek assistance from other scholars, chiefly from natural and physical scientists, but the historian has no place where there is no documentary record and the philologist can offer only frivolous guesses where languages are quite unknown. The study of language has its part to play in the study of all periods, though for the study of recent centuries it is likely to remain marginal by reason of the abundance of other kinds of evidence. They rank as equal partners with history proper in the building up of a reliable picture of the past. To preach the value of collaboration today would be to preach an accepted gospel. Neither archaeology nor place-names can supply the precise historical narrative of events, the names of leaders, the interaction of cause and effect, the motives, the explanations and the aspirations of men, the formal details of social organizations, comments on the process of political change – all of which, under ideal circumstances, may emerge from trustworthy historical sources. But in this period, where documents are few and often not very informative, archaeology and place-names greatly amplify the historical record, not infrequently mitigating its deficiencies and repairing its omissions.[10] (1962, p. 3).

Dentro da ciência histórica o conhecimento toponímico enlaça-se com a Etimologia, uma ciência de viés histórico que se ocupa em estudar a origem dos nomes. A etimologia (do grego antigo ἐτυμολογία, composto de ἔτυμον e -λογία "-logia") é o estudo da origem histórica e da evolução das palavras. Os gregos conceberam esse estudo como o "verdadeiro" conhecimento do sentido das palavras. O sentido verdadeiro expresso pela forma primitiva onde se pode reconhecer a relação entre o nome e a coisa nomeada, e como

---

10 O historiador, o arqueólogo e o estudante da linguagem podem juntos colaborar em todos os períodos para uma melhor evidência histórica no estudo dos vestígios arqueológicos. Nos períodos pré-históricos o arqueólogo é mestre indiscutível: ele pode procurar assistência de outros estudiosos, principalmente dos cientistas físicos e naturais, mas o historiador não encontra lugar onde não há registros documentais. O filólogo pode oferecer apenas frívolos palpites onde as línguas são desconhecidas. O estudo da linguagem tem o seu papel a desempenhar no estudo de todos os períodos históricos, ainda que para o estudo dos últimos séculos, é provável que se mantenha marginal por causa da abundância de outros tipos de evidência. Eles classificam como parceiros iguais com a história na construção de uma imagem confiável. Para pregar o valor da colaboração hoje seria pregar um evangelho aceitável. Nem a arqueologia, nem nomes de lugar podem fornecer a narrativa histórica precisa dos eventos, os nomes dos líderes, a interação de causa e efeito, os motivos, as explicações e as aspirações dos homens, os detalhes formais das organizações sociais, comentários sobre o processo da mudança política que em circunstâncias ideais podem emergir a partir de fontes históricas fidedignas. Mas no momento, quando os documentos são poucos e não oferecem informações, os arqueólogos e o estudo dos topônimos podem ampliar enormemente os registros históricos, não raro mitigar as suas deficiências e reparar as suas omissões.

esta motivação inicial sofreu motivações, no curso da evolução histórica. Por outras palavras, é o estudo da composição dos vocábulos e das regras de sua evolução histórica. A etimologia tem como objetivo primordial o de estabelecer a genealogia ou origem de uma palavra e como ela entrou para o vocabulário de uma língua. Dauzat comenta que:

> Les noms de lieux ont été formés par la langue parlée dans la région à l'époque de leur création, et ils se sont transformés suivant les lois phonétiques propres aux idiomes qui, le cas échéant, ont pu supplanter tour à tour l'idiome originaire. Si l'on veut retrouver leur étymologie et reconstituer leur *histoire*.[11] (1932, p. 3).

Segundo Brucker (1988), que se ocupa da moderna etimologia, os estudos etimológicos evoluíram para um método léxico-histórico. Ele recolhe todas as informações históricas relativas ao tempo, ao lugar e à realidade nomeada que determinaram a palavra e faz a reconstrução da palavra dentro do sistema linguístico, confrontando o léxico da língua com a palavra analisada, a forma e o lugar dentro do sistema linguístico e da situação histórica que determina a sua função. O autor, assim afirma que "L'étymologie, qui est longtemps restée un art, est en train de devenir une science: ou plutôt de prendre conscience qu'elle dispose enfin des moyens qui lui permettraient de devenir une science".[12] (1988, p. 10).

Conhecer um topônimo não é somente saber escrevê-lo e pronunciá-lo. É preciso descobrir-lhe a origem e o significado etimológico, ler o que a palavra nos revela sob a sua aparência gráfica ou aspecto material, conhecer a sua história em muitos casos. Desse modo, adquirimos conhecimentos, que não suspeitávamos poderem chegar até nós por tal via: fatos históricos, acontecimentos mais ou menos importantes, indicações geográficas etc.

Há um necessário e profundo entrelaçamento entre a Toponímia e a Etimologia. A primeira se ocupa do estudo dos nomes de lugares (topônimos), necessitando de maneira vital da segunda, que se ocupa da origem das palavras. Para determinar o significado de um topônimo, o passo inicial deve ser o de empreender uma busca etimológica em dicionários ou fontes que permitam detectar de onde ele provém e qual a sua origem linguística. Inerente a esse primeiro momento, deve-se fazer uma busca para realizar o levantamento do maior número possível de formas desse topônimo em documentos

---

11 "Os nomes de lugar foram formados pela língua falada na região à época de sua criação. Eles foram transformados de acordo com as leis fonéticas peculiares aos idiomas que, por sua vez, podem suplantar o idioma nativo. Só assim podemos encontrar sua etimologia e história."

12 "A etimologia que foi uma arte está se tornando uma ciência. Ou melhor, tomou consciência que ela dispõe de meios que lhe permitem tornar-se uma ciência."

antigos e estabelecer a sua cronologia – mas sem esquecer, ao mesmo tempo, que os escribas, tabeliães e copistas, não raro, cometiam erros ou se entregavam a fantasias de interpretação; e que alguns documentos são de autenticidade duvidosa. Feito isso, é necessário consultar a documentação mais recente para se efetuar comparações. Muitas vezes as dúvidas suscitadas pelo topônimo podem exigir uma visita ao lugar. Exemplo: um suposto étimo que indica uma colina não teria razão de ser num local plano. Outra interessante maneira de pesquisar é estudar o topônimo tal como hoje se apresenta, ou como se escreve e sobretudo, como é pronunciado – porque a tradição oral é geralmente bastante conservadora, e a ortografia oficial nem sempre está isenta de erros.

Nesse aspecto, a Toponímia é, pois, uma língua funcional que, em cada momento se mostra como "um todo" sincrônico próprio de um território, mas passando pela diacronia das influências históricas de outros léxicos. Assim o léxico toponímico é um léxico patrimonial sincrônico e diacrônico. É sincrônico porque é de uso comum e pertence a todos os falantes de uma localidade de âmbito geográfico. É diacrônico porque foi herdado e constitui-se como herança histórica que pode testemunhar os diversos outros léxicos culturais que se sucederam ao longo do tempo.

Para Trapero (2000), não basta declarar a origem do topônimo segundo a sua etimologia histórica, mas é necessário explicar a sua acomodação léxica e estudar os aspectos semânticos que caracterizam cada topônimo na sua maneira particular de manifestar. A etimologia histórica é útil para a Toponímia quando oferece razões para explicar as significações adotadas pelo topônimo.

A toponímia é como se fosse a "crônica" de uma comunidade que se preocupa em gravar o presente para o conhecimento das gerações futuras. Dessa forma é que os elementos alicerçadores da mentalidade do homem, em uma dada época e tempo, condicionam a sua percepção de mundo, e estão representados nos nomes dos lugares, senão todos, pelo menos os mais flagrantes. (DICK, 1990, p. 119).

Dick salienta em seu artigo *Tradição e Modernidade na Toponímia* que o *topos grego* da toponímia é um vocábulo da língua que nos remete a distâncias ponderáveis, nos tempos e nas épocas, ensinando-nos a buscar o sentido etimológico dos nomes dos lugares em realidades as mais diversificadas, e sob condicionantes as mais distintas entre si. (1986, p. 99). No dizer de Pedro Serra: "os topônimos, muitas vezes, devem a sua origem às causas históricas – fixam nomes de proprietários ou usuários, nomes de instituições, recordando em alguns casos acontecimentos e fatos importantes para uma comunidade." (1966, p. 17).

Na relação entre Toponímia e História há uma perfeita simbiose. É assim que a toponímia aparece como o caleidoscópio mais ou menos belo e poético pelo qual contemplamos uma terra e toda gama das suas manifestações.

Toponímia e Religião

Desde tempos remotos é que se pode vislumbrar dentro do processo da nomeação toponímica os traços culturais do nomeador, suas convicções e visões de mundo, enfeixando-se, desse modo, a toponímia e a religião. Destarte, os estudos toponímicos demostram que, na Antiguidade, o nome com que se designavam as pessoas, os animais e as coisas encontravam a sua consistência na existência dos deuses. Os antigos viam nos deuses os criadores do mundo e das coisas. Eram eles que davam aos nomes um toque de ser e de verdade. Existia uma relação *nomem-numen*.

Na mentalidade semítica, subjacente à tradição da Bíblia, o mistério do nome envolve sempre duas componentes ou dois elementos: o noético e o dinâmico. No dizer de Besnard (1962, p. 35) o *elemento noético*, racional, pensamental, "corresponde à significação intrínseca do nome, ao que ele vale pelo que significa". Assim, até um nome próprio tem um sentido, um valor, cuja valência histórica depende do elemento dinâmico, da manifestação da pessoa a que ele referencia. Por isso se usavam nomes teofóricos, isto é, nomes com elemento divino, relacional, portanto, com o nome de Deus: Israel, Daniel, Gabriel, Miguel, Rafael, Samuel, (todos relacionados com El, nome comum em hebreu para designar Deus), ou Etbaal, Ishbaal, (referidos a Baal, deus dos cananeus e siro-fenícios), ou Abdalla, e muitos nomes árabes relacionados com o seu Deus Allá, ou Teodoro, Teófilo, de origem grega e referidos ao nome comum de Deus (Theós). Esses nomes, só por si, pelo elemento noético, funcionavam conforme a mentalidade antiga, como garantia da proteção divina. Eram uma espécie de talismã.

O elemento dinâmico corresponde à virtude que o nome, como palavra, representa e, de alguma maneira, inclui. Com relação à esfera social e jurídica, o nome significa poder, autoridade, quer como relação de propriedade (dar nome é tomar, afirmar posse, fazer prova de domínio), quer como relação de soberania (dar nome, ter poder sobre, uma missão). Daí, segundo a mentalidade hebraica, o nome é sempre indicativo de uma realidade.

Sendo a toponímia integrada à onomástica, podemos identificar a presença do sagrado nas designações dos lugares. Segundo Eliade (1962, p. 37), instalar-se num território equivale, em última instância, a consagrá-lo. "Quando a instalação já não é provisória, como nômades, mas permanente, como é o caso dos sedentários, implica uma decisão vital que empenha a existência de toda a comunidade." Para Cassirer (1976, p. 79) "o mundo da linguagem e da moral, as formas fundamentais da comunidade e do Estado vinculam-se, originariamente, nas concepções mítico-religiosas". Dauzat explica que:

> Les phénomènes mystiques se manifestent dans la désignation
> des localités, qu'on a placées au moyen âge sous le patronage d'un
> saint, comme aux temps paiens sous la protection de Vénus ou

d'Hercule, sans parler des désignations par antífrase conçues dans lebut d'écarter des forces mauvaises...[13] (1932, p. 7).

A hieronímia (do grego *ieros*: sagrado) é o conjunto dos nomes considerados sagrados ou referentes a crenças religiosas, de onde se origina o hierotoponímia. A hagiologia (do grego *hagios*: santo) é o conjunto de obras que tratam dos santos e do sagrado, de onde vem o hagiotoponímia.

Os portugueses, quando vieram ao encontro das terras brasileiras, inicialmente as chamaram de Terra de Vera Cruz e, em seguida de Terra de Santa Cruz. Lima Júnior (1978, p. 87) sintetiza a questão dizendo que: "As populações que se deslocaram em massa para o Brasil, atraídas pela fascinação do ouro, foram oriundas na maior parte, do Norte de Portugal, jurisdição religiosa do Arcebispado de Braga". Havia um grande fervor religioso que se manifestava nas imagens dos santos de devoção que foram trazidas, e também numa piedade e religiosidades profundas. Por isso, os lugares colonizados serão preferencialmente denominados pelos nomes dos santos. Já se veem aqui nos nomes designativos a marca da religiosidade portuguesa e a sua ligação ideológica com a igreja de Roma. Na descrição de Vainfas e Souza:

> No Brasil, Vera Cruz, Santa Cruz – cruz fincada em 1500 sob a chancela de Pedro Álvares Cabral, com as armas e divisas de D. Manuel, e missa rezada por frei Henrique de Coimbra, franciscano. A cruz era emblema das velas portuguesas e o rei de Portugal era Grão-Mestre da Ordem de Cristo. A cruz de Cristo acompanharia os portugueses, com a espada do rei, na tessitura do império colonial. (2000, p. 8).

Os ibéricos atribuíam uma grande importância ao catolicismo e aos nomes sagrados de sua hagiologia. Dick (1990, p. 156) ressalta que "a religiosidade lusitana encontrou no Novo Continente o clima fecundo ao seu expansionismo".

O estudioso Luís Chaves (1957, p. 178) diz que não podiam os portugueses estabelecer um "hiato histórico" e de ação entre o que era nacional em Portugal e o que tinha de ser igualmente nacional para além do mar. Se as instituições metropolitanas foram o padrão da colonização e administração dos territórios ultramarinos e constituíam a força criadora dessa mesma atividade, era de se esperar que toda a vida espiritual dos navegantes e colonizadores fosse transplantada para as terras ultramarinas. Por isso, terras e mares receberam notáveis nomes santificados pela Igreja católica. Indígenas, convertidos

---

13 Os fenômenos místicos ocorrem dentro da designação de localidades que se encontravam na idade média sobre o patrocínio de um santo, como nos tempos pagãos sob a proteção de Vênus ou de Hercules, para não mencionar as designações concebidas com a finalidade de remover as forças do mal.

pelos missionários, recebiam nomes litúrgicos, que significavam adesão completa e sugestão de vida cristã. Lima Júnior explica que:

> Mal começavam a prosperar, sem demora, surgia uma capelinha de taipa, em cujo altar se firmava a estátua que reproduzia o padroeiro da vila ou aldeia distante em Portugal. Reuniam-se vizinhos e iniciava-se o culto, pelas grossas mãos postas dessa geração de heroicos fundadores de Minas, que eles regaram de suor e de sangue... À beira dos grandes caminhos, nas proximidades dos locais onde se encontravam as minerações, ou nas quintas dos grandes sesmeiros, por todo o território imenso dessas extensas Minas Gerais, ficaram os marcos do espírito cristão e católico, plantados pelas gerações do século XVIII. (1978, p. 87)

Muitas povoações e lugares, dentro da história de seu processo de fundação, receberam nomes religiosos imediatamente à conquista do espaço. Esses nomes formaram apelidos gentílicos e patronímicos. Em Minas, as primeiras povoações surgiram ao redor de uma capela, como tão bem explica Mata:

> Onde há arraial, há um local de culto público. À beira de rio, a grupiara, a lavra nunca são meros locais de onde se extrai o necessário à sobrevivência ou que alimenta os sonhos de riqueza. Depois do longo dia de trabalho, é aos santos que o aventureiro vai pedir pela sua sorte. Nos antigos arraiais mineradores, até a ganância é sacralizada: eis aí uma leitura possível para a expressão *auri sacra fames*. (2006, p. 51).

O contexto da colonização brasileira liga-se à situação histórica da Igreja Católica, no início da chamada Idade Moderna, quando a unidade cristã europeia foi quebrada com o movimento da reforma protestante. Com a rápida expansão das doutrinas protestantes de Lutero e Calvino, a Igreja Católica reagiu com o Concílio de Trento (1545-1563), que, além da reforma interna, procurou criar instrumentos de combate ao protestantismo. Surgiram, então, movimentos como o das *Cruzadas* (para a reconquista da Terra Santa, entre os séculos XI e XIII), e da *Inquisição* (tribunal eclesiástico cuja destinação era a de defender a fé católica, perseguindo e condenando os inimigos.). É dentro desse contexto que o espanhol Inácio de Loyola criou, em 1534, a Companhia de Jesus, uma nova ordem religiosa com o objetivo de servir e de lutar pela Igreja Católica Apostólica Romana. Portanto, os Jesuítas – soldados de Cristo – através da catequese e da educação, deviam servir a ação da Contra Reforma, compensando as perdas do catolicismo na Europa com a conversão das populações nativas do Novo Mundo. A chegada dos primeiros jesuítas ao Brasil data de 1549, quando, liderados por Manoel da Nóbrega, acompanharam Tomé de Sousa, o primeiro governador-geral.

A ligação Fé e Colonização refletem-se de maneira exacerbada na toponímia brasileira, que não esconde a profunda ligação dos portugueses com a Igreja Católica, que se estendeu, desde a época dos descobrimentos e das conquistas ultramarinas, a todas as costas continentais e insulares, aonde chegaram até a penetração dos *sertões*, nas chamadas Minas Gerais. Os nomes de cabos, acidentes do litoral, ilhas e povoações que fundavam foram "batizados" com nomes de origem cristã, obedecendo aos preceitos religiosos católicos segundo as devoções dos descobridores, à onomástica hagiológica, à data ligada à liturgia ou ao santo do nome do rei ou de sua preferência. A toponímia brasileira de norte a sul reflete a religiosidade do colonizador português. Dick aponta Minas Gerais como o estado brasileiro que apresenta a maior densidade hagiotoponímica, em termos quantitativos e isso fica bem nítido em nosso estudo sobre a Estrada Real. (1990, p. 160).

O grande estudioso da Toponímia Portuguesa, Joseph M. Piel (1950) ensina que o costume de dar a uma terra o nome de um santo é muito antigo, remontando, na Gália, aos fins do séc. VI, onde um hagiotopônimo serve de determinante a um nome comum que exprime a noção de estabelecimento sedentário. A princípio o santo constitui o símbolo da Igreja e, em seguida, o das terras e da freguesia que se organizaram em sua volta. Na expansão portuguesa os santos estiveram presentes desde o início. A primeira vila do Brasil foi fundada em 1532 e recebeu o nome de São Vicente, mártir católico do século III. O Rio de Janeiro foi batizado de São Sebastião do Rio de Janeiro (1565) em homenagem ao mártir católico e ao rei português desaparecido em Marrocos. São Paulo de Piratininga surgiu em 1554. Inicialmente marcada pelo elemento indígena, a toponímia brasileira "não tardaria a virar um grande sanctorum, a justificar plenamente o Brasil como terra de todos os santos, de que a Bahia é apenas exemplo" (VAINFAS/SOUZA, 2000, p. 38). Os santos passaram a habitar o imaginário cultural luso-brasileiro e a fazer parte de todos os aspectos existenciais extrapolando a esfera religiosa. Carvalho em sua obra *Brazilian El Dorado* esclarece que:

> The names of places throughout Latin America, let us note, reveal the devout religious disposition of the Iberian explorers and their descendants; many a town, a river or a hill or plain, mine or farm bears the name of some saint in the calendar. In Brazil we note, scattered over its vast map or territory, S. Salvador, S. Paulo, S. Catharina, S. Francisco, S. Thomé, S. Pedro, S. José, S. João… Whatever may have been the shortcomings of the Spanish Conquistadores or colonists, they certainly carried the Christian religion over thousands of leagues of savage cordillera and forest

or waterway, and left the sacred names imprinted there for all time.[14] (1938, p. 20).

Daniel Parish Kidder, missionário metodista americano, veio ao Brasil em 1837 e ficou três anos. Quando retornou ao EUA escreveu um livro cujo título é *Reminiscências de Viagens e Permanência no Brasil*, em que fez um estudo sobre o panorama religioso daqueles tempos, traçando algumas caracterizações muitos interessantes que revelam uma "presença onipresente" dos santos na vida dos brasileiros: S. Gonçalo D'Amarante (patrono do casamento, especialmente para as moças; daí ser ele homenageado com festividades e danças); Santo Amaro (protetor das vítimas de fraturas e mutilações); S. Sebastião (protetor contra as pestilências e dos contágios); S. Braz (protetor contra as afecções da garganta); S. Apolônia (protetora contra a dor de dentes); S. Lázaro (protetor contra a elefantíase e as moléstias contagiosas); Santa Margarida de Cortona (a protetora das parturientes); Santo Agostinho (padroeiro da boa memória e da vocação para estudos); Nossa Senhora Da Conçeição (padroeira dos estudos acadêmicos e profissionais e também das moças que desejam bons maridos); Santa Luzia (protetora contra as dores e moléstias dos olhos); Santo Antonio (advogado das cousas perdidas e de vários outros assuntos); S. Jerônimo (protetor contra os trovões e raios); Santa Bárbara (protetora contra trovões, raios e tempestades); São Simão Estilita (protetor contra as mesmas calamidades); S. José (padroeiro dos bem casados e dos maridos fiéis); S. Benedito (protetor contra mordeduras de cobras e répteis venenosos); S. Cornélio (advogado dos maridos que desejam que suas mulheres vivam em virtude); S. Lourenço (protetor contra as tempestades e os redemoinhos); São Tude (protetor contra as tosses rebeldes); S. Bartolomeu (protetor contra a loucura e a possessão demoníaca); S. Miguel (advogado dos que lhe são devotos, especialmente em todas as segundas-feiras); São Tomaz de Aquino (padroeiro da boa memória, etc.); S. Hermenegildo (protetor contra as tempestades); S. Macário (advogado dos que desejam que suas mulheres sejam virtuosas e fiéis); S. Francisco de Paulo (patrono da caridade e da boa vontade para com os vizinhos); S. Pedro Gonçalves (patrono dos marinheiros); S. João Nepomuceno (patrono dos confessores e dos que não traem os segredos do confessionário); S. João (patrono dos clérigos bem educados); S. Onofre (advogado que auxilia as mulheres a conhecer o

---

14 Os nomes de lugar em toda a América Latina revelam a disposição e a devoção religiosa dos exploradores ibéricos e de seus descendentes. A maioria das cidades, rios, montanhas, planícies, minas e fazendas têm nome de algum santo do calendário católico. No Brasil nós podemos perceber isso espalhado por seu vasto mapa ou território: São Salvador, São Paulo, Santa Catarina, São Francisco, São Tomé, São Pedro, São José, São João... Enfrentando dificuldades, os conquistadores ibéricos ou colonizadores, certamente levaram a religião cristã ao longo de milhares de léguas de selvagens cordilheiras e das florestas nos caminhos das águas, imprimindo nomes sagrados por todo o tempo e lugar.

caráter de seus amados); S. Miguel dos Santos (protetor contra o câncer e os tumores); S. Libório (protetor contra cálculos); S. Sérvulo (protetor contra paralisia).

O viajante justifica o seu trabalho de pesquisa sobre a religiosidade brasileira com as seguintes palavras:

> Não está no escopo do presente trabalho suscitar preconceitos contra a Igreja de Roma, nem fazer apologia de seus princípios e de suas praxes. Tentando descrever o estado atual de um país onde impera o catolicismo, cumpre-nos relatar fielmente os fatos como os observamos. Nem pode um tal relato ser destituído de interesse, quer para os protestantes, quer para os católicos, se levarmos em consideração o fato de o Catolicismo no Brasil jamais ter estado sujeito às influências com que teve de lutar na Europa, desde a Reforma. Introduzido no país simultaneamente com os primeiros aldeamentos da colônia, seguiu o seu curso inteiramente livre trezentos anos. Foi assim que pode exercer as mais salutares influências sobre a mentalidade do povo bem como atingir o seu mais elevado grau de perfeição. (KIDDER, 1940, p. 112).

Outro aspecto apontado na ideologia da Contra Reforma refere-se ao incentivo ao culto da Mãe de Deus que, aos poucos, tornou-se símbolo de identidade e fidelidade à Igreja. Nesse sentido, é muito interessante o estudo do português Sebastião Furtado, sobre a "Presença de N. S. da Conceição na Toponímia brasileira", que mostra a relação entre o poder e a religião. Ele mostra que, em fins de 1645, foram convocadas as cortes de Portugal e reuniram-se em Lisboa. O monarca D. João IV propôs então que Nossa Senhora da Conceição fosse eleita padroeira dos reinos de Portugal e Algarve e todos os seus domínios. As cortes aplaudiram e homologaram prontamente a nobre inspiração do soberano. O príncipe herdeiro e os três Estados fizeram então o soleníssimo juramento de confessar e defender sempre até o sacrifício da vida, se preciso fosse, anunciando "que a Virgem Mãe de Deus foi concebida sem pecado original". Foi unânime nas cortes a aclamação da Excelsa Padroeira. Esta provisão foi publicada em 25 de março de 1646 por D. João IV notificando aos súditos do império. (FURTADO, 1966, p. 7).

Em seu livro *História de Nossa Senhora em Minas Gerais*, Lima Júnior (2008), afirma que em 1889 havia muitas paróquias e freguesias já consolidadas sob a invocação de Nossa Senhora da Conceição em Minas Gerais. A grande maioria pertence hoje aos caminhos da Estrada Real e são as seguintes: Conceição de Antônio Dias (Ouro Preto), Conceição de Antônio Pereira (Mariana), Conceição de Congonhas do Campo, Conceição de Camargos (Mariana), Conceição do Rio Manso, Conceição da Barra, Conceição de Carrancas, Conceição de Sabará, Conceição da Lapa, Conceição de Raposos, Conceição do Serro, Conceição do Pompeu, Conceição de Ibitipoca, Conceição de Morrinhos, Conceição da Estiva, Conceição da Água Suja, Conceição de Filadélfia, Conceição do Mato Dentro, Conceição de Prados, Conceição do Rio Verde, Conceição da Aiuruoca, Conceição de Jaboticatubas, Conceição de Queluz de Minas, Conceição dos Tombos do Carangola, Conceição da Boa Vista das Alfenas, Conceição do Jaguari, Conceição do Piranga, Conceição do Turvo, Conceição do Abre Campo, Conceição do Rio Novo, Conceição do Morro da Graça, Conceição do Laranjal, Conceição do Rio Pardo, Conceição do Desemboque, Conceição do Pouso Alto, Conceição de Cuieté.

Desse modo, como podemos constatar, a expansão territorial portuguesa foi acompanhada pela insígnia do catolicismo, tornando os indígenas submissos e os escravos africanos atrelados à Coroa Portuguesa. A fé foi imposta com o preço do extermínio dos indígenas catequizados. Os africanos, sem outra opção, foram obrigados a aceitar os preceitos dogmáticos da Igreja Católica. É bem verdade que encontraram formas de mediação, ocultando seus próprios ritos e credos dentro da simbologia cristã, fazendo originar uma religiosidade afro-brasileira.

A Toponímia no Brasil

A toponímia brasileira oferece um conjunto variado de conteúdos toponímicos que misturam diversas procedências linguísticas: uma grande quantidade de nomes de origem indígena que possuem raiz e fonética diferentes; topônimos portugueses e peninsulares; nomes que remontam à épocas históricas do período colonizador ou da Independência e nomes mais modernos e elaborados. O lingüista espanhol Antonio M. Badía-Margarit assim opina:

> La toponimia brasileña es un terreno resbaladizo, erizado de dificultades, y que su cultivo resulta una empresa sumamente peligrosa dejando aparte las dificultades intrínsecas, gran parte de los escollos con que tropezamos viene de que, en el Brasil, no existe más que parcialmente el concepto europeo de la perennidad e inamovilidad de los nombres de lugar. La toponimia brasileña es algo constantemente cambiante, se modifican los nombres de lugar por necesidades administrativas, y se establece la toponimia vigente para un año determinado, como se fija la población correspondiente al mismo año.[15] (1957, p. 228).

---

15 A toponímia brasileira é um terreno escorregadio e cheio de dificuldades e o seu cultivo resulta em um empreendimento sumamente perigoso deixando além as dificuldades intrínsecas, grande parte dos obstáculos que enfrentamos vem de que, no Brasil há apenas parcialmente o conceito europeu de perenidade e continuidade dos nomes de lugar. A toponímia brasileira é algo em constante movimento,

Foi Theodoro Sampaio quem, no Brasil, desenvolveu em primeiro lugar estudos sobre a influência do tupi nos designativos de lugar. O *Tupi na Geografia Nacional* (1955) é uma obra que apresenta estudos sobre a etimologia e a história dos topônimos brasileiros. Nas palavras de Cardoso (1961, p. 17), "ele se sagrou, evidentemente, nesse ramo de estudos, um esplêndido desbravador, um tapejara magnífico", que abriu os caminhos para outros estudiosos, apontando o rumo em que deviam ser orientados os futuros trabalhos sobre a toponímia brasílica. Outro estudioso que se destacou como iniciador dos estudos toponímicos no Brasil foi Levy Cardoso, publicando obras sobre a lexicografia indígena e direcionando os seus estudos para os topônimos brasílicos da Amazônia.

Em 1965, o professor Carlos Drumond publicou a sua tese de doutoramento sobre a *Contribuição do bororo à toponímia brasílica* (1965), contribuindo para o aumento do acervo documental sobre a linguística indígena brasileira. Até então, a toponímia do Brasil, de um modo geral, tinha seu interesse centrado mais nas línguas da terra, especialmente no tupi antigo, do que no próprio elenco denominativo do português. Paralelamente ao estudo das etimologias índias, e seus significados admitido ou aparente, buscava-se, pelo contato dos primeiros viajantes europeus aqui aportados desde os primeiros tempos, até o século XIX, inclusive conhecer as influências que o meio local produzira no falante e forma pela qual rios, morros, serras, animais, vegetais, participaram desse processo denominativo. (DICK, 2006, p. 94).

A professora Maria Vicentina de Paula do Amaral Dick prosseguiu os estudos do professor Drumond e ampliou o horizonte das pesquisas toponímicas, apresentando princípios teóricos e metodologia de pesquisa fundamentados em Dauzat e seus seguidores. Ela também desenvolveu modelos taxionômicos essenciais para análise e compreensão da pesquisa toponímica.

Na Universidade de São Paulo, a professora propôs a elaboração de um atlas toponímico junto aos trabalhos de pesquisa da disciplina de Toponímia Geral e do Brasil (USP/FFLCH – Área de Línguas Indígenas do Brasil) que leciona. A proposta da elaboração desse Atlas é a de realizar a análise das ocorrências gerais da nomenclatura geográfica brasileira, do ponto de vista da denominação dos acidentes físicos e antrópicos. Como especificidades ou particularização do conjunto, a pesquisa, iniciada pela análise da nomenclatura dos municípios regionais, completada, a seguir, pelo estudo dos acidentes municipais, objetivou duas linhas básicas: a – influência das línguas em contato no território (fenômenos gramaticais e semânticos), durante o período formativo; b – padrão motivador dos nomes, resultante das diversas tendências étnicas registradas

---

modificam-se os nomes de lugar por necessidades administrativas e se estabelece a toponímia atual por um tempo determinado, como se fixa a população desse mesmo tempo.

(línguas indígenas, africanas e de imigração). Sobre a importância e o desenvolvimento do projeto Dick salienta que:

> O Projeto ATESP, em execução, é, na realidade, um conglomerado de diversas outras linhas de pesquisa, que não se esgotam nas constatações dialetológicas levadas a efeito. Dizer que uma determinada matriz lexical do português é a mais frequente, em termos de produção, ou que a toponímia paulista ou brasileira ainda conserva registros de linguagens extintas, de forte presença nos primeiros séculos da colonização, é pouco, diante dos resultados maiores que se pode obter do material coletado. O estudo do atlas permitiu, principalmente, que se repensasse a Toponímia como uma disciplina linguística, de fundamentação léxico-terminológica e não apenas etimológica. Permitiu também que se refletisse sobre a conveniência de se definir, como fizemos a construção do texto onomástico que, para nós, surge da articulação dos enunciados toponímicos, necessariamente não aleatórios, mas vinculados a um tempo de enunciação e a um denominador histórico. (1996, p. 28).

Os estudos de Dick conduziram a uma reflexão sobre a formação da língua portuguesa no que tange, não só aos nomes de origem portuguesa, como aos dos dois outros adstratos linguísticos coexistentes desde os primeiros momentos de nossa história, o indígena e o africano, além do moderno contingente de nomes resultantes da imigração europeia.

Toponímia de origem portuguesa

O Brasil que foi "descoberto" pelos portugueses no alvorecer da Idade Moderna constituiu-se, desde o início, como uma sociedade conformada pela tradição lusitana civilizatória europeia ocidental, diferenciada pelos coloridos linguísticos e culturais herdados dos índios americanos e dos negros africanos. Nas palavras do antropólogo Darcy Ribeiro: "emerge como um renovo mutante, remarcado de características próprias, mas atado genesicamente à matriz portuguesa" (1995, p. 20). De tal maneira que na constituição da toponímia brasileira podemos encontrar a influência portuguesa como um fenômeno marcante. Mostramos essa influência quando anteriormente falamos sobre *Toponímia e Religião*.

No entanto, em se tratando da chegada dos portugueses em terras brasileiras, Seraine (1966) lembra que havia uma toponímia originalmente indígena, mas que esta foi alterada foneticamente "pela pronúncia dos portugueses" ou substituída pelos "missionários e colonizadores" por nomes comuns religiosos, místicos ou mesmo por nomes dos colonizadores ou proprietários de terras (sesmarias). Silveira (1958) em seu artigo *La Toponymie des Territoires Portugais D'Outre-mer*es clarece que:

> Foram os Portugueses, nos tempos modernos, os primeiros a ser confrontados com o problema de dar nome às regiões ultra-marinas "nacionalizadas", a toponímia portuguesa foi aquela que "presidiu" a gênese do fenômeno. Por outro lado, o surgimento de descobertas a partir dos séculos XV a XVII, acompanhada pelo desenvolvimento da cartografia Portuguesa, trouxe como resultado a adoção, pela toponímia mundial, de um número extremamente grande de nomes portugueses. (1958, p. 162).

A influência portuguesa na constituição da toponímia brasileira foi estudada por Dick (1991) que utiliza a expressão "nomes transplantados" para caracterizá-la. Ou seja, o colonizador espelhava-se no mundo que havia deixado para dar nomes ao que via no *novo mundo*. O problema que se impôs ao colonizador foi o de saber até que ponto o "tesouro linguístico" que trazia era suficiente e adequado para ser adaptado a um meio tão diferente e com condições naturais de grande variedade. Conforme Lind (1963) foi com assombro que os homens do "jardim lusitano à beira mar plantado" contemplaram selvas tropicais de tipos variados, para além de planícies desérticas, pântanos, serras de acesso difícil, rios imponentes e caudalosos, clima de calor intenso etc. Foi grande a exigência que se impôs à capacidade criadora de dar nomes e batizar tantas paisagens e espaços diferentes. Mas, a Língua Portuguesa deitou raízes e se fez presente na toponímia brasileira de maneira hegemônica, sufocando a toponímia primitiva original, de berço indígena.

Nascentes (1959) tece uma interpretação poética do fato ao falar sobre "a saudade portuguesa na toponímia brasileira", salienta que os navegadores portugueses que colonizaram o Brasil explorando os "mares nunca dantes navegados" procurando levar o poder imperial e a fé, traziam consigo "a saudade da terra natal" e, para "mitigá-la" nomearam tudo o que encontraram com os nomes dos lugares onde nasceram. Exemplos não faltam! O autor ao descrever a toponímia de Minas Gerais destaca Barbacena (nome da freguesia próxima de Elvas), Queluz (lembra o palácio real em Lisboa), Matozinhos (possui um santuário réplica do que existe no Porto), Mariana (passou a ser chamada assim em 25/04/1745 em homenagem a D. Maria Ana d'Austria, esposa do rei D. João V), São João del-Rei (em 8/12/1713, o governador geral da capitania, D. Brás Baltasar da Silveira, mandou trocar o nome em honra do rei, El-Rei Nosso Senhor), Tiradentes se chamava S. José del-Rei (em honra ao príncipe real D. José, mais tarde rei D. José, filho de D. João V).

A toponímia brasileira, ao ser analisada em suas origens, precisa levar em conta, sob vários aspectos, a influência de suas três principais raízes: a portuguesa, a indígena e a africana.

Toponímia de origem indígena

É fato notório que as línguas dos indígenas contribuíram em alta escala para o desenvolvimento da língua portuguesa na variante brasileira. Isso pode ser bem visto nas caracterizações toponímicas de todas as regiões do Brasil. Dentre as línguas e dialetos indígenas que aqui se falava, o tupi-guarani ocupa um lugar de relevância. O tronco etnográfico e linguístico assim denominado formou uma das mais vastas famílias linguísticas da América.

Conforme Gregório (1980), a denominação Tupi-Guarani não constituía uma língua uniforme, já que os índios desse tronco étnico falavam inúmeros dialetos. O grupo tribal pertencente ao ramo tupi da grande família Tupi-Guarani, conforme a maioria dos historiadores, originou-se da Amazônia e fazia parte do grupo das sete famílias que constituía o tronco linguístico Macro-Tupi A reconstrução das migrações desse grupo evidencia o seu processo de expansão que se deu há cerca de 2500 anos. Inicialmente habitando uma área situada entre os rios Madeira e Xingu, na margem direita do Amazonas, esse grupo, com o crescimento demográfico e episódicos surtos de desertificação, foi impelido a buscar nichos ecológicos mais favoráveis à sua sobrevivência. Através dos rios Madeira e Guaporé chegaram às bacias do sistema fluvial Paraguai-Paraná-Uruguai e, a partir daí, irradiado para leste, repartindo-se os ramos Tupi e Guarani. Na medida em que foram se espalhando, foram também se fragmentando linguisticamente. (COUTO & GUEDES, 1998, p. 19).

A língua majoritária no Brasil, até o final do século XVII, foi o Tupi-Guarani. O tupi padronizado recebeu uma variante que foi denominada de *Nheengatu* ("língua boa"). É também chamado de *Abanheenga* ("gente de língua ruím"). De acordo com Sampaio pode-se afirmar que, de cada três brasileiros, dois só falavam Tupi-Guarani (1955, p. 48). A uniformização da língua deu-se através do trabalho dos padres jesuítas que arrebanharam os índios em "missões" e aldeias para a doutrinação católica e foram configurando com os indígenas "domesticados" uma língua-padrão, que não tivesse tantas variações dialetais.

Segundo o autor citado: "falavam os Padres a língua dos aborígenes, escreviam-lhe a gramática e o vocabulário, e ensinavam e pregavam nesse idioma". O predomínio da língua geral firmou-se com os Bandeirantes, pois todos ou quase todos falavam apenas esta língua, não sabiam o português. A respeito do papel que teve a língua geral, vale lembrar esta anotação do Padre Antonio Vieira, em carta datada de 12 de junho de 1694, informando que o uso do tupi foi de tamanha amplitude que sem ele era impossível viver integrado ao meio social ou tirar dele qualquer benefício, porque as famílias dos portugueses e índios de São Paulo "estão tão ligadas hoje umas às outras, que as mulheres e os filhos se criam mística e domesticamente, e a língua que nas ditas famílias se fala é a dos índios, e a dos portugueses a vão os meninos aprender à escola." (Vieira in: HOLANDA, 1995).

O antropólogo Darcy Ribeiro (1995) lembra que o tupi-guarani, como língua geral, permaneceu durante séculos como a fala dos brasilíndios paulistas. Foi a "língua geral", derivada do tupi e do guarani, que serviu de base principal para a nomenclatura nacional.

A atuação dos Bandeirantes e o surgimento dos *Mamelucos* foram fundamentais para a difusão do Tupi-Guarani, que passou a ser chamado de Língua Geral. O historiador Sérgio Buarque de Holanda descreve-os como uma raça nova que se destaca pela força: "com a consistência do couro, não a do ferro e do bronze, cedendo, dobrando-se, amoldando-se às asperezas de um mundo rude" (1995, p. 29).

Foi o movimento das Bandeiras que, conquistando os sertões, dilatou as fronteiras do solo brasileiro e o batizou com os numerosos topônimos de origem indígena. Sampaio (1955, p. 49) afirma que os bandeirantes somente se comunicavam através da língua Tupi e por toda parte onde andavam difundiam essa língua. O idioma português era introduzido posteriormente como fator administrativo. Em consequência disso, todas as regiões penetradas pelas bandeiras recebiam nomes tupis como designativos de lugares, ainda que nelas jamais tivesse existido uma tribo de raça tupi.

O Tupi-Guarani influenciou de modo marcante o português brasileiro no que tange a vários aspectos designativos da fauna e da flora, nomes de animais e acidentes geográficos e também de povoações, ditos e provérbios populares. Além disso, os estudiosos apontam influências ligadas não somente ao vocabulário, mas também na sintaxe de algumas regiões. Citamos como exemplos: o uso do "tá" como contração do verbo "estar"; a supressão da pronúncia do r na finalização dos verbos: *cantá, amá* etc.

Algumas considerações interessantes podem ser feitas com relação à toponímia brasileira de origem Tupi-Guarani. Por exemplo, podemos, em certas designações, perceber o olhar do nomeador bandeirante evidenciado em topônimos que são como que "marcas memoriais" das dificuldades dos caminhos e dos obstáculos transpostos pela travessia dos sertões. É assim que ele nomeia *Jequitinhonha* (Onde jiqui é jequi, armadilha para pegar peixes, ou covo afunilado tecido de taquaras, o qual, cheio de iscas se lança no rio com o fim de se apanhar peixes vivos); *Camapuã* (Colina em forma de seios); *Itambé* (nariz de pedra). A natureza foi nomeada de formas variadas: *"caa"* nos compostos *caaete* (mata verdadeira), *capoeira* (mata secundária), catanduva (mato espesso), *Igapó* (várzea inundada), *Ypiranga* (terra roxa), *tabatinga* (barro branco).

Cardoso, em *Toponímia Brasílica* afirma que "a língua tupi foi aquela que mais influiu, não só no vocabulário do português do Brasil como, talvez ainda mais, na toponímia brasílica". (1961, 17). Dick analisa a influência da toponímia indígena afirmando que os nomes geográficos de origem indígena têm várias procedências, não se limitando apenas à família Tupi. Ainda que reconheça a contribuição desse grupo como a mais considerável, sobretudo pela "penetração lexicológica no português" ou a "densidade toponomástica", a autora diz que há que se considerarem as contribuições de outras origens "como a karib, aruak, bororo, jé, kariri, kaingang", por exemplo. (1990, p. 120).

Nem sempre, todavia, o conhecimento da língua bastará para explicar o sentido de todos os nomes geográficos de origem tupi. Muitos deles foram adulterados pelos brancos. Outros, antigos, os mesmos índios já os não sabiam decompor. Antes de qualquer explicação – ainda que essa pareça óbvia em algum topônimo – convém que se investiguem quais as variantes populares e, principalmente, sob que formas aparecem o nome nos mais antigos documentos.

É fato sabido que as línguas indígenas contribuíram também para o desenvolvimento do idioma do colonizador português e, podemos detectar, nas narrativas de viagens dos viajantes que estiveram no Brasil, a partir do século XVI, influências designativas na fauna, na flora e em animais que os visitantes viram e descreveram pela primeira vez em seus escritos. Dos livros de viagens passaram aqueles termos, mais ou menos alterados, para a literatura científica, para a linguagem corrente, e daí para os dicionários, incorporados ao patrimônio idiomático de cada povo. Sofreram naturalmente modificações gráficas, de acordo com a organização glótica dos indivíduos que os receberam. Por exemplo: ananás (bromeliácea – *Ananassa sativa*); Capibara, capivara, roedor (*Hydrochoeruscapybara*); cipo, cipó (*IcipoBrasiliensibus*); jacaranda, jacarandá (*Iacaranda*); jacare, jacaré, crocodilo (*iacaré*); maguari, ave (*Euxenura maguari*) etc.

A partir de 1759, quando o Marquês de Pombal esteve à frente do governo português, a língua Tupi–Guarani, o *Nheengatu,* passou a ser proibida, obrigando os povos coloniais a se comunicarem utilizando unicamente o idioma português. A *Lei do Diretório*, promulgada pelo Marquês de Pombal, em maio de 1757, durante o governo de D. João VI, tinha como um dos principais objetivos a imposição do idioma Português no território brasileiro. Um dos artigos desse diretório criticava duramente a língua geral, classificando-a de "invenção verdadeiramente abominável e diabólica". No desejo de extingui-la, tratou de criar meios para estabelecer o uso unicamente da Língua Portuguesa, não consentindo que "meninos e meninas e todos aqueles índios, que forem capazes de instrução (...) usem língua própria das suas nações, ou da chamada geral, mas unicamente da portuguesa". (Artigo 6 do Diretório). A reafirmação da lei do Diretório dar-se-á em agosto de 1759, quando foi postulado o uso obrigatório da Língua Portuguesa, com todo o seu poder unificador, e, em consequência, o abandono progressivo da língua geral, que, na verdade, já se encontrava restrita, sobretudo em São Paulo, às comunidades rurais do interior.

Assim, mesmo com a imposição arbitrária da Língua Portuguesa no Brasil colonial, pode-se dizer que, durante três séculos, o português e o tupi, ou língua geral, existiram lado a lado, influenciando-se reciprocamente e cruzando-se. O tupi era a língua doméstica, familiar e corrente dos colonos, e o português, a língua oficial, que as crianças, mamelucos e também filhos de índios aprendiam nas escolas, mas não falavam em casa. A realidade linguística era muito complexa, porque, com o português, conviviam as várias línguas indígenas e as várias línguas faladas pelos negros no Brasil.

Dessa maneira, o processo cultural que possibilitou a imposição da língua portuguesa sobre as outras, não se deu de modo fácil e nem sempre pacífico. Todavia, aprender a Língua Portuguesa tornou-se quase uma questão de sobrevivência para os colonizados. Alguns africanos, por exemplo, aprendiam rápido, outros sofriam verdadeiros processos de adestramento, mas todos, índios e negros, tinham que aprendê-la. A variedade de tribos indígenas e africanas facilitou a obra portuguesa, que, como foi dito, preferiu por medida de segurança, importar grupos dialetais diferentes, que não se entendiam e deviam se esforçar para buscar na fala portuguesa o meio de comunicar suas necessidades pessoais e sociais.

Nessa contextualização, fica claro que a guerra dos portugueses contra os índios e os negros, subjugando-os todos, era também uma guerra linguística e cultural, que resultava num desentendimento total, numa fragmentação de culturas e línguas. Acrescente-se a isso o fato de que o português do Brasil e o de Portugal já se apresentavam em formas desiguais.

A consolidação do ideário de Pombal vai dar-se de maneira paulatina. A sua culminância é apontada pelos historiadores por ocasião da Assembleia Constituinte de 1823, quando se reuniram diversos representantes de várias províncias brasileiras que, falando uns com os outros, puderam notar diferenças prosódicas. No entanto, a igualdade da língua falada por todos os participantes era unânime. Pela primeira vez os brasileiros, mesmo provindo de lugares tão distantes e diferentes, como num "Pentecostes tupiniquim", falavam e se entendiam em sua própria língua, a qual se formara competindo com línguas indígenas e negras, e na qual se notavam variações provenientes dos diferentes grupos do português falado em regiões diversas. Assim, podemos intuir que a consolidação da Língua Portuguesa dependeu mais de fatores históricos que linguísticos.

Toponímia de origem africana

Os negros que vieram para o Brasil originavam-se, principalmente da costa ocidental da África, pertencendo a três grandes grupos culturais: sudaneses, incluindo-se nesse grupo os Ioruba, os Daomé e os Fanti-Achanti (Minas), e os grupos menores da Gambia, Serra Leoa, Costa da Malagueta e Costa do Marfim, do norte da Nigéria, Banto,

Congo-Angolês. As autoridades portuguesas, durante o período colonial, evitaram a concentração de escravos de uma mesma etnia nas propriedades e nos navios negreiros. Essa política, a multiplicidade linguística e as hostilidades recíprocas que os negros trouxeram da África, dificultaram a formação de um coeso patrimônio cultural africano, incluindo-se aí a preservação das línguas.

Conforme as informações históricas disponíveis e as estimativas demográficas da época, o censo de 1823 aponta 75% de negros e mestiços no total da população brasileira. (CASTRO, 1983). O fator numérico grandioso leva a supor que essa vantagem, em termos de superioridade numérica, no confronto das relações de trabalho e na convivência diária, teria dado também a sua parte de contribuição para a constituição daquela "língua geral", que foi usada no Brasil até meados do século XVIII por bandeirantes e catequistas e que, nas palavras de Câmara Jr. (1954, p. 293) "não deve ser confundida com uma suposta persistência dos falares tupis na sociedade europeia do meio americano". Explica-se pela substituição gradual do negro ao índio que se acentua do século XVII em diante, a ponto de no século XIX o índio haver desaparecido praticamente no cenário brasileiro. Ao mesmo tempo, já se formavam os falares afro-brasileiros das senzalas, das plantações, dos quilombos, das minas. Na intimidade da família, na vida do campo e da cidade, o negro é figura marcante. Essa transformação étnica vai refletir-se na esfera linguística.

O vocabulário do português falado no Brasil recebeu uma grande influência das línguas africanas e se enriqueceu com muitas palavras que se referem, sobretudo, a ritmos e danças populares, rituais, religiões, culinária, instrumentos musicais, botânica, adjetivos e verbos que traduzem ações, qualidades e sentimentos atribuídos aos negros.

Entre os séculos XVIII e XIX, nas regiões dos caminhos que fazem parte da Estrada Real, Minas Gerais recebeu um grande contingente de africanos para o trabalho de exploração das minas do ouro e das pedras preciosas. Em razão disso, a população afrodescendente foi maioria em Minas até o final do século XIX. Em 1776, os negros e mestiços constituíam a parcela de 77,90% da população mineira e no primeiro senso demográfico da República realizado em 1890, mesmo após a extinção do tráfico negreiro e a abolição da escravatura no Brasil, eles constituíam 53,32% dos habitantes de Minas Gerais (SENNA, 1938, p. 60). O grandioso número populacional da raça negra, se deixou marcas na cultura brasileira e nos costumes, entretanto, não deixou marcas expressivas na toponímia da Estrada Real. São pouquíssimos os topônimos que encontramos nas regiões desse percurso. Uma explicação histórica plausível é a de que a escravização do negro ligada à sua marginalização fez com que ele exercesse um papel inexpressível em relação ao processo designativo. Dick (1991, p. 149), ao falar sobre a influência africana na toponímia brasileira, ressalta que esta foi marcante principalmente na Bahia e nos Estados do Nordeste, ainda que na região sudeste, em especial em Minas Gerais, Rio de Janeiro e São Paulo tenha sido grande a concentração da raça negra.

A Motivação Toponímica

A relação entre a linguagem, sociedade e cultura é muito estudada e desperta muitas controvérsias. A diversidade de proposições fez surgir uma gama variada de ciências da linguagem, cuja diferença essencial se refere à perspectiva adotada. O ponto de vista mais tradicional é o de que a sociedade determina a linguagem. Na expressão de Wiliam Labov, a linguagem é "um índice sensível de muitos processos sociais". (TODOROV & DUCROT, 1977, p. 70). Por conseguinte, o estudo das variantes linguísticas permitirá circunscrever, com precisão, as variantes sociológicas ou culturais.

Para Humboldt, a linguagem não é efeito, mas sim, causa das estruturas sociais e culturais. Para este *double* de filósofo e linguista, o mundo e a verdade seriam produtos e não origem e modelos da língua. O conceito de forma interna — estruturação específica dos conteúdos linguísticos de uma língua — está ligado estreitamente à tese da língua como peculiar *"Weltbild"*, *"Weltansicht"* ou cosmovisão de uma comunidade linguística. Atente-se, porém, que a forma humboldtiana é uma *"forma formans"*, princípio ativo que dá forma a uma outra coisa. Não existe pensamento pré-linguístico; a linguagem intervém no processo de conceituação; plasma e modela o pensamento: "Die Spracheistdasb ildendeOrgandesGedankes".[16]

A palavra é, primordialmente, instrumento do pensamento e da auto expressão, e, só secundariamente, serve à comunicação social. Com essa assertiva, Humboldt posterga, de maneira peremptória, a concepção da linguagem como decalque da realidade. A língua forma e condiciona a experiência do mundo dos falantes. Toda língua determina o pensamento e a percepção, de acordo com a específica organização de seu léxico e em consonância com suas categorias gramaticais. Ela não informa sobre o mundo, mas informa o mundo. "A mútua interdependência entre o pensamento e a palavra deixa patente que as línguas não são, evidentemente, meios de representação da verdade já conhecida; elas são meios de descobrir verdades até então desconhecidas" (TODOROV & DUCROT, 1977).

Em outras palavras, uma determinada língua é um co-determinante da visão do *cosmos* para os membros dessa comunidade linguística. A imagem recebida por meio da cognição (Kant) ou da linguagem (Humboldt) não depende só da natureza do objeto, mas de uma contribuição ativa do conhecimento do falante. Trata-se, afirma Cassirer (1995, p. 101), não de imitação, porém de criação. Reflete a palavra, não o objeto como

---

16 "A língua é o órgão formador das ideias".

tal, mas a imagem que este cria nas almas. Contemplamos o mundo através de uma rede formada pela linguagem.

No entender de Humboldt, a diversidade de línguas provém, não tanto da diferença de sons e signos, mas sim, das diferentes concepções do mundo. E qualificou de verdadeiramente desastrosa para a linguística a ideia muito difundida de que as diversas línguas não fariam outra coisa senão assinar ou rotular nomes de objetos existentes, independentemente desses nomes. Para Humboldt, "embora as línguas tenham propriedades universais, atribuíveis à mentalidade humana como tal, cada língua oferece um "mundo de pensamento" e um ponto de vista de tipo único" (HORMANN, 1972, p. 265).

Dessa forma, qualquer língua deve ser olhada como um todo orgânico, diferente dos demais. É a expressão da individualidade do povo que a fala, a característica da *psique* de uma nação. De certa forma — afirma ele — "a língua é a manifestação exterior do espírito dos povos". (TODOROV & DUCROT, 1977, p. 70). Em resumo, a língua não designa uma "realidade" pré-existente. Ela organiza, para os falantes, o mundo circunstante.

Seguindo essa linha de pensamento, Edward Sapir mostrou, entretanto, que a essência da linguagem sofre variações em função do lugar e do tempo e também em função das relações com os interesses humanos primordiais (pensamento, cultura, arte etc.). Em seu livro, *Le Langage* (1970), ele afirma que as línguas moldam diferentes culturas e representações. Segundo essa hipótese, as línguas moldam a forma de pensar de cada povo. O mundo apresenta-se como um "fluxo caleidoscópico" de impressões que deve ser organizado sobretudo pelo sistema linguístico que está presente em nosso pensamento. Dessa forma, ele mostra que o ambiente se reflete na língua, na medida em que sobre ele incidem as forças sociais (SAPIR, 1980, p. 46).

A sua conceituação de linguagem é sensivelmente diferente daquela que é apresentada pela maioria dos linguistas porque atribui muita importância à função simbólica da linguagem: A língua é, antes de tudo, uma atualização vocal da tendência de ver a realidade de maneira simbólica e é precisamente essa qualidade que faz da língua um instrumento eficaz da comunicação. (SAPIR, 1980).

Essa concepção da linguagem tem o mérito de não isolá-la do seu contexto cultural e social. Pelo contrário, coloca-a em lugar privilegiado donde se pode descortinar a relação entre o homem e o mundo que o cerca.

> A língua está se tornando um guia cada vez mais valioso no estudo científico de uma dada cultura. Em certo sentido, a trama de padrões culturais de uma civilização está indicada na língua em que essa civilização se expressa. E uma ilusão pensar que possamos entender os lineamentos significativos de uma cultura pela pura observação e sem o auxílio do simbolismo linguístico, que

torna esses lineamentos significativos e inteligíveis à sociedade... (SAPIR, 1980, p. 50).

A língua, para Sapir, tem o poder de analisar os dados da experiência em elementos teoricamente dissociáveis. Realiza, em proporções diversas, a fusão do virtual (palavras) e do real (experiência), que permite aos homens transcender aquilo que é imediatamente dado pela sua experiência individual e achegar-se a um domínio comum. Disserta Sapir, muitas vezes, sobre a "distância" entre a palavra e a experiência, mostrando como essa distância pode variar de uma sociedade a outra, e até mesmo entre certos povos, a palavra torna-se uma só coisa com o que ela designa.

"A linguagem é um guia para a realidade social" (SAPIR, 1980, p. 46). Os seres humanos não vivem apenas no mundo objetivo, nem apenas no mundo da atividade social como ela é geralmente entendida, mas também se acham dentro da língua particular que se tornou o meio de expressão da sua sociedade... Se vemos, ouvimos e sentimos de maneira geral, tal como o fazemos, é em grande parte porque os hábitos linguísticos de nossa comunidade predispõem certas escolhas de interpretação... O fato incontestável é que o 'mundo real' se constrói inconscientemente, em grande parte na base dos hábitos linguísticos do grupo. Eis aqui a teoria da relatividade linguística de Sapir.

Estudando as línguas índias ele observou que a forma de se exprimir em *apache* e em *hopi* era muito diferente na forma de descrever os objetos, as cores e o tempo. Por exemplo, na língua hopi, não existe marca de passado ou futuro. Daí, Sapir concluiu que eles não tinham a mesma noção de tempo que os ocidentais. Dessa forma, os cortes de linguagem produzem cortes no pensamento. E as pessoas que falam línguas diferentes têm diferentes formas de pensar. Para este estudioso francês as influências ambientais, mesmo aquelas mais simples, estão sempre associadas às forças sociais.

> Por fatores físicos se entendem aspectos geográficos, como a topografia da região (costa, vale, planície, chapada ou montanha), clima e regime de chuvas, bem como o que se pode chamar a base econômica da vida humana, expressão em que se incluem a fauna, a flora, os recursos minerais do solo. Por fatores sociais se entendem as várias forças da sociedade que modelam a vida e o pensamento de cada indivíduo. Entre as mais importantes dessas forças sociais estão a religião, os padrões éticos, a forma de organização política e a arte. (SAPIR, 1980, p. 44).

Assim, ainda que existam dois grupos de fatores ambientais, o fator físico só se reflete na língua quando, sobre ele, atuou a força social, ou seja, o surgimento de um símbolo linguístico reporta-se à influência da parte social do ambiente, aos membros do grupo que nele interagem. Para Sapir, a língua é formada no mundo social, e só depois passa a agir sobre a forma pela qual a sociedade concebe o mundo. O simples fato de possuir uma língua em comum constitui um símbolo particularmente poderoso da solidariedade que une os indivíduos locutores dessa mesma língua. Além de sua função comunicativa, a linguagem efetua o "relacionamento" entre os membros de uma comunidade, como "os convivas de um jantar" (MARCELLESI & GARDIN, 1975, p. 21).

Quer dizer: o homem não vive num mundo unicamente objetivo, mas não existe dúvida sobre a existência dele. Dessa forma, as relações entre língua e sociedade são apresentadas no quadro de uma concepção da linguagem como "poderoso instrumento de socialização". Assim, sem ela não poderiam existir verdadeiras relações sociais e o simples fato de possuir uma língua em comum constitui um símbolo particularmente poderoso da solidariedade que une os indivíduos falantes de uma mesma língua. A linguagem desempenha uma função considerável na acumulação cultural e na transmissão histórica do conhecimento, mesmo nas sociedades primitivas onde uma grande parte do repertório cultural é apresentada sob uma forma linguística. A língua organiza, em importante medida, todas as nossas reflexões e contribui, assim, para condicionar a nossa maneira de conceber esse mundo objetivo. Só o léxico de uma língua se deve considerar organizador da experiência do povo que a fala.

Ainda que sua teoria tenha sido alvo de muita controvérsia e discordância, sobretudo no que se refere à afirmação de que sem a língua não poderiam existir verdadeiras relações sociais. No processo de nomeação, entretanto, fica evidente que, ao se estudar o léxico de uma língua, pode-se também apreender a realidade do grupo que a utiliza, tais como: a cultura, a história, o modo de vida e a visão de mundo. Assim, língua e cultura constituem duas realidades diferentes, das quais a primeira evolui mais lentamente que a segunda. Numa fase inicial, a língua e a cultura estão ligadas e agem constantemente uma sobre a outra durante um período bastante longo. "Uma e outro mudam, mas os elementos culturais mais depressa que a língua. Muitas vezes, a língua reflete, pois, um condicionamento físico e uma psicologia coletiva passados". (MARCELLESI & GARDIN, 1975, p. 31). Para Sapir, o léxico característico de uma tribo costeira (índios nutka) pode ser comparado ao léxico das populações pesqueiras da Europa e vice-versa.

As palavras sempre constituem o sistema lexical de uma língua e nelas se refletem os aspectos do mundo real em que foi produzido e é utilizado esse léxico. O ser humano atribui nome a tudo que o cerca: coisas, animais, pessoas, espaços... É através do ato de nomear que o ser humano se organiza dentro do mundo e nele se orienta. Assim, podemos falar que o signo toponímico é motivado pelas características físicas do local, ou pelas impressões, crenças e sentimentos do denominador. Ele diferencia-se dos demais signos com relação à motivação e torna-se específico nesta função. Diferencia-se do signo linguístico que está fundamentado na arbitrariedade e tem como peculiaridade a motivação. O signo linguístico é composto de duas partes: significante e significado, cuja relação não é natural, mas produto de um contrato social, conforme ensina Saussure (1945).

Considera-se Ferdinand de Saussure (1857-1913) o fundador da linguística moderna, no início do século XX. O linguista suíço teve as suas ideias difundidas na obra *Curso de Linguística Geral*, elaborada pelos seus alunos após a sua morte. Ferdinand Saussure estabeleceu distinções binárias e dicotômicas que ficaram célebres. Inicialmente ele rejeitou radicalmente a linguística histórica, então dominante, opondo à diacronia um estudo da língua em sincronia, isto é, num momento dado. Ao distinguir sincronia de diacronia, Saussure entende a língua "em si mesma, por si própria", a fim de captar o funcionamento interno, e não para reconstruir uma genealogia hipotética.

Ele estudou o problema que existe entre a relação da palavra com os elementos fonéticos de significação e o objeto da realidade a que se refere, entendendo que o signo linguístico é uma entidade psíquica composta de dois elementos: o significante e o significado. Uma palavra é uma imagem acústica associada a um conceito.

O significante ou imagem acústica é a marca psíquica que em nosso cérebro se produz quando ouvimos uma palavra. Por exemplo, a palavra *estrada*, que unimos imediatamente ao conceito, o significado, que todos temos do que é uma estrada. Ambos os elementos são intimamente unidos, como as duas faces de uma folha de papel, explicava Saussure, e dominados por uma série de leis: a) o caráter arbitrário de suas relações; b) o caráter linear do significante. Já sabemos que a arbitrariedade na relação entre os dois elementos se dá porque nada há na combinação de sons que compõem estrada [e-s-t-r-a--d-a] que una necessariamente tal palavra com o significado estrada. O caráter linear do significante é um princípio baseado na impossibilidade de que em uma mesma mensagem possam aparecer de modo simultâneo dois significantes, pois necessariamente um tem que seguir o outro: "estrada + real".

Ferdinand de Saussure estabeleceu duas distinções fecundas, que se ajustam perfeitamente a uma visão conciliadora entre a coerção social e ação do indivíduo. De uma parte ele distinguiu a *langue*, que é o conjunto e o sistema dos sinais arbitrários em uso em um momento dado, numa determinada sociedade, e de outra, a *parole*, que é o ato particular e o concreto de um indivíduo que usa a *langue*, seja para se fazer compreender, seja para compreender. Distinguiu a sincronia da *langue*, isto é, sua constituição, seus sons, suas palavras, sua gramática, suas regras etc. (ELIA, 1978, p. 16).

Ao estabelecer a distinção entre a língua, como conjunto de regras abstratas, e a palavra, como ação singular de um falante, ele, então, concebe a língua como um sistema no qual todas as unidades são interdependentes. A noção de sistema vai influenciar profundamente a linguística estrutural que, nos anos 60, servirá de modelo a outras ciências.

Em decorrência, o conceito de signo linguístico ampliou-se na mesma teoria, conceben-do a língua como um conjunto de signos mutuamente relacionados e reciprocamente unidos. Os signos, pois, não são isolados, mas formam um sistema, uma estrutura, um conjunto de relações, relações essas que definem os signos e as quais, sobretudo, interessa ao linguista investigar. Em linguística, a palavra estrutura não tem profundezas metafísicas. Significa essencialmente construção. Dessa concepção depreende-se um aspecto fundamental para a investigação do significado: não existe relação direta entre as palavras e as coisas que elas representam. Esse aspecto foi indicado por Odgen e Richards em seu famoso triângulo, ligeiramente modificado por Ullmann.

Figura 01 - Triângulo de Odgen E Richards

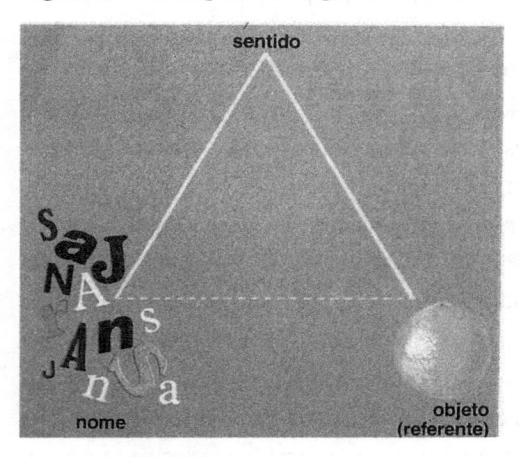

Fonte: ULMANN, Stephen. 1976, p. 38.

Dentre os estudos empreendidos sobre a estruturação do significado, um dos mais conhecidos e utilizados, sobretudo a partir do século XX, foi o de Kurt Baldinger sobre a teoria dos campos semasiológico e onomasiológico. Conforme Baldinger (1968, p. 178-179), o triângulo de Ullmann pode ser interpretado nos seguintes desdobramentos: 1 – O nome(significante) está ligado ao sentido (conceito) pela significação, como diferentes sentidos por diferentes significações.

Figura 02 - Triângulo de Baldinger I

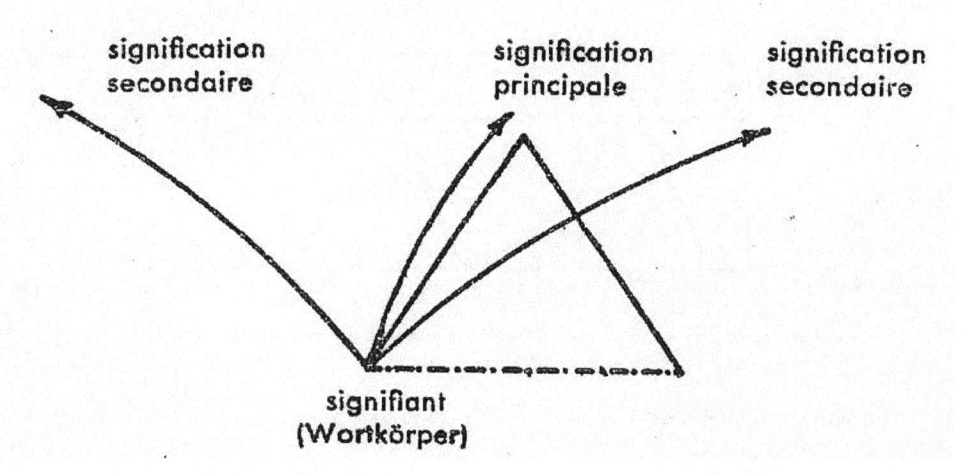

Fonte: BALDINGER, 1968, p. 179.

O inventário das significações ligadas a um só nome (significante) constitui o Campo Semasiológico. De outra parte, eu posso exprimir um só sentido (sentido) por uma série de nomes diferentes:

Figura 03 - Triângulo de Baldinger II

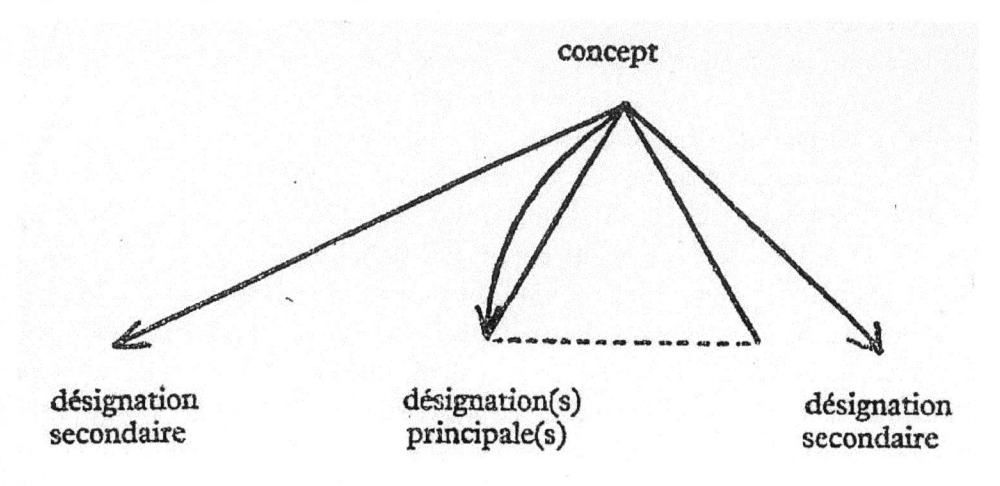

Fonte: BALDINGER, 1968, p. 179.

Desta maneira, o inventário das designações ligadas a um só *sentido* (conceito) constituem o *Campo Onomasiológico*.

O campo semasiológico e o campo onomasiológico constituem duas microestruturas.

Figura 04 - Triângulo de Baldinger III

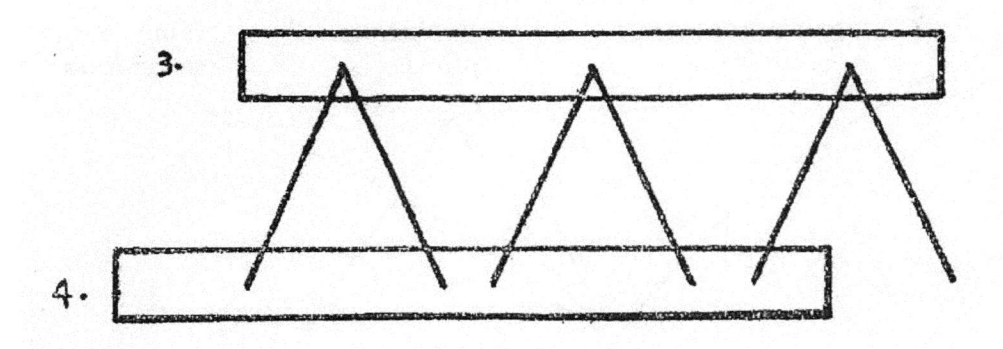

Fonte: BALDINGER, 1968, p. 179.

Ao lado dessas duas microestruturas, podemos constatar duas macroestruturas: a macroestrutura sobre o plano dos significantes e a macroestrutura sobre o plano dos significados.

A semasiologia e a onomasiologia examinam as duas microestruturas fundamentais do léxico. Ao mesmo tempo em que são opostas, são também complementares, constituindo-se um excelente caminho para o entendimento da forma como o léxico de uma língua se estrutura.

Ullmann (1976) chama de nome a combinação de elementos fonéticos e de sentido a informação que se comunica ao ouvinte. O objeto, com o qual se relaciona o nome, não se liga diretamente a este, mas se relaciona através do sentido. O significado de uma palavra será a relação recíproca que existe entre o som e o sentido. Todos estes princípios teóricos relacionam-se aos objetos do mundo que nos rodeia e que são nomeados. Se por um lado as relações entre nomes e referentes são intrinsecamente convencionais, de outra maneira, segundo o autor citado, existem, contrariamente, as palavras às quais podemos chamar de motivadas, e de vários modos. A motivação pode residir nos sons, na estrutura morfológica da palavra, ou no seu fundo semântico. Por exemplo, os poetas utilizam-se muito da motivação fonética fazendo uso de rimas, aliterações e assonâncias para obter efeitos de sentido variados. Já, a motivação semântica pode ser encontrada no uso da metáfora motivada pela semelhança (*bonnet*>capot> boné).

O linguista Mário Alinei afirma que "todo o signo é motivado no momento de sua criação". Ele defende a existência de uma dupla estrutura do significado: a genética e a funcional. Todo o signo é motivado em sua origem porque o denominador quando atribui nome a um novo referente, muitas vezes, utiliza elementos pré-existentes no sistema linguístico para conceber palavras novas. Assim, o que acontece depois de sua criação, é que os novos itens lexicais vão se tornando funcionais e acabam perdendo a motivação inicial. Tanto Ullman (1976) quanto Alinei (1994) estabelecem a distinção entre palavras "opacas" e palavras "transparentes", conforme seja possível ou não recuperar a motivação inicial, registrando ainda o que é chamado de "opacidade cultural", quando não se pode recuperar o contexto cultural em que as palavras foram criadas (Alinei, 1994, *apud* ISQUERDO, 1996, p. 88). Dessa maneira é que podemos estudar a nomeação dos lugares pelo signo toponímico. Este, antes de qualquer outra coisa, é um signo linguístico, motivado principalmente pelas características físicas do local ou pelas impressões, crenças e sentimentos do denominador. (TAVARES, 2009, p. 100).

O signo toponímico tem como característica principal a motivação semântica relacionada a aspectos sociais, culturais ou ambientais que, segundo Sapir, são levadas em conta no ato de nomear acidentes físicos ou humanos, tornando-se assim a sua motivação. Dick lembra que, nessa perspectiva, os topônimos são motivados por fatores extralinguísticos, podendo ser considerados como "verdadeiros testemunhos históricos" e expressam "um valor" que transcende o próprio ato da nomeação. (1999, p. 129). A autora ainda esclarece que o topônimo, em sua funcionalidade, transforma-se no ato do "batismo do lugar", de arbitrário em essencialmente motivado. (1990, p. 38).

O duplo aspecto da motivação toponímica é revelado no primeiro momento pela intencionalidade do falante e, em seguida, pela origem semântica da denominação.

> Primeiro, na *intencionalidade*, que anima o denominador, acionado em seu agir por circunstâncias várias, de ordem subjetiva ou objetiva, que o levem a eleger, num verdadeiro processo seletivo, um determinado *nome* para este ou aquele acidente geográfico; e a seguir, na própria *origem semântica* da denominação, no significado que revela, de modo transparente ou opaco, e que pode envolver procedências as mais diversas. (DICK, 1990, p. 39)

Esses dois aspectos fazem parte da sistematização da taxonomia toponímica proposta por Dick: física e simbólica. "O signo linguístico em função toponímica representaria uma projeção aproximativa do real". (DICK, 1990, p. 39).

Podemos assim constatar que, ao estudarmos o léxico de uma região, aproximamo-nos da realidade dos utilizadores linguísticos, permitindo-nos visibilizar fatores como: a cultura, a história, o modo de vida e a visão de mundo compartilhada em um espaço. As palavras constituidoras do léxico de uma língua refletem a realidade do vivido. De tal forma, podemos deduzir que os nomes atribuídos à realidade circundante é um processo de orientação e de organização espacial.

Em consonância com Dick, a descrição de um lugar pode ser interpretada de modo objetivo e de modo subjetivo. O primeiro aspecto pode revelar a escala cromática, a posição geográfica, as formas topográficas etc. Este seria denominado descritivo puro. O segundo pode salientar a adjetivação ou atribuições de cunho sentimental, e seria denominado descritivo-associativo. Assim, a motivação semântica do topônimo por elementos extralinguísticos é a fonte da pesquisa histórica de um povo. Vemos aqui uma reinterpretação do aporte teórico de Sapir na evolução da proposta taxionômica formulada por Dick.

O *signo toponímico* é sempre motivado. O fator motivacional pode ser entrelaçado pelas características físicas do espaço ou pelas impressões, sentimentos e crenças do denominador. É a motivação que o diferencia dos outros signos. Nas palavras de Dick:

> Muito embora seja o topônimo, em sua estrutura, como já se acentuou, uma forma de língua, ou um significante animado por uma substância de conteúdo, da mesma maneira que todo e qualquer outro elemento do código em questão, a funcionalidade de seu emprego adquire uma dimensão maior, marcando-o duplamente: o que arbitrário, em termos de língua, transforma-se, no ato do batismo de um lugar, em essencialmente motivado, não sendo exagero afirmar ser essa uma das principais características do topônimo. (1990, p. 38).

Muitas vezes, a toponímia nos referenciará um conceito que não corresponde à realidade física que temos diante de nós, hoje, porque essa realidade mudou com o tempo, ou até desapareceu. Assim ocorre com muitíssimos nomes que se referem à vegetação, à hidronímia ou a topônimos culturais que nasceram em seu momento para descrever uma realidade existente, bem definidada então, e que agora desapareceu. Trata-se aqui do problema da motivação e da transcendência semântica dos topônimos. Quando nascem e se acomodam à realidade nomeada, estabelecem uma relação direta entre o nome e a coisa nomeada. Podemos dizer que podem ser compreendidos como "termos semanticamente motivados". Mas, essa transparência semântica vai se desvanecendo com o tempo e, em muitos dos casos, a arbitrariedade entre o nome e a realidade chega a ser quase tão absoluta como a que existe na linguagem comum. Ou dito de outra maneira: a realidade muda, transforma-se e até desaparece, mas a língua permanece. Por exemplo: Na toponímia dá-se, como em nenhuma outra parcela do léxico de uma língua, o fenômeno da motivação linguística. (Três tipos de motivação linguística ocorrem na toponímia: fônico, morfológico e semântico).

A motivação semântica é sem dúvida a mais comum. Podemos dizer que os topônimos são, em sua imensa maioria, nomes motivados e que o significante de tal topônimo deseja "traduzir" a realidade física concreta de um lugar. EscreveMorala que os topônimos, em geral, são:

> Doblemente arbitrarios: por una parte son arbitrarios en la relación significante/significado, como cualquier otro signo linguístico, respecto al sector de la realidad que designan, pero por otro lado son también arbitrarios respecto del sistema linguístico de que forman parte pues el hablante es normalmente incapaz de relacionarlos semánticamente con el resto de los signos que componen el sistema, es decir, desconoce su significado, la motivación semántica por la que un lugar tiene un nombre y no otro.[17] (1984, p. 31).

A arbitrariedade dupla de que fala Morala afeta só os topônimos específicos de lugar: quando se perdeu a motivação semântica por um lugar determinado, tem um nome concreto e não outro, o termo se fixa e se converte em fóssil. Naturalmente, nem sempre se pode conhecer a motivação que há por detrás de cada topônimo, mas quando isso ocorre, e quando é possível investigar a sua origem, o território contemplado se nos apresenta então como um "corpo bem batizado".

Os estratos de uma toponímia local podem revelar motivações variadas e multiformes quanto à origem motivacional. Eles podem trazer as marcas das primeiras populações que habitaram o espaço; podem conter referências sobre às características físicas do lugar; revelar a posição geográfica; trazer dados sobre a presença da flora e da fauna; demonstrar a vinculação do lugar com uma personagem concreta de que se toma seu nome; traduzir a função social do espaço; podem relacionar atividades humanas; salientar dados da cultura religiosa.

Lapesa menciona os "topônimos que foram mal batizados" (1992, p. 294), identificando aqueles topônimos que são arbitrários por seus nomes, designando uma natureza bem diferente daquela que o significado do seu nome podia esperar. Nada dizem da realidade a que se referem. Na maioria das vezes, essa arbitrariedade é consequência da transformação do espaço por parte do homem ou da natureza. Por exemplo: Monjolos (MG). O topônimo refere-se a um lugar em que havia muitos monjolos, mas onde hoje

---

17 Duplamente arbitrários: por um lado são arbitrários em relação ao significante/significado como qualquer outro signo linguístico em relação à realidade que designa, mas por outro lado são arbitrários em relação ao sistema linguístico do qual tomam parte porque o falante é incapaz de relacioná-los semanticamente com o restante dos signos que fazem parte do sistema, ou seja, desconhece o seu significado e a motivação semântica porque um lugar tem um nome e não outro.

eles não mais existem. Assim, Casa Grande (MG), também remete a uma grande casa que havia naquele lugar, mas hoje não existem mais vestígios dessa construção.

O autor justifica que isso se deve porque, muitas vezes, a explicação para um topônimo é completamente confusa no que se refere à sua origem.

Tendo visto as relações interdisciplinares da toponímia e as suas interfaces, retornamos ao pensamento de Dauzat para destacar a importância do estudo toponímico, que não deve ser diluído nem menosprezado pelas outras perspectivas científicas no objetivo de se fazer um estudo abrangente e completo de uma região ou espaço.

> La toponymie n'a pas seulement pour but de retrouver la forme primitive des noms de lieux, leur étymologie, leur sens originaire. Prêtant main forte à la géographie humaine, elle doit aider à reconstituer l'histoire du peuplement, de la mise en valeur du sol: en face de l'absence ou de la pénurie de témoignages historiques, les noms de lieux constituent, lorsqu'on sait les faire parler, des témoins authentiques et irrécusables qui permettent, sinon de dater, du moins de jalonner dans les temps la fondation des établissements humains et qui, en outre, nous renseignent souvent sur l'aspect des lieux au moment où ils furent créés.[18] (1971, p. 39)

A evolução das línguas através dos séculos, as transformações vocabulares que se verificam, embora muito lentamente e por causas diversas, as formas correspondentes ou analógicas de cada termo nos vários idiomas, tudo isso torna bastante complexo o estudo consciencioso e completo dos topônimos, fazendo muitas vezes com que o estudioso--investigador se sinta embrenhado em complicada rede, que se torna ainda mais confusa com a falta de documentação idônea para muitos casos, tornando o trabalho imperfeito. Mas, mesmo para um poliglota de aturada paciência e dotado de qualidades técnicas, após anos de atividades, o trabalho apresenta-se como desafiador e imperfeito sem uma metodologia taxionômica. Consciente dessas dificuldades, a Profa. Dra. Maria Vicentina de Paula do Amaral Dick construiu uma proposta de análise toponímica.

No entrelaçamento do estudo da toponímia com a relação da motivação entre o denominador e o objeto denominado, podemos chegar ao processo onomasiológico que revela as influências externas ou subjetivas que se traduz em topônimos de variadas

---

18 O estudo da toponímia não é somente para encontrar a forma primitiva do topônimo, sua etimologia ou seu sentido originário. Ela pode ser de grande ajuda à geografia humana, que deve reconstituir a história da colonização, o desenvolvimento do solo, com relação a ausência ou a falta de evidências históricas. Os nomes de lugar constituem testemunhos autênticos e irrefutáveis que permitem, se não datar, pelo menos arriscar a data da fundação de assentamentos humanos, e de outra parte podem mostrar aspectos que remontam ao momento em que eles foram fundados.

origens e procedências. A *Onomasiologia* visa descrever o estudo das denominações dos significantes a partir dos conceitos. Dick (1975) propõe um modelo metodológico de classificação toponímica, composto inicialmente por 19 taxes e reformulado pela própria Dick (1990), num total de 27 taxes, assim determinadas: 11 relacionadas ao ambiente físico (taxonomia de natureza física) e 16 ligadas as relações estabelecidas pelo homem inserido numa sociedade com aspectos socioculturais e históricos distintos (taxonomia de natureza humana).

Quadro 01 - Motivações Toponímicas

NATUREZA FÍSICA	NATUREZA ANTROPOCULTURAL
Astrotopônimos	Animotopônimos / Nootopônimos
Cardinotopônimos	Antropotopônimos
Cronomotopônimos	Axiotopônimos
Dimensiotopônimos	Corotopônimos
Fitotopônimos	Cronotopônimos
Geomorfotopônimos	Dirrematotopônimos
Hidrotopônimos	Ecotopônimos
Litotopônimos	Ergotopônimos
Metereotopônimos	Étnotopônimos
Morfotopônimos	Hierotopônimos
Zootopônimos	Hagiotopônimos
	Historiotopônimos
	Numerotopônimos
	Poliotopônimos
	Sociotopônimos
	Somatotopônimo

Fonte: Dick, 1990.

A tipologia classificatória de Dick oferece a possibilidade do encaixamento dos topônimos em toda a sua amplitude de significação, na medida em que eles podem ser classificados com base em suas origens externas (físicas) ou subjetiva (antropoculturais). A nomenclatura de uma região encerra, na tipicidade de suas designações, amplas possibilidades de estudo. A tessitura toponímica, com efeito, longe está de ser monótona no significado que recobre ou destituída de interesse prático ou científico. Através das camadas onomásticas revelam-se, numa perspectiva globalizante, as feições características do local, sejam as de ordem física quanto socio-culturais. De tal modo esses aspectos corporificam-se nos topônimos que se pode mesmo, muitas vezes, estabelecer a correlação entre o "nome" dos acidentes e o "ambiente" em que eles se acham inscritos. (DICK, 1990, p. 35).

De acordo com a autora, as taxonomias toponímicas não são exaustivas em suas ocorrências e sim, significativas, podendo ser ampliadas à medida que novas estruturas vocabulares as exijam. A autora formulou as taxonomias levando em conta a diversidade da realidade brasileira. Elas permitem uma expansão classificatória conforme as necessidades do pesquisador e o contexto onde o topônimo a ser pesquisado está inserido.

Desta forma, neste capítulo, buscamos apresentar o arcabouço teórico no qual se assenta a Toponímia Linguística e as suas relações com outras áreas de conhecimento, de maneira particular a História, a Geografia e a Religião; detivemo-nos em questões que se referem ao léxico e à formação toponímica brasileira, bem como à sua motivação. As categorias taxonômicas toponímicas elaboradas por Dick se prestarão à análise do *corpus* a ser apresentado no capítulo VI, onde serão mais explicitadas.

Para além deste capítulo, na parte II, ansiamos conduzir nossa reflexão para um aprofundamento histórico do processo que gerou a Estrada Real e sua importância no cenário brasileiro.

Parte II

O chão

Parte II

Fonte: *Revista Oceanos*, 2000, p. 59.

"No baile da Corte
Foi o Conde d'Eu quem disse
Pra Dona Benvinda
Que farinha de Suruí,
Pinga de Paraty,
Fumo de Baependi
É comê, bebê, pitá e caí".

Oswald de Andrade

Capítulo II

Aspectos históricos da Estrada Real

Em busca do Eldorado

O SER HUMANO, DESDE OS PRIMÓRDIOS DA HISTÓRIA, sempre alimentou o desejo de encontrar um lugar paradisíaco, onde não houvesse trabalho nem sofrimento, ou qualquer tipo de proibições. Um lugar em que a riqueza fosse abundante e suficiente para todos. Le Goff (2003) justifica esse anseio argumentando que esse pensamento sempre emergiu em determinadas fases históricas, diante de acontecimentos catastróficos e conturbados, em que as sociedades humanas buscavam ancoradouro e sustento, com o anseio de "dominar o tempo e a história, na busca de felicidade e justiça diante das incompreensíveis situações de dor e desamparo". Assim ocorreu o surgimento daquilo que os historiadores chamaram de "Idades Míticas".

As Idades Míticas podem ser compreendidas como épocas felizes nas quais as sociedades humanas projetaram o próprio destino (futuro) de uma cultura. Essas utopias são dimensionadas para o início ou o fim da história. No início da história, elas são seguidas de um período de decadência e, no fim da história, elas são concebidas como progresso.

A maioria das religiões postula uma idade mítica feliz e perfeita no início do universo, imaginando isso como uma *Idade do Ouro*. Algumas religiões anunciam uma idade feliz no final dos tempos, quer como eternidade ou como última época da história. Segundo Eliade (1962), a idade mítica final é a repetição da inicial, como nas religiões do eterno retorno que fazem passar o mundo e a humanidade por uma série de ciclos evolutivos que se repetem eternamente.

A descrição e a teoria das idades míticas podem ser encontradas nos relatos mitológicos, nos textos religiosos, filosóficos e literários. Le Goff (2003, p. 285) aponta o exemplo dos índios guaranis que acreditavam na existência de uma "Terra sem Males",[1] a "terra da imortalidade e do repouso eterno", situada do outro lado do oceano ou no centro da terra.

Decorre daí, a incansável busca migratória dos guaranis desde séculos pela ilha fabulosa. Também, os tupinambás, uma etnia guarani, eram persuadidos pelos xamãs, diante da imposição jesuítica no século XVII, a não trabalhar e a não ir para os campos, com a promessa de que as sementes cresceriam por si mesmas e as enxadas trabalhariam sozinhas a terra e, até as flechas caçariam para os seus donos e iriam também capturar os inimigos (ELIADE, 1962). Esse mito passou a ser designado como *Idade do Ouro* e está presente em todas as civilizações orientais e nas grandes religiões.

O paraíso da *Idade do Ouro* é descrito como um jardim, uma ilha ou uma montanha. No dizer de Seixas (2003, p. 24), nas mentalidades de outrora, "um elo quase estrutural unia felicidade e jardim". É visível, nesse domínio, a influência das tradições greco-romanas com as quais se fundiram, pelo menos parcialmente, a partir da era cristã, as evocações bíblicas do pomar do Éden. Essas descrições podem ser encontradas desde a Antiguidade Greco-Romana, ganhando formas milenaristas[2] na fase medieval.

No século XIII, Marco Polo notabilizou-se como um grande e intrépido viajante dos mundos desconhecidos de então. O viajante estabeleceu as distâncias e os elos de ligação entre os continentes europeu, asiático e africano (SILVA, 1989, p. 20). O seu *Livro das Maravilhas*[3] com suas crônicas descritivas povoaram imensamente o imaginário dos povos europeus, insuflando toda a gente a desejar conhecer o *Paraíso Terrestre,* causando grande impacto pela riqueza dos detalhes narrativos.

Em uma das páginas, Marco Polo descreve, em um lugar paradisíaco, um rei que anda nu juntamente com os seus súditos. Este rei apenas cobre a sua virilidade com um rico pano e usa um colar de ouro, que é uma fiada de safiras, rubis, esmeraldas e outras pedras preciosas. Ele traz em seu pescoço um cordão com 104 pérolas grandíssimas e rubis de grande valor. E são 104 pérolas e pedras, porque tem que dizer, todas as manhãs e todas as noites, 104 preces ou invocações aos seus ídolos.

---

1   Vainfas (1995, p. 105) explica que a *Terra sem Males* que os tupi procuravam, encenavam e até vivenciavam nos ritos chamados de 'santidade', exprimia o que MirceaEliade denominou de espaço e tempo sagrados do *homo religiosus* das sociedades arcaicas. Podemos afirmar que o *espaço sagrado* é o único concebido como verdadeiramente real, na medida em que encerra o "lugar de origem", a "morada dos deuses e heróis". O *tempo sagrado* é o tempo da origem e do fim, tempo que se renova eternamente, circularmente.

2   O milenarismo (do latim *millenium*) designa a doutrina religiosa retirada da Bíblia que afirma que, depois de um período de desolação e calamidades, haveria a "abominação da desolação" e os servidores de Deus, os justos e mártires que se mantivessem firmes seriam recompensados com o Paraíso no final dos tempos. (ABBAGNANO, 2000, p. 671).

3   Livro das Maravilhas: a descrição do mundo. Porto Alegre: L&PM, 1985.

Figura 05 – Mapa da Formação do Brasil. Neste mapa de Arnold Florent van Langren, datado em 1596, podemos visualizar a representação da *Laguna Del Doralo* na região central do Brasil.

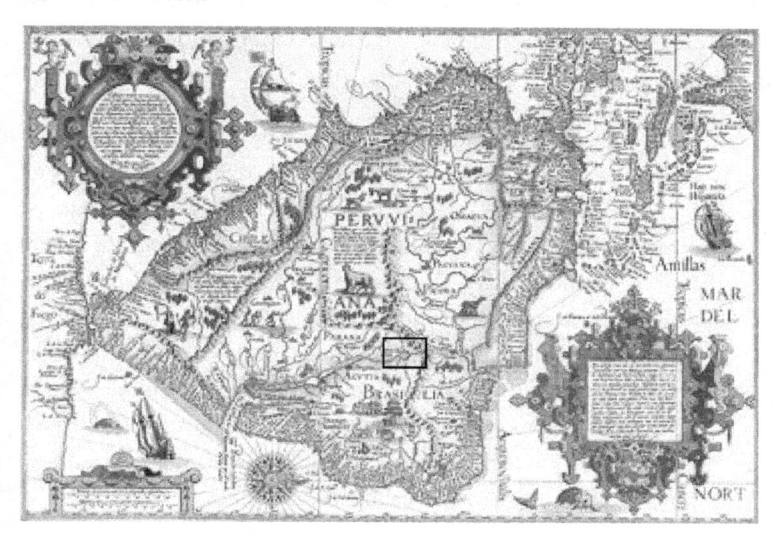

Fonte: Instituto Cultural Banco de Santos, 2002 p. 108.

Os cartógrafos expressavam em seus desenhos a dimensão mítica do maravilhoso, integrando nos mapas as distâncias, os caminhos e os relatos dos viajantes. Eles foram os primeiros reprodutores das imagens geográficas. Na tentativa de marcar distâncias e indicar caminhos, eles favoreceram, com os seus mapas, o acerto dos viajantes na conquista das novas terras, representando em seus desenhos as paisagens de um mundo fantástico. As imagens recheavam as localizações figuradas e aguçavam ainda mais a imaginação do colonizador. Nas palavras de Le Goff, "os números permaneceram subjugados pelas verdades espirituais, detentoras de forma, força e sentido". Ele destaca que o fascínio exercido pelo mito da Idade do Ouro e pela fábula do País da Abundância deve muito às imagens populares criadas por grandes artistas e as suas ilustrações. (2003, p. 314). O fantástico e o real coexistiam na cultura e na geografia dos séculos XVI e XVII, e seu banimento só foi decretado no século XVIII, quando a cartografia já tinha desvendado a maior parte do planeta. Assim, mesmo entre os habituados navegadores portugueses, havia uma "leitura fantástica" do mundo.

Dessa maneira, o espaço era representado de maneira mítica e extravasava nas gravuras e nas imagens que se teciam dos continentes mundiais: A Europa era representada por "uma mulher branca", com pose e cetro de "rainha" da cultura cristã; a Ásia por uma princesa adornada por joias e turíbulo de incenso; a África por uma pobre mulher negra que segurava um raminho de bálsamo; a Oceania era figurada como uma cabeça sem corpo, já que se ignoravam as regiões setentrionais; a América era representada por uma mulher nua que segurava uma cabeça cortada de homem, visando mostrar o estado de "barbárie" em que viviam os seus habitantes. Nas palavras de Godinho (1971, p. 24), essas representações "ideologizavam uma realidade desconhecida, criando expectativas e ilusões". Giucci complementa:

> Seja sob a formulação das sete cidades de *Cíbola*, do tesouro do Inca, da serra da prata, do rei dourado, do reino dos Omaguas, da cidade dos Césares, ou da série de metas menores que levaram os expedicionários, em momentos e lugares distintos, a tentar a sorte num terreno incerto, o exame do *maravilhoso americano* nos remete, em primeiro lugar, ao horizonte da esperança de enriquecimento rápido. Simples territórios metamorfosearam-se em vastas extensões de ilusão. Os raros indícios de civilização ou de riqueza tornaram-se um argumento de tesouros insólitos; e os objetivos declarados das empresas descobridoras desviaram-se para uma perseguição insaciável de realidades fantásticas. (1992, p. 15).

A América era fantasiada com muitas imagens: nela havia um oceano cheio de terríveis monstros e um paraíso cheio de delícias e belezas. Cristóvão Colombo até localizou geograficamente o *Jardim das Delícias*, situando-o na América, quando julgou que o rio Orenoco teria a sua origem nessa terra paradisíaca. (ALBUQUERQUE, 1985, p. 112).

Assim, podemos inferir que a América, antes de ser descoberta e conquistada, fazia parte de um universo ficcional. Mesclavam-se nessa ficção conteúdos que, no tempo, foram cristalizando-se em imagens e alegorias. Os viajantes eram portadores de informações detalhadas e cheias de imaginação que despertavam um impulso que "ia muito além dos limites impostos pela realidade" (SILVA, 1989, p. 11). No período dos descobrimentos marítimos, a busca desse universo paradisíaco tornar-se-á fator de motivação entre os portugueses e os outros povos cristãos da Europa. Assim, aos relatos dos viajantes e peregrinos, juntou-se a imaginação e o anseio de descobrir e conquistar tal mundo.

Na fase medieval, entretanto, o discurso sobre a Idade do Ouro teve prevalência na literatura, em detrimento do mito e da teologia. Nasceram aqui as grandes utopias.[4] Em consonância aos relatos dos viajantes e peregrinos, juntava-se a imaginação e o desejo de descobrir e conquistar um mundo paradisíaco. Os primeiros descobridores, quer se tratasse dos portugueses ou de outros povos na América, obedeciam a uma tendência natural do espírito humano, que consistia em "trazer o desconhecido para o conhecido". (DEL PRIORE, 2000, p. 79).

Contextualizada dentro da época dos grandes descobrimentos, a lenda do *Eldorado*,[5] do castelhano *El Dorado*, surgiu como uma projeção do desejo de conquistar esse mundo maravilhoso. Essa lenda descreve um cacique ou sacerdote dos *muíscas*, indígenas da Colômbia, que se cobria com pó de ouro e mergulhava em um lago dos Andes. Inicialmente, a lenda referia-se somente a um homem dourado, ou também a um índio dourado, ou um rei dourado. Posteriormente, essa ideia foi como que transplantada para a fantasia de que existiria um lugar, reino ou cidade onde podia habitar esse chefe legendário, riquíssimo em ouro. Conforme a narrativa lendária, tamanha era a riqueza da cidadela, que o imperador tinha o hábito de se espojar no ouro em pó, para ficar com a pele dourada.

O surgimento dessa lenda remonta ao período das conquistas espanholas na América. Entre os anos de 1519 a 1533, os espanhóis descobriram e se apossaram do México e do Peru. A magnitude e a riqueza desses dois impérios indígenas deslumbraram a Europa. Emergiu, então, uma crença relativa à capacidade do sol em engendrar, por uma espécie de geração espontânea, metais nobres e pedras preciosas, numa relação entre o brilho do sol e o dourado do ouro. A incansável procura pelas minas de ouro vai fazer do *El Dorado*, o *País Dourado*, onde tudo era de ouro maciço, cravejado de pedras

---

4   Utopia é um termo inventado por Thomas More que serviu de título a uma de suas obras escritas em latim por volta de 1516. (ABBAGNANO, 2000, p. 987).Podemos compreender utopia (do grego: οὐ, "não" e τόπος, "lugar", portanto, o "não-lugar" ou "lugar que não existe") como a concepção de civilização ideal, imaginária e fantástica, em referência a uma cidade ou a um mundo, sendo possível tanto no futuro, quanto no presente, porém em um paralelo.A emergência da Utopia na fase medieval pode ser compreendida como reação ao ascetismo cristão, postulando um lugar de liberdade e de prazer, de abundância, onde as fantasias mais libertinas podiam encontrar realização. Lugar do dolcefarniente.

5   Os europeus acreditavam que o *Eldorado* fosse em várias regiões do Novo Mundo: uns diziam estar onde atualmente é o deserto de Sonora no México. Outros acreditavam ser na região das nascentes do Rio Amazonas, ou ainda em algum ponto da América Central ou do Planalto das Guianas, região entre a Venezuela, a Guiana e o Brasil (no atual estado de Roraima). O fato é que essas são algumas — entre as várias — suposições da possível localização do *Eldorado*, alimentadas durante a colonização do continente americano. (MAGASICH-AIROLA e BEER, 2000).

preciosas. Nele reinava um rei que era coberto de ouro em pó. Em sua forma inicial, o *El Dorado* surge como uma fábula andina relacionada à cultura dos povos *Chibcha*, mais propriamente, à maneira como os *Muíscas* utilizavam o ouro e as pedras preciosas em seus ritos sagrados. (SILVEIRA, 2009, p. 121).

No período medieval, os povos ibéricos não tinham uma visão voltada para o desenvolvimento do capitalismo comercial. O que era sedutor estava marcado pela crença na existência de tesouros em países distantes, conforme as histórias narradas e recheadas de imaginação dos viajantes. Por isso, nesse período, a arte da navegação era muito imprecisa e os fenômenos da natureza eram interpretados de maneira profética e mágica. Os sinais da natureza podiam indicar presságios. Havia uma grande dificuldade de comunicação, o que permitia a criação de fantasias e idealizações. (SILVA, 1989, p. 8).

Inicialmente a Índia e o oceano Índico, quase desconhecidos, tornaram-se lugares ideais para a projeção desse sonho e, posteriormente, a América. Essa sedução pode ser detectada na maneira como os viajantes e historiadores descreveram o contato dos portugueses com as terras ignoradas do Ultramar. Ainda que nessa fase histórica os ibéricos encetassem as primeiras viagens marítimas, havia entre os estudiosos algumas controvérsias com relação à localização da terra paradisíaca, mas não se colocava em dúvida a sua existência. Desta maneira, os ibéricos, como outros povos europeus dessa época, comungavam a ideia de que o mundo era um espaço para ser conquistado e conhecido, ainda que isso custasse sacrifícios e levasse muito tempo.

Havia, também, a predominância de uma mentalidade que colocava a determinação divina acima de tudo. Le Goff (2003, p. 312) salienta que no fim do período medieval, segundo Cioranescu, inventou-se "este conto" como uma resposta libertina ao ascetismo cristão, na tentativa de substituir um Deus por outro, numa terra da abundância, "mais anomia ou país sem lei", "utopia ou país sem lugar". Seja como for, da lenda "del hombre dorado" surgiu a ideia de um lugar, uma região ou uma cidade magnífica – o *Eldorado* – onde "o ouro era coisa tão comum quanto a lama do chão" ou onde fulgurava uma imensa montanha de ouro e prata (LEY; CAMP, 1961, p. 202-203). Até mesmo na cartografia antiga podemos encontrar referências a essa lenda.

A busca do ambicionado Eldorado fez-se presente na literatura informativa sobre o Brasil, na *Carta de Pero Vaz de Caminha*. Essa carta escrita ao rei D. Manuel, em Abril de 1500, anunciando a descoberta de uma nova terra, a Terra de Vera-Cruz, possibilita concluir que os portugueses consideraram desde o início a hipótese de terem chegado a uma Terra Paradisíaca, tal como a descrita na *Idade do Ouro*, ou muito próximo dela, já que a terra descoberta é descrita como "uma ilha com uma vegetação luxuriante." (CASTRO, 2000). O documento só veio a ser impresso em 1817, na *Corografia Brasílica* de Casal, pela Impressão Régia do Rio de Janeiro.

[...] O Capitão, quando eles vieram, estava sentado em uma cadeira, aos pés uma alcatifa por estrado; e bem vestido, com um colar de ouro, mui grande, ao pescoço. Todavia um deles fitou o colar do Capitão, e começou a fazer acenos com a mão em direção à terra, e depois para o colar, como se quisesse dizer-nos que havia ouro na terra. E também olhou para um castiçal de prata e assim mesmo acenava para a terra e novamente para o castiçal, como se lá também houvesse prata! Porém um deles (...). Viu um deles umas contas de rosário, brancas; acenou que lhas dessem, folgou muito com elas, e lançou-as ao pescoço. Depois tirou-as e enrolou-as no braço e acenava para a terra e de novo para as contas e para o colar do Capitão, como dizendo que dariam ouro por aquilo. Em seguida o Capitão foi subindo ao longo do rio, que corre rente à praia (...). E ali esperou por um velho que trazia na mão uma pá de almadia. Falou, enquanto o Capitão estava com ele, na presença de todos nós; mas ninguém o entendia, nem ele a nós, por mais coisas que a gente lhe perguntava com respeito a ouro, porque desejávamos saber se o havia na terra. (SERRÃO, 1999, p. 62 e 75).

Ao conquistar a América, os povos ibéricos viram a realização de seus sonhos, na medida em que reproduziram os valores e os sonhos do processo cultural de que eram originários, com as suas crenças, organização social, pouco se preocupando com a civilização dos povos que aqui habitavam. Necessariamente forjaram uma nova identidade, na medida em que confrontaram os valores que traziam com os que encontraram. Este confronto fez gestar uma cultura com padrões culturais novos e diferenciados. Para Souza e Bicalho (2000, p. 12), "A América se integrava à Europa na medida em que era o local onde se revelavam as profecias, passíveis de serem lidas e explicadas única e exclusivamente pelos portugueses".

Sob o prisma de um universo fragmentado ideologicamente pelas concepções medievais, pode supor-se que, perante as terras recém-descobertas, os navegadores estivessem pensando reconhecer, com os seus olhos, o que na sua memória se pintara das paisagens de sonhos descritas tanto em livros como em mapas e que, pela constante reiteração dos mesmos pormenores, já deveriam pertencer a uma fantasia coletiva. Estavam eles agora diante da realidade plasmada pelas histórias e as expectativas criadas. Era algo visível e palpável. Impossível de não ser verdadeiro. (GODINHO, 1971, p. 64).

Os cronistas portugueses da primeira fase de conquista e exploração do Brasil, em especial, Pêro de Magalhães Gândavo, Gabriel Soares e Pe. Fernão Cardim, encontraram no Brasil o *Paraíso*.

Pero de Magalhães Gândavo era natural de Braga e foi Provedor da Fazenda Real no Brasil. Deixou dois livros dedicados ao Brasil: *Tratado da Terra do Brasil* (escrito em 1570 e só publicado em 1826 pela Academia Real de Ciências de Lisboa) e *História da Província de Santa Cruz, a que Vulgarmente Chamamos Brasil* (1576). Gandavo era amigo de Camões, e este chegou a elogiar o texto do cronista, afirmando que o mesmo era de estilo claro e de "engenho curioso". Podemos captar em seus relatos a imagem da realidade física do Brasil na descrição da beleza e da variedade da natureza, quando, muitas vezes regressa aos temas edênicos para descrever a prodigalidade da natureza: "Esta província é à vista mui deliciosa e fresca em grão maneira: toda está vestida de bastante alto e espesso arvoredo, regada com as águas de muitas e mui preciosas ribeiras de que abundantemente participa toda a terra". (GÂNDAVO, 1980, p. 75).

Gabriel Soares de Sousa era nascido em Ribatejo e escreveu o *Tratado descritivo do Brasil* (1587). Este se constitui em um dos primeiros e mais extraordinários relatos sobre o Brasil colonial, que contém importantes dados geográficos, botânicos, etnográficos e linguísticos, e que foi publicado postumamente por Varnhagen (1879), em Lisboa. Em terras brasileiras, Gabriel Soares foi senhor de engenho, comerciante, sertanista e navegador.

Pe. Fernão Cardim era nascido em Viana do Alentejo (entre 1548-1549). Foi um dos primeiros a descrever os habitantes e os costumes do Brasil. Viajou pelo Brasil (1583) na condição de padre visitador da Ordem Jesuítica, tomando contato com as terras brasileiras, cujas observações resultaram em dois tratados e duas cartas. O primeiro dos tratados ocupa-se do clima e da terra do Brasil e o segundo trata das origens e dos costumes dos índios brasileiros, e foram publicados, juntamente com suas narrativas epistolares, na Inglaterra, intitulados *Tratados da terra e da gente do Brasil* (1925). Pe. Fernão Cardim, em seus relatos sobre os índios, revela que estes gostavam de usar muitas joias nas festas que faziam. Tinham "diademas de pennas e umas metaras (pedras que metem no beiço) verdes, brancas, azuis, muitas jóias finas que parecem esmeraldas ou cristal..." (CARDIM, 1980, p. 92).

A virgindade encantadora das terras brasileiras proporcionou que a imaginação dos cronistas portugueses pudesse tecer analogias e associações entre o mundo mítico e a paisagem brasileira. Assim, a abundância das águas do rio São Francisco[6] no período do Verão foi comparada com as águas do rio Nilo, descritas na Bíblia.

Os motivos paradisíacos ganhavam consistência com a velha tradição de que o rio Nilo tinha a sua origem no Éden. O fenômeno das enchentes do Verão e o sumidouro

---

6   O hagiotopônimo deve-se à descoberta de sua foz no oceano no dia 04 de outubro de 1501, dia consagrado a São Francisco de Assis. É o rio mais importante de Minas. Ele nasce no oeste de Minas na Serra da Canastra no município de São Roque de Minas. Possui uma extensão de 2800 quilômetros e atravessa os estados de Minas Gerais, Bahia, Pernambuco, Sergipe e Alagoas.

(abertura natural que comunica com uma rede de galerias pela qual cada curso de água entra no subsolo) do São Francisco era equiparado à ideia bíblica que proporciona a reprodução do trajeto subterrâneo que faria o Gion ao sair do *Jardim das Delícias*.

Essas comparações metafóricas entre os dois rios, o São Francisco e o Nilo, provocaram com certeza as sugestões edênicas que tendiam a situar o *Eldorado* na nascente do São Francisco. (MATTOSO, 1998, p. 16). Gândavo refere-se à nascente do rio São Francisco nos seguintes termos: "Este rio procede de um lago mui grande que está no íntimo da terra, onde afirmam que há muitas povoações, cujos moradores possuem grandes haveres de ouro e pedraria". (1980, p. 84).

A insistência dessas visões configurou o Novo Mundo, dentro do imaginário europeu, como um lugar de riquezas ocultas que trazia em seu bojo uma recompensa material associada ao paraíso terrestre, tal como aconteceu na descoberta dos tesouros pela América Espanhola. Em consonância com isso, a exuberância da natureza brasileira descortinava esperanças e ilusões sobre as riquezas que "se esperavam do sertão".

O viajante inglês Anthony Knivet, em 1597, por exemplo, também descreveu em seus relatos que os índios mineiros para fazer as suas pescarias, atavam na ponta da linha pepitas de ouro. (KNIVET, 2009, p. 116). O viajante traçou a imagem de uma "enorme montanha brilhante" rodeada por córregos cheios de pepitas de ouro em pó, feito areia. Sampaio, ao comentar essa obra, afirma que:

> A montanha de cristal, enorme e curiosíssima, é uma noção de origem indígena, procedente de um erro comuníssimo naquela época, em que o tupi era a língua do maior número. A palavra itaberaba, nessa língua, admitindo dois significados, – cristal e pedra resplandecente ou reluzente, deu origem a bem sérias confusões. A lenda do Sabarabuçu, que encheu de tantas esperanças, todas malogradas, os sertanistas do século XVII, vem dessas mesmas confusões, que, em seu tempo, foram causa de irreparáveis prejuízos. O gentio de outrora denominava itaberaba a montanha rochosa de encostas lisas, sem vegetação, muito íngreme e que, banhada pelas águas límpidas dos manadeiros, reluzia ao sol. (1914, p. 340-344).

A montanha brilhante descrita por Knivet seria a serra de Itaberaba, um prolongamento da Mantiqueira, entre os municípios de Nazaré Paulista e Santa Isabel. Itaberaba, em tupi, quer dizer "montanha reluzente". Holanda comenta em sua interessante obra *Visão do Paraíso* (1996) que a explicação fornecida por Teodoro Sampaio, de que o nome "serra resplandecente" corresponde ao tupi Itaveraba e, no aumentativo, Itaberabaoçu, que sem dificuldade se corromperia em Taberaboçu e, finalmente, Sabarabuçu. Inclui que essa interpretação parece tanto mais aceitável, quando uma das formas possíveis, Tuberabuçu, ocorre nas *Memórias Históricas* de Monsenhor Pizarro, que a poderia ter derivado de fonte hoje perdida, ao lado da alternativa Sabráboçu, observando que essas montanhas foram o alvo principal de Fernão Dias Paes, em sua grande bandeira, que a chamava de "Serra Negra ou das Esmeraldas" (HOLANDA, 1996, p. 38).

A atração pelo interior desconhecido alimentou uma rica mitologia geográfica repleta de lugares imaginários e espaços oníricos, que acompanhou e consolidou o processo colonial. Buscava-se uma terra de abundância ou dotada de recursos mágicos com tesouros prontos para serem apropriados. O processo de colonização brasileiro, inicialmente, terá como suporte essa "imaginação fantástica" que animará as expedições, fazendo o colonizador adentrar-se nas hinterlândias de acesso difícil e embrenhar-se nas florestas fechadas, na travessia de rios e obstáculos.

A mitificação da América foi um aspecto ideológico que revestiu a colonização moderna das novas terras. De tal modo que, o colonizador ia se transformando, a seu modo, em "artífice da criação", porque os descobrimentos representavam uma maneira dos povos ibéricos realizarem os seus sonhos, reproduzindo e assimilando na América todo o processo cultural a que estavam ligados.

A história dos povos pré-colombianos é marcada pelo derramamento do sangue das nações indígenas que foram dizimadas pelos colonizadores. A fome pelas riquezas e o desejo de ser o "artífice" do Criador, cegou o europeu colonizador, tornando-o incapaz de perceber o "outro" que aqui habitava e que possuía também valores, ainda que esses fossem diferentes. O búlgaro Tzvetan Todorov, em sua obra a *Conquista da América, a questão do outro* (1988), revelou as consequências da falta de respeito à diferença e à cultura do outro. Todorov assinala que, para Cristóvão Colombo, nomeação e tomada de posse eram equivalentes. O autor reposiciona os conflitos entre a cultura europeia e a cultura dos povos americanos por ocasião da conquista da América, mostrando como que o outro (diferenciado e colonizado) foi descaracterizado, transformado e destruído. Um exemplo clássico foi o que aconteceu no México.[7]

---

7   Em nome da Igreja Católica e da Monarquia do Velho Mundo, os conquistadores espanhóis liderados por Hernán Cortés chegaram em 1517 ao México e conquistaram e destruíram a civilização Asteca, erguendo sobre as ruínas do templo de seu deus mais importante, uma catedral cristã. Preso e humilhado, o Príncipe Montezuma foi decepado. Os espanhóis dominaram os astecas e tomaram grande parte dos objetos de ouro desta civilização. Não satisfeitos, ainda escravizaram os astecas, forçando-os a trabalharem nas minas de ouro e prata da região. Contrariamente aos nativos brasileiros, os astecas viviam o apogeu da era do bronze e eram mestres na arte da ourivesaria. Tenochtitlán foi arrasada. Derrubaram suas casas, palácios e templos, atearam fogo até mesmo nas coisas mais valiosas, ao mesmo tempo saquearam montes de ouro (o equivalente a 600.000 pesos), sem contar a riqueza em prata, plumas, colares e tecidos. O tesouro encontrado foi transformado em barras e levado para a Espanha. (SILVEIRA, 2009, p. 83 -95).

Os povos ibéricos, em seu processo colonizador, preocuparam-se em impor uma identidade cultural batizando tudo o que encontravam com nomes religiosos, tornando os lugares conquistados, ainda que selvagens e inóspitos, um pouco parecidos "à imagem e semelhança" com a matriz europeia. Isso muitas vezes foi quase impossível, mas, ainda que de "forma precária", as cidades portuguesas e espanholas foram construídas com a intenção de manter os traços do desenho característico das metrópoles europeias.

Entretanto, também podemos perceber que o fenômeno da *Conquista do Novo Mundo* possibilitou a expansão e a consolidação da cultura ibérica, marcada pelo pensamento cristão. Isto fez da Igreja Católica a base do projeto colonizador. Ao tomar posse de um lugar, a primeira providência tomada era a de erguer uma igreja, ainda que essa fosse a mais tosca e rudimentar possível. Silva (1989, p. 10) acrescenta que: "a igreja não era apenas lugar de oração, mas um objeto capaz de impor sua ordem a tudo o que estava em volta: uma aldeia, uma vila, ou uma cidade".

A Conquista do "Sertão"

O Pe. Vicente do Salvador, no século XVI, define a situação espacial dos colonizadores portugueses, de maneira metafórica, dizendo que eles se "contentavam de andar arranhando a costa ao longo do mar como caranguejos", demorando a adentrar no sertão. (MATTOS, 1987, p. 41). Podemos dizer que, de fato, no período quinhentista, a presença do colonizador no espaço litorâneo foi marcante até as descobertas das minas de ouro e diamantes no interior do Brasil, nas últimas décadas do século XVIII.

Desde os primeiros momentos da chegada à terra brasileira foi que os portugueses obtiveram pelos índios e, depois especialmente, pelo célebre *Caramuru*[8] informações de que no interior da nova terra havia riquezas intocadas a serem descobertas e conquistadas.

---

8   Caramuru é o nome que Diogo Álvares Correia recebeu dos Tupinambás. Nascido em Viana do Castelo, em Portugal, em 1485, chegou ao Brasil em 1510, depois que o navio em que estava naufragou na região do Rio Vermelho, na *Baía de Todos os Santos* e todos os seus companheiros de viagem morreram. Foi capturado pela tribo indígena dos Tupinambás e aos poucos foi adquirindo a confiança dos indígenas, recebendo permissão para sair e caçar junto com os guerrilheiros da tribo. Aprendeu a língua dos nativos e adaptou-se aos costumes. Recebeu o nome de Caramuru por causa de um tiro que deu em um pássaro, utilizando o mosquete que trazia consigo. Em meio à fumaça da pólvora e ao cheiro exalador, os indígenas ficaram assustados e gritaram "Caramuru", ou seja, "homem de fogo", na variante tupi-guarani falada pelos tupinambás. Tornou-se um líder cercado de regalias entre os indígenas. Viveu entre os índios por alguns anos, onde gozou de uma posição respeitável. Diogo Álvares também manteve boas relações com os corsários franceses, para quem fornecia pau-brasil, que era contrabandeado para a Europa. Algum tempo depois aliou-se aos colonizadores portugueses, tornando-se mediador entre os ameríndios e os portugueses. Foi tão grande a sua importância no projeto de colonização lusitana no Brasil que ele chegou a ter contato com o rei de Portugal através de cartas. Conhecedor dos costumes indígenas, Caramuru foi de grande ajuda para facilitar o contato entre os índios e os primeiros colonizadores. (RAMOS E MORAIS, 2010, p. 13-31).

Antônio Dias Adorno (O Caramuru) entrou em Minas Gerais, à frente de numerosa bandeira, por Caravelas, percorrendo a região do Araçuaí, de onde levou turmalinas verdes e azuis, pensando ser esmeraldas e safiras. (LEITE, 1961, p. 39).

No entanto, de acordo com a história do Brasil, foi somente pelos idos da década de 1530, que Martim Afonso de Sousa recebeu da Coroa, para além de outras tarefas, a de fazer assentamentos em lugares estratégicos da «Costa do Ouro e da Prata», que se estendia desde São Vicente até ao rio de Santa Maria, e descobrir metais preciosos. Este, depois de visitar diversos pontos da costa, fundou em 1532, a primeira povoação regular em São Vicente, núcleo da capitania homônima. Já, em 1534, sob as ordens de D. João III, foram criadas as Capitanias Hereditárias[9] para melhor administrar o imenso país recém-conquistado.

A estrutura da colônia brasileira, desde o seu descobrimento, passou por inúmeras transformações. Foram essenciais na formação da colônia a alteração e o empenho da iniciativa privada para a exploração e a posse das zonas costeiras. A escravização dos povos indígenas mostrou que o caráter comunitário da sociedade indígena era incompatível com a ideologia capitalista do colonizador e, em decorrência disso, a transformação da economia de corte do pau-brasil trouxe o regime escravagista negro para o cultivo agrícola da cana de açúcar.

De maneira oficial, a primeira expedição com finalidade de averiguar a possível existência de riqueza mineral no Brasil chegou em meados do século XVI (1549), sob a direção do primeiro Governador Geral do Brasil, Tomé de Sousa. Esta foi em grande parte motivada pela descoberta espanhola das fabulosas minas de prata de Potosí, na região centro sul dos Andes, em 1545. A armada integrava, além do tesoureiro real, do magistrado principal e de outros oficiais, soldados, colonizadores, exilados penais e seis jesuítas da recém-criada Companhia de Jesus. O governo-geral tinha como missão a de limitar o poder excessivo dos donatários, promover a ocupação da colônia e a sua proteção, não se esquecendo de buscar o ouro. (FIGUEIREDO, 2011, p. 47).

A obsessão pelo ouro fez do governador um alvo fácil para fraudulentos enganadores. No desejo de adentrar no sertão para fazer a vontade do rei, o Governador deixou-se levar por Felippe Guillen. Este era um ex-boticário da Espanha que havia migrado para Portugal e lá se tornara curandeiro e astrólogo e, depois, viera para o Brasil. Na Bahia

---

9   A criação das capitanias hereditárias foi uma estratégia utilizada pela Coroa Portuguesa para incentivar o povoamento do Brasil. Este sistema consistiu em dividir o território brasileiro em grandes faixas e entregar a administração para os nobres que tinham boas relações com a Coroa Portuguesa. Os favorecidos eram conhecidos como donatários e tinham como missão colonizar, proteger e administrar o território. Possuíam autorização para explorar os recursos naturais tais como: madeira, animais, minérios. Esta tentativa de dividir o Brasil não teve sucesso devido à grande extensão territorial a ser administrada, a falta de recursos econômicos e os constantes ataques indígenas. (CALMON, 1959).

fez-se passar por geólogo e gabava-se de saber encontrar as minas de ouro. Ocasião que foi ao encontro do governador e disse-lhe que sabia onde estavam as minas de ouro. Estas, dizia, "localizavam-se à margem de um grande rio", onde situava uma "serra resplandecente muito amarela" e junto dela havia também "esmeraldas[10] e outras pedras finas", distante cinco ou seis meses de viagem do litoral. Então, escreveu uma carta a Dom João III, datada em 20 de julho de 1550, descrevendo a existência de uma serra resplandecente:

> Socedeu agora que este março pasadovierõ a Porto Seguro negros dos que viuem junto de hûgram rio, alem do qual dizem que esta hûasera junto delle que resprandece muito e que he muito amarella, da qual serra vão ter ao dito rio pedras da mesma cor, a que nos chamamos pedaço douro, que dellla caem, e os negros, quando vão a guerra polla banda de aquem, apanham do dito rio os ditos pedaços de que dizem que fazem gamellas pera nelas darem de comer aos porcos que pera si não osam fazer cousa algûa, porque dizem que aquelle metal edoençapella qual rezam nam ousam pasar a ella e dizem quémuyto temerosa por causa de seu resprandor, e chamãolhe sole da tera. (DIAS; VASCONCELLOS; GAMEIRO, 1924, p. 358).

Impressionado com a descrição e achando que ele falava a verdade, o governador nomeou-o chefe da diligência, mas este, no dia da expedição partir para o sertão em busca das esmeraldas, negou-se a ir, alegando estar muito doente e, depois, simplesmente sumiu dizendo ter sido acometido por uma "doença nos olhos". (FIGUEIREDO, 2011, p. 49). Entretanto, a lenda do Sabarabuçu, cuja difusão inicial foi atribuída a Filipe Guilhen, foi se nutrindo de fatos, associando-se a relatos, bebendo constantemente de experiências concretas e imaginárias numa espiral crescente sobre o imaginário dos colonizadores.

Tomé de Souza, em seguida, organizou outra diligência para a descoberta das minas, que também acabou em malogro. Esta ficou sob o comando de Miguel Henriques que, depois de partir, nunca mais apareceu e nem deu notícias. Esses fatos fizeram despertar ainda mais a curiosidade de todos a respeito da "montanha dourada" repleta de ouro e pedras preciosas.

Entretanto, os estudiosos afirmam que somente no ano de 1553 foi que se deu a primeira entrada no território mineiro, numa expedição preparada conforme ordem do

---

10 A esmeralda é considerada uma pedra valiosa, juntamente com o diamante e o rubi. Na história do Brasil, está ligada ao nome do bandeirante Fernão Dias Paes, conhecido como o "caçador de esmeraldas". Ironicamente, Fernão vagou por anos pelo interior do Brasil à procura de esmeraldas, mas nunca as encontrou. Ao morrer, pensou as ter encontrado, mas, após sua morte, comprovou-se que as pedras verdes supostamente esmeraldas eram na verdade turmalinas. (BUENO, 2003, pp. 64-66).

governador geral e que foi dirigida pelo espanhol Espinoza. Francisco Bruzza de Espinoza era "castelhano de grande língua" e homem de bem que vivia na Bahia. Em 1553, no tempo do Governador Duarte da Costa, deslocou-se pelo sertão adentro com o Padre Jesuíta João de Aspilcueta Navarro e mais doze companheiros, para Minas Gerais, na região dos rios Jequitinhonha e Pardo, até a serra das Almas, Grão-Mogol ou Itacambira. No entanto, devido à mata fechada e às terras "úmidas e frias", nada descobriu com relação ao ouro e às pedras preciosas. Para o historiador Diogo de Vasconcelos (1974), Espinoza foi o primeiro conquistador a pisar as terras mineiras.

No final do século XVII, tendo o tabaco, o couro e o açúcar como importantes exportações, o valor dos produtos brasileiros sofreu um declínio devido à concorrência de outras potências e também a problemas estruturais. Dessa forma, por volta de 1670, a Coroa Portuguesa aumentou a exploração das eventuais riquezas brasileiras, numa tentativa de aplacar as dificuldades econômicas do reino. É assim que a ambição pelas riquezas propiciou o conhecimento do interior do Brasil, na medida em que a Coroa Portuguesa passou a incentivar o movimento de penetração ao sertão.[11]

Paulistas e Bandeirantes

As primeiras entradas para o interior partiram de vários locais junto à costa e seguiram os cursos dos rios em busca de ouro e das pedras preciosas. O apresamento de índios, necessários para o trabalho escravo, era prática corrente nos sertões, pelo menos desde as primeiras Entradas de Brás Cubas e Luís Martins em 1560. O viajante Tschudi afirma que os paulistas eram "cruéis caçadores de índios no século XVII e no século XVIII, cavadores de ouro, no seguinte, pacatos agricultores e criadores", mostrando a capacidade de adaptação

---

11 A palavra "sertão" é portuguesa, provavelmente do século XV, mas sua etimologia é obscura, de acordo com Araújo (2000, p. 79). No período colonial brasileiro, a palavra "sertão" (do latim *desertanu*, "desertão") era empregada para designar as terras ainda não exploradas do interior do país, longe do litoral, pouco habitadas ou de difícil acesso. Posteriormente, com a colonização de grande parte dos "sertões", a definição mais comum ficou atrelada às regiões que compõem o semi-árido brasileiro. No início, "sertão" era uma designação que se voltava apenas para localizar geograficamente as matas. Depois, passou a representar o interior desconhecido e que precisava ser desvendado, em oposição ao litoral. Ribeiro (2000, p. 56-57) sugere quatro definições para o termo sertão: a) desertão, ou seja, sinônimo de deserto no sentido de ausência de civilização europeia, já que, esses espaços não eram um vazio populacional; b) *serere, sertanum* de origem do latim clássico, que quer dizer o mesmo que, trancado, entrelaçado e embrulhado; c) *Desertum* ou desertor, termos que remetem a ideia de desordem e de corrupção onde o sertão abrigaria pessoas desonestas e sem índole; d) *Desertanum*, significando um espaço desconhecido, a ser conquistado e para onde se direciona o desertor, o colonizador. O último sentido de sertão se complementa com as demais significações, que por sua vez, caracterizam a colonização portuguesa no Brasil que, primeiramente, priorizou a ocupação da costa litorânea.

desse grupo. "Os mineiros, descendentes em parte dos velhos paulistas, os excedem em força, capacidade de trabalho, espírito justiceiro e amor à liberdade."(1953, p. 208).

As diligências de Cubas e Martins deixaram a baixada santista e adentraram o sertão pela trilha indígena (peaburus) que conduzia a São Paulo do Piratininga. Ambicionavam chegar até o Sabarabuçu. Ambos atravessaram a serra do Mar e a serra da Mantiqueira, parando nas proximidades da atual divisa de Minas com Bahia, em meio a uma situação de cansaço e doença. Retornaram com embornais cheios de amostras de minério, mas não de ouro. Todavia, em 1561, Martins encontrou ouro na serra do Jaraguá e anunciou que ele havia descoberto sozinho as minas, apresentando isso à Câmara de Santos. Brás Cubas não gostou e escreveu ao rei protestando, dizendo que fora com o seu patrocínio que as jornadas de Martins se efetuaram. Assim, até hoje não sabemos quem, de fato, foi o primeiro a encontrar ouro no Brasil.

Aliás, foi o próprio Brás Cubas[12] a anunciar o achamento de algum metal no sertão de São Paulo, trazendo igualmente notícias da existência de esmeraldas. Assim, pode-se dizer que o primeiro ouro brasileiro foi encontrado na Capitania de São Vicente, por volta de 1560, e em Paranaguá (Paraná), por volta de 1570. A partir de então, muitas Bandeiras foram à procura das "esmeraldas" e de uma quase "mítica" serra de ouro, que muitos exploradores anunciavam ter visto. (SERRÃO, 1999, p. 306). Varnhagem endossa:

> As mais antigas notícias fundamentadas de descobrimentos de minas de ouro no Brasil remontam ao primeiro século da colonização, e se associam ao respeitável nome de Braz Cubas, o fundador da primeira Casa de Misericórdia nestas colônias (em Santos). O primeiro ouro que se achou em porções maiores foi o de taboleiro, nas lizírias ou beiras dos ribeirões, isto é, de suas margens um pouco mais elevadas, e já as faldas das encostas; pois que numas e noutras, de envolta com o cascalho ou seixos roliços, ou com terras aderentes, havia sido levado por antigos aluviões de suas matrizes, nos morros de primitiva formação. (VARNHAGEM, 1956, p. 138).

Dentre as primeiras entradas para o interior mineiro, destacamos a do mameluco Antônio Dias Adorno que, em 1574, partindo de Salvador pelo mar, penetrou no rio Caravelas e por terra chegou ao vale do rio Mucuri, alcançando as terras do sertão

---

12 Principal fundador da cidade de Santos. Português, nascido no Pôrto edescendente de família ilustre. Veio para o Brasil na armada de Martim Afonso de Sousa. Exerceu, por duas vezes, o cargo de capitão--mor e loco-tenente da capitania de São Vicente: de 1545 a 1549 e de 1555 a 1556. Foi alcaide-mor da vila de Santos. Chegando ao Brasil, interessou-se logo pela região onde mais tarde iria levantar a vila de Santos, encontrando nela condições favoráveis para o desenvolvimento de uma colônia agrícola e um ancoradouro melhor que o do porto de São Vicente, onde fundara Martim Afonso de Sousa.

mineiro, onde colheu pedras e algumas amostras de ouro. Este, antes de morrer, traçou um roteiro para se chegar ao local e ofereceu-o ao seu sobrinho Gabriel Soares de Souza, que fez referência à expedição do tio em sua obra descritiva: "também foram vistas esmeraldas e safiras, de que tiraram amostras", e que foram "encontradas pedras de tamanho invulgar e muito pesadas". (SOUZA 1971, p. 350).

Como a de Antônio Dias Adorno houve muitas outras entradas e explorações, tais como as de André de Leão, Diogo Martins Cão, Marcos de Azevedo e seu filho em busca da lendária lagoa de Vupabuçu, mas se não encontraram ouro e esmeraldas, encontraram índios para o cativeiro. Foi necessário, entretanto, muito tempo, até aparecerem os primeiros sinais de ouro no Brasil e, praticamente dois séculos, para a tão esperada descoberta do Eldorado brasileiro na região que viria a ser conhecida como as Minas Gerais, a "abelha-mestra do ouro", durante praticamente todo o século XVIII, e que foi conquistada pelos paulistas.

No ano de 1655 organizou-se, por ordem do rei D. João IV, e com o objetivo de resolver as dificuldades financeiras que se viviam no reino, uma expedição à região do Pará com a finalidade de encontrar ouro. Esta expedição foi dirigida por André Vidal de Negreiros e acabou por não dar os resultados pretendidos. Também, sem resultados e por ordem do monarca, realizou-se uma outra, pelo rio Tocantins, em 1678. Mas, em 1683, descobriram-se duas minas de ouro e prata, uma no rio Urubu e outra no Jutumã. Contudo, a grande riqueza aurífera do Brasil foi encontrada pelos paulistas somente no século XVII.

O protagonismo dos paulistas[13] se deve, conforme apontam alguns historiadores, a um pedido feito pelo próprio rei. Este escreveu de próprio punho, em 1674, cartas aos "homens bons" da classe dominante de São Paulo, pedindo que se empenhassem na busca das minas de ouro e organizassem as bandeiras. (FIGUEIREDO, 2011, p. 89). Por isso, São Paulo de Piratininga tornou-se o ponto de irradiação dos caminhos de penetração para o sertão, ao longo dos rios Tietê e Paraíba, na direção norte ou oeste.

A atuação dos paulistas foi primordial para a ocupação do interior do território brasileiro. Foram eles os responsáveis pela conquista do sertão e pelo aprisionamento de escravos ameríndios essenciais para o trabalho nas minas, numa primeira fase, enquanto o negro escasseava. Coube a eles a organização das Entradas e das Bandeiras.[14]

---

13   Os paulistas tornaram-se tão habilitados na arte de sobreviver no sertão e nos matagais quanto os índios, ou mesmo, como os próprios animais. Às vezes, plantavam mandioca em clareiras nas florestas, mas dependiam principalmente da caça, da pesca, de frutas, ervas, raízes e mel silvestre. Usavam o arco e a flecha tanto quanto os mosquetes e outras armas de fogo e, a não ser pelas armas que levavam, dispunham-se a viajar com bagagem notavelmente leve. (BOXER, 1969, p. 46).

14   As "Bandeiras" eram expedições organizadas inicialmente, para apresar índios no interior do Brasil. Mais tarde, apareceram as "Bandeiras de Contrato" e, por último, as de prospecção de pedras e metais

Essas coexistiram no tempo e no espaço. Furtado (2000, p. 36) destaca que a ação dos bandeirantes pode ser apreciada em dois momentos: no século XVI e primeira metade do século XVII, quando atuaram no apresamento de indígenas, provocando o despovoamento de regiões densamente habitadas pelos silvícolas; na segunda metade do século XVII e no século XVIII, quando foram os protagonistas, no sentido exploratório e colonizador das minas de ouro.

O modo dos habitantes de Piratininga de andar pelos sertões tornou-se conhecido como "marcha paulista". Este consistia em grupos expedicionários que levantavam de madrugada, antes do sol nascer, e paravam ao meio-dia, evitando o sol forte. Assim, os paulistas gastavam dois meses para chegar até as Minas Gerais.

Gilberto Freyre descreve o paulista original dos séculos XVII e XVIII como um homem corajoso e forte, "cuja qualidade psíquica de bandeirante corresponde à condição biológica de híbrido, branco mais ameríndio, que raramente se encontra no Brasil de hoje". (1943, p. 77). Tal como ele, os historiadores são unânimes em dizer que a segunda geração de mestiços, formada em sua maioria por mamelucos e brasileiros natos, é que realizou a penetração do interior do Brasil. Na descrição de Santos:

> Homens ousados e intrépidos esses aventureiros, que se embrenhavam pelos sertões das Minas em busca de ouro; de vontade firme, pertinaz, inabalável. Cegos pela ambição arrostavam os maiores perigos; não temiam o tempo, as estações, a chuva, a seca, o frio, o calor, os animais ferozes, répteis que davam à morte quase instantânea, e [...] o vingativo índio antropófago, que lhes devorava os prisioneiros, e disputava-lhes o terreno palmo a palmo em guerra renhida e encarniçada. Se não tinham o que comer, roíam as raízes das árvores; serviam-lhes de alimento os lagartos, as cobras, os sapos, que encontravam pelo caminho, quando não podiam obter outra alimentação pela caça ou pela pesca; senão não tinham o que beber, sugavam o sangue dos animais que matavam, mascavam folhas silvestres, frutas acres do campo... Muitas serras, muitos rios, muitos lugares que conhecemos com os nomes indígenas foram batizados por eles. (1958, p. 50).

---

preciosos. Antes da existência das "Bandeiras", eram as designadas "Entradas" que constituíam, simultaneamente, operações de reconhecimento do território brasileiro em busca de ouro, prata e pedras preciosas que ali deveriam existir e, a não menos importante, de preocupação em consolidar o domínio territorial português na América. Chamavam-se "Bandeiras" por causa do costume tupiniquim de levantar uma bandeira em sinal de guerra. Para combater as aguerridas tribos, valeram aos portugueses as rivalidades entre algumas das principais tribos, atirando-as umas contra as outras, daí a expressão utilizada por Anchieta "levantar bandeira", depois difundida por Capistrano de Abreu. (1988).

As Bandeiras eram compostas sempre de poucos brancos, muitos mamelucos[15] e uma imensa maioria de índios cativos, que participavam sem problemas, pois nas sociedades indígenas guerrear constituía uma atividade normal. Eram bandos de homens que deambulavam pelo interior, organizados militarmente. Percorriam rotas desconhecidas por longos períodos, que podiam estender-se por meses ou até por alguns anos. Qualquer Bandeira compunha-se de auxiliares ameríndios, em regime de servidão ou livres, que eram usados como batedores de caminhos, coletores de alimentos, guias, carregadores e guerreiros.

Os bandeirantes falavam o tupi-guarani, Língua Geral,[16] em preferência ao português, pelo menos em casa ou quando se ausentavam para as longas expedições ao sertão. Sampaio (1955, p. 49) afirma que as bandeiras quase só falavam o tupi e por onde iam propagavam essa língua.

Diogo de Vasconcelos (1974) salienta que a nomenclatura dos lugares com nomes indígenas[17] veio em sua maior parte dos invasores e não dos habitantes, salvo em regiões como a do rio das Velhas, em que se encontrou uma população indígena, de caráter mais permanente.

Somente à medida que as bandeiras iam penetrando no interior foi que a Coroa Portuguesa teve consciência do potencial mineral da colônia, ainda que fosse necessário esperar pelo final do século para o descobrimento da imensa quantidade de ouro da região de Minas Gerais. Assim, Sabarabuçu foi uma representação que, aos poucos, se deslocaria no espaço das geografias imaginárias, até se concretizar com a descoberta de ouro na região das Minas Gerais, em fins do século XVII. O Sabarabuçu mítico – às vezes

---

15   Mestiço resultante da união do europeu com a mulher índia. (TORRES, 1967).

16   Era a língua tupi, adotada pelos padres da Companhia de Jesus como língua de evangelização. Para melhor divulgação da língua, resolveram fazer a adaptação de alguns vocábulos, a seu modo. A "língua da costa" foi assim adotada pelos missionários, que, no sul, tiveram, para seu melhor estudo, a colaboração de Anchieta, autor da *"Arte da Gramática da Língua Mais Usada na Costa do Brasil"*, impressa em 1595, – e no norte, a de Luís Figueira com a *"Arte da Língua Brasílica"*, publicada aproximadamente em 1621 e considerada um dos melhores trabalhos deixados pelos jesuítas no período da catequese. A denominação de "língua-geral" não era geralmente usada pelos antigos, que, nos seus escritos se referem sempre à "língua brasílica", embora ela não fosse falada só em território brasileiro. O *"nheengatu"* é chamado de "Língua-geral". (SAMPAIO, 1955).

17   Admiravelmente fusíveis, os termos indígenas prestavam-se a palavras compostas, que descreviam os lugares segundo os acidentes mais notáveis, como foram as serras e rios, a começar de Ibitiruna serra Negra, Itaberaba pedra brilhante, Pitahipeba rio do Peixe chato. Penetrando nos sertões ignotos, os aventureiros iam denominando os principais sítios do caminho; e com isto os roteiros ficavam traçados de maneira a guiarem os subsequentes invasores. Os índios demoravam-se nas regiões apenas o tempo necessário para perpetuarem o nome de seus efêmeros reinos. (VASCONCELOS, 1974).

associado à chamada serra das Esmeraldas – esteve no horizonte das bandeiras de Fernão Dias Paes Leme[18] e de seus companheiros.

A região de Minas Gerais, e isso parece ser consensual, foi descoberta numa "Bandeira" conduzida por Fernão Dias Paes Leme que teria deixado São Paulo em 1674. Este, saindo de Taubaté e passando por Guaratinguetá, atravessou o Embaú e transpôs os rios Passa Quatro e Capivary, estabelecendo em um lugar que, posteriormente passou a se chamar Baependy. Depois, atravessou os rios Verde e Grande e foi estabelecer-se em Ibituruna. (PIMENTA; 1971, p. 17). No começo do ano seguinte, pôs-se novamente em marcha, e atravessou a serra da Borda, alcançou a região do campo e foi ao rio Paraopeba, onde fundou o arraial de Santa Ana. Em seguida foi para o vale do rio das Velhas e estabeleceu-se no arraial de S. João do Sumidouro. Foi nesse lugar que teve que mandar enforcar o próprio filho para acalmar uma revolta. Graças a um selvagem que lhe serviu de guia, foi ao encontro da serra de Itacambira e a famosa lagoa de Vapabuçu, que era talvez a lagoa da Água Preta.

Barreiros (1979, p. 83) ressalta que a expedição ganharia os contrafortes da serra do espinhaço, ou "cordilheira central", acompanhando-a até à altura do Itacambira, chegando ao Itamarandiba, e por este ao Araçuaí, no "distrito das esmeraldas", rumando nas encostas ocidentais da serra do Espinhaço, em direção ao rio das Velhas,[19] na altura do porto das Mangas em Santo Hipólito.

---

18 Fernão Dias Paes Leme provavelmente nasceu na vila de São Paulo de Piratininga, sendo descendente dos primeiros povoadores da capitania de São Vicente. Iniciou-se como bandeirante efetuando o desbravamento dos sertões que hoje constituem os estados do Paraná, Santa Catarina e Rio Grande do Sul (1638). Participou da expedição que expulsou os holandeses das vilas do litoral, ameaçando desembarcar em São Vicente (1640). Exerceu várias funções na câmara de São Paulo e teve papel saliente na reintegração dos jesuítas que, expulsos (1640), permaneceram durante 13 anos afastados da vila. Na bandeira das esmeraldas, a grande expedição associada a seu nome, partiu de São Paulo (1674) e da qual participaram seu genro, Manuel de Borba Gato, e os filhos Garcia Rodrigues Pais e José Dias Pais. Este último conspirou contra o pai, que o enforcou a título de exemplo para seus comandados. Por sete anos o bandeirante explorou extensa área do território das Minas Gerais, a partir das cabeceiras do rio das Velhas, seguindo sempre rumo ao norte até a zona do Serro Frio, onde jazia o ouro, logo depois descoberto pelos paulistas. Não descobriu as cobiçadas pedras verdes, pois se verificou que eram turmalinas as amostras de seu achado em Vupabuçu, no entanto, abriu caminho para a segunda e grande etapa do bandeirismo, a da conquista do ouro e do diamante. Vitimado pela malária, morreu aos 73 anos no arraial de Sumidouro, próximo a Sabará, MG. (TORRES, 1967, p. 13-15).

19 O rio das Velhas deriva seu nome, diz a tradição local, de três velhas encontradas acocoradas nas suas margens pelo explorador paulista Bartolomeu Bueno da Silva, o "Diabo Velho", quando topou com a corrente em 1701 em Sabará. A etimologia é um tanto fraca e manca. Os vermelhos, ensina o Sr. Rodrigues Valério, autoridade competente, chamavam-no Guyaxim, e uma corruptela dessa palavra, Guacuí, ainda se encontra em mapas obsoletos. Isto significaria rio da Velha e, provavelmente, os primeiros exploradores traduziram-no erroneamente para o plural e, em seguida, seus descendentes inventaram as agora clássicas três velhas. (BURTON, 1983, p. 242).

Mesmo não tendo encontrado as pedras verdes e as minas de ouro e prata, a Fernão Dias se deve o esforço do desbravamento dos sertões do território mineiro, abrindo caminho para as bandeiras que se seguiram até a descoberta do ouro em fins do século XVII.

O ouro e o batismo de uma região

Desde os primórdios da descoberta do Brasil esteve sempre presente a convicção de que deveriam existir minas de metais e pedras preciosas na nova terra conquistada pelos portugueses. No entanto, onde estariam essas minas? Podemos afirmar, sem margem para dúvidas, que foi somente a partir do final de Seiscentos que o dito metal começou a afluir em quantidades assinaláveis. Quem foi que descobriu, em primeiro lugar, o ouro nas Gerais? Nas interrogações de Zemella:

> Teria sido Bartolomeu Bueno de Siqueira? Carlos Pedroso da Silveira? Seria o mulato citado por Antonil? Teria sido Arzão? Borba Gato? Garcia Rodrigues? E o ano? Teria sido 1693? Ou 1694? Ou 1695? As versões se contradizem. Os historiadores divergem. Para nós, estes detalhes são absolutamente secundários. Um ano a mais, um ano a menos, que importa? (1990, p. 2).

A primeira notícia documentada da descoberta do ouro refere-se ao ano de 1693. O mais provável é que o descobridor tenha sido um paulista, Antônio Rodrigues Arzão. Este estava comandando uma expedição de cinquenta homens, quando, seguindo os caminhos abertos por Fernão Dias, teria descoberto a primeira jazida de ouro nos sertões das Minas Gerais em 1693. Arzão andou com os companheiros pela bacia do rio Doce. Encontrou no rio da Casca areias auríferas; encheu os alforjes e descendo o rio Doce chegou ao Espírito Santo e comunicou o descobrimento ao capitão-mor. O roteiro deu-o ao concunhado, Bartolomeu Bueno de Siqueira, também paulista, que se pôs em campo – em 1694 – através das regiões de Congonhas e Suaçuí. Arzão morreu logo após regressar a Taubaté, deixando ao cunhado os dados necessários a futuras expedições. Bartolomeu Bueno de Siqueira assumiu, com as informações que recebeu, a busca pelo metal. Descobriu em 1694, nos arredores de Itaverava e nas margens do rio das Velhas, jazidas cujas amostras de ouro foram levadas ao Rio de Janeiro para apreciação do Governador que tinha jurisdição sobre todas as descobertas. (CALMON, 1959, p. 901).

As primeiras descobertas não haviam sido suficientes para impressionar as demais populações do país, já descrentes da existência do minério em terras de Portugal. Mas os taubateanos tinham, então, encontrado jazidas de abundância extremada e surpreendente. Por isso, imediatamente a Coroa nomeou oficiais para vistoriar e administrar as descobertas das novas minas de Cataguases. Nas palavras de Falcão (1946, p. 12), "o imenso sertão dos Cataguazes, inçado de gentio adverso, não oferecia primitivamente passagem franca aos que se aventuravam a procurá-lo". Isso só foi possível depois da fundação do arraial de Taubaté, em 1636, por Félix Jacques, tomando as terras dos Jerominis e Puris. Ali foi erigida uma vila que se tornou uma "base de operações" para os paulistas.

Sob o patrocínio de São Francisco das Chagas, de Taubaté saíram levas e mais levas de batedores de mato com a finalidade de capturar índios e também de encontrar as minas de ouro. Prosseguindo por ordem de *El-Rei* as suas conquistas, Félix Jacques atingiu Guaratinguetá e subiu a Mantiqueira, passando pela garganta do Embaú até as paragens do rio Verde. (PIMENTA, 1971, p. 15).

O mineral tão almejado foi, então, encontrado em grande quantidade. Ainda que muitas controvérsias permaneçam sobre quem tenha descoberto o ouro em primeiro lugar, Eschwege explica que:

> O rumor da descoberta do ouro espalhou-se como fogo nas secas campinas inflamáveis. Ouro! Ouro! Ouro! foi a senha. Pessoas de todas as condições, fidalgos e plebeus, ricos e pobres abandonaram seus lares tranquilos, seus negócios, família e bens; mulheres e crianças, todos estavam possuídos de visões sedutoras que os impeliam a pesquisar morros auríferos, lagoas e rios, revolucionados por centenas de boatos fabulosos. O desejo de tornar realidade esperanças de grande riqueza, fê-los arrostar extraordinários perigos. De ano para ano crescia a afluência de homens de vida licenciosa, todos buscando o mesmo fim, em meio a inquietantes divergências partidárias, motivadas pela inveja e a ambição. (1979, p. 23).

Calmon (1959, p. 900) afirma que há várias versões sobre quem descobriu o ouro das Minas Gerais. Podemos, assim, deduzir que não houve um descobridor, mas vários. No entanto, as descobertas das minas auríferas localizavam-se na região da serra do Espinhaço, em Minas Gerais. A Serra do Espinhaço[20] é uma cadeia montanhosa localizada no planalto Atlântico, estendendo-se pelos estados da Bahia e Minas Gerais. Seu nome foi dado pelo geólogo alemão Ludwig von Eschwege, no século XIX.

Alguns historiadores dizem que, nessa época, Guaratinguetá tornou-se um ponto de parada entre os caminhos procedentes de São Paulo e Rio de Janeiro para as minas dos

---

20 O nome popular, que aparece em nossos mapas e que vem sendo adotado pelos brasileiros é serra do Espinhaço, ou cadeia "da Espinha Dorsal". Esta generalização creio ser obra do barão de Eschwege, que, na última geração, comandou o corpo de Imperiais Engenheiros em Ouro Preto e escreveu abundantemente sobre a geografia e a mineralogia da região. Mas o chamado Espinhaço não o será do Brasil em geral, ainda que o possa ser da província de Minas Gerais. (BURTON, 1983, p. 130).

Cataguases.[21] Em terras mineiras, os paulistas com expedições concomitantes e sequencia-
das, posicionaram-se ao longo dos ribeirões: Miguel Garcia e seus companheiros no Gualaxo
do Sul (1694); Manuel Garcia, o velho, no Tripuí (1695-96), enquanto na mesma época,
Belchior da Cunha Barregão e Bento Leite da Silva puseram-se a buscar ouro no Itacolomi,
e Salvador Mendonça Furtado descobria o primeiro ouro em Ribeirão do Carmo.

Em 23 de junho de 1698, a "bandeira" comandada por Antônio Dias de Oliveira[22]
chegou aos pés de um pico, chamado Itacolomi.[23] Aquela região tinha uma rara formação geológica e guardava as lavras mais abundantes e ricas de ouro. Ali foram lançados
os fundamentos da cidade de Vila Rica (atual Ouro Preto), em cujas ruas percorreram
o ouro e os ideais de liberdade. A importância de Ouro Preto foi confirmada no ano seguinte por "novo alvéolo" aurífero, rico como os anteriores, descoberto pelo padre João
de Faria Fialho, recebendo a designação de "ribeirão do Padre Faria"; em seguida descobriu-se ouro também em: Ribeirão Bueno, Arraial dos Paulistas, Passa Dez, lugarejos
localizados na região.

Outro fato importante que se agregou à dinâmica da descoberta das minas foi que,
no final do século XVII, Borba Gato apresentou ao governador da Província de São Paulo
as fabulosas minas de Sabará, de ouro e não de prata, como durante 150 anos se havia
acreditado, conforme a lenda da serra de Sabarabuçu. O bandeirante Manoel de Borba
Gato, o genro de Fernão Dias, após a morte deste, em 1681, deu continuidade ao trabalho do sogro, tornando-se o primeiro a encontrar ouro nas margens do rio das Velhas. Ele
realizava assim, com sua ação, a descoberta da lendária montanha de Sabarabuçu.

---

21 O vocábulo "Cataguases" é indígena e sua tradução mais aceita é a de Diogo de Vasconcelos e Napoleão
    Reys (SILVA, 1908) que o traduzem por "gente boa", sendo sua forma original "catu-auá". O vocábulo
    era inicialmente utilizado para denominar uma tribo indígena que, no final do século XVII, vivia na re-
    gião do sul de minas e causava muito medo ao branco invasor. Por isso ou por outras razões, todo o ser-
    tão aurífero foi, de começo, denominado sertão dos *Catu-auá*, ou como dizem os brancos, Cataguases,
    nome que se generalizou para todo o sertão ao norte da Mantiqueira, sem limites apontados, para o
    interior do continente. Esta denominação, que foi a primeira usada, de modo genérico para o território
    de toda a Minas Gerais, persistiu até 1721, quando se deu a nomeação do primeiro Governador do
    território, D. Lourenço de Almeida, figurando já, então, a denominação de Capitania das Minas Gerais.
    Segundo Barbosa (1995, p. 84-85) os índios Cataguás nunca residiram nessa região, onde viviam os
    Puris e os Coroados. O domínio destes era a região limítrofe de São Paulo, e o nome generalizou-se para
    todo o sertão ao norte da Mantiqueira. O nome Cataguá, dado a princípio ao sertão, serviu até 1710
    para designar as minas dos Cataguases, inclusive o distrito das Minas Gerais.

22 Bandeirante nascido em Taubaté-SP que muito se empenhou para conquistar e explorar o interior de
    Minas Gerais, nas regiões do vale dos rios Doce e Rio Piracicaba, visando encontrar riquezas minerais.
    Ao chegar no Itacolumi, em meio a abundância das águas, no ribeirão Tripuí, ele encontrou um ouro
    sem brilho, que foi chamado de ouro preto.

23 A Serra do Ouro Preto, que é uma porção da Mantiqueira: o seu cabeço mais elevado, chamado
    Itacolomi, que quer dizer menino de pedra, passa pelo mais alto da província. (CASAL, 1976, p. 159).

Assim, após vinte anos escondido das autoridades por ter assassinado Dom Rodrigo de Castel Branco, na zona do Sumidouro (em 28 de agosto de 1682), no trágico final da bandeira de Fernão Dias Paes Leme, e de suas esmeraldas consubstanciadas em turmalinas, Borba Gato comprou a sua liberdade e o perdão régio, oferecendo ao Rei as mais fabulosas minas de ouro já descobertas[24] no Brasil.

O caminho para quem vinha de São Paulo para adentrar o Sertão dos Cataguazes obrigava a transposição da serra da Mantiqueira, no Embaú. Cortava-se a bacia do rio Grande para alcançar seguidamente as regiões dos rios Doce e das Velhas. Embora reconhecidamente aurífero, o vale do rio Grande não atraía inicialmente os faiscadores, que estavam apenas voltados para as lavras das Gerais. Foi com o taubateano, João de Siqueira Afonso[25] que as riquezas emergiram naquele que seria chamado depois de rio das Mortes.[26]

Enfim, foi descoberto o esperado Paraíso Terreal. As infindáveis orações dos portugueses foram afinal ouvidas. Nem mais nem menos que Potosí. O sonho do Eldorado de Sabarabuçu se realizava, enfim, no território mineiro.

Com a descoberta do ouro as questões que se colocavam como prioritárias para a Coroa Portuguesa não eram tanto aquelas relacionadas às rotas marítimas, mas à geografia das terras descobertas e de suas riquezas. Sobre isso Holanda (1996) afirma que a descoberta do ouro fez com que a colônia emergisse como um outro tipo de "terra

---

24 É provável até que algumas descobertas de ouro já tivessem ocorrido anteriormente, pois era de interesse dos que o acharam primeiro não divulgar as suas façanhas para assim, sem o controle da Metrópole, os lucros seriam bem maiores. Mesquita (1984) mostra a dinâmica da descoberta do ouro em Minas Gerais quando afirma que: a conquista e o descobrimento do ouro serão, pois, a resultante do esforço dos paulistas, conjugado à inteligente orientação que a esse manancial inextinguível de energia, que foi a população brasileira de Piratininga, soube imprimir à política portuguesa.

25 João de Siqueira Afonso foi um bandeirante taubateano que descobriu as lavras de ouro em São José del Rei, futura cidade de Tiradentes. Além da descoberta do ouro no Rio das Mortes, no local chamado Ponta do Morro, descobriu ouro também em Guarapiranga (1704), erigindo o arraial que é hoje a cidade de Piranga, e em Aiuruoca (1705). O ciclo dos primeiros descobrimentos ficou encerrado nas minas da Ayuruoca, fraldas da Mantiqueira. (VASCONCELLOS, 1974, p. 129). De acordo com Pasin(2004, p. 12), soma-se trinta e seis cidades de Minas Gerais, entre as mais antigas, que foram fundadas pelos sertanistas taubateanos, dentre elas: Ouro Preto, Mariana, Caeté, São João del-Rey, Itaverava, Pitangui, Pouso Alto, Ribeirão do Carmo, Aiuruoca, Rio Verde, Ouro Fino, Ouro Podre, Itajubá, Campanha, Paraopeba.

26 A denominação "Rio das Mortes", que do rio se estendeu à comarca, não vem, segundo Diogo de Vasconcelos, como supõem alguns do morticídio havido na Guerra dos Emboabas, que se desenrolou nos anos de 1707 a 1709 e teve como principal cenário determinada região das margens desse rio. Lembra Vasconcelos que, por provisão de junho de 1706, Pedro de Morais Raposo já havia sido nomeado Regente do Distrito do Rio das Mortes. A origem do nome Rio das Mortes se encontra em Antonil quando diz; "a qual paragem chamam Rio das Mortes, por morrerem nele uns homens que o passavam nadando e outro que se mataram a pelouradas brigando entre si sobre repartição de índios que traziam do sertão". (VASCONCELOS, 1974).

prometida", aquela capaz de provocar a regeneração econômica e mercantil do Reino. Impunha-se, então, a instauração de um sistema eficiente de gestão, organização e controle do território e de suas riquezas, no qual a cartografia[27] desempenhou um papel decisivo.

O Surto Migratório

A notícia da descoberta do ouro espalhou-se rapidamente e o que era um povoado tornou-se em breve tempo um arraial com aventureiros de todas as espécies: soldados desertores, negros fugidos da Bahia, imigrantes judeus, cristãos-novos, ciganos, fugitivos do Santo Ofício e um número grande de portugueses pobres. Ela provocou o deslocamento de muitas pessoas que vieram de todos os cantos do Brasil e também da Europa. Antonil assim comenta: "cada ano vêm nas frotas quantidades de portugueses e de estrangeiros para passarem às minas. A mistura é de toda a condição de pessoas..." (1982, p. 72).

A miragem de adquirir riqueza fácil atraiu milhares de pessoas, ocasionando o maior movimento migratório já ocorrido no espaço do Império Português. Conforme Wilcken (2004, p. 94), "os últimos anos do século XVII assistiram à primeira corrida ao ouro dos tempos modernos".

A migração para a região da mineração foi intensa no sistema Mantiqueira-Espinhaço. Dessa maneira, o Nordeste, onde se concentrava a maior parte da população brasileira sofreu um despovoamento. Vieram muitos forasteiros da Europa e também descendentes dos bandeirantes, que tinham a intenção de fazer prevalecer o seu direito de exploração.

Em decorrência disso, para as autoridades em Lisboa, as notícias pelas quais tinham ansiado tanto, provocaram uma crise inesperada no que se refere à defesa e à vigilância dos portos e fronteiras brasileiras; a dificuldade de mão de obra para as plantações e a busca pelo enriquecimento fácil de milhares de súditos que partiram em embarcações precárias para a colônia, esvaziou a metrópole. Além do mais, a notícia da descoberta do ouro logo se espalhou por toda a Europa e as autoridades começaram a recear de que Portugal fosse invadido ou o Brasil atacado. (WILCKEN, 2004, p. 95).

---

27 Para a penetração do sertão brasileiro foi fundamental a contribuição dos cartógrafos. Confeccionar mapas identificadores do novo território foi preocupação constante da Coroa. Em 1729, a descoberta dos diamantes no Serro Frio estimulou a vinda para a América dos "Padres Matemáticos": Domingos Capassi e Diogo Soares. Eles chegaram ao Rio de Janeiro em 1730 e viajaram às Minas no final de 1732. Produziram quatro mapas que cartografam as Minas Gerais da zona da Mata ao Quadrilátero Ferrífero e deste às Minas Novas e o Vale do rio Jequitinhonha. A produção dos chamados "Padres Matemáticos" consistiu em 28 mapas, abrangendo a costa, desde a capitania do Rio de Janeiro até o Rio da Prata e a Colônia do Sacramento, e o interior, incluindo as capitanias de Minas Gerais, São Paulo e Goiás; e nove plantas de fortificações do Rio de Janeiro. Esses trabalhos foram elaborados até 1748, quando faleceu Diogo Soares, sendo que Domingos Capassi falecera oito anos antes. Os mapas e as plantas produzidos pelos padres matemáticos são considerados, pelos estudiosos contemporâneos, como o primeiro e mais importante passo da cartografia científica do território brasileiro. (COSTA, 2005).

Conforme Mesquita (1984, p. 8), cerca de 8000 a 10000 homens, por ano, passaram em direção ao Brasil pelos portos de Viana do Castelo, Porto e Lisboa. Nos primeiros sessenta anos do século XVIII saíram provavelmente 600 mil homens de Portugal para o Brasil. Uma estimativa estatística por volta de 25% da população portuguesa de então. Nas palavras de Antonil:

> Cada ano, vêm nas frotas quantidade de portugueses e de estrangeiros, para passarem às minas. Das cidades, vilas, recôncavos e sertões do Brasil, vão brancos, pardos e pretos, e muitos índios, de que os paulistas se servem. A mistura é de toda a condição de pessoas: homens e mulheres, moços e velhos, pobres e ricos, nobres e plebeus, seculares e clérigos, e religiosos de diversos institutos, muitos dos quais não têm no Brasil convento nem casa. (1982, p. 167-168).

O crescimento demográfico veloz que ocorreu nas Minas de Ouro ocasionou um verdadeiro abandono dos antigos núcleos coloniais. Alguns povoados até desapareceram ou entraram em crise, entre os séculos XVII para o XVIII, tais como as vilas de São Paulo de Piratininga e Nossa Senhora da Ponte de Sorocaba. Os moradores deixaram as suas casas e suas terras em busca do enriquecimento fácil nas regiões mineradoras. Houve um verdadeiro deslocamento do eixo econômico na América Portuguesa, passando de uma economia açucareira no litoral norte para as capitanias do centro sul. Por isso, no século XVIII, a Coroa achou por bem transferir a capital de Salvador para o Rio de Janeiro, criando a rota econômica principal do país. (PRADO JÚNIOR, 2000, p. 30).

Além do fascínio pelo ouro, a conjuntura econômica europeia favorecia o deslocamento humano, já que o Velho Continente estava mergulhado em uma crise econômica. O desejo da riqueza fácil uniu as diferenças sociais que se podiam ver nesse período.

A Fome

A rápida acumulação de tantas pessoas, numa mesma região, trouxe consigo problemas os mais diversos, em especial os ligados ao abastecimento de produtos e a outros bens essenciais à população. Houve fome e muita morte. O Eldorado que atraía as levas humanas prometendo o Paraíso Terreal foi alterado como uma verdadeira descida aos infernos já que, nos anos de 1697 e 1701, a fome matou milhares de pessoas. (SOUZA e BICALHO, 2000, p. 28). As consequências são conhecidas: carência de alimentos, sujeitos a preços excessivos típicos de um mercado onde a procura foi maior do que a oferta. O custo de alguns produtos em Minas Gerais, em 1703, foi registrado por Antonil, e verifica-se que estes foram adquiridos a peso de ouro. (ANTONIL, 1982, p. 140). O autor menciona um provérbio do tempo que reflete muito bem essa situação: "Quem a serra da Amantiquira desceu, deixou aí sepultada a consciência".

O mesmo Antonil, em inícios de Setecentos, escreveu que o ouro estimulou muitas pessoas a deixarem as suas terras e a procurarem a fortuna. Estariam à volta de trinta mil pessoas ocupadas em catar e mandar catar o ouro de aluvião dos ribeiros ou em "[...] negociar, vendendo, e comprando o que se há mister não só para a vida, mas para o regalo, mais que nos Portos do Mar". (ANTONIL, 1982, p. 136).

Como o mítico Rei Midas, logo os aventureiros descobriram que somente o ouro não era suficiente para o sustento da vida.[28]

Os aventureiros com os alforjes cheios de ouro morriam de fome sem encontrar sequer um pedaço de mandioca ou outro alimento, mesmo se quisessem dar todo o ouro que tinham em troca. Alguns iam embora fugindo da fome para o mato em busca dos frutos silvestres. Antonil (1982, p. 169) reitera: "não são poucos os mortos com uma espiga na mão, sem terem outro sustento".

Diante da busca desenfreada pela riqueza que conturbava a vida do "seu rebanho", em 1656, o Pe. Antônio Vieira, no *Sermão da Primeira Oitava de Páscoa* pregado na Matriz de Belém, fez uma longa exortação aos fiéis para explicar o insucesso do descobrimento das minas de ouro. Conforme Andrade (2006), em sua fala Vieira ansiava explanar que "as minas já possuíam uma espécie de defeito congênito", pois os minerais não apareceram no programa de criação divina estabelecido para a utilidade dos homens.

> E o pior é que a maior parte do ouro que se tira das minas passa em pó e em moedas para os reinos estranhos e a menor é a que fica em Portugal e nas cidades do Brasil, salvo o que se gasta em cordões, arrecadas e outros brincos, dos quais se veem hoje carregadas as mulatas de mau viver e as negras, muito mais que as senhoras. Nem há pessoa prudente que não confesse haver Deus permitido que se descubra nas minas tanto ouro para castigar com ele ao Brasil, assim como está castigando no mesmo tempo tão abundante de guerras, aos europeus com o ferro. (VIEIRA, 1951, p. 231).

---

28 Boxer (1969, p. 71) afirma que na pressa alucinada de explorar as minas e de ficarem ricos, os primeiros pioneiros descuidaram-se de plantar mandioca e milho suficientes, e o resultado foi sofrerem carência aguda, de 1697 a 1698, e de novo, entre 1700 e 1701. Foram os paulistas que começaram a plantar milho e, depois, mandioca, temendo a fome. No entanto, os historiadores relatam que a falta de alimentos e a pobreza imensa estavam presentes nas regiões auríferas nessa época. Sem falar que havia uma divisão social hierárquica, em que apenas alguns enriqueciam e a grande maioria permanecia pobre. (RAMOS & MORAIS, 2010, p. 225).

A exortação do insigne pregador alertava para o grande perigo que as minas apresentavam ao cristão: "Elas eram demoníacas: estéreis, montanhosas, penhascosas, repletas de buracos infernais e cheias de perigo para o homem e deviam ser evitadas". No entendimento "profético" do jesuíta, as minas e seus descobrimentos eram castigos escondidos de Deus que depois se manifestavam em fomes, pestes, guerras "e outras calamidades temporais". (Estaria ele certo?) Todos queriam enriquecer o mais rapidamente possível, mesmo que para isso fosse necessário prescindir dos princípios morais e perder o senso da justiça. Além do mais, a ideia de que, aquém do Equador, não havia crimes puníveis (*"ultra aequinoctialem non peccari"*, de Barlaeus) licenciava todos os comportamentos.

Em Torno da exploração do Ouro

A organização da exploração aurífera começou em 1702, quando o Estado português editou o *Regimento das Terras Minerais*, disciplinando a exploração aurífera estabelecida pela Carta Régia de 1602, que declarava a livre exploração, mediante o pagamento do quinto; em outras palavras, a quinta parte do que se extraísse (20%) era o imposto que devia ser pago à metrópole. Essa norma substituiu um Regimento anterior, de 1603, que não considerava o ouro de aluvião, mas apenas os veios de ouro. Por esse "novo" regimento, organizava-se a distribuição das jazidas que eram divididas em datas (porções das jazidas que representavam a unidade de produção) e passadas para os exploradores mediante o sistema de sorteio, promovido pela Intendência das Minas que era o principal órgão de controle e de fiscalização da mineração do ouro. Lembra Maxwell (2010, p. 150) que o sistema das concessões de terra e a maneira de conceder direitos de mineração era regulado pela "carta de sesmaria" ou pela "carta de data" que dava o direito de extrair ouro da mesma terra concedida pela carta de sesmaria.

A ação milenar das águas pluviais sobre as rochas que constituem a formação geológica das regiões das Minas Gerais ocasionou a concentração do ouro no leito dos rios e córregos, no fundo dos vales e das depressões situadas nas encostas das montanhas. A mineração dos anos setecentos foi desenvolvida a partir do ouro de aluvião, tendo como características o baixo nível técnico e o rápido esgotamento das jazidas. No extrativismo aurífero, as formas de exploração mais comuns encontradas eram as lavras e a faiscação.[29]

---

29 Trabalhavam-se nas faisqueiras catando-se, primeiramente à mão, o ouro que se apresentava em pepitas maiores. Depois, era necessário empregar meios mais trabalhosos para a separação do ouro do cascalho e da areia. Isso era feito com o desvio do curso das águas dos rios e córregos, construindo cercas de madeira para as catas. Nessa parte do leito do rio se fazia uma cata à mão e depois se utilizava a bateia. O método mais utilizado, nessa segunda fase era o da lavagem do ouro, como descreveu Pitta:"Hoje já se não usa muito de catas, e se tira oiro por mui diferente modo, porque mettem aguas em cima dos montes cheios de oiro que há n'aquellespaizes, e cavando, ou desmontando (como lá se diz) a terra dentro da mesma agua, a leva de sorte, que fica sómente o cascalho em que está o oiro, e este o lavam com a

A primeira representava uma empresa em que era utilizada a mão-de-obra escrava e se utilizava uma técnica mais apurada. A faiscação era a extração individual realizada por homens livres.

O ouro proveniente do sertão mineiro seria indubitavelmente de boa qualidade, a julgar pelos quilates elevados que o mesmo apresentava: entre 22 e 23 e "uns grãos" conforme indicam os livros de registros da Casa da Moeda de Lisboa. Como informa Francisco Roque, autor de finais de Seiscentos, e que se dedicou ao estudo dos metais preciosos mais desejados: "[...] distingue-se o ouro em varias qualidades em sua pureza: hum he imperfeito, & outro perfeito [...] o perfeito heaquelle, que he ouro simples, sem que em si inclua mescla de outro metal, & que tal se chama puríssimo de 24 quilates." (ROQUE, 1694, p. 2).

A Guerra dos Emboabas

Um provérbio antigo dizia que: "Os conflitos sempre se originavam por causa de uma das três barras: barra de córrego, barra de ouro ou barra de saia." Foi por causa da "barra de ouro" que a Guerra dos Emboabas aconteceu. Sabemos que foram os paulistas, natural-mente, depois dos aborígenes, os primeiros habitantes das Minas. Por parte deles gerou-se, a partir do início da exploração do ouro, um movimento de proteção às minas que, por direito, deveriam pertencer aos seus descobridores. Uma Carta Régia, de 7 de Fevereiro de 1701, ordenava ao Governador Artur de Sá e Menezes que não permitisse a entrada de mais gente nas minas – sinal evidente que muitas pessoas, para além dos descobridores, acorriam às fontes auríferas.

No entanto, em 1705, o monarca sabendo que a região das Gerais produzia quantida-des substanciais de ouro, revogou as ordens proibitivas e franqueou os caminhos para as minas, causando grave descontentamento "aos descobridores" – os Paulistas.

Estes julgavam-se "donos" das regiões mineradoras, já que tiveram precedência em sua ocupação. Os que vieram depois deles eram sempre alvo de preconceitos e hostilidades.

---

mesma agua em fórma de canoas que fazem pissarra, e mechendo o cascalho com o almocafre onde a agua o leva, deixando o oiro." (1880, p. 147).

O ouro era também procurado nos tabuleiros e nas grupiaras das montanhas e elevações. Antonil (1982, p. 187 descreve com muita clareza "o modo de tirar o ouro das minas do Brasil": 1 – Ouro de aluvião: recebeu essa denominação porque se misturava a outras substâncias como argila, areia; acu-muladas pela erosão; 2 – Faisqueiras:eram depósitos de ouro nos cursos de água, ou em suas margens e eram chamadas assim porque o ouro se apresentava em grãos e folhetas tão grandes que faiscavam ao sol; 3 – Tabuleiros:eram terrenos secos às margens dos rios, de onde se podia extrair ouro em concen-trações de cascalho; 4 – Catas: poços ou elevações feitas no curso da extração do ouro em cascalho; 5 – Bateia: instrumento de madeira, em forma de gamela usado na mineração para separar ouro de areia: funcionava como uma espécie de centrífuga manual; 6 – Grupiaras: fendas na encosta dos morros ou montanhas onde se explorava ouro.

Eram chamados de "emboabas",[30] palavra que, conforme alguns historiadores, significava "forasteiro", e para outros significava "aves de pés cobertos", numa referência irônica às botas usadas pelos portugueses, em contraste com os pés descalços dos mamelucos paulistas.

A descrição histórica dos eventos que estreitaram a oposição entre ambos os grupos é um tanto confusa. Leite (1942, p. 36) lembra que "os paulistas não se podiam convencer, e nem ver sem uma profunda indignação, que viessem estranhos estabelecer-se nas ricas terras descobertas por eles e por eles exploradas com fadigas e trabalhos descomunais". Ao que parece, a rivalidade originou-se devido ao fato de que alguns forasteiros passaram a auferir um montante enorme de lucros advindos do comércio para o abastecimento das Minas.

Em decorrência disso, eles cresceram em prestígio e influência na região. Conforme Vergueiro (1982, p. 22), uma série de incidentes relacionados ao domínio da região tornaram o confronto inevitável. Manuel de Borba Gato tornou-se o líder dos paulistas e Manuel Nunes Viana, o líder dos emboabas. Em 1707, dois chefes paulistas foram linchados pelos emboabas no Arraial Novo. Dentro desta animosidade, os emboabas limitaram os paulistas na região do Rio das Mortes e seu líder foi proclamado governador em 1708. Os emboabas, com a finalidade de desalojar os paulistas desse último reduto, convidaram-nos a deporem as suas armas sob garantia de vida; mas não cumprindo o prometido, os emboabas massacraram os prisioneiros no local que passou a ser chamado "Capão da Traição".

A situação dos paulistas piorou ainda mais quando estes foram atacados em Sabará. Após seu sucesso no ataque contra os paulistas, Nunes Viana foi tido como Governador Interino das Minas Gerais em 1708. Mas este, por ordem do governador do Rio de Janeiro, teve que se retirar para o rio São Francisco. Descontentes com o tratamento que haviam recebido pelo grupo liderado por Nunes Viana, os paulistas, desta vez sob a liderança de Amador Bueno da Veiga, formaram um exército que tinha como finalidade a vingança do massacre de Capão da Traição.

Após o confronto que durou uma semana foi, então, criada a nova capitania de São Paulo e Minas do Ouro, e, com sua criação, adveio a paz entre os opositores. Foi por intermédio do governador do Rio de Janeiro, Antônio de Albuquerque Coelho de Carvalho, em 1709, que sem os privilégios desejados e sem forças para guerrear, os paulistas tiveram que decretar a retirada da região. Essa retirada dos paulistas proporcionou a descoberta de novas jazidas de ouro, nos atuais Estados do Mato Grosso e Goiás. Como consequência

---

30 O termo "emboaba" surgiu escrito pela primeira vez por Antonil (1982, p. 165). Quando ele descreveu a ligação do Caminho Novo do Rio de Janeiro com o Caminho de São Paulo: "ali está um fortim com trincheiras e fosso, que fizeram os Emboabas." (BARREIROS, 1979). O vocábulo tem o significado de amô-aba, o homem de lá, o estranho, o estrangeiro.(LEITE, 1942).Nisso concorda Pitta (1976), quando diz que os paulistas chamavam de emboabas a todos os que não saíram de sua região.

da Guerra dos Emboabas os historiadores destacam a regulamentação da distribuição de lavras entre emboabas e paulistas e, também, a regulamentação da cobrança do quinto; a organização das Capitanias de São Paulo e das Minas de Ouro que passaram, desde então, a ser ligadas diretamente à Coroa e não mais ao Governador do Rio de Janeiro.

Os Diamantes

A realização do sonho de conquistar o *Paraíso Terreal* estava apenas começando para a Coroa Portuguesa. Não havia esmeraldas, mas havia diamantes.[31]

Os historiadores narram que os primeiros diamantes foram descobertos por volta do ano de 1714, quando um faiscador chamado Francisco Machado Silva, ao partir blocos de cristal para fazer um fogão, encontrou uma pedrinha dura e clara que guardou como mera curiosidade. Mais tarde ofereceu-a de presente a Luís Botelho de Queiroz, no Serro Frio. Posteriormente ele encontrou outras "pedrinhas" no córrego do Mosquito perto desse local. (ZEMELLA, 1951, p. 36).

Em 1726, D. Lourenço de Almeida, provavelmente já sabendo da existência das "pedrinhas", nada comunicou à coroa e, ao que tudo indica, parece que até tentou ocultar o fato. Os diamantes eram encontrados no leito dos rios e córregos da região, aparecendo também nas margens e gargantas das montanhas, misturados aos cascalhos e conglomerados ferruginosos.

Somente em 1729, D. Lourenço de Almeida resolveu comunicar o fato à Coroa. Logo que a Corte Portuguesa teve notícia do aparecimento dos diamantes na comarca do Serro Frio, por carta régia de 9 de fevereiro de 1730, ao mesmo tempo que se estranhava a D. Lourenço por ter sido tardio em fazer esta comunicação a El-Rei, foi ele investido de poderes amplos e ilimitados para regular e providenciar sobre este novo e

---

31 Conforme o Ferreira (1988), o diamante é uma pedra preciosa de grande brilho formada por carbono puro cristalizado. Por sua beleza e raridade, é a mais apreciada das pedras preciosas; sua dureza permite utilizá-la em certas operações industriais, como no corte do vidro, na perfuração das rochas duras etc. O homem conhece o diamante há milhares de anos. O diamante é utilizado desde os tempos bíblicos como adorno: uma das doze pedras preciosas que o *Cohen Gadol* (Sumo Sacerdote) usava o *Choshen* (Peitoral) do *Efod* (veste do Sumo Sacerdote), representando as doze tribos de Israel, era um diamante. "Os diamantes foram descobertos apenas no segundo quartel de Setecentos, na região de Serro do Frio, em 1727 e 1728 respectivamente. Esta região é uma das mais acidentadas e montanhosas da capitania, com montes pedregosos e despenhadeiros profundos e com um clima úmido e frio e ventos fortes, 'capazes de derrubarem homens e animais nas gargantas da serra e de tonteá-los pela impenetrabilidade de seus nevoeiros de densidade inaudita.'" (LIMA JÚNIOR, 1945, p. 16). Nas palavras de Burton:"O diamante, dizem os velhos autores, une todas as perfeições: limpidez fulgurante, brilho lustroso – resultado de sua dureza – as cores acidentais do arco-íris, reflexos que vêm e vão com a vivacidade do raio, e, finalmente, tem 'tantos fogos quanto facetas.'" (1977, p. 120).Já Mawe lembra que:"Os diamantes são de tal maneira desejados e tão facilmente ocultáveis, que há quem os procure e os carregue, contravindo às leis existentes." (1978, p. 175).

importante ramo de rendimentos que, em breve, ia enriquecer ainda mais a fazenda real. (SANTOS, 1958, p. 61). Ordenou ao governador que expulsasse todas as pessoas que estavam nos terrenos declarados diamantíferos, delimitando o território e demarcando- -os como propriedade da coroa.

Por esta Carta Régia de 16 de março de 1731, todos os antigos moradores que mineravam na região tiveram que abandonar as suas lavras, porque os diamantes passaram a ser explorados pela Metrópole, diretamente, ou através do contratador. O Distrito foi, então, demarcado e a Coroa procurou dificultar o acesso às lavras implementando caríssimas taxas de capitação.

Segundo o historiador Joaquim Felício dos Santos em *Memórias do Distrito Diamantinoda Comarga do Serro Frio* (1958), a descoberta do ouro na região do Serro Frio, em fins do século XVII, atraiu um número imenso de aventureiros em busca de enriquecimento. Por isso, quando foram encontrados os diamantes, a Coroa Portuguesa logo decidiu restringir o acesso à região das lavras diamantíferas, a partir de 172.

Em meio a *Te Deums*, procissões e festa foi que os portugueses celebraram este grande acontecimento. Ainda que o primeiro registro da descoberta da pedra preciosa tivesse sido anunciado em 1714 e que, estas pedras tivessem servido anteriormente para marcar os pontos em jogos de cartas, de agora em diante tudo estava mudado na região do Serro Frio.

A notícia correu mundo. Novamente aventureiros e exploradores acorreram em grande número para a região nordeste de Minas. Em 1734, o Arraial do Tijuco tornou-se centro oficial da Demarcação Diamantina porque nele foi criado a Intendência dos Diamantes, com uma severa legislação, arbitrária e repressiva colocada pela Coroa Portuguesa. Assim, a área foi isolada do restante da capitania, com a proibição da entrada de forasteiros desautorizados pela Intendência.

Conforme Furtado (2008), com a proibição da exploração dos diamantes, e a criação de uma administração própria para a região, para o Distrito Diamantino, a entrada só podia ser feita pelos registros de Caeté-Mirim, Rabello, Palheiro, Pé do Morro, Inhachica e Paraúna. No ano de 1771, devido às fraudes e contrabandos, a Coroa assumiu a extração e a comercialização dos diamantes, na tentativa de um total e efetivo controle.

Através do Regimento Diamantino, editado em agosto de 1771, que ficou conhecido como *O Livro da Capa Verde*, a Coroa criou uma administração própria que recebeu o nome de Junta Diamantina, composta por um intendente, um fiscal e três caixas. Esta era subordinada a uma Administração Diamantina sediada em Lisboa.

Com a criação do Distrito Diamantino, em 1733, única área demarcada em que se podia explorar legalmente as jazidas, inicialmente, a exploração era livre, mediante o pagamento do quinto e da capitação sobre o trabalhador escravo, posteriormente, a partir de

1739, a livre extração cedeu lugar ao sistema contratual, que deu origem aos ricos contrata-dores, como João Fernandes, estreitamente ligado à figura de Chica da Silva.[32]

Dentro dessa sociedade, predominava a corrupção e havia muitos indivíduos que se aproveitavam de sua posição e influência para acobertar o contrabando e fazer desviar enormes quantidades de diamantes. Por isso houve delação e perseguição, culminando com a Inconfidência. Salvador (1992, p. 125) salienta que depois da criação do Distrito Diamantino, desenvolveu-se ali "um regime draconiano com reflexos na sociedade local, no povoamento e na economia". Para entrar e sair era preciso pedir licença e as lojas e ta-bernas deviam ficar a cinco léguas de distância e em constante vigilância dos militares para impedir o descaminho do ouro e dos diamantes.

Diante das irregularidades e do desvio dos impostos, além do alto valor que alcan-çavam as pedras na Europa, em 1771, foi decretada a régia extração, que contava com o trabalho de escravos alugados pela Coroa. Com a fixação do monopólio pela Coroa, houve, então, o aparecimento da atividade ilegal dos garimpeiros.[33]

Posteriormente, com nova liberação da exploração, foi criado o *Livro de Capa Verde*, contendo o registro dos exploradores, e o Regimento dos Diamantes, procurando discipli-nar a extração. Contudo, o monopólio estatal sobre os diamantes vigorou até 1832.

A produção mineira

Não se sabe a exata soma do ouro extraído em Minas Gerais no período do Ciclo da Mineração. Todavia, os historiadores quantificam a média de 14.600 quilos anuais, entre

---

32 Chica da Silva foi uma ex-escrava casada não oficialmente com o contratador de diamantes João Fernandes de Oliveira. Filha de um relacionamento extraconjugal de um português com uma escrava, ela nasceu, provavelmente em 1732, no arraial de Milho Verde, e é uma das personagens mais famosas do Brasil colonial. Recebeu a alforria em 1753, por solicitação de seu protetor e tornou-se uma das pessoas mais ricas e poderosas do Arraial do Tijuco. Teve 13 filhos com João Fernandes de Oliveira e 1 filho com o médico Manuel Pires Sardinha que a conheceu quando era ainda escrava. Desfrutando de imenso poder e riqueza passou a ser respeitada e chamada de "Chica que manda". Ela costumava ir à igreja coberta de diamantes e acompanhada por 12 mulatas muito bem vestidas. O contratador satisfa-zia aos seus mínimos desejos e Chica vivia de maneira luxuosa. Chica da Silva pode adquirir uma cultu-ra letrada, conforme os contatos de seu marido e a posição que ocupava numa sociedade escravagista, sendo uma ex-escrava. Tudo indica que o relacionamento entre Chica da Silva e João Fernandes só não foi totalmente convencional porque a sociedade hierárquica daquele período impedia a legalização de matrimônio entre pessoas de origens e condições tão desiguais. Embora tenha sido omitida do mor-gado e dos testamentos do desembargador, Chica sempre esteve presente nos seus pensamentos após o retorno a Portugal, seu zelo se manifestou no cuidado que dispensou aos filhos, os quais procurou encaminhar da melhor forma possível. (FURTADO, 2003, p. 244).

33 Conforme Machado Filho (1980, p. 18), *garimpo* era a mineração clandestina do diamante, e *garimpeiro*, aquele que a exercia. Não devemos confundir o garimpeiro com o bandido. Foragido, perseguido, sempre em luta com a sociedade, o garimpeiro só vivia do trabalho do garimpo, trabalho proibido pela lei. Esse era o seu único crime porque ele respeitava a vida, os direitos e a propriedade de seus concidadãos.

1741 e 1760. Furtado (2000, p. 60) diz que a produção do ouro, no período de 1700 e 1801, teria sido de 983 toneladas, equivalentes a 135 milhões de libras esterlinas.[34] O autor salienta que as minas diamantíferas produziram mais no período compreendido entre o descobrimento das minas do Tijuco (1729) e o ano em que a Coroa Portuguesa resolveu assumir diretamente a exploração (1771).

Quadro 02 - Produção e Venda de Diamantes Brasileiros entre 1740 E 1771

	Quilates a)	Vendas (em réis) b)	Parte da Coroa (em réis) a)	Preço médio por quilate (em réis)
1º Contrato	134.071	1.606.272.037	575.864.438	11.981
2º Contrato	177.200	1.807.472.837	755.875.726	10.200
3º Contrato	154.579	1.438.015.987	609.526.464	9.303
4º Contrato	390.094	3.625.586.888	914.921.424	9.294
5º Contrato	106.416	929.476.750	329.329.972	8.734
6º Contrato	704.209	6.108.579.163	1.458.663.563	8.674
SOMA	1.666.569	15.515.403.662	4.644.181.587	

Quadro 03 - Remessas de Ouro Provenientes do Brasil para Portugal

ANOS	OURO (KG.)
1699	725
1701	1 785
1703	4 350
1712	14 500
1714	9 000
1715	12 400
1716	3 000
1717	1 000
1718	7 500
1719	8 000
1720	25 000
1721	11 500
1722	11 500
1723	6 000
1724	4 000
1725	20 000
1731	11 000
TOTAL	151 260

Fontes: a) BNP, Cod. 7167, F. FR531. b) W. L. Von Eschwege, 1979, Brasil, *Novo mundo*, *Ob. Cit.*, p. 140.

---

34 A produção aurífera de Minas Gerais vai crescer muito entre 1730 e 1750 e com ela o desenvolvimento da capitania, todavia, a partir de 1760 a quantidade extraída de ouro vai sofrer um grande declínio. O apogeu da produção mineira aconteceu entre os anos de 1735 e 1740, iniciando-se na década de 40 a 50 uma redução. Souza e Bicalho (2000, p. 15) dizem que "o ouro brasileiro chegava a Portugal pelo Tejo e saía também por ele rumo aos países europeus, onde ia pagar as importações das mercadorias que Portugal não produzia", sendo, como sabemos a Inglaterra, a grande beneficiada.

O valor do diamante era mais estável do que o ouro e a produção atingiu quase três milhões de quilates, até 1832, tendo a mineração sido mais intensa no início do ciclo. Paralelamente ao declínio da mineração do ouro deu-se também o declínio dos diamantes.

Portugal tornou-se dependente dos recursos do Brasil. Furtado (2000, p. 73) salienta que, em 1777, em pleno declínio do ciclo da mineração, 55% dos produtos exportados por Portugal eram originários do Brasil, o que revela a capacidade do setor agrícola na sustentação da economia na segunda metade do século XVIII. Enquanto os carregamentos de açúcar continuavam a atravessar o Atlântico, o inesperado fluxo de ouro e diamantes recolhidos nas Minas Gerais suportava o reinado esbanjador de D. João V, sendo que a maioria das receitas foi consumida irrefreadamente em extravagâncias como o monumental convento de Mafra. Sodré (1944, p. 183) mostra que as nações ibéricas não souberam aproveitar as riquezas que extraíram das colônias no que se refere a uma revolução econômica industrial. Ao contrário "o que arrecadaram possibilitou a centralização dos poderes, enfeixados por uma classe estática, tolhendo os impulsos mercantis".[35]

Na contramão estava a Inglaterra que lutava para encerrar os privilégios dos grupos com a expansão do capital comercial para as empresas manufatureiras e depois industriais. Esse foi um fenômeno que se deu junto com o colonialismo britânico. Os ingleses, na intenção de conquistar novos mercados, fundaram bancos, companhias de navegação, transportes e estaleiros. Aos poucos os tentáculos da Grã-Bretanha agarraram Portugal, tornando-o totalmente dependente. Em decorrência disso, o ouro brasileiro estimulou a economia britânica, concorrendo para o crescente desenvolvimento do capitalismo do país. (SODRÉ, 1944, p. 185).

Ainda que a economia fosse mais diversificada no final do século XVIII, percebia-se de maneira nítida que o ouro começava a escassear e também os achados diamantíferos. A esse respeito comenta Prado Júnior (1980, p. 63) que "a decadência dos diamantes deu-se paralelamente à decadência do ouro". Isto aconteceu por causa da depreciação das pedras no afluxo que tiveram dentro do mercado europeu. O governo português não conseguiu controlar a questão, sendo incapaz de racionalizar o custo da produção e reduzir a sua extração, o que levou a uma grande crise.[36]

---

35 Espanha e Portugal, com as riquezas conquistadas só souberam alimentar "os privilégios da monarquia, da Igreja Católica e duma burocracia larga e perdulária que vivia em torno da coroa e do clero". (SODRÉ, 1944, p. 183). Dessa forma o autor ressalta que o capitalismo ibérico fundamentou exclusivamente o "predomínio de um grupo" que circulava em torno da coroa.

36 Uma crise de grande dimensão estava se instalando no El Dorado. Podemos ver essa preocupação em uma carta do Intendente dos diamantes, João da Rocha Dantas e Mendonça, datada em 20 de dezembro de 1778, explicando ao Ministro a queda e as causas dos lucros dos diamantes: "Exmo. Sr. Martinho de Mello e Castro, Os Lucros, Excelentíssimo Senhor, reconheço diminutos; elles são, não porque

A sociedade mineira dos Setecentos

A sociedade mineira desde o seu início era bastante heterogênea e estratificada, correspondendo à divisão dos grupos raciais e econômicos que eram variados.

A expulsão das ordens religiosas regulares pelo Marquês de Pombal, no segundo decênio do século XVIII, foi o elemento propulsor para a formação das Irmandades e Ordens Terceiras em Minas Gerais, que tiveram uma função importante no que se refere aos trabalhos comunitários da capitania. Nelas puderam negros e mulatos desenvolver as suas atividades e organizar-se nas fraternidades e associações, construindo igrejas, hospitais e sistemas de ajuda mútua. A demanda da construção de igrejas causará o surgimento de uma arte original já que, a presença de patrocinadores ricos e leigos, que concorriam uns com os outros, conforme Maxwell (2010), "libertara a criatividade colonial em Minas Gerais de um modo desconhecido em qualquer outra parte do Brasil".

Surgiu, dessa maneira, uma plêiade de artesãos, pintores, arquitetos e escultores de grande talento. Isso pode ser vislumbrado nas elegantes igrejas barrocas. Se o neoclássico era soberano em Lisboa, em Minas o barroco tornou-se supremo.

O barroco mineiro foi a primeira manifestação artística originalmente nacional, e não reprodução dos padrões culturais europeus (CALDEIRA, 1997, p. 96). Essa originalidade pode ser vista nas soluções arquitetônicas das Igrejas e nas formas elípticas e curvilíneas de seu traçado. O uso da pedra-sabão com seus belíssimos entalhamentos fez do barroco uma arte própria e inigualável.[37]

---

tenha faltado a boa diligencia e cuidado; sim porque como eu tenho exposto a V. Exa. Os milhores, e os mais ricos Rios, e Corgos deste continente deixou escalados (sic), e exauridos a ambição desenfreada dos Contratadores..." (VALADARES, 1999, p. 44).

37 A genialidade do mulato Antônio Francisco Lisboa, o Aleijadinho, extravasou na arquitetura das igrejas barrocas mineiras. Nascido em Vila Rica, em 1730 e falecido em 18 de novembro de 1814. Era filho natural de Manuel Francisco da Costa Lisboa, distinto arquiteto português, e de uma escrava de nome Isabel, que somente foi libertada na ocasião de seu batismo. Escultor, arquiteto e entalhador, foi considerado o mais importante artista brasileiro do período colonial. Até a idade de 47 anos gozou de perfeita saúde, mas, de 1777 em diante, as moléstias, provocadas talvez, em grande parte, por excessos sexuais, começaram a maltratá-lo fortemente. O certo é que, ou por ter negligenciado a cura do mal no seu começo, ou pela força do mesmo, Antônio Francisco perdeu todos os dedos dos pés, do que resultou não poder andar senão de joelhos; os das mãos atrofiaram-se e curvaram, e mesmo chegaram a cair, e ainda assim quase sem movimento, costumava trabalhar às ocultas debaixo de uma tolda, ainda mesmo que houvesse de fazê-lo dentro dos templos. O cuidado de evitar os olhares de pessoas estranhas trouxe-lhe o hábito de ir de madrugada para o lugar em que tinha de trabalhar e voltar à casa depois de fechada a noite. (BARBOSA, 1988). No conjunto de sua obra destacam-se os projetos das igrejas de São Francisco de Assis, em Ouro Preto e em São João del-Rei; as 66 imagens de cedro dos Passos da Paixão e os 12 profetas de pedra-sabão, para o Santuário do Senhor Bom Jesus de Matosinhos, em Congonhas do Campo. (BAZIN, 1963).

O barroco mineiro é a expressão de uma sociedade que se desenvolveu entre as montanhas, produzindo um pensamento autônomo que se manifestou em diversas formas artísticas, tais como: a pintura, a arquitetura, a escultura, a música e a literatura. A arte colonial mineira é, essencialmente, marcada pela religiosidade. No dizer de Martins (1992, p. 22) ela expressa um anseio de transcendência: "Como se os homens, com os pés mergulhados no barro de onde retiravam o ouro, compreendessem a transitoriedade da sua opulência e quisessem dedicar ao divino o melhor fruto de sua labuta." Na expressão de Barbosa (1970, p. 32): "a riqueza trouxe a criatividade artística, uma nova mentalidade e novas ideias". Havia quem possuísse excelentes bibliotecas particulares e cabeças "pensantes" nas Minas Gerais.

Essa elite letrada se reunia em tertúlias intelectuais e articulava planos de emancipação. Isso talvez fosse em decorrência de que os mineiros ricos por mais de quarenta anos enviaram os seus filhos para estudar na Universidade de Coimbra. Na época colonial os brasileiros que quisessem estudar os filhos deviam enviá-los aos colégios jesuíticos e depois mandá-los para Portugal para os estudos superiores, na única universidade que havia, a Universidade de Coimbra, fundada em 1290.[38]

Vila Rica tinha orquestra e teatro. Os músicos eram convidados a se apresentar e a compor nas ocasiões solenes. Despontavam Academias e Círculos literários que apregoavam a escola literária do Arcadismo e as ideias iluministas. Essa elite vestia-se à maneira europeia, lia livros importados e recitava poesias, constituindo "uma aristocracia" que, agora, reconfigurava os sertões mineiros. Com muita riqueza à mão e com pretensão de nobreza, os ricos e seus filhos "doutores" gozavam de uma vida social emergente. (CALDEIRA, 1997, p. 99). Figurava dentro dessa elite o advogado e poeta Cláudio Manuel da Costa[39] e o também poeta Tomás Antônio Gonzaga.[40]

---

38   Em seu estudo sobre as elites mineiras setecentistas, Valadares (2004, p. 513) mostra que em Minas Gerais, a riqueza conferida pelo ouro proporcionará o surgimento de uma elite econômica, contrastando com o número expressivo de escravos, vadios e pobres. Essa "nobreza da terra" era constituída, em sua maioria por portugueses que, ao formarem as suas famílias, empenhavam-se em mandar os seus filhos para junto da Corte para que pudessem receber uma educação que lhes proporcionasse um emprego junto à Coroa e exercer no futuro o poder. Essas crianças eram levadas para Portugal e lá aprendiam o estilo de vida da Corte lusa e não eram educadas para uma sociedade libertária, nem para mudar o sistema escravagista ou colonial. Muitos não voltavam e, quando voltavam, estavam impregnadas da ideologia e dos hábitos da corte.

39   Os historiadores são unânimes em afirmar que ele foi um dos principais ideólogos do movimento inconfidente de 1789, encarregado de elaborar as leis do novo Estado a ser criado em Minas Gerais. O poeta foi encontrado enforcado em 4 de julho de 1789, no quarto da casa do contratador João Rodrigues de Macedo, local designado para sua prisão. Souza (2011, p. 193), inclui que "a causa da morte é um dos objetos mais controvertidos da historiografia brasileira, havendo verdadeiras facções, uma a defender com unhas e dentes a tese do assassinato, outra, a do suicídio".

40   Este foi indicado em 1781 para ocupar o cargo de Ouvidor Geral na comarca de Vila Rica. Em 1789 quando escrevia as *Cartas chilenas* foi detido e levado ao Rio de Janeiro acusado de estar associado ao grupo conspiratório separatista da Inconfidência Mineira. Na prisão se dedicou às liras a Marília de

Tributos e Impostos

O rei era o senhor do solo e do subsolo nos domínios de sua Coroa. Não podendo trabalhar diretamente na colônia, o rei oferecia a terra para que fosse explorada, desde que se pagasse a ele um imposto chamado quinto. A cobrança deste sempre foi vista pelos mineradores como um abuso fiscal, o que resultava em frequentes tentativas de sonegação, fazendo com que a metrópole criasse novas formas de cobrança.

Recordemos que, em 1702, o Estado português editou o *Regimento das Terras Minerais*, disciplinando a exploração aurífera estabelecida pela Carta Régia de 1602, que declarava a livre exploração, mediante o pagamento do quinto, em outras palavras, a quinta parte do que se extraía (20%) era o imposto devido à metrópole.

Para a cobrança desse tributo régio, assegurado em lei, a máquina burocrática tinha que ser eficiente, estendendo-se a toda região mineradora e era imprescindível o combate ao contrabando para aumentar a arrecadação. Em um primeiro momento, o controle social foi organizado com a criação das vilas e divisões administrativas. Depois, o governo estabeleceu a Intendência de Minas a todas as capitanias em que houvesse mineração, implantando rígidas medidas para evitar a sonegação dos impostos.

Em 1701, o governador Artur de Sá e Menezes criou os registros de entradas para fiscalizar o transporte e a cobrança do quinto. Estes eram localizados em locais estratégicos com a intenção de dificultar a passagem dos contribuintes e, geralmente, próximos a um curso de água.

Conforme Matos (1981) e Barbosa (1995) destacamos os seguintes postos de controle e casas de registro nas regiões ligadas à Estrada Real:

Quadro 04 - Registros das Regiões da Estrada Real

AGUASSU	Em Nova Iguaçu/RJ. É mencionado em 17 de janeiro de 1721.
AIURUOCA	Mencionado em 1776 com a grafia de "Iorooca", situava-se, certamente, nas proximidades da cidade mineira de Aiuruoca, o "destacamento da picada da Juruoca" era encarregado de reprimir o contrabando de ouro para o Rio de Janeiro.
ARAÇUAÍ	Próximo a Minas Novas. É referido em documentos datados de 1765 a 1767.
ARREPENDIDOS	Na divisa entre Goiás e Minas Gerais, próximo às nascentes do rio São Marcos. É mencionado por Saint-Hilaire (1975).
BANDEIRINHA	Mencionado a partir de 1738 e situado no caminho entre São Paulo e Goiás. Citado por Spix e Martius (1981).

Dirceu, e em 1792 foi condenado a dez anos de degredo em Moçambique. Em 1809 adoeceu, vindo a falecer no início de 1810. Perdurou por longo tempo a polêmica sobre a autoria das Cartas Chilenas, mas após estudos comparativos da obra com possíveis autores, concluiu-se que o verdadeiro autor é Gonzaga. (VALADARES, 2004).

BICAS	Localizado entre São Paulo e Minas, nas proximidades de Itajubá, existia em 1804. Parece que era situado em lugar diverso da atual cidade mineira de Bicas. Ao que tudo indica, o registro ficava no atual Município de Wenceslau Brás, que, outrora, era o povoado de Bicas do Meio.
BOA VISTA	Existia desde 1801 entre a capitania de São Paulo e a Vila de Parati.
BOM JARDIM	Em Serro Frio (MG). Criado em 1776 e citado por Matos (1981).
CAETÉ MIRIM	Um dos registros da Demarcação Diamantina. É mencionado desde 1751 e ficava ao norte do Tejuco (Diamantina).
CACONDE	Existia em 1775 na cidade paulista do mesmo nome.
CAMANDUCAIA	Existia em 1769. Estava situado em Minas Gerais, nas proximidades da atual cidade do mesmo nome, provavelmente às margens do rio que tem a mesma denominação.
CAMPANHA DE TOLEDO	Entre 1776 e 1831. Situado nas proximidades da cidade de Toledo (MG).
CAPIVARI	Existiu de 1751 a 1767, pelo menos, na antiga estrada entre Guaratinguetá e São João del-Rei, num afluente do Rio Verde, em local que corresponde ao "arraial de Capivary na estrada do Picu".
CONCEIÇÃO	Situado a noroeste de Minas Novas e é mencionado no início do século XIX.
GOUVEIA	Fazia parte da Demarcação Diamantina e localizava-se à este-sudoeste do Tejuco (Diamantina), desde 1765. Originou a cidade de Gouveia – MG.
INHACICA	Existiu entre 1765 e 1795 e ficava a norte-nordeste do Tejuco (Diamantina). É muito citado pelos viajantes.
ITACAMBIRA	Localizado na serra de Santo Antônio e subordinado à comarca de Serro Frio. É mencionado desde 1765 e fazia parte do sistema de "entradas".
ITAJUBÁ	Existiu nos arredores de Itajubá-MG, a sudoeste da vila, numa latitude de 22 graus e 36 minutos, durante o período de 1765 a 1820, pelo menos. Integrava o sistema de fiscalização e arrecadação das "entradas" em Minas Gerais, mas também tinha a função de permutar o ouro em pó por moeda.
JACUÍ	Localizado na região fronteiriça entre Minas Gerais e São Paulo, no local onde se assenta hoje a cidade mineira de Jacuí, era subordinado ao governo da Capitania de Minas. Existiu entre 1789 e 1820, com certeza, embora ignoremos as datas da sua criação e extinção.
JAGUARA	Desde 1751 é mencionado e se situava em Santa Luzia – MG.
LOURENÇO VELHO	Situava-se na serra da Mantiqueira, pertencendo ao atual município de Itajubá. É mencionado desde 1834 por Matos (1981).
MALHADA	Entre Minas e Bahia. É mencionado desde 1807 por Burton (1983) e Matos (1981).
MANDU	Registro ao qual estava anexo um quartel, integrante do sistema de arrecadação das "entradas" da capitania de Minas Gerais. Funcionou até 1770 quando foi transferido para Jaguari, atual Camanducaia. O registro já existia em Mandu, em 1764. Mandu é hoje a cidade mineira de Pouso Alegre.
MANTIQUEIRA	Um dos mais rendosos que integravam o sistema de arrecadação do contrato das entradas da capitania de Minas Gerais. Estava situado na divisa sul de Minas, a 22 graus e 44 minutos de latitude, entre Pouso Alto-MG e Cachoeira Paulista-SP, ao pé da serra do mesmo nome, do lado mineiro, não longe da Garganta do Embaú. É mencionado por vários viajantes e descrito minuciosamente por Saint-Hilaire (1938).

MATIAS BARBOSA	Mais importante e o mais rendoso de todos os registros do Brasil. Situava-se na divisa entre as capitanias de Minas Gerais e Rio de Janeiro, originando a atual cidade de Matias Barbosa. Foi descrito com minúcias por Mawe em 1809 (1978).
MILHO VERDE	Fazia parte da demarcação Diamantina. Em 1809 foi mencionado por Mawe (1978) e Matos (1981).
MINAS NOVAS	Situado às margens do rio Fanado, na cidade mineira do mesmo nome. É mencionado desde 1765.
NAZARÉ DE PARACATU	Localizado em Minas Gerais, ao sul da cidade de Paracatu. Mencionado desde 1765.
OLHOS D'ÁGUA	Ficava entre Paracatu a Santa Luzia (Luziânia – GO). Há referências sobre ele desde 1757. É mencionado por Matos (1981).
ONÇA	Localizado em Minas Gerais, na localidade ainda hoje chamada de Onça de Pitangui, à margem do rio São João.É mencionado desde 1764.
OURO FINO	Localizado a princípio na cidade mineira do mesmo nome, integrava o sistema de cobrança e arrecadação das "entradas" em Minas Gerais. Teria sido estabelecido em 1764, ocasião em que, logo a seguir, contribuintes revoltados lhe atearam fogo. Existiu até 1820, pelo menos. Em 1777, porém, sua sede foi transferida para a "Ponte Nova", sobre o rio Jaguari, a uma légua de Bragança Paulista. Parece que lá não ficou, pois em 1778 se cogitava a sua mudança "para o fim da mata chamada Tapera de João Dias".
PARAÍBA	Situado as margens do rio Paraíba, entre Minas Gerais e Rio de Janeiro. É mencionado por Matos (1981) e descrito por Mawe em 1809 (1978).
PARAIBUNA	Situava-se na margem norte do rio Paraibuna entre os estados de Minas Gerais e Rio de Janeiro e era um dos registros mais movimentados e mencionados pelos viajantes, desde 1726.
PICU	Localizado em Minas Gerais, na divisa com São Paulo, nas imediações da montanha do mesmo nome (Itamonte – MG). É mencionado desde 1822.
PITANGUI	Situado na cidade mineira de igual nome, funcionou como integrante do sistema de arrecadação das "entradas", no período de 1751 a 1754, pelo menos.
PORTO DO CUNHA	O lugar é hoje um bairro da cidade de Além Paraíba, na divisa entre Minas Gerais e Rio de Janeiro, e foi criado em 1784.
PORTO DO MEIRA	Situado próximo a Lorena – SP e mencionado desde 1785.
RIO PRETO	Situado nas divisas dos estados do Rio de Janeiro e Minas Gerais. E mencionado desde 1816, segundo Matos (1981) e citado por Saint-Hilaire (1974).
SANTA CRUZ	Localizado em Minas Gerais, na região a oeste de Minas Novas. É citado por Matos (1981).
SANTA MARIA	Situado na fronteira entre Goiás e Minas Gerais, na serra de Santa Maria. É citado desde 1778. Spix e Martius, 1819 (1981); Matos (1981).
SAPUCAÍ MIRIM	Existia desde 1821 na intendência do Ouro do rio das Mortes, Minas Gerais.
SIMÃO VIEIRA	É mencionado desde 1776 e ficava nas proximidades da cidade de Minas Novas – MG.
TRÊS BARRAS	Um dos postos de vigilância da Demarcação Diamantina. Com esse nome existe um arraial no município de Alvorada de Minas, conforme Matos (1981).
ZABELÊ	Localizado em Minas Gerais. Destinava-se à cobrança das "entradas". É citado desde 1776 e ficava situado sobre o riacho do Pau Grosso.

Fonte: http://www.receita.fazenda.gov.br/Memoria/administracao/reparticoes/colonia/registros.asp. Acesso em: 19/dez./2011.

Os Registros[41] tinham um papel relevante na tarefa de controle. Eram fixados em pontos estratégicos ao longo dos caminhos, travessia de rios, desfiladeiros e cruzamentos, assim como em pontos de passagens obrigatórias. Após o apogeu minerador, estes registros tornaram-se, em sua maioria, em "barreiras" que se extinguiram somente no período republicano. Havia registros do ouro; de entradas; de demarcação diamantina e de contagem.

Em consequência disso, diversos caminhos paralelos foram criados, visando burlar a fiscalização e encontrar alternativas de passagem. Esses "descaminhos" corriam paralelos à via oficial, sendo alguns hoje reconhecidos e outros ainda não conhecidos. Os descaminhos surgiram para evitar os registros de fiscalização. Há referências e marcas materiais que comprovam hoje a existência desses "caminhos escondidos". Sobre isso muitas lendas surgiram.[42]

O contrabando de ouro e diamantes era realizado por pobres e ricos. O ouro e as pedras preciosas eram mercadorias fáceis de serem escondidas. Os pobres ansiavam o enriquecimento fácil e a oportunidade de mudança social e os ricos, em sua maioria, conquistaram as suas riquezas utilizando-se deste artifício. Havia nas Minas Gerais, conforme aponta Vergueiro (1982, p. 62), "pequenos contrabandistas" que tinham atuação individual, e "quadrilhas" comandadas por poderosos. As negras de tabuleiro escondiam as pepitas em seus quitutes; e as vendas e tavernas eram lugares de contrabando e "negociação".[43]

---

41 Normalmente nesses Registros podia se encontrar um administrador que representava o contratador; um fiel que representava a Fazenda Real; um contador e dois ou quatro soldados. As instalações constavam de uma casa habitada pelo administrador com alguns livros contábeis, balança com pesos, armas e utensílios domésticos; um quartel de soldados, um rancho para os tropeiros e um curral para os animais. (SANTOS, 1958).

42 Existem muitas histórias e lendas que são contadas oralmente ou que foram registradas pelos historiadores e viajantes, e se tornaram causos, tais como: a Toca do Ouro, onde os bandidos se escondiam para roubar os tropeiros no Caminho Velho e os relatos sobre temível bandido Boca de Ouro. Ou ainda o caso do Vira- Saia, que se refere a um oratório em Ouro Preto em que se virava a imagem de uma santa para mostrar a direção de uma mula que estava carregada de ouro; o Capão da Traição e o Rio das Mortes e o episódio da Guerra dos Emboabas; a história de Chico Rei, personagem lendário da tradição oral de Minas Gerais que, tendo sido rei de uma tribo no reino do Congo foi trazido como escravo para o Brasil, comprando sua alforria e de outros conterrâneos com seu trabalho e tornou-se "rei" em Ouro Preto. (Nota do autor).

43 Boxer (1969, p. 76) ressalta que não eram apenas os leigos que se deixavam perverter pela *auri sacra fames* (sagrada fome do ouro), mas, também os clérigos que contrabandeavam de maneira generosa, já que a imunidade eclesiástica possibilitava a entrada e a saída pelos caminhos sem a revista oficial da guarda. Assim, eles escondiam ouro em pó e pedras preciosas em imagens de santos. O ouro e as pedras preciosas eram contrabandeados nos famosos santos de pau oco: imagens de santos rústicas, esculpidas em madeira oca, que eram utilizadas para esconder ouro e pedras preciosas, na tentativa de se driblar a cobrança do "quinto". Os santos de pau oco funcionavam também para os mineiros e os fazendeiros como um cofre onde eles guardavam algumas preciosidades, sem delas pagar o imposto à Coroa.

Com o intuito de efetivar sua cobrança e evitar o contrabando, em 1720, foram criadas as Casas de Fundição[44] – que só vieram a funcionar em 1725, em Vila Rica – com a finalidade de transformar o ouro em barras timbradas e quintadas.

Posteriormente foi criada a taxa de capitação,[45] esta era um imposto fixo, cobrado por cada escravo que o minerador possuísse.

Em 1750, época do apogeu do ouro, foi instituído o quinto por estimativa, conhecido como finta, ou seja, a fixação de uma cota fixa de 100 arrobas que incidia sobre toda a região aurífera. Como o ouro era facilmente escondido, graças ao seu alto valor, em pequenos volumes, criou-se a finta, sob pena de ser decretada a derrama, isto é, o confisco dos bens do devedor para que a soma de 100 arrobas fosse completada. A partir daí, já com o prenúncio da decadência da mineração, essa cota não era alcançada, gerando-se o déficit que se avolumava a cada ano. Com isso, em 1765, instituiu-se a derrama.[46] A derrama foi um mecanismo imposto pela Coroa à população mineira que devia cobrir a diferença que faltava para completar as 100 arrobas. Era uma forma arbitrária de cobrança do quinto atrasado, que devia ser pago por toda a população da região, inclusive com bens pessoais. Qualquer processo era lícito, contanto que se completassem as 100 arrobas do tributo. Pode-se imaginar o que significava isso de violência e abusos.

Esse quadro marcado por uma extorsiva tributação aumentou o descontentamento contra a metrópole. A Coroa experimentava um grande descontrole na arrecadação do quinto que era desviado e contrabandeado ilegalmente, ainda que se empenhasse muito para acompanhar as atividades mineradoras. De acordo com Cardoso (1938, p. 26), "os desencaminhadores utilizavam artifícios variados para não entregar o ouro nas oficinas reais". Fundiam-no falsamente, entregando-o nas casas da moeda do Rio, Bahia e Lisboa; desviavam-no dos registros por picadas de mato; levavam-no escondido para a Guiana Francesa ou para Buenos Aires, onde o trocavam por patacas; ou também para

---

44 Estas constituíam-se de estabelecimentos controlados pela Fazenda Real, que recebiam todo ouro extraído, transformando-o em barras timbradas e devidamente quintadas com o selo real (chamava-se isto de "quintar o ouro") para somente depois, devolvê-las ao proprietário. Era somente nestas barras quintadas que o ouro podia circular. A tentativa de utilizar o ouro sob outra forma – em pó, em pepitas ou em barras não marcadas – era rigorosamente punida, com penas que iam do confisco dos bens do infrator, até seu degredo perpétuo para as colônias portuguesas. (BOXER, 1969).

45 O imposto de capitação era referente ao número de escravos utilizados nas lavras. "A capitação era um imposto odioso em Minas, porque onerava mais a classe pobre dos mineiros". (SANTOS, 1958, p. 579). Nas palavras de Vergueiro (1982, p. 33), "o problema dos impostos e os protestos constituem um dos capítulos mais dolorosos da história das Minas".

46 Todas as vezes em que era decretada a derrama, a capitania entrava em situação de pânico e agitação. Era preciso mobilizar as forças armadas e havia medo e terror: as casas particulares eram assaltadas e muitas pessoas eram aprisionadas. Não havia garantia pessoal. "Todo mundo estava sujeito a perder de uma hora para outra os seus bens, sua liberdade e sua vida". (PRADO JÚNIOR, 1980, p. 59).

os Açores; na negociação de escravos na Costa da Guiné, levavam grandes quantias que eram negociadas com outros fins; carregavam ouro clandestino nas frotas que partiam do Rio para Lisboa, em barras e em caixas; escondiam-no em imagens de santos; transportavam-no em embarcações fingindo pesca; formavam quadrilhas e companhias de negócio em torno do roubo e do contrabando. A Corte, em resposta, impunha penas severas aos transgressores, apreendendo ouro onde podia e fortalecendo os registros e vigiando os caminhos.

Dois fatos se fazem importantes para a compreensão do espiral de exigências que sugiram nesse período: o primeiro se refere à subida ao poder do Marquês de Pombal.[47] O poderoso ministro precisava de ouro e tomou todas as medidas possíveis para melhor captá-lo, tendo em vista a manutenção do luxo da Corte Portuguesa; o segundo é agravante do primeiro e deve-se ao terremoto[48] pavoroso que quase destruiu Lisboa em 1755.

Na urgência de reedificar a cidade, as riquezas brasileiras foram a única solução. Por isso, a situação na colônia ficou muito apertada em relação a tudo aquilo que se referia à cobrança dos impostos. O que causou grandes proibições e tumultos. Além do quinto foi instituído os subsídios voluntários para a reconstrução de Lisboa. A insatisfação gerada por esse mecanismo tributário ocasionará de forma decisiva a articulação da Inconfidência Mineira de 1789.

A Inconfidência

A cobrança do quinto provocou muitas revoltas contra o rei, e causou muitos dissabores ao longo do tempo, desde a revolta de Felipe dos Santos[49] em 1720 até a Inconfidência Mineira em 1782.

---

47   O Marquês de Pombal dirigiu Portugal durante o reinado de José I, o Reformador. Nasceu em Lisboa em 1699 e estudou na Universidade de Coimbra. Exerceu o cargo de embaixador de Portugal em Londres e em Viena. Em 1750, o rei José nomeou-o secretário de Estado (ministro) para Assuntos Exteriores. O seu trabalho notabilizou-se desde o terremoto que destruiu Lisboa em 1755, quando, nomeado primeiro-ministro, Pombal organizou as forças de auxílio e planejou a reconstrução da cidade. A partir de 1756, seu poder foi quase absoluto e realizou um programa político de acordo com os princípios do Iluminismo. Na visão de Pombal a administração da colônia devia ter sempre como meta a geração de riquezas para o reino. (FIGUEIREDO, 2011).

48   Este terremoto é narrado de maneira dramática pelos historiadores. Ele aconteceu no dia primeiro de novembro de 1755, quando a partir das nove horas da manhã iniciou-se um tremor de terra que durou sete minutos fazendo ruir milhares de casas e edifícios. Depois, pelas onze horas da manhã, enquanto os sobreviventes assustados corriam para todos os lados, houve um maremoto que causou ainda mais destruição. Em seguida, houve diversos focos de incêndio que fez a cidade arder, ainda acometida por leves tremores de terra. A esse quadro de terror, os historiadores acrescentam abusos, estupros e roubos que causou a morte de mais de 15 mil pessoas. (CALDEIRA 1997).

49   Felipe dos Santos foi tropeiro, latifundiário, pecuarista, contrabandista e minerador. Ele se envolveu num movimento de protesto à Coroa que pode ser compreendido como precursor da Inconfidência

A temática da Inconfidência Mineira[50] tem sido abordada por estudiosos de vários ângulos históricos: há quem a defina como um movimento que buscava a liberdade da colônia portuguesa frente à metrópole e há quem saliente contornos regionalistas atribuindo sua "quase" eclosão ao descontentamento da população de Minas para com o excesso da carga tributária imposta pelo governo português. Alguns pesquisadores, no entanto, salientam os interesses particulares como propulsores do movimento. O tema é polêmico, principalmente no que diz respeito ao papel de cada um dos envolvidos. Todavia, é consensual afirmar que a Inconfidência Mineira foi um movimento que ambicionou libertar o Brasil (Minas Gerais) do domínio português na segunda metade do século XVIII.

Os conspiradores eram homens maduros e da alta sociedade mineira que tinham um programa e um plano de ação bem definidos para assumir o poder da capitania de Minas. Este programa estava fundamentado nos ideais da elite luso-brasileira e questionava o sistema colonial.

As insatisfações com a situação econômica, o conhecimento a respeito das revoltas na França e na América do Norte e a ideologia iluminista infiltrada na sociedade

---

Mineira. Nessa fase, em Minas Gerais, a insatisfação dos mineiros crescia diante do anúncio feito pelo conde de Assumar sobre o funcionamento das Casas de Fundição. Em junho de 1720, deu-se um levante de grandes proporções encabeçado por Pascoal da Silva Guimarães, rico comerciante e minerador português; Manuel Mosqueira da Rosa, antigo ouvidor e Felipe dos Santos. Este chegava a pensar, juntamente com os outros revoltosos populares no assassinato do governador e na independência da capitania. Essa revolta foi abafada pelo conde de Assumar que ocupou a cidade com uma coluna de 1500 homens armados e prendeu os revoltosos, fazendo-os desfilar pelas ruas da cidade. Felipe dos Santos foi condenado à morte sem passar por um julgamento de tribunal qualificado, ainda que fosse homem branco e que tivesse direito a isso. A sua cabeça foi pendurada no pelourinho da vila e o seu corpo foi esquartejado e exposto à margem das estradas. (RAMOS & MORAIS, 2010).

50 Conforme Maxwell, em seu clássico estudo *A Devassa da Devassa* (2010) no ideário da Inconfidência Mineira podemos perceber as insatisfações da elite colonial mineira diante da cobrança dos impostos forjada pela Coroa, bem como o pensamento dos hábeis advogados e padres obrigados à reavaliação das relações coloniais. O movimento tinha como fonte inspiradora os ideais da Revolução Francesa e também a constituição dos Estados Unidos da América. Havia uma tendência fortemente regionalista no que se refere ao nacionalismo econômico que estava dentro dos pronunciamentos do alferes Tiradentes: Seria criada uma casa da moeda e a taxa de câmbio fixada em 1$500 réis por oitava de ouro, visando acabar com a escassez da moeda que circulava na capitania; haveria a liberação restritiva do distrito diamantino com a estimulação para a exploração do minério de ferro e seria criada uma fábrica de pólvora; os padres deveriam receber dízimos com a condição de criarem e manterem hospitais, seria dado um incentivo pelo Estado para que as mulheres tivessem mais filhos; seria constituída uma milícia nacional; em cada cidade haveria um parlamento e o desembargador Gonzaga exerceria o governo por três anos para, em seguida, haver a convocação de eleições; não haveria distinção de hábitos entre pobres e ricos e todos deveriam usar os produtos manufaturados no local; os devedores da Fazenda Real receberiam o perdão por suas dívidas. Os inconfidentes chegaram a definir até mesmo uma nova bandeira para o Brasil. Esta seria composta por um triangulo vermelho, lembrando a Santíssima Trindade, num fundo branco, com a inscrição em latim: *Libertas Quae Sera Tamen* (Liberdade ainda que Tardia).

mineradora fizeram surgir no seio de Vila Rica uma consciência revolucionária, detentora de um desejo de mudança, vislumbrando uma sociedade livre e independente. Os Inconfidentes[51] haviam marcado o dia do movimento para uma data em que a derrama seria executada. Eles tencionavam contar com o apoio da população que estava revoltada. No entanto, o movimento que ficou marcado como Inconfidência Mineira foi frustrado pela denúncia do Coronel Joaquim Silvério dos Reis ao Visconde de Barbacena em 1789.

A força repressora da Coroa utilizou-se de todo o seu poder para punir os líderes do movimento. Esses, depois de perderem os seus bens, foram levados ao exílio, e Tiradentes[52] foi condenado à morte.

A ruína da produção aurífera e toda a crise política, econômica e cultural que sobreveio à Capitania de Minas Gerais, nos últimos decênios coloniais, foi por causa dos graves erros administrativos da Coroa, ligados à falta de compreensão de que a produção do ouro podia se extinguir, já que ele nunca poderia ser "inesgotável". Isso parecia ser "invisível" aos governantes que representavam a monarquia portuguesa, absoluta e paternalista.

Ao rever e apresentar – de maneira um tanto sucinta – alguns aspectos históricos sobre o Estado de Minas Gerais, mostrando as características culturais, sociais e políticas ligadas à importância do ouro e das pedras preciosas para a sua constituição, desejamos perceber essas marcas na toponímia constituída. No capítulo que segue trataremos dos Aspectos Geográficos.

---

51 Faziam parte do movimento Tomás Antônio Gonzaga, Cláudio Manuel da Costa, Inácio José de Alvarenga Peixoto, Cônego Luís Vieira da Silva, Francisco Paula Freire de Andrade, José Álvares Maciel e os padres José de Oliveira Rolim e Carlos Correia de Toledo, além do alferes Joaquim José da Silva Xavier, o Tiradentes, dentre outros (TORRES, 1967, p. 40-44).

52 O alferes Joaquim José da Silva Xavier, alcunhado o "Tiradentes" foi capturado no Rio de Janeiro e acusado de liderar o movimento. Sendo o único condenado à morte. Há muitas controvérsias que giram em torno de Tiradentes. Sabemos hoje que ele não foi apenas a figura de barbas e camisolão semelhante ao Cristo. Atrás do mito havia um homem preocupado com o futuro do Brasil e, por isso, interessado na Revolução Norte Americana e impactado pelas ideias do Iluminismo. Nas palavras de Barbosa (1970, p. 33), Tiradentes foi um homem honesto, leal, desprendido, abnegado até o extremo, capaz de sacrificar-se pelos amigos; "homem de fibra e de coragem, que soube enfrentar a morte com serenidade".

Capítulo III

Aspectos geográficos da Estrada Real

As Minas Gerais

A REGIÃO QUE CONHECEMOS PELO NOME DE MINAS GERAIS[1] permaneceu desabitada de "cristãos"[2] até finais do século XVII. A descoberta do ouro, e mais tarde, dos diamantes contribuíram decisivamente para o crescimento da região. O aparecimento das muitas "minas" patrocinou o topônimo *Minas Gerais*. Essa denominação referia-se, inicialmente, somente à região dos municípios de Ouro Preto e Mariana, onde as minas de ouro eram mais "gerais". Posteriormente, passou a designar toda a capitania.

Os historiadores apontam que nos últimos anos do século XVII, o nome com que se designavam as descobertas do ouro era "as minas". Essa denominação era mesclada com "minas dos Campos de Cataguases", "minas dos cataguás" e "minas do ouro" e aparecem em documentos oficiais desde 1701. Depois de 1720, com a separação de São Paulo

---

1 Muitas foram as variações toponímicas que se deram em torno da palavra minas para designar o território aurífero recém-descoberto. Encontramos as seguintes referências: 1 – "Minas do Sertão de Taubaté" em papéis e documentos da Câmara de São Paulo e em carta régia de 1696, conforme Vasconcelos (1974, p. 165); 2 – "Sertão do Sabará-Buçu"; 3 – "Minas-Gerais dos Cataguás", de acordo com Antonil (1982, p. 131); 4 – "Capitania de Minas Gerais", de 1720 a 1828, quando tornou-se território autônomo; 5 – "Estado de Minas Gerais", de 1889 em diante.O Estado de Minas Gerais já teve os seguintes nomes: Campos de Cataguá ou Território de Cataguases, em 1552; Território das Minas, em 1570; País das Minas, em 1603; Capitania de São Paulo e Minas de Ouro, em 1709; Capitania de Minas Gerais, em 1720; Província de Minas, em 1824; e, finalmente, Estado de Minas Gerais, em 1891. (BARBOSA,1995, p. 202).

2 De maneira geral o território mineiro era habitado por tribos indígenas. A oeste do rio São Francisco, pela "nação" jê; a leste, por grupos indígenas variados, e numa faixa central, a partir do sul de Minas, passando pelo centro e região do rio das Velhas e cabeceiras do Jequitinhonha, por tribos tupi-guaranis. (BARBOSA, 1970,).

da Capitania das Minas foi que apareceu o designativo "Minas Gerais". Os Viajantes Estrangeiros que passaram pela região, entre os séculos XVIII e XIX, deixaram o topônimo registrado em seus escritos:

> O ouro, que em todos os distritos da *província de Minas Gerais* se achou em mais ou menos quantidade, fez dar-lhe o nome que a designa, o qual lhe quadra melhor depois que nela se descobriram todos os outros metais. (CASAL, 1976, p. 163).

> A *província de Minas Gerais* é não só das maiores como também das mais ricas do Brasil, com vastos recursos naturais. Fica entre 14 e 23 graus de latitude sul e entre 41 e 53 graus de longitude oeste, incluindo, porém, os quatro últimos graus mais a oeste apenas uma estreita faixa. (GARDNER, 1975, p. 191).

> A *província de Minas Gerais* apresenta, mais ou menos, a forma de um quadrado. Está dividida em duas partes muito desiguais por uma longa cadeia de montanhas que se prolonga de sul a norte, coberta de matas do lado do oriente, ao passo que a parte ocidental só apresenta, em geral, pastagens. Numerosos e belos rios a limitam e a atravessam, e entre eles, devem ser mencionados o Jequitinhonha e o Rio Grande. (D'ORBIGNY, 1976, p. 161).

> As célebres minas de ouro que valeram à *província de Minas Gerais* o nome que possui, foram descobertas em 1699, sendo também a origem de sanguinolentos combates entre os habitantes. (CASTELNAU, 2000, p. 94).

> A abundância em ouro foi o primeiro motivo para o estabelecimento nesta região de *Minas Gerais*. É difícil ter uma ideia dos absurdos e da devastação que se cometem aqui nas escavações do ouro. É como se morros e vales tivessem sido rasgados e despedaçados por uma tromba d'água. A sede de ouro está tão enraizada nas pessoas que muitas delas, ainda hoje, continuam a investir contra as partes ainda intocadas dos morros, revolvendo e escavando a terra a esmo. (Langsdorff in: SILVA, 1997, p. 39-40).

> *Minas Gerais* é, sem dúvida, a província brasileira mais interessante e instrutiva sob o ponto de vista geológico e mineralógico,

especialmente nas regiões de Vila Rica e Sabará e em toda a zona cortada pela estrada que se dirige para o distrito diamantífero do Serro do Frio. (ESCHWEGE, 1979, p, 7).

Minas Gerais se assinala, dizem, pela inteligência e energia de seus habitantes; talvez pelo efeito dum clima menos ardente, estando as pequenas cidades dessa província quase todas situadas nos altos chapadões das serras e gozando de um ar mais fresco e estimulante do que o que se respira no litoral. (AGASSIZ, 1975, p. 93).

Minas Gerais constitui-se quase inteiramente de montanhas escarpadas ou de colinas chamadas "campos". Não tem costa e em geral seus limites, que não foram traçados pela natureza, são pouco preciosos. (RUGENDAS, 1972, p. 27).

A *Capitania de Minas Gerais* tem uma extensão de seiscentas e setecentas milhas de norte a sul, e quase a mesma de leste a oeste. É limitada ao norte pela Capitania da Bahia, a oeste pela de Goiás, ao sul pelo Paraibuna, rio que a separa da Capitania do Rio de Janeiro; do Espírito Santo e da costa, é separada por uma imensa cadeia de montanhas, região habitada por índios antropófagos e portanto pouco conhecida. (MAWE, 1978, p. 179).

O surgimento do Estado de Minas[3] decorreu sob o signo da mineração. A busca pelas pedras e metais preciosos fez acontecer o devassamento do seu território desde o século XVI. Entretanto, com o tempo e a escassez do ouro e a crise da mineração, o título de "Minas Gerais" tornou-se mais adequado pela generalidade dos minerais do que pela quantidade das minas de ouro. A mineração foi predominante até cerca de 1770. Posteriormente, a economia firmou-se com base na agricultura e na indústria.

Todos os Estados brasileiros são criações políticas, mas nenhum deles possui a diversidade de paisagens que constitui o patrimônio que caracteriza Minas Gerais. O território de Minas Gerais constituiu-se por cinco partes herdadas das capitanias precedentes: da Capitania de Ilhéus recebeu as terras de ambos os lados do

---

3   No dizer de Wirth:"As fronteiras do Estado de Minas Gerais não definem uma região geográfica coerente. Refletem antes a conveniência colonial portuguesa, isto é, seu desejo de isolar as Minas Gerais, na primeira corrida do ouro do mundo moderno (1690-1740), de outras potências europeias, além de frustrar o contrabando e a evasão de divisas dos campos auríferos." (1982, p. 40).

São Francisco (nascentes dos rios Urucuia e Pardo); da Capitania de Porto Seguro, vieram grandes partes do Urucuia e Gerais; da Capitania do Espírito Santo, partes da região do rio Doce (Oeste de Minas) e Triângulo Mineiro; a Zona da Mata e o Sul de Minas foram formados com terras da Capitania de São Tomé e da Capitania de São Vicente.

O Estado de Minas Gerais ocupa, na atualidade, uma área entre os 587.112km^2 e 588.383,5km.^{2} Nesta região encontram-se alguns dos picos mais elevados do Brasil, nomeadamente os picos da Bandeira (na Serra do Caparaó, com 2.890 metros), do Cruzeiro (2.861 metros) e do Cristal (2.798 metros), Serra Fina (2.580 metros), Serra Negra (2.568 metros) e outros com altitudes superiores a 1.500 metros; possui planaltos com altitudes superiores aos 1.000 metros, como o Planalto do Alto Rio Grande (Sul) e o Planalto do Alto Paranaíba (Noroeste).

Em Minas Gerais se destaca a serra da Mantiqueira,[4] cujos prolongamentos setentrionais constituem a serra Geral de Minas ou do Espinhaço, a principal cadeia de montanhas e de onde se desenvolvem as demais, orograficamente tidas por secundárias. Essa cordilheira percorre a região de norte a sul por uma linha mais ou menos meridiana que, passando pelo Rio de Janeiro, Ouro Preto, Diamantina, separa a bacia do rio Doce da bacia do rio São Francisco a oeste. Foi nos seus flancos, vales e cursos

---

4   O topônimo Mantiqueira se origina do tupi-guarani e significa "Serra que chora", assim denominada pelos índios que habitavam a região e devido à grande quantidade de nascentes e riachos encontrados em suas encostas. (SAMPAIO, 1955). Dois relatos descrevem de maneira interessante a Serra da Mantiqueira: "A vegetação que se tem sob os olhos é absolutamente diferente da que apresentam as matas virgens; a árvores gigantescas sucedem gramíneas frequentemente mal desenvolvidas, entremeadas de outras ervas, e os vegetais que se mais fazem notar no meio dessas pastagens não passam de arbustos. As plantas dos campos não sendo as mesmas dos bosques, não podem nutrir os animais que se costumam ver no meio das matas: existe, aliás, muita fixidez nos hábitos e costumes dos animais para que as mesmas espécies possam viver igualmente em regiões que, embora contíguas, apresentam tantas diferenças; e quando a vegetação muda, veêm-se aparecer outras aves e insetos diferentes. Uma cruz de madeira indica o limite entre a capitania de Minas e a de S. Paulo. Até lá se sobe sempre e o caminho é bastante bonito. Mas quando é preciso descer torna-se medonho. Não me lembro ter visto pior, desde que estou no Brasil. Quasi sempre é de aspereza extrema; caminho estreito e profundo, coberto de pedras arredondadas que rolam sob os pés dos muares."(SAINT-HILAIRE, 1938)."A palavra Mantiqueira, também escrita e pronunciada Mantiquira, ainda não foi interpretada. É geralmente traduzida por "ladroeira" e supõe-se que seja uma gíria local. Alguns derivam-na de manta, capa de lã, e, em sentido figurado, "ardil", trapaça". No início da primeira metade do século corrente era um nome temível, como ainda são os de Apeninos e Abruzzos. Os antigos viajantes estão cheios de lendas sobre os seus bandidos. Os tropeiros ainda tremem ao ouvir as narrações a seu respeito em torno do fogo do acampamento. Os bandidos costumavam laçar suas vitimas e atirar os cadáveres, devidamente despojados dos diamantes e da areia aurífera, nos mais fundos desfiladeiros e barrancos. Diz uma tradição que um desses cemitérios foi revelado por uma árvore de crescimento muito rápido, que ostentava um selim como se fosse um fruto. O guarda asseverou-me que quando se construiu a nova estrada encontraram-se tesouros em vários lugares." (BURTON, 1977, p. 131).

de água que se encontrou o ouro. A coloração arroxeada ou enegrecida que caracteriza as montanhas, principalmente nas partes elevadas e áridas é, conforme Lima Júnior (1965, p. 66), devido ao "tapanhuacanga", massa argilosa impregnada em alto grau de óxidos de ferro constituída de itabiritos que são rochas com alto teor ferrífero.

Essa região é cruzada por um conjunto de rios. Os rios foram importantes vias de comunicação para se chegar à zona das minas. Inicialmente o percurso mais comum era partir de São Paulo e seguir ao longo do rio Paraíba,[5] uma viagem que durava em média dois meses. Entretanto, o trajeto mais demorado era a viagem da Bahia pelo rio São Francisco até a zona da mineração. Os principais rios mineiros são: o rio São Francisco e seus afluentes (Paraopeba, Velhas, Verde, Grande, Paracatu, Urucuia e Carinhanha); a Sudoeste encontramos os rios Paranaíba e Grande (pertencentes à Bacia Platina), que formam o rio Paraná; a Sul – Sudeste, o Paraíba do Sul, com as cabeceiras a nascerem em terras paulistas. Por sua vez, deste nascem três rios que desaguam diretamente no Atlântico: o Jequitinhonha (1.082 km), o Doce (977 km) e o Mucuri (528 km).

A *urbis* mineira

A extensão das zonas de mineração se deu a partir de Sabará, do Serro, do Tijuco e de Itacambira e foi se alastrando pelas Minas Gerais. Disseminados pelas montanhas e vales, os lavradores e mineradores erguiam casas junto às capelas e aos sábados vinham pernoitar com as suas famílias para participar da missa aos domingos e fazer compras.

---

5   "O Rio Paraíba, único caudaloso da província, tem princípio numa pequena lagoa sobre a porção meridional da Serra da Bocaina, continuação da dos Órgãos, obra de cinco légua ao norte de Parati. Corre primeiramente com o nome de Paratinga, aliás Piratinga ao longo da Serra que se prolonga com o Oceano, a rumo de sudoeste. Entra na Província de São Paulo, recolhe a Ribeira de Jacuí pelo lado esquerdo, um pouco acima da Vila de São Luís, e pouco abaixo dela pelo mesmo lado o Rio Paraíbuna, que sai da Serra de Ubatuba. Nesta confluência toma o nome de Paraíba: Aproxima-se ao mar um pouco ao poente do meridiano de São Sebastião: Volta para o nordeste correndo ao longo da Serra Itapeva, e da Vila de Jacareí. Depois de vinte léguas ou com pouca diferença inclina para leste e sudeste: rega, como dissemos, as vilas de Taubaté, Pindamonhangaba, Guaratinguetá e Lorena: Torna a entrar na província, que lhe dá o nascimento, ao qual se aproxima obra de cinco léguas: banha a Vila de Rezende: inclina para o nordeste, recolhe o Rio Piraí, que vem fazendo caminho do norte desde a sua origem na Serra da Ilha Grande, e muitas léguas abaixo, correndo já a leste, recebe pela margem esquerda o Rio Paraíbuna, que é o seu maior confluente, e pela direita o mencionado Piabanha. Designa-se esta paragem com o nome de Três-Rios". (CASAL, 1976, p. 187).

Os primeiros aglomerados humanos que deram origem aos arraiais e depois às vilas, inicialmente localizavam-se nas bordas dos ribeiros onde era explorado o ouro de aluvião. Depois, após o esgotamento desse tipo de ouro, passou-se à busca do ouro dos barrancos e aos veios subterrâneos. Nessa fase foi que começaram a surgir aglomerados humanos nas encostas das montanhas. Por isso, em Minas Gerais, algumas das mais típicas cidades de montanha são justamente aquelas que se criaram em torno de arraiais de extração do ouro. Nas palavras de Garschagen: "Antigas corruptelas das áreas diamantíferas, caracterizando-se por seus sítios urbanos atormentados, instalados no fundo de vales, nas encostas dos morros, em esporões montanhosos, com o seu plano irregular, ladeiras íngremes e ruas em sobe-desce." (1978, p. 240).

Quadro 05 - Fundação e Nomes das Primeiras Vilas Mineiras

NOMES ORIGINAIS	NOMES ATUAIS	CRIAÇÃO
Real Vila de N. Senhora do Carmo	Mariana	1711
Vila Rica de Albuquerque	Ouro Preto	1711
Vila Real de N. Senhora da Conceição	Sabará	1711
Vila de São Joao del Rei	São Joao del Rei	1713
Vila Nova da Rainha	Caeté	1714
Vila do Príncipe	Serro	1714
Vila de Pitangui	Pitangui	1715
Vila de São José del Rei	Tiradentes	1718
Vila de N. S. do Bom Sucesso de Minas Novas	Minas Novas	1730
Vila de Tamanduá	Itapecerica	1789
Vila de Barbacena	Barbacena	1791
Vila de Queluz	Conselheiro Lafaiete	1791
Vila de Campanha da Beira	Campanha	1798
Vila de Santa Maria do Baependi	Baependi	1814
Vila de São Carlos do Jacuí	Jacuí	1814
Vila de Aiuruoca	Aiuruoca	1834

De acordo com Fonseca (2003) foi no ano de 1710, no rastro da pacificação emboaba, que a Coroa criou a Capitania de São Paulo e Minas do Ouro e dividiu a área do sertão de Cataguases em duas Comarcas: a do Ouro Preto, com sede em Vila Rica e a do Rio das Velhas (Sabará), com seus Ouvidores-gerais. Mais tarde, pelos idos de 1711 a 1720, foram criadas as primeiras Vilas e mais duas Comarcas, a do Rio das Mortes (São João d'El Rei) e a do Serro Frio, sediada na Vila do Príncipe (hoje Serro). Essa divisão administrativa em quatro Comarcas vigorou por todo o século XVIII, até 1815, quando foi criada a Comarca de Paracatu, com área desmembrada da Comarca do Rio das Velhas.

O objetivo maior da criação das vilas e comarcas foi o de melhor ordenar e controlar a população das minas de ouro para evitar conflitos. A população assim organizada tornava a vigilância da Coroa mais atuante e possibilitava a aplicação eficaz de medidas punitivas quando estas se fizessem necessárias.

O vertiginoso progresso das comarcas componentes das regiões auríferas determinou em breve o desmembramento delas da Capitania de São Paulo, para formarem à parte, em 1720, a Capitania de Minas Gerais. Tal medida visou a criação de um melhor sistema de administração das minas pela Coroa Portuguesa.

A urbanização[6] de Minas se deu por causa da exploração do ouro e das pedras preciosas. Os arraiais nasceram e cresceram onde havia ouro e diamantes. É por isso que as vilas e cidades que se originaram nessa época situam-se em vales profundos, junto aos rios e córregos, onde o ouro se misturava ao cascalho e à areia, rodeadas de paredes montanhosas.

---

6   Calcula-se que a população total de Minas tenha superado a margem de 30.000 pessoas, no início do século XVIII, para mais de 400.000, ao final do século, quando a produção do ouro estava em fase de decadência. Em 1821, a Província de Minas Gerais contava com um total aproximado de 514.108 habitantes, "[...] espalhadas sobre hum terreno de 17.252 legoas quadradas que para cada legoa quadrada se contão 29,7 pessoas". (ESCHWEGE, 1979, p. 8 e 9). Dos quais, 332.226 eram pessoas livres (maioritariamente mulatos e brancos) e 181.882 negros escravos.

Figura 06 – Carta Geographica de Minas Geraes – Manuscrito elaborado em 1804 por Caetano Luiz de Miranda. Documento importante para o conhecimento da Geografia Colonial de Minas Gerais.

Fonte: *Projeto Resgate*: Arquivo Histórico Ultramarino (Cartografia Manuscrita do Brasil).

A sociedade mineira foi essencialmente marcada pelo trabalho escravo[7] e a superioridade quantitativa da população negra na Capitania das Minas do Ouro era motivo de

---

7   Estima-se que na época de apogeu da extração do ouro (1740-50) houve 100.000 escravos na região das Minas. Conforme Vergueiro (1982), era numerosíssima a população negra nas Minas. Os escravos

temor e receios pela Coroa. Os negros, devido aos maus tratos, muitas vezes fugiam e se refugiavam nos quilombos.[8] A sociedade que se formou em Minas Gerais compunha-se de um grande número de escravos, um tanto de homens livres e pobres, geralmente pardos e uma pequena classe dominante branca constituída de portugueses, que ocupava os melhores cargos. Conforme Gancho e Toledo (1991, p. 28) é bastante complexo caracterizar a sociedade mineira do século XVIII. Para uma melhor compreensão elaboramos o quadro abaixo com a seguinte dinâmica: Fato X Consequência.

Quadro 06 -Características da Sociedade Mineira do Século XVIII

FATO	CONSEQUÊNCIA
1 – Mobilidade social devido à extração do ouro e das pedras preciosas.	Era muito fácil enriquecer como também perder tudo, na medida em que toda a economia se fundamentava na busca do ouro e das pedras preciosas.
2 – Vida urbana e social nas vilas.	O que proporcionava o surgimento de novas relações humanas e culturais.
3 – Comércio interno.	O mercado mineiro precisava ser abastecido de víveres e produtos variados para a sua manutenção.
4 – Uma camada social média feita de homens livres.	A riqueza proporcionou o surgimento de uma camada de pessoas livres que tinha a maioria branca.
5 – Forte mestiçagem e falta de uma aristocracia.	Havia poucas mulheres brancas na sociedade mineira e a mistura das raças foi preponderante.
6 – Manifestações artísticas: escultura, arquitetura, música e literatura.	A riqueza do ouro e das pedras preciosas proporcionou o desenvolvimento de uma intelectualidade brasileira e o desenvolvimento de uma cultura própria e identitária.
7 – Irmandades leigas com grande expressão religiosa, econômica e política.	As Irmandades tiveram grande importância na assistência social e religiosa.

---

eram comercializados e trocados por cachaça na África e vinham para a região aurífera passando através dos portos do Rio de Janeiro e de Paraty. Por causa da dificuldade em transportá-los para o interior, eles se tornavam mais caros.

8   Em consonância com Moura (1993, p. 11), os quilombos eram aldeias que concentravam os escravos que fugiam das fazendas, minas e casas de família, onde eram explorados e sofriam maus tratos, no período colonial brasileiro. Para o rei de Portugal, em carta-resposta ao Conselho Ultramarino, de 02/12/1740, Quilombo "é toda habitação de negros fugidos que passem de cinco, em parte despovoada, ainda que não tenham ranchos levantados nem se achem pilões neles". Os escravos, para não serem encontrados, escondiam-se nas matas, nos lugares mais inacessíveis, como o alto das montanhas e grutas. Aí se reuniam e levavam vida livre.

Os caminhos do ouro

A descoberta e a exploração do ouro em Minas Gerais provocaram uma rápida transformação dos eixos principais de circulação do Brasil e um reordenamento completo do espaço brasileiro. A grande população das Gerais exigia a necessidade de um mercado abastecedor abrangente com o comércio de gêneros alimentícios, utensílios e escravos. Por isso, despontou a figura do tropeiro e das tropas.[9]

Freireyss observou que:

> Todos os dias passavam 220 a 250 mulas que, em lotes, vinham de Minas Gerais, carregadas com toucinho, algodão, queijos, café e açúcar; outras, vindas do Porto de Estrela, carregavam sal, ferro e mercadorias inglesas de toda a espécie. Sem as mulas este comércio seria impossível, porque os cavalos não resistiriam. A carga de cada animal costuma ser de 250 a 300 libras e é arrumada dos dois lados, sobre uma cangalha formada com capim. Com este peso o animal aguenta uma marcha de 5 a 8 horas. Nos pousos tiram-se-lhe as cangalhas, que são empilhadas nos muitos ranchos abertos que existem à beira da estrada, próximas das casas dos fazendeiros. Estes lucram com isso, porque os tropeiros têm de comprar deles o milho de que precisam. Os animais são soltos em um pasto, se a chegada for cedo, porque à tarde eles voltam por si para comer o milho, que se lhes dá em um saquinho adaptado ao pescoço e

---

9   As tropas constituíram o principal meio de transporte terrestre de mercadorias do Brasil. Pousando em velhos ranchos de sapé, cada dia em um lugar diferente, iam estabelecendo relações e encurtando as distâncias trazendo novidades de um lugar para o outro. Cada tropa tinha um líder, que era o proprietário dos animais, conjugando a função de tropeiro ou arrieiro com o comércio. O tropeiro gozava de simpatia e era uma figura bem acolhida e esperada nos vilarejos e nas fazendas. Os tropeiros compravam nas vilas e cidades do litoral, gêneros alimentícios variados, fazendas e utensílios de toda a espécie e os levava para o interior, lucrando muito com as vendas. (ZEMELLA, 1990, p. 152). As tropas eram divididas em lotes (porções de cargueiros que variavam conforme a região: 9 mulas em Minas; 11 em Goiás e 7 no Rio de Janeiro) que eram conduzidos por um "camarada" (tocador ou tangedor). Fazia parte da tropa um cozinheiro e também um cão de guarda. Havia uma distinção interessante que estabelecia que se a tropa tinha mais de 5 lotes, ela era considerada de primeira categoria, e a madrinha (um animal mais velho que ficava à frente) era enfeitada de prata e cheia de campainhas e sinetes, espelhos, laços coloridos e fitas com peitoral cheio de guizos. (RIBAS, 2003, p. 99 -102).A duração das viagens era conforme a procedência das tropas. Os paulistas viajavam até o meio-dia, ou estendiam, quando muito, até uma hora ou duas da tarde, conforme a temperatura. Já, os baianos caminhavam até 3 horas da tarde. Os mineiros caminhavam enquanto o sol estava posto. Suas roupas, seu feijão-tropeiro, suas frases, seus ditados ficaram marcados na cultura brasileira. Dentre eles: "Quando um burro fala, o outro abaixa a orelha; boas ideias e burros mancos chegam sempre atrasados; dar com os burros n'água; cor de burro quando foge; picar a mula; é burrice; estar emburrado; desembestar; teimoso como uma mula; é uma bruaca; cagar na retranca; é bom pra burro; de pensar morreu um burro". (MAIA & MAIA, 1981, p. 40).

no qual mergulham o focinho. Depois desta refeição, em geral às Ave-Marias, tornam a ir para o pasto, onde passam a noite. (1982, p. 20, 24).

Por mais de dois séculos os tropeiros foram o principal meio de comunicação entre as regiões brasileiras, constituindo um grupo de comerciantes ambulantes que percorriam os caminhos entre Minas e o restante do Brasil. Os tropeiros caminhavam pelas trilhas e caminhos do ouro, conduzindo as tropas pelas fazendas e vilas. Carregavam toda a mercadoria em tropas de burros. Eles também funcionavam como banco (trocando dinheiro por ouro) e jornal (levavam e traziam notícias).

Figura 07 -Caminhos do Ouro

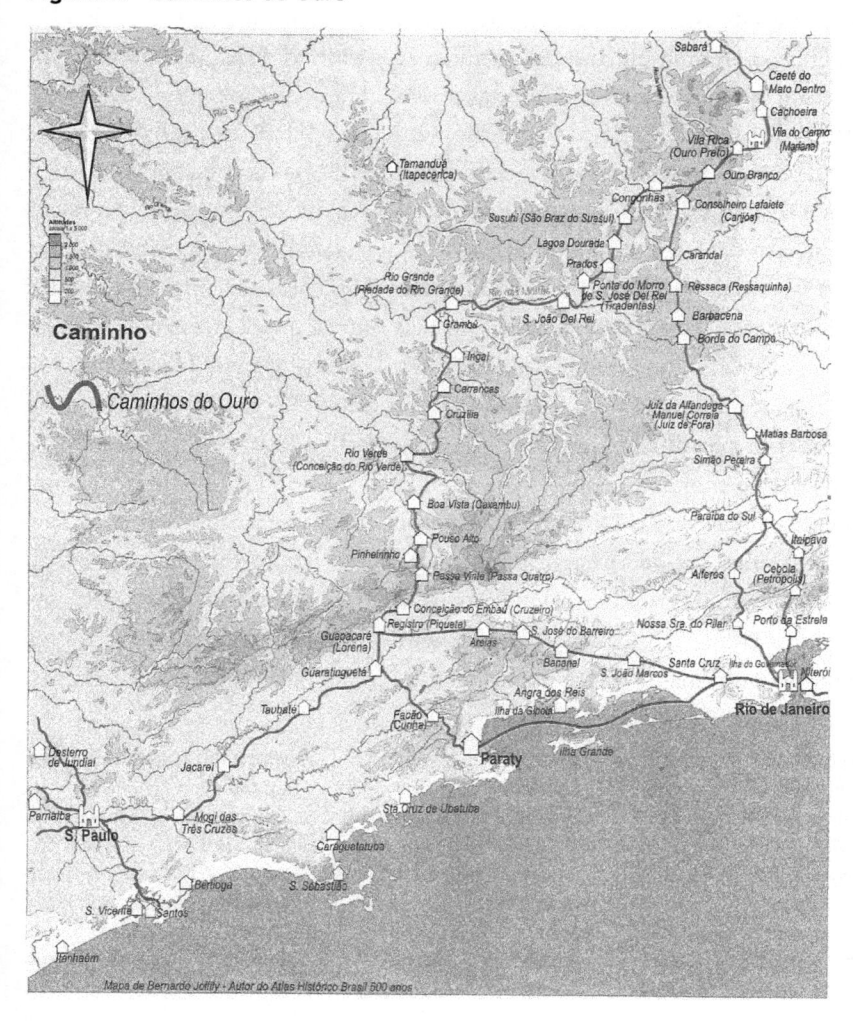

Fonte: JOFFILY, B. 1998.

A busca pelo enriquecimento fácil atraiu também para os caminhos das Minas bandidos e ladrões que ficavam à espreita da passagem dos comerciantes ricos e das tropas que transportavam mercadorias para o abastecimento das vilas e também ouro e pedras preciosas para os portos escoadouros da Colônia. Souza (2004, p. 277) inclui que "nos difíceise perigosos caminhos daqueles tempos era muito comum morrer gente assassinada por bandidos ou pelos companheiros de viagem por causa recusa em dividir o ouro conquistado." Araújo (2000, p. 72) recorda que, em 1728, Dom João V ordenou que se prendessem "as pessoas facinorosas". Isto fez com que muitos se refugiassem nos matos. As "pessoas facinorosas" eram identificadas como ladrões de gado e "formigueiros", ou seja, ladrões de coisas de pouco valor.

Nas regiões mais densamente povoadas dos caminhos do ouro atuavam as quadrilhas de assaltantes que roubavam e assassinavam as suas vítimas. Havia também garimpeiros clandestinos que, em bandos, enfrentavam violentamente as tropas oficiais, tal como a quadrilha de salteadores liderada por Montanha ou o bando de Mão de Luva.[10]

Os oficiais da Coroa descobriram a quadrilha em 1783 e essa foi perseguida por uma força militar que incluía o alferes Joaquim José da Silva Xavier, o Tiradentes. Então, as autoridades tomaram conhecimento que os assassinados eram contrabandistas de ouro e de diamantes que viajavam disfarçados de mascates e caixeiros-viajantes respeitados em suas comunidades. Campos (2007, p. 21) destaca que há muitas controvérsias históricas ligando essa lenda a um garimpeiro português de nome Manoel Henriques, que teria fugido da região aurífera de Minas Gerais e atravessado o rio Paraíba do Sul a fim de procurar ouro na região do atual município de Cantagalo em 1780.

O cobiçado sertão mineiro aos poucos foi sendo devassado e a afluência de tanta gente, juntamente com a eclosão do comércio e a necessidade de transporte fizeram surgir caminhos e estradas que se tornaram importantíssimas para o estabelecimento de contatos e o escoamento das riquezas. Dentre esses caminhos destacamos os itinerários direcionados para a Bahia, São Paulo e Rio de Janeiro. Na passagem de seiscentos para setecentos, a região das minas já estava intensamente ligada a Salvador, sede do governo

---

10   O lendário Mão de Luva foi um excelente exemplo dos homens que exploravam ilegalmente ouro nos sertões proibidos. O viajante vonTschudi (1980, p. 83) em seu relato assim o descreve: "era um audacioso mulato que perdera uma das mãos em luta com um pelotão de soldados que o tinha surpreendido em sua atividade. Em lugar da mão perdida, usava uma luva cheia de algodão". Daí a alcunha de "Mão de Luva" No dizer de Anastasia (2000, p. 118), "os boatos, e o medo cresciam". A quadrilha de assaltantes comandada pelo Mão de Luva nos sertões da Mantiqueira assustava a todos pelos caminhos a extraviar o ouro. Mão de Luva viera das Minas para a Cachoeira do Macacu, na Capitania do Rio de Janeiro com dois irmãos e um sobrinho. Ele era alto e ficava à entrada do descoberto, lugar rodeado de "impenetrável serraria" com uma pistola debaixo do braço e uma espada na mão que lhe sobrara. Os seus homens eram repartidos em companhias para os roubos e, no final de semana, tudo era repartido. (ANASTASIA, 2005, p. 97).

colonial até 1763. Vários caminhos ligavam o Recôncavo Baiano à área produtora das riquezas minerais, funcionando como elo para o escoamento da riqueza advinda das Gerais e para o abastecimento de escravos, gados e variados mantimentos, oriundos ou comercializados a partir do litoral. A ligação entre a Bahia[11] e as regiões auríferas foi muito anterior à descoberta do ouro. Tal ligação foi realizada de sul para norte, pelas bandeiras paulistas do século XVII.

A estrada do sertão do rio de São Francisco, chamada por Antonil e por muitos outros autores de Caminho da Bahia, apresentava grande vantagem para os viajantes que dela dependiam para alcançar a região mineradora. Este assim descreveu o roteiro do caminho da Bahia para as Minas Gerais:

> Partindo da cidade da Bahia, a primeira pousada é na Cachoeira; da Cachoeira vão à aldeia de Santo Antônio de João Amaro e daí à Tranqueira. Aqui divide-se o caminho, e tomando-o à mão direita, vão aos currais do Filgueira, logo à nascença do rio das Rãs. Daí passam ao curral do coronel Antônio Vieira Lima, e deste curral vão ao arraial de Matias Cardoso. Mas, se quiserem seguir o caminho à mão esquerda, chegando à Tranqueira, metem-se logo no caminho novo e mais breve, que fez João Gonçalves do Prado, e vão adiante até à nascença do rio Verde. Da dita nascença vão ao campo da Garça, e daí, subindo pelo rio acima vão ao arraial do Borba, donde brevemente chegam às minas gerais do rio das Velhas. Os que seguiram o caminho da Tranqueira, à mão direita, chegando ao arraial de Matias Cardoso, vão longo do rio de São Francisco acima, até darem na Barra do rio das Velhas, e daí, como está dito, logo chegam às minas do mesmo rio. Mas, porque nesta jornada da Bahia uns caminham até o meio-dia, outros até as três da tarde, e outros de sol a sol, porei a distância certa por léguas destes dous caminhos da Bahia para as minas do rio das Velhas, que é a seguinte: Da cidade da Bahia até a Cachoeira, doze léguas. Da Cachoeira até a aldeia de João Amaro, vinte e cinco léguas. Da aldeia de João Amaro até a Tranqueira, quarenta e três léguas. Da Tranqueira caminhando à mão direita até o arraial de Matias Cardoso, cinquenta e duas léguas. Do arraial de Matias

---

11 A importância dessa via de ligação entre Salvador e Minas foi por ter sido a principal via de abastecimento de mantimentos e, principalmente, de animais para o interior mineiro. Foi também essa estrada da Bahia que se revelou como via de acesso para o contrabando e a ilegalidade, graças à abertura frequente de trechos não autorizados pela Coroa, maior facilidade de trânsito e menor vigilância por parte dos agentes oficiais (ZEMELLA, 1990, p. 134).

Cardoso até a barra do rio das Velhas, cinquenta e quatro léguas. Da barra do rio das Velhas até o arraial do Borba, aonde estão as minas, cinquenta e uma léguas. E são por todas duzentas e trinta e sete léguas. Tomando o caminho da Tranqueira à mão esquerda, que da Bahia até aí consta de oitenta léguas, são da Tranqueira até a nascença do rio Guararutiba trinta e três léguas. Da dita nascença até o último curral do rio das Velhas, quarenta e seis léguas. Deste curral até o Borba, vinte e sete léguas. E são, por todas, cento e oitenta e seis léguas. Este caminho da Bahia para as minas é muito melhor que o do Rio de Janeiro e o da vila de São Paulo, porque posto que mais comprido, é menos dificultoso, por ser mais aberto para as boiadas, mais abundante para o sustento e mais acomodado para as cavalgaduras e para as cargas. (1982, P. 186-187).

A respeito dessa rota Antonil teceu a seguinte comparação:

> O Caminho da Bahia para as minas é muito melhor que o do Rio de Janeiro e o da Vila de São Paulo, porque posto que mais comprido, é menos dificultoso por ser mais aberto para as boiadas, mais abundante para o sustento, e mais acomodado para as cavalgaduras e para as cargas. (1982, p. 298).

Os descaminhos, marcantes e contínuos, levaram a Coroa Portuguesa a decretar, nos anos de 1701 e 1711, o fechamento do Caminho da Bahia e a controlar efetivamente o contingente de negros que eram enviados para as minas, sendo ainda necessário passaporte para todos os que quisessem ir a elas. No entanto, tais passaportes só seriam outorgados a pessoas idôneas e de posse. Essas medidas não chegaram a ocorrer de fato, pois tal caminho já havia consolidado sua importância no contexto das ligações até às Gerais, e o seu controle até as áreas de produção do metal precioso mostrava-se muito fluído e propício à abertura de picadas, fator esse que proporcionava a ilegalidade.

Em se tratando dos caminhos de São Paulo para o interior, o grande avanço na ocupação do território da colônia brasileira foi por causa dos paulistas direcionados para a busca de riquezas a todo e qualquer custo. Decididos ao aprisionamento do gentio e à busca do ouro, "foram eles os principais responsáveis pelo traçado continental do Brasil." (SIMONSEN, 1969). A influência paulista teve uma função modificadora na constituição da unidade nacional, graças ao papel decisivo dos piratininganos na expansão geográfica e na conquista do sertão.

O sertão, espaço mais simbólico do que o geográfico, situava-se então nas margens do "mundo conhecido". A busca pelo sertão foi um empreendimento iniciado por Fernão Dias Paes, no decurso de uma longa caminhada de quase sete anos, Manuel Borba Gato e Antônio Rodrigues de Arzão, entre outros. Foram eles os primeiros a explorar as terras do interior entre São Paulo e Minas, em busca do ouro e das pedras preciosas, e a desbravar os caminhos. Muitos desses caminhos foram representados através de mapas rabiscados, chamados de "borrões de bandeirante".

Figura 08 – Caminho dos Paulistas até as Minas

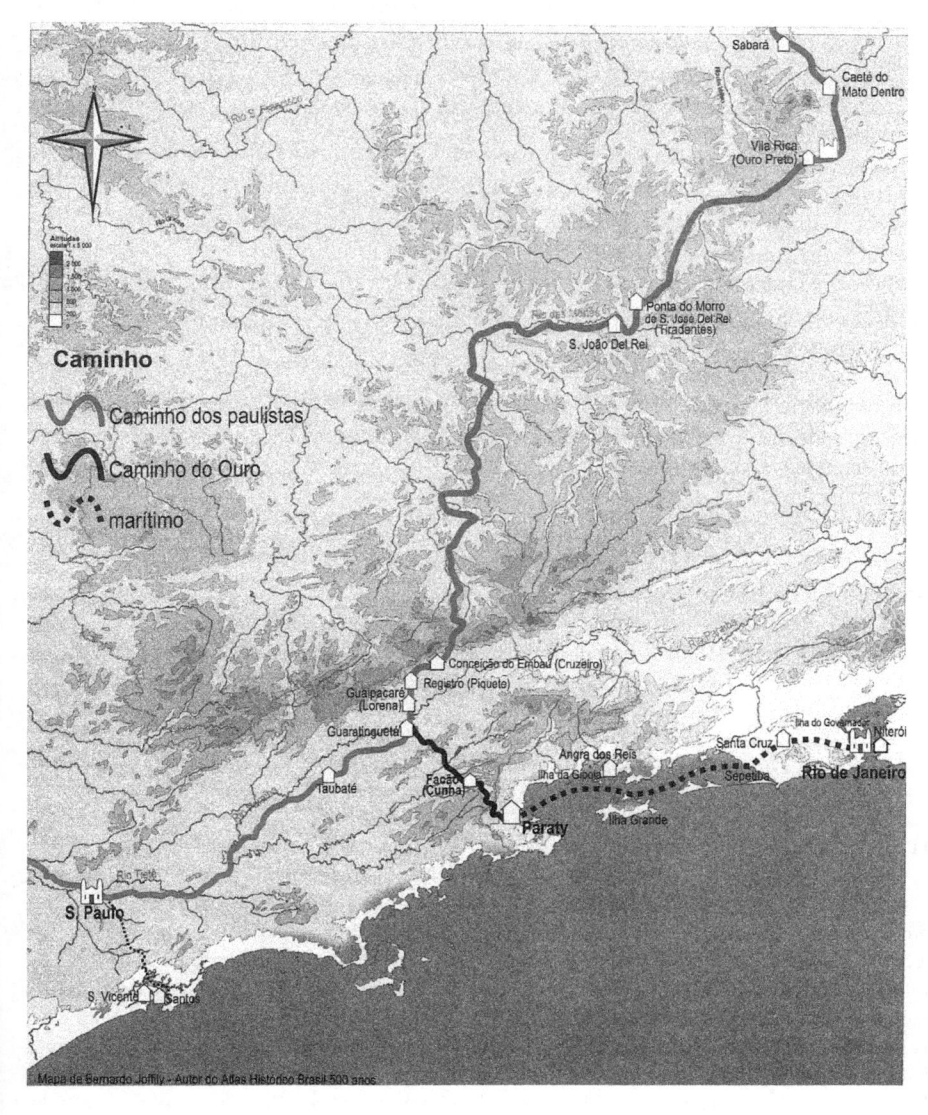

Fonte: JOFFILY, B. 1998.

Os caminhos eram árduos e penosos para serem percorridos porque, além da intensa vegetação e dos acidentes, as dificuldades na alimentação e o dilatado tempo percorrido de São Paulo até as áreas das minas, mais especificamente até a Serra do Itatiaia,[12] dificultavam ainda mais a penetração no interior do Brasil.

O maior problema enfrentado pelos bandeirantes relacionava-se à complexidade apresentada pelas barreiras geográficas presentes no percurso. Antonil salientou que:

> Até o pé da serra afamada de Amantiqueira, pelas cinco serras muito altas que parecem os primeiros muros que o ouro tem no caminho para que não cheguem lá os mineiros, gastam-se três dias até o jantar (...). Daqui começam a passar o ribeiro que chamam Passavinte por que vinte vezes se passa, e se sobe às sobreditas; para passar as quais se descarregam as cavalgaduras pelo grande risco dos despenhadeiros que se encontram, e assim gastam dois dias em passar com grande dificuldade estas serras. (1982, P. 281).

A Serra da Mantiqueira era habitada por diversos grupos indígenas que lá se encontravam: os Coroados, Carapós e, principalmente, os muito temidos Botocudos. Vencê-los ou domesticá-los, com as condições que a mata apresentava, era tarefa para poucos. Essas características causaram, como consequência, nos primeiros anos da ocupação desse sertão, o desinteresse dos comerciantes em implantar ao longo do seu traçado roças ou vendas para o comércio de frutas, verduras e outros mantimentos, assim como lugares para pouso e descanso. Porém, os poucos que se arriscaram a tal empreitada, tendiam a praticar preços extremamente abusivos devido à escassa oferta e à elevada procura. Antonil denunciou tal prática:

> [...] em algumas delas hoje acha-se criação de porcos domésticos, galinhas e frangos que vendem por altos preços aos passageiros, levantando-o tanto mais quanto é maior a necessidade dos que passam. E daí vem o dizer que todo o que passou a Serra da

---

12   O Parque Nacional do Itatiaia está situado ao sul do Estado do Rio de Janeiro, abrangendo uma porção do 4º distrito do Município de Aiuruoca, Liberdade e Itamonte. As superfícies do Parque, nos dois Estados, são equivalentes entre si. O Itatiaia é uma seção da Serra da Mantiqueira, da qual se destaca aproximando-se, com suas encostas escarpadas, do vale do rio Paraíba, entre Resende e Queluz, nas cercanias a oeste do rio do Salto e a leste do rio das Pedras. O ponto culminante da Mantiqueira e do Brasil em geral é o Itatiaioçu, palavra altamente pitoresca, que pode ser interpretada como "pedra grande resplandecente", pela forma semelhante a labaredas de seus três picos mais altos. O principal fica a 22º 38' 45" de lat. Sul e 1º 30' de long. Oeste do Rio de Janeiro. A *Revista Trimensal* do Instituto Histórico e Geográfico Brasileiro adota a altitude média de 3.140 m ou 10.300 pés. O Dr. Franklin da Silva Massena reduz o cálculo para 2.994 m e o padre Germain, do Seminário Episcopal de São Paulo, que o visitou em maio de 1868, aumenta-o para 2.995 m. (BURTON, 1983, p. 130).

Amantiqueira, ai deixou pendurada ou sepultada a consciência. (1982, p. 281).

Figura 9 – O Registro da Mantiqueira, na Passagem de Minas para São Paulo pela Garganta do Embaú-*Mappa de toda a Extenção da Campanha*: mostra os arraiais e freguesias que integravam o vasto termo da vila, com destaque para a povoação – sede, fundada em 1937 pelo ouvidor da comarca do rio das Mortes descrevendo o rio Grande e os limites da capitania de Minas, de 1799.

Fonte: *Projeto Resgate*: Arquivo Histórico Ultramarino (Cartografia Manuscrita do Brasil 1170).

Entretanto, as penetrações paulistas em terras além da Mantiqueira precederam de muito a descoberta do ouro e remontam ao século XVII, quando estes paulistas estabeleceram a ligação entre os seus vilarejos e os sertões do São Francisco. O caminho que saía de Pinheiros e passava à leste de Jundiaí, enveredava na direção do rio Grande, dessa forma saltando esse rio, procurava-se a serra das Vertentes até o rio São Francisco. Esse trecho ficou conhecido pelo nome de Caminho Geral do Sertão.

A descrição desse caminho pode ser encontrada no Itinerário de Grimmer (Roteiro do Padre Faria) que o denomina como Estrada Real do Sertão.

> Roteiro das minas de ouro, que descobriu o Padre Vigário João de Faria e seus parentes, e do mais que têm em si os Campos Defronte da Villa de Taubaté três ou quatro dias (...) de viagem, se achou o rio Sapucahy, e descendo de Taubaté para a Villa de Guaratinguetá tomando a Estrada Real do sertão, dez dias de jornada com cargas para a parte do norte sobre o monte de Amantiqueira, quadrilheyra do mesmo rio Sapucahy, achou o Padre Vigário João de Faria seu cunhado o Capitão Antonio Gonçalves Vianna, o Capitão Manoel de Borba e Pedro de Avos vários ribeiros com pinta muito boa, e geral de ouro de lavagem, de que trouxe amostra delle, a esta cidade, e das campinhas de Amantiqueira cinco dias de jornada, correndo para o Norte, e estrada também geral do sertão fica o Serro da Boa Vista, donde começa os Campos Geraes, té confinar com o da Bahia; advertindo que da dita Boa Vista até o rio Grande vão quinze dias de jornada pouco menos com cargas ao rio Grande, cuja as cabeceiras nascem dos morros, e Serros de Juruoca, de fronte dos quaes serros e Serros de Juruoca, de fronte dos quaes serros té o rio dos Gunhanhans, e um monte chamado de Ebitipoca tem dez léguas pouco mais ou menos de circuito, toda esta planície com cascalho formado de safiras e de frente do mesmo serro de Juruoca para a parte da estrada, caminho de Oeste pouco mais ou menos, estão umas serras escalvadas, na qual achou o dito padre Vigário safiras nativas em viveiros de pedros-cavacadas: entre esta distância estão muitos montes escalvados pelos campos e muitos rios, e em um setes montes que se chama o Baependi se suspeita haver metal (...) e adiante passando o rio Igaray [Ingaí] se acha uma campina dilatada de mina (...) são os ditos campos fertilíssimos de toda a casta de caça, fructas agrestes (...) e de Ressaca dos Catagoás e Serro de Juruoca (...) do confina uma cousa com outro há de vir sair dos campos geraes o caminho para o Rio de Janeiro. (COSTA, 2005, p. 149).

A preponderância política do Rio de Janeiro tornou necessária uma ligação com São Paulo e com as minas recém-descobertas. A cidade carioca, até meados do século XVII, não dispunha de um caminho terrestre ou mesmo de uma picada que estabelecesse ligação direta com esses territórios, que se encontravam, já nessa fase, sob sua jurisdição. Alguns viajantes partiam do Rio de Janeiro rumo a Santos e de lá, utilizando o Caminho do Mar, iam até à vila de São Paulo, pegando aí o Caminho Geral dos Sertões. Daí dirigiam-se até as minas, tornando a empreitada demasiado duradoura e onerosa. Somente na segunda metade do século XVII, os viajantes passaram a utilizar um caminho misto (terrestre e marítimo) indo até Paraty e depois alcançando a vila paulistana. Essa via ficou conhecida como Caminho Velho.

Figura 10 - Roteiro do Caminho Velho Rio de Janeiro, São Paulo e Minas, 1707

Fonte: Sítio Histórico e Ecológico do Caminho do Ouro Paraty-RJ

A constituição desse caminho deu-se com o aproveitamento da trilha utilizada pelos índios Goianases que habitavam a região do vale do Paraíba. Partindo de território paulista, mais especificamente da cidade de Taubaté, essa trilha passava por Guaratinguetá, pelos Campos de Cunha, descia a Serra do Mar e chegava até Paraty, daí atingia a região de Sepetiba através do mar, completando o percurso até ao Rio de Janeiro por via terrestre. Em sentido contrário a estrada era a mesma até Guaratinguetá, sendo preciso tomar o caminho da direita até o Embaú, na Serra da Mantiqueira, para subir o Caminho Geral dos Sertões até as minas, demorando três meses para completar o percurso. A primeira descrição do Caminho Velho que se conhece foi a impressa no livro do Padre André João Antonil *Cultura e Opulência do Brasil*, editado em 1711 em Lisboa. Tal livro, após sua publicação e a despeito de todas as licenças do Santo Ofício, foi confiscado e destruído.

Gastam comumente os paulistas, desde a Vila de São Paulo até as minas gerais dos Cataguás, pelo menos dous meses, porque não marcham de sol a sol, mas até o meio dia, e quando muito até uma ou duas horas da tarde, assim para arrancharem, como para terem tempo para descansar e de buscar alguma caça ou peixe, aonde o há, mel de pau e outro qualquer mantimento. E, desta sorte, aturam com tão grande trabalho. O roteiro de seu caminho, desde a Vila de São Paulo até a serra de Itatiaia, aonde se divide em dous, um para as minas do Caeté, ou ribeirão de Nossa Senhora do Carmo e do Ouro Preto e outro para as minas do rio das Velhas, é o seguinte, em que se apontam os pousos e paragens do dito caminho, com as distâncias que tem e os dias que pouco mais ou menos se gastam de uma estalagem para a outra, em que os mineiros pousam e, se necessário, descansam e se refazem do que hão mister e hoje se acha em tais paragens. No primeiro dia, saindo da vila de São Paulo, vão ordinariamente a pousar em Nossa Senhora da Penha, por ser (como eles dizem) o primeiro arranco de casa, e não são mais do que duas léguas. Daí, vão à aldeia de Itaquecetuba, caminho de um dia. Gastam, da dita aldeia, até a vila de Moji, dous dias. De Moji vão às Laranjeiras, caminhando quatro ou cinco dias até o jantar. Das Laranjeiras até a vila de Jacareí, um dia, até as três horas. De Jacareí até a vila de Taubaté, dous dias até o jantar. De Taubaté a Pindamonhangaba, freguesia de Nossa Senhora da Conceição, dia e meio. De Pindamonhangaba até a vila de Guaratinguetá, cinco ou seis dias até o jantar. De Guaratinguetá até o porto de Guaipacaré, aonde ficam as roças de Bento Rodrigues, dous dias até o jantar. Destas Roças até o pé da serra afamada de Amantiqueira, pelas cinco serras muito altas, que parecem os primeiros muros que o ouro tem no caminho para que não cheguem lá os mineiros, gastam-se três dias até o jantar. Daqui começam a passar o ribeiro que chamam de Passavinte, porque vinte vezes se passa e se sobe às serras sobreditas, para passar as quais se descarregam as cavalgaduras, pelos grandes riscos dos despenhadeiros que se encontram,e assim gastam dous dias em passar com grande dificuldade estas serras, e daí se descobrem muitas e aprazíveis árvores de pinhões, que a seu tempo dão abundância deles para o sustento dos mineiros, como também porcos monteses, araras e papagaios. Logo, passando outro ribeiro, que chamam Passatrinta, porque trinta e mais vezes se passa, se vai aos Pinheirinhos, lugar assim chamado por ser o princípio deles; e aqui há roças de milho, abóboras e feijão, que são as lavouras feitas pelos descobridores das minas e pro outros, que por aí querem voltar. E só disto constam aqueles e outras roças nos caminhos e paragens das minas, e, quando muito, têm de mais algumas batatas. Porém, em algumas delas, hoje acha-se criação de porcos domésticos, galinhas e frangões, que vendem por alto preço aos passageiros levantando-o tanto mais quanto é maior a necessidade dos que passam. E daí vem o dizerem que todo o que passou a serra de Amantiqueira *aí deixou dependurada ou sepultada a consciência. Dos Pinheirinhos se vai à estalagem do Rio Verde, em oito dias, pouco mais ou menos, até o jantar, e esta estalagem tem muitas roças e vendas de* cousas comestíveis, sem lhe faltar o regalo de doces. Daí, caminhando três ou quatro dias, pouco mais ou menos, até o jantar, se dá na afamada Boa Vista, a quem bem se deu este nome, pelo que se descobre daquele monte, que parece um mundo novo, muito alegre: tudo campo bem estendido e todo regado de ribeirões, uns maiores que outros, e todos com seu mato, que vai fazendo sombra, com muito palmito que se come e mel de pau, medicinal e gostoso. Tem este campo seus altos e baixos, porém moderados, e por ele se caminha com alegria, porque têm os olhos que ver e contemplar na prospectiva do monte Caxambu, que se levanta às nuvens com admirável altura. Da Boa Vista se vai à estalagem chamada Ubaí, aonde também há roças, e serão oito dias de caminho moderado até o jantar. Do Ubaí, em três ou quatro dias, vão ao Ingaí. Do Ingaí, em quatro ou cinco dias, se vai ao Rio Grande, o qual, quando está cheio, causa medo pela violência com que corre, mas tem muito peixe e porto com canoas e quem quer passar paga três vinténs e tem também perto suas roças. Do Rio Grande se vai em cinco ou seis dias ao rio das mortes, assim chamado pelas que nele se fizeram, e esta é a principal estalagem aonde os passageiros se refazem, por chegarem já muito faltos de mantimentos E, neste rio, e nos ribeiros e córregos que nele dão, há muito ouro e muito se tem tirado e tira, e o lugar é muito alegre e capaz de se fazer nele morada estável, se não fosse tão longe do mar. Desta estalagem vão em seis ou oito dias às plantas de Garcia Rodrigues. E daqui, em dous dias, chegam à serra Itatiaia. (ANTONIL, 1982, p. 284-285).

No relato de viagem do conde de Azambuja, D. Antonio Rolim de Moura, é possível perceber ainda melhor a aspereza de um trecho do Caminho Velho. Dirigindo-se de São

Paulo para Cuiabá no ano de 1751, apresenta o conde uma interessante descrição sobre o trecho entre Guaratinguetá e Paraty:

> [...] a estrada em partes tão apertada, aberta em rochas, que me era necessário levantar os pés até o pôr na garupa do cavalo; e nem com isso escapei de dar muito boas topadas; tanto a pique, que por oito dias me ficaram doentes as cadeiras de me endireitar: o chão estava calçado de pedras soltas desiguais, com muitos saltos e barrocas; e onde isto faltava era atoleiro grande e caldeirões muito fundos. Continuamente chove, e fazem em certo tempo frios tão extraordinários, que tem morto já alguns passageiros; porque, como ela não é capaz de se andar de noite, aqueles a quem o dia falta antes de a vencer ficam expostos a estes perigos; pois não podem reparar o frio como o fogo, por estar sempre o mato, por molhado, incapaz disso. Além disto, tem duas passagens de rio bastante más. (TAUNAY, 1981, p. 194-196).

Figura 11 – Caminhos na Região das Minas:"Carta Geográfica do Termo de Villa Rica, em que se mostra que os Arrayaes das Catas Altas da Noroega, Itaberava, e Carijós lhaficão mais perto, q'ao da Villa de S. José a q' pertencem, e igualmente o de S. Antonio do Rio das Pedras, q' toca ao do Sabará, o q' se mostra, pela Escala, ou Petipe de léguas", 1776.

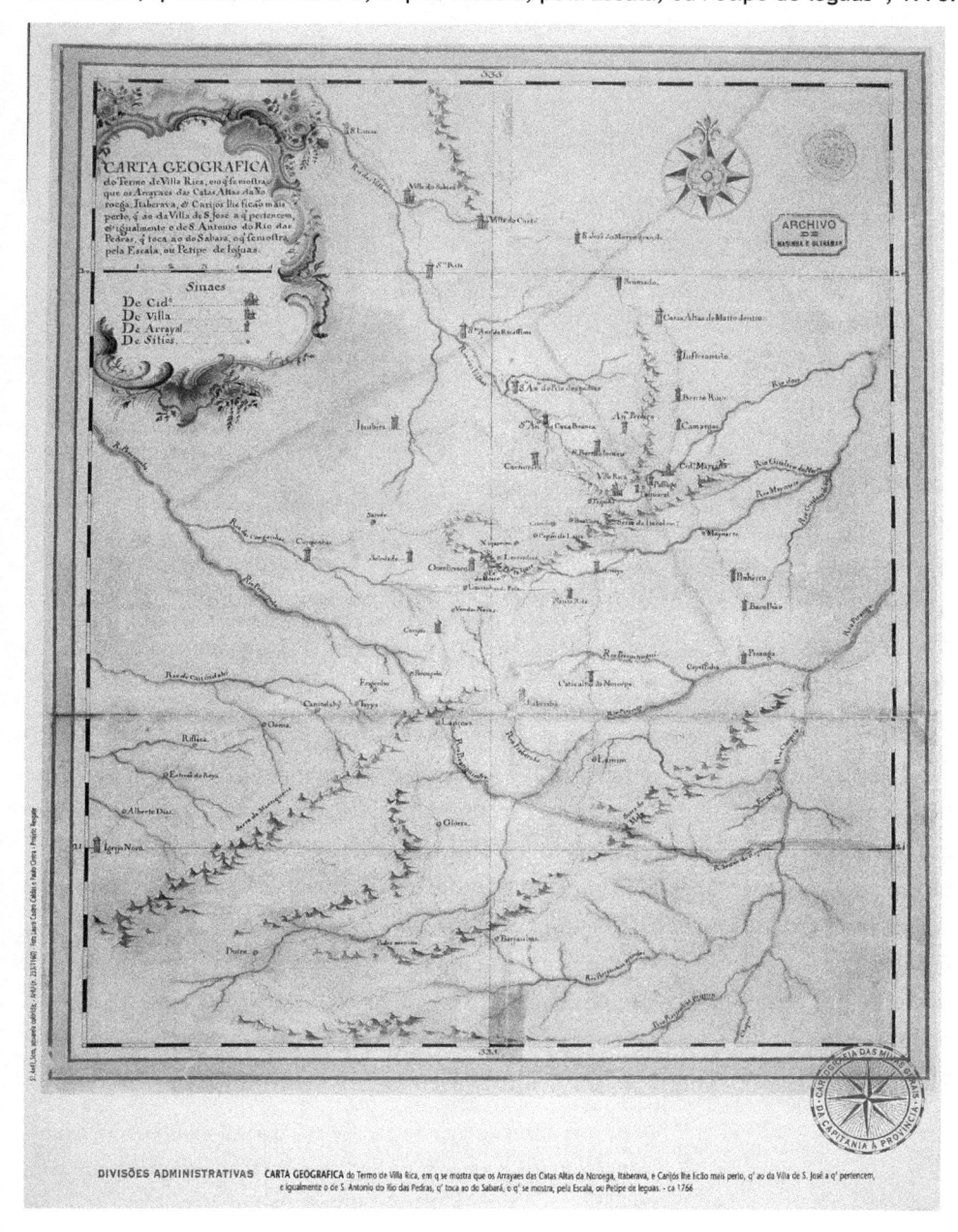

Fonte: *Projeto Resgate apud* COSTA (2004, p. 222).

Figura 12 – Os Caminhos da Região Diamantina em Minas: rios e córregos em que se descobriram os diamantes desde o ano de 1729 até 1734.

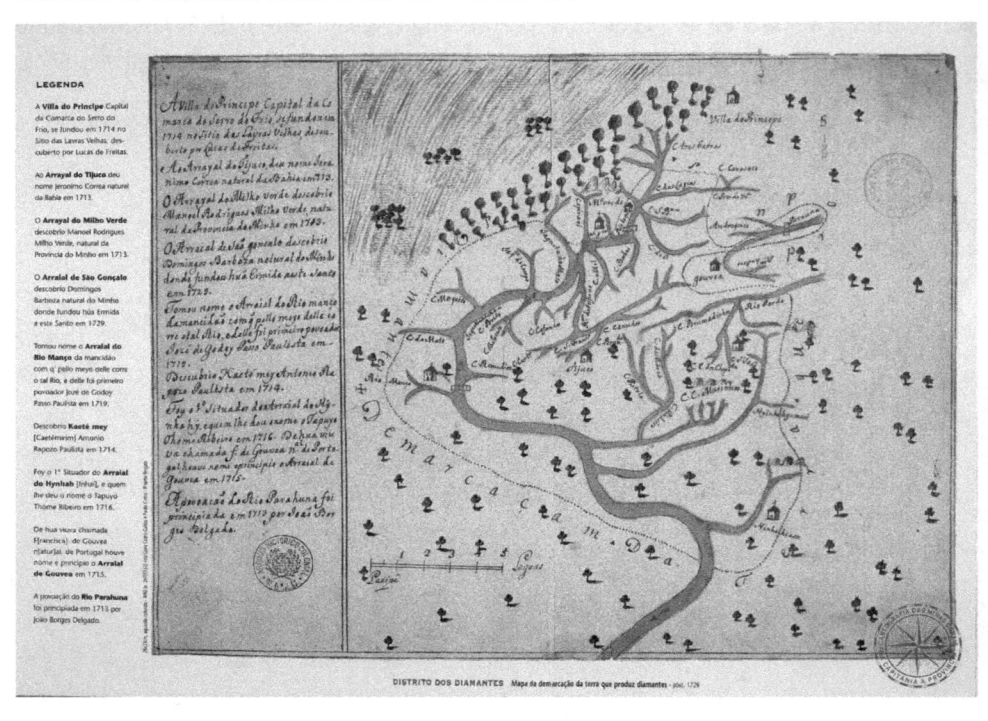

Fonte: *Projeto Resgate*: Arquivo Histórico Ultramarino (Cartografia Manuscrita do Brasil 1109).

Devido à ação de piratas na travessia marítima de Paraty a Sepetiba, D. João V, através de provisão de 25 de novembro de 1728, passou a recomendar a não utilização desse trecho marítimo. (REIS, 1971, p. 194). Em alternativa, foi feita a abertura de um trecho que, ao sair do Rio de Janeiro, não se dirigia a Sepetiba mais sim à Fazenda de Santa Cruz, propriedade dos membros da Companhia de Jesus. Esse novo trecho margeava a baía de Angra, indo até à vila de Nossa Senhora da Piedade e posteriormente a Guaratinguetá, ficando, por isso, conhecido como Caminho Novo da Piedade. Esse novo caminho, totalmente por terra, foi a opção encontrada para a ligação da região das minas com as povoações e vilas do Vale do Paraíba paulista e a cidade do Rio de Janeiro. Veloso, em sua obra sobre a História de Cunha, apresenta uma interessante descrição desse itinerário:

> Por conta dos naufrágios e para se evitar a ação dos piratas, a substituição do trecho marítimo Sepetiba-Paraty do caminho velho foi recomendado por D. João V, através da Provisão Régia de 25 de novembro de 1728. Assim, em meados do século XVIII já existia

> uma outra via denominada Caminho Novo da Piedade, que partia do Rio de Janeiro, passando pela fazenda de Santa Cruz, administrada pelos jesuítas, seguia por São João Marcos, Bananal, São José do Barreiro e Areias, contornando a serra da Bocaina e alcançando o caminho dos Paulistas no vale do Paraíba, na freguesia de N. Sª da Piedade, situada apenas 2 léguas da vila de Guaratinguetá. (2010, p. 74).

Sobre o caminho que ligava São Paulo às minas, saindo de Guaratinguetá até ao sopé da Serra da Mantiqueira, o itinerário, dependendo das condições climáticas, fazia-se com cerca de cinco dias. Ao começar a subida da Serra da Mantiqueira, as cavalgaduras eram todas abastecidas com alguns mantimentos, nada em excesso já que o caminho não se apresentava fácil. Durante a subida, por muitas vezes, as cavalgaduras eram todas descarregadas devido os grandes desfiladeiros existentes na estrada. Após chegarem ao cume da Serra, iniciavam uma descida vertiginosa e cheia de perigos até à transposição da vertente do rio Verde, já em território do Sul de Minas Gerais. Após atravessarem esse rio, partiam rumo ao vilarejo de Baependi, às margens do rio com mesmo nome e daí para a transposição do rio Grande e do rio das Mortes.

O Caminho Velho compreendia o maior dos itinerários da Estrada Real. Mesmo com tantas as dificuldades, esse trajeto só deixou de ser amplamente utilizado quando adveio o Caminho Novo, que passou a permitir um acesso mais rápido e ligeiro para as minas.

O Caminho Novo pode ser compreendido como a primeira estrada oficial brasileira. A construção desse trajeto recebeu um forte apoio do Governador Artur de Sá e Meneses que, impressionado com as dificuldades encontradas na primeira viagem às minas de ouro, rapidamente encomendou outra estrada ao filho do caçador de esmeraldas Garcia Rodrigues Paes, que a concluiu em 1707.

A construção dessa rota encurtou as distâncias do Rio de Janeiro em direção às minas. O novo caminho era percorrido em 10 a 12 dias, com suas 80 léguas ou 494 km. Foi uma grande conquista de ordem econômica e estratégica. Pimenta (1971, p. 18) lembra que: "as viagens encurtaram-se bastante, gastando-se vinte e cinco dias em vez de sessenta ou mais." Mais uma vez recorremos à descrição feita por Antonil:

> Partindo da cidade do Rio de Janeiro por terra com gente carregada, e marchando à paulista, a primeira jornada se vai a Irajá; a segunda ao engenho do alcaide-mor, Tomé Correia; a terceira ao porto do Nóbrega ao rio Iguaçu, onde há passagem de canoas e saveiros; a quarta ao sítio que chamam de Manuel do Couto. E quem vai por mar e embarcação ligeira, em um dia se põe no porto da freguesia de Nossa Senhora do Pilar; e em outro, em canoa,

subindo pelo rio de Morobaí acima, ou indo por terra, chega pelo meio-dia ao referido sítio do Couto. Deste se vai à cachoeira do pé da serra e se pousa em ranchos. E daqui se sobe à serra, que são duas boas léguas; e descendo o cume, se arrancha nos pousas que chamam Frios. No dito cume faz um tabuleiro direito em que se pode formar um grande batalhão; e em dia claro, é sítio bem formoso, e se descobre dele o Rio de Janeiro, e inteiramente todo o seu recôncavo. Dos pousos Frios se vai à primeira roça do capitão Marcos da Costa; e dela, em duas jornadas, à segunda roça, que chamam do Alferes. Da roça do Alferes, numa jornada se vai ao Pau Grande, roça que agora principia, e daí se vai pousar no mato ao pé de um morro que chamam Cabaru. Deste morro se vai ao famoso rio Paraíba, cuja passagem é em canoas. Da parte de aquém, está uma venda de Garcia Rodrigues e há bastantes ranchos para os passageiros; e da parte dalém, está a casa do dito Garcia Rodrigues, com larguíssimas roçarias. Daqui se passa ao rio Paraibuna, em duas jornadas, a primeira no mato, e a segunda no porto, onde há roçaria e venda importante e ranchos para os passageiros de uma e outra parte. É este rio pouco menos caudaloso que o Paraíba; passa-se em canoa. Do rio Paraibuna fazem duas jornadas à roça do Contraste [de] Simão Pereira; e o pouso da primeira é no mato. Da roça do dito Simão Pereira se vai à de Matias Barbosa, e daí à roça de Antônio de Araújo, e desta à roça do capitão José de Sousa, donde se passa à roça do alcaide-mor Tomé Correia. Da roca do dito alcaide-mor se vai a uma roça nova do Azevedo, e daí à roça do juiz da alfândega Manuel Correia, e desta à de Manuel de Araújo. E em todas estas jornadas se vai sempre pela vizinhança do Paraibuna. Da roça do dito Manuel de Araújo se vai à outra rocinha do mesmo. Desta rocinha se passa à primeira roça do senhor Bispo, e daí à segunda do dito. Da segunda roça do senhor Bispo fazem uma jornada pequena à Borda do Campo, à roça do coronel Domingos Rodrigues da Fonseca. Quem vai para o rio das Mortes passa desta roça à de Alberto Dias, daí à de Manuel de Araújo, que chamam da Ressaca, e desta à Ponta do Morro, que é arraial bastante, com muitas lavras, donde se tem tirado grande cópia de ouro; e aí está um fortim com trincheiras e fosso, que fizeram os emboabas no primeiro levantamento. Deste lugar se vai jantar ao arraial do rio das Mortes. E quem segue a estrada das minas gerais da roça sobredita de Manuel de Araújo da Ressaca do Campo, vai à roça que chamam de João Batista; daí à de João da Silva Costa, e desta à roça dos Congonhas, junto ao Rodeio da Itatiaia, da qual se passa ao campo do Ouro Preto, aonde há várias roças e de qualquer delas é. Uma jornada pequena ao arraial do Ouro Preto, que fica mato dentro, onde estão as lavras do ouro. Todas as referidas marchas farão distância de oitenta léguas, a respeito dos rodeios que se fazem em razão dos muitos e grandes morros, e por rumo de norte a sul não são mais que dous graus de distância ao Rio de Janeiro, porque o Ouro Preto está em vinte e um graus e o rio das Velhas estará em vinte, pouco mais ou menos. E todo o dito caminho se pode andar em dez até doze dias, indo escoteiro quem for por ele. Do campo do Ouro Preto ao rio das Velhas são cinco jornadas, pousando sempre em roças. (1982, p. 184-186).

O trajeto do Caminho Novo começava no centro do Rio de Janeiro, no local conhecido como Praia dos Mineiros,[13] indo pelo mar até o porto do rio Pilar, no subúrbio da capitania fluminense.

---

13 A denominação "Praia dos Mineiros" que iniciava o percurso da viagem pelo Caminho Novo em embarcações à vela, localizava-se no centro histórico do Rio de Janeiro, ocupando toda a faixa praieira do outeiro de S. Bento pela Marinha de Guerra. Por não ser calçada e não oferecer sombras era um lugar destinado exclusivamente aos embarcadores. (GERSON, 1970, p. 29).

Figura 13 - Caminho Novo

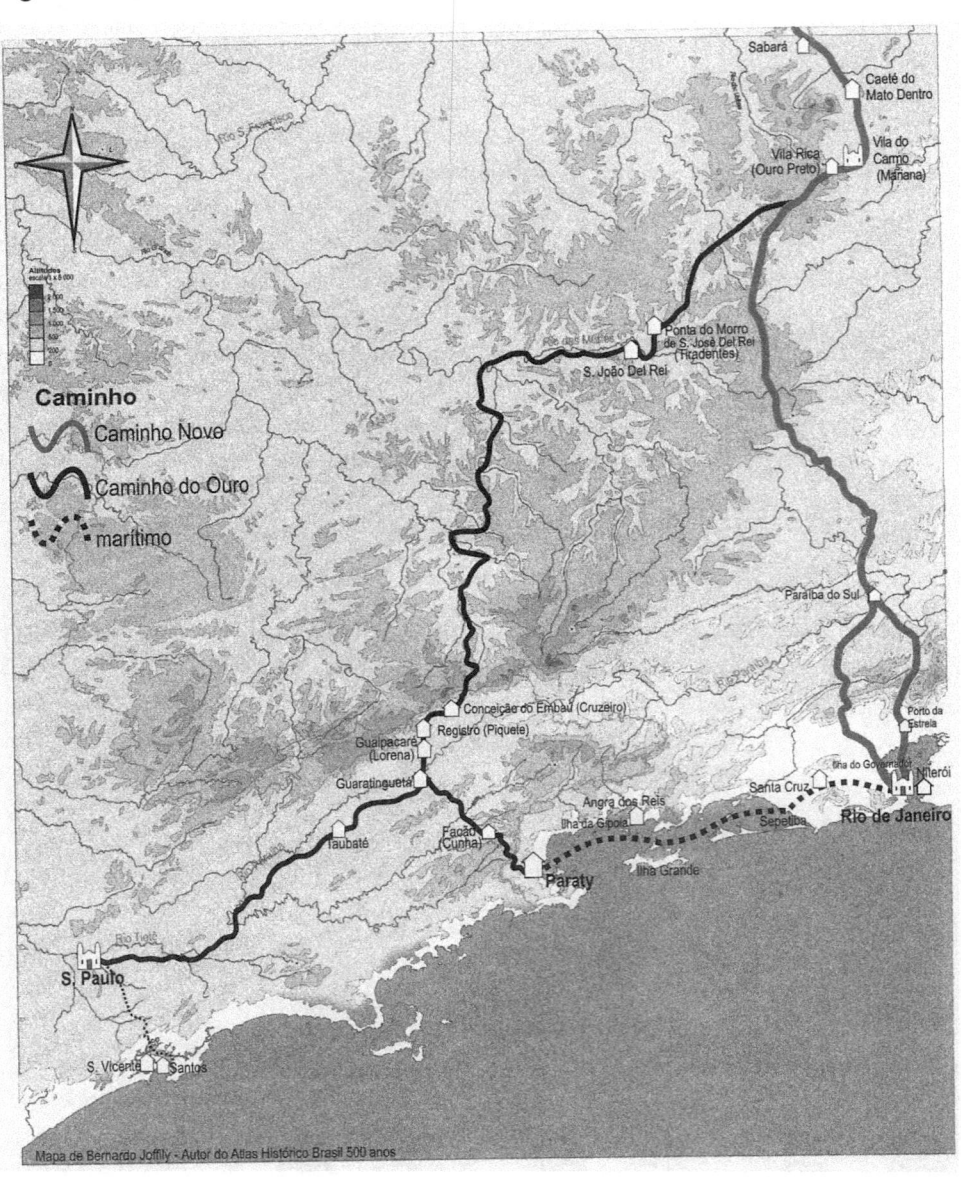

Fonte: JOFFILY, Bernardo. 1998.

A construção do Caminho Novo foi feita por Garcia Rodrigues no sentido inverso. A abertura partiu de Vila Rica em direção às proximidades de Barbacena, na margem do rio das Mortes. Aí iniciava o rompimento da Serra da Mantiqueira, local extremamente difícil devido à geografia e caracterizado por terras que variam entre 1000 e 2000 metros, e onde a vegetação mostrava-se muito densa. Transposta tal barreira, passava a margear o rio Paraibuna até a sua interseção com o Rio Paraíba do Sul. Atingindo a Serra dos Órgãos,[14] procurou o filho do caçador de esmeraldas, como conhecedor que era do local, passar por algumas roças do pouco habitado recôncavo da Guanabara, entre elas Paty do Alferez, Roça de Marcos da Costa e Couto, grande comerciante de açúcar e tabaco, e finalmente o porto do rio Pilar, no fundo da Baía da Guanabara, sendo que até à Praia dos Mineiros, o trajeto contabilizava-se cerca de 490 km.

Muitos foram os fatores que proporcionaram o aumento demográfico ao redor do percurso do Caminho Novo para as Gerais. Entre eles, destacamos a criação de uma variante[15] entre a Baía de Guanabara e o Registro do Paraíba do Sul. O novo traçado foi construído às custas do Sargento-Mor Bernardo Soares de Proença, confirmado no posto por Carta Patente de 1720. Na variante do Proença, o caminho das pedras iniciava-se no Porto da Estrela[16] no rio Inhomirim.[17] Ao longo desse novo traçado entre

---

14 Atrás de nós fica o alto-mar, adiante da barra colossal, guardada por um exército de picos. Olhamos para a frente: lá está o paredão do norte, a serra dos Órgãos, com suas quatro agudas agulhas de azul mais escuro, sombreando um fundo de vaporosidade indefinida e assemelhando-se a qualquer coisa, menos aos tubos de um órgão.No extremo norte está a serra da Estrela, onde uma fenda e uma protuberância de pedra, chamada Cabeça de Frade, marcam o ziguezague natural, seguido pela estrada, enquanto que para o noroeste os picos piramidais e agudos da serra do Tinguá prolongam a sua poderosa barreira na direção de São Paulo. (BURTON, 1983, p. 90).

15 Esse caminho ficou conhecido como Caminho do Proença ou do Inhomirim, pois ao sair da Praia dos Mineiros, no centro do Rio de Janeiro, os viajantes que rumavam para as Minas Gerais não seguiam até o porto do rio Pilar, como no Caminho do Garcia, passando pela Fazenda do Nóbrega, Vila de Juiz de Fora, Vila Rica até chegar em Diamantina. Esse traçado, como foi referenciado, proporcionava uma maior ocupação das regiões serranas próximas ao Rio de Janeiro e oferecia mais uma opção aos viajantes que quisessem se deslocar do litoral para o sertão ou em sentido inverso. (PIMENTA, 1971).

16 Parti ao meio-dia do Rio de Janeiro e cheguei às seis da tarde ao Porto da Estrela, onde o rio já perde bastante em largura. Esse pequeno povoado pertence à Paróquia de Inhumirim e possui apenas uma capela, construída numa elevação e dedicada a Nossa Senhora. Desde que comecei a viajar pelo Brasil nenhum outro lugar me pareceu tão cheio de vida e de movimento quanto esse porto. O viajante vê-se tonto no meio dos burros de carga que chegam e partem, dos fardos, dos tropeiros, de mercadorias de toda espécie que atravancam o povoado. Lojas bem providas fornecem aos numerosos viajantes quase tudo o de que necessitam. Entretanto, não existe em Porto da Estrela uma propriedade de dimensões razoáveis. Há, porém, pequenas culturas de café nas suas redondezas. A primeira casa com que topamos foi um rancho, destinado a alojar viajantes e tropeiros. Trata-se de uma construção bastante comprida, dividida por tabiques em vários cômodos, ao feitio de celas. (SAINT-HILAIRE, 1975, p. 21).Porto da Estrela é o porto geral entre o Rio de Janeiro e a província de Minas Gerais. Veem-se compridas filas de mulas, carregadas com caixas e bagagens, chegando do interior, ou indo para lá. O europeu, habituado ao transporte de cargas volumosas em carros que ele, não sem razão, compara a navios terrestres, admira-se à vista de tanta carga repartida em pequenas porções, entregues à discrição de animais cargueiros ou de um tocador incapaz, diariamente descarregada e carregada diversas vezes, ao ar livre ou nos ranchos, mal resguardada da chuva e do tempo, e desse modo levada muitas vezes por centenas de milhas. (SPIX e MARTIUS, 1981, p. 79).

17 O rio Inhomirim nasce na Serra da Estrela; ao desaguar na baía, suas margens são muito pantanosas, mas cheias de palmeiras gigantescas, fetos arborescentes, altos juncos, canas-da-índia e plantas

o Rio de Janeiro e as Minas consolidaram-se ocupações diversas que fizeram originar importantes cidades como as vilas da Estrela, Magé, Petrópolis, Secretário, Pedro do Rio e Inconfidência. As ligações feitas do centro do Rio de Janeiro com os portos do Pilar e da Estrela, eram feitas através das águas da Baia de Guanabara.

Foi criado também um traçado que ao sair da Praia dos Mineiros permitia a penetração no interior da cidade carioca rumo ao rio Iguaçú com o objetivo de excluir-se definitivamente as possibilidades dos prejuízos causados pela pirataria nas águas. Transposta essa barreira fluvial, o novo traçado procurava romper a Serra do Mar[18] pelo vale do rio Santana, unindo-se os dois caminhos pouco antes do Registro do rio Paraíba do Sul. Esse caminho ficou conhecido como Caminho do Tinguá e foi construído pela população local no fim do século XVIII.

Sobre a constituição dos caminhos do ouro, um fato interessante se liga a publicação da obra *Itinerário Geográfico* no ano de 1732. Em toda a Europa divulgava-se às escondidas a propaganda do novo "Eldorado". O trabalho foi elaborado pelo cristão novo Francisco Tavares de Brito, sem Licença Régia e do Santo Ofício, tendo sido publicado clandestinamente pelo aparente tipógrafo, Antônio da Silva. É de se notar a riqueza de detalhes do percurso, abrangendo os Caminhos Velho e Novo, o que demonstra também o progresso da região no intervalo de tempo de vinte anos após a publicação da obra de Antonil.

> Desta cidade (São Paulo) se parte para as Minas, e se passa pelas passagens seguintes: Nossa Senhora da Penha (fazenda dos Padres da companhia; e se passa um Rio ao sair dela) Vila de Magy (Mogi) (passa-se um Rio ao entrar), Vila de Sucaray (Jacareí), (passa-se antes de entrar na vila o Rio de Paraíba em canoa) Princípio de Capão Grande Capela Vila de Taubaté Vila de PindamonhangabaGuaratinguitá (Guaratinguetá). A esta vila também vem dar o caminho de Paraty, que chamam o caminho Velho; e que sai de Paraty vem ao Bananal, Sobe a inacessível Serra e se descança na Pareçam (Aparição). Passa-se o Rio Pirapetinga, (que toma aqui o nome de Serranias por onde passa,) e logo depois se

---

aquáticas que, ante os olhos admirados, exibem as mais variadas formas e folhagens. Em três horas, assim atingimos o Porto da Estrela. A localidade conta umas sessenta casas de madeira, mal construídas, que ameaçam ruir, e uma capela sobre um outeiro de granito, à qual se chega por um caminho de pedra. Cada casa tem uma venda, sendo o lugar uma espécie de empório de mercadorias vindas de Minas Gerais e de regiões do nordeste do Reino e que aqui são embarcadas para o Rio de Janeiro. (POHL, 1976, p. 74).

18   Uma cadeia de montanhas se estende paralela ao mar numa parte do Brasil (Serra do Mar) e ela é coberta de matas virgens; e uma outra cadeia mais elevada (Serra do Espinhaço), situada quase a nordeste da Província de São Paulo, formando uma linha quase paralela com a primeira, variando de trinta a sessenta léguas a distância entre ela e a cordilheira marítima. (SAINT-HILAIRE, 1975, p. 24).

chama Paraiba do Sul, e se pernoita no sítio que também toma o nome do rio. Afonso Martins, passa-se aqui o Facão (hoje Cunha – RJ), que é um carreirinho que se vai pelo alto de um cume, no qual apenas passa um cavalo ou passa um homem a pé, e se acaso declina para alguma das partes se precipita. Vai-se a encruzilhada, e se entra depois na Vila de Guaratinguetá já dita e dela se parte para as Minas, passando-se em Canoa daí a breve distância o Rio Paraíba no sítio do Aipacoré – e se prossegue o caminho das Minas Sítios e Roças deste caminho Em Baú passa-se um rio vinte vezes e por isso se chama Passa-Vinte. Sobe-se a notável Cordilheira, ou Serra de Mantiqueira. Passa-se outro rio trinta vezes, e lhe chamam o Passa-Trinta e se vai ver o Pinheirinho; daí a Rio Verde, Pousos Alto, Boa Vista, Sobe-se um monte em cujo cume se dilata a vista circularmente pelos horizontes com igualdade, e sem obstáculo algum, ou estorvo de outro monte, que se oponha, em que das mostras da sua grande eminência; e se vai a Caxambu. Aonde há um monte cuja fralda é lambida de todo o gênero de caça que ali vem gostar daquela terra por ser aprazível, se bem que muito salitrada. Maypendi (Baependi), Pedro Paulo, Engay, Fravituá, Carrancas Rio Grande Tojuca, Rio das Mortes Pequeno. Entra-se na Vila de São João del Rey no rio das mortes. Desta vila se vai para as Minas Gerais, em cinco ou seis dias, por uma de duas estradas, ambas quase iguais, assim na extensão como nas comodidades e caminhos. Uma se intitula Caminho Velho; outra o Caminho Novo. A estrada velha se toma à mão direita, a estrada nova fica a mão esquerda; cujos sítios ou roças de uma e outra são as seguintes: CAMINHO VELHO. Logo que se sai da Vila de São João se passa em Canoa o rio das mortes (se senão quer passar na ponte, de que se paga quarenta réis) e se vai ao Callandaí (Carandaí), Cataguases (Catauá), Camapoan Carijós (Conselheiro Lafaiete), Macabelo (próximo a Ouro Branco). CAMINHO NOVO. Callandaí (Carandaí), Alagoa Dourada (Lagoa Dourada) (toma esse nome todo aquele terreno, usurpando-o da lagoa vizinha), Camapoan(Camapoã de Cima, atual Camapuã, pertence a Entre Rios de Minas, próximo a Olhos d'Águae Serra do Camapuã), Redondo(Alto Maranhão, distrito que pertence ao município de Congonhas) Congonhas Macabelo (próximo a Ouro Branco). (1982, p. 181).

Estrada Real

A descoberta e a exploração do ouro no *sertão* mineiro provocaram uma rápida transformação dos principais eixos de circulação do Brasil e um reordenamento completo do espaço brasileiro. No dizer de Simonsen:

> O ouro do Brasil incrementou o progresso mundial, enriqueceu a Inglaterra e proporcionou um século de fartura à Coroa Portuguesa. Para a colônia, ficou representado no custeio das correntes imigratórias que ocuparam os sertões brasileiros, na importação de algumas centenas de milhares de escravos, na construção das primeiras cidades e estradas dos nossos sertões, no desenvolvimento do Rio de Janeiro, na formação de correntes comerciais no interior do país promovidas e mantidas principalmente pelos paulistas. (1937, p. 90).

Foi assim que o Brasil deixou de ser um espaço fragmentado, uma forma de "arquipélago continental" no dizer de alguns historiadores para crescer em seu espaço. Santos (2001, p. 155) ressalta que os caminhos, aos poucos, foram se tornando estradas. As trilhas indígenas chamadas de peabirus passaram a ser mais utilizadas e tornaram-se rotas de abastecimento e manutenção das populações que foram se formando. No decorrer do tempo e da evolução das descobertas do ouro e das pedras preciosas, essas estradas passaram a ser autorizadas pela Coroa e tornaram-se "oficiais", ou seja, caminhos únicos e obrigatórios.

Figura 14 - Caminhos Antigos e Zonas de Mineração

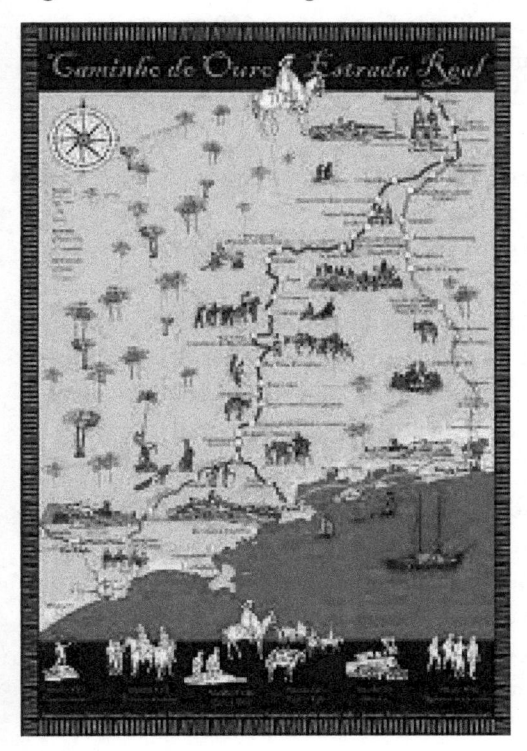

Fonte: ZEMELLA, M. 1951.

Pelos caminhos da Estrada Real foi surgindo uma rede urbana. Essa passou a desenvolver-se pelo comércio alimentício e pelos efeitos do povoamento. O isolamento espacial foi quebrado e o Brasil foi se consolidando pela integração regional e superação das distâncias. Esses caminhos tiveram papel significativo na política territorial portuguesa, pois não eram apenas eixos de circulação, mas, nas considerações de Straforini (2006, p. 12), foram "um instrumento concreto de controle do território, pois, nenhuma política tributária teria efeito sem um sistema de circulação que lhe desse sustentação."

Quase todos os viajantes estrangeiros que passaram por esses caminhos entre os séculos XVIII e XIX mencionaram essa Estrada Real, deixando as suas impressões registradas:

> Para ir de Itambé a Vila do Príncipe, segui a *estrada real* que vai de Vila Rica a Tijuco; mas, apesar do nome pomposo que tem, esta estrada, muito menos frequentada que a do Rio de Janeiro a Vila Rica não é, em certos lugares, mais que uma picada tão estreita, que às vezes se tem dificuldade de seguir-lhe o traçado. (SAINT-HILAIRE,1938, p. 130).

No lado ocidental de Vila Rica, em Cabeceiras, tomamos a *estrada real* que conduz ao Rio de Janeiro e, uns 200 passos além da cidade, atravessamos o riacho Passa Três, afluente do ribeirão Ouro Preto. (POHL, 1976, p. 406).

O caminho por onde passamos é a *estrada real* que conduz ao Rio de Janeiro, talvez a pior do país, não obstante o grande tráfico que aqui se faz, não só para a capital da região do diamante, mas também para o grande distrito ao nordeste chamado Minas Novas. As numerosas subidas e descidas são rochosas e cheias de grandes pedras; a última ascensão, de extensão maior que as outras, a cerca de uma légua da cidade, conduz a uma região plana, descampada e relvosa, o cume do Serro Frio. (GARDNER, 1975, p. 213).

A *estrada real* segue sempre para o sul, por vários vales estreitos com vegetação cerrada, banhados por regatos que correm para o sul e se lançam no Paraíba. Compõe-se a montanha de um gnaisse em parte muito decomposto em cima do qual se acham depósitos de uma siderita, em camadas, que se inclinam no 3º até 4º graus do compasso dos mineiros. (SPIX e MARTIUS, 1981, p. 103).

De meia em meia hora, ora à direita, ora à esquerda dos vales, encontram-se propriedades rurais, onde os produtos comuns são milho e feijão, sendo que a renda dos habitantes provém da criação de galinhas e porcos. De vez em quando, chega-se a um rancho ou a uma pequena venda, sendo que, em todos os lugares, somos recebidos com educação. Os costumes aqui são menos pervertidos, e o viajante não é tão enganado como o é em geral na grande *estrada real*. A propósito, esta é também a grande estrada pela qual se vai da Cidade Imperial, principalmente na atual estação (quando os mantimentos estão mais baratos e os pastos, melhores), para o Rio de Janeiro. (Langsdorff in: SILVA, 1997, p. 66).

Em Barbacena de novo penetramos na *estrada real* de Vila-Rica ao Rio. Acha-se a vila agradavelmente situada sobre a encosta meridional de considerável morro; divide-se em duas ruas calçadas principais, cortando-se em ângulo reto e contém cerca de trezentas e cinquenta casas, muitas das quais boas e caiadas por fora, juntamente com duas igrejas. As gentes que vimos eram na sua maior parte de cor misturada, empregando-se em fiar algodão e outras indústrias domésticas. Não havia, porém, sinal exterior algum de prosperidade comercial; ao contrário, muitas das lojas, que para o país eram bastante belas, estavam de portas cerradas e é de notar--se que grande parte do comércio que a vila outrora manteve com Sabará e a região setentrional da província passou atualmente para São João del-Rei. (LUCCOCK, 1975, p. 355).

O caminho que segui entra, nesse ponto, na *estrada real*. Logo ao sair de Nova Friburgo, segue as encostas a leste do rio das Bengalas e passa pela divisa estreita entre o rio e o São José, transformando--se em caminho acanhado. Continuando por esse vale, vai ao rio Grande e margina o curso até o ribeirão de Santo Antônio, atravessando-o perto da fazenda de Morais, num lugar onde existe uma pequena ilha. Atingindo, assim, a margem esquerda, a oeste, passa pela alta divisa que separa o rio Grande da vertente do Dourado, e segue em direção a Penha. A extensão desta estrada é calculada em nove léguas e a que passa por Banqueta e Bom Jardim, em sete. (BURMEISTER, 1952, p. 123).

A antiga *estrada real* para Minas Gerais descrita pelos viajantes e que figura em nossos mapas fica muito abaixo, à direita. Está assinalada por grandes casas desertas e por cercas de pita, planta em forma de alcachofra e com uma curiosa flor que surge no fim de uma longa e trabalhosa existência. Já em 1840, Gardner percorrera dez léguas de uma estrada de suaves declives, que devia ligar a capital de Mina à do Império, e a Assembleia Provincial em Ouro Preto abrira um crédito de mais de 40.000 libras, que seria coberto com os direitos de pedágio. (BURTON, 1983, p. 106).

Após termos mencionado as bases históricas do Caminho Velho e do Caminho Novo que formaram a Estrada Real, vamos agora descrever dois caminhos de importância regional: o Caminho dos Diamantes e o Caminho de Sabarabuçú. A descoberta dos veios auríferos nas regiões do Serro Frio e do Tijuco fez acontecer o surgimento do Caminho dos Diamantes e o acesso a ele passou a ser muito concorrido. Por meio dessa rota chegavam, a partir de Vila Rica, as pedras preciosas tão cobiçadas do Distrito Diamantino que correspondia, em tempos passados, às entradas na face meridional do Espinhaço mineiro, Alto Jequitinhonha, entre os núcleos urbanos de Vila do Príncipe e Tejuco, atuais Serro e Diamantina.

Às margens desse percurso surgiram povoados que originaram importantes vilas e cidades mineiras que se especializaram no suprimento dos viajantes, e que foram formados por uma cultura mineira mestiça, resultado da variedade dos aventureiros e povoadores dos sertões das Gerais.

O Caminho dos Diamantes foi um itinerário que teve amplo destaque regional, dentro do âmbito da capitania das Minas Gerais, ligando Vila Rica ao Arraial do Tijuco. O seu roteiro era basicamente o seguinte: saindo de Vila Rica seguia pela Vila do Ribeirão do Carmo, Inficionado, Catas Altas, Santa Bárbara, Cocais, Itambé do Mato Dentro, Conceição e Córregos até a Vila do Príncipe e dali ao Arraial do Tijuco. Depois de 1740, tornou-se extensão do Caminho Novo. Foi um trecho regional, mas de importância econômica relevante para a economia do Distrito Diamantino.

O Caminho de Sabarabuçú, ainda que tivesse apenas 150 km e que tenha sido considerado um prolongamento do Caminho Velho, teve grande relevância com relação ao aspecto econômico, já que, por ele era transportado o ouro proveniente das importantes Vila Nova da Rainha e Vila Real de Nossa Senhora da Conceição, hoje as cidades de Caeté e Sabará.

O projeto de desenvolvimento turístico criado pelo Governo do Estado de Minas Gerais (Lei Estadual nº 13.173/99) que instituiu a "Estrada Real" teve como pressuposto os "caminhos e suas variantes construídos nos séculos XVII, XVIII e XIX, no território do Estado". (RENGER, 2007, p. 136). Nesse roteiro turístico foram envolvidos os chamados "Caminho Velho", "Caminho Novo" e "Caminho dos Diamantes" (este incluiu o "Caminho de Sabarabuçú") – eixos principais – que ligavam as cidades de maior importância no Ciclo do Ouro.

A composição dos caminhos da Estrada Real é um testemunho do esforço humano que não se deixou esmorecer diante dos desafios e obstáculos a serem vencidos para se chegar ao Eldorado, configurado na busca do enriquecimento fácil, trazido pelo ouro e pelas pedras preciosas, em meio à fome, à luta pelo poder e à desigualdade social de um Brasil Colonial. Na conclusão de Dornas Filho (1957, p. 44), de tudo isso resultou um estado de "excitação espiritual que fez gerar uma história e uma lenda". Quanto à lenda, não há lugarejo nas Minas Gerais, por mais miserável que seja, onde não exista um tesouro enterrado em panelas abarrotadas de dobrões, ouro em pó e pedras preciosas.

Figura 16 - Mapa da Estrada Real

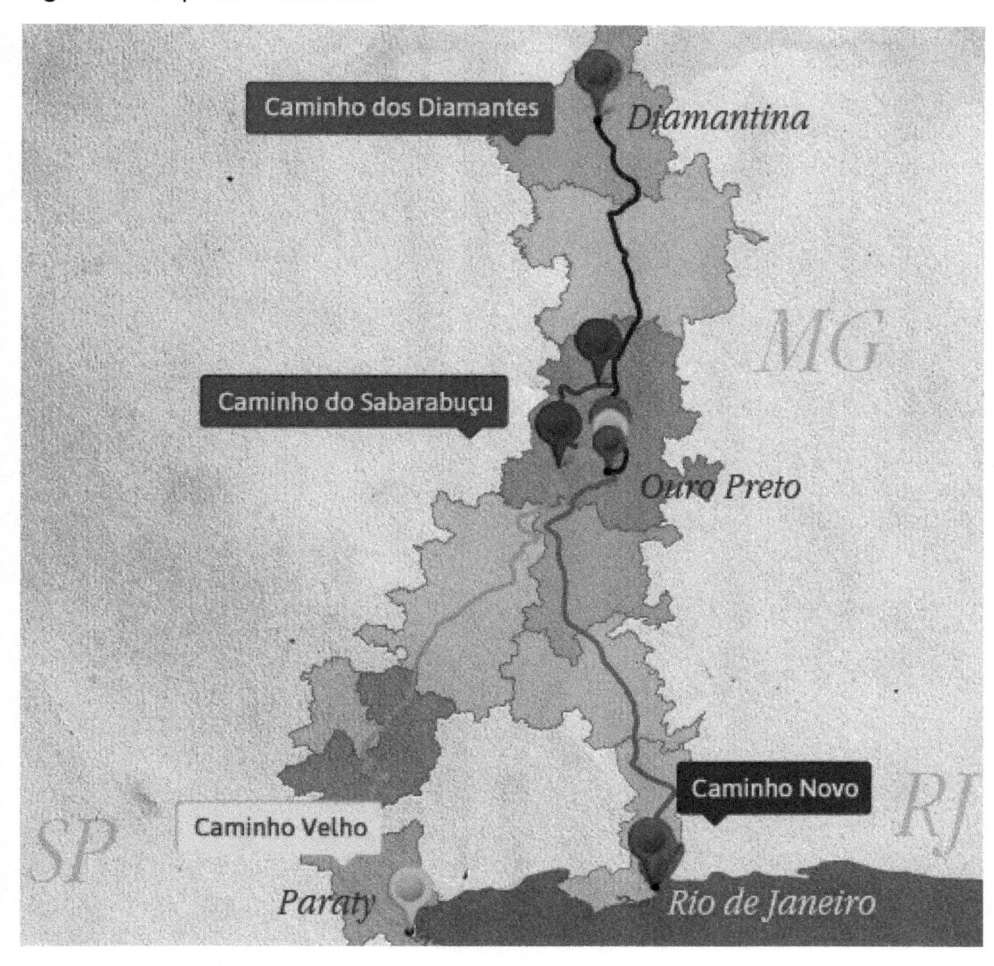

Fonte: *Instituto Estrada Real* (www.estradareal.org.br/).

Nos relatos dos viajantes sobre os caminhos do ouro e a sua formação geográfica, podemos perceber as pulsações antropológicas e culturais da sociedade que se formava nos sertões das Minas Gerais, entre o ir e vir do nosso objeto de conhecimento que é a toponímia dos povoados, distritos, vilas e cidades da Estrada Real.

A memória toponímica se faz presente nos escritos dos viajantes naturalistas e esses ressurgem como importantes memorialistas. Os estrangeiros que andaram por esses caminhos do ouro e das pedras preciosas, ainda hoje, deixam-nos inquietos em muitas passagens descritivas – numa mescla de análises e observações pessoais – eles fundaram a base da cultura interpretativa do Brasil. Em suas descrições podemos encontrar preciosas informações colhidas *in loco*. No capítulo seguinte apresentamos um panorama dos principais viajantes que passaram por esses caminhos.

Capítulo IV

A palavra dos viajantes naturalistas na Estrada Real

A Palavra dos Viajantes

O ESTUDO DOS VIAJANTES ESTRANGEIROS constitui-se um objeto de análise histórica, sociológica ou literária, ou mesmo psicológica. O fato de serem eles usados como fonte de informação, aliada à constatação da existência de tantas obras sobre o assunto, justificaria, por si, o desenvolvimento de uma pesquisa mais crítica e interpretativa. Entretanto, devido aos limites que esta nossa pesquisa impõe, no que tange a um tratamento mais aprofundado sobre a constituição toponímica dos municípios da Estrada Real, estabelecemos alguns parâmetros para a investigação, a fim de que possamos nos deter somente no estudo das referências toponímicas.

O critério usado para selecionar os autores mais representativos e úteis ao *corpus* investigado foi o de apresentar aqueles cujos relatos são mais significativos para a análise toponímica. Ainda que seja impossível não perceber as ideologias que saltam dos discursos por eles construídos, não foi nosso propósito, neste trabalho, analisá-las ou caracterizá-las. O nosso propósito foi o de verificar os registros toponímicos deixados por eles e como esses contribuem para a construção da memória toponímica dos lugares pesquisados.

A contribuição dos Cronistas e Viajantes Naturalistas que passaram pelo Brasil entre os séculos XVIII a XIX foi um legado fundamental para a construção da identidade nacional. Por meio dos seus relatos podemos reconstruir uma história regional, percebendo características sociais, econômicas e políticas do Brasil colonial. Ainda que esse "olhar" fosse, muitas vezes, moldado pela cultura europeia, eles deixaram registros documentais preciosos para a compreensão dos lugares que passaram. Esse olhar reflete a condição de nos vermos através de seus olhos. Na expressão de Nogueira:

> São muitos os caminhos e são muitos os olhos que passam pelos
> caminhos..., alguns cabisbaixos vão apenas medindo o tanto que já
> foi andado e o que ainda têm por andar... Perscrutam os chãos, os
> verdes, os ares, os perfumes, as cores, os sons. Estão abertos, inte-
> gralmente abertos para a terra brasileira. São olhos que aqui, nesta
> terra abençoada encontraram continuamente com o que se exta-
> siar, o que admirar a cada pessoa, a cada momento. (2005, p. 153)

Os relatos deixados pelos viajantes geraram uma história marcada pelos pontos de vista, de distâncias entre modos de observação e triangulações do olhar. Ítalo Calvino (1993) sugere que na perspectiva fantástica da *Odisseia* se pode vislumbrar o mito de to-das as viagens e de todos os viajantes, a aventura contida em todas as aventuras. Também somos levados a identificar-nos com a busca empreendida por Ulisses que, superando obstáculos, recupera a memória do passado e volta a Ítaca. Sobre o risco de perder a memória, Calvino adverte:

> O que Ulisses salva do lótus, das drogas de Circe, do canto das se-
> reias não é apenas o passado e o futuro. A memória conta realmen-
> te – para os indivíduos, para as coletividades, para as civilizações
> – se mantiver somente a marca do passado junto ao projeto do
> futuro, se permitir fazer sem se esquecer, aquilo que se pretendia
> fazer, transformar-se sem deixar de ser, sem deixar de se transfor-
> mar. (1993).

O fator linguístico é algo importante a ser levado em conta no estudo dos relatos de viagens, já que o desconhecimento da sociedade em que eles se encontravam, tendo em vista que os seus relatos visavam descrever para o leitor de seu próprio país, do outro lado do oceano, o que estavam vendo. Por isso, eles teceram comparações e tiveram dificulda-des na escrita de certos nomes.

É para não perder a memória que se faz importante recorrer aos escritos dos cronis-tas e viajantes que passaram pelos caminhos da Estrada Real, no período em que o Brasil ainda se constituía. Nesse sentido é sempre uma "volta ao começo", já que a experiência europeia foi decisiva na formação da multiculturalidade brasileira. Holanda (1976), ao falar sobre a abertura dos portos brasileiros aos viajantes estrangeiros, que se deu com a vinda da família real para o Brasil em 1808, definiu o fato como um "novo descobrimento do Brasil".

Conforme Lisboa (2000), podemos caracterizar os Viajantes Naturalistas que vie-ram para o Brasil entre os séculos XVIII e XIX, destacando o seguinte:

- Entre os estrangeiros a presença dos ingleses foi mais expressiva por causa do *Tratado de 1810* que estabelecia privilégios comerciais ao Reino Unido;
- A produção intelectual dos Viajantes Estrangeiros deve ser compreendida no contexto da expansão capitalista e neocolonialista do século XIX, tendo como protagonistas Inglaterra e França e, em menor escala, Rússia e EUA;
- O papel de outras nações como Alemanha, Áustria, Suécia e Itália, que estavam se firmando como nações unificadas, foi mais "periférico";
- Nos escritos dos Viajantes podemos perceber avaliações sobre as potencialidades econômicas, sociais e naturais do país. Havia um interesse pela conquista de novos mercados e coleta de amostras da natureza;
- O estudo da fauna e da flora foi marcante entre os comerciantes, aventureiros, diplomatas, artistas e mercenários;
- O olhar dos Viajantes se direcionou, muitas vezes, para as relações de trabalho e de produção, a economia e as questões escravistas e indígenas;
- Os naturalistas, de modo peculiar, buscavam a ampliação dos temas da história natural, ligados à botânica, zoologia, geografia, mineralogia, paleontologia, astronomia, meteorologia;
- É muito extensa a literatura de viagem sobre o Brasil porque este sempre foi motivo de fascínio e atração para os europeus e norte-americanos. Isso pode ser compreendido por causa de fatores como: a relativa estabilidade política e a presença de muitos estrangeiros; a melhora dos meios de transporte e de comunicação e a difusão das riquezas e das possibilidades de enriquecimento e a facilidade de empreender uma longa viagem, passando por regiões diversas, sem o transtorno de ter que cruzar fronteiras;
- O estudo sobre as diferentes "raças" e "culturas";
- O apoio que muitos naturalistas e exploradores receberam de D. Pedro II;
- As narrativas e os testemunhos dos Viajantes são passíveis do natural crivo do etnocentrismo, da deformação advinda da distância cultural e do choque inevitável de valores;
- Ainda que alguns Viajantes estivessem buscando o enriquecimento fácil pela conquista do ouro e das pedras preciosas, em sua maioria, eles eram cientistas que desejavam conhecer o Brasil e pesquisá-lo.

O resultado das suas viagens deixou à posteridade, memórias e relatos diferenciados pela maneira de ver e de pensar. Nenhum Viajante Naturalista escreveu obras na intenção deliberada de fazer história. No entanto, os depoimentos e os estudos que deixaram, por suas relações com o homem e pela extensão e profundidade que os caracterizam, tornaram-se páginas indispensáveis para a história brasileira. Oiliam José inclui:

> Numa mistura de relatos, observações e análises com base no pon-
> to de vista pessoal, esses viajantes inauguraram uma forma inter-
> pretativa do Brasil. Com disposição e espírito de crítica, apoiados
> pelas autoridades brasileiras, esses viajantes embrenharam-se pe-
> los sertões, visitando as vilas e povoados ligados ao ciclo da mine-
> ração, conviveram com indígenas, caboclos e senhores, colheram
> depoimentos sobre o passado e o presente e redigiram os seus
> relatos que se tornaram "pedras básicas" ao edifício da História
> Brasileira. Os seus relatos constituem ao mesmo tempo fonte e ex-
> plicação de um mundo inicial. (1959, p. 48)

Nas regiões da Estrada Real esses naturalistas e viajantes foram os primeiros a se interessar pelos acontecimentos relacionados aos centros de mineração e às riquezas vegetais, animais e humanas. O olhar desses viajantes estendeu-se além da cobiça do ouro e das pedras preciosas, descobrindo "outros tesouros" da terra brasileira. As localidades cujas origens se prendem ao ciclo das minas eram, então, as mais florescentes. Muitos acontecimentos haviam marcado essas vilas e cidades que eram na altura as mais populosas de Minas Gerais. Por isso, o olhar dos viajantes voltou-se também para além das minas. Nos seus escritos despontam diferenciações sobre as pequenas localidades e o homem que vivia nas cidades da zona de mineração. A historiografia brasileira deve a eles essa dimensão do olhar voltado para o interior e para os grupos e segmentos que se formaram ao redor de toda a movimentação trazida pela descoberta do ouro.

Visando uma compreensão didática desses autores, traçamos às seguintes caracterizações configuradas nos Quadros Descritivos que seguem:

Quadros Descritivos: Viajantes Naturalistas

Quadro 07 - Agassiz

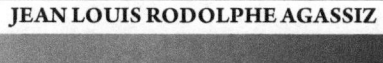

JEAN LOUIS RODOLPHE AGASSIZ	

IDENTIFICAÇÃO	Jean Louis Rodolphe Agassiz nasceu em 1807 na Suíça e faleceu nos EUA em 1873. Estudou em universidades suíças e alemãs, descrevendo, a convite de von Martius, os peixes que Spix trouxera do Brasil. Fixou-se nos EUA, naturalizando-se americano. Recebeu como presente uma viagem ao Brasil que foi financiada por um milionário. Sua segunda esposa Elizabeth Cary Agassiz, grande parceira e colaboradora, tem o mérito de ter sido a verdadeira organizadora do volume de viagens ao Brasil, já que o marido escreveu apenas anotações.
PERÍODO NO BRASIL	1865 a 1866.
ITINERÁRIO NA ESTRADA REAL	Rio de Janeiro, Petrópolis e Juiz de Fora.
OBRAS	*Viagem ao Brasil*, 1865-1866.
OBSERVAÇÕES	Mesmo não se referindo à região mineira do Ciclo do Ouro, o livro de Agassiz é riquíssimo com relação a notícias ligadas a Dom Pedro II; e também à classificação da fauna ictiológica brasileira. Encontramos alguns interessantes registros toponímicos referentes às cidades do Caminho Novo.

Quadro 08 - Bunbury

CHARLES JAMES FOX BUNBURY	

IDENTIFICAÇÃO	Charles James Fox Bunbury pertencia à família inglesa Bunbury e visitou o Brasil passando somente pelo Rio de Janeiro e Minas Gerais, onde se deteve a maior parte do seu tempo. Sabemos que o naturalista veio para o Rio de Janeiro em julho de 1833, permanecendo nessa cidade até dezembro do mesmo ano para viajar, em seguida, ao Rio da Prata. Ao regressar para o Rio de Janeiro em março de 1834, viajou para as Minas de Ouro, permanecendo na Província de Minas Gerais até 1835.
PERÍODO NO BRASIL	1833 a 1835
ITINERÁRIO NA ESTRADA REAL	Do Rio de Janeiro, pelo Caminho Novo até Minas Gerais (1834-1835), visitando Barbacena, Ouro Preto, Mariana, Catas Altas, Cocais, Caeté, Serro, Congonhas, São João del-Rey, dentre outras.
OBRAS	*Viagem de um Naturalista Inglês ao Rio de Janeiro e Minas Gerais – 1833-1835.*
OBSERVAÇÕES	Os relatos apresentados são marcados por descrições bem humoradas com algumas críticas à organização político-social brasileira. Faz referências à falta de comunicação entre o litoral e o interior e ao sistema deficiente da educação brasileira. O viés do olhar europeu é marcante no que vê e julga, todavia a obra traz descrições interessantes sobre a toponímia dos lugares visitados.

Quadro 09 - Burmeister

DR. HERMANN BURMEISTER	

IDENTIFICAÇÃO	Dr. Hermann Burmeister nasceu em Strallsund, Prússia e morreu em Buenos Aires. Professor e naturalista nas áreas de Zoologia e Geologia, veio para o Rio de Janeiro para estudar a Lagoa Santa-MG, partindo depois para a Argentina.
PERÍODO NO BRASIL	1850 a 1852.
ITINERÁRIO NA ESTRADA REAL	Do Rio de Janeiro às cidades do Ciclo do Ouro: Mariana, Ouro Preto, Congonhas e depois Lagoa Santa
OBRAS	*Viagem ao Brasil através das Províncias do Rio de Janeiro e Minas Gerais*, 1853.
OBSERVAÇÕES	A obra de Burmeister é um relato feito com muita fundamentação científico-descritiva das regiões por onde passou, na medida em que o seu principal objetivo era construir uma história natural dos distritos auri-diamantíferos. De suas explorações resultaram contribuições preciosas para o conhecimento da fauna brasileira e também da toponímia.

Quadro 10 - Burton

RICHARD FRANCIS BURTON	
IDENTIFICAÇÃO	Sir Richard Francis Burton era inglês, de origem irlandesa. Nasceu em 1821 e faleceu em 1890. Veio para o Brasil para exercer o cargo de Cônsul. Educado fora dos moldes clássicos, passou a infância na Itália e na França e, por isso, encontrou grande facilidade no aprendizado de novas línguas e dialetos. Chegou a conhecer 25 dialetos dos povos visitados! Viveu na Índia durante sete anos, publicando quatro livros sobre a cultura e a geografia orientais. Realizou também excursões à África e aos EUA, publicando também obras relativas a esses lugares.
PERÍODO NO BRASIL	1865 a 1868
ITINERÁRIO NA ESTRADA REAL	Do Rio de Janeiro a Petrópolis, Juiz de Fora em direção a São João del-Rey pelo Caminho Novo (1867)visitou Ouro Preto, Mariana, Sabará, Três Barras e Diamantina.
OBRAS	*Viagem do Rio de Janeiro a Morro Velho* *Viagem aos planaltos do Brasil.*
OBSERVAÇÕES	A narrativa das viagens atesta a grande erudição do autor e também o profundo conhecimento da realidade brasileira. As suas obras apresentam excelentes anotações toponímicas.

Quadro 11 - Casal

<table>
<tr><td colspan="2" align="center">MANUEL AIRES DE CASAL</td></tr>
<tr><td colspan="2" align="center"></td></tr>
<tr><td align="center">IDENTIFICAÇÃO</td><td>Manuel Aires de Casal nasceu em Portugal e para lá retornou com a família real em 1821. Pairam muitas controvérsias e dúvidas a respeito dos dados biográficos relacionados a ele. Sabemos, no entanto, que ele era padre secular.</td></tr>
<tr><td align="center">PERÍODO NO BRASIL</td><td align="center">1817</td></tr>
<tr><td align="center">ITINERÁRIO NA ESTRADA REAL</td><td align="center">Descrições que abrangem os quatro caminhos da Estrada Real: Velho, Novo, Diamantes e Sabarabuçu.</td></tr>
<tr><td align="center">OBRAS</td><td align="center">Corografia Brazílica: 1817.</td></tr>
<tr><td align="center">OBSERVAÇÕES</td><td>A obra traz informações históricas e geográficas de cada província brasileira. No desejo de construir uma "corografia", constituiu-se a primeira obra escrita sobre a geografia brasileira, ainda que imprecisa. Depois de descrever o litoral e o Vale do Paraíba com suas vilas e logradouros do Caminho Velho, traça características da Província de Minas Gerais, apresentando descrições relativas à orografia, zoologia, mineralogia, fitologia e registros sobre a toponímia de Minas Gerais.</td></tr>
</table>

Quadro 12 – Castelnau

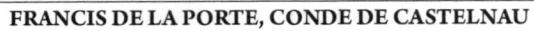

FRANCIS DE LA PORTE, CONDE DE CASTELNAU	

IDENTIFICAÇÃO	Francis de la Porte, Conde de Castelnau, nasceu em Londres em 1812 e faleceu em Melbourne, Inglaterra em 1880. Foi o chefe da expedição enviada pelo governo francês ao Brasil. Em 12 de outubro de 1843, sua expedição teve início, deixando o Rio de Janeiro em direção a Minas Gerais, e de lá seguiu para o interior do Brasil e países vizinhos.
PERÍODO NO BRASIL	1843 a 1847
ITINERÁRIO NA ESTRADA REAL	Do Rio de Janeiro em direção a Minas Gerais, pelo Caminho Novo, passando em Juiz de Fora, Barbacena, Ouro Preto e Ouro Branco.
OBRAS	*Expedição às Regiões Centrais da América do Sul.*
OBSERVAÇÕES	Obra que foi escrita com base científica, apresentando estudos sobre a mineração. Os relatos são interessantes sob o ponto de vista histórico e toponímico.

Quadro 13 - Debret

JEAN BAPTISTE DEBRET

IDENTIFICAÇÃO	Jean Baptiste Debret nasceu em Paris em 1768, falecendo em 1848. Desde pequeno estudou pintura com o renomado pintor Davi. Veio para o Brasil integrando a Missão Artística Francesa. No Rio de Janeiro exerceu o cargo de professor na Academia de Belas Artes. Publicou em França em 1834 uma obra sobre a sua viagem e sua estada em terras brasileiras, com notas, ilustrações sobre os costumes, a fauna e a flora, não deixando de mostrar os indígenas e a sua organização social.
PERÍODO NO BRASIL	1816 a 1831
ITINERÁRIO NA ESTRADA REAL	Rio de Janeiro.
OBRAS	*Viagem Pitoresca e Histórica ao Brasil.*
OBSERVAÇÕES	Ainda que sejam breves os comentários sobre o Rio de Janeiro, o trabalho retrata o cotidiano, e o processo de independência do Brasil. Desenhista atento às questões sociais, o artista conferiu também dignidade aos índios que retratou, deixando registros toponímicos em seus escritos.

Quadro 14 - D'orbigny

ALCIDE D' ORBIGNY	

IDENTIFICAÇÃO	Alcide D' Orbigny nasceu em 1802 e faleceu em 1875. Foi um naturalista francês que veio depois de Saint-Hilaire e permaneceu 8 anos viajando pela América Latina e África.
PERÍODO NO BRASIL	1833 a 1834
ITINERÁRIO NA ESTRADA REAL	Partindo do Rio de Janeiro, visitou o Distrito Diamantino e as cidades ligadas ao Ciclo do Ouro e da Mineração.
OBRAS	*Viagem Pitoresca através do Brasil.*
OBSERVAÇÕES	A expedição de Alcides d'Orbigny à América do Sul, de 1826 a 1834 só parcialmente interessa ao Brasil, por isso, a obra *Voyage Pittoresque dans les deux Amériques* foi compilada com o objetivo de apresentar somente o conteúdo que se refere ao nosso país. Podemos perceber a importância da obra na apresentação de dados históricos e geográficos sobre aos lugares visitados, bem como na descrição dos indígenas e a sua organização. Sobre a região mineradora, as narrativas são carregadas de notas toponímicas sobre o modo de ser dos mineiros.

Quadro 15 - Eschwege

WIHELM VON ESCHWEGE	

IDENTIFICAÇÃO	Wihelm von Eschwege nasceu na Alemanha em 1777 e faleceu em 1855. Formou-se na Universidade de Gottingen. Depois, esteve em Portugal a serviço da Coroa, vindo a trabalhar no Brasil em atividades relacionadas à mineração e à metalurgia. Em todo tempo que aqui esteve dedicou-se a pesquisas geológicas na região de Minas Gerais.
PERÍODO NO BRASIL	1810 a 1821
ITINERÁRIO NA ESTRADA REAL	Distrito Diamantino (1811-1821) e regiões mineradoras.
OBRAS	*Pluto Brasiliensis.*
OBSERVAÇÕES	Eschwege não pode ser considerado somente um viajante, propriamente falando embora, a serviço de Portugal, em Vila Rica, tenha percorrido Minas e São Paulo por diversas vezes. Entretanto, esteve sempre em contato com os viajantes, acolhendo-os em sua casa e encorajando-os em suas dificuldades. Fixou residência em Ouro Preto, de onde por algumas vezes partiu em expedições científicas ao Rio São Francisco e ao Vale do Rio Doce. Como resultado dessas viagens deixou estudos sobre a vida dos coroados e botocudos. A sua obra *"Pluto Brasiliensis"* é um denso tratado sobre a mineração em território mineiro, além de detalhar e estudar a produção, cultura, população, costumes, indústrias, finanças e legislação em Minas.

Quadro 16 - Freireyss

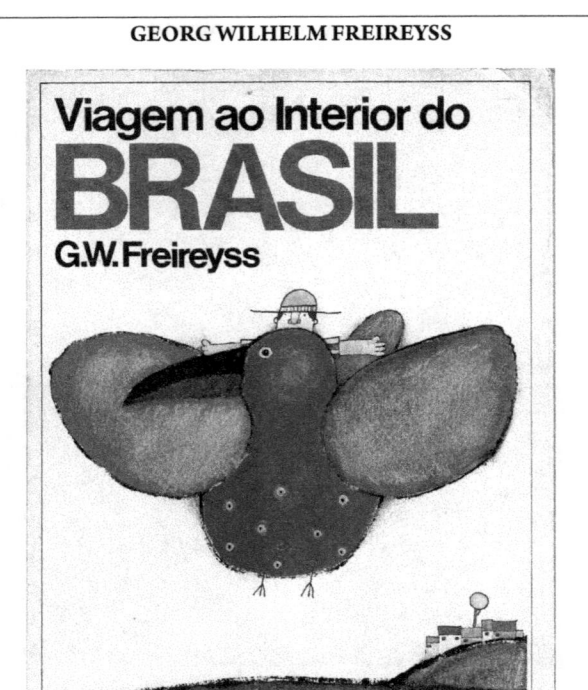

GEORG WILHELM FREIREYSS	
(Editora Itatiaia, 1982)	
IDENTIFICAÇÃO	Georg Wilhelm Freireyss nasceu em Frankfurt em 1789, na Alemanha e faleceu no Brasil em 1825. Era zoólogo, botânico e naturalista. Veio ao Brasil sob o patrocínio do Governo Real. Em 1815-17 foi companheiro do príncipe Maximiliano de Wied-Neuwied, pelas Províncias do Rio de Janeiro, Espírito Santo e Bahia. Dedicou-se, posteriormente, aos estudos de emigração.
PERÍODO NO BRASIL	1813 a 1825
ITINERÁRIO NA ESTRADA REAL	Do Rio de Janeiro em direção a Minas Gerais (1814-1815): Vila Rica, Mariana, aldeias indígenas e Presídio de São João Batista.
OBRAS	*Viagem ao Interior do Brasil.*
OBSERVAÇÕES	Dedicando a sua obra a José Bonifácio, nela revelou o interesse alemão pelas terras brasileiras. Suas observações são minuciosas e mostram aspectos da cultura brasileira ligados a fatos corriqueiros como as dificuldades para se "entrar no sertão"; o incômodo do bicho-do-pé; a amolação das onças para os fazendeiros; a forma como se realizam as caçadas e o modo de viver dos indígenas. Deixou registros toponímicos interessantes.

Quadro 17 - Gardner

GEORGE GARDNER	
 (Editora Itatiaia, 1975)	
IDENTIFICAÇÃO	George Gardner de origem inglesa, nasceu em 1812 e faleceu em 1849. Foi Superintendente dos jardins botânicos do Ceilão. Em sua chegada ao Brasil, inicialmente realizou excursões botânicas pelos arredores da cidade; depois passou a excursionar para o interior do Estado. Viajou para Pernambuco, Bahia, Alagoas, Ceará, Província do Crato, Piauí, Goiás e Minas Gerais, indo por último ao Maranhão.
PERÍODO NO BRASIL	1836 a 1841
ITINERÁRIO NA ESTRADA REAL	Rio de Janeiro e Magé. Em Minas Gerais (1840) esteve no Distrito Diamantino, passando pelas principais vilas do Ciclo do Ouro.
OBRAS	*Viagem ao interior do Brasil.*
OBSERVAÇÕES	Em suas observações traçou interessantes comentários sobre o modo de ser do brasileiro e o seu comportamento social. Visitou as minas de ouro e fez descrições sobre a natureza que encontrou nas montanhas e vales por onde passou, com apontamentos toponímicos.

Quadro 18 - Langsdorff

GEORGE HEINRICH VON LANGSDORFF	
IDENTIFICAÇÃO	George Heinrich Von Langsdorff nasceu em Woelstein (Hesse) em 1773 e faleceu em 1852. Sempre se dedicou ao estudo da botânica, tomando por este motivo, parte da expedição ao redor do mundo, que foi organizada sob a ordem do imperador Alexandre I. Essa viagem ocorreu entre 1803 a 1806 e quem esteve à frente dela foi o almirante Adão João Von Krusenstein. Nomeado cônsul geral da Rússia no Brasil, em 1825, o imperador incumbiu diretamente a Langsdorff para que fizesse uma comissão científica destinada à exploração de São Paulo, Minas Gerais, Mato Grosso, Amazonas e Pará.
PERÍODO NO BRASIL	1822 a – 1829
ITINERÁRIO NA ESTRADA REAL	Pelo Caminho Novo (1825), saindo da Fazenda Mandioca e passando por Sebol (no Rio de Janeiro), Rio Paraibuna, Simão Pereira, Barbacena, São João del-Rey, Tiradentes, Mercês, Ouro Preto e vizinhanças. Pelo Caminho Velho, no estado de São Paulo, Vale do Paraíba, passando em Taubaté, Pindamonhangaba, Aparecida, Guaratinguetá, Lorena, Areias e Bananal.
OBRAS	*Os Diários de Langsdorff*: Rio de Janeiro e Minas Gerais (Vol. I, de 08 de maio de 1824 a 17 de fevereiro de 1825); São Paulo (Vol. II, de 26 de agosto de 1825 a 22 de maio de 1826).
OBSERVAÇÕES	A expedição científica formada e chefiada por Langsdorff compunha-se de estudiosos naturalistas e artistas de grande competência: Rubzoff (astrônomo), Chistiano Hanse (zoólogo), Rugendas (pintor), Adriano Taunay (pintor), Hércules Florence (desenhista) e outros que devido as dificuldades e tropeços foram integrando ou substituindo os que inicialmente foram selecionados. Sabemos que Langsdorff viajou com Saint-Hilaire à Província de Minas Gerais, encontrando-se ambos com Eschwege, visitando as cidades da zona mineradora. A sua obra contém importantes informações científicas sobre a botânica e anotações toponímicas sobre os lugares visitados.

Quadro 19 - Luccock

JOHN LUCCOCK	
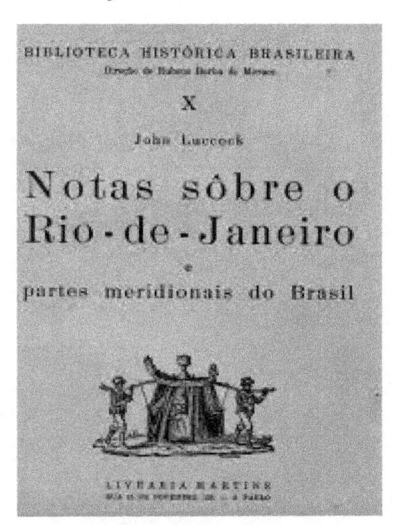	
(Editora Itatiaia, 1975)	
IDENTIFICAÇÃO	Inglês e comerciante. Existem pouquíssimos dados sobre sua origem.
PERÍODO NO BRASIL	1808 a 1818
ITINERÁRIO NA ESTRADA REAL	Vindo pelo Caminho Novo (1817-1817) em direção a São João D'El-Rei, pelo Caminho Velho até Vila Rica e arredores.
OBRAS	*Notas sobre o Rio de Janeiro e Partes Meridionais do Brasil:*1975.
OBSERVAÇÕES	Sua obra pode ser considerada como um documento histórico no que se refere à descrição dos costumes e acontecimentos políticos do país.

Quadro 20 - Mawe

JOHN MAWE	

IDENTIFICAÇÃO	John Mawe nasceu em Derbyshive em 1764 e faleceu em Londres em 1829. Era comerciante inglês e veio ao Brasil a negócios, aqui permanecendo 10 anos.
PERÍODO NO BRASIL	1808 a 1818
ITINERÁRIO NA ESTRADA REAL	Pelo Caminho Novo foi à Vila Rica e arredores, chegando ao Distrito Diamantino.
OBRAS	*Viagem ao Interior do Brasil:* 1812.
OBSERVAÇÕES	A obra é inestimável com relação à descrição dos costumes e da capacidade produtiva das minas, no período da decadência da mineração. O autor prima por suas impressões pessoais e confere à sua obra um exemplo documental precioso das regiões por onde andou, no que se refere ao conhecimento da Mineralogia e Geologia.

Quadro 21 - Pohl

JOHANN EMANUEL POHL	
IDENTIFICAÇÃO	Johann Baptist Emanuel Pohl veio para o Brasil como membro da Expedição Científica que acompanhou D. Leopoldina, por ocasião de seu casamento com D. Pedro. Nascido em 1782 na Bohemia. Era médico, mineralogista e botânico e faleceu em 1834.
PERÍODO NO BRASIL	1817 a 1821
ITINERÁRIO NA ESTRADA REAL	Do Rio de Janeiro, pelo Caminho Novo (1820-1821), foi a São João del-Rey, passando por Barbacena, Ouro Preto e arredores.
OBRAS	*Viagem no interior do Brasil.*
OBSERVAÇÕES	Seu diário de viagem é um valioso documento para os estudiosos interessados na história brasileira, especialmente no período que antecedeu a independência do Brasil. Coligiu grande quantidade de material mineralógico e cerca de 4.000 espécies de plantas, levando todo esse material para Viena. Os seus relatos são marcados pelo refinamento cultural e pelo bom humor. Neles emergem ótimas referências toponímicas.

Quadro 22 - Saint-Hilaire

AUGUSTE FRANÇOIS CESAR PROUVENÇAL DE SAINT-HILAIRE	

IDENTIFICAÇÃO	Auguste François Cesar Prouvençal de Saint-Hilaire nasceu em Orléans, França. Foi um grande estudioso da botânica e veio para o Brasil na companhia do Duque de Luxemburgo, embaixador da França. É certamente o viajante da época que mais viajou pelo interior do Brasil. Foram 6 anos de viagens com grandes jornadas de exploração científica pelas províncias do Rio de Janeiro, Espírito Santo, Minas Gerais, Goiás, São Paulo, Santa Catarina, Rio Grande do Sul e Cisplatina. Visitou as regiões do Jequitinhonha, as cabeceiras do S. Francisco, o Rio Claro e o Uruguai, num percurso de 2500 léguas. A finalidade de suas viagens foi estudar a flora brasileira. 1799 – 1853
PERÍODO NO BRASIL	1816 a 1822

ITINERÁRIO NA ESTRADA REAL	Esteve por diversos períodos em Minas Gerais e nas regiões da Estrada Real. Em *Viagem às Nascentes do Rio São Francisco*, Saint-Hilaire embarcou no Rio de Janeiro, passando pelo Rio Inhomirim, cidade de Valença, Serra Negra, pelo Caminho Novo. Visitou São João del-Rei e arredores. Em *Viagem Pelo Distrito dos Diamantes e Litoral do Brasil*, ele passou pela região do Distrito dos Diamantes, descrevendo o Tijuco, Morro de Gaspar Soares, Itajuru, Caeté, Serra da Piedade, Sabará, Congonhas e São João del-Rei. Em *Segunda Viagem do Rio de Janeiro a Minas Gerais e a São Paulo*, Saint-Hilaire veio do Rio de Janeiro em direção a Minas Gerais pelo Caminho Novo, atravessando o registro do Rio Preto, Barbacena e São João del-Rei. Entrou no Caminho Velho, visitando Aiuruoca, Baependi e Pouso Alto. Depois, descendo a Mantiqueira em direção ao Estado de São Paulo, passou em Cachoeira Paulista, Guaratinguetá, Taubaté e vizinhanças em direção a São Paulo.
OBRAS	*Viagem Pelas Províncias do Rio de Janeiro e Minas Gerais; Segunda viagem ao Rio de Janeiro, a Minas Gerais e a São Paulo; Viagem às Nascentes do Rio São Francisco; Viagem Pelo Distrito dos Diamantes e Litoral do Brasil.*
OBSERVAÇÕES	Dentre os naturalistas que exploraram o Brasil, poucos reuniram coleções maiores e de mais valor do que Saint-Hilaire. Além dos livros conhecidos, deixou vários outros escritos esparsos em revistas científicas de sua época, como resultado de suas indagações botânicas no Brasil, tais como *Plantes usuelles des Brésiliens* (Paris, 1824); *Flora BrasiliaeMeridionalis* (Paris, 1825-1832, 3 volumes). Sua contribuição para a etnografia brasileira é notável, especialmente com relação aos botocudos, aos caiapós das cabeceiras do S. Francisco, aos coroados do Xopotó e a outros selvagens da região de Minas Novas. Um aspecto que chama a atenção na obra de Saint-Hilaire é a fidelidade com que ele soube grafar as palavras portuguesas, revelando o seu interesse pela nossa língua. Suas observações, em sua maioria, são incontestáveis e abrangem o homem, os usos e costumes, os caminhos e as minas, a habitação e o vestuário, alimentação e as moléstias, as igrejas e as hospedarias e tudo o que lhe chegasse aos olhos. Apresenta excelentes registros toponímicos.

Quadro 23 - von Spix e von Martius

JOHANN BAPTIST VON SPIX; KARL FRIEDRICH PHILIPP VON MARTIUS	

IDENTIFICAÇÃO	Karl Friedrich Philipp von Martius nasceu na cidade de Erlangen em 1794, no norte da Baviera, e faleceu em Munique em 1868. Johann Baptist von Spix nasceu em Hochstadt em 1781, falecendo também em Munique, Alemanha em 1826. Eram muito jovens quando vieram para o Brasil. Martius tinha 36 anosde idade e Spixtinha 23 anos. Eles viajaram pesquisando a fauna e a flora brasileiras.
PERÍODO NO BRASIL	1817 a 1820
ITINERÁRIO NA ESTRADA REAL	Do Rio de Janeiro a São Paulo, pelo Caminho Velho (1818), passando pelo Vale do Paraíba e pela Serra da Mantiqueira chegando até Vila Rica e à zona de mineração.
OBRAS	*Viagem pelo Brasil.*

OBSERVAÇÕES	Os trabalhos de von Spix e von Martius, conduzidos em boa parte através da visitação de lugares inexplorados, lançaram luz sobre a geografia brasileira e a etnografia indígena, já que ambos fizeram um excelente trabalho de coleta de vocabulários de diversas línguas sul-americanas. Do inventário de suas coleções, por diversas vezes enviadas a Munique, constam mais de 6.500 espécies de plantas e 3.381 espécies de animais. Com relação à exploração geográfica do país, eles traçaram mapas de grande valor para o conhecimento das regiões do interior brasileiro. Mandaram imprimir em Munique um catálogo chamado General Karte von Sud-Amerika, considerado em seu tempo um dos trabalhos mais completos sobre o Novo Mundo. Com o falecimento de Spix, em 1827, Martius que viveu ainda mais de 40 anos, consagrou toda a sua pesquisa ao Brasil, publicando muitos trabalhos sobre botânica. Esses encontram-se hoje impressos em 46 fascículos, cuja classificação botânica chega a 850 famílias de plantas, com mais de 8.000 espécies descritas. Complemento indispensável à obra mencionada é ainda *Glossaria Linguarum Brasilietium,* 1823, obra que trata de vocabulários pertencentes a 68 dialetos indígenas.

Quadro 24 - Walsh

ROBERT WALSH

IDENTIFICAÇÃO	O reverendo Robert Walsh foi um líder religioso que acompanhou a embaixada inglesa de Lord Strangsford na função de capelão. Chegou ao Rio de Janeiro em 16 de outubro de 1828, retornando à Inglaterra na metade do ano seguinte.
PERÍODO NO BRASIL	1828 a 1829
ITINERÁRIO NA ESTRADA REAL	Saindo do Rio de Janeiro até Minas Gerais pelo Caminho Novo, passando em Barbacena, Tiradentes, São João del-Rei, Ouro Preto, Congonhas, Ouro Branco. Visitou as minas e as áreas mineradoras. Retornou ao Rio de Janeiro por uma estrada diferente, chegando ao Porto da Estrela.
OBRAS	*Notícias do Brasil*: 1828-1829.
OBSERVAÇÕES	A obra *Notícias do Brasil* é mais do que um simples relato de viagem, pelas observações de ordem científica que encerra, mormente com referência à fauna brasileira, para considerar apenas esse seu aspecto. Walsh iniciou uma nova série ilustre de viajantes que vieram para explorar o Brasil, no século XIX, trazendo singular relevo para a ciência. Retratou figuras importantes da época e falou com entusiasmo da beleza das florestas e das riquezas brasileiras. Foi um observador das "jazidas minerais" e da sociedade que se organizava em torno delas. Encontramos em seus relatos registros toponímicos claros e precisos.

Quadro 25 - Zaluar

AUGUSTO EMÍLIO ZALUAR	

IDENTIFICAÇÃO	Augusto Emílio Zaluar nasceu em Lisboa em1860 e faleceu no Rio de Janeiro em 1882. Em sua vida exerceu diversos ofícios e profissões, pois era médico, tradutor, escritor, jornalista e professor da Escola Normal do Rio de Janeiro. Residiu além do Rio de Janeiro, em Vassouras e em Paraíba do Sul. Publicou e fundou jornais onde esteve.
PERÍODO NO BRASIL	1860 a 1861
ITINERÁRIO NA ESTRADA REAL	Pelo Caminho Velho, na região do Vale do Paraíba: Bananal, Areias, Barreiro, Queluz, Lorena, Guaratinguetá, Pindamonhangaba e Taubaté, dentre outros.
OBRAS	*Peregrinação Pela Província de São Paulo*: 1860 -1861.
OBSERVAÇÕES	Apresenta uma narração repleta de sinceridade e afeto para com os lugares visitados, fazendo descrições minuciosas sobre a cordialidade e a acolhida dos habitantes das fazendas e cidades. O seu relato é posterior ao Ciclo do Ouro, mas oferece um excelente panorama das cidades que compõem este trecho.

À palavra dos *Viajantes Naturalistas* agregamos as densas memórias deixadas por alguns outros autores que se enquadram dentro dos relatos de viagem, enfeixando os seus escritos dentro de uma base historiográfica. Estes foram muitas vezes citados ao longo deste trabalho e, através de suas obras, podemos também colher muitas informações toponímicas e também sobre a sociedade que se organizou em torno da movimentação da busca do ouro. Essas memórias recortam e personificam as camadas regionais que envolvem o traçado dos caminhos reais, revelando o que de cada lugarejo "se viu e se guardou", alargando o nosso conhecimento. Dentre esses, destacamos:

ANDRÉ JOÃO ANTONIL(1649-1716): nasceu em Lucca, na região da Toscana, entre os anos de 1670-1680. Seu livro *"Cultura e Opulência do Brasil pelas minas de ouro"* foi escrito nos primeiros anos do século XVIII e impresso em 1711 na Officina Real Deslandiana, em Lisboa. Devemos a ele a redação das primeiras informações gerais sobre os habitantes e as riquezas das terras que iriam formar, a partir de 1909, a Capitania das Minas Gerais. Há método e argúcia nas observações de Antonil, as quais abrangem o descobrimento das minas e sua exploração, o teor de vida dos mineradores, escravos e senhores destes, os caminhos abertos e os males resultantes da cobiça dos forasteiros. *Cultura e Opulência do Brasil* é, sem dúvida alguma, uma das maiores contribuições à nossa literatura histórica colonial, indispensável para o conhecimento da situação da economia nacional ao raiar do século XVIII. É no capítulo terceiro que se encontram os estudos relativos ao descobrimento e exploração de nossas riquezas minerais e a tudo mais que, na época, se poderia saber. Só em 1837, 126 anos depois do seu aparecimento, veio a obra a ser reeditada integralmente, no Rio de Janeiro, pois a edição de 1800 constitui-se de apenas um extrato da edição de 1711, relativo à parte dos engenhos de açúcar.

ANTONY KNIVET: Inglês, marinheiro de um dos navios da frota de Thomas Cavendish, que com ele assaltou a Vila de Santos, em 1591. Abandonado na ilha de São Sebastião com vinte e oito companheiros, dos quais só ele e Henrique Barraway sobreviveram, Knivet foi aprisionado pelos portugueses e levado para o Rio de Janeiro. Tentando fugir, acabou novamente preso, ficando acorrentado durante muitos meses. Mais tarde, a serviço do governador Salvador Correia de Sá, tomou parte em diversas expedições de apresamento de índios. Em 1597, acompanhou a grande entrada de Martim de Sá, realizada contra os tamoios e composta de setecentos portugueses e dois mil índios. Essa expedição percorreu trechos dos atuais Estados do Rio de Janeiro, Minas Gerais e São Paulo. Voltou em 1601 para a Europa, deixando descrições reveladoras sobre as aventuras de Cavendish e dos fatos que presenciou em sua longa permanência no Brasil. Descreve costumes e episódios pitorescos da jornada, indicando o itinerário aproximado da expedição à cata de índios pelo sertão. Oferece notícias das minas, cuja exploração estava iniciando. Transmitida de memória e redigida por outra pessoa, essa narrativa constitui, apesar dos erros e das fantasias, precioso documento para os estudos do primeiro século de colonização brasileira.

MANUEL EUFRÁSIO DE AZEVEDO MARQUES (1825-1878): era oficial maior da Secretaria do Governo da Província de São Paulo e depois escrivão da Guarda Nacional. Aproveitou-se dos cargos que exerceu para conhecer e estudar documentos históricos que lhe granjearam a fama de "Insigne Historiador". Recebeu do Imperador Dom Pedro II, em São Paulo, a ordem para a publicação de seus manuscritos sob a tutela do Instituto Histórico e Geográfico Brasileiro. Escreveu o notável trabalho: "Apontamentos Históricos, Geográficos, Biográficos, Estatísticos e Noticiosos da Província de São Paulo seguidos da cronologia dos acontecimentos mais notáveis desde a fundação da Capitania de São Vicente até o ano de 1876". Esta obra é importantíssima para a compreensão histórica do passado do Estado de São Paulo e tem uma grande riqueza de detalhes ligados à formação e povoação dos municípios, bem como esses foram constituídos. Utilizamo-nos, neste trabalho, das caracterizações e informações das cidades que fazem parte do percurso da Estrada Real no Caminho Velho e que se localizam em sua maioria no Vale do Paraíba.

RAIMUNDO JOSÉ DA CUNHA MATOS (1776-1839): era oficial do exército português e, depois, do brasileiro. Tornou-se escritor estimado com diversos trabalhos de roteiros de viagem que, hoje, servem de base ou ponto de referência do passado histórico. Nasceu em Faro, no Algarve, em 1776, e veio para o Brasil em 1817. Abraçando a causa da independência, progrediu na carreira militar, chegando ao posto de marechal. Acompanhou D. Pedro I à Europa assistindo como expectador às lutas entre constitucionais e absolutistas. Foi um dos fundadores do Instituto Histórico e Geográfico do Rio de Janeiro, vindo a falecer nessa cidade em 1839. Dentre as suas obras, a principal é a *"Corografia Histórica da Província de Minas Gerais"* (1837) que utilizamos para colher informações históricas e toponímicas para nossa pesquisa. Trata-se de um repositório de informações ligadas à comunicação, demografia, cultura, atividades econômicas, organização eclesiástica e judiciária, saúde, administração e história sobre a referida província.

Considerando os estudos arrolados, no capítulo seguinte vamos proceder o levantamento do *corpus* e análise dos topônimos.

Parte III

A memória toponímica

Fonte: *Revista Oceanos*, 1995, p. 33.

Fonte: *Revista Oceanos*, 1995, p. 20.

Tu não verás, Marília, cem cativos
Tirarem o cascalho, e a rica terra,
Ou dos cercos dos rios caudalosos,
Ou da minada serra.
Não verás separar ao hábil negro
Do pesado esmeril a grossa areia,
E já brilharem os granetes de ouro
No fundo da bateia.

Tomás Antônio Gonzaga
Lira III

Capítulo V

Fichas lexicográficas

NA PARTE II DESTE LIVRO, NOS CAPÍTULOS II, III E IV, vimos que a constituição da Estrada Real se deu em um período muito importante para a consolidação do Brasil e, por isso, está perpassada pelas marcas colonizadoras dos diversos tipos de contatos culturais que ocorreram ao longo da história da sua ocupação territorial. É assim que a Toponímia aparece como o caleidoscópio mais ou menos belo e poético pelo qual contemplamos uma terra e toda a gama das suas manifestações. Em nossa investigação detectamos que o processo de nomeação das cidades e logradouros recebeu muitas e variadas influências que proporcionaram a emergência de uma Toponímia muito rica e variada. Influência dos indígenas, os primeiros donos da terra; do corajoso colonizador e ambicioso português que desbravou os sertões; do negro escravizado que foi explorado injustamente, gastando as suas energias e o seu suor nas minas e nas construções; do homem garimpeiro e faiscador, tropeiro e mascate, divulgador das notícias e sempre esperado; do padre e missionário, santo ou contaminado pela *auris fames*; dos audaciosos inconfidentes que tiveram suas vidas e seus sonhos destroçados; dos coronéis e dos políticos de sempre...

Os topônimos foram analisados a partir de uma dupla perspectiva: um enfoque linguístico e sincrônico (análise toponímica com a finalidade de estudar os processos de constituição mórfica e apontar as diferentes procedências – portuguesa, indígena, africana) e um enfoque histórico e linguístico-histórico(estudo da sucessão dos nomes atribuídos a cada município e logradouro, desde o seu surgimento até o atual, para detectar os principais tipos de mudança e causas).

Para o estudo da motivação dos topônimos pesquisados, utilizamos um método que combinou a leitura documental e histórica, alicerçada nos relatos dos VJN e dos autores afins e servimo-nos da carta geográfica, o Mapa da ER, elaborado pelo Instituto

Estrada Real, como base inicial para o levantamento dos topônimos. Muito importante foi também a coleta de dados que fizemos no Arquivo Histórico Ultramarino (*Projeto Resgate*) e os dados da *Enciclopédia dos Municípios Brasileiros* do IBGE. Alguns autores foram fundamentais para a coleta das informações apresentadas, tais como: SAMPAIO (1955), COSTA (1993), BARBOSA (1995), LEFORT (1993), MATOS (1981), SILVA (1966), GREGÓRIO (1980) E TRINDADE (1945).

O modelo da Ficha Lexicográfica foi criado pela Profª. Dra. Maria Vicentina de Paula do Amaral Dick, coordenadora do ATB (*Atlas Toponímico do Brasil*) e orientadora desta pesquisa. Na metodologia criada e desenvolvida por Dick, a elaboração desta ficha é fundamental para o estudo toponímico-onomástico. Para a execução deste trabalho acrescentamos alguns elementos na ficha original, visando melhor adaptá-la à pesquisa empreendida. São os seguintes:

- *Topônimo*: Apresentação do nome de lugar.
- *Taxonomia*: Permite interpretar os nomes de lugares com maior propriedade semântica, partindo de sua natureza física ou antropocultural. Dick (1999, p. 142) salienta que as taxonomias "não são exaustivas em suas ocorrências e, sim, exemplificativas". Podem ser ampliadas em novas categorias, desde que se respeite o modelo originário. As taxonomias estão assim distribuídas:

Ordem Física

- *Astrotopônimos*: relativos aoscorpos celestes em geral. Ex.: Serra da Estrela (RJ).
- *Cardinotopônimos*: relativo às posições geográficas em geral. Ex.: Paraíba do Sul (RJ).
- *Cromotopônimos*: fazem referência a cores. Ex.: Rio Verde (MG).
- *Dimensiotopônimos*: referem-se às características do próprio acidente. Ex.: Alto Maranhão (MG).
- *Fitotopônimos*: relativos aos nomes de vegetais. Ex.: Milho Verde (MG).
- *Geomorfotopônimos*: fazem referências às formas topográficas. Ex.: Morro do Pilar (MG).
- *Hidrotopônimos*: relativos aos acidentes hidrográficos em geral. Ex.: Cachoeira Paulista (SP).
- *Litotopônimos*: relativos a minerais. Ex.: Ouro Preto (MG).
- *Metereotopônimos*: referem-se a fenômenos atmosféricos. Ex.: Ressaquinha (MG).
- *Morfotopônimos*: referem-se a formas geográficas. Ex.: Redondo (MG).
- *Zootopônimos*: relativos a nomes de animais. Ex.: Capivari (MG).

Ordem Antropocultural

- *Animotopônimos* ou *Nootopônimos*: relativos à vida psíquica e espiritual. Ex.: Belo Vale (MG).
- *Antropotopônimos*: relativos a nomes próprios e individuais. Ex.: Bias Fortes (MG).
- *Axiotopônimos*: fazem referência a títulos que acompanham os nomes. Ex.: Barão de Cocais (MG).
- *Corotopônimos*: recuperam nomes de cidades, países, regiões e continentes. Ex.: Queluz (SP).
- *Cronotopônimos*: indicam tempo. Ex.: Nova Lima (MG).
- *Dirrematotopônimos*: constituídos por frases ou enunciados linguísticos. Ex.: Passa Quatro (MG).
- *Ecotopônimos*: relativos a habitações de um modo geral. Ex.: Casa Grande (MG).
- *Ergotopônimos*: referem-se a elementos da cultura material. Ex.: Monjolos (MG).
- *Etnotopônimos*: relativos a elementos étnicos isolados. Ex.: Catas Altas da Noruega (MG).
- *Hierotopônimos*: recuperam nomes sagrados. Ex.: Cruzeiro (SP).
- *Hagiotopônimos*: relativos aos nomes de santos do hagiológio romano. Ex.: Santa Bárbara (MG).
- *Historiotopônimos*: relativos a movimentos de cunho histórico-social e a seus membros e às datas correspondentes. Ex.: Tiradentes (MG).
- *Numerotopônimos*: relativos aos numerais. Ex.: Três Corações (MG).
- *Poliotopônimos*: relativos aos aglomerados populacionais, tais como vilas, cidades, aldeias, povoados. Ex.: Vila Rica (MG).
- *Sociotopônimos*: relativos às atividades profissionais e a pontos de encontro. Ex.: Lavras Novas (MG).
- *Somatotopônimos*: referem-se às relações metafóricas das partes do corpo humano ou animal. Ex.: Carrancas (SP).
- *Localização*: remete à localização geográfica do município ou logradouro dentro da Carta da Estrada Real (Instituto Estrada Real).
- *Caminho*: refere-se ao lugar do topônimo dentro do roteiro.
- *Município*: dado político e geográfico que permite perceber o município onde se vincula o topônimo.
- *Acidente*: conforme a tipologia classificatória de Dick (pode ser humano e físico).
- Origem: classificada em portuguesa, indígena, africana ou outra.

- *Motivação*: apresentação da etimologia da palavra com a história do surgimento do topônimo.
- *Histórico*: apresentação das mudanças toponímicas ocorridas e sua evolução.
- *Estrutura Morfológica*: apresentação da descrição do topônimo no plano morfológico, caracterizando em unidades mínimas de significação: morfemas lexicais e gramaticais. Com base em Seabra (2004), utilizamos os seguintes esquemas classificatórios:

Para nomes simples:

- Nm[Ssing] = Nome masculino [Substantivo singular].
- Nm [Spl] = Nome masculino [Substantivo plural].
- Nf [Ssing] = Nome feminino [Substantivo singular].
- Nf [Spl] = Nome feminino [Substantivo plural].

Para nomes compostos:

Masculinos

- NCm [Ssing + Ssing] = Nome Composto masculino [Substantivo singular + Substantivo singular].
- NCm [Ssing + ADJsing] = Nome composto masculino [Substantivo singular + Adjetivo singular].
- NCm [Ssing + ADV] = Nome Composto masculino [Substantivo singular + Advérbio].
- NCm [ADJsing + Ssing] = Nome Composto masculino {Adjetivo singular + Substantivo singular].
- NCm [Qv + Ssing] = Nome Composto masculino [Qualificativo + prenome ou apelido de família].
- NCm [V + ssing] = Nome Composto masculino [Verbo + Substantivo singular].
- NCm [Prep + Ssing] = Nome Composto masculino [Preposição + Substantivo singular].
- NCm [Ssing + {Prep + Ssing}] = Nome Composto masculino [Substantivo singular +{Preposição + Substantivo singular}].
- NCm [Ssing + {Prep + ADV}] = Nome Composto masculino [Substantivo singular + {Preposição + Advérbio}].
- NCm [ADJsing + Ssing] = Nome Composto masculino [Adjetivo singular + Substantivo singular + Substantivo singular].
- NCm[Ssing + {Prep + Asing}] = Nome Composto masculino [Substantivo singular + {Preposição + Artigo singular + Substantivo singular}].

- NCm [Ssing + {Prep + Apl + Ssing}] = Nome Composto masculino [Substantivo singular + {Preposição + Artigo Plural + Substantivo singular}].
- NCm [Ssing + [Prep + Apl + Spl}] = Nome Composto masculino [Substantivo singular + [preposição + Artigo Plural + Substantivo plural}].
- NCm [Ssing + ADV + {Prep + Asing}] = Nome Composto masculino [Substantivo singular + Advérbio + {Preposição + Artigo singular + Substantivo singular}].

Femininos

- NCf [Ssing + ADJsing] = Nome Composto feminino[substantivo singular + Adjetivo singular].
- NCf [ADJsing + Ssing] = Nome Composto feminino [Adjetivo singular + Substantivo singular].
- NCf [Spl + ADJpl] = Nome Composto feminino [Substantivo plural + Adjetivo plural].
- NCf [Spl + ADJsing] = Nome Composto feminino [Substantivo plural + Adjetivo singular].
- NCf [Ssing + {Prep + Asing + Ssing}] = Nome Composto feminino [Substantivo singular + {Preposição + Artigo singular + Substantivo singular}].
- NCf [ADV + {Prep + Asing + Ssing}] = Nome Composto feminino [Advérbio + {Preposição + Artigo singular + Substantivo singular}].
- NCf [ADJsing + Ssing + {Prep + Pron + Ssing}] = Nome Composto feminino [Adjetivo singular + Substantivo singular + {Preposição + Pronome + Substantivo singular}].
- NCf [ADJsing + Ssing + {Prep + Asing + Ssing}] = Nome Composto feminino [Adjetivo singular + Substantivo singular + {Preposição + Artigo singular + Substantivo singular}].
- NCf [{Prep + Pron} + Ssing] = Nome Composto feminino [{Preposição + Pronome} + Substantivo singular].
- *Informações Enciclopédicas*: informações coletadas nas principais obras que tratam da história dos municípios e logradouros.
- *Escritos dos Viajantes*: relatos sobre o topônimo analisado.
- *Fonte*: bibliografia subsidiária para a análise dos dados.
- *Pesquisador*: Francisco de Assis Carvalho.
- *Revisor*: Dra. Maria Vicentina de Paula do Amaral Dick.

A organização da apresentação das Fichas Lexicográficas segue a seguinte ordem:

1. Fichas do Caminho Velho;
2. Fichas do Caminho Novo;
3. Fichas do Caminho dos Diamantes;
4. Fichas do Caminho de Sabarabuçu

***

01 Topônimo: AIURUOCA
Taxonomia: *Ecotopônimo / Sociotopônimo*
Localização: Área de influência da ER
Caminho: V
MUNICÍPIO: Aiuruoca – MG
ACIDENTE: humano / município
ORIGEM: indígena [tupi]
MOTIVAÇÃO: Em O tupi na geografia nacional, SAMPAIO (1955, p. 178) define *"Ayurú = Ajurú 'Ajurú = S.C. a-jurú: 'boca de gente, ou que tem fala como gente. Nome dado ao papagaio. (Psittacus). Alt.: agerú, Gerú"*. GREGÓRIO (1980, p. 852) inclui: *"Ajuruoca (" + oca) = buraco dos papagaios"*. Aglutinação das palavras tupis Ajuru – papagaio, e oca, casa, donde a tradução: casa de papagaio, ou papagaio criado na pedra, ou pedra do papagaio. Conforme SILVA (1966, p. 26), *"ayuru (os papagaios) oca (maloca): a casa dos ajurus; a maloca ou covo dos papagaios; o refúgio das araras"*.
HISTÓRICO: Aiuruoca ~ Ayuruoca<Iuruoca < Juruoca < Jeruoca < Ieruoca < Iouruoca < Ajuruoca Ecotopônimo/ Sociotopônimo
ESTRUTURA MORFOLÓGICA: Nf [Ssing]
INFORMAÇÕES ENCICLOPÉDICAS: Terra disputada pelos mineradores e sertanistas em busca do ouro, a cidade de Aiuruoca está colocada na fralda ocidental de uma das ramificações da Mantiqueira. De acordo com as pesquisas de LEFORT (1993), as minas de Aiuruoca já eram conhecidas desde 1694, quando Bento Pereira de Sousa Coutinho, escrevendo a 29 de julho de 1694 ao Governador Geral do Brasil – D. João de Lancastro, referindo-se ao itinerário dos Paulistas, no descobrimento das Minas Gerais. Que eles, partindo de Taubaté, transpuseram a depressão da Mantiqueira, chegando, após 5 dias de viagem, à serra da Boa Vista, donde se descortina belamente *"um mundo, muito alegre"*, na expressão de ANTONIL. E então, depois de uma jornada de 15 dias, chegaram ao rio Grande, *"cujas cabeceiras nascem na serra da Juruoca"*. Assim se denominou um descobrimento ao sul das minas de S. João del Rei, por alusão *"a um penedo cheio deorifícios, em que se aninhavam e se reproduziam os papagaios"*, segundo opinou o Cel. Bento Furtado de Mendonça, no livro *Primeiros descobridores das minas do Ouro na Capitania de Minas Gerais*. É tido como seu fundador João de Siqueira Afonso, no ano 1706. (Inst. De Igrejas no Bispado de Mariana, Côn. Trindade, p. 42). Era um taubateano *"hum dos temidos desertores das Minas do Ribeirão do Carmo"*, o qual, em 1702 *"descobriu as minas do Sumidouro"* e intentou *"rivalizar em descobertas com o Cel. Salvador Fernandes"*, para o que *"avançou 12 leguas ao sul e descobrio"*, em 1704 *"as minas de Guarapiranga"*, cuja riqueza foi origem do arraial (hoje Piranga) e capela deste nome. Esse taubateano é igualmente confirmado por A. de TAUNAY como fundador de Aiuruoca. Passa igualmente por um dos primeiros povoadores de Aiuruoca, o paulista Simão da Cunha Gago, que ali erigiu, ao que consta, uma capela dedicada a Nª. Sª. Da Conceição. Dada à riqueza do solo, muito fácil para a mineração, em vista dos abundantes rios que cortam o território, bem cedo foi para Aiuruoca uma grande avalanche de portugueses. E logo, para incremento do cultivo das terras, algumas cartas de sesmaria foram passadas, desde as de D. Brás Baltazar da Silveira, em 1717, até outras, já no início da dispersão dos garimpeiros, *"quando o ouro cada vez mais se escasseava"*. A povoação, alcançando logo o título de *Capela de Nossa Senhora da Conceição de Aiuruoca*, passou a pertencer eclesiasticamente à Comarca do Rio das Mortes, da qual era vigário forâneo o Pe. Dr. Manuel da Rosa Coutinho. Em 1718 se deu a instituição episcopal da Freguesia, *"a qual o alvará de 16 de janeiro de 1752 elevou à categoria de colativa"*. A Paróquia foi criada

segundo o R. Côn. Raimundo O. Trindade, em 1718, talvez no episcopado de D. Francisco de S. Jerônimo, 3º bispo do Rio de Janeiro. Deveria ter sido enorme o seu território, de cuja divisão se fizeram posteriormente muitas paróquias e capelas; assim: 1) Nossa Senhora do Bom Sucesso de *Serranos*, erecta canonicamente a 29 de julho de 1725, 2) Nossa Senhora do Rosário de *Alagoa*, fundada em 1730 e confirmada em 1752, 3) São *Miguel do Cajurú*, erguida antes de 1741; 2) *Sant'Ana da Guapiara*, fundada em 1748(Bern. Sat. Da Veiga, *op. cit.* p. 558 assinala o ano de 1730 para a fundação da capela do Guapiara – (então *Goapiara*) pelos exploradores das minas, entre os quais figuravam importantes membros da família Rêgo Barros, de Pernambuco. O 1º batizado ali foi administrado, quando Capela de Aiuruoca, em 15 de maio de 1748, a Gabriel, escravo de Antônio de Sousa Caldas, sendo celebrante o P. João Crisóstomo Jacinto Teireixa cfr. – p. 180 liv. De Bat.), e confirmada em 1752; 3) *N^a. S^a. da Conceição do Varadouro*, erigida por provisão de 24 de agosto de 1748, 6) *N^a. S^a. da Conceição do Pôrto do Turvo*, erigida a pedido de André da Silveira, com provisão de 4 de jan. de 1752; 4) *Bom Jesus do Livramento*, erigida a 11 de abril de 1772 e confirmada em 1814; 5) *S. Vicente Ferrer*, fundada em 1797, segundo D. Fr. José da SSma. Trindade, e confirmada a 17 de fev. de 1814; 5) *N^a S^a do Rosário de Bocaina*, fundada em 1830, – além das ultimamente constituídas. De acordo com MATOS – 1837 (1981, p. 150): *"Aiuruoca (casa do Papagaio); Arraial situado perto da serra e na margem direita do rio do mesmo nome, que unido ao Capivari e outros se perde na margem esquerda do Grande. Teve princípio no ano de 1744, e no de 1754 foi elevado à categoria de julgado por José Antônio Freire de Andrada, governador interino da província, durante a ausência de seu irmão, Gomes Freire de Andrada, Conde de Bobadela, cuja criação foi aprovada por Provisão de 26 de setembro de 1758; e, como julgado, permaneceu até que, pelo Alvará de 19 de julho de 1814, foi criada a Vila de Baependi, de que agora é dependente. Tem igreja paroquial e 124 fogos, e dista do Rio de Janeiro 56 léguas, e do Ouro Preto 51. Dizem que perto dele existe uma catadupa de 300 palmos de altura. Dependem de grande distrito de Aiuruoca, os seguintes pequenos distritos: Rio Grande, Rosário de Alagoa, Turvo, Guapiara (ou Gupiara), Vargem Grande, Maranhão, Varadouro, São Vicente, Livramento, Serranos, São Joaquim Aparecido, Ribeirão das Vacas, Pedra, Serra do Turvo Pequeno, Rio Preto ou Cabeceiras do Rio Grande, Palmital, Congonhal, Boa Vista do Congonhal, Espraiado".* Distante da sede 6 léguas, está o Itatiaia (Agulhas Negras), que foi considerado até 1912 o ponto mais alto do Brasil, cedendo, ao depois, lugar ao pico da Bandeira, com 2.950m., na serra do Caparaó ou Chibata. O solo do Município de Aiuruoca foi estudado por um de seus filhos, o *Dr. José Franklin da Silva Massena*, o discípulo do célebre Pe. Seccbi. Formado em matemáticas e filosofia, no mundo europeu, era filho do Cap. José Antônio de Silva. Dedicou-se à engenharia e muito trabalhou para a exploração do solo brasileiro. Conforme o Dr. Franklin MASSENA: *"O papagaio é composto de granito e seus vales de gneiss. As rochas de Aiuruoca, seguindo do Papagaio até Guapiara, compõem-se de quartzo, feldspato, mica e granadas miúdas; a mesma cousa nota-se nas rochas quistosas. O papagaio lança para o norte camadas de rochas férreas, que repousam em terrenos onde abunda o quartzo, como ao oeste da Aiuruoca; a leste desta vila as cordilheiras apresentam nas faldas muitas estalactites e psamites com turmalinas. Todo o município de Aiuruoca é aurífero e, apesar de apresentar muitos terrenos revolvidos, contudo está extraído o ouro, que suavemente se prestou aos antigos mineiros. Nas margens do Taboão, entre Serranos e S. Vicente, em um terreno de aluvião, encontraram-se ossadas humanas, a que ninguém deu a devida importância: nos aluviões da Aiuruoca na Alagoa, consta também que outrora os mineiros em uma lavra de parientismo, descobriam ossadas, que desprezaram, e esse desprezo de tais objetos é a causa por que os fastos paleontológicos de Minas não apresentam uma série de amostras dessas raças extintas".* (MASSENA, 1867, p. 22). A primeira Igreja Matriz, certamente foi erguida em 1717, para o paroquiato do Pe. Manuel Rabelo (1718-1725) e para a criação da freguesia. Nos escritos mais antigos do Império encontramos referências sobre o Barão de Aiuruoca. O cel. Custódio Ferreira Leite, *Barão de Aiuruoca*, era filho do sgt. Mor. José Leite Ribeiro e Escolástica Maria de Jesús, tendo nascido na fazenda de seus pais, situada na comarca do Rio das Mortes, a 3 de dez. de 1782. Quando jovem, entregou-se à indústria da mineração. Depois, percorreu a América Espanhola, donde voltou para estabelecer fazendas entre os estados de Minas e Rio. Pelos seus relevantes serviços, foi agraciado com a comenda da ordem de Cristo, com a patente de coronel de milícias. Pelo empenho do marquês de Paraná aceitou o título de Barão de Aiuruoca. Pertencia à Assembleia Provincial de Minas, onde sua longa experiência sempre foi *"ouvida com respeito, e o seu alvitre não poucas vezes seguido"*. Por Alvará Régio de 16 de fevereiro de 1724, foi criado do Distrito Judiciário de Aiuruoca, subordinado à Comarca do Rio das Mortes.

Em 1764, Aiuruoca foi visitada pelo governador Luiz Diogo e o Doutor Cláudio Manuel da Costa, inconfidente mineiro então secretário do governo, na tentativa de conter os contrabandistas e os desvios do fisco real. A VILA DE AIURUOCA passou à categoria de cidade com seu território desmembrado de Baependi, em 14 de agosto de 1834. Quando o ouro se esgotou, os moradores se dedicaram à criação de gado leiteiro e à agricultura. Tendo como pano de fundo a serra dos Papagaios, onde se encontra a Estação Ecológica Serra dos Papagaios. **AFFONSO de E. TAUNAY (1734)**: *"Aludindo a um penhasco redondo e elevado aos ares, sobre um dos mais altos montes, daquele lugar, em que os papagaios faziam morada."* (TAUNAY, 1981, p. 43 / BARBOSA, 1995, p. 19 / LEFORT, 1993, p. 35 a 39 / COSTA, 1993, p. 151 / COSTA, 1994/ MASSENA, 1904, TRINDADE, 1945, P. 42).

ESCRITOS DOS VIAJANTES

MANUEL AIRES DE CASAL (1817)

*"O Rio Grande, que é o maior da comarca e a divide em duas partes, meridional e setentrional, tem sua origem sobre a **Serra Juruoca**, ou do **Papagaio**, como também lhe chamam, perto, da nascente dum ramo do Rio Preto. Depois de ter recolhido muitas ribeiras por um e outro lado, fazendo caminho de norte a princípio, depois ao noroeste por largo espaço, se lhe incorpora o considerável Rio das Mortes, que tem sua nascença na Serra do Ouro Branco, muito vizinho à do Piranga, donde vem procurando o poente, e engrossando com os que se lhe unem por uma e outa margem. Desta confluência, que fica 20 léguas, ou com pouca diferença, ao poente da Vila de São João del-Rei, o Rio Grande continua ao acidente, engrossando consideravelmente até à raia da província, onde começa a servir de limite entre a de Goiás e a de São Paulo, como se disse. Cria diversidade de pescado"*. (CASAL, 1976, p. 171).

*"**Nossa Senhora da Conceição da Juruoca**; São Gonçalo, noutro tempo arraial grande e florescente, perto de 5 léguas arredado da Vila da Campanha; seus habitantes são mineiros e agricultores. A serra da Juruóca tomou o nome d'um penedo assentado sobre ela chamado Pedra do Papagaio, d'ayuru, papagaio e oca, penedo (casa)"*. (CASAL, 1976, p. 173).

AUGUSTE FRANÇOIS CESAR PROUVENÇAL DE SAINT-HILAIRE (1816-1822)

*"Achava-se outróra muito ouro nas margens do Rio Grande e nas do **Rio Juruoca**, e é a um arraial de mineradores que a cidade deste nome deve a origem. Hoje não há mais lavras entre S. João e Juruoca e apenas se contam duas ou tres de pouca importancia nestes arredores. Segundo o que me disse o cura, as conjecturas que formava hontem sobre a população desta cidade estão perfeitamente fundadas. Não é habitada durante a semana senão por mercadores operarios e prostitutas. Mas nos domingos e dias de festa, torna-se um logar de reunião para todos os cultivadores da comarca. Entre S. João e **Juruoca** colhem-se principalmente milho e feijão; mas os gêneros não sahem da região. A criação de gado e porcos forma a principal occupação dos agricultores e quasi que sua única fonte de renda. Cada qual possue uma tropa de burros e envia ao Rio de Janeiro leite e queijos. Na **parochia de Juruoca** e arredores o numero de mulatos é pouco consideravel e os escravos estão para os homens livres na proporção de um para tres. Os escravos, são com effeito, muito menos necessários nas regiões onde se cria gado do que naquellas em que se cultiva a canna de assucar e onde se lavra o ouro"*. (SAINT-HILAIRE, 1938, p. 107).

*"Deveria ter dito que pouco depois de sahir de **Juruoca**, percebemos o que se chama a serra do Papagaio. E' uma montanha muito alta que, do lado da cidade, parece inaccessivel e apresenta quatro cumes arredondados, mais ou menos iguaes collocados na mesma linha, uns atraz dos outros e aos quaes se unem outras montanhas. Para ir ao Papagaio, montei na minha besta, levei commigo José que tambem estava a cavallo. Nosso hospedeiro, a pé, servia-nos de guia. Logo depois de deixar sua casa começámos a subir e alcançámos vastas pastagens, pontuadas de capões de matto, cortadas por valles profundos e dominadas por altas montanhas. Avistámos de uma vez duas cachoeiras; uma, a mais afastada, espraia-se no meio do matto espesso, na encosta de alta montanha. A outra precipita-se num despenhadeiro estreito e profundo, guarnecido de arvores. Continuando a marcha, chegámos ao **rio de Juruoca**, que nasce na montanha e neste logar, corre sobre um leito de rochedos muito escorregadios. Disse-me o guia que varias vaccas haviam perecido ao tentar atravessal-o a váo. Há divergencias sobre os nomes que é preciso dar a todas estas montanhas. Entretanto, em geral, chamam-se aos quato cumes **Serra do Papagaio** e o mais distante é o Papagaio. Quanto as montanhas vizinhas que se unem chamam-na região simplesmente da Serra. Mas, para distingui-las de tantas outras parece conveniente, como o fazem algumas pessoas, designal-as sob a denominação de SERRA DE JURUOCA"*. (SAINT-HILAIRE, 1938, p. 115-116).

JOHN LUCCOCK (1808-1818)

*"Nesse ponto, a **montanha de Juruoca** aparecia à destra, vasta e isolada mole e que embora tão distante nem por isso deixava de constituir importante traço de paisagem. Contam-se dela histórias maravilhosas, oriundas provavelmente de uns tantos sons e aparência naturais desusados. As pedras soltas de sua superfície espantam a quem as percute; suas cavernas ressoam de bulhas subterrâneas e conta-se, a boca pequena, que quando se dispara artilheria no Rio, ouve-se-lhe o éco nesta região distante. É ali também que nasce o Rio Grande, genuína maravilha essa, embora em nada acrescente às impressões dominantes. Êsse rio, segundo o que geralmente se diz, após ter-se transformado em potente caudal, é absorvido pelo solo de extensas planuras, pro de-baixo de cujas superfícies abre caminho, revestindo o chão de rica verduara perene. Sustentavam alguns que antes de ser assim absorvido o rio correra por cento e cinquenta milhas, que na fronteira da província de novo tornava-se visível, sob forma minguada e com o nome de Pará, mas houve um cavalheiro que contou ter atravessado essas planícies, indo de São João-d"El-Rei a São Paulo, dizendo estarem elas em linha reta entre êsse dois locais".*(LUCCOCK, 1975, p. 356).*

JOHANN BAPTIST VON SPIX / KARL FRIEDRICH PHILIPP VON MARTIUS (1817-1820)

*"A estrada de São João d'El-Rei segue na direção N. N.2. obliquamente sobre a montanha de Capivari, cuja encosta noroeste é muito menos íngrem do que a de sudeste. Na encosta noroeste, junto de uma capela, aparece um granito com feldspato amarelado, mica preta e quartzo branco, em vez de grés elástico que sempre é fortemente corroído. Numa profunda garganta do vale, alcança-se depois o Rio Grande, que nasce não longe daí, a sudeste, na **Montanha de Juruoca***". (SPIX & MARTIUS, 1981, p. 168).
PESQUISADOR: Francisco de Assis Carvalho
REVISORA: Dick, 2012.

***

02 Topônimo: ALAGOA
Taxonomia: *Hidrotopônimo*
Localização: Área de influência da ER
Caminho: V
MUNICÍPIO: Alagoa – MG
ACIDENTE: humano / município
ORIGEM: portuguesa
MOTIVAÇÃO: A existência de uma grande lagoa que foi esvaziada pelos bandeirantes, para a exploração de ouro e pedras preciosas. Para escoamento da água, foi aberto um canal em uma pedra conhecida como *"pedra furada"*.
HISTÓRICO: Alagoa ~ Lagoa < Nossa Senhora do Rosário da Alagoa da Aiuruoca
Hidrotopônimo < Hagiotopônimo
ESTRUTURA MORFOLÓGICA: Nf [Ssing]
INFORMAÇÕES ENCICLOPÉDICAS: A Região onde se localiza o município, foi primitivamente habitada pelos índios Cataguás (ou Cataguases), dos quais foram encontrados vestígios. Sendo o território rico em ouro e pedras preciosas, sertanistas que por aí passavam acabaram se fixando, e por volta do ano de 1730, Simão da Cunha Gago e o padre Joaquim Mendes de Carvalho fundaram uma povoação e construíram uma capela, filial da Matriz de Aiuruoca. Iniciava-se a implantação do núcleo de Alagoas. Em 1752, foi levantada uma igreja construída por escravos, e seis anos depois, o local era elevado a Curato. A freguesia surgiu 1855, de um abaixo-assinado encaminhado à Assembleia Provincial que indicava a existência de 4.000 pessoas no curato e mais de 50 casas no arraial. A mineração iniciou-se e a atividade agropecuária deu sequência ao desenvolvimento da localidade. Alagoa é uma cidade que nasceu em consequência de um escondido caminho que fazia transitar o ouro das Minas Gerais à Corte do Rio de Janeiro. LEFORT (1993) salienta que esse "caminho" ou *descaminho* era conhecido dos velhos sonegadores desde o início do século XVIII, e por ele penetraram paulistas e fluminenses, quando das descobertas dos sertões mineiros e de seu povoamento. Se passassem pela Mantiqueira, deveriam pagar no Registro de Capivari as taxas de fiscalização. Então, acharam mais razoável abrir uma Picada, que os libertasse do fisco. E foi o que fizeram por algum tempo. Revelada, todavia, às autoridades da Comarca, veio logo o alvará régio de 25 de março de 1725, referendado a 29 de

abril de 1727, para coibir os abusos existentes. A mais velha referência que conhecemos sobre Alagoa (forma protética de Lagos), data de 1723. Aparece então designada como sendo ALAGOAS DE JURUOCA. É uma Carta Patente passada pelo governador mineiro a 21 de maio desse ano a Manuela Garcia de Oliveira, nomeado *"capitão-mor das Almas de Juruoca"*. Essa nomeação teve como objetivo estabelecer um vigilante oficial que obstasse o transporte do ouro para o Rio de Janeiro e demais destinos, sem que fossem satisfeitas as cobranças do erário. A 10 de abril de 1731, é-lhe ordenado *"tapar as picadas que serviam para a cobrança do ouro em pó e prender os passadores"*. Inicialmente foi a principal atividade econômica da região, quando os escravos foram levados para garimpar os rios nas montanhas, no *Túnel do Garrafão*, na serra de mesmo nome. LEFORT (1993, p. 44) revela que em 1730, seus moradores resolveram construir uma Capela, que foi dedicada a NOSSA SENHORA DO ROSÁRIO. Reconhecida pelo Bispado do Rio de Janeiro, foi agregada a Aiuruoca. Teve como primeiro Capelão, de 1734 a 1742, o Padre Filipe Teixeira Pinto, que também era sesmeiro e possuidor de vários escravos. Em 1830, cogitou-se na criação da Paróquia. Houve consulta da Província de Minas ao Bispado de Mariana, no dia 18 de março. Concordou a autoridade diocesana, que apresentou o seguinte parecer: *"Deve ser criada Paróquia por causa do sertão de matas que tem nas vertentes da Mantiqueira, e margem do Rio Preto, que vão povoando muito por ser o seu local que é extenso, entrecortado de grandes ribeirões, e de rampas da Mantiqueira que lhe dificultam o Curato para a Matriz atual (Aiuruoca) e por ser o último do Bispado"*. De acordo com MATOS – 1837 (1981, p. 151) *"Rosário da Alagoa ou 1ª da Alagoa. Dista 7 léguas da cabeça do termo e 6 da paróquia. Tem 116 fogos e 738 almas"*. O município de Alagoa foi criado pela lei nº 2764, de 30 de dezembro de 1962, desmembrado de Itamonte. NOSSA SENHORA DO ROSÁRIO DA ALAGOA DA AIURUOCA foi a denominação da capela que surgiu em 1730 (Cônego Trindade), filial da matriz de Aiuruoca. A capela, também denominada Rosário da Alagoa, SENHORA DO ROSÁRIO DA ALAGOA, foi elevada a curato pelo alvará régio de 27 de setembro de 1758 (Livro de Visitas Pastorais de Dom Frei José da Santíssima Trindade, Arquivo Eclesiástico de Mariana). No mesmo livro manuscrito acima mencionado, consta que a capela *"é grande, de taipa, novamente construída pela total ruína da primeira, que foi confirmada em 1752"* (Livro de Visitas Pastorais de Dom Frei José da Santíssima Trindade, 1821-1826). *"No primeiro mapa citado, de Montezinho, figura um caminho do Picão Juruosa, passando em Lagôa, em Juruoca e indo ter à margem do rio Grande. Esse picão de Juruoca é o Pico do Itatiaia ou das Agulhas Negras, que Rebouças chamou de Dólmens de Airuoca. O povoado que figura no mapa referido com o nome de Lagôa, existe hoje com a denominação de Alagôa e fica, como assinala o mapa, entre Airuóca (Juruoca e Agulhas Negras (Picão de Juruoca). Figuram nesse mapa também os caminhos de acesso da Mantiqueira, partindo de Paratí e de São João de Marcos, na costa do Rio de Janeiro, passando em Cunha, na erra do Mar, com ramos para Taubaté, Guaratinguetá e Lorena"*. (LEITE, 1951, p. 129). Havia um caminho clandestino do ouro que passava por Alagoa. Informa TOLEDO (2009, p. 50-51) que com a descoberta das minas de Aiuruoca (1705-1706), os sertanistas apropriaram-se das velhas trilhas indígenas, abrindo uma picada em direção ao Vale do Paraíba, descendo a Serra da Mantiqueira por um caminho na região da Paraíba Nova (Resende-RJ). Esta trilha foi usada pelo paulista Cunha Gago. Com a maior utilização da mesma, esta foi proibida para evitar os "descaminhos do ouro". *"Em 1775, o pároco da freguesia de N. Sª da Conceição de Campo Alegre, atual Resende, Henrique José de Carvalho solicitou autorização para construir uma estrada que, partindo de Campo Alegre, fosse até o **Arraial da Lagoa de Aiuruoca**. Na carta dirigida ao Capitão General de São Paulo datada de 21 de agosto daquele ano, informava que: 'O caminho, que daqui seguia para **Juruoca** tem distância de 9 léguas... e os motivos de sua capagem foi meramente a emulaçam dos moradores do Caminho Novo de Minas, que introduziram o Sr. José Antônio que por ele se fazia extravios do ouro, e diamantes, quando há certo que nunca se apanharam algum compreendido em semelhante delito (Documentos Interessantes, LXXIV, p. 184)'. A velha trilha de Aiuruoca funcionou como importante via de penetração pelo então 'sertão incompreensível' da área da Paraíba Nova"*. (BARBOSA, 1995, p. 20 / LEFORT, 1993, p. 43-46 / COSTA, 1993, p. 151 / SOUZA, 1950 / PARANHOS, 2005 / FORTES BUSTAMANTE, 1936, TRINDADE, 1945, p. 268).

ESCRITOS DOS VIAJANTES: n/e
PESQUISADOR: Francisco de Assis Carvalho
REVISORA: Dick, 2012.

***

03 Topônimo: ALTO MARANHÃO
Taxonomia: *Dimensiotopônimo*
Localização: Eixo principal da ER
Caminho: V
MUNICÍPIO: Congonhas do Campo – MG
ACIDENTE: humano / distrito
ORIGEM: portuguesa
MOTIVAÇÃO: Alusiva às nascentes do ribeirão local. (Códice Costa MATOSO, 1999, p. 171). MARANHÃO: *"Maranham, é uma meada, um embaraço; arvoredo emaranhado, mata entrançada. O pequeno rio que nasce perto de Queluz e corre para o Paraopeba".* (BURTON, 1976, p. 28).
HISTÓRICO: Alto Maranhão < Distrito de Redondo < Vila de Redondo < Redondo
Dimensiotopônimo < Poliotopônimo < Poliotopônimo < Morfotopônimo
ESTRUTURA MORFOLÓGICA: NCm [ADJsing + Ssing] (ADJ + S)
INFORMAÇÕES ENCICLOPÉDICAS: O ARRAIAL DO REDONDO, dos mais antigos de Minas, surgiu na primeira metade do século XVIII. No censo realizado em 1831, verificou-se ali a existência de 175 fogos, e um total de 1077 habitantes, sendo 779 livres e 298 cativos. Pertencia ao termo de Queluz, hoje Conselheiro Lafaiete. A lei Nº 723, de 30 de setembro de 1918, mudou-lhe a denominação para Alto Maranhão. Em 1943, o decreto-lei Nº 1058, de 31 de dezembro, transferiu o distrito do município de Conselheiro Lafaiete para o de Congonhas. MATOS – 1837 (1981, p. 110): *"Dito do Redondo. Dista 3 léguas da cabeça do termo e 1 da paróquia. Tem 126 fogos e 779 almas".* (BARBOSA, 1995, p. 20 / COSTA, 1993, p. 154).
ESCRITOS DOS VIAJANTES
RICHARD FRANCIS BURTON (1865-1868)
*"A pequena **vila de Redondo** tem uma capela dedicada a n. Sª da Ajuda e, melhor ainda, um encantador panorama. Além do primeiro plano de floresta e capim verde rompendo fortemente do chão vermelho-ocre, cor aqui chamada "sangue-de-boi", abre-se umvale de encosta e solo regulares, erguendo-se muito além, até chegar a uma pedra rude que domina o ar. Esta serra, para nós ao oriente e ao norte, é chamada em alguns mapas serra de Deus-te-livre, certamente pelos perigos de suas veredas. É mais geralmente conhecido como serra do Ouro Branco, de uma cidade no seu caminho principal. Vemos a sua linha branca em meio das encostas, entre Barbacena e Morro Velho. O monte principal fica por muito tempo à vista, mas uma curva do caminho ocultava-nos este sítio".* (BURTON, 1983, p. 245).
ROBERT WALSH (1828-1829)
*"Às dez da manhã chegamos ao **arraial do Redondo**. A palavra arraial, nome por que são conhecidas as aldeias do interior o país, significa acampamento, tendo sido primitivamente a denominação dada aos postos que os europeus fortificavam para se defenderem dos índios. Verifiquei que eles geralmente se localizam no alto de um morro, de onde é possível observar as terras ao redor, facilitando a defesa em caso de ataque. Redondo parece ser um arraial antigo, que já teve melhores dias. Uma parte da rua é pavimentada, tendo uma larga calçada feita de lajes de pedra. No momento, o lugarejo conta apenas com umas poucas casas de taipa. Não obstante, possui uma igreja e é rodeado de viçosas plantações de cana e banana".* (WALSH, 1976, p. 90).
JOHANN BAPTIST EMANUEL POHL (1817-1821)
*"A uma légua de Congonhas do Campo acha-se a aldeia de Redondo, que, segundo Pizarro é uma sucursal da paróquia de N. S.ª da Conceição das Congonhas de Queluz. Não me detive nessa aldeia; parei à margem do Paraopeba que se encontra a uma légua e meia de **Redondo** e que se atravessa por uma ponte de madeira".* (POHL, 1976, p. 101).
PESQUISADOR: Francisco de Assis Carvalho
REVISORA: Dick, 2012.

***

04 Topônimo: ANDRELÂNDIA
Taxonomia: *Antropotopônimo*

Localização: Área de influência da ER
Caminho: V
MUNICÍPIO: Andrelândia – MG
ACIDENTE: humano / município
ORIGEM: portuguesa
MOTIVAÇÃO: Em homenagem ao seu fundador, ANDRÉ DA SILVEIRA.
TURVO: adj. *"Que não é límpido ou transparente: águas turvas.Agitado, perturbado: dias turvos".* CUNHA (1986, p. 798)
HISTÓRICO: Andrelândia < Turvo Grande e Pequeno < Nossa Senhora do Porto do Turvo < Nossa Senhora da Conceição do Porto da Salvação < Vila Bela do Turvo < Turvo
Antropotopônimo < Dimensiotopônimo< Hagiotopônimo < Hagiotopônimo < Poliotopônimo < Hidrotopônimo
ESTRUTURA MORFOLÓGICA: Nf [Ssing] [prenome]
INFORMAÇÕES ENCICLOPÉDICAS: Corria o ano de 1749, quando André da Silveira, sua mulher e Manoel Caetano da Costa requereram ao bispo de Mariana licença para erigirem uma capela no lugar denominado TURVO GRANDE e PEQUENO (nome que se originou de um curso de águas, mais ou menos turvas, que atravessa o local), pertencente à freguesia de Aiuruoca e que teria a invocação de Nossa Senhora do Pôrto Turvo, em terras doadas para aquele fim. Mais tarde, já no ano de 1833, foi criada a FREGUESIA DE NOSSA SENHORA DO PÔRTO. Conforme MATOS – 1837 (1981, p. 151): *"Turvo: dista 14 léguas da cabeça do termo e 8 ½ da paróquia. Tem 122 fogos e 500 almas".* Em 1834, chegou ao lugar Antônio Belfort de Arantes, o grande impulsionador do desenvolvimento do arraial que, já em 1864 ganhou categoria de vila. Para a elevação à cidade e criação do novo município, as exigências legais da época estabeleciam que o povo do lugar deveria constituir, à sua custa, o prédio da Câmara e da cadeia. O povo angariou uma parte do dinheiro e o restante foi dado por Antônio Belfort de Arantes e seu filho Antônio Belfort Ribeiro de Arantes (Barão de Arantes). Em 21 de outubro de 1866 foi instalado o novo município com o nome de VILA BELA DO TURVO. Dois anos depois, foi elevada à cidade com o nome apenas de Turvo. Em 19 de setembro de 1930 a denominação foi mudada para ANDRELÂNDIA, em homenagem ao fundador do povoado. (BARBOSA, 1995, p. 25 / COSTA, 1993, p. 156).
ESCRITOS DOS VIAJANTES: n/e
PESQUISADOR: Francisco de Assis Carvalho
REVISORA: Dick, 2012.

***

05 Topônimo: APARECIDA
Taxonomia: *Hagiotopônimo*
Localização: Área de influência da ER
Caminho: V
MUNICÍPIO: Aparecida – SP
ACIDENTE: humano / município
ORIGEM: portuguesa
MOTIVAÇÃO: Alusiva à Imagem de Nossa Senhora que foi encontrada nas águas do Rio Paraíba, junto ao lugar onde nasceu a cidade.
HISTÓRICO: Aparecida
Hagiotopônimo
ESTRUTURA MORFOLÓGICA: Nf [Ssing]
INFORMAÇÕES ENCICLOPÉDICAS: A História da cidade de Aparecida se confunde e se mistura com a história de Nossa Senhora da Conceição Aparecida. Teve seu início em meados de 1717, quando chegou a notícia de que o Conde de Assumar, Dom Pedro de Almeida e Portugal, Governador da Província de São Paulo e Minas Gerais, iria passar pela pequena Vila de Guaratinguetá, a caminho de Vila Rica, atual cidade de Ouro Preto. Entre outras providências, era necessário que pescadores da região trouxessem do Rio Paraíba

quantos peixes lhes caíssem na rede, a fim de promoverem o banquete que deveria servir ao ilustre visitante e à sua comitiva, composta por auxiliares e muitos escravos. Pretendia-se mostrar a Dom Pedro os recursos do pequeno vilarejo. Mesmo não sendo época para a pesca, os pescadores foram convocados; dentre eles Domingos Garcia, João Alves e Filipe Pedroso. Estes colocaram as suas canoas no Rio Paraíba e jogaram a rede várias vezes sem sucesso; pararam desanimados e abatidos pelo cansaço no Porto Itaguaçu. Numa última tentativa, João Alves jogou mais uma vez sua rede, e sentiu algo pesado ao puxar as primeiras malhas. Surpreendeu-se ao puxá-la e encontrar uma imagem sem cabeça, com anjos esculpidos ao redor dos pés. Espantado, lançou novamente a rede e o que veio à tona foi a cabeça da imagem, que se ajustava perfeitamente ao corpo anteriormente encontrado. Após encontrar, e reunir, o corpo e a cabeça da imagem de Nossa Senhora da Conceição, os peixes surgiram em abundância. Foi construído um oratório para a Santa, que logo se tornou pequeno, devido ao grande número de devotos que por ali passavam. Por volta de 1734, o Vigário de Guaratinguetá, com autorização do Bispo do Rio de Janeiro, construiu a Capela do Morro dos Coqueiros, aberta à visitação pública, inaugurada em 26 de junho de 1745. Porém, o número de devotos aumentava, e exigia uma igreja maior, cuja construção iniciou-se em 1834 e foi concluída em 1888. O DISTRITO DE APARECIDA foi criado em março de 1842, recebendo foros de Vila em 1928 e tornando-se município.

ESCRITOS DOS VIAJANTES

MANUEL AIRES DE CASAL (1817)

"Pouco mais de meia légua arredada fica a famosa e visitada Capela de N. SenhoraAparecida".(CASAL, 1976, p. 167).

JOHANN BAPTIST VON SPIX / KARL FRIEDRICH PHILIPP VON MARTIUS (1817-1820)

"Após uma milha de marcha, chegamos ao sítio de romarias, Nossa Senhora Aparecida, capela situada num outeiro, cercada de algumas casas. Primeiro que tudo, fizeram-nos visitar a capela. Ela data de setenta anos atrás, época já remota para este país; é só parcialmente construída de pedra e guarnecida com dourados, más pinturas a fresco e algumas a óleo. A milagrosa imagem de Nossa Senhora atrai muitos peregrinos de toda a província e de Minas Gerais. Dessas romarias encontramos diversas, quando, na véspera de Natal, seguimos viagem". (SPIX & MARTIUS, 1981, p. 108).

AUGUSTE FRANÇOIS CESAR PROUVENÇAL DE SAINT-HILAIRE (1816-1822)

"A uma légua pequena de Guaratinguetá, passámos em frente à capella de N. S. de Apparecida. A imagem que ali se adora, passa por milagrosa e goza de grande reputação, não só na região como nas partes mais longínquas do Brasil. Aqui vem ter gente; dizem, de Minas, Goyaz e Bahia, cumprir promessas feitas a N. Senhora da Apparecida. A egreja está construida no alto de uma collina, á extremidade de grande praça quadrada e rodeada de casas. Tem duas torres que fazem de campanario, mas seu interior nada apresenta de notavel. O que o é realmente vem a ser a vista encantadora desfructada do alto da collina. Descortina-se região alegre, coberta de matta pouco elevada, o Parahyba ali elegantes sinuosidades, e o horizonte é limitado pela alta cordilheira da Mantiqueira". (SAINT-HILAIRE, 1938, p. 149).

GEORGE HEINRICH VON LANGSDORFF (1822-1829)

"Ninguém ousava acordá-lo. Um jovem providenciou a permissão para eu continuar a viagem. Meia hora depois, por volta das 4h, ninguém havia aparecido, e o jovem foi também se deitar no cômodo ao lado, onde eu aguardava ansiosamente. Finalmente, já impaciente, disse ao rapaz o que eu pensava daquilo tudo e dirigi-me sozinho para Lorena, para não ter que chegar lá à noite. Duas léguas e meia adiante deixei meu segundo animal seguir atrás. Uma hora antes de chegar a Guaratinguetá, passa-se pela capela da Freguesia de Nossa Senhora Aparecida. Duas léguas antes, na encosta de um monte elevado, existem algumas casas, chamadas Garagem do Velloso, onde há uma excelente venda com vinhos, licores e roscas. É muito raro encontrar, nesta terra, estabelecimentos como esse". (LANGSDORFF, 1997, p. 65).

AUGUSTO EMÍLIO ZALUAR (1860-1861)

"Entre todos êstes templos que temos visto no interior do país, nenhum achamos tão bem colocado, tão poético, e mesmo, permita-se-nos a expressão, tão artisticamente pitoresco, como a solitária capelinha da milagrosaSenhora da Aparecida, situada a pouco mais de meia légua adiante da cidade de Guaratinguetá, na direção de S. Paulo. A sua singela e graciosa arquiteturaestá de acôrdo com a majestosa natureza que a rodeia e com a montanha que

lhe serve de pedestal, e domina, moldurado em um horizonte infinito, um dos panoramas mais, arrebatadores que temos contemplado em nossasdigressões". (ZALUAR, 1975, p. 86-87).

ALCIDE D'ORBIGNY (1826)

"Para além desse ponto, a estrada se dirige para sudeste, através do vale do Paraíba. À nossa direita, via-se uma bela cadeia de colinas plantadas de feijão, milho, mandioca e tabaco. Para a esquerda, o vale se alargava até alcançar a Serra da Mantiqueira. É uma região encantadora, à qual só falta uma cosa: habitantes. É dominada pela **Capela de Nossa Senhora Aparecida**, *onde reside o capitão-mor. Essa capela foi construída há uns sessenta anos, em parte de pedra, em parte de argila. É decorada, no interior, por afrescos bastante grosseiros e por quadros a óleo. Acorrem para ali numerosos peregrinos, por ocasião do Natal. As montanhas de Aldeia da Escada são as últimas da Cordilheira Marítima. Uma ramo insignificante une, nesse ponto, aquela cadeia com a da Mantiqueira. A vegetação vai assumindo um aspecto cada vez mais rico e combina as formas das florestas montanhosas com a beleza mais delicada dos campos e brejos. Belas palmeira, apócina em flor, esplêndias hamélias e altas réxias, com suas corolas purpúreas dão, àquela região, o aspecto de um país de fadas. (D'ORBIGNY, 1976, p. 173).*

PESQUISADOR: Francisco de Assis Carvalho
REVISORA: Dick, 2012.

***

06 Topônimo: ARAPEÍ
Taxonomia: *Hidrotopônimo*
Localização: Área de influência da ER
Caminho: V
MUNICÍPIO: Arapeí – SP
ACIDENTE: humano / município
ORIGEM: indígena [tupi]
MOTIVAÇÃO: Em *O tupi na geografia nacional*, SAMPAIO (1955, p. 166) define *"Arapehy s.c. arabé-y, o rio das baratinhas, dos lambaris".* SILVA (1966, p. 47) inclui: *"araé (em cima, sobe) i = y* (água, rio): 'a cabeceira ou parte superior do rio'; 'vertente', 'o rio do planalto'". GREGÓRIO (1980, p. 454) explica: *"Arapeí (" + y)* = 'rio das baratinhas. Nome de vila do município de Bananal (SP). O nome anterior era **Alambary**, pois **araberi** foi confundido com **aramari**, isto é, **lambari**, portanto a versão local 'pequeno caminho do céu' é fantasiosa, e também porque céu no tupi é **ybaca".*
HISTÓRICO: Arapeí < Alambari
Hidrotopônimo < Zootopônimo
ESTRUTURA MORFOLÓGICA: Nm [Ssing]
INFORMAÇÕES ENCICLOPÉDICAS: A origem do município de Arapeí remonta a 15 de maio de 1891, data de criação do Distrito de Alambari, do município de Bananal. Em 1º de outubro de 1892, este foi extinto. Passados 53 anos, o distrito foi novamente criado, em 30 de novembro de 1944, com a denominação de ARAPEÍ, em território desmembrado do município de Bananal, assim permanecendo até 30 de dezembro de 1991, quando tornou-se município.
ESCRITOS DOS VIAJANTES: n/e
PESQUISADOR: Francisco de Assis Carvalho
REVISORA: Dick, 2012.

***

07 Topônimo: AREIAS
Taxonomia: *Litotopônimo*
Localização: Área de influência da ER
Caminho: V
MUNICÍPIO: Areias – SP
ACIDENTE: humano / município
ORIGEM: portuguesa

MOTIVAÇÃO: Refere-se a uma lenda que conta que em um dia depois do jantar, estavam os tropeiros no rancho, e quando foram abrir as caixas de goiabada, estas estavam cheias de areia. Assim, eles passaram a ser referir ao local como o *"rancho da areia"*. Sucessivamente, Santana de Areias e São Miguel das Areias. O lugar era um tradicional pouso de tropeiros que dali buscavam o porto de Mambucaba.

HISTÓRICO: Areias <Sant'ana da Paraíba Nova < São Miguel de Areias
Litotopônimo < Hagiotopônimo < Hagiotopônimo
ESTRUTURA MORFOLÓGICA: Nf [Spl]
INFORMAÇÕES ENCICLOPÉDICAS: Localizada próxima das nascentes do rio Paraitinga, a antiga povoação de SANTANA DA PARAIBA NOVA foi elevada à freguesia, no território de Lorena, em 26 de janeiro de 1784, com o nome AREIAS. A pedido dos moradores, D. João VI concedeu o título de Vila (Município), em 28 de novembro de 1816, com o nome de VILA DE SÃO MIGUEL DAS AREIAS, constituindo-se no único Município paulista por ordenação de D. João VI que, no entanto, substituiu a padroeira para São Miguel, em homenagem a seu filho, D. Miguel, muito embora o povo continuasse venerando e comemorando Santana. Em março de 1857 foi elevada à cidade.
ESCRITOS DOS VIAJANTES
MANUEL AIRES DE CASAL (1817)
"No Distrito de Lorena, onde se recolhem legumes com muito milho, e criam em grande quantidade porcos, e galinhas, está a **Paróquia de Sant'Ana das Areias***, da qual acaba de ser desmembrada a do Bananal".*(CASAL, 1976, p. 170).
JOHANN BAPTIST VON SPIX / KARL FRIEDRICH PHILIPP VON MARTIUS (1817-1820)
"A **Vila de Areias** *nasceu nesta serra, no meio das matas fechadas, quando muito, ha: uns trinta e cinco anos, ao se estabelecerem alguns pobres colonos, e não pode ainda apresentar brilhante aspecto de riqueza. As casas baixas, construídas de ripas amarradas com varetas entrelaçadas e barreadas, e a pequena igreja do mesmo modo edificada, são de feição muito efêmera, de sorte que essas habitações parecem construídas para pouco tempo apenas, antes como refúgio de viajantes, Na vizinhança de Areias acha-se ainda atualmente uma insignificante aldeia de índios, resto de numerosas tribos, que, antes de os paulistas se apossarem da Serra do Mar, habitavam em toda a extensão da mata, nesta montanha; esses índios, agora em parte exterminados, ou misturados com negros e mulatos, vivem meio incultos, espalhados entre os colonos. Eles se destacam, ainda, pela indolência e a quase invencível obstinação de seus antepassados, mantendo poucas relações com os colonos, cujas roças e gado têm de sofrer às vezes as depredações desses maus vizinhos".* (SPIX & MARTIUS, 1981, p. 96).
ALCIDE D'ORBIGNY (1826)
"Depois de três dias de viagem, chega-se a **Santa Ana das Areias***, uma bonita povoação, recentemente elevada à categoria de cidade. Há apenas uns vinte anos, não passava da morada de alguns colonos; hoje, ali se vêem casas de barro e uma belo igreja. Na vizinhança, acha-se uma grande aldeia de índios, resto de tribos numerosas que ocupavam toda a região, antes que a Cordilheira Marítima fosse conquistada pelos belicosos paulistas. Os restos das tribos indígenas ou se espalharam pelas amplas florestas das montanhas, ou se misturaram com negros e mulatos, e vivem em um estado de semi-civilização entre os colonos. Todos aqueles índios consevaram uma parte dos hábitos de indolência de seus antepassados, trabalham o menos possível e preferem furtar os rebanhos dos colonos do que criar o gado eles mesmos. Os fazendeiros chamam os índios semicivilizados de caboclos. Nãoé, como se vê, um nome aborígine. Os nomes primitivos se perderam, a não ser que se possa aplicar àqueles o nome de coroados, sobre os quais já se falou".*(D'ORBIGNY, 1976, p. 172).
GEORGE HEINRICH VON LANGSDORFF (1822-1829)
"Um dos animais estava muito fraco, o que me obrigou a parar para lhe dar de comer. À tarde, por volta das 4h, cheguei à venda de **Areias***, onde fui surpreendido por uma violenta tempestade com chuva forte e repentina. Em um minuto, o pequeno e insignificante riacho que corre na mata transformou-se em um rio caudaloso. Cheguei até a encontrar abrigo em um rancho nas vizinhas, mas lá não encontrei nada nem para comer nem para beber. Eu havia decidido permanecer no rancho por medo de ser tragado pela correnteza. As águas só baixaram por volta das 6h da tarde. Pudemos atravessá-lo, embora ainda com algum risco. Meia hora mais tarde, alcancei Pouso Alto, a 3 léguas de Bananal, onde consegui boa hospedagem por um bom dinheiro".* (Langsdorff in: SILVA, 1997, p. 67).
AUGUSTO EMÍLIO ZALUAR (1860-1861)

"A cidade de Areias, cabeça de um círculo eleitoral, é uma povoação antiga, bastante populosa e extensa. Assentada sôbre uma vasta planície, as suas ruas são alinhadas e regulares, orladas de muitos prédios, se bem que de pouca elegância, simples e pela maior parte convenientemente reparados. Visitei esta povoação e os seus edifícios principais em companhia do Sr. Dr. Joaquim Francisco Ribeiro Coutinho, digno presidente da Câmara Municipal, e um dos cidadãos mais prestantes do lugar, que teve a bondade de me fornecer tôdas as informações de que precisei, com esse interêsse e dedicação com que se associa de bom grado a tôda a idéia generosa em favor do progresso de sua localidade e do engrandecimento do seu país.". (ZALUAR, 1975, p. 57).

PESQUISADOR: Francisco de Assis Carvalho
REVISORA: Dick, 2012.

***

08 Topônimo: BAEPENDI
Taxonomia: *Hodotopônimo*
Localização: Eixo principal da ER
Caminho: V
MUNICÍPIO: Baependi- MG
ACIDENTE: humano / município
ORIGEM: indígena [tupi]
MOTIVAÇÃO: Em *O tupi na geografia nacional,* SAMPAIO (1955, p. 166) define *"BAEPENDY, antigamente **Maependi**; corr. **Mbaé-pindi**, que se traduz: o limpo, a clareira, a aberta, em alusão a uma clareira na matta marginal do rio Grande, facilitando a passagem do caminho dos descobridores de Minas Gerais".* (1) Nos antigos documentos lê-se *Mapendy* e também *Baependy* significando: *"cousa aberta, limpa,* ou simplesmente *aberta";* segundo Alfredo de CARVALHO; ou *"pouso bom e alegre";* (2) na interpretação de Diogo de VASCONCELOS; ou *"esta cousa é tua? isto pertence a ti?";* (3)Na formação da palavra intervieram as raízes *mbaé*(com as variantes **maé, baé, ma** objeto) **pê** (trilho, cortado, anguloso) e **ndi** (junto com, armado, companheiro). Tudo parece denotar um *sítio locado perto de um trilho.*
HISTÓRICO: Baependi > Mapendi < Maipendi < Mbaipendi
Hodotopônimo
ESTRUTURA MORFOLÓGICA: Nf [Ssing]
INFORMAÇÕES ENCICLOPÉDICAS: As primeiras referências sobre o território que atualmente compreende o Município datam dos primeiros anos do século XVII. A bandeira de André Leão, partindo de São Paulo, em 1601, seguiu o curso do Paraíba, desde o lugar onde atualmente está São José dos Campos, até Cachoeira, e galgando a serra da Mantiqueira, rumou para Pouso Alto e Baependi. Em 1646, Jaques Félix, segundo Diogo de VASCONCELOS, recebeu a incumbência de procurar minas; andou pelos sertões de Guaratinguetá e chegou até o planalto do rio Verde. Em ano anterior a 1694, andou também pela região Bartolomeu da Cunha, à procura das riquezas ali existentes. Segundo LEFORT (1993), quanto ao povoamento, antiga tradição diz que em 1692, Antônio da Veiga, seu filho João da Veiga e Manuel Garcia partiram de Taubaté rumo ao sertão, para captura de silvícolas. Empolgados por informações referentes à existência de ouro além da serra da Mantiqueira, incursionaram pelo rio Verde e deram a um tributário deste o nome de Baependi. A descoberta e a fundação da cidade de Baependi devem-se à penetração dos paulistas. em um desses roteiros, certamente o do *Embaú,* penetraram os três taubateanos, tidos como fundadores de Baependi. Bem próximo ao rio Baependi se desenhava o *"Caminho Velho",* assim chamado já no ano de 1727. Era um *"atalho"* para quem procurava os sertões das Carrancas e S. João del Rei. Parte saliente na história dessa localidade, segundo lemos em Taunay, teve o Pe. João de Faria Fialho, fundador de Pindamonhangaba e de outras localidades mineiras. O nome *Baependi* era bastante conhecido pelos bandeirantes e sertanistas. Admite-se que os desbravadores se tenham estabelecido no local mais tarde conhecido como o Engenho. Depois, atraídos pela notícia da descoberta de ouro naquelas paragens, outros colonizadores fundaram uma pequena povoação, a que denominaram Baependi, e edificaram uma capela, sob a invocação de Nossa Senhora de Montserrat. Sabe-se que entre os primeiros povoadores estão Tomé Rodrigues Nogueira do Ó e sua esposa Maria Leme do Prado. Não se sabe ao certo por que nem quando vieram, embora estes fatos não

devam ter ultrapassado a primeira metade do século XVIII. Em conformidade com MATOS – 1837 (1981, p. 148): *"Vila de Baependi: está situada na margem direita do Rio de Ingaí, que entra na esquerda do grande. Foi elevada à categoria de vila, com a denominação de Santa Maria do Baependi, pelo Alvará de 19 de julho de 1814, e ao título de marquesado, em 1826, a favor de Manoel Jacinto Nogueira da Gama, que já era visconde do mesmo título desde o ano de 1825. Fica 64 léguas distante do Rio de Janeiro, e 53 da cidade do Ouro Preto. Tem 130 fogos, Casa de Câmara Municipal e Prisão pouco notáveis, e uma igreja paroquial. O termo da vila é célebre pelo excelente tabaco que nele cresce"*. O Distrito foi criado por Alvará, de 2 de agosto de 1752 e o Município, pelo Alvará de 19 de julho de 1814, com território desmembrado do de Campanha da Princesa. Sua instalação se verificou a 23 de outubro do mesmo ano. Um acontecimento que marcou época para Baependi e lhe possibilitou maior expansão, foi a visita de Luís Diogo Lobo da Silva, ali chegado a 2 de novembro de 1864. Fez algumas nomeações no arraial, tendo partido no dia seguinte, rumo a Pouso Alto e Capivari, para o seu giro de mais de 400 léguas. Outra data de relevante importância, porquanto de garantias especiais, foi a ano de 1814. Pelo alvará de 19 de julho, alcançaram os baependianos a mercê da criação de Vila, desmembrando--se, assim, da sujeição à vila da Campanha. Em virtude do dito alvará, ficaram-lhe incorporadas as freguesias de Aiuruoca e Pouso Alto. A VILA DE SANTA MARIA DE BAEPENDI se instalou solenemente a 13 de outubro. Em sessão ordinária de 8 de abril de 1854, a Câmara municipal de Baependi resolveu pedir, através do rio Presidente da Província, à Assembleia Provincial, a criação de uma comarca local. O atendimento veio com a Lei nº. 719, de 16 de maio de 1855, que dizia em seu parágrafo 13: *"Os Município de Baependi, Aiuruoca e Cristina formarão a Comarca de Baependi"*. No ano de 1868, engalanou-se a cidade para receber a honrosa visita de Suas Altesas, o Conde d'Eu e a princesa Isabel. Depois de uma curta estadia em Caxambu, onde lançaram a 1ª. pedra fundamental do novo templo, em honra de Santa Isabel da Hungria, eis que os ilustres visitantes foram festivamente recebidos em Baependi. Integravam a comitiva, o capelão Pe. João Pires do Amaral, o conde e a condessa de Lages e o médico Dr. Feijó. A cidade reviveu seus primitivos tempos. Embora não baependiana, ali viveu, no século passado, piedosa senhora de nome Francisca Paula de Jesus, vulgarmente chamada de NHÁ CHICA. Natural de S. João d'El Rei, nascida em 1808, transferiu residência para Baependi, onde consagrou sua vida e repetidos atos de benemerência ao próximo. Embora pobre, fez erguer, fruto de esmolas, um templo em honra de N. Sª. da Conceição, onde foi sepultada no dia 18 de junho de 1895. É uma Santa. (BARBOSA, 1995, p. 38 / LEFORT, 1993, p. 49 a 53 / COSTA, 1993, p. 164 / TRINDADE, 1945, p. 51).

ESCRITOS DOS VIAJANTES
MANUEL AIRES DE CASAL (1817)
*"A **Vila de Santa Maria de Baependi** é ainda pequena; a matriz, que a orna, dedicada a N. Senhora da Conceição; a riqueza de seus habitadores tabaco, para o qual o território é mui apropriado. Fica 14 léguas a leste da Vila da Campanha, e foi criada por um alvará de 19 de julho de 1814, devendo assistir ao seu governo civil dois juízes ordinários, um dos órfãos, três vereadores, dois almotacés, dois tabeliães do público, judicial e notas; ficando anexos ao primeiro os ofícios de escrivão da Câmara, cizas e almotacerias; e ao segundo o ofício de escrivão dos órfãos; um alcaide, e um escrivão do seu cargo"*. (CASAL, 1976, p. 173).

AUGUSTE FRANÇOIS CESAR PROUVENÇAL DE SAINT-HILAIRE (1816-1822)
*"Perto de **Baependy**, encontrámos o rio do mesmo nome, margeamos algum tempo e depois de o atravessar numa ponte de madeira, avistamos a cidade. Fica situada à encosta de uma collina pouco elevada e compõe-se de varias ruas desiguaes e irregulares. As casas que as margeiam, são em geral muito pequenas, e estão longe de attestar opulência. A egreja, construída numa praça publica, nada tem de notavel. Hospedei-me numa estalagem que, seme-lhante as de varias cidades do interior, compõe-se de muitos quarosinhos quadrados, uns ao lado dos outros. Não se communicam e tem entrada pela rua."* (SAINT-HILAIRE, 1938, p. 122).

PESQUISADOR: Francisco de Assis Carvalho
REVISORA: Dick, 2012.

***

09 Topônimo: BANANAL
Taxonomia: *Hidrotopônimo ~ Fitotopônimo*
Localização: Área de influência da ER
Caminho: V
MUNICÍPIO: Bananal- SP
ACIDENTE: humano / município
ORIGEM: indígena [tupi]
MOTIVAÇÃO: É muito controvertida: (1) **Bananal** seria uma corruptela da palavra indígena '**banani**', que significa '**sinuoso**'. O termo era usado pelos índios para designar o traçado cheio de curvas do rio que passava por ali; (2) Outra versão para a origem do nome relaciona-se com os muitos bananais que existiriam na região. Bananal é um nome indígena que se traduz por rio sinuoso. O invasor, corrompendo o nome modificou-o para Banana e, posteriormente, julgando esta pronuncia viciada, transformaram-na em *Bananali*;(3) Todavia nem banana é palavra tupi, nem a fruta, assim denominada tinha no Brasil esse nome, se não o de 'pacoba'. *"O nome banana é do idioma falado na ilha de São Tomé"*. (RAMOS, 1978, p. 11); (4) *"Bananal, que fica no extremo oriental do Estado de São-Paulo, nada tem que ver com bananas, pois, ao que parece, o nome é de origem tupi, significando etimologicamente "empinado, muito corrente e sinuoso", o que explica a designação dada ao rio"*. (XAVIER, 1943, p. 30).
HISTÓRICO: Bananal
Hidrotopônimo ~ Fitotopônimo
ESTRUTURA MORFOLÓGICA: Nm [Ssing]
INFORMAÇÕES ENCICLOPÉDICAS: A descoberta de ouro em Goiás e Mato Grosso e o comércio do gado vindo do Rio Grande do Sul para abastecer a região mineira, fizeram com que o vale do Paraíba tornasse passagem obrigatória. Para povoar aquelas terras e criar *'arranchamentos para comodidade e necessário sustento dos viandantes daquele novo caminho'*, foram doadas sesmarias aos que haviam se empenhado na construção da estrada. Uma dessas sesmarias, a do rio Bananal, foi destinada a João Barbosa Camargo e sua mulher. Em 1783, o casal manda erigir em suas terras uma capelinha tosca, dedicada ao Senhor Bom Jesus do Livramento. Em torno dela, cresceria o povoado de BANANAL. Na primeira fase de ocupação do vale do Paraíba, predominava a lavoura de subsistência com poucos excedentes para serem comercializados. A situação começou a mudar somente a partir do início do século XIX, quando a cultura do café, baseada nas grandes propriedades e no emprego da mão-de-obra escrava, chegou à região.
ESCRITOS DOS VIAJANTES
JOHANN BAPTIST VON SPIX / KARL FRIEDRICH PHILIPP VON MARTIUS (1817-1820)
*"Em muitos lugares, defronte da **freguesia de Bananal**, encostada num olteiro, indicava a montanha uma orientação de camada entre 3º e quatro... Estas regiões embora escassamente povoadas, parecem, entretanto, mais ativamente cultivadasd que as que havíamos percorrido. Avista-se num e noutro ponto extensas plantações de milho, a mais importante prova de que a semeadura produz 50 até 60 por um"*. (SPIX & MARTIUS, 1981, p. 65).
AUGUSTE FRANÇOIS CESAR PROUVENÇAL DE SAINT-HILAIRE (1816-1822)
*"Rancho Pirapetinga, 26 de abril de 1822. Não encontramos os burros no pasto, onde havíamos posto. Ontem, foi preciso procura-los de todos os lados. Assim, só podemos seguir ao meio-dia. Continuam as matas virgens em terrenos montanhosos, de caminho muito difíceis. A tres quartos de léguas do rancho, onde passamos a última noite, alcançamos a **aldeia do Bananal**, sede da paróquia. Esta vila fica situada num vale bem largo, entre morros cobertos de mata (hoje caminho doRancho Grande) e compõe-se de uma única rua"*. (SAINT-HILAIRE, 1938, p. 126).
AUGUSTO EMÍLIO ZALUAR (1860-1861)
*"A cidade do **Bananal** não oferece, para quem vem dêste ponto, quadro algum aprazível. Situada em um terreno baixo, está como que escondida nas dobras desiguais de suas próprias construções, sem que se lhe descubram os edifícios nem se lhe deixe ver ao menos o horizonte. A nomenclatura de suas ruas, as quais são felizmente planas e alinhadas, nada oferece também de curioso, pois não se liberta das eternas variantes da rua do Rosário, Direita, Lavapés, que se encontra em tôdas nossas povoações, concorrendo para a monotonia e uniformidade em que se moldaram quase todos os núcleos do interior; no entanto o*

aspecto geral da cidade é risonho, e alguns edifícios importantes saltam à vista do viandante observador, que merecem ser examinados com mais detida atenção". (ZALUAR, 1975, p. 43).

GEORGE HEINRICH VON LANGSDORFF (1822-1829)

*"No dia 18, caminhamos 3 léguas até **Bananal**, onde chegamos às 10h da manhã e fomos imediatamente transportados para a casa do Capitão Antônio Manoel, que fica a 3 léguas daqui. É uma bela freguesia. Várias elevações, matas densas, poucas plantações, muitos ranchos, entre eles, alguns bem grandes, construídos com luxo, com lindas balaustradas em volta. Na fazenda abastada do Capitão-mor, minhas mulas receberam o pior tratamento, pois, como eu era hóspede lá, não pude comprar milho. Por isso, hoje elas não queriam prosseguir viagem. Um dos animais estava muito fraco, o que me obrigou a parar para lhe dar de comer".* (LANGSDORFF, 1997, p. 67).

PESQUISADOR: Francisco de Assis Carvalho
REVISORA: Dick, 2012.

***

10 Topônimo: BARROSO
Taxonomia: *Antropotopônimo*
Localização: Área de influência da ER
Caminho: V
MUNICÍPIO: Barroso – MG
ACIDENTE: humano / município
ORIGEM: portuguesa
MOTIVAÇÃO: Em homenagem aoalferes JOAQUIM BARROSO que, em 1720, fez construir no sítio do Barroso, de sua propriedade, uma capela dedicada à Santana.
HISTÓRICO: Barroso < Santana do Barroso < Sítio do Barroso
Antrotopônimo < Hagiotopônimo< Sociotopônimo
ESTRUTURA MORFOLÓGICA: Nm [Ssing] [apelido de família]
INFORMAÇÕES ENCICLOPÉDICAS: O proprietário mais antigo do arraial (séc. XVII) foi o alferes Joaquim Barroso. Esse pioneiro foi sucedido no SÍTIO BARROSO, no séc. XVIII por Antônio da Costa Nogueira que deu início com outros moradores, à construção da primitiva Capela de Santana do Barroso, da Freguesia de Borda do Campo. O arraial foi elevado a freguesia por lei Nº 2086, de 24 de dezembro de 1874 (Cônego Trindade menciona lei Nº 2701, de 30 de novembro de 1880). O município de Barroso foi criado pela lei Nº 1039, de 12 de dezembro de 1953. (BARBOSA, 1995, p. 45 / COSTA, 1993, p. 168 / TRINDADE, 1945, p. 56).
ESCRITOS DOS VIAJANTES: n/e
PESQUISADOR: Francisco de Assis Carvalho
REVISORA: Dick, 2012.

***

11 Topônimo: BELO VALE
Taxonomia: *Animotopônimo*
Localização: Eixo principal da ER
Caminho: V
MUNICÍPIO: Belo Vale – MG
ACIDENTE: humano / município
ORIGEM: portuguesa
MOTIVAÇÃO: Alusiva à paisagem local. VALE: de acordo com PIEL (1947, p. 17), *"do Latim **vallis**, que, ao transitar para o português, mudou de gênero (sob a influência de monte, ao que parece), apresenta-se ma forma vale e val, sendo a última monossilábica e figura tradicional na nomenclatura geográfica galega e a primeira reconstituída".*
HISTÓRICO: Belo Vale < São Gonçalo da Ponte
Animotopônimo < Hagiotopônimo

ESTRUTURA MORFOLÓGICA: NCm [ADJsing + Ssing]

INFORMAÇÕES ENCICLOPÉDICAS: Foram os bandeirantes paulistas Paiva Lopes e Gonçalo Alvares, ambos participantes da expedição de Fernão Dias Pais, os desbravadores da região onde se acha o atual município de Belo Vale. Sua denominação primitiva foi SÃO GONÇALO DA PONTE. Em 1914, a denominação foi mudada para do DISTRITO PARA BELO VALE. A E.F. Central do Brasil inaugurou a estação de Belo Vale, na linha do Paraopeba, a 20 de junho de 1917, o que certamente concorreu para desenvolvimento do lugar. O município de BELO VALE surgiu com o decreto-lei Nº 148, de 17 de dezembro de 1938, desmembrado do de Bonfim. (BARBOSA, 1995, p. 47 / COSTA, 1993, p. 169).

ESCRITOS DOS VIAJANTES: n/e

PESQUISADOR: Francisco de Assis Carvalho

REVISORA: Dick, 2012.

***

12 Topônimo: BICHINHO

Taxonomia: *Zootopônimo*

Localização: Eixo principal da ER

Caminho: V

MUNICÍPIO: Prados – MG

ACIDENTE: humano / povoado

ORIGEM: portuguesa

MOTIVAÇÃO: Era comum aparecer nas estradas e nas portas das casas, macacos e outros animais silvestres para comer os restos deixados pelos garimpeiros. VITORIANO VELOSO é uma homenagem ao Inconfidente Vitoriano Gonçalves Veloso, um dos exilados de 1792.

HISTÓRICO: Bichinho < Vitoriano Veloso

Zootopônimo < Antropotopônimo

ESTRUTURA MORFOLÓGICA: Nm [Ssing]

INFORMAÇÕES ENCICLOPÉDICAS: O arraial do Bichinho surgiu no início do século XVIII, com a exploração de ouro, juntamente com outros povoados da região como o Arraial Velho (Tiradentes), Arraial Novo (São João Del Rei) e Prados. Há indícios de que o avô de Tiradentes, Domingos Xavier Fernandes, tenha sido o provedor dos quintos do ouro no Bichinho, por volta de 1724. A localidade pertenceu até 1938 ao município de Tiradentes passando após essa data para o de Prados.VITORIANO VELOSO é o nome do antigo ARRAIAL DO BICHINHO. De acordo com BARBOSA (1995), este é um dos mais antigos lugarejos de Minas e pertencia ao município de Tiradentes. A capela é dedicada a N. Sª. da Penha da França e foi erigida por provisão de 26 de outubro de 1729, da Cúria do Rio de Janeiro.

ESCRITOS DOS VIAJANTES: n/e

PESQUISADOR: Francisco de Assis Carvalho

REVISORA: Dick, 2012.

***

13 Topônimo: CACHOEIRA PAULISTA

Taxonomia: *Hidrotopônimo*

Localização: Eixo principal da ER

Caminho: V

MUNICÍPIO: Cachoeira Paulista – SP

ACIDENTE: humano / município

ORIGEM: portuguesa

MOTIVAÇÃO: Deve-se ao fato de o Rio Paraíba ter algumas corredeiras após o pontilhão de Ferro da Estrada de Ferro Central do Brasil. O topônimo Cachoeira, adotado em 1915 e substituído em 1944, foi readotado em 1948, acrescido de "Paulista". VALE: de acordo com PIEL (1947, p. 17), *"do Latim vallis,* *que, ao transitar para o português, mudou de gênero (sob a influência de monte, ao que parece), apresenta-se ma forma vale e val, sendo a última monossilábica e figura tradicional na nomenclatura geográfica galega e a primeira reconstituída".*

HISTÓRICO: Cachoeira Paulista<Porto da Caxoeira < Arraial do Porto da Cachoeira < Porto da Cachoeira < Arraial porto da Cachoeira de santo Antônio < Freguesia de Santo Antonio da Cachoeira < Vila de Santo Antonio da Bocaina < Vila de Santo Antônio da Cachoeira < Vila da Bocaina < Bocaina < Cachoeira < Valparaíba

Hidrotopônimo < Sociotopônimo < Poliotopônimo < Sociotopônimo < Poliotopônimo < Poliotopônimo < Poliotopônimo < Poliotopônimo < Poliotopônimo < Geomorfotopônimo < Hidrotopônimo < Geomorfotopônimo

ESTRUTURA MORFOLÓGICA: NCf [Ssing + ADJsing]

INFORMAÇÕES ENCICLOPÉDICAS: Fundada por Manoel da Silva Caldas, em 1780, Cachoeira Paulista foi, em seus primeiros anos, uma vila tranqüila, ligada ao ponto de troca das tropas que iam para Minas Gerais. O marco inicial do primitivo núcleo foi uma capela construída em 1785. Tornou-se Freguesia em 29 de março de 1876, com o nome de SANTO ANTÔNIO DA CACHOEIRA e, em Vila, em 09 de março de 1880, como SANTO ANTÔNIO DA BOCAINA. Foi elevada à cidade em 15 de maio de 1895 e em 30 de novembro de 1944, passou a chamar-se VALPARAÍBA, recebendo sua denominação atual em 24 de dezembro de 1948. No final do século XIX e primórdio do século XX, o pequeno município começou a desenvolver-se acelerando com a instalação da Estrada de Ferro D. Pedro (hoje Central do Brasil), que veio desencadear na pequena Vila uma grande transformação.

ESCRITOS DOS VIAJANTES
MANUEL AIRES DE CASAL (1817)
*"Uma légua abaixo de Lorena está a outra passagem chamada **Porto da Cachoeira**. Em ambas há barcas, que no fim do século passado andavam arrendadas por 12.000 cruzados".* (CASAL, 1976, p. 170).

AUGUSTE FRANÇOIS CESAR PROUVENÇAL DE SAINT-HILAIRE (1816-1822)
*"Parámos num arrayal situado á margem do Parahyba e chamado **Porto da Cachoeira**. Para poder fazer amanhã maior caminhada quis atravessar o rio esta noite, mas esta passagem nada tem de difficil e realisa-se em muito pouco tempo. Fizemos uma balsa com tres grandes canoas ajoujadas e sobre as quaes collocámos taboado rodeado por um parapeito de madeira. Oito burros carregados e varias pessoa; podem atravessar na mesma viagem em tal balsa. Minhas portarias ainda desta vez isentaram-me do pedagio. A villa da Cachoeira compõe-se apenas de uma dezena de casas e não passa de districto da villa de Lorena. Alli se encontram algumas lojas e varios ranchos. Os ferradores são bastante numerosos, seu trabalho tem muita reputação na região. A cidade da Cachoeira é lugar de passagem de todas as tropas que ao Rio de Janeiro vão de Baependy e suas redondezas: partem para a capital carregadas de fumo e voltam cheias de sal. E' raro o dia em que não passam algumas pela Mantiqueira e, por conseguinte, pela villa da Cachoeira. Só hontem encontrámos tres ou quatro".* (SAINT-HILAIRE, 1938, p. 139-140).

PESQUISADOR: Francisco de Assis Carvalho
REVISORA: Dick, 2012.

***

14 Topônimo: CAMBUQUIRA
Taxonomia: Fitotopônimo
Localização: Área de influência da ER
Caminho: V
MUNICÍPIO: Cambuquira – MG
ACIDENTE: humano / município
ORIGEM: indígena [tupi]
MOTIVAÇÃO: Em *O tupi na geografia nacional*, SAMPAIO (1955, p. 166) define *"**Cambuquira**, corr. **Caá – ambyquyra**, a planta grelada; grelos; folhas tenras".* SILVA (1966, p. 88) *"**Etim, caá** (folha, mata, ramos, vegetal), **mbuquira = (a) mbiquyra** 'colher ou tomar tenro; renovar-se 'o que se colhe tenro da vegetação'; o fruto*

imaturo'". (1) Quanto à razão de ser do nome dado ao florescente povoado, pressupõe tenha sido pelo motivo da farta produção de cambuquiras em seu território. O sitiante Alferes José Antônio Rodrigues era chamado de "cambuquira", pelo fato de se dedicar na época, ao comércio de cambuquiras (grelos de aboboreira), na cidade de Campanha, em 1861.

HISTÓRICO: Cambuquira < Águas Virtuosas de Cambuquira < São Sebastião de Cambuquira.
Fitotopônimo < Hidrotopônimo < Hagiotopônimo

ESTRUTURA MORFOLÓGICA: Nf [Ssing]

INFORMAÇÕES ENCICLOPÉDICAS: Cambuquira nasceu na *Fazenda da Boa Vista* que se destacava como grande propriedade em comum e pertencia, por direito, a três irmãs solteironas: Ana, Francisca e Joana da Silva Gularte, descendentes de Furriel José da Silva Leme e Rosa Maria Gularte. Com o falecimento das três irmãs proprietárias, a parte central da fazenda que lhes pertencia foi legada, em testamento, a diversos pretos, antigos escravos da família Silva Goulart e o restante, a José e Manoel Martins Ribeiro. Os pretos fazendeiros, porém, temendo a perda do valioso patrimônio, num instinto de defesa e conservação da propriedade, começaram a criar obstáculos à intromissão de forasteiros que, seduzidos pelas notícias sobre as miraculosas virtudes das águas que brotavam na região, eram atraídos à histórica fazenda. Em face disso, a Câmara Municipal de Campanha considerou a propriedade de utilidade pública, opinando pela sua desapropriação. A desapropriação se procedeu em 1861 e, em seguida, foi adquirido o local denominado *"Marimbeiro"*. E, assim, os escravos se tornaram vizinhos do sitiante Alferes José Antônio Rodrigues. Já, nessa época, despontava a povoação da BOA VISTA DE CAMBUQUIRA como uma grata promessa. Em 1874, tornou-se DISTRITO DA CAMPANHA. Pela Lei nº 3197, de 23 de setembro de 1884, foram o distrito e freguesia transferidos para o município de Três Corações do Rio Verde. Em 29 de setembro de 1894, foi inaugurada a estação da então Estrada de Ferro Muzambinho e, em 1899, foi entregue ao uso público o estabelecimento hidroterápico do Parque das Águas. O município de Cambuquira foi criado pelo Decreto-lei estadual nº 2528, de 12 de maio de 1909; a sede municipal foi tornada cidade em 10 de setembro de 1923. Cambuquira dispõe de seis fontes de água mineral. (BARBOSA, 1995, p. 69 / LEFORT, 1993, p. 67 a 72 / COSTA, 1993, p. 186 / ANDRADE, 2005 / CASADEI, 1987 / LEFORT, 1972 / LEFORT, 1993 / TRINDADE, 1945, p. 73).

ESCRITOS DOS VIAJANTES: n/e
PESQUISADOR: Francisco de Assis Carvalho
REVISORA: Dick, 2012.

***

15 Topônimo: CAMPANHA
Taxonomia: Sociotopônimo
Localização: Área de influência da ER
Caminho: V
MUNICÍPIO: Campanha – MG
ACIDENTE: humano / município
ORIGEM: portuguesa
MOTIVAÇÃO: Campanha = *"campo"*; O nome da atual cidade se deve à topografia, pois a cidade se encontra localizada numa colina circundada por extensas campinas. (CUNHA, 1986, p. 144). LEFORT (1993) esclarece que o arraial foi batizado com o nome de S. Cipriano, em memória do ouvidor Cipriano José da Rocha.

HISTÓRICO: Campanha < Campanha da Princesa da Beira < Campanha do Rio Verde < Santo Antônio do Vale da Piedade do Rio Verde < São Cipriano.
Sociotopônimo < Sociotopônimo < Sociotopônimo < Hagiotopônimo < Hagiotopônimo

ESTRUTURA MORFOLÓGICA: Nf [Ssing]

INFORMAÇÕES ENCICLOPÉDICAS: Foi fundada em 2 de outubro de 1737, pelo Ouvidor-Mor da Comarca do Rio das Mortes, Cipriano José da Rocha, em viagem de descobrimento das Minas do Rio Verde, já exploradas clandestinamente, naquela época, por elementos desgarrados das bandeiras paulistas, que ali se localizaram por volta do século XVII. A povoação de São Cipriano, que o ouvidor Mor fundou logo à sua chegada ao território de Minas, prosperou rapidamente graças às riquezas de suas jazidas auríferas, sendo elevada à Paróquia, em 1739, tendo sido o padre Antônio Mendes o seu primeiro vigário. Em 1752, por Ordem Régia, foi criado o DISTRITO DE SANTO ANTÔNIO DO VALE DA CAMPANHA DO RIO VERDE. O município foi criado por Alvará de 20 de setembro de 1798, com a denominação de CAMPANHA DA PRINCESA DA BEIRA, após seu desmembramento do Município de São João del Rei, com um vastíssimo território onde se acham localizadas mais de 90 Comunas do Sul de Minas. Campanha foi elevada à categoria de Cidade em 1840. A origem de Campanha está implicitamente ligada ao período aurífero de Minas Gerais. A Campanha do Rio Verde era o SÍTIO DO RIO VERDE nos períodos mais antigos. O Sítio do Rio Verde localizava-se no Caminho Velho para São Paulo, de acordo com os registros históricos. Inclui ANDRADE (2008, p. 55): *"Pode-se constatar a importância do termo de Campanha no senário sul-mineiro, seja pela diversidade de empreendimentos realizados, seja pelo crescimento populacional verificado na primeira metade do século XIX, especialmente da população escrava. Também chamam a atenção o nível de concentração de posses de cativos nas mãos de alguns poucos senhores e o número de proprietários dedicados à produção de açúcar, rapadura e aguardente. Caracterítica marcante a ser enfatizada é o fato de as fazendas escravistas consorciarem diversas atividades – ao mesmo tempo em que se criava gado, cavalos, porcos e ovelhas, plantava-se arroz, milho e feijão, sendo que muitos desses produtos destinavam-se ao comércio inter e intraprovincial".* (BARBOSA, 1995, p. 70 / LEFORT, 1993, p. 75 a 78 / COSTA, 1993, p. 186 / CASADEI, 1987 / TRINDADE, 1945, p. 73).

ESCRITOS DOS VIAJANTES:
MANUEL AIRES DE CASAL (1817)
*"**Campanha**, propriamente **Vila da Princesa da Beira**, medíocre, situada em planície, 3 léguas e meia distante do Rio Verde, ornada com igreja matriz, de que é padroeiro Santo Antônio do Vale de Piedade, duas capelas de N. Senhora, com os títulos do Rosário e Dores, uma de S. Sebastião, outra de S. Francisco de Paula, com uma arquiconfraria sujeita à da Vila de Tamanduá. Tem Juiz de Fora, que serve também de órfãos; professor régio de Latim, e Vigário forâneo. Fica 22 léguas ao sudoeste de São João del-Rei, e 43 ao sul de Pitangui. Seus habitantes, e de seus contornos, são mineiros, lavradores de centeio, trigo, milho, tabaco, alguma mandioca, algodão, e cana-de-açúcar, e criam muito gado vacum, e porcos. Em alguns sítios cultiva-se linho: e por toda a parte se fabricam tecidos de lã e algodão".*(CASAL, 1976, p. 173).

JOHANN BAPTIST VON SPIX / KARL FRIEDRICH PHILIPP VON MARTIUS (1817-1820)
*"A **Vila da Campanha**, ou, propriamente, Vila da Princesa da Beira, que alcançamos cedo, no mesmo dia, pois dista apenas quatro léguas a noroeste de São Gonçalo, está situada sobre alto outeiro, e é, depois da Vila de São João D'El-Rei, a mais importante e populosa da comarca do Rio das Mortes. As minas de ouro, que, em parte só há poucos anos, foram abertas na vizinhança, incluem-se entre as mais ricas das atualmente exploradas, e deram grande opulência aos habitantes, entre os quais travamos relações com o capitão-mor, um compatrício nosso, irmão do Sr. Stockler, Governador das Ilhas dos Açores. Aqui, vimos diversas e bonitas casas de dois pavimentos, providas de janelas envidraçadas, um dos mais custosos artigos do interior do Brasil".* (SPIX & MARTIUS, 1981, p. 162).

AUGUSTE FRANÇOIS CESAR PROUVENÇAL DE SAINT-HILAIRE (1816-1822)
*"Contava ir de Baependy á cidade da **Campanha**, mas como me asseguravam que seira prolongar muito o trajecto, deliberei seguir o caminho mais curto que é o de passar pelo Registro da Mantiqueira e alcançar a estrada Rio de Janeiro-São Paulo. Assim passaei duas vezes pelos mesmos logares; mas a única cousa em que hoje me empenho é abreviar esta viagem e voltar o mais cedo possível ao Rio de Janeiro".* (SAINT-HILAIRE, 1938, p. 125).

JOHN MAWE (1808-1818)
*"A duas léguas da cidade serpenteia o pequeno Córrego de São José, no qual houve em eras passadas vária lavagens de ouro, notadamente junto da linda **aldeia de Campanha**. Nas vizinhanças ergue-se uma montanha que dá grande quantidade de pirite de ferro. Muitas pessoas a tomam por outro; dizem que ainda se não sabe o método de extraí-la. Há no distrito uma singular espécie de pinheiros, de cuja casca escorre muita goma resinosa. A madeira é de um belo vermelho-escuro, cheia de nós e excessivamente dura".* (MAWE, 1978, p. 182).

PESQUISADOR: Francisco de Assis Carvalho
REVISORA: Dick, 2012.

***

16 Topônimo: CANAS
Taxonomia: *Fitotopônimo*
Localização: Área de influência da ER
Caminho: V
MUNICÍPIO: Canas – SP
ACIDENTE: humano / município
ORIGEM: portuguesa
MOTIVAÇÃO: O primeiro núcleo foi formado por causa do assentamento de imigrantes italianos que receberam terras com a finalidade de plantar cana-de-açúcar para abastecer o Engenho Central de Lorena, em 1887.
HISTÓRICO: Canas < Caninhas
Fitotopônimo
ESTRUTURA MORFOLÓGICA: Nf [Spl]
INFORMAÇÕES ENCICLOPÉDICAS: Os imigrantes italianos fixaram residência no núcleo de CANINHAS. Ao chegarem ao Brasil, eles receberam propriedades territoriais doadas pelo Imperador Dom Pedro II, para que fossem desbravadas e exploradas. Eles assinaram um contrato por cada lote de terra doada. Com o integral cumprimento do contrato e seu término, os imigrantes adquiriam o direito de plantar o que quisessem. Além da lavoura de cana-de-açúcar, cuja produção abastecia o Engenho Central de Lorena, plantavam para sua subsistência produtos como arroz, feijão, batata e vários tipos de verduras. Foi elevado à categoria de Município em 1993.
ESCRITOS DOS VIAJANTES: n/e
PESQUISADOR: Francisco de Assis Carvalho
REVISORA: Dick, 2012.

***

17 Topônimo: CAPELA DO SACO
Taxonomia: *Hierotopônimo*
Localização: Eixo principal da ER
Caminho: V
MUNICÍPIO: Carrancas – MG
ACIDENTE: humano / distrito
ORIGEM: portuguesa
MOTIVAÇÃO: Alusiva à capela local. De acordo com BICALHO (2005, p. 122): *"Lugarejo às margens da Represa de Camargos, no Rio Grande. O nome da capela se originava do formato das curvas do rio, semelhante à figura de um saco aberto".*
HISTÓRICO: Capela do Saco <Distrito do Porto da Capela do Saco < Capela de Nossa Senhora da Conceição do Porto do Saco
Hierotopônimo < Poliopotopônimo < Hierotopônimo
ESTRUTURA MORFOLÓGICA: NCf [Ssing + {Prep + Asing + Ssing}]
INFORMAÇÕES ENCICLOPÉDICAS: A CAPELA DE NOSSA SENHORA DA CONCEIÇÃO DO PORTO DO SACO foi construída provavelmente no início do século XVIII, a mando de Júlia Maria da Caridade, uma das TRÊS IRMÃS ILHOAS (a história das *"Três Ilhoas"* fala sobre três irmãs naturais da Ilha do Faial, Açores, que vieram para Minas, na primeira metade do século XVIII. Vem delas a origem de famílias tradicionais do sul de Minas, como os Rezende, Carvalho, Ribeiro, Andrade, Junqueira, Ferreira, Guimarães, entre outras). D. Júlia era proprietária da antiga FAZENDA DO SACO e devota de Nossa Senhora da Conceição, e há quem diga que a construção da capela tenha sido motivada pela aparição de uma imagem de Nossa Senhora da Conceição nas margens do rio Grande. A capela fica no distrito de Porto do Saco, que já foi importante canal comercial de São João Del Rei, antes da ferrovia. Após 1879, as terras foram doadas à própria capela e às pessoas que desejassem formar um povoado em torno dela. Conforme MATOS – 1837 (1981, p. 118) *"Ao descrever o Arraial de Carrancas 'situado junto ao Rio Capivari, que entra*

na margem esquerda do Rio das Mortes afirma que o 'Dito do Saco do Rio Grande. Tem 61 fogos e 846 almas' é um dos pequenos distritos que dependem de Carrancas".

ESCRITOS DOS VIAJANTES: n/e
PESQUISADOR: Francisco de Assis Carvalho
REVISORA: Dick, 2012.

***

18 Topônimo: CAQUENDE
Taxonomia: *Dirrematopônimo*
Localização: Eixo principal da ER
Caminho: V
MUNICÍPIO: Carrancas – MG
ACIDENTE: humano / distrito
ORIGEM: africana
MOTIVAÇÃO: Proveniente do termo *"Cá-aquém-de"*, ou seja, "cá aquém de lá", pois o lado de cá (o do Caquende) estava aquém do de lá (do da Capela do Saco/Carrancas). Em 1873, segundo o que está escrito no livro TRÊS ILHOAS de José Guimarães (03 vols., 04 tomos – 1990/98, *"Obra Póstuma"*), existiu uma ponte sobre o Rio Grande, ligando as *"terras de cá"* com *"as terras de lá"*, ou seja, o Caquende com a Capela do Saco. O termo *"Caquende"* também pode ter sua origem no idioma Iorubá/Nagô (de uma família lingüística nígero-congolesa, falada no sul do Saara/África); em Sabará-MG, existe o *Chafariz do Kaquende* (com "K"), edificado em 1757; na obra de Guimarães Rosa, no conto *"Um moço muito branco"* (*in:Primeiras Estórias*), aparece um tal de *José Kakende* (com dois "k"). (SACRAMENTO, José Antônio de Ávila).
HISTÓRICO: Caquende
Dirrematopônimo
ESTRUTURA MORFOLÓGICA: Nm [Ssing]
INFORMAÇÕES ENCICLOPÉDICAS: Foi por volta de 1880 que o Pe. Jerônimo Guimarães iniciou a construção da ermida em honra a NOSSA SENHORA DO CARMO NO CAQUENDE. Daí aconteceu a distribuição de terrenos em volta da capela para pessoas de pequenas posses, e, naturalmente, foi surgindo o núcleo primitivo de povoação da vila.
ESCRITOS DOS VIAJANTES: n/e
PESQUISADOR: Francisco de Assis Carvalho
REVISORA: Dick, 2012.

***

19 Topônimo: CARMO DE MINAS
Taxonomia: *Hagiotopônimo*
Localização: Área de influência da ER
Caminho: V
MUNICÍPIO: Carmo de Minas – MG
ACIDENTE: humano / município
ORIGEM: portuguesa
MOTIVAÇÃO: Homenagem à N. S. do Carmo, padroeira da cidade.
HISTÓRICO: Carmo de Minas < Carmo da Cristina < Carmo do Pouso Alto < Carmo do Rio Verde < Silvestre Ferraz
Hagiotopônimo <Hagiotopônimo < Hagiotopônimo < Hagiotopônimo < Antropotopônimo
ESTRUTURA MORFOLÓGICA: NCf [Ssing + {Prep + Spl}]
INFORMAÇÕES ENCICLOPÉDICAS: O surgimento da cidade de Carmo de Minas, de acordo com LEFORT (1993, p. 105), deve-se a uma fazenda chamada Fazenda dos Campos, que se localizava nas margens do Ribeirão do Carmo, e que era propriedade de Francisco Fernandes de Oliveira, casado com Joana Leme da Silva. Pessoa de índole piedosa fez erguer junto à Fazenda uma Ermida, dedicada a Nossa Senhora

do Carmo, e que obteve a aprovação régia a 28 de agosto de 1809. Com a permissão diocesana, chegara a advertência de que fosse logo constituído um Patrimônio. Seu Filho, Francisco Fernandes de Oliveira, a 23 de maio de 1812, cumprira o requisito. As terras que pertenciam ao município de Pouso Alto constituem, hoje, a cidade de Carmo de Minas. A CAPELA DE NOSSA SENHORA DO CARMO foi o núcleo inicial do arraial, primeiramente denominado CARMO DE CRISTINA, depois CARMO DE POUSO ALTO DA CRISTINA. Em 1832, passou à freguesia, sendo então desmembrada de Pouso Alto. Ao ser elevada a distrito, em 1841, teve sua denominação mudada para CARMO DO RIO VERDE. Emancipada em 1901, passou a chamar-se SILVESTRE FERRAZ e, em 1953, tornou-se CARMO DE MINAS. (BARBOSA, 1995, p. 80 / LEFORT, 1993, p. 105 a 107 / COSTA, 1993, p. 195 / TRINDADE, 1945, p. 82).
ESCRITOS DOS VIAJANTES: n/e
PESQUISADOR: Francisco de Assis Carvalho
REVISORA: Dick, 2012.

***

20 Topônimo: CARRANCAS
Taxonomia: *Somatotopônimo*
Localização: Eixo principal da ER
Caminho: V
MUNICÍPIO: Carrancas – MG
ACIDENTE: humano / município
ORIGEM: portuguesa
MOTIVAÇÃO: As escavações que os procuradores de ouro fizeram em uma serra associadas a duas grandes pedras lá existentes, formaram, para quem as vê de longe, as fisionomias exatas de suas caras. *"Dão a impressão de duas imensas caras fechadas a tomarem conta do lugar"*. (BICALHO, 2005, p. 116). Com o passar dos anos, a denominação "Carrancas" foi se associando também à do povoado que passou a chamar-se Nossa Senhora das Carrancas de Baixo, Carrancas de Cá, e, por fim, simplesmente Carrancas.
HISTÓRICO: Carrancas < Nossa Senhora da Conceição do Rio Grande < Nossa Senhora da Conceição das Carrancas
Somatotopônimo < Hagiotopônimo< Hagiotopônimo
ESTRUTURA MORFOLÓGICA: Nf [Spl]
INFORMAÇÕES ENCICLOPÉDICAS: Por volta da metade do século XVIII, o Capitaõ-Mor João Toledo Piza, Castelhano, Pe. Lourenço Taques, e outros, com suas famílias e escravos, chegaram ao local onde hoje se ergue o município, iniciando o povoamento. Motivados pelas boas perspectivas de exploração aurífera, além da boa qualidade da terra para a agropecuária, aí se estabeleceram, construindo logo após uma capela, em torno da qual foi-se desenvolvendo o povoado. Data de sua descoberta 1718, ano em que os mesmos teriam aí fixado residência, às margens do Rio Grande. Mais tarde, o POVOADO viria a ser denominado NOSSA SENHORA DO RIO GRANDE. De acordo com MATOS – 1837 (1981, P. 118): *"CARRANCAS: arraial situado junto ao rio Capivari, que entra na margem esquerda do rio das Mortes no limite dos termos das Vilas de São João del-Rei e de Baependi. Tem igreja paroquial e 45 fogos. Tem 97 fogos e 1033 almas. Deste grande distrito, dependem os pequenos distritos que se seguem: Arraial do Espírito Santo, Dito de Luminárias, Dito de Santo Inácio das Lavrinhas, Dito do Saco do Rio Grande, Dito de São Thomé, Dito de Campo Belo"*. Em 1749, foi criada a FREGUESIA DE N. SRª. DA CONCEIÇÃO DAS CARRANCAS, por provisão de Dom Frei Manuel da Cruz, 1º bispo de Mariana. Em 1938, o decreto-lei Nº 148, de 17 de dezembro, mudou a denominação do DISTRITO DE NOSSA SENHORA DAS CARRANCAS para CARRANCAS. E, em 1948, a lei Nº 336, de 27 de dezembro, criou o município. (BARBOSA, 1995, p. 82 / COSTA, 1993, p. 196 / AMATO, 1996 / TRINDADE, 1945, p. 83).
ESCRITOS DOS VIAJANTES:
AUGUSTE FRANÇOIS CESAR PROUVENÇAL DE SAINT-HILAIRE (1816-1822)
"Tinhamos sempre á frente a **Serra das Carrancas** *e afinal alli chegámos. Em ponto algum é muito elevada e o caminho a corta no logar onde tem menor altura. No cume, que é muito arenoso, revi algumas plantas interessantes,*

*entre outras uma orchidea de dois calices. A cerca de um quarto de legua da fazenda, encontrámos a **villa de Carrancas**, sede de uma parochia, mas que quando muito merece o nome de aldeia. Fica situada na encosta de uma collina e compõe-se de umas vinte casas arrumadas em volta de uma praça coberta de gramma. A egreja occupa o lado mais alto da praça; é pequena mas construída de pedra e muito bonita por dentro. Não é á mineração que **Carrancas** deve a origem. No lugar em que está situada existiu outróra uma fazenda com uma capellinha. Attrahidos pelo desejo de ouvir missa, alguns cultivadores vieram estabelecer-se na vizinhança. Foi a fazenda destruída, mas a capella continuou a subsistir. Substituiram-na por uma egreja mais consideravel e pouco a pouco formou-se a aldeia."* (SAINT-HILAIRE, 1938, p. 95).

PESQUISADOR: Francisco de Assis Carvalho
REVISORA: Dick, 2012.

***

21 Topônimo: CASA GRANDE
Taxonomia: *Ecotopônimo*
Localização: Eixo principal da ER
Caminho: V
MUNICÍPIO: Casa Grande – MG
ACIDENTE: humano / município
ORIGEM: portuguesa
MOTIVAÇÃO: O fundador da povoação, Bento Correia, mandado construir uma CASA de grandes proporções, dividida de tal modo que 15 famílias (cerca de 60 pessoas) nela podiam morar e sem que pudessem comunicar internamente. Dessa casa ainda existem os alicerces.
HISTÓRICO: Casa Grande
Ecotopônimo
ESTRUTURA MORFOLÓGICA: NCf [Ssing + ADJsing]
INFORMAÇÕES ENCICLOPÉDICAS: O território do município teve como primeiros habitantes os portugueses que acamparam no local para a exploração do ouro. A povoação de CASA GRANDE localizava-se dentro dos limites de Caetano de Paraopeba, distrito de Queluz, atual Conselheiro Lafaiete. Em 1921, o povoado de Casa Grande eleva-se a distrito e, em 1962, a município. (BARBOSA, 1995, p. 83 / COSTA, 1993, p. 198).
ESCRITOS DOS VIAJANTES: n/e
PESQUISADOR: Francisco de Assis Carvalho
REVISORA: Dick, 2012.

***

22 Topônimo: CAXAMBU
Taxonomia: *Ergotopônimo*
Localização: Eixo principal da ER
Caminho: V
MUNICÍPIO: Caxambu – MG
ACIDENTE: humano / município
ORIGEM: africana
MOTIVAÇÃO: Várias são as versões da origem do topônimo: (1) Segundo uns autores, a designação de Caxambu teria raízes africanas e adviria da junção dos vocábulos **cacha** (*tambor*) e **mumbu** (*música*). Para outros estudiosos, o nome ter-se-ia originado de **caa** (*mato*), **xa** (*ver*), **umbu** riacho — que quer dizer mato que vê o riacho; (2) Para GREGÓRIO (1980, p. 367): *"A origem do topônimo **Caxambu** tem procedência indígena porque o termo original era **Guaximbu** = 'rio-de-guaxima': Arbusto da família das Malváceas, cuja fibra é muito resistente e o povo usa para fazer vassouras grosseiras'."* A semelhança de **Guaximbu** com o mais usual **Caxambu** levou à alteração e à insistência em derivar o termo do instrumento de música; (3) Ele também destaca

que 'há outra opinião segundo o qual o nome de **Caxambu** *viria do morro ali existente, de forma arredondada, meio afunilada, parecido com o instrumento africano'.*

HISTÓRICO: Caxambu < Águas de Caxambu

Ergotopônimo < Hidrotopônimo

ESTRUTURA MORFOLÓGICA: Nm [Ssing]

INFORMAÇÕES ENCICLOPÉDICAS: Admite-se que, por força da provisão firmada por D. Fernando Martins Mascarenhas, datada de 30 de setembro de 1706, Carlos Pedroso da Silveira teria obtido, com seu genro Francisco Alves Correia, uma sesmaria na região, dando início à colonização. Em 1875, reconhecidas as virtudes curativas das ÁGUAS DE CAXAMBU, o Governo da então Província de Minas Gerais concedeu a sua exploração a particulares. A 16 de novembro do mesmo ano foi criada a Freguesia de Nossa Senhora Dos Remédios de Caxambu e somente em 1901 é que foram criados o Município e a VILA DE CAXAMBU, com território desmembrado de Baependi. A partir de então, foi contínuo o progresso de Caxambu, graças, sobretudo, à excelência de suas águas minerais. Entretanto, de acordo com LEFORT (1993), a história da cidade de Caxambu liga-se ao fato de que negros fugidos de Baependi, nos séculos XVII e XVIII, que tomaram um quilombo nas fraldas de um morro erguido sobre vasto brejal, noite alta, sofrendo a sua nostalgia, tangiam o seu *CAXAMBU* melancólico; os viajantes, que porventura vinham de Pouso Alto para Baependi, àquelas horas, pela estrada silenciosa, ouviam ao longe as pancadas monótonas do instrumento africano. E aos curiosos que olhavam para o sítio de onde provinha o som, apenas se deparava a massa escura de um morro anônimo e calado. *"Que morro era esse?"* Passou a chamar-se *"o morro do Caxambu"*, isto é, o morro onde, à noite, se tocava o caxambu. O Monte de Caxambu, de 1680 metros de altitude, de belas e decantadas perspectivas, foi o natural roteiro para os que demandavam esperançosos as minas de ouro e de pedras preciosas de nosso Estado. Sobre ele têm palavras lisonjeiras, já no distante século XVIII. ANTONIL. Estácio da Silva, morador na fazenda do Caxambu, foi quem tomou a iniciativa de edificar uma capela em suas terras e começou o povoado, em 1747; por provisão episcopal de 8 de junho de 1748, foi-lhe concedida permissão para edificar a capela dedicada a N. Sr³. da Conceição, em sítio a ser assinalado pelo vigário de Baependi. Construída a capela, preferiu o fundador dedicá-la a N. Sr³. dos Remédios, que passou a ser o orago, de acordo com a concessão diocesana. Em 1861, as fontes de águas minerais foram desapropriadas pelo governo da província. O Parque de Caxambu possui 11 fontes. Entre os muitos examinadores das águas, figuram Pellet, G. Weiss, Bien, J. Kallir. Teceu palavras elogiosas, quando de sua visita à estancia hidro-mineral, o grande Rui Barbosa, ao sentenciar: *"É a medicina entre jardins de uma florescência deslumbrante. Minas ainda não percebeu todo o valor de sua joia. Quando a lapidar e a engastar como ela pede, estas fontes de vida verterão luz, como de estrelas, que vá falar bem longe, aos que sofrem, dos suaves privilégios deste torrão abençoado".* Caxambu ficou famosa por suas ligações com a Família Real Portuguesa, quando a própria *Princesa Isabel* e seu esposo *Conde d'Eu*, em 1868, vieram atraídos pela fama das águas. A princesa buscava a cura de sua infertilidade. Através das águas ferruginosas da fonte, hoje denominada "Princesa Isabel e Conde D'Eu", a princesa curou-se de sua anemia e engravidou. Assim ela mandou erguer na cidade a Igreja de Santa Isabel da Hungria, em agradecimento, por ter sido curada. (BARBOSA, 1995, p. 86 / LEFORT, 1993, p. 117 a 121 / COSTA, 1993, p. 199 / TRINDADE, 1945, p. 92).

ESCRITOS DOS VIAJANTES: n/e

PESQUISADOR: Francisco de Assis Carvalho

REVISORA: Dick, 2012.

***

23 Topônimo: CONCEIÇÃO DA BARRA DE MINAS

Taxonomia: *Hagiotopônimo*

Localização: Área de influência da ER

Caminho: V

MUNICÍPIO: Conceição da Barra de Minas – MG

ACIDENTE: humano / município

ORIGEM: portuguesa

MOTIVAÇÃO: Alusiva à padroeira do lugar, Nossa Senhora da Conceição. Em plebiscito realizado em 1989, optou-se pelo antigo nome de CONCEIÇÃO DA BARRA, como o acréscimo da expressão "de Minas", para diferenciá-la de um município homônimo no Estado do Espírito Santo.

HISTÓRICO: Conceição da Barra de Minas < Nossa Senhora da Conceição da Barra < Conceição da Barra < Cassiterita

Hagiotopônimo < Hagiotopônimo < Hagiotopônimo < Litotopônimo

ESTRUTURA MORFOLÓGICA:NCf [Ssing + {Prep + Asing + Ssing + Prep + Spl}]

INFORMAÇÕES ENCICLOPÉDICAS: A região Campos da Mantiqueira, onde hoje se localiza o município, foi desbravada pelo bandeirante Fernão Dias Paes, em 1674, que à cata de esmeraldas, chegou até o lugar denominado BOA VISTA, já no atual Município de CASSITERITA. Lá se fixou, dando-se aos trabalhos da pecuária e do amanho da terra, formando-se assim um pequeno núcleo populacional. Em 1725, foi erigida a capela de Nossa Senhora da Conceição, em torno da qual surgiram as primeiras casas. A história mais concreta deste município remonta ao século XVIII, quando o pequeno ARRAIAL DE NOSSA SENHORA DA CONCEIÇÃO DA BARRA era apenas um ponto de passagem de viajantes vindos da região de São Paulo em direção a São João Del Rei e, também, a outras partes. Em 1825, o arraial foi elevado à condição de freguesia e, em 1943, teve seu nome alterado para CASSITERITA (nome ligado à extração de cassiterita, muito comum naquelas regiões). Em 1962, a freguesia foi elevada à categoria de cidade. (TRINDADE, 1945, p. 93).

ESCRITOS DOS VIAJANTES: n/e

PESQUISADOR: Francisco de Assis Carvalho

REVISORA: Dick, 2012.

***

24 Topônimo: CONCEIÇÃO DO RIO VERDE

Taxonomia: *Hagiotopônimo*

Localização: Área de influência da ER

Caminho: V

MUNICÍPIO: Conceição do Rio Verde – MG

ACIDENTE: humano / município

ORIGEM: portuguesa

MOTIVAÇÃO: Alusiva à padroeira do lugar, Nossa Senhora da Conceição.

HISTÓRICO: Conceição do Rio Verde < Campina do Rio Verde < Nossa Senhora da Conceição do Rio Verde

Hagiotopônimo < Fitotopônimo<Hagiotopônimo

ESTRUTURA MORFOLÓGICA: NCf [Ssing + {Prep + Asing + ADJsing}]

INFORMAÇÕES ENCICLOPÉDICAS: A origem de Conceição do Rio Verde liga-se a Inácio Carlos da Silveira que, em 1732 iniciou o povoamento da localidade. Segundo LEFORT (1993, p. 125), em uma petição que ele fez subir à Secretaria do Governo, suplicou e recebeu, aos 12 de julho de 1732 – *certidão de batismo da localidade* – todo o terreno que circunda ambas as margens do rio Verde, desde a confluência do rio Baependi. Naquele documento declarou Inácio Carlos da Silveira dizendo-se *"morador no rio Verde caminho destas minas... (e que) se achava povoando com princípio de gado um lugar chamado* CAMPINA DO RIO VERDE *no qual queria continuar a sua povoação".Campina do Rio Verde* foi o primeiro nome que receberam aquelas paragens, depois mudadas para RIO VERDE DE BAEPENDI, seu segundo e penúltimo nome. Depois, o primitivo povoador, vendeu sua sesmaria a João Aires, e este, a Damião Rodrigues Gomes. Este último, com sua esposa, Isabel Maria de Jesus, doaram 108 braças de cada lado da capela de N. Srª. da Conceição para o patrimônio, conforme documento de 1778. Outras doações se verificaram depois (14º Anuário Eclesiástico da Diocese de Campanha). O distrito surgiu em 1839 e adquiriu autonomia administrativa, passando a Município, em 30 de agosto de 1911. No ano de 1901 foi criada a vila de Águas Virtuosas (atual Lambari) e o povoado de CONCEIÇÃO DO RIO VERDE passou a ser um dos distritos daquele Município. A lei Estadual n 556, datada de 30 de agosto de 1911, criou o município de Conceição do Rio Verde, com território desmembrado dos municípios de Lambari e Baependi, cuja instalação se deu em 10 de julho de 1912. (BARBOSA, 1995, p. 93 / LEFORT, 1993, p. 125 a 128 / COSTA, 1993, p. 205 / TRINDADE, 1945, p. 253).

ESCRITOS DOS VIAJANTES: n/e
PESQUISADOR: Francisco de Assis Carvalho
REVISORA: Dick, 2012.

***

25 Topônimo: CONGONHAS
Taxonomia: *Fitotopônimo*
Localização: Eixo principal da ER
Caminho: V
MUNICÍPIO: Congonhas
ACIDENTE: humano / município
ORIGEM: indígena [tupi]
MOTIVAÇÃO: Em *O tupi na geografia nacional*, SAMPAIO (1955, p. 198) define *"Congonha, corr. Congói, o que sustenta ou alimenta; é a herva-matte, variedade (Ilex congonha)".* GREGÓRIO (1980, p. 601): *"ochnaceas **Luxemburgia glazioviana**, espécie ornamental dos campos de Minas Gerais: pode ser tomada a infusão das folhas como a erva mate, e por isso é chamada de mate do campo".*
HISTÓRICO: Congonhas < Congonhas do Campo
Fitotopônimo < Fitotopônimo
ESTRUTURA MORFOLÓGICA: Nf [Spl]
INFORMAÇÕES ENCICLOPÉDICAS: A cidade surgiu da lavra do rio Maranhão, tributário do Paraopeba. Posteriormente, a exploração do ouro estendeu-se a outros sítios e ribeiros e somas fabulosas foram retiradas. Em 1749, Congonhas teve sua capela curada elevada à paróquia, sob a invocação de Nossa Senhora da Conceição. Feliciano Mendes, português, acometido de grave moléstia e impossibilitado de prosseguir no trabalho da mineração, recorreu aos favores do Senhor Bom Jesus de Matosinhos, prometendo pôr-se para o resto da vida a seu serviço se recuperasse a saúde. Atendido em seu rogo, vestiu um burel de eremita e plantou um cruzeiro no alto do morro Maranhão, local que lhe pareceu mais indicado para o templo de Bom Jesus, cujo santuário, na cidade do Porto, sua terra natal, havia-o inspirado. E, a beira das estradas, guardando um nicho com a imagem do Senhor Bom Jesus de Matosinhos, viveu recolhendo esmolas dos viajantes para a construção do Santuário. Mas este só viria a ficar realmente concluído em princípios do século XIX, quando o ALEIJADINHO, já gravemente enfermo e com quase 70 anos de idade, terminou sua obra prima: os doze Profetas. Congonhas foi um dos centros de mineração das Minas Gerais. Numa lista secreta, feita em 1746, dos homens mais abastados da capitania, constam dez nomes da freguesia de Congonhas, termo de Vila Rica, e todos os dez eram mineiros. O decreto-lei N° 148, de 17 de dezembro de 1938, criou o município de CONGONHAS DO CAMPO. E a lei N° 336, de 27 de dezembro de 1948, simplificou-lhe a denominação, reduzindo-a para CONGONHAS. (BARBOSA, 1995, p. 94 / COSTA, 1993, p. 207 / TRINDADE, 1945, p. 97).
ESCRITOS DOS VIAJANTES
AUGUSTE FRANÇOIS CESAR PROUVENÇAL DE SAINT-HILAIRE (1816-1822)
*"**Congonhas** é célebre na história das Minas. A aldeia é construída sobre dois morros opostos, entre os quais corre o riacho que tem o mesmo nome que a povoação. O Rio das Congonhas servia de limite entre a comarca de Vila Rica e a de S. João d'El Rei, e assim a ladeia pertence a duas comarcas diferentes. A maior parte das casas se acha sobre o morro que fica à margem direita do riacho, e é no alto desse morro, no meio de uma praça alongada, que se acha a igreja paroquial, notável por seu tamanho. No morro que fica fronteiro ao que venho de falar vê-se a igreja de N. Senhor Bom Jesus de Matosinhos, que goza de grande celebridade, não somente nos arredores mais fora da província. Os devotos para ali se dirigem, vindos de muito longe e, na época da festa do padroeiro, que se celebra em setembro, a aldeia fica cheia de forasteiros e devotos."* (SAINT-HILAIRE, 1974, p. 89-90).
JOHN LUCCOCK (1808-1818)

*"**Caancunha**, situada sôbre as íngremes barrancas do rio, apresenta agradável aspecto, quando contemplada pelo norte. Contém cêrca de duzentas casas e algumas igrejas. Uma delas, pôsto que diminuta em tamanho, rivaliza por seus esplêndidos ornatos com os mais admirados dos edifícios eclesiásticos do Brasil. Geralmente, em quanto se escreve, põe-se **Congonha** em vez de **Caancunha**. Provém o nome de uma planta, cuja infusão diz-se ser ótimo remédio para os incômodos femininos. Dizem, ainda, que é a mesma erva-mate do Paraguai, mas a mim pareceu-me ela arbusto menor, com folhas peludas de um verde acinzentado e que cresce abundantemente por quase todas as terras baixas dos arredores do Rio-de-Janeiro. Reconheço, porém, que essa não constitui exatamente a caancunha de Minas-Gerais e nunca ouvi falar que esta tivesse a menor pretensão a poderes medicinais".* (LUCCOCK, 1975, p. 346).

WILHELM VON ESCHWEGE (1810-1821)

"Quantas riquezas extraordinárias não produziram já os morros locais, o córrego qu ali passa e o Ribeirão Santo Antônio! Hoje, as montanhas acham-se revolvidas, seus proprietários na miséria, e em ruínas as casas do formoso arraial. Acima destas, na encosta do morro, eleva-se o suntuoso e belo templo deMatozinhos, em Congonhas. Essa igreja, origem de superstições e beatices, tem influência absorvente em toda a região, onde a pobreza geral está em contradição com a riqueza e o fausto sem cabimento da casa de Deus." (ESCHWEGE, 1979, p. 31).

CHARLES JAMES FOX BUNBURY (1833-1834)

*"**Congonhas do Campo** é uma aldeia dispersa, construída sobre duas colinas e no vale entre elas; suas choupanas e igrejas, caiadas de branco, avistavam-se mais de uma hora antes de lá chegarmos e tinham bom aspecto à distância; mas, como ordinariamente é o caso das aldeias brasileiras, a impressão favorável foi dissipada com a aproximação muito estreita."*(BUNBURY, 1981. p. 92-93).

FRANCIS DE LA PORTE, CONDE DE CASTELNAU (1843-1847)

*"Contava-me, além disso, que em **Congonhas,** aldeia situada a um quarto de légua da mina, a companhia tinha uma casa, à disposição dos viajantes. Partimos sem demora, acompanhando durante uma meia hora o rio das Velhas, de que dois ou três afluentes tivemos de atravessar. Depois, tomando para oeste, foi preciso galgar uma montanha.".* (CASTELNAU, 2000, p. 104).

RICHARD FRANCIS BURTON (1865-1868)

*"À primeira vista **Congonhas** pareceu ser toda uma igreja e convento. Surgiu depois uma segunda igreja do outro lado do vale ribeirinho: era de duas torres e as cores eram branco, com as bordas negras, como a de Nossa Senhora do Monte, na Madeira, que os estrangeiros e marítimos chamam "o convento". Casas caiadas, brilhando ao sol, espalhavam-se em linha no eixo transverso das duas igrejas.".* (BURTON, 1983, p. 247).

GEORGE HEINRICH VON LANGSDORFF (1822-1829)

*"A região em torno de **Congonhas** tem várias casas pequenas e cabanas espalhadas. O arraial é pequeno e ruim, e, como quase todo lugar, só tem casas de proprietários rurais mais abastados e residentes em lugares afastados. Tal como aconteceu ontem, eles só vêm aqui aos domingos e feriados para assistir à missa. Durante a semana, às vezes meses a fio, as casas ficam vazias. Ficamos numa dessas casas, que o dono nos cedeu porque voltou para o campo ontem à noite".* (LANGSDORFF, 1997, p. 263).

GEORG WILHELM FREIREYSS (1813 -1825)

"Ontem, até alta noite, tinham dançado e feito barulho por cima do nosso quarto, de que resultou que nós, sem termos dormido nem almoçado tivemos de continuar a nossa jornada assim mesmo porque às 7 horas estavam todos ainda dormindo. Às 2 horas da tarde, alcançamos a Bandurinha que deve estar a 6 léguas de Grama. Daí continuamos no dia seguinte, mas, como tomamos um atalho para Congonhas do Campo, separamo-nos da bagagem que foi mandada para Vila Rica". (FREIREYSS, 1982, p. 40).

PESQUISADOR: Francisco de Assis Carvalho
REVISORA: Dick, 2012.

***

26 Topônimo: CORONEL XAVIER CHAVES
Taxonomia: *Axiotopônimo*
Localização: Área de influência da ER
Caminho: V

MUNICÍPIO: Coronel Xavier Chaves – MG
ACIDENTE: humano/ município
ORIGEM: portuguesa
MOTIVAÇÃO: Homenagem ao Coronel FRANCISCO RODRIGUES XAVIER CHAVES, benfeitor do povoado.
HISTÓRICO: Coronel Xavier Chaves < Mosquito < Coroas < São Francisco Xavier
Axiotopônimo < Zootopônimo < Ergotopônimo < Hagiotopônimo
ESTRUTURA MORFOLÓGICA: NCm [Qv + Ssing + Ssing] (Qualificativo + prenome + apelido de família]
INFORMAÇÕES ENCICLOPÉDICAS: A pequena cidade de Coronel Xavier Chaves remonta ao povoado de Mosquito, que se desenvolveu a partir de uma antiga fazenda pertencente ao coronel Francisco Rodrigues Xavier Chaves, bisneto da irmã mais nova de Tiradentes, Antônia Rita da Encarnação Xavier. Desejoso de ver o progresso chegar à região, o coronel doou parte de sua propriedade e fez nascer ali um pequeno povoado no início do século XIX. Ergueu o primeiro sobrado e a seguir ajudou os filhos a construir suas próprias casas. De lá para cá, o povoado recebeu várias denominações e pertenceu aos municípios de Tiradentes e Prados até se tornar cidade. Ainda se chamava MOSQUITO, nome herdado da antiga fazenda doada pelo coronel, quando teve sua capela incorporada à paróquia de Tiradentes, em 1852. Deste núcleo familiar, acabou surgindo o POVOADO DE MOSQUITO que deu origem ao município. Em 1911, esse povoado foi incorporado ao município de Prados e passou a se chamar SÃO FRANCISCO XAVIER. Em 1943, a denominação de São Francisco Xavier foi mudada para COROAS. Em 1962, o município recebeu a denominação atual. (BARBOSA, 1995, p. 103 / COSTA, 1993, p. 211).
ESCRITOS DOS VIAJANTES: n/e
PESQUISADOR: Francisco de Assis Carvalho
REVISORA: Dick, 2012.

***

27 Topônimo: CRISTINA
Taxonomia: *Antropotopônimo*
Localização: Área de influência da ER
Caminho: V
MUNICÍPIO: Cristina – MG
ACIDENTE: humano / município
ORIGEM: portuguesa
MOTIVAÇÃO: Homenagem à Imperatriz do Brasil – TERESA CRISTINA MARIA DE BOURBON, esposa de D. Pedro II. O desenvolvimento topográfico da cidade de Cristina foi na sesmaria dos CUMQUIBUS, que significa *riqueza*.
HISTÓRICO: Cristina < Cumquibus < Espírito Santo do Cumquibus
Antropotopônimo < Animotopônimo < Hagiotopônimo
ESTRUTURA MORFOLÓGICA: Nf [Ssing] [prenome]
INFORMAÇÕES ENCICLOPÉDICAS: As terras onde se ergue a cidade de Cristina eram verdadeiro sertão no ano de 1774 quando o padre português, José Dutra da Luz, morador de Pouso Alto, tendo notícia de que havia ouro em abundância naquelas paragens e para lá se transportou com o intuito de extrair o precioso metal. Sendo possuidor de fortuna, fez construir, a 6 km do local onde hoje se acha a cidade, algumas casas e uma capela, na qual colocou uma imagem de Nossa Senhora da Glória que consigo trouxera. No ano de 1800 o pequeno núcleo já era um arraial que recebeu o nome de ESPÍRITO SANTO DE CUNQUIBUS. Posteriormente, vieram de Portugal para a nova localidade três sobrinhas do padre José; aí contraíram matrimônio e constituíram os primeiros troncos das famílias que se radicaram no lugar. A cidade de Cristina se desenvolveu um pouco mais tarde num lugar com melhor topografia e abundância de mananciais, na Sesmaria dos Cumquibus. O distrito denominava-se Cumquibus. O curato era filial da paróquia do Carmo; e foi elevado à freguesia, com a denominação do Espírito Santo dos Cumquibus, pela lei Nº 209, de 7 de

abril de 1841. A Freguesia do Espírito Santo dos Cumquibus foi elevada à vila, com a denominação de CRISTINA, pela lei Nº 485, de 19 de junho de 1850, que criou o município. Foi Cristina elevada à categoria de cidade pela lei Nº 1885, de 15 de julho de 1872. (BARBOSA, 1995, p. 106 / LEFORT, 1993, p. 145 a 148 / COSTA, 1993, p. 214 / TRINDADE, 1945, p. 102).
ESCRITOS DOS VIAJANTES: n/e
PESQUISADOR: Francisco de Assis Carvalho
REVISORA: Dick, 2012.

***

28 Topônimo: CRUZEIRO
Taxonomia: *Hierotopônimo*
Localização: Eixo principal da ER
Caminho: V
MUNICÍPIO: Cruzeiro – SP
ACIDENTE: humano / município
ORIGEM: portuguesa
MOTIVAÇÃO: Elevada à condição de vila em 1871, a cidade foi chamada de Nossa Senhora da Conceição do Cruzeiro, nome inspirado no marco da cruz existente no alto da serra, na divisa entre São Paulo e Minas Gerais. Em 1901 o nome foi abreviado para Cruzeiro. O *Embaú* surgiu diretamente com o fenômeno do bandeirismo, em terras hoje quase que na totalidade pertencente ao município de Cruzeiro (cerca de 25 km. serra acima). Em *O tupi na geografia nacional*, SAMPAIO (1955, p. 168) define *"embaú, s. c. emba—u, o beber da bica; a bica. S. Paulo, Minas Geraes. Pode ainda proceder de mbá-ú, que quer dizer – o beber do extremo, a derradeira aguada. No tupi amazônica, mbaú significa – o comido, a comida, como pode significar – a bebida".* SILVA (1966, p. 118): *"nome que se dá a um rio de São Paulo e à garganta da serra da Mantiqueira, que serviu de passagem aos bandeirantes no roteiro das Minas Gerais".*
HISTÓRICO: Cruzeiro < Freguesia de Nossa Senhora da Conceição do Embaú < Embaú
Hierotopônimo < Hagiotopônimo < Hodotopônimo
ESTRUTURA MORFOLÓGICA: Nm [Ssing]
INFORMAÇÕES ENCICLOPÉDICAS: O *Embaú* era o único caminho usado por mais de 200 anos ao pé da afamada Serra da Mantiqueira e representava, portanto, o ponto inicial da escalada das grandes escarpas que levaria os Bandeirantes ao outro lado da vertente, em território das Minas Gerais. Em 1846, foi criada a FREGUESIA DE NOSSA SENHORA DA CONCEIÇÃO DO EMBAÚ. Aos poucos foram tomando consciência de que poderiam formar uma unidade política, o que veio a ocorrer em 06 de março de 1871, com a instalação do município desmembrado de Lorena, com o nome de VILA DA CONCEIÇÃO DO CRUZEIRO. *"Povoação situada à Nordeste da capital, à margem direita do ribeirão que lhe dá o nome (Embahú), no município de Lorena. Teve origem, segundo consta do livro do Tombo, por uma capela que à sua custa edificou em 1781 o sargento-mor Antônio Lopes da Lavre, em terrenos para esse fim doadas por João Ferreira da Encarnação. No caso de 1787 foi concluída a dita capela sobre a envocação de Senhora da Conceição, e os moradores do local pediram e obtiveram provisão para nela celebrar-se missa e outros ofícios divinos. Foi criada freguesia por lei provincial de 19 de fevereiro de 1846. A matriz ainda não se acha concluída; possui uma pequena cadeia, a lavoura consta do café para que os terrenos são muitos apropriados, fumo e cereais. Foi elevada a vila por lei provincial de 6 de março de 1871, com o título de Conceição do Cruzeiro. Embahu – corrupção de embaí, rio abundante da árvore embaúba de que se nutre a preguiça, animal.* MARQUES, 1980, p. 242).
ESCRITOS DOS VIAJANTES
MANUEL AIRES DE CASAL (1817)
"... acima das fozes do Rio Imbaú, que vem da Mantiqueira, e do Bocaina que vem do sul..." (CASAL, 1976, p. 112).
PESQUISADOR: Francisco de Assis Carvalho
REVISORA: Dick, 2012.

***

29 Topônimo: CRUZÍLIA
Taxonomia: *Hodotopônimo*
Localização: Área de influência da ER
Caminho: V
MUNICÍPIO: Cruzília – MG
ACIDENTE: humano / município
ORIGEM: portuguesa
MOTIVAÇÃO: Deve-se ao fato de o povoado localizar-se ao lado da **encruzilhada** formada por duas importantes estradas no periódo colonial, que ligavam os municípios de São João Del Rei e Aiuruoca e Rio de Janeiro à região aurífera de Minas Gerais.
HISTÓRICO: Cruzília < Encruzilhada < São Sebastião da Encruzilhada
Hodotopônimo < Hodotopônimo < Hagiotopônimo
ESTRUTURA MORFOLÓGICA: Nf [Ssing]
INFORMAÇÕES ENCICLOPÉDICAS: Conforme LEFORT (1993), a origem da cidade de Cruzília se liga ao fato de que, em 1726, Manuel de Sá obtinha sesmaria de *"meia légua de testada para a parte de Ieruoca, rumo direito, e duas léguas de sertão"*, depois de alegar, em seu requerimento, que *"há dois anos sem contradição de pessoa alguma, está cultivando umas terras que até esse tempo nunca tiveram dono nem cultura, no sertão que vai da encruzilhada a Ieruoca"*. (Cód. 28, fl. 151 v., A.P.M.). É a primeira notícia que tivemos da Encruzilhada, no caminho que vinha de São Paulo. Outra referência vamos encontra-la, com data de 1736, por ocasião da *"futura"* da Picada de Goiás. A Capela da Encruzilhada é de 1861. Foi benta pelo vigário de Baependi, Cônego Joaquim Gomes do Carmo, a 11 de agosto deste ano. Em 1800 já aparece o nome "BAIRRO DA ENCRUZILHADA", nos registros de Baependi. O DISTRITO DE SÃO SEBASTIÃO DA ENCRUZILHADA foi elevado à freguesia, com a lei nº 1997, de 14 de novembro de 1873. Como distrito do município de Baependi, teve sua denominação reduzida para ENCRUZILHADA, pelo decreto-lei Nº 148, de 17 de dezembro de 1938. Em 1943, o decreto-lei Nº 1058, de 31 de dezembro, mudou a denominação de Encruzilhada para CRUZÍLIA, e a lei Nº 336, de 27 de dezembro de 1948, criou o município de Cruzília. (BARBOSA, 1995, p. 106 / LEFORT, 1993, p. 151 a 155 / COSTA, 1993, p. 215 / TRINDADE, 1945, p. 109).
ESCRITOS DOS VIAJANTES
AUGUSTE FRANÇOIS CESAR PROUVENÇAL DE SAINT-HILAIRE (1816-1822)
*"Sempre pastagens, montanhas e capões de matto. Lá pela metade do caminho seguimos uma **encruzilhada** que nos deve levar a Juruoca. O caminho que deixámos e seguiramos desde Traituba, é uma dos que vão do Rio de Janeiro a S. João servindo toda a parte meridional da comarca do Rio das Mortes. Passa por Santa Cruz e tem o nome de Caminho Novo do Parahyba"*. (SAINT-HILAIRE, 1938, p. 103).
PESQUISADOR: Francisco de Assis Carvalho
REVISORA: Dick, 2012.

***

30 Topônimo: CUNHA
Taxonomia: *Antropotopônimo*
Localização: Eixo principal da ER
Caminho: V
MUNICÍPIO: Cunha – SP
ACIDENTE: humano / município
ORIGEM: portuguesa
MOTIVAÇÃO: Homenagem a FRANCISCO DA CUNHA MENEZES. *"Consta que foi criada a paróquia em 1736, e elevada à vila em janeiro de 1785, por ordem do Governador e capitão general Francisco da Cunha Menezes do qual tomou o nome, e a cidade por lei provincial de 20 de abril de 1858"*. (MARQUES, 1876 /1980, p. 208). O nome original, **Freguesia do Facão**, teria surgido de uma adaptação de *Falcon*, uma família

portuguesa a quem se atribue os primeiros esforços para se construir um povoado ao redor de uma igreja, nas áreas da atual Cunha.

HISTÓRICO: Cunha < Nossa Senhora da Conceição de Cunha < Nossa Senhora da Conceição do Facão < Facão< Boca do Sertão

Antropotopônimo < Hagiotopônimo < Hagiotopônimo<Antropotopônimo < Somatotopônimo
ESTRUTURA MORFOLÓGICA: Nm [Ssing] [apelido de família]
INFORMAÇÕES ENCICLOPÉDICAS: Com a notícia do descobrimento de ouro no *"sertão"*, Cunha passou a ser um entreposto de troca e de descanso no começo da Trilha dos Guaianazes, que ia do litoral para o interior do país. A Freguesia era conhecida entre os tropeiros como BOCA DO SERTÃO. O declínio do ouro em meados de 1750 e a ascensão do café no Vale do Paraíba resultaram no auge da ocupação de Cunha. É desta época a promoção da Freguesia à Vila. Os caminhos do ouro receberam calçamento para serem trafegados por cavalos que transportavam o *"ouro negro"* da época: o café. O povoamento da zona ocorreu na primeira metade do século XVIII, sendo o município criado em 15 de setembro de 1785, pelo então Governador da Capitania de São Paulo, Francisco da Cunha Menezes. Em 15 de setembro de 1785 o povoado foi elevado à vila com o nome de VILA DE NOSSA SENHORA DA CONCEIÇÃO DE CUNHA em homenagem ao capitão general Francisco da Cunha Menezes, governador da Província de São Paulo. A fase áurea do ouro de Minas Gerais surgiu no início do século XVIII, época em que o pequeno povoado de Facão pode presenciar grande movimentação de pessoas de todas as espécies, atraídas pela facilidade do enriquecimento. *"Ali, na quietude de seu berço aconchegante, a charmosa estância climática parecia deitar-se à vontade, protegida pelas bênçãos da SERRA DE QUEBRA-CANGALHA, da Serra da Bocaina e dos contrafortes da Serra do Mar... Chamada de Freguesia do Facão na época da exploração do ouro e conhecida como 'Boca do Sertão' pelos tropeiros que se serviam dela como local de descanso durante as viagens".* (BICALHO, 2005). QUEBRA CANGALHA é o nome da Serra, assim batizada em razão das condições críticas dessa estrada. Íngreme e sinuosa dificultava a subida das tropas que transportavam cargas de ouro em lombo de mula, frequentemente quebrando suas cangalhas. (VELOSO, 2010).
ESCRITOS DOS VIAJANTES
MANUEL AIRES DE CASAL (1817)
"Cunha, em outro tempo Facão, vila ainda pequena, e que com facilidade pode ser considerável, situada na vizinhança do Rio Jacuí sobre a serra, 8 léguas ao norte de Parati, ornada com a igreja matriz, de que é padroeira N. S. da Conceição. O clima é sadio, as noites de junho e julho frias. É o lugar da zona tórrida, onde até agora têm prosperado melhor as flores, e árvores frutíferas oriundas da Europa. Nos seus contornos há extensos pinheirais; e seus habitantes cultivam mantimentos do país, recolhem abundância de milho, e criam em grande quantidade galinhas e porcos, sua riqueza". (CASAL, 1976, p. 170).
AUGUSTE FRANÇOIS CESAR PROUVENÇAL DE SAINT-HILAIRE (1816-1822)
*"Atraz de nós tínhamos a Serra da Mantiqueira e á frente a da **Quebra Cangalha** por nós divisada desde que deixaramos o Registro. Não passa de um contraforte da grande cadeia paralela ao mar. Assim, o terreno que percorrei é uma grande bacia entre duas grandes cordilheiras".* (SAINT-HILAIRE, 1938, p. 142).
JOHANN BAPTIST EMANUEL POHL (1817-1821)
*"A princípio ele corre, com o nome de Paratinga ou Piratinga, para Sudeste, por entre a Serra Geral ou Serra do Parati, a qual, em razão dos seus íngremes passos, é também chamada de **Quebra-Cangalhas**. Não longe da Vila de São Luís, recebe o Rio Paraibuna, que desce da Serra de Ubatuba, e perde então o seu nome de origem. Perto da Vila de Mogi das Cruzes ruma para Nordeste, ao longo da Serra de Itapeba, limite da Capitania do Rio de Janeiro".* (POHL, 1976, p. 77).
PESQUISADOR: Francisco de Assis Carvalho
REVISORA: Dick, 2012.

***

31 Topônimo: DELFIM MOREIRA
Taxonomia: *Antropotopônimo*
Localização: Área de influência da ER

Caminho: V
MUNICÍPIO: Delfim Moreira – MG
ACIDENTE: humano / município
ORIGEM: portuguesa
MOTIVAÇÃO: Homenagem ao ex-Presidente da República DELFIM MOREIRA que dava nome à Estação da Estrada de Ferro Rede Mineira de Viação, que servia a sede distrital. (Nasceu em Cristina em 7 de novembro de 1868 e faleceu em Santa Rita do Sapucaí em 1 de julho de 1920). Foi presidente do Brasil entre 1918 e 1919.
Em *O tupi na geografia nacional*, SAMPAIO (1955, p. 225) define Itajubá: "**Itá-yuba**, *a pedra amarela, o metal amarello, o ouro*. Alt. **Itayá. Itajub**".
HISTÓRICO: Delfim Moreira < Soledade de Itajubá < Descoberto de Itajubá<Itajubá
Antropotopônimo < Hagiotopônimo < Litotopônimo < Litotopônimo
ESTRUTURA MORFOLÓGICA: NCm [Ssing+ Ssing] [prenome + apelido de família]
INFORMAÇÕES ENCICLOPÉDICAS: A origem do município de Delfim Moreira está ligada à procura e mineração do ouro, ali iniciada pelos bandeirantes paulistas, chefiadas por Borba Gato, em 1740. Chamou-se a princípio ITAJUBÁ, a mais antiga povoação do atual Bispado de Pouso Alegre. Sabe-se, por uma justi-ficação feita em 1773, que o descobridor das minas de Itajubá foi o Sargento-mor Miguel Garcia. O nome DESCOBERTO, dado a princípio ao lugar, passou a ser DESCOBERTO DE ITAJUBÁ, que significa pedra amarela, cachoeira, cascata e rio das pedras. O primitivo povoado continuou com o nome de ITAJUBÁ VELHO ou SOLEDADE DE ITAJUBÁ. Havendo perdido as regalias de paróquia, em 1832, reconquis-tou essa condição com a lei provincial Nº 239, de 30 de novembro de 1842, com o nome de SOLEDADE DE ITAJUBÁ. O progresso foi bastante lento. Só foi criado o município, com a denominação de DELFIM MOREIRA, pelo decreto-lei Nº 148, de 17 de dezembro de 1938, com o território desmembrado do de Itajubá. (BARBOSA, 1995, p. 112 / COSTA, 1993, p. 217).
ESCRITOS DOS VIAJANTES: n/e
PESQUISADOR: Francisco de Assis Carvalho
REVISORA: Dick, 2012.

***

32 Topônimo: DESTERRO DE ENTRE RIOS
Taxonomia: *Hagiotopônimo*
Localização: Área de influência da ER
Caminho: V
MUNICÍPIO: Desterro de Entre Rios – MG
ACIDENTE: humano / município
ORIGEM: portuguesa
MOTIVAÇÃO: Alusiva à padroeira Nossa Senhora do Desterro e em virtude de ter sido Distrito do Município de Entre Rios.
HISTÓRICO: Desterro de Entre Rios < Capela Nova do Desterro < Nossa Senhora do Desterro de Entre-Rios
Hagiotopônimo < Hierotopônimo < Hagiotopônimo
ESTRUTURA MORFOLÓGICA: NCm [Ssing + {Prep + Prep + Spl}]
INFORMAÇÕES ENCICLOPÉDICAS: O DISTRITO DE CAPELA NOVA DO DESTERRO foi criado em 1836, com a lei Nº 50. O distrito extinto algum tempo depois dessa data, sendo restaurado com a lei pro-vincial Nº 202, de 1º de abril de 1841, com a mesma denominação de CAPELA NOVA DO DESTERRO. A lei Nº 2979, de 10 de outubro de 1882, elevou o distrito à categoria de paróquia, dando-lhe o título de NOSSA SENHORA DO DESTERRO DE ENTRE RIOS, pois já pertencia ao município de Entre Rios. Posteriormente, passou o lugar a ser designado por DESTERRO DE ENTRE RIO. E, com esta denomina-ção, foi criado o município, desmembrado do de Entre Rio de Minas. (BARBOSA, 1995, p. 114 / COSTA, 1993, p. 218 / TRINDADE, 1945, p. 106).

ESCRITOS DOS VIAJANTES: n/e
PESQUISADOR: Francisco de Assis Carvalho
REVISORA: Dick, 2012.

***

33 Topônimo: DOM VIÇOSO

Taxonomia: *Axiotopônimo*
Localização: Área de influência da ER
Caminho: V
MUNICÍPIO: Dom Viçoso – MG
ACIDENTE: humano / município
ORIGEM: portuguesa
MOTIVAÇÃO: Homenagem a DOM ANTÔNIO FERREIRA VIÇOSO, português que chegou ao Brasil em 1818 e se tornou bispo de Mariana em 1844.
HISTÓRICO: Dom Viçoso < Virgínia < Nossa Senhora do Rosário de Dom Viçoso
Axiotopônimo < Hagiotopônimo<Hagiotopônimo
ESTRUTURA MORFOLÓGICA: NCm [Qv + Ssing] [Qualificativo + prenome]
INFORMAÇÕES ENCICLOPÉDICAS: O início da povoação remonta ao ano de 1840, quando a família de João Capistrano de Macedo Alkmim, num gesto de religiosidade e de fé, mandou construir junto à Fazenda uma ERMIDA, para se beneficiar dos socorros espirituais. E foi por eles dedicada a NOSSA SENHORA DO ROSÁRIO, então passando a integrar a extensa Paróquia de Nossa Senhora do Monte do Carmo, a atual Cidade de Carmo de Minas. Crescendo o lugar, passou a haver certa divergência entre seus moradores e o pessoal da Fazenda, que então resolveu construir um ORATÓRIO de caráter semipúblico em sua Fazenda. O orago foi também N. Sª. do Rosário. O ARRAIAL DO ROSÁRIO foi elevado a Distrito pela Lei Mineira nº 2.273, de 8 de julho de 1876. O município foi criado pela lei Nº 1039, de 12 de dezembro de 1953, com território desmembrado do de Carmo de Minas. (BARBOSA, 1995, p. 118 / LEFORT, 1993, p. 159 a 161). (COSTA, 1993, p. 223).
ESCRITOS DOS VIAJANTES: n/e
PESQUISADOR: Francisco de Assis Carvalho
REVISORA: Dick, 2012.

***

34 Topônimo: DORES DE CAMPOS

Taxonomia: *Hagiotopônimo*
Localização: Área de influência da ER
Caminho: V
MUNICÍPIO: Dores de Campos – MG
ACIDENTE: humano / município
ORIGEM: portuguesa
MOTIVAÇÃO: Homenagem à padroeira, Nossa Senhora das Dores. Por volta de 1830, na região onde hoje se situa o município, existia uma fazenda de propriedade de um português, rancheiro, que entretinha animado comércio com os inúmeros tropeiros que por ali passavam. De gênio alegre e brincalhão, este foi apelidado de "Patusca" pelos tropeiros, e o local ficou conhecido como povoado do Patusca.
HISTÓRICO: Dores de Campos < Patusca
Hiagiotopônimo < Antropotopônimo
ESTRUTURA MORFOLÓGICA: NCf [Spl +{Prep + Spl}]
INFORMAÇÕES ENCICLOPÉDICAS: Em princípios do século XIX, Bernardo Francisco da Silva adquiriu uma grande extensão destas terras, nas margens do *"Ribeirão do Patusca"*, visando à exploração da agropecuária e veio a ser o fundador do povoado do PATUSCA. O Sr. Bernardo teve filhos e estes se casaram e construíram quatro casas de pau-a-pique formando, assim, o embrião do nascimento da cidade de

Dores de Campos. O arraial de Dores de Campos chamou-se, primitivamente, POVOADO DO PATUSCA. Mais tarde, com a construção da CAPELA DE NOSSA SENHORA DAS DORES, hoje matriz, e criação do distrito de Dores de Patusca, de que era sede, passou a ter esse nome, isto é, DORES DE PATUSCA e, finalmente, tendo sido o distrito anexado ao município de Prados, desmembrado-se do de Tiradentes, a que pertencia, foi-lhe dado, bem como distrito, o atual nome de DORES DE CAMPOS. Sua primeira capela, que teve por orago N. Sª das Dores foi iniciada em 1897. Município criado pelo decreto-lei Nº 148, de 17 de dezembro de 1938, com território desmembrado do de Prados. (COSTA, 1993, p. 223 / TRINDADE, 1945, p. 108).
ESCRITOS DOS VIAJANTES: n/e
PESQUISADOR: Francisco de Assis Carvalho
REVISORA: Dick, 2012.

***

35 Topônimo: ENTRE RIOS DE MINAS
Taxonomia: *Dimensiotopônimo*
Localização: Eixo principal da ER
Caminho: V
MUNICÍPIO: Entre Rio de Minas – MG
ACIDENTE: humano / município
ORIGEM: portuguesa
MOTIVAÇÃO: Alusiva à localização do lugar que fica entre os rios Camapuã e Brumado. A denominação de Bromado é explicada por Diogo de Vasconcelos: "não correspondendo à riqueza pintada, ficou com o nome de Bromado, isto é, mentido" (História Antiga de Minas Gerais, 160). Nelson de Sena repete a mesma explicação: "Brumado é a que deu em nada, em relação com o muito que dela se esperava" (Ver. A.P.M., XX, 267).
HISTÓRICO: Entre Rios de Minas < Serra do Camapuã < Bromado < Bromado do Suaçuí
Dimensiotopônimo < Geomorfotopônimo<Animotopônimo<Animotopônimo
ESTRUTURA MORFOLÓGICA: NCm [Prep +{ Ssing + Prep + Spl}]
INFORMAÇÕES ENCICLOPÉDICAS:O município de Entre Rios de Minas tem suas origens no século XVIII com a chegada dos portugueses Pedro Domingues e Bartolomeu Machado à região, em 1713. Bartolomeu Machado construiu sua casa no lugar onde se encontra hoje a Fazenda do Engenho. Anos depois, ergueu uma capela em homenagem a Nossa Senhora das Brotas, em torno da qual surgiu o povoado do Bromado que, posteriormente, teve seu nome alterado para Brumado do Suaçuí. Em 1875, foi elevado a distrito e, em 1953, à cidade, recebendo o nome de Entre Rios de Minas, por estar situada entre os rios Camapuã e Brumado. BRUMADO, BRUMADO DO SUAÇUÍ, ENTRE RIOS, ENTRE RIOS DE MINAS. A denominação de *Bromado* é explicada por Diogo de VASCONCELOS: *"não correspondendo à riqueza pintada, ficou com o nome de Bromado, isto é, mentido"* (História Antiga de Minas Gerais, 160). Nelson de SENA repete a mesma explicação: *"Brumado é a que deu em nada, em relação com o muito que dela se esperava"* (Ver. A.P.M., XX, 267). (BARBOSA, 1995, p. 124 / COSTA, 1993, p. 228 / TRINDADE, 1945, p. 110).
ESCRITOS DOS VIAJANTES
ROBERT WALSH (1828-1829)
"Nosso caminho passava pela serra íngreme e acidentada de **Entre Rios***, que ocupava praticamente todo o espaço entre os dois rios. Aproximávamo-nos agora do caminho do Paraíba, a grande e movimentada estrada da região, e o tráfego aumentara muito. A cada quilômetro, aproximadamente víamos ranchos lotados de burros e de suas cargas. Alguns desses abrigos, especialmente o denominado Rocinha da Negra, formavam grandes quadrângulos, passando a estrada bem no seu centro. As casas também eram numerosas, e tão próximas umas das outras que mereciam o nome de vila."* (WALSH, 1976, p. 130-131).
PESQUISADOR: Francisco de Assis Carvalho
REVISORA: Dick, 2012.

***

36 Topônimo: GUARATINGUETÁ
Taxonomia: *Zootopônimo*
Localização: Eixo principal da ER
Caminho: V
MUNICÍPIO: Guaratinguetá – SP
ACIDENTE: humano / município
ORIGEM: indígena [tupi]
MOTIVAÇÃO: Em *O tupi na geografia nacional*, SAMPAIO (1955, p. 210) define: "*Guaratinguetá, c., guará-tinga, a garça branca, pode ser ainda corrupção de guirá-tinga, os pássaros brancos*". SILVA (1966, p. 140) inclui: "*guaratin (a garça branca) guetá (ser muito) – 'as garças alvas, muito brancas*". De acordo com XAVIER FERNANDES (1943, p. 64): "*Guaratinguetá = muitos poços e arrecifes*".
HISTÓRICO: Guaratinguetá < Vila de Santo Antonio de Guaratinguetá
Zootopônimo< Poliotopônimo
ESTRUTURA MORFOLÓGICA: Nf [Ssing]
INFORMAÇÕES ENCICLOPÉDICAS: Durante as primeiras décadas do século XVIII, a cidade teve importante participação no ciclo do ouro em Minas Gerais. Foi o principal centro abastecedor do território mineiro, e para lá enviou vários bandeirantes, juntamente com os bandeirantes de Taubaté e de Pindamonhangaba. Nessa época a cidade recebeu uma Casa de Fundição de Ouro, que mais tarde foi transferida para Parati. No final do século XVIII, Guaratinguetá perdeu uma grande parte de seu território, com a emancipação do município de Cunha. Ainda assim, a economia da cidade começa a se desenvolver, junto com o plantio da cana-de-açúcar e produção de açúcar, que passa a ser a principal fonte de renda de Guaratinguetá. Por consequência, Guaratinguetá se tornou uma das principais vilas da Capitania de São Paulo. "*Antiga e importante povoação situada a Nordeste da capital, da qual distam 200 km. Foi edificada à margem direita do Paraíba, e dele distante de 1 légua, 5,5 km, na estrada geral de São Paulo ao Rio de Janeiro, entre as cidades de Pindamonhangaba ao Sul, e a de Lorena ao Norte. É cortada ao Sul pelo Ribeirão dos Motas, que aí toma o nome de Ribeirão do Rosário, e ao Norte, pelo Rio das Pedras, que, ao entrar na cidade, é conhecido pelo nome de Ribeirão de São Gonçalo. Esta povoação acha-se na latitude de 22º 41'. De diversos documentos antigos, consta que fora o seu fundador Domingos Leme, paulista notável e possante, que ali emigrou com a sua família na primeira década do século XVII, provavelmente já em busca das minas de ouro*". MARQUES, 1876 (1980, p. 306). Em 1739, nasceu em Guaratinguetá, Antônio Galvão de França, o FREI GALVÃO, primeiro santo católico brasileiro.
ESCRITOS DOS VIAJANTES
MANUEL AIRES DE CASAL (1817)
"*Guaratinguetá, vila considerável, situada perto da margem direita do Paraíba, que a abastece de peixe, povoado menos de 8 léguas ao nascente de Pindamonhangaba, ornada com uma grande Igreja Matriz dedicada a Sto. Antônio, uma Capela de N. Senhora do Rosário, outra a São Gonçalo. As casas são de taipa; e seus habitadores cultivam mantimentos com muito tabaco; criam porcos, e gado gross; tecidos de algodão, e bom açúcar (para cujos vegetais o território é apropriado) são os principais ramos de comércio do país*".(CASAL, 1976, p. 167).
JOHANN BAPTIST VON SPIX / KARL FRIEDRICH PHILIPP VON MARTIUS (1817-1820)
"*Acha-se Guaratinguetá situada num extenso campo, não longe do Paraíba, fronteiro a alguns contrafortes da Serra da Mantiqueira, sobre risonha colina, cercada de bananeiras e laranjeiras. O nome indígena da vila dá boa prova do talento de observação dos primitivos habitantes; o comprido nome significa "lugar aonde o sol volta". De fato, passa o Trópico do Capricórnio apenas um grau ou sul da vila, que, por seu aspecto simples e afável, e por alguns indícios de vila mais civilizada, agrada bastante*". (SPIX & MARTIUS, 1981, p. 107).
AUGUSTE FRANÇOIS CESAR PROUVENÇAL DE SAINT-HILAIRE (1816-1822)
"*A mais ou menos meia légua de Guaratinguetá, começa a ser avistada uma torre da sua egreja parochial. A paisagem ainda embellezam algumas abertas sobre o Parahyba que serpea no campo. Guaratinguetá fica situada a algumas centenas de passos do rio numa collina de pequena altura, dominada por outras. Esta villasinha é muito mais comprida do que larga, suas ruas são estreitas se as comparamos ás das cidades e aldeias da capitania de Minas. As casas, pequenas na maioria, não são caiadas e só ao rez do chão tem rotulas muito apertadas que,*

segundo o habito antigo, se levantam de alto a baixo, guarnecendo janellas e portas. Vendas bem sortidas indicam que esta cidade faz algum commercio, mas como a maioria das casas hoje que é dia útil estão fechadas, presumo que pertençam a cultivadores que não as habitam senão nos domingos e dias de festa. A egreja parochial é grande e nella se vêm tres altares bem ornamentados, mas conta apenas uma torre, não é forrada e a nave não tem janellas, sendo, por conseguinte escura". (SAINT-HILAIRE, 1938, p. 144)

ALCIDE D'ORBIGNY (1826)

*"As plantações de tabaco constituem a riqueza de Lorena e de **Guaratinguetá**, situadas duas léguas além, em uma extensa savana banhada pelo Paraíba. Uma circunstância bem singular, revelada por Spix e Martius, levaria a crer que os aborígines da região têm, pelo menos, algumas vagas noções de astronomia. Em língua indígena, Guaratinguetá quer dizer: o lugar de onde o Sol volta para trás, e, com efeito, o trópico do Capricórnio passa no máximo a uma légua da aldeia".* (D'ORBIGNY, 1976, p. 173).

AUGUSTO EMÍLIO ZALUAR (1860-1861)

*"**Guará**, ou **guaraz**, é o nome de um pássaro do Brasil branco em pequeno, cinzento depois, e que se torna por fim vermelho. E' a ibis rubra dos naturalistas. Os indígenas enfeitam com as penas de suas asas as canas de guerra, que ficavam como empavesados com a vívida, plumagem. Tinga quer dizer branco, e eté, muito; destas três palavras compôs-se o nome Guaratinguetá, ou guará branco, que se deu no norte da província de S. Paulo a uma de suas mais populosas cidades. Fica esta povoação a duas léguas e meia adiante de Lorena, seguindo a estrada geral da capital. O caminho que atravessamos desdobra-se por terrenos ligeiramente ondulados, e a vista descortina as mais agradáveis disposições do solo, indo fechar-se o leito dos vales aos pés das duas grandes serras da Mantiqueira e Bocaina, que estampam o seu dorso recostado nos últimos limites do horizonte."* (ZALUAR, 1975, p. 78).

PESQUISADOR: Francisco de Assis Carvalho
REVISORA: Dick, 2012.

***

37 Topônimo: IBITURUNA
Taxonomia: *Geomorfotopônimo*
Localização: Área de influência da ER
Caminho: V
MUNICÍPIO: Ibituruna – MG
ACIDENTE: humano / município
ORIGEM: indígena [tupi]
MOTIVAÇÃO: Conforme SILVA (1966, p. 155) *"**Ibituruna** = ETIM. **Ibitu** = **ybytu** = 'designa morro elevado e aurífero, situado em Minas Gerais'. '**Mbi** – **tu** – **rii** – **no** = exprime a natureza aurífera do acidente geográfico".* MATOS, 1837 (1981, p. 232) *"Ibituruna (ou Abituruna), na Comarca do Rio das Mortes, perto do arraial daquele nome. O topônimo é de origem indígena, significando, ao que parece, "Serra Negra", e parece ter sido adotado em razão de ter sido a cidade edificada em local próximo a uma serra negra".*
HISTÓRICO: Ibituruna < São Gonçalo de Ibituruna
Geomorfotopônimo < Hagiotopônimo
ESTRUTURA MORFOLÓGICA: Nf [Ssing]
INFORMAÇÕES ENCICLOPÉDICAS: A origem do nome remonta à bandeira de Fernão Dias Pais, que depois de transpor o Rio Grande, estabeleceu o primário ARRAIAL NA IBITURUNA, o mais antigo lar da pátria mineira. Em 31 de agosto de 1728, consta a provisão de licença aos moradores da Ibituruna, distrito da freguesia de São João del-Rei do Rio das Mortes, para erigirem uma capela em o dito SÍTIO DA IBITURUNA. Foi criada a freguesia em 30 de outubro de 1875, com o título de São Gonçalo da Ibituruna; foi instituída canonicamente a 18 de agosto de 1877. (BARBOSA, 1995, p. 150 / COSTA, 1993, p. 251 / TRINDADE, 1945, p. 119).
ESCRITOS DOS VIAJANTES: n/e
PESQUISADOR: Francisco de Assis Carvalho
REVISORA: Dick, 2012.

***

38 Topônimo: INGAÍ
Taxonomia: *Fitotopônimo*
Localização: Área de influência da ER
Caminho: V
MUNICÍPIO: Ingaí – MG
ACIDENTE: humano / município
ORIGEM: indígena [tupi]
MOTIVAÇÃO: Em *O tupi na geografia nacional*, SAMPAIO (1955, p. 219) define: *"Inghyva, corr. Ingá-yba, a árvore de ingá, a ingazeira"*. SILVA (1966, p. 165): *"Etim = ingá (o ingá)i(contr. de iba, árvore, tronco) 'a árvore do ingá; o pé de ingá, o ingazeiro'". "Ingá (o ingá i = y (rio) 'água do ingá')"*. GREGÓRIO (1980, p. 757) *ingaí ("+ y) = rio do ingá, nome da cidade de Minas*. Outra versão dada ao nome do município, segundo historiadores locais, conta que em uma das viagens de Dom Pedro II ao Município de Luminárias, onde residia um determinado Conde seu amigo, passando pelo arraial de Pinheirinhos, e vendo a quantidade de árvores de Ingá comentou: *"Este local deveria receber o nome de INGAÍ"*, e esta passagem foi tão marcante que o nome perdura até os nossos dias. Ingaí, na língua indígena, significa árvore do ingá, a ingazeira.
HISTÓRICO: Ingaí < Aliança < Pinheirinhos
Fitotopônimo< Sociotopônimo < Fitotopônimo
ESTRUTURA MORFOLÓGICA: Nm [Ssing]
INFORMAÇÕES ENCICLOPÉDICAS: O surgimento de INGAÍ está ligado à capela criada por iniciativa do Pe. Inácio Franco Torres, em 31 de março de 1775, em torno de Carrancas. Em meados do século XVIII, Ingaí já era um povoado, surgido na rota das bandeiras paulistas que desbravavam Minas Gerais. A tradição registra que, em 1890, ocorreu uma desavença entre os habitantes do povoado de Arraial da Ponte. Alguns moradores, dentre eles o capitão Francisco Pinto de Souza, resolveram iniciar outro povoado, no lugar conhecido por ALIANÇA. Tal lugarejo foi crescendo e passou a chamar-se PINHEIRINHOS. Em 1943, já com o nome de INGAÍ, integra o novo município de Itumirim. Tornou-se município pela lei N° 2764, de 30/12/1962. (BARBOSA, 1995, p. 153 / COSTA, 1993, p. 253 / TRINDADE, 1945, p. 121).
ESCRITOS DOS VIAJANTES: n/e
PESQUISADOR: Francisco de Assis Carvalho
REVISORA: Dick, 2012.

***

39 Topônimo: ITAMONTE
Taxonomia: *Litotopônimo*
Localização: Eixo principal da ER
Caminho: V
MUNICÍPIO: Itamonte – MG
ACIDENTE: humano / município
ORIGEM: indígena / portuguesa
MOTIVAÇÃO: GREGÓRIO (1980, p. 773) *"Itamonte (" + monte) + pedra – monte (hibridismo); na cadeia de montanhas (Mantiqueira) há enorme pedra saliente; é nome de uma localidade de Minas perto do Itatiaia, antiga São José do Picu, estropiado para "Picu", o que acarretou a mudança do nome. Bem posteriormente é que foi permutado pelo hibridismo atual Itamonte: monte de pedra. ITAMONTE: é o gênio do Itacolomi da ficção de Cláudio Manuel da Costa no seu poema 'Vila Rica'"*. O nome da Serra, naquela época, era conhecido por ITAPUCU. Esse topônimo foi alterado para TAYPICU, então abreviando-se para Picu, nome que perdurou por muitos anos. Sua verdadeira tradução é: "pedra alta ou comprida". MATOS – 1837 (1981, P. 150) registra: *"Capivari do Picu: Dista 3 ½ léguas da paróquia. Tem 48 fogos e 308 almas"*. O linguajar do povo transformou a pronuncia de pico para "picu", denominação essa que perdurou até a construção de uma capela, sob a invocação de São José, que deu novo nome oficial ao antigo povoado, passando a ser então São José de Picu, e mais tarde São José de Itamonte (pedra de monte ou montanha de pedra), perdendo, assim, seu antigo

nome, o histórico Picu, com origem no famoso pico que denomina toda a zona, servindo por muito tempo como orientação aos Bandeirantes.

HISTÓRICO: Itamonte < Pouso do Picu < São José do Picu < São José do Itamonte

Litotoponimo < Sociotopônimo < Hagiotopônimo< Hagiotopônimo

ESTRUTURA MORFOLÓGICA: Nm [Ssing]

INFORMAÇÕES ENCICLOPÉDICAS: A pedra do Picu tornou-se conhecida em meados do século XVI, quando Martin Afonso de Souza, da Capitania de São Vicente (SP) enviou uma expedição exploratória ao interior. LEFORT (1995, p. 187) destaca que ela foi baliza natural dos taubateanos que adentraram o solo mineiro. Aparece na Expedição de Antônio KNIVET, o célebre marinheiro Cavendish. Outras expedições bandeirantes, notadamente a de 1598, de Francisco Dias d'Avila, Calabar e Glimmer, também atravessaram a célebre serra, rumo a Capivari e Rio Verde. E ficou aberta uma picada para outros aventureiros aos sertões das Minas. A estrada do Picu para Areias foi pedida a D. João VI, no dia 3 de dezembro de 1818, a requerimento dos sulistas mineiros. Apesar de algumas informações contrárias, foi devidamente autorizada a 23 de março do ano seguinte. Houve, todavia, a cláusula de que o próprio povo deveria arcar com a construção, sem prejuízo algum para o erário nacional. *"Essa estrada foi por mais de meio século grande artéria comercial pela qual eram feitas quase todas as comunicações do Sul de Minas com o Rio de Janeiro e localidades intermédias".* Em 1818, um abaixo-assinado de diversos moradores da região pedia licença para construir um atalho da capela de Capivari ao Picu, a fim de facilitar a comunicação com o Rio de Janeiro. Os signatários prontificavam-se a construir o quartel que servisse para o REGISTRO DO PICU. A Câmara de São João del-Rei, com data de 1819, deu informação contrária à pretensão. Mas a verdade é que o atalho foi construído. Da margem do Capivari, logo adiante de Pouso Alto, o atalho dirigia-se diretamente para a Mantiqueira, atravessava a serra, ao lado do pico do Picu, e descia do outro lado, atingindo o rio Paraíba (Avulsos A.P.M.). Aí surgiu o quartel do registro, surgiu o pouso e dele o nome primitivo de Pouso do Picu. Com a descoberta das minas intensificou o êxodo de paulista para as regiões do ouro e a entrada pelo rio Capivari ou Picu tornou-se estrada. Em suas margens, no decorrer do tempo, alguns pousos se transformaram em povoados e cidades. A um desses pousos deu-se o nome de Pouso do Pico, localizado na base da serra, ganhou esse nome por causa de um rochedo no alto do dorso da montanha que se destacava. O altíssimo pico era visto de longe e servia de ponto de orientação aos Bandeirantes do tempo colonial. No local, desenvolveu-se agricultura e criação e, mesmo após o declínio das minas, o caminho não perdeu a sua importância, tornando-se ainda mais intensa. O POUSO DO PICU ganhou aspecto de povoado com a construção de uma CAPELA com a invocação de SÃO JOSÉ. Com isso, o nome passou a ser SÃO JOSÉ DO PICU, sendo que hoje o nome oficial é ITAMONTE que significa pedra do monte ou montanha de pedra. No segundo decênio do século XIX, surge o núcleo populoso, então agregado à Paróquia de Santana do Capivari. Seus habitantes edificaram uma Capela, que foi dedicada a São José. Houve para tanto a execução de um *"breve pontifício"*. Foi visitada por D. Fr. José da Santíssima Trindade, Bispo de Mariana, no ano de 1824. Quando de sua construção, no ano de 1818, era procurador das obras João Jose de Mira, um dos primeiros moradores da localidade. No ano de 1838, pela Lei Mineira nº 112 de 6 de abril, foi autorizado um contrato para a construção de uma estrada da Campanha à Serra do Picu, e de outra de Baependi ao mesmo lugar. Em 02 de dezembro de 1818 – ESTRADA DO PICU – para o fim de obterem a abertura desta estrada, que foi por longo tempo a principal do Sul de Minas, por ela effectuando-se quase todo o comercio dessa vastíssima zona com o Rio de Janeiro, foi nesta data dirigida a D. João VI a petição seguinte: *"Senhor. – Dizem os moradores do vasto território que comprehende as villas da Campanha, Baependy, e Pouso Alto compostas de muitas freguezias que fazem grandes exportações para esta Côrte por muito máo e longo caminho, que segue de Capivary pelo Registro da Mantiqueira ao Porto da Cachoeira, dando a grande volta que se vê no mappa incluso a buscar a villa das Arêas, que elles têm descoberto novos pontos por onde se pode dirigir a estrada mais recta, e por melhor terreno, poupando-se cinco dias de marcha às tropas, que d'ali sahem em numero de mais de tres mil....... – Pedem a Vossa Magestade que attendendo á prosperidade e augmento do commercio e agricultura dos Supplicantes lhes conceda a licença pedida. – E receberão mercê. – Procurador João José de Miranda". – Rio de Janeiro 2 de Dezembro de 1818.* Como distrito do município de Itanhandu, teve sua tradicional denominação de SÃO JOSÉ DO PICU mudada para SÃO JOSÉ DO ITAMONTE, pela lei Nº 955, de 4 de setembro de 1927. E o decreto-lei

Nº 148, de 17 de dezembro de 1938, ao elevar o distrito à cidade, com criação do município, desmembrado do de Itanhandu, reduziu sua denominação para ITAMONTE. O viajante Anthony KNIVET, em *As incríveis aventuras e estranhos infortúnios de Antony Knivet* (1591), assim registrou: *"Depois de concluirmos a viagem pelo rio que mencionei chegamos numa bonita campina cheia de pinheiros, mas asfrutas não estavam maduras e não encontramos nada para comer a não ser um pouco de mel silvestre aqui e ali. Viajamos por pelo menos um mês até que os portugueses começaram a se desesperar e a se desfazer de suas armas, pois não aguentavam mais carregar sua bagagem. Em meio a essa situação miserável o capitão me fez carregar dois mosquetes (assim, eu esperava salvar-me), além de ajudá-lo todos os dias a montar seu acampamento. Meu amigo Henry barraway estava tão doente que muitas vezes tive que carrega-lo nas costas e levava-o constantemente pela mão. Durante essa caminhada tivemos que comer todos os nossos escudos, que eram feitos de pele de búfalo curtida, além de um couro de vaca trazido pelo padre que nos acompanhava para proteger da chuva as coisas que ele usava na missa. Feliz daquele que conseguia um sapo ou uma cobra para comer. Depois que ultrapassamos aquelas campinas, onde perdemos centro e oitenta dos nossos, chegamos novamente às montanhas. Atravessamos um monte alto chamado ITAPUCU, que quer dizer "montanha das pedras compridas", onde realmente havia pedras pretas de uma jarda de comprimento e tão roliças como se fossem de madeira. Quando alcançamos o topo desse monte, não conseguíamos descer exceto pelo método que agora contarei. Nessas montanhas há uma grande quantidade de cipós pendentes e de árvores chamadas jequitibás. Recolhemos esses cipós e os amarramos a uma enorme árvore, assim podendo escorregar por eles por pelo menos umas cem braças. Lá encontramos grande quantidade de palmito e mel silvestre, além de muitos tipos de frutas".* (KNIVET, 2009, p. 102, 104 / BARBOSA, 1995, p. 162 / LEFORT, 1993, p. 187 a 189 / COSTA, 1993, p. 260 / SOUZA, 1950 / PARANHOS, 2005 / FORTES BUSTAMANTE, 1936 / TRINDADE, 1945, p. 92).

ESCRITOS DOS VIAJANTES: n/e
PESQUISADOR: Francisco de Assis Carvalho
REVISORA: Dick, 2012.

***

40 Topônimo: ITANHANDU
Taxonomia: *Litotopônimo*
Localização: Eixo principal da ER
Caminho: V
MUNICÍPIO: Itanhandu – MG
ACIDENTE: humano / município
ORIGEM: indígena [tupi]
MOTIVAÇÃO: GREGÓRIO (1980, p. 774) "Itanhandu: **ita** (pedra) – **nhandu** (ema): *"pedra da ema ou pedra da avestruz".*
HISTÓRICO: Itanhandu < Barra do Rio Verde < Estação de Capivari
Litotopônimo < Geomorfotopônimo < Sociotopônimo
ESTRUTURA MORFOLÓGICA: Nm [Ssing]
INFORMAÇÕES ENCICLOPÉDICAS: ANTONIL, em 1707, fala na *"estalagem do rio Verde"* como lugar de abastecimento e de paragem para o descanso dos mineiros sertanistas. A passagem pelo *Embaú* na trilha do Caminho Velho da Estrada Real fez surgir diversos povoamentos e cidades. O território de Itanhandu era parte integrante do velho distrito eclesiástico e civil de Sant'Ana do Capivari, do qual se desmembrou para constituir-se município. O povoado de Sant'Ana do Capivari constituía um Registro de parada obrigatória para a fiscalização do ouro. Assim, no princípio do século XVIII, um pequeno aglomerado de casas, circundado por várias fazendas, deu origem ao ARRAIAL DE BARRA DO RIO VERDE. Com a inauguração da Estrada de Ferro de Minas-Rio, em 1884, a população começou a crescer. Graças às doações feitas por Joaquim de Almeida Campos, foi construída a primeira capela, dedicada a Nossa Senhora da Conceição. Em 1882, foi iniciada a construção de ferrovia no arraial de BARRA DO RIO VERDE. A estação, inaugurada dois anos mais tarde, denominou-se CAPIVARI. Em 1911, o local foi elevado a distrito, pertencente a Pouso

Alto. E, em 1923, criou-se o município de ITANHANDU. (BARBOSA, 1995, p. 162 / LEFORT, 1993, p. 193 a 195 / COSTA, 1993, p. 260 / SOUZA, 1950 / PARANHOS, 2005 / TRINDADE, 1945, p. 253).

ESCRITOS DOS VIAJANTES

JOHANN BAPTIST VON SPIX / KARL FRIEDRICH PHILIPP VON MARTIUS (1817-1820)

*"Nosso primeiro acampamento, depois da Vila da Campanha, foi o **Arraial do Rio Verde**, pequeno povoado na verde campina circundada de matas, a margem do pequeno Rio Verde, que, tendo metade da largura do Paraiba, corre daqui para o Sapucaí, e sobre o qual se passa por uma regular ponte de madeira. O portão da ponte não se fechava à noite, e diversas de nossas mulas cargueiras, como é costume dos animais de tração, tinham fugido pelo caminho percorrido antes; por isso, não pudemos, na manhã seguinte, reencetar logo a viagem. Era justamente um dia de festa, e perto de uns cem habitantes dos arredores acudiram todos à igreja, para assistir à missa. O prédio é, como a maioria das igrejas da roça, em Minas, pequeno, feito de pau-a-pique simplesmente, sem torre, nem órgão, nem ornamentos interiores. Com essas imperfeições, o culto ganha uma singeleza que, com a presença de todos e até das crianças da família, lembra nessas reuniões de igreja, num país ainda inculto, a feição enternecedora das primeiras cerimônias cristãs"*. (SPIX & MARTIUS, 1981, p. 166).

PESQUISADOR: Francisco de Assis Carvalho

REVISORA: Dick, 2012.

***

42 Topônimo: JECEABA

Taxonomia: *Hidrotopônimo*

Localização: Área de influência da ER

Caminho: V

MUNICÍPIO: Jeceaba – MG

ACIDENTE: humano / município

ORIGEM: indígena

MOTIVAÇÃO: Alusiva à confluência dos rios Camapuã e Paraopeba. GREGÓRIO (1980, p. 835) *"Jeceara = unir-se, juntar-se' **Jeceaba** (" + aba) = união, ajuntamento, confluência; nome de cidade de Minas, distrito de Camapuã, município de Entre Rios de Minas. Alusão à confluência dos Rios Camapuã e Paraopeba".* O nome Camapuã é de origem tupi guarany e significa *"seios erguidos"*

HISTÓRICO: Jeceaba < Camapuã

Hidrotopônimo < Somatotopônimo

ESTRUTURA MORFOLÓGICA: Nf [Ssing]

INFORMAÇÕES ENCICLOPÉDICAS: Na região de Camapuã, distrito de São Brás do Suaçuí, município de Entre Rios de Minas, o Pe. Pedro Pinto, vigário de São Brás do Suaçuí, inaugurou a capela, a 5 de março de 1915. Ao redor da capela formou-se o POVOADO DE CAMAPUÃ, que foi elevado a sede distrital, pelo decreto-lei Nº 148, de 17 de dezembro de 1938. Em 1943, o decreto-Lei Nº 1058. de 31 de dezembro, mudou a denominação do Distrito de Camapuã para JECEABA. E, afinal, a lei Nº 1039, de 12 de dezembro de 1953, foi criado o município de Jeceaba, desmembrado o território do de Entre Rios de Minas. Jeceaba fica na zona dos Campos das Vertentes. O município é constituído de três distritos: Jeceaba, Bituri e Caetano Lopes. (BARBOSA, 1995, p. 173 / COSTA, 1993, p. 268 / TRINDADE, 1945, p. 72).

ESCRITOS DOS VIAJANTES

AUGUSTE FRANÇOIS CESAR PROUVENÇAL DE SAINT-HILAIRE (1816-1822)

*"Plantam-se nos arredores de **Camapoã**, o milho que rende 150 a 200 por um; o feijão, a cana-de-açúcar, o algodão, etc., e a grande quantidade de terrenos que apresentam atualmente campos artificiais, prova que esta região tem sido muito cultivada. Aqui os algodoeiros começam a produzir somente no segundo ano e não duram mais que 4 anos. Dizem que, na região vizinha de **Camapoã**, existem terras auríferas; entretanto não vi, como disse atrás, nenhuma mineração até o lugar chamado Roça da Viúva. Foi próximo desta habitação que comecei a ver terrenos que haviam sido explorados por pesquisadores de ouro, e vi em seguida muitas minerações em Lagoa Dourada, aldeia situada a meia légua de Roça da Viúva."* (SAINT-HILAIRE, 1938, p. 102-103).

RICHARD FRANCIS BURTON (1865-1868)

*"Pelo meio da tarde alcançamos **Camapoão**, distrito e riacho, o último atravessado por uma ponte perigosa. A capelinha estava em obras e algumas fazendas, grandes e pequenas, demonstravam que a terra fornecia café e açúcar. Entrávamos agora em terreno de formação cretácea, que corresponde à de São Paulo, e espalhadas pelo caminho surgiam pedras escuras encrustadas no sílex branco."* (BURTON, 1983, p. 241).
PESQUISADOR: Francisco de Assis Carvalho
REVISORA: Dick, 2012.

***

43 Topônimo: JESUÂNIA
Taxonomia: *Hagiotopônimo*
Localização: Área de influência da ER
Caminho: V
MUNICÍPIO: Jesuânia – MG
ACIDENTE: humano / município
ORIGEM: portuguesa
MOTIVAÇÃO: Um hibridismo nascido do hebraico *"Jesus"*, e do inglês *"land"* com desnasalação.
HISTÓRICO: Jesuânia < Lambari < Lambarizinho
Hagiotopônimo < Zootopônimo< Zootopônimo
ESTRUTURA MORFOLÓGICA: Nf [Ssing]
INFORMAÇÕES ENCICLOPÉDICAS: A história de Jesuânia está incluída na de Lambari. Jesuânia, no entanto, é mais antiga que Lambari, sede da comarca. O povoamento de Jesuânia (antigo Lambari) é anterior ao da atual cidade de Lambari. LEFORT (1993), baseado nos assentamentos eclesiásticos, registra os primeiros moradores aí estabelecidos no século XVIII. A Capela do Senhor Bom Jesus foi edificada em 1817 e 1818, inaugurando-se a 18 de dezembro de 1819. Nesse dia, o Primeiro Capelão Pe. Teodoro José Rodrigues batiza nada menos que 13 pessoas. (LEFORT, 1993, p. 200). Instituída canonicamente a 2 de janeiro de 1852, a paróquia passou a funcionar no ARRAIAL DE LAMBARI, que é a atual Jesuânia. A lei Nº 858, de 14 de maio de 1858, determinou, afinal, que a sede da paróquia das Águas Virtuosas da Campanha fosse transferida para o lugar denominado Lambari; a lei oficializava uma situação de fato. Por fim, em 1867, a lei Nº 1421, de 24 de dezembro, estabeleceu que a sede da freguesia do Lambari passasse a ser a povoação de Águas Virtuosas. O antigo ARRAIAL DO LAMBARI perdeu, assim, a regalia de sede da paróquia, que só foi restaurada com a lei Nº 1659, de 14 de setembro de 1870. A lei Nº 843, de 7 de setembro de 1923, determinou que o distrito de Lambari, no município de Águas Virtuosas, passasse a denominar--se LAMBARIZINHO. O decreto lei Nº 148, de 17 de dezembro de 1938, extinguiu o DISTRITO DE LAMBARIZINHO, transformando-o em zona da cidade, que já se chamava Lambari. Mas o decreto-lei Nº 1058, de 31 de dezembro de 1943, criou, com sede no povoado de Lambarizinho, o distrito, com a denominação de JESUÂNIA. E a lei Nº336, de 1948, elevou Jesuânia à cidade, criando o município. (BARBOSA, 1995, p. 174 / LEFORT, 1993, p. 199 a 202 / COSTA, 1993, p. 269 / TRINDADE, 1945, p. 130).
ESCRITOS DOS VIAJANTES: n/e
PESQUISADOR: Francisco de Assis Carvalho
REVISORA: Dick, 2012.

***

44 Topônimo: LAGOA DOURADA
Taxonomia: *Hidrotopônimo*
Localização: Eixo principal da ER
Caminho: V
MUNICÍPIO: Lagoa Dourada – MG
ACIDENTE: humano / município
ORIGEM: portuguesa

MOTIVAÇÃO: Alusiva ao ouro da Lagoa. A mineração foi o fator responsável pela fundação de Lagoa Dourada que surgiu, por volta de 1625, quando colonizadores portugueses em busca do ouro ou catequizando índios chegaram ao lugar. Uma *"bandeira"*, chefiada por Oliveira Leitão, aqui *"acampou"* e, com a constatação de ouro, iniciou a fundação de um núcleo que recebeu o nome de *"Alagoas"*. MATOS – 1837 (1981, p. 125):

HISTÓRICO: Lagoa Dourada < Santo Antônio da Lagoa Dourada < Curralinho
Hidrotopônimo < Hagiotopônimo < Sociotopônimo

ESTRUTURA MORFOLÓGICA: NCm [Ssing + ADJsing]

INFORMAÇÕES ENCICLOPÉDICAS: A região de Lagoa Dourada estava já bem povoada, por volta de 1717. Segundo informação do Cônego Trindade a CAPELA DE S. ANTÔNIO DA LAGOA DOURADA foi fundada por Dom Frei Antônio de Guadalupe, e benta em 1734, pelo Pe. Manuel da Encarnação Justiniano, que era vigário de Prados. Segundo o censo realizado pelo Juiz de Paz, em 1831, havia em Lagoa Dourada, naquele ano, 1207 livres, 954 cativos, com o total de 2161 moradores. Em 1832, foi elevada à freguesia, com o decreto da regência, de 14 de julho. Foi a paróquia instituída canonicamente em 1834; seu primeiro vigário colado foi Pe. Antônio Rodrigues Chaves. A criação do município de LAGOA DOURADA, com elevação do arraial àvila, deu-se com a lei Nº 556, de 30 de agosto de 1911. O território do município foi desmembrado do de Prados. (BARBOSA, 1995, p. 181 / COSTA, 1993, p. 275 / TRINDADE, 1945, p. 129).

ESCRITOS DOS VIAJANTES

AUGUSTE FRANÇOIS CESAR PROUVENÇAL DE SAINT-HILAIRE (1816-1822)

*"As casas de **Lagoa Dourada** são em geral separadas umas das outras, e dotadas, segundo o costume de uma horta ou de uma plantação de bananeiras. O contraste que as minerações destituídas de verdura fazem com a coloração destes vegetais, a disposição das casas e o pequeno lado próximo, produzem um conjunto muito agradável. Apesar de Lagoa Dourada não ser senão uma sucursal, vi entretanto dois edifícios consagrados ao culto; também aí vi uma loja bem sortida. Esta aldeia seria muito rica, disse-me um seu morador, se os habitantes não tivessem excessivo gosto pelas demandas e não gastassem em "processos" todo o dinheiro que possuem."* (SAINT-HILAIRE, 1975, p. 103).

CHARLES JAMES FOX BUNBURY (1833-1834)

*"Alcancei São João d'El Rei no dia 20, depois de uma viagem de nove horas, de **LagoaDourada**, e lá fiquei todo o dia seguinte."* (BUNBURY, 1981. p. 96).

JOHN LUCCOCK (1808-1818)

*"Depois de avançar por vinte e cinco milhas com rumo sul, a jornada do dia terminou em **Lagoa-Dourada**. O morro em que se acha a vila não tem ligação alguma com qualquer outro e, quando visto a distância, dá a impressão de extremamente áspero. Tendo-lhe alcançado o cume, admirei-me de lá encontrar denso bosque, através do qual passava a estrada, enquanto que os terrenos mais baixos são completamente despidos. Fica a vila numa espécie de rasgão de bem seus quatrocentos pés de fundo. Consta de cêrca de duzentas casas caiadas, de qualidade vurgar, das quais algumas pequenas e umas poucas nada melhores que simples choças. Possue três igrejas e sete capelas; farta munição, não resta dúvida, para as públicas devoções de cêrca de dois mil habitantes. Vivem da produção de minas de ouro, parecendo ter obrado com sucesso maior que muitos de seus vizinhos, pois que em lugar algum, ao norte de São João d'El-Rei, vi eu tantos sinais de conforto. Todavia o povo, em sua generalidade, dava mostras evidentes de ignorância, frivolidade e indolência, embora não destituído de espírito de curiosidade."* (LUCCOCK, 1975, p. 350).

RICHARD FRANCIS BURTON (1865-1868)

*"Depois, descend um caminho escarpado e sinuoso, encontramo-nos em algo de mais civilizado, a freguesia de **Santo Antônio de Alagoa** (comumente **Lagoa**) **Dourada**. Apresenta aspecto de uma só rua, forma favorita das povoações à moda antiga no Brasil. Essas cidades compridas trazem-me à lembrança as povoações do Gabão ou do Congo, cujo sistema perdura nos subúrbios de lugares civilizados como São Salvador, na Bahia. Umas cinquenta casas térreas, como imensos beirais, que lembram vistas do alto, um imenso lance de degraus, estendem-se, afastando-se de norte a sul, espalham-se pela margem meridional de um riacho que corta o fundo minúsculo. É esta uma das cabeceiras do Brumado, chamado pelos antigos, córrego ou ribeirão do Inferno".* (BURTON, 1983, p. 227).

JOHANN BAPTIST VON SPIX / KARL FRIEDRICH PHILIPP VON MARTIUS (1817-1820)

*"Neste lado da montanha, ao longo da estrada, não há vestígios de lavoura; todos os campos estão ressecados e incultos até à Fazenda de Canduaí, a três léguas de São João, e até à igualmente distante povoação de **Lagoa Dourada**, em cujos arredores várias lavagens de ouro, muito ricas antigamente, são exploradas. Neste último lugarejo, festejava-se justamente o padroeiro ou outro Santo."* (SPIX & MARTIUS, 1981, p. 172).

ROBERT WALSH (1828-1829)

*"Às seis da tarde chegamos, encharcados de chuva, ao **arraial de Lagoa Dourada**. Não tínhamos trazido nem burro nem bagagem, apenas uma sacola impermeável com uma muda de roupa, que Patrício carregava sobre a cabeça. Tudo se mantivera seco dentro dela, e assim pudemos trocar nossas roupas. O **arraial de Lagoa Dourada** consiste numa rua comprida, ladeira abaixo, contando aproximadamente com cinquenta casas e três igrejas. Trata-se de uma proporção muito elevada de prédios religiosos para um lugar tão pequeno, mas seus moradores pareciam muito devotos, pois havia cruzes erguidas diante de um número incontável de portas, dando-nos a impressão de que a cada habitante da cidade correspondia uma cruz."* (WALSH, 1976, p. 86).

LUIZ AGASSIZ & ELIZABETH C. AGASSIZ (1865-1866)

*"Até Juiz de Fora seguiram a estrada descrita nos primeiros capítulos deste livro; daí atravessaram a Serra da Mantiqueira, atingiram Barbacena, passaram por **Lagoa-Dourada** e por Prados e atravessaram o rio Corandaí, dirigindo-se para o ponto em que se dividem os primeiros afluentes do Rio Grande, que corre para o sul, e os do rio Paraopeba, que vai para o norte. Atravessaram o Paraopeba nas alturas das serras da Piedade e de Itatiaiassú; em seguida transpuzeram a primeira dessas duas cadeiras de montanhas no vale acidentado onde se acha situada a aldeia de Morro Velho. Passaram assim sucessivamente da bacia do Paraíba do Sul para a do Prata (rio Paraná) e desta última para a do São Francisco: todos esses grandes rios não passam então de pequenos riachos que nascem nessas regiões. Deixando os distritos montanhosos, continuaram a sua rota através de uma longa série de campos e florestas, que se sucedem até Gequitiba, passando por Sabará (sic) Santa Luzia, Lagoa-Santa e Sete-Lagoas".* (AGASSIZ, 1975, p. 627).

PESQUISADOR: Francisco de Assis Carvalho
REVISORA: Dick, 2012.

***

45 Topônimo: LAGOINHA
Taxonomia: *Hidrotopônimo*
Localização: Área de influência da ER
Caminho: V
MUNICÍPIO: Lagoinha – SP
ACIDENTE: humano / município
ORIGEM: portuguesa
MOTIVAÇÃO: Era comum todo *"pouso de tropa"* localizar-se às margens de um rio ou córrego. Assim nasceu Lagoinha: ao redor de um pouso de tropa, junto a uma pequena lagoa que se localizava sob o atual mercado municipal da cidade.
HISTÓRICO: Lagoinha < Vila de Nossa Senhora da Conceição de Lagoinha
Hidrotopônimo < Poliotopônimo
ESTRUTURA MORFOLÓGICA: Nf [Ssing]
INFORMAÇÕES ENCICLOPÉDICAS: A história da cidade começou a ser traçada em 20 de julho de 1863 com a chegada da família de Joaquim Antonio Ribeiro, que veio de Ubatuba. Devido a todos os irmãos terem "Antonio" no seu nome, foram apelidados *"Os Antocas"*. Essa família, bastante católica, levada pelo zelo religioso e particular devoção à Nossa Senhora da Conceição, doou um pequeno pedaço de terra, próximo ao pouso da tropa para a construção de uma capela dedicada aquele título. Ao redor, como era de se esperar, foram surgindo algumas casas e, consequentemente, uma Vila nasceu dando início ao povoado. A capela foi oficializada e passou a receber visitas periódicas de padres e missionários. A paróquia de Nossa Senhora da Conceição de Lagoinha foi elevada à categoria de Freguesia em 26 de março de 1866, através da Lei nº. 879, sendo integrada ao Município de São Luiz do Paraitinga, comarca de Paraibuna. Mais tarde, através da Lei

No. 128, de 25 de abril de 1880, elevou-se à FREGUESIA DE LAGOINHA à categoria de VILA, passando a Município em 1900, com o nome de "VILA DE NOSSA SENHORA DA CONCEIÇÃO DE LAGOINHA".
ESCRITOS DOS VIAJANTES: n/e
PESQUISADOR: Francisco de Assis Carvalho
REVISORA: Dick, 2012.

***

46 Topônimo: LAMBARI
Taxonomia: *Zootopônimo*
Localização: Área de influência da ER
Caminho: V
MUNICÍPIO: Lambari – MG
ACIDENTE: humano / município
ORIGEM: portuguesa / indígena
MOTIVAÇÃO: Em *O tupi na geografia nacional*, SAMPAIO (1955, p. 16) define: *"Alambary, corr. Araberi, arabé-r-i a baratinha; o peixinho, a sardinha. Alt: lambary".*
O topônimo Lambari foi por causa dos peixinhos escamosos *"'Characidium Faciatum, Lambris'*, encontrados em abundância pelos ribeirões e lagoas da região, notadamente no rio que ficou conhecido com o nome de *'Rio Lambari".*
HISTÓRICO: Lambari < Água Santa < Águas Santas < Águas Virtuosas < Águas Virtuosas da Campanha
Zootopônimo < Hidrotopônimo< Hidrotopônimo< Hidrotopônimo< Hidrotopônimo
ESTRUTURA MORFOLÓGICA: Nm [Ssing]
INFORMAÇÕES ENCICLOPÉDICAS: A origem de Lambari liga-se à descoberta das águas minerais em 1780 por Antônio de Araújo Dantas, que, vindo de Campanha, encontrou nascentes em terrenos que havia comprado. Entre os anos de 1830 e 1832, a Câmara Municipal de Campanha desapropriou uma área de doze alqueires dos herdeiros de Antônio de Araújo para executar obras de proteção das fontes. Naquele local foram construídas casas para pessoas que buscavam a cura proveniente das *"águas santas"*. O povoado foi distrito de Campanha até 1901, quando se tornou o município de ÁGUAS VIRTUOSAS. Em 1930, passa a ser denominado Lambari. LEFORT (1993) ressalta que: Lambari desenvolveu-se muito lentamente, nos primeiros tempos, apesar da afluência do povo, procurando saúde e procurando repouso. É o que nos refere o historiador Bernardo Saturnino da Veiga: *"em 1837, constava essa povoação de uma pequena casa de telha, de algumas choças de sapé e de um cercado de esteira no lugar das fontes das águas minerais"*. Entretanto, *"já eram famosas suas águas santas"*. Um agrupamento de primitivas casas foi estabelecido ao longo do rio Lambari, logo na segunda metade do século XVIII. Era a atual Jesuânia, que se levantava com o nome de Lambari. Em 1832, foi escolhido o local para a edificação de um templo dedicado a N. Sra. Da Saúde, a padroeira. O distrito de ÁGUAS VIRTUOSAS DA CAMPANHA foi criado pela Lei provincial nº 487, de 28 de junho de 1850, e mantido pela Lei estadual nº 2, de 14 de setembro de 1891. Instituiu o Município, com território desmembrado de Campanha e Baependi, e a designação de ÁGUAS VIRTUOSAS a Lei estadual nº 319, de 16 de setembro de 1901, ocorrendo a instalação a 2 de janeiro do ano seguinte. O Decreto estadual nº 9.804, de 28 de dezembro de 1930, conferiu-lhe a nova denominação de LAMBARI, continuando com os 2 distritos citados. O Decreto-lei nº 148, de 17 de dezembro de 1938, extinguiu o distrito de Lambarizinho, cujo território passou a constituir zona da mesma denominação do distrito-sede. Na vigência do Decreto-lei estadual nº 1.058, de 31 de dezembro de 1943, o Município era formado pelos distritos de Lambari e Jesuânia, este último criado pelo mesmo ato, com território desanexado do primeiro. (CARROZZO, 1977 / BARBOSA, 1995, p. 183 / LEFORT, 1993, p. 205 a 212 / COSTA, 1993, p. 276 / TRINDADE, 1945, p. 130).
ESCRITOS DOS VIAJANTES: n/e
PESQUISADOR: Francisco de Assis Carvalho
REVISORA: Dick, 2012.

***

47 Topônimo: LAVRAS
Taxonomia: *Sociotopônimo*
Localização: Área de influência da ER
Caminho: V
MUNICÍPIO: Lavras – MG
ACIDENTE: humano / município
ORIGEM: portuguesa
MOTIVAÇÃO: Local de onde se extrai metal ou pedras preciosas; terreno de mineração. (HOUAISS, 2003). MATOS – 1837 (1981, p. 118): *"Lavras do Funil. Arraial situado perto do **Rio do Funil**, que entra pela direita do Rio Verde pouco acima da sua confluência com o Sapucaí. Tem uma igreja paroquial, e 264 fogos. Dista 18 léguas da cabeça do termo. Tem 69 fogos e 393 almas".*
HISTÓRICO: Lavras <Funil do Rio Grande < Lavras do Funil < Santana das Lavras do Funil
Sociotopônimo < Hidrotopônimo < Sociotopônimo < Hagiotopônimo
ESTRUTURA MORFOLÓGICA: Nf [S.pl]
INFORMAÇÕES ENCICLOPÉDICAS: O início do povoamento nas LAVRAS DO FUNIL pode ser datado em 1729, segundo se depreende da sesmaria de três léguas concedida em 1737 ao capitão de cavalos Pedro da Silva Miranda, Francisco Bueno da Fonseca, Salvador Jorge Bueno, Pascoal Leite Pais, Diogo Bueno e Manuel Francisco Xavier Bueno, que tinham posses e feitorias. Assim, pela provisão de 18 de setembro de 1751, obtiveram os moradores das Lavras do Funil, freguesia de Carrancas, licença para erigir uma capela em honra da SENHORA SANTA ANA. A capela foi construída mediante a doação do terreno feita por Luís Gomes Salgado, em 1754. O arraial formou-se ao redor da capela. Em 1760, o bispo Dom Frei Manuel da Cruz, primeiro bispo de Mariana, atendendo ao pedido da população, determinou a construção de uma igreja Matriz em LAVRAS DO FUNIL, que, de agora em diante, tornava-se sede paroquial. A vila Lavras do Funil foi criada em 13 de outubro de 1831. Foi elevada à categoria de cidade com a lei nº 1510, de 20 de julho de 1868. (BARBOSA, 1995, p. 186 / COSTA, 1993, p. 277 / TRINDADE, 1945, p. 131).
ESCRITOS DOS VIAJANTES
MANUEL AIRES DE CASAL (1817)
*"**Nossa Senhora da Conceição das Lavras do Funil**, 18 léguas afastada de São João del Rei; os seus habitantes são agricultores e criadores de gado; Nossa Senhora da Conceição de Pouso Alto, 14 léguas afastada da Vila da Campanha, onde se recolhe algodão e trigo; Nossa Senhora da Conceição da Juruoca; São Gonçalo, noutro tempo arraial grande e florescente, perto de 5 léguas arredado da Vilada Campanha; seus habitantes são mineiros e agricultores."*(CASAL, 1976, p. 173).
JOHANN BAPTIST VON SPIX / KARL FRIEDRICH PHILIPP VON MARTIUS (1817-1820)
*"Ao norte e quatro léguas além do Rio do Peixe, junto de uma capela solitária, chamada Campo Belo, onde encontramos certa quantidade de granadas soltas, do tamanho de uma avelã, a estrada para Vila de São João do Príncipe se separa em duas; a oeste, ela segue mais pelo vale, passando por Boa Vista, Brambinho e **Arraial das Lavras do Funil**; tem mais povoamento e é um tanto mais comprida. A leste vai outra pela montanha, por veredas pouco frequentadas. Tomamos por este último caminho, pois contrariava-nos descer desta região serena, onde, sem sermos perturbados, podíamos entregar-nos aos sentimentos alegres com que na montanha a alma do viajante se sente rejuvenescida."* (SPIX & MARTIUS, 1981, p. 166).
PESQUISADOR: Francisco de Assis Carvalho
REVISORA: Dick, 2012.

***

48 Topônimo: LAVRINHAS
Taxonomia: *Litotopônimo*
Localização: Área de influência da ER
Caminho: V
MUNICÍPIO: Lavrinhas – SP
ACIDENTE: humano / município

ORIGEM: portuguesa

MOTIVAÇÃO: LAVRA é a exploração comercial de uma jazida; local de onde se extrai metal ou pedras preciosas; terreno de mineração (HOUAISS, 2003). O nome LAVRINHA teve origem do fato de ter-se encontrado no local uma pequena lavra de ouro

HISTÓRICO: Lavrinhas < Pinheiros < São Francisco de Paula dos Pinheiros

Litotopônimo < Fitotopônimo < Hagiotopônimo

ESTRUTURA MORFOLÓGICA: Nf [S.pl]

INFORMAÇÕES ENCICLOPÉDICAS: O município de Lavrinhas teve origem no povoado fundado por Honório Fidélis do Espírito Santo e Manoel Novaes da Cruz, em 1828, em torno da Capela de São Francisco de Paula, na localidade denominada PINHEIROS. Este povoado levou inicialmente o nome de SÃO FRANCISCO DE PAULA DOS PINHEIROS e pertencia ao antigo território de Areias. Com a elevação de Queluz à categoria de Vila, em 1842, Pinheiros foi anexada ao território da nova vila. Aos 27 dias do mês de junho do ano de 1881, o presidente da Província de São Paulo, o Senador do Império Sr. Florêncio Carlos de Abreu, sancionou a Lei nº 87 da Assembleia Provincial, elevando São Francisco de Paula dos Pinheiros à categoria de município e desmembrando-o do território de São João Batista de Queluz, mantendo ainda as mesmas divisas territoriais. Em 1906 foi criado o DISTRITO DE LAVRINHAS e somente após o Decreto 1.021 de 06 de novembro do mesmo ano, SÃO FRANCISCO DE PAULA DOS PINHEIROS passou a se chamar PINHEIROS. A Lei nº 1.592, de 28/12/1917, criou o DISTRITO DE LAVRINHAS, distante 6 km da sede de Pinheiros e onde o Coronel Manuel Pinto Horta, grande benfeitor e político influente, teve a efetiva participação. Em 1945 a Câmara Municipal foi instalada definitivamente em Lavrinhas.

ESCRITOS DOS VIAJANTES: n/e

PESQUISADOR: Francisco de Assis Carvalho

REVISORA: Dick, 2012.

***

49 Topônimo: LOBO LEITE

Taxonomia: *Antropotopônimo*

Localização: Eixo principal da ER

Caminho: V

MUNICÍPIO: Congonhas – MG

ACIDENTE: humano / município

ORIGEM: portuguesa

MOTIVAÇÃO: Homenagem ao engenheiro FRANCISCO LOBO LEITE PEREIRA, Chefe do Prolongamento da Estrada de ferro Central do Brasil em 1884.

HISTÓRICO: Lobo Leite < Felipe dos Santos < Nossa Senhora da Soledade

Antropotopônimo < Antropotopônimo < Hagiotopônimo

ESTRUTURA MORFOLÓGICA: NCm [Ssing + Ssing] [prenome + apelido de família]

INFORMAÇÕES ENCICLOPÉDICAS: Antiga SOLEDADE, sua capela foi construída na primeira metade do século XVIII, como filial da igreja de Ouro Branco, a princípio; e depois, filial de Congonhas. A segunda capela, informa Cônego Trindade, foi edificada por provisão de 9 de novembro de 1756. O distrito de Soledade, no município de Ouro Preto, foi suprimido pela lei Nº 45, de 17 de março de 1836 e seu território incorporado ao de Congonhas. Só foi restaurado em 1890; o decreto Nº 129, de 2 de julho de 1890, elevou a distrito de paz o policial denominado Soledade, "sito na estação de Congonhas da E.F.C.B.", no município de Ouro Preto. O distrito de Soledade teve sua denominação mudada para FELIPE DOS SANTOS, pela lei Nº 843, de 7 de setembro de 1923. Pouco depois, era o nome do distrito de Felipe dos Santos mudado para Lobo Leite, pela lei Nº 921, de 24 de setembro de 1926. (BARBOSA, 1995, p. 188-189 / COSTA, 1993, p. 279).

ESCRITOS DOS VIAJANTES: n/e

PESQUISADOR: Francisco de Assis Carvalho

REVISORA: Dick, 2012.

***

50 Topônimo: LORENA
Taxonomia: *Antropotopônimo*
Localização: Eixo principal da ER
Caminho: V
MUNICÍPIO: Lorena – MG
ACIDENTE: humano / município
ORIGEM: portuguesa
MOTIVAÇÃO: Homenagem ao Governador de São Paulo, BERNARDO JOSÉ DE LORENA, Conde de Sarzedas. Em *O tupi na geografia nacional*, SAMPAIO (1955, p. 112) define *"'Guaypacaré' é um nome tupi que significa braço ou seio da Lagoa Torta, em virtude de um braço do Rio Paraíba ali existente na época. Goapacaré, alteração de Goá-upá-caré, que quer dizer: baixa da lagôa torta, ou do braço, em alusão ao braço do Parahyba que ahi existe".* Mais tarde, o nome original deu-se por, por corruptela, Hepacaré, que significa, para MARQUES (1980), *"lugar das goiabeiras".* Em 1718, sob a invocação de **Nossa Senhora da Piedade** se constituía em Freguesia. De acordo com XAVIER FERNANDES (1943, p. 65): *"Hepacaré: enseada da ilha de rio".*
HISTÓRICO: Lorena <Nossa Senhora da Piedade < Porto de Guaypacaré < Guaypacaré
Antropotopônimo < Hagiotopônimo < Sociotopônimo < Hidrotopônimo
ESTRUTURA MORFOLÓGICA: Nf [Ssing] [apelido de família]
INFORMAÇÕES ENCICLOPÉDICAS: Conhecida como Vila de Guaypacaré (1705), a freguesia foi criada em 1718 e o município em 1788. Remotamente era um pequeno povoado encrustado nos sertões de Guaratinguetá, depois as Roças de Bento Rodrigues Caldeira. *"O povoamento do sertão de Guaypacaré, que depois de 1788 se transformou no grande município lindeiro, que foi Lorena, processou-se, como era habitual, nas velhas zonas paulistas, pela precária, incerta e irregular infiltração de elementos independentes que, esparsamente se foram fixando pela vastidão de suas terras êrmas. Querem alguns, que o mais antigo conglomerado humano destas paragens, se houvesse localizado no Embaú, em virtude de uma pretensa passagem de Braz Cubas, Já no ano de 1560, em demanda do altiplano mineiro, onde a sua presença por essa era, foi certamente verificada".* (RODRIGUES, 1956, p. 5). Logo em seguida, "FREGUESIA DE NOSSA SENHORA DA PIEDADE", mas para os índios ela sempre foi "GUAYPACARÉ". Lorena foi elevada à cidade em 1856. Conhecida pela cidade das "palmeiras imperiais" recebeu a Monarquia Imperial Brasileira, desde D.Pedro I, cujo caminho este foi para a Proclamação da Independência, e em sua estadia plantou pessoalmente uma das palmeiras da conhecida Rua da Palmeiras. Depois recebeu a visita do Imperador D. Pedro II, Princesa Isabel e seu marido, o Conde D'eu, que se hospedaram na suntuosa residência do Sr. Conde Moreira Lima. (REIS, 1971).
ESCRITOS DOS VIAJANTES
MANUEL AIRES DE CASAL (1817)
*"**Lorena** vila medíocre, e bem situada na margem direita do Rio Paraíba, 3 léguas ao nascente de Guaratinguetá, e 2 acima das fozes do Rio Imbuí, que vem da Mantiqueira, e do Bocaina que vem do sul, (e tem a nascença vizinha à do que o observe), na passagem para Minas Gerais denominada Porto do Meira, e ornada com a igreja matriz, cujo orago é N. Senhora da Piedade. Guaipacaré foi o seu primeiro nome."* (CASAL, 1976, p. 112).
JOHANN BAPTIST VON SPIX / KARL FRIEDRICH PHILIPP VON MARTIUS (1817-1820)
*"A vila de **Lorena**, antes chamada **Guaipacaré**, sítio pobre, sem importância, constando de umas quarenta casas, apesar dos férteis arredores do tráfego, entre São Paulo e Minas Gerais. A estrada de São Paulo para Minas passa, aqui, em dois pontos; Porto da Cachoeira e Porto do Meira, sobre o Paraiba, que corre meio quarto de hora a oeste da vila. O comércio principal de São Paulo para Minas consiste em mulas, cavalos, sal, carne seca, ferragens e todos os demais produtos de fabricação, que costumam ser despachados da costa para o interior."* (SPIX & MARTIUS, 1981, p. 106).
AUGUSTE FRANÇOIS CESAR PROUVENÇAL DE SAINT-HILAIRE (1816-1822)
*"A **villa de Lorena** fica situada á margem do Parahyba, á extremidade da região plana e pantanosa que acabo de descrever. E' pouco avultada mas tem posição risonha. As ruas que a compõem são muito menos largas do que as das cidades e aldeias da capitania de Minas; ficam-lhes as casas apertadas umas ás outras. Em geral não caiadas, pequenas, apenas tem um pavimento mas são bem tratadas e o seu exterior apresenta um ar de asseio que agrada. Na principal rua, que atravessámos, em todo o seu comprimento, vêm-se varias lojas bem sortidas e entre ellas,*

notei algumas de latoeiros, o que é muito raro na capitania de Minas. A egreja parochial forma um dos lados da pequena praça quadrada. Em outra praça irregular, e ainda menor que a primeira fica segunda egreja dedicada a Nossa Senhora do Rosário. Esta foi a única que visitei. Não tem dourados como as egrejas de Minas, e unicamente se adorna de pinturas bastante grosseiras. Em frente á egreja do Rosário dica o paço municipal pequena construcção de um só andar, mas muito limpa, cujo rez do chão é, segundo o costume geral do Brasil, occupado pela cadeia." (SAINT-HILAIRE, 1938, p. 142-143).

ALCIDE D'ORBIGNY (1826)

*"Um pouco além, fica a povoação de **Lorena**, ou **Guaipacaré**, com umas quarenta casas, pouco importante, apesar da fertilidade de suas terras e de sua situação entre São Paulo e Minas Gerais. O comércio local consiste, por parte de São Paulo, de mulas, cavalos, sal, carne seca, quinquilharias e outros artigos manufaturados, em troca dos quais a província de Minas Gerais fornece ouro, pedras preciosas e algodão."* (D'ORBIGNY, 1976, p.).

GEORGE HEINRICH VON LANGSDORFF (1822-1829)

*"Em **Lorena**, o Capitão, Comandante Francisco, recebeu-me muito friamente e mandou-me para uma estalagem para providenciar hospedagem para mim e para os animais. No entanto, depois de atravessar um terrível lamaçal, tive que voltar, pois encontrei todos os quartos ocupados. Reclamei junto ao Comandante, dizendo-lhe que, mesmo que encontrasse lugar na estalagem, seria inconveniente ficar lá. Pedi-lhe, então, que me mostrasse a casa do padre, o que fez com que ele decidisse me oferecer a sua hospitalidade e se desculpasse pela enfermidade de sua esposa e pela falta de espaço. De resto, fui muito bem servido e parti, na manhã seguinte, às 5h."* (LANGSDORFF, 1997, p. 63).

AUGUSTO EMÍLIO ZALUAR (1860-1861)

*"A posição topográfica de **Lorena*** não podia ser melhor escolhida, e tem todos os elementos para um dia vir a ser uma das maiores cidades do interior. É pena porém que os edifícios públicos não condigam com o bom gosto de suas construções particulares. A matriz, que tem as proporções de um templo grandioso, está ainda por. terminar, e acusa talvez a negligência do governo, que não auxilia eficazmente uma obra que já custou tantos contos de réis ao povo, e se deteriorará se o Estado lhe não acudir com o produto de algumas loterias, cuja sanção se espera do Senado. A uma arquitetura imponente e majestosa junta esta igreja um âmbito imenso, e está colocada em uma. vasta praça em frente ao Paraíba, cujas águas parecem espraiar-se a seus pés." (ZALUAR, 1975, p. 73-74).

PESQUISADOR: Francisco de Assis Carvalho
REVISORA: Dick, 2012.

***

52 Topônimo: MADRE DE DEUS DE MINAS
Taxonomia: *Hagiotopônimo*
Localização: Área de influência da ER
Caminho: V
MUNICÍPIO: Madre de Deus de Minas – MG
ACIDENTE: humano / município
ORIGEM: portuguesa
MOTIVAÇÃO: Alusiva à padroeira do lugar. CIANITA: s. f.: *min. mineral. Silicato de alumínio. Ocorre em diversas tonalidades de azul e verde, cinza e branco.* Topônimo motivado pelos grandes depósitos desse minério em suas terras. (CUNHA, 1986, p. 181).
HISTÓRICO: Madre de Deus de Minas < Madre de Deus < Madre de Deus do Rio Grande < Cianita
Hagiotopônimo <Hagiotopônimo <Hagiotopônimo < Litotopônimo
ESTRUTURA MORFOLÓGICA: NCf [Ssing + {Prep + Ssing + Prep + Spl]
INFORMAÇÕES ENCICLOPÉDICAS: O povoado teve início no século XVIII, ao redor da capela primitiva, filial da paróquia de São João dei-Rei. O patrimônio da capela foi constituído por Antônio Rosa, em 1753. Foi elevado à freguesia, no município de São João del-Rei, por lei provincial Nº 1032, de 6 de julho de 1859. Chamava-se, então, MADRE DE DEUS DO RIO GRANDE. Em 1923, já integrando o município de Turvo (atual Andrelândia), teve sua denominação mudada para CIANITA (lei Nº 843, de 7 de setembro de

1923). A vila de Cianita foi elevada à cidade, com a denominação de MADRE DE DEUS DE MINAS, com a lei Nº 1039, de 12 de dezembro de 1953. (BARBOSA, 1995, p. 192 / COSTA, 1993, p. 281 / TRINDADE, 1945, p. 288).
ESCRITOS DOS VIAJANTES: n/e
PESQUISADOR: Francisco de Assis Carvalho
REVISORA: Dick, 2012.

***

53 Topônimo: MARIA DA FÉ
Taxonomia: *Antropotopônimo*
Localização: Área de influência da ER
Caminho: V
MUNICÍPIO: Maria da Fé – MG
ACIDENTE: humano / município
ORIGEM: portuguesa
MOTIVAÇÃO: Lenda que conta que uma mulher chamada de *Maria da Fé*, acompanhando uma das bandeiras na região, casou-se com o cacique Jequitibá, quando ele concordou em revelar os segredos das minas de ouro aos aventureiros. Adquirindo grande poder como esposa do cacique, Maria da Fé empreendeu-se na colonização do lugar a partir de sua fazenda, e foi a grande responsável pela prosperidade do município e pelo atual nome da cidade. Ao contrário da grande maioria das cidades mineiras, o início do povoado se deu através da iniciativa feminina.
HISTÓRICO: Maria da Fé < Campos de Maria da Fé
Antropotopônimo < Fitotopônimo
ESTRUTURA MORFOLÓGICA: NCf [Ssing + {Prep + Ssing}] [prenome]
INFORMAÇÕES ENCICLOPÉDICAS: Vindos de Cristina, João Carneiro Santiago e José Correia de Carvalho obtiveram uma sesmaria formada por terra do local denominado CAMPOS, perto daquele município. Mais ou menos em meados do século XIX, foi a gleba dividida em duas partes onde um instalou sua fazenda, começando com seus escravos e familiares as culturas agrícolas e a exploração das riquezas existentes. Com a morte de seus primitivos donos, as duas grandes fazendas foram sendo repartidas entre os herdeiros, e isto aliado às constantes chegadas de moradores, determinou o progresso da região. A cidade propriamente dita começou a edificar-se em terras de João Ribeiro de Paiva, que foi quem primeiro instalou uma casa comercial, de sociedade com o Sr. Honório Costa. Em seguida, construíram-se outras casas e o povoado foi progredindo, até que, em 1859 foi elevado à categoria de distrito, com o nome de CAMPOS DE MARIA DA FÉ e pertencendo ao município de Cristina. A Lei nº 566, de 30-8-1911, emancipou o Distrito, que passou a município com o nome de MARIA DA FÉ. (BARBOSA, 1995, p. 195 / COSTA, 1993, p. 285).
ESCRITOS DOS VIAJANTES: n/e
PESQUISADOR: Francisco de Assis Carvalho
REVISORA: Dick, 2012.

***

54 Topônimo: MARMELÓPOLIS
Taxonomia: *Fitotopônimo*
Localização: Área de influência da ER
Caminho: V
MUNICÍPIO: Marmelópolis – MG
ACIDENTE: humano / município
ORIGEM: portuguesa
MOTIVAÇÃO: Grande produção de marmelos, fonte maior da economia municipal.
HISTÓRICO: Marmelópolis < Queimada
Fitotopônimo < Sociotopônimo

ESTRUTURA MORFOLÓGICA: Nm [Spl]
INFORMAÇÕES ENCICLOPÉDICAS: O município está situado no extremo da região sul, em pleno maciço da Mantiqueira, e é banhado pelo rio Santo Antônio, que se constituía numa das vias de acesso utilizadas pelas bandeiras que penetravam o território de Minas Gerais, no auge do Ciclo do Ouro. Em torno das lavras de Moniz Pinto Coelho da Cunha, surgiu o arraial de QUEIMADA no terreno doado por Antônio Garcia Velho e elevado à freguesia de Nossa Senhora da Soledade de Itajubá em 1757. A Freguesia de Nossa Senhora da Soledade de Itajubá transformou-se no município de Delfim Moreira e o povoado de Queimada foi elevado à categoria de distrito em 1953, originando o município de MARMELÓPOLIS, em 1962. (BARBOSA, 1995, p. 198 / COSTA, 1993, p. 287).
ESCRITOS DOS VIAJANTES: n/e
PESQUISADOR: Francisco de Assis Carvalho
REVISORA: Dick, 2012.

***

55 Topônimo: MINDURI
Taxonomia: *Zootopônimo*
Localização: Área de influência da ER
Caminho: V
MUNICÍPIO: Minduri – MG
ACIDENTE: humano / município
ORIGEM: indígena
MOTIVAÇÃO: GREGÓRIO (1980, p. 941): *"**Mindurim**: minduri = abelha silvestre, **minduri**: nome de serra e pequena cidade do Sul de Minas, antiga Andradina, município de Francisco Sales".*
HISTÓRICO: Minduri < Estação de Minduri < Andradina < Paiol
Zootopônimo < Sociotopônimo < Antropotopônimo < Ergotopônimo
ESTRUTURA MORFOLÓGICA: Nm [Ssing]
INFORMAÇÕES ENCICLOPÉDICAS: Nas proximidades, o pico Minduri deu o nome à ESTAÇÃO que, até 1920, não passou de um posto de abastecimento de combustível para a via férrea. Em torno da pequena construção religiosa, foram surgindo casas de forasteiros que ali se fixaram, nascendo, assim, o povoado de PAIOL (nome dado pela existência de uma propriedade rural dos arredores). Em 1934, foi criado o distrito e, neste mesmo ano, no dia 1º de agosto, PAIOL passou a denominar-se ANDRADINA (em homenagem à família Andrade), elevando-se a distrito em 17 de dezembro de 1838. Em 1953, o distrito foi elevado à categoria de município com o nome de MINDURI por causa da denominação de um acidente geográfico existente em seu território – *Pico Minduri*. (BARBOSA, 1995, p. 205 / COSTA, 1993, p. 292).
ESCRITOS DOS VIAJANTES: n/e
PESQUISADOR: Francisco de Assis Carvalho
REVISORA: Dick, 2012.

***

56 Topônimo: MOEDA
Taxonomia: *Ergotopônimo*
Localização: Área de influência da ER
Caminho: V
MUNICÍPIO: Moeda – MG
ACIDENTE: humano / município
ORIGEM: portuguesa
MOTIVAÇÃO: Surgiu no início dos anos de 1700, Brasil-Colônia, quando alguns portugueses, para fugir dos altos impostos do quinto, construíram no meio da mata, na base da Serra, um casarão denominado de "FAZENDA BOA MEMÓRIA" ou "FAZENDA BOA VISTA". A construção tornou-se a primeira fundição clandestina de moedas falsas do País. Anos mais tarde, após prisão dos falsificadores, os moradores da região

identificaram o casarão como "Fazenda da Moeda". Após este fato os moradores da região batizaram a serra que até então se chamava *"Serra do Paraopeba"*, com o nome de *"Serra da Moeda"*.

HISTÓRICO: Moeda < São Caetano da Moeda < Fazenda da Moeda <Fazenda da Boa Memória
Ergotopônimo < Hagiotopônimo < Sociotopônimo < Sociotopônimo

ESTRUTURA MORFOLÓGICA: Nf [Ssing]

INFORMAÇÕES ENCICLOPÉDICAS: A história de Moeda, em tempos passados, não se trata de um fato isolado, pois seus distritos mais antigos como *"vila coco"*, *"são Caetano da moeda"* e *"porto alegre"* e, mais recentemente a própria sede, Moeda, pertenceram administrativamente e judiciariamente a vários municípios: Ouro Preto, Bonfim, Congonhas e Belo Vale. Nas imediações foi erguida uma pequena igreja dedicada a São Caetano, povoado que veio a denominar-se SÃO CAETANO DA MOEDA.O Município de MOEDA foi criado pela lei Nº 1039, de 12 de dezembro de 1953, com território desmembrado do de Belo Vale. (BARBOSA, 1995, p. 206 / COSTA, 1993, p. 293 / TRINDADE, 1945, p. 207).

ESCRITO DOS VIAJANTES: n/e

PESQUISADOR: Francisco de Assis Carvalho

REVISORA: Dick, 2012.

***

57 Topônimo: NAZARENO
Taxonomia: *Hagiotopônimo*
Localização: Área de influência da ER
Caminho: V
MUNICÍPIO: Nazareno – MG
ACIDENTE: humano / município
ORIGEM: portuguesa
MOTIVAÇÃO: Homenagem à NOSSA SENHORA DE NAZARÉ. Sabe-se que o município era anteriormente denominado NAZARÉ, mas passou a denominar-se NAZARENO porque havia um outro município, no território Nacional, com o nome de NOSSA SENHORA DE NAZARÉ.

HISTÓRICO: Nazareno < Ribeiro Fundo < Nossa Senhora de Nazaré < Nazaré
Hagiotopônimo < Hidrotopônimo < Hagiotopônimo< Hagiotopônimo

ESTRUTURA MORFOLÓGICA: Nm [Ssing]

INFORMAÇÕES ENCICLOPÉDICAS: Chamava-se, a princípio, NOSSA SENHORA DO NAZARÉ ou, simplesmente, NAZARÉ. A capela primitiva foi fundada por provisão do Bispo do Rio de Janeiro, Dom Frei Antônio de Guadalupe, de 9 de março de 1734, no lugar denominado RIBEIRO FUNDO, a pedido de Manuel de Seixas Pinto. O DISTRITO DE NOSSA SENHORA DO NAZARÉ teve sua denominação oficial reduzida para NAZARÉ, pelo decreto-lei Nº 148, de 17 de dezembro de 1938. O distrito de Nazaré, sempre no município de São João del-Rei, sofreu nova mudança na denominação, com o decreto-lei Nº 1058, de 31 de dezembro de 1943: passou a NAZARENO. E, afinal, em 1953, foi o distrito de Nazareno desmembrado do município de São João del-Rei, para constituir município autônomo. (BARBOSA, 1995, p. 217 / COSTA, 1993, p. 302 / TRINDADE, 1945, p. 210).

ESCRITOS DOS VIAJANTES: n/e

PESQUISADOR: Francisco de Assis Carvalho

REVISORA: Dick, 2012.

***

59 Topônimo: PARATY
Taxonomia: *Zootopônimo*
Localização: Eixo principal da ER
Caminho: V
MUNICÍPIO: Paraty – RJ
ACIDENTE: humano / município

ORIGEM: indígena [tupi]
MOTIVAÇÃO: Em *O tupi na geografia nacional*, SAMPAIO (1955, p. 260) define *"Paraty, corr. **Pará-ty** a jazida do mar; o lagamar, o golfo. Confunde-se frequentemente com **pirati (pirá-ti)**, o peixe branco, a tainha (**Mugil liza**, Curv.). Rio de Janeiro"*.
HISTÓRICO: Parati < Vila de Paraty < Nossa Senhora dos Remédios de Paraty
Zootopônimo < Poliotopônimo < Hagiotopônimo
ESTRUTURA MORFOLÓGICA: Nm [Ssing]
INFORMAÇÕES ENCICLOPÉDICAS: A cidade foi povoada entre 1533 e 1560; em 1667 teve sua emancipação política decretada pelo rei de Portugal, tornando-se uma vila independente de Angra dos Reis. A cidade foi sede do mais importante porto exportador de ouro do Brasil, durante o período colonial. Nos primeiros anos do descobrimento, já era conhecida dos portugueses a trilha aberta pelos índios goianases ligando o Vale do Paraíba às praias de Paraty. No entanto, somente em 1630 haveria de ocorrer o povoamento da região, quando Maria Jacome de Melo recebeu em doação uma área cortada pelo rio Paratii-guaçu, dentro da Capitania de São Vicente. Naquele ano, Maria Jacome doou parte de sua sesmaria para nela se estabelecer a futura Vila de Paraty. Erigiu-se então a capela dedicada a Nossa Senhora dos Remédios. A partir de 1654 várias rebeliões ocorrem entre os moradores que queriam torná-la independente de Angra dos Reis, mas somente em 1667 é criada a VILA DE NOSSA SENHORA DOS REMÉDIOS DE PARATY. Em 1702, o Governador do Rio de Janeiro determina que todas as mercadorias (inclusive o ouro) somente poderiam ingressar na Colônia pela cidade do Rio de Janeiro e daí tomar o rumo de Paraty, de onde seguiriam para Minas Gerais, pela antiga trilha indígena já pavimentada com pedras irregulares, que passou a ser conhecida por Caminho do Ouro. Sem contar com a riqueza produzida pelo transporte de ouro, os habitantes da vila dedicam-se, a partir do século XVII, à produção de aguardente, que passou a ser chamada justamente de parati. Já em 1820 eram 150 destilarias em atividade. O viajante Anthony KNIVET, em *As incríveis aventuras e estranhos infortúnios de Antony Knivet* (1591), assim registrou: *"No dia quatorze de outubro de 1597, partimos com seis canoas pelo mar até um porto que fica a umas trinta milhas do Rio de Janeiro, chamado PARATY. No dia em que partimos veio-nos uma tal tempestade que achamos que iríamos todos nos afogar. Mas foi graças à vontade de Deus que nos salvamos, pois, embora as canoas tivessem virado e nós perdido tudo o que tínhamos, agarramo-nos com força ao fundo delas até chegarmos na praia,com enorme risco de vida. A distância do local em que chegamos até o rio Guaratiba era de três milhas, que percorremos por terra, enquanto mandamos as canoas de volta ao Rio de Janeiro para buscar provisões. Ficamos dois dias em Guaratiba até que as canoas voltassem e no terceiro fomos para Ilha Grande, num lugar chamado Ipuá, onde moravam dois ou três portugueses. Lá conseguimos uma boa quantidade de batatas e bananas para comer e ficamos uma ilha chamada Jaquarapipo. Quando esses índios chegaram, partimos em nossas canoas para nosso destino, que era horto chamado Paraty. Durante a noite, enquanto atravessávamos uma grande baía, uma baleia virou uma de nossas canoas, mas recolhemos os homens que caíram no mar e continuamos em nossa rota. No dia seguinte o capitão ordenou que retirássemos todas as canoas da água e as cobríssemos com galhos, para imediatamente continuar a viagem por terra. Naquela noite chegamos em PARATY e veio-nos um canibal chamado Aleixo de uma aldeia chamada Juqueriquerê, que fica no continente bem em frente à ilha de São Sebastião. Esse índio trouxe oitenta arqueiros e se ofereceu, juntamente com seu grupo, para viajar conosco. No dia seguinte seguimos viagem através das montanhas e à noite, quando o capitão viu Aleixo dormindo no chão, tirou a rede em que eu dormia e deu-a ao canibal, forçando-me a dormir no solo. Reclamei com alguns portugueses da maneira desleal com que o capitão tinha me tratado, mas eles responderam que o pai dele tinha me mandado naquela viagem só para que perecesse. Respondi: "Seja feita a vontade de Deus." Passados três dias de viagem, chegamos ao pé de uma enorme montanha chamada pelos índios de Paranapiacaba que, na nossa língua, quer dizer "vista do mar".*(KNIVET, 2009 p. 93, 95 / RIBAS, 2003).
ESCRITOS DOS VIAJANTES
MANUEL AIRES DE CASAL (1817)
*"**Parati**, vila considerável com título de Condado, florescente, e famosa pelas suas águas ardentes reputadas por as melhores do Estado, criada em mil seiscentos e sessenta, situada num terreno plano ao lado ocidental da Baía da Ilha-Grande entre o Rio Patetiva, e o que lhe empresta o nome, com ruas direitas encruzadas retamente, bons edifícios de pedra, ornada com uma igreja paroquial da Invocação de Nossa Senhora dos Remédios, e as capelas da*

Lapa, e das Dores. Tem Juiz de Fora, e professores régios de primeiras Letras, e Latim, e muito comércio. Fica vinte três léguas ao poente da Metrópole." (CASAL, 1976, p. 194).
PESQUISADOR: Francisco de Assis Carvalho
REVISORA: Dick, 2012.

***

60 Topônimo: PASSA QUATRO
Taxonomia: *Dirrematotopônimo*
Localização: Eixo principal da ER
Caminho: V
MUNICÍPIO: Passa Quatro – MG
ACIDENTE: humano / município
ORIGEM: portuguesa
MOTIVAÇÃO: A origem do nome Passa Quatro se refere à orientação do bandeirante Fernão Dias Paes Leme sobre como se devia proceder para chegar ao pouso onde fica a cidade. Passando pela **Garganta do Embaú**, nas terras mais altas da Serra da Mantiqueira, ele descobriu e ocupou um ponto de apoio, numa área cortada por um rio que serpenteava em várias direções devido às quatro travessias que tinham de ser feitas no referido rio, conhecido hoje como rio Passa Quatro. (BICALHO, 2005, p. 76). ANGATURAMA pode ser compreendido de três maneiras: Para GREGÓRIO (1980, p. 404): (1) *"Angaturama, **angarurã** (guarani) (" + **catu** + **rama**, por retama) = "região dos espíritos bons; espírito protetor dos índios muras; bom presságio, coisa boa, formosa; bondade, alma-boa, afabilidade (**marangatu**)";* (2) LEFORT (1993) *"Dinossauro de porte médio que se alimentava de peixes. O Angaturama cujo nome significa "Nobre" em tupi, viveu há aproximadamente 110 milhões de anos atrás durante o período Cretáceo no Brasil, nas regiões próximas da Chapada do Araripe, no Ceará";* (3) CUNHA (1986, p. 48): *"Sm. 'homem bom, franco, leal, entre os índios do Brasil.***Do tupi** *angatu'rama."*
HISTÓRICO: Passa Quatro < São Sebastião de Passa Quatro <Pé do Morro < Angaturama < Pinheirinhos
Dirrematopônimo < **Hagiotopônimo** < **Somatopônimo** < **Zootopônimo/Animotopônimo** < **Fitotopônimo**
ESTRUTURA MORFOLÓGICA: NCm [V + NUM]
INFORMAÇÕES ENCICLOPÉDICAS: Por sua localização geográfica e estratégica a localidade de Passa Quatro tem origem bastante antiga e remonta ao tempo da bandeira de Fernão Dias Pais Leme (1674). Situada logo após um marco geográfico bastante notável na Serra da Mantiqueira, a GARGANTA DO EMBAÚ, por onde passou a expedição liderada pelo bandeirante, teve sua localização descrita em documentos que deram origem ao nome da cidade. Constam também expedições de Jacques Felix, fundador de Taubaté, e seu filho de mesmo nome, em expedições anteriores, datadas de 1646, pela região que podem ter dado origem ao povoamento mais antigo. Este caminho ficou conhecido, mais tarde, como *Caminho Velho* da *Estrada Real*. No caminho descrito por ANTONIL, consta o nome do RIBEIRÃO DO PASSATRINTA, logo após a descida da *serra da Amantiqueira*. Segundo informação de Diogo de VASCONCELOS, a denominação anterior do rio era PASSA TRINTA (1974, p. 41). LEFORT (1993, p. 229) destaca que, pelo *Caminho Velho*, passaram as Bandeiras Paulistas plantando núcleos populacionais. Num desses núcleos nasceu e cresceu o de SÃO SEBASTIÃO DE PASSA QUATRO, incorporado à Matriz de Santana do Capivari. A região começou a ser povoada mais ativamente na segunda metade do século XIX após ser elevado a Distrito em 1854. Em 1884, a antiga Estrada de Ferro Minas-Rio, construída pelos ingleses, contribuiu decisivamente para aumentar o povoamento e o desenvolvimento da região, tendo tido em sua inauguração a presença do governante de então, o Imperador D. Pedro II. Em 1888 o distrito foi separado de Pouso Alto e emancipado como MUNICÍPIO de PASSA QUATRO pela Lei 3.657 de 1º de setembro. O município é constituído de três distritos: Passa Quatro, Pé de Morro e Pinheirinhos. Em 1941 foi considerada Estância Hidromineral pelas propriedades medicinais de várias de suas fontes de águas. (BARBOSA, 1995, p. 241 / LEFORT, 1993, p. 229 a 231 / COSTA, 1993, p. 320 / TRINDADE, 1945, p. 216).
ESCRITOS DOS VIAJANTES

AUGUSTE FRANÇOIS CESAR PROUVENÇAL DE SAINT-HILAIRE (1816-1822)

*"Desde que viajo na capitania de Minas, talvez nadavisse de mais bello eo que a região hoje atravessada. Seguimos um valle bastante largo, cercado de montanhas pittorescas e coberto de arvores no meio das quaes se destaca sempre a majestosa araucária. Este valle é regado por um rio que dá mil voltas e pelo qual passa quatro vezes para chegar aqui, donde lhe vem o nome de **Passa Quatro**. Suas margens apresentam, alternadamente, pastos, capões de matto pouco elevados, terrenos cultivados entre os quaes se vê de distancia em distancia grupos de pinheiros. Pequenas casas ainda accrescentam nova variedade á paisagem. A' nossa frente tínhamos a Serra da Mantiqueira, a cujos cumes, bastante differentes pelo formato, veste sombria floresta. Nada melhor lembra os valles da Suissa do que este de que acabo de fazer a descripção."* (SAINT-HILAIRE, 1938, p. 131).

PESQUISADOR: Francisco de Assis Carvalho
REVISORA: Dick, 2012.

***

61 Topônimo: PASSA TEMPO
Taxonomia: *Dirrematotopônimo*
Localização: Área de influência da ER
Caminho: V
MUNICÍPIO: Passa Tempo – MG
ACIDENTE: humano / município
ORIGEM: portuguesa
MOTIVAÇÃO: Local de descanso para os viajantes cansados, que aproveitavam para *"passar o tempo"* nessa linda região. Aqueles caminhos abertos foram o início das primeiras picadas em direção a Goiás. O nome Passa Tempo, datado do século XVIII, tem duas versões: (1) Seria uma denominação criada pelos bandeirantes que, ao fazerem pouso na região, diziam: *"vamos passar o tempo ali"* (descansar). E, posteriormente, outros diziam: *"vamos parar no Passatempo"*, daí nasceu o nome **Paragem do Passatempo** ou **Matos do Passatempo**. (2) Existe também uma lenda que fala de duas velhinhas que viviam a fiar à porta de sua casa e, quando algum viajante passava por ali as perguntava: *"Como vão minhas senhoras?"* – elas respondiam: *"Vamos passando o tempo"*, daí teria surgido o nome *"Passa Tempo"*. Devido a isso, o município adotou como símbolo *"duas velhinhas fiando a roca"*.
HISTÓRICO: Passa Tempo < Matos do Passatempo < Paragem do Passatempo
Dirrematopônimo < Fitotopônimo < Hodotopônimo
ESTRUTURA MORFOLÓGICA: NCm [V + Ssing]
INFORMAÇÕES ENCICLOPÉDICAS: Inicialmente a região onde se situa Passa Tempo era ocupada pelos índios carijós. As primeiras sesmarias de que temos notícia, na paragem do Passa Tempo, foram concedidas em 1747, embora alguns sesmeiros aleguem ter penetrado bem antes. O arraial surgiu no final do século XVIII; com data de 1802. A Freguesia de Passa Tempo, desmembrada da de São José, foi criada pelo decreto do Regente Feijó de 14 de julho de 1832. Foi canonicamente instituída em 31 de julho de 1833. O Município de PASSA TEMPO foi criado pela lei Nº 556, de 30 de agosto de 1911, com território desmembrado do de Oliveira, ficando Passa Tempo elevada à categoria de vila. (BARBOSA, 1995, p. 241 / COSTA, 1993, p. 320 / TRINDADE, 1945, p. 216).
ESCRITOS DOS VIAJANTES: n/e
PESQUISADOR: Francisco de Assis Carvalho
REVISORA: Dick, 2012.

***

62 Topônimo: PEDRALVA
Taxonomia: *Litotopônimo*
Localização: Área de influência da ER
Caminho: V
MUNICÍPIO: Pedralva – MG

ACIDENTE: humano / município
ORIGEM: portuguesa
MOTIVAÇÃO: Alusiva à Pedra Branca existente no lugar. Em *O tupi na geografia nacional*, SAMPAIO (1955, p. 190) define: *"Capitiba, corr. Caapii-tyba, o capinzal, o sítio de capim. Alt. Capituba"*.
HISTÓRICO: Pedralva < São Sebastião do Capituba < São Sebastião da Pedra Branca < Pedra Branca< Pedra Branca de Santa Catarina
Litotopônimo < Hagiotopônimo < Hagiotopônimo < Litotopônimo< Litotopônimo
ESTRUTURA MORFOLÓGICA: Nf [Ssing]
INFORMAÇÕES ENCICLOPÉDICAS: O território onde está situado o município foi, segundo a tradição local, desbravado pelos bandeirantes paulistas no ano de 1763, recebendo então o nome de PEDRA BRANCA DE SANTA CATARINA, em virtude de grande pedra muito branca existente nas divisas com o município hoje denominado Natércia. O primeiro morador foi o coronel Joaquim Machado de Abreu, importante fazendeiro, capitalista e possuidor de grandes cabedais, tendo sido nomeado Cavalheiro da ordem de Cristo, por Decreto do Imperador Dom Pedro II. LEFORT (1993) assinala que a origem de SÃO SEBASTIÃO DO CAPITUBA, antigo nome de Pedralva, está ligada à descoberta das minas do rio Verde. Em 1737, o Ouvidor de São João del Rey organizou uma expedição com o intuito de enquadrar as minas à organização fiscal da Coroa Portuguesa, o que resultou no povoamento da região. No ano de 1832, foi criada a FREGUESIA, com o mesmo nome, que veio a ser modificado, em 1880, para SÃO SEBASTIÃO DA PEDRA BRANCA, passando a fazer parte do município de Cristina. Em 1884 foi criado o MUNICÍPIO de PEDRA BRANCA, desmembrando-se de Cristina e, no ano de 1943, este recebeu a denominação atual de PEDRALVA. (BARBOSA, 1995, p. 247 / LEFORT, 1993, p. 235 a 237 / COSTA, 1993, p. 325 / TRINDADE, 1945, p. 218).
ESCRITOS DOS VIAJANTES: n/e
PESQUISADOR: Francisco de Assis Carvalho
REVISORA: Dick, 2012.

***

63 Topônimo: PEQUERI
Taxonomia: *Zootopônimo*
Localização: Eixo principal da ER
Caminho: V
MUNICÍPIO: Pequeri – MG
ACIDENTE: humano / município
ORIGEM: indígena [tupi]
MOTIVAÇÃO: Em *O tupi na geografia nacional*, SAMPAIO (1955, p. 265) define *"piquiry, c. piquir-y, o rio dos peixinhos. V. Piquira"*. SILVA (1966, p. 268) inclui: *"ETIM, pê (casca) quiri = quyry (um pouquinho; delgado, franzino; tenro) – 'um pouquinho de casca'; 'a casca delgada ou tenra'. – pê (casca) quiri = quyry (o mole ou tenro de dentro) – 'a casca mole de dentro'; 'o mole do interior da casca'"*. Em tupi-guarani **"piquiri"** significa *"rio dos peixinhos"*.
HISTÓRICO: Pequeri < São Pedro do Pequeri < São Pedro
Zootopônimo < Hagiotopônimo < Hagiotopônimo
ESTRUTURA MORFOLÓGICA: Nm [Ssing]
INFORMAÇÕES ENCICLOPÉDICAS: Marcelino Dias Tostes e Manoel Gervásio da Silva Fialho foram os primeiros posseiros das terras que hoje constituem o município de Pequeri. O primeiro, oficial da Guarda Nacional durante a guerra do Paraguai, estabeleceu-se ao norte com uma Fazenda que tinha o nome de PIQUIRI, sendo que o segundo criou no sul da região a sua fazenda, conhecida como FAZENDA SÃO PEDRO. Entre as duas unidades agrícolas havia um terreno plano, banhado por alguns córregos e veio dessa particularidade a escolha das terras onde posteriormente iria fundar-se o ARRAIAL DE SÃO PEDRO DE PIQUIRI. A atividade agropecuária foi o fator predominante na formação da futura cidade, cujo início, segundo se sabe, deu-se entre1860 1870. Pequeri passou a DISTRITO pelo Decreto nº 73, de 16 de maio de

1890, confirmado pelo Decreto lei nº 162, de 11 de agosto do mesmo ano, com o nome de SÃO PEDRO DE PIQUIRI, transferindo-se de Juiz de Fora para Mar de Espanha. A Lei nº 1 039, de 1953, criou o município, alterando a grafia, até então usada, para PEQUERI. (BARBOSA, 1995, p. 249 / COSTA, 1993, p. 327).

ESCRITOS DOS VIAJANTES: n/e
PESQUISADOR: Francisco de Assis Carvalho
REVISORA: Dick, 2012.

***

64 Topônimo: PIEDADE DO RIO GRANDE
Taxonomia: *Hagiotopônimo*
Localização: Área de influência da ER
Caminho: V
MUNICÍPIO: Piedade do Rio Grande – MG
ACIDENTE: humano / município
ORIGEM: portuguesa
MOTIVAÇÃO: Alusiva à padroeira do lugar.
HISTÓRICO: Piedade do Rio Grande < Nossa Senhora da Piedade do Rio Grande < Arantes<Águas Santas
Hagiotopônimo < Hagiotopônimo < Antrotopônimo< Hidrotopônimo
ESTRUTURA MORFOLÓGICA: NCf [Ssing + {Prep + Asing + Ssing + ADJsing}]
INFORMAÇÕES ENCICLOPÉDICAS: A Capela de Nossa Senhora da Piedade do Rio Grande foi construída por iniciativa de Salvador Lourenço de Oliveira e sua mulher, Inácia Lema de Godói, já em 1748 foi elevado à categoria de curato. Ao seu redor, surgiu um povoado chamado ÁGUAS SANTAS. O nome era devido às águas minadas de uma gruta, que abasteciam os habitantes e eram consideradas milagrosas na localidade. Essas águas, que hoje são um atrativo da cidade, estão próximas à praça central, na Gruta Nossa Senhora da Piedade. Em 1953, o povoado foi elevado à cidade com a denominação de PIEDADE DO RIO GRANDE. Antes, contudo, foi o distrito criado em 1859, no município de Turvo, hoje Andrelândia. Em 30 de Agosto de 1911 mudou de nome para ARANTES, mas em 12 de Dezembro de 1953 foi criado o município e restabelecida a denominação de PIEDADE DO RIO GRANDE. (BARBOSA, 1995, p. 251 / COSTA, 1993, p. 329 / TRINDADE, 1945, p. 220).
ESCRITOS DOS VIAJANTES: n/e
PESQUISADOR: Francisco de Assis Carvalho
REVISORA: Dick, 2012.

***

65 Topônimo: PINDAMONHANGABA
Taxonomia: *Ergotopônimo*
Localização: Área de influência da ER
Caminho: V
MUNICÍPIO: Pindamonhangaba – SP
ACIDENTE: humano / município
ORIGEM: indígena [tupi]
MOTIVAÇÃO: Em *O tupi na geografia nacional*, SAMPAIO (1955, p. 264) define: *"**Pindamonhangaba**, c. **pindá-monhangaba**, a fabrica ou officina de anzoes. V, **Monhangaba**. O nome admite ainda outra interpretação, no sentido em que o traduziu Varnhagen – **pescaria a anzol**. Neste caso, a última parte do vocábulo, isto é, o termo **monhangaba** – **mo-nhangaba** se traduzirá – acção de fazer correr, a corrida, e então o vacabulo inteiro se traduzirá – **a corrida de anzoes**, ao botar de anzoes, a pescaria feita a anzol".* GREGÓRIO (1980, p. 1039) inclui: *"(" + **monhangaba**) – literalmente seria fábrica de anzoes".* De acordo com XAVIER FERNANDES (1943, p. 68): *"Lugar estreitado em que se junta".*
HISTÓRICO: Pindamonhangaba < São José de Pindamonhangaba
Ergotopônimo < Hagiotopônimo

ESTRUTURA MORFOLÓGICA: NCf [Ssing + ADJ sing]

INFORMAÇÕES ENCICLOPÉDICAS: Tudo começou com um ponto de parada para os viajantes. Havia no lugar uma *"paragem"*, com ranchos e pastaria. Não se sabe exatamente quando o local passou a ser chamado PINDAMONHANGABA. A *"paragem"* estava fadada a se desenvolver rapidamente porque as suas terras eram excelentes; o clima ameno e a sua posição a tornava passagem obrigatória dos viajantes que se deslocavam do Vale do Paraíba para Minas Gerais. Por volta de 1680, Pindamonhangaba já era um povoado, vinculado ao município de Taubaté. Data dessa época a construção do primeiro templo, a capela de São José, erigida por Antonio Bicudo Leme e seu irmão, Braz Esteves Leme. Em 10 de julho de 1705, o povoado recebeu foros de VILA, ficando, portanto, politicamente emancipado de Taubaté. *"Foi fundada pelo Padre João de Faria Fiado, que nela edificou igreja e a dotou com patrimônio pelos fins do século XVII. Foi elevada a vila ilegalmente pelo desembargador João Saraiva de Carvalho, mais confirmada 2 ou 3 anos depois por provisão de 10 de julho de 1705. Foi elevada à cidade em 3 de abril de 1849".* (MARQUES, 1980, p. 169).

ESCRITOS DOS VIAJANTES

MANUEL AIRES DE CASAL (1817)

"Pindamonhangaba, Villa medíocre, abastada, principalmente de peixe, e bem situada em uma planura sobre a margem direita do Parahiba, ornada com uma Igreja Paroquial, cujo Orago he N. Senhora do Successo, e uma Hermida de S. Jozé; fica pouco mais de tres léguas ao Nornordeste de Thaubaté. Seus habitantes, que tem fama de homens prudentes e comedidos, cultivam os comestíveis do paiz, e criam gado grosso." (CASAL, 1976, p. 240-241).

JOHANN BAPTIST VON SPIX / KARL FRIEDRICH PHILIPP VON MARTIUS (1817-1820)

*"No dia de Natal continuamos em direção S. S. Oeste em demanda de Pendamhoongabo a cinco léguas de Guaratinguetá. **Pindamonhangaba** consta de algumas casinhas baixas, desseminadas sobre uma colina e mostra pouca abastança. O capitão-mor da localidade recebeu-nos com bastante gentileza, convidando-nos em seguida, a ver a igreja pronta só pela metade e cheia de entalhes de madeira sem gosto algum. Encontramo-la profusamente iluminada, nela havendo um presépio. A circunstância de também aqui encontrarmos tal uso religioso comoveu-nos e demoramos gostosamente na reflexão que nesta região, semi deserta também reina a Doutrina da Salvação a desenvolver, cada vez mais puro, o sentimento cristão. Desde que descemos das montanhas para o vale do Parahyba, a phifionomia da paisagem mudara cada vez mais."* (SPIX & MARTIUS, 1981, p. 109).

AUGUSTO EMÍLIO ZALUAR (1860-1861)

*"**Pindamonhangaba** é uma das cidades do norte da província de S. Paulo em que êstes fatos se tornam por assim dizer visíveis e palpáveis. E preciso admirar a poética arquitetura de sua matriz, concepção grandiosa de um artista quase ignorado, cujas flechas se levantam ao céu em linhas puras e suaves, como singelos pensamentos de piedade e de fé; é preciso ver as construções artísticas dos bem acabados prédios que adornam as largas e formosas ruas da cidade; é preciso gozar da confraternidade amável de seus habitantes, apreciar a sua sociabilidade, conviver com os distintos talentos que a enobrecem, para justificar uma teoria que ao menos aqui é amplamente realizada. Vamos, portanto ver se em seus detalhes esta povoação corresponde ao complexo que acabei de traçar. Começarei pelo seu desenvolvimento material. Pindamonhangaba foi fundada vila pelo povo no século XVII, e confirmada neste título por uma provisão régia de 10 de julho de 1705."* (ZALUAR, 1975, p. 92).

PESQUISADOR: Francisco de Assis Carvalho

REVISORA: Dick, 2012.

***

66 Topônimo: PIQUETE

Taxonomia: *Hodotopônimo*

Localização: Área de influência da ER

Caminho: V

MUNICÍPIO: Piquete – SP

ACIDENTE: humano / município

ORIGEM: portuguesa

MOTIVAÇÃO: Registro com a intenção de coibir o desvio das mercadorias. Posto fiscal para a cobrança de impostos na face paulista do caminho para Minas Gerais. *Daí o local ser conhecido como "o lugar do piquete".* De acordo com XAVIER FERNANDES (1943, p. 68): *"Piquete: lados apertados totalmente".*

HISTÓRICO: Piquete < Vila Vieira do Piquete < São Miguel do Piquete < Bairro do Piquete
Hodotopônimo < Poliotopônimo < Hagiotopônimo < Poliotopônimo

ESTRUTURA MORFOLÓGICA: Nm [Ssing]

INFORMAÇÕES ENCICLOPÉDICAS: O caminho de penetração e abastecimento das Minas de *Itagybá* a princípio passou, com o tempo, a servir para desvio de ouro e contrabando de cargas; justamente esse caminho veio se transformar na estrada que provocaria o surgimento de Piquete. O Bairro do Piquete através da Lei Provincial nº 10 foi elevado à categoria de Freguesia, com o nome de Freguesia de São Miguel do Piquete. A Paróquia de São Miguel do Piquete foi criada em 1888 pelo bispo de São Paulo, D. Lino Deodato de Carvalho. Em 29 de outubro de 1915, a Lei Estadual nº 1470 restringiu para Piquete a designação da VILA VIEIRA DO PIQUETE.

ESCRITOS DOS VIAJANTES: n/e

PESQUISADOR: Francisco de Assis Carvalho

REVISORA: Dick, 2012.

***

67 Topônimo: POTIM

Taxonomia: *Zootopônimo*

Localização: Área de influência da ER

Caminho: V

MUNICÍPIO: Potim – SP

ACIDENTE: humano / município

ORIGEM: indígena [tupi]

MOTIVAÇÃO: Em *O tupi na geografia nacional*, SAMPAIO (1955, p. 270) define ***"Potim**, s. c. **po-ti**, as mãos ponteagudas: o camarão, o crustáceo. (Penaeus setiferus). Alt. **Poti"**. A origem do nome "Potim" está ligada a língua indígena "Nheengatu", língua geral dos tupis-guaranis, que comporta o significado "camarão".*

HISTÓRICO: Potim < Povoado da Capela do Senhor Jesus da Cana Verde de Ribeirão de Potim
Zootopônimo < Poliotopônimo

ESTRUTURA MORFOLÓGICA: Nm [Ssing]

INFORMAÇÕES ENCICLOPÉDICAS: Miguel Corrêa dos Ouros possuía uma imagem do Senhor do Bom Jesus, trazida de Portugal, a qual o povo do lugar tinha muita devoção e atribuía milagres. Ele resolveu edificar uma Igreja para colocar a imagem e para isso fez a doação de cem braças de terras de testada por seiscentas braças de sertão, como era costume da época, em escritura datada de 22 de junho de 1771, recebida pelo Padre Antonio Ramos Barbasm, da Paróquia de Guaratinguetá, São Paulo. Construída a capela de taipa e pau-a-pique, em 6 de agosto de 1772, foi celebrada a primeira missa no local, pelo Padre Firmino Dias Xavier. Inicialmente o povoado que surgiu aos poucos em volta da Capela, recebeu o nome de povoado da CAPELA DO SENHOR JESUS DA CANA VERDE DE RIBEIRÃO DE POTIM. O povoamento desenvolveu-se lentamente. Tornou-se uma vila de pescadores e de trabalhadores rurais e depois, município.

ESCRITOS DOS VIAJANTES: n/e

PESQUISADOR: Francisco de Assis Carvalho

REVISORA: Dick, 2012.

***

68 Topônimo: POUSO ALTO

Taxonomia: *Sociotopônimo*

Localização: Eixo principal da ER

Caminho: V

MUNICÍPIO: Pouso Alto – MG

ACIDENTE: humano / município
ORIGEM: portuguesa
MOTIVAÇÃO: *"Os bandeirantes buscavam 'pouso' em suas terras em meados do século XVII".* (BICALHO, 2005).
HISTÓRICO: Pouso Alto < Nossa Senhora da Conceição do Pouso Alto
Sociotopônimo < Hagiotopônimo
ESTRUTURA MORFOLÓGICA: NCm [Ssing + ADJsing]
INFORMAÇÕES ENCICLOPÉDICAS: A História do município de Pouso Alto está intimamente ligada à penetração das bandeiras e de aventureiros que demandavam aos sertões de Minas Gerais em busca de riquezas. Na história das Bandeiras paulistas, assinala Taunay que Lourenço Leme, bisneto de Pedro Leme, foi o povoador de Pouso Alto. Lourenço Leme e seu mano João Leme, os famigerados *Irmãos Leme*, descantados por Paulo Setúbal, notabilizaram-se no descobrimento de Goiás. Morreram ambos em 1723, depois de uma vida cheia de peripécias de toda ordem. Mas, a glória de ter aberto um caminho para Pouso Alto coube a João dos Reis Cabral, natural de Guaratinguetá. Esse bandeirante, depois de *"vadear os rios Passa Trinta e Passa Vinte e os tijucais do Rio Verde"*, veio morar em Pouso Alto, onde *"fez roças e estabeleceu comércio com os vários centros de mineração"*. Assinala LEFORT (1993, p. 241) que Pouso Alto é das mais antigas localidades do Bispado da Campanha, podendo-se até dizer que é a primeira, se for considerado como ponto de partida a Trilha dos Bandeirantes. Note-se que no 1º Livro de Provisões do Bispado do Rio de Janeiro, anos de 1728/32, registra-se a Paróquia de Pouso Alto como criada pelo Bispado do Rio a 31 de agosto de 1725, tendo seu 1º pároco o Pe. Manuel Marques Lobo. No núcleo populoso foi erguida uma capela, logo contemplada com o título de paróquia. A instituição canônica é do ano de 1748. Por algum tempo, pertenceu à Comarca de Guaratinguetá, depois do Bispado de Mariana. A Freguesia de N. Srª. da Conceição do Pouso Alto, em 1824, contava já com 8750 almas (*Livro de Visitas Pastorais de Dom Frei José da Santíssima Trindade*). Foi a freguesia elevada à vila e criado o município, desmembrado do de Baependi, pela lei Nº 2079, de 19 de dezembro de 1874. Foi a vila elevada à categoria de cidade, com a lei Nº 2461, de 18 de outubro de 1878. (BARBOSA, 1995, p. 268 / LEFORT, 1993, p. 241 a 244 / COSTA, 1993, p. 339 / PARANHOS, 2005 / TRINDADE, 1945, p. 240).
ESCRITOS DOS VIAJANTES
MANUEL AIRES DE CASAL (1817)
"Nossa Senhora da Conceição das Lavras do Funil, 18 léguas afastada de São João del Rei; os seus habitantes são agricultores e criadores de gado; **Nossa Senhora da Conceição de Pouso Alto**, *14 léguas afastada da Vila da Campanha, onde se recolhe algodão e trigo; Nossa Senhora da Conceição da Juruosa; São Gonçalo, noutro tempo arraial grande e florescente, perto de 5 léguas arredado da Vila da Campanha; seus habitantes são mineiros e agricultores."* (CASAL, 1976, p. 173).
AUGUSTE FRANÇOIS CESAR PROUVENÇAL DE SAINT-HILAIRE (1816-1822)
"Parámos na cidade de **Pouso Alto**, *que é a sede de uma comarca. Está construida em amphitheatro, no declive de uma collina e representa uma espécie de pyramide cuja egreja forma o vértice. A collina avança entre duas montanhas cobertas de matta e ao seu sopé corre um riacho num vallesinho. Enviara eu José á frente ordenando-lhe que mostrasse meus passaportes ao commandante, e com ordem de lhe pedir algum pequeno pouso para alli pernoitar. Voltou e dissem-me que o commandante estava na roça e a ninguem deixara que o substituísse. O vigario, a quem apresentara os meus papeis, fechara-se depois de os devolver. Fomos então obrigados a procurar um canto, em pequena venda, onde me deram uma sala immunda e cheia de pulgas. A' noite fomos testemunhas de uma grande rixa entre mulatos. As cidades como já o disse são apenas povoadas, durante a semana, pela mais vil canalha; alguns artífices, em sua maioria homens de cor, mandriões e rameiras."* (SAINT-HILAIRE, 1938, p. 129).
PESQUISADOR: Francisco de Assis Carvalho
REVISORA: Dick, 2012.

***

69 Topônimo: PRADOS
Taxonomia: *Antropotopônimo*

Localização: Eixo principal da ER
Caminho: V
MUNICÍPIO: Prados – MG
ACIDENTE: humano / município
ORIGEM: portuguesa
MOTIVAÇÃO: Foram paulistas da FAMÍLIA PRADO os fundadores do arraial. Em livro de 1716, encontrado no arquivo paroquial, há referência a casamentos e outros atos litúrgicos ligados a essa família.
HISTÓRICO: Prados < Nossa Senhora da Conceição dos Prados
Antropotopônimo < Hagiotopônimo
ESTRUTURA MORFOLÓGICA: Nm [Spl] [apelido de família]
INFORMAÇÕES ENCICLOPÉDICAS: O povoamento local se deu através de uma bandeira chefiada pela família Prado. Eles deram origem a um núcleo de mineração que, mais tarde, tornou-se o ARRAIAL DE NOSSA SENHORA DA CONCEIÇÃO DE PRADOS, um dos mais importantes do Termo da Vila de São José. Têm-se notícias de casamentos realizados na capela de Prados já em 1716. O fato de o lugar ter sido passagem de boiadas e tropas muito contribuiu para o desenvolvimento da localidade. Em 15 de abril de 1890, o arraial foi elevado à vila e, um ano depois, a vila foi elevada à cidade. Cônego Trindade apenas informa que a paróquia é antiga; e foi tornada colativa pelo alvará de 16 de janeiro de 1752 (BARBOSA, 1995, p. 269 / COSTA, 1993, p. 340 / TRINDADE, 1945, p. 241).
ESCRITOS DOS VIAJANTES
GEORGE HEINRICH VON LANGSDORFF (1822-1829)
*"Passando por colinas áridas, parcialmente erodidas, chegamos, em meia hora, ao **Arraial dos Prados** (do prazer, da comodidade), embora este nome se refira apenas a tempos passados, quando havia a garantia de conforto com a grande quantidade de ouro que se achava por aqui. O lugar fica numa bacia profunda cercada de morros de pedra e de montes rasgados por grandes barrancos. O lugarejo tem uma igreja grande e rica e algumas casas bem graciosas. Nas redondezas, existem várias capoeiras pequenas. Daqui decidimos ir até Cachoeira, fazenda da Cachoeira, onde só chegamos por volta de 3h da tarde. O caminho passa por montes e colinas e por vários vales pequenos. Em toda parte, em menos de meia hora, encontramos habitações e estabelecimentos grandes e pequenos. Nas cercanias de **Prados**, para o sul, há extensas capoeiras, como em vários outros pontos de nosso caminho de hoje. Perto de Cachoeira, há muitos desmatamentos, como em outros lugares. Antigamente, havia, por toda parte, florestas virgens de grande altura."* (LANGSDORFF, 1997, p. 43-44).
PESQUISADOR: Francisco de Assis Carvalho
REVISORA: Dick, 2012.

***

70 Topônimo: QUELUZ
Taxonomia: *Corotopônimo*
Localização: Área de influência da ER
Caminho: V
MUNICÍPIO: Queluz – SP
ACIDENTE: humano / município
ORIGEM: portuguesa
MOTIVAÇÃO: Homenagem ao local onde o Imperador D. Pedro nasceu – o PALÁCIO DE QUELUZ em Portugal.
HISTÓRICO: Queluz < Freguesia de São João Batista de Queluz < Aldeia São João de Queluz
Corotopônimo < Poliotopônimo < Poliotopônimo
ESTRUTURA MORFOLÓGICA: Nm [Ssing]
INFORMAÇÕES ENCICLOPÉDICAS: Queluz teve sua origem em um aldeamento de índios Purus, aos quais foram concedidas as terras em que viviam no território de Lorena, em 1801. Freguesia criada com a denominação de São João Batista de Queluz, por provisão de 02 de março de 1803, no município de Lorena. Por Alvará de 28 de novembro de 1816, foi transferida esta Freguesia da antiga Vila de Lorena

para a de Areias. Tornou-se vila com a denominação de QUELUZ, por Lei Provincial no dia 04 de março de 1842, desmembrada do município de Areias e cidade pela Lei Provincial de 10 de março de 1876. *"Povoação situada a Nordeste da capital na margem esquerda do rio Paraíva. Teve origem por aldeiamento de índios purís. Elevada à freguesia em 22 de março de 1803, à vila em 4 de março de 1842, e à cidade em 10 de março de 1876. Além da matriz nenhum outro edifício possui. A sua população é de 5.134 habitantes, sendo 1196 escravos, cujo a maioria cultiva café e cereais".* (MARQUES, 1980, p. 196).

ESCRITOS DOS VIAJANTES
CHARLES JAMES FOX BUNBURY (1833-1834)
"Durante a viagem do dia seguinte vi muitos pica-paus de plumagem lindamente variada, que ficam trepados nas árvores baixas espalhadas aqui e ali e, quando alguém deles se aproxima, dão um grito estridente, e fazem um vôo ondulante semelhante ao dos nossos picanços verdes. Na tarde do dia 6 cheguei a **Queluz**, *uma grande aldeia um pouco dispersa situada sobre uma colina, com uma igreja feia, caiada de branco e cercada de palmeiras. A maioria das casas é também caiada muitas com dois andares, com pesadas varandas de madeira, e algumas mesmo com janelas de vidraça. Nas terras cultivadas em volta de* **Queluz**, *notei bananeiras, café, algodão, milho, carrapateiros, abacaxi, mandioca e laranjeiras; mas as últimas duas em muito pequena quantidade. A região é geralmente pouco habitada, porém mais povoada do que as florestas, e não há plantação senão na imediata proximidade das casas."* (BUNBURY, 1981, p. 55-56).
PESQUISADOR: Francisco de Assis Carvalho
REVISORA: Dick, 2012.

***

71 Topônimo: RESENDE COSTA
Taxonomia: *Antropotopônimo*
Localização: Área de influência da ER
Caminho: V
MUNICÍPIO: Resende Costa – MG
ACIDENTE: humano / município
ORIGEM: portuguesa
MOTIVAÇÃO: Homenagem ao filho da terra, JOSÉ DE RESENDE COSTA FILHO, figura de projeção entre aqueles que sonhavam com a libertação da Pátria e tomaram parte ativa na **Conjuração Mineira**.
HISTÓRICO: Resende Costa < Laje < Nossa Senhora da Penha de França do Arraial da Laje
Antropotopônimo < Litotopônimo < Hagiotopônimo
ESTRUTURA MORFOLÓGICA: NCm [Ssing + Ssing] [apelido de família]
INFORMAÇÕES ENCICLOPÉDICAS: Três grandes fazendas existentes na região, a dos Campos Gerais, a do Pinto e a do Lage, foram os elementos que concorreram mais fortemente para o desenvolvimento do primitivo aglomerado. Em 12 de dezembro de 1749, foi inaugurada a primeira capela do ARRAIAL DA LAGE. Ao seu redor construíram-se oito casas pertencentes a fazendeiros que vinham em ocasiões de festas religiosas para o arraial. A capela de Nossa Senhora da Penha de França foi erguida em 1749 e, em torno dela, foram construídas oito casas para abrigar as primeiras famílias que se estabeleceram na região, entre elas a do inconfidente José de Resende Costa. O distrito criado em 1836, com a lei Nº50; e foi elevado o curato a freguesia, com a lei Nº184, de 3 de abril de 1840, com o título de N. Srª.da Penha de França do arraial da Lage. A lei Nº 556, de 30 de agosto de 1911, criou o município com a denominação de VILA DE RESENDE COSTA. Foi instalado a 1ºde junho de 1912. Como o distrito continuou sendo Lage, foi preciso que a lei Nº843, de 7 de setembro de 1923, mudasse sua denominação para RESENDE COSTA. (BARBOSA, 1995, p. 279 / COSTA, 1993, p. 344 / TRINDADE, 1945, p. 267).
ESCRITOS DOS VIAJANTES: n/e
PESQUISADOR: Francisco de Assis Carvalho
REVISORA: Dick, 2012.

***

72 Topônimo: RITÁPOLIS
Taxonomia: *Hagiotopônimo*
Localização: Área de influência da ER
Caminho: V
MUNICÍPIO: Ritápolis – MG
ACIDENTE: humano / município
ORIGEM: portuguesa
MOTIVAÇÃO: Homenagem à padroeira do lugar. A localidade tinha o nome de SANTA RITA do Rio Abaixo e pertencia ao município de São José del-Rei (Tiradentes). IBITUTINGA: em língua indígena, significa *"nuvem branca da cachoeira"*. (SILVA, 1966, p. 155). *"É fora de dúvida que o topônimo rio abaixo originou-se ao sul do rio das Mortes. A referida capela de São Sebastião do Rio Abaixo situava-se nas proximidades da Fazenda do Rio Abaixo, ainda hoje existente"*. (BARREIROS, 1976, p. 78).
HISTÓRICO: Ritápolis < Santa Rita < Santa Rita do Rio Abaixo < Ibitutinga
Hagiotopônimo < Hagiotopônimo < Hagiotopônimo < Cromotopônimo
ESTRUTURA MORFOLÓGICA: Nf [Ssing]
INFORMAÇÕES ENCICLOPÉDICAS: O povoamento local teve início no século XVIII. Ritápolis surgiu do cruzamento de dois importantes caminhos históricos – um que ligava o Rio de Janeiro a Goiás e outro que vinha do sul para o norte – onde tropeiros e viajantes paravam para repouso após dias e dias de viagem. Os ranchos que ali surgiram acabaram por dar origem ao antigo ARRAIAL DE SÃO SEBASTIÃO DO RIO ABAIXO que, mais tarde, passou a se chamar SANTA RITA DO RIO ABAIXO. No século XX, entre 1923 e 1938, o local teve seu nome mudado para IBITUTINGA. Esse arraial, que pertenceu, então, a São João del Rei e a Tiradentes, foi emancipado em 1962 com o nome de RITÁPOLIS. (BARBOSA, 1995, p. 288 / COSTA, 1993, p. 351 / TRINDADE, 1945, p. 120).
ESCRITO DOS VIAJANTES
AUGUSTE FRANÇOIS CESAR PROUVENÇAL DE SAINT-HILAIRE (1816-1822)
*"A alguma distância da fazenda de Henrique Brandão, atravessa-se a **aldeia de Santa Rita**, que domina o Rio das Velhas, e é uma sucursal da paróquia de Santo Antônio do Rio Acima. Nesse lugar o caminho se afasta do Rio das Velhas, para aproximar-se da aldeia de Santo Antônio. Essa última aldeia compreende apenas um pequeno número de casas em mau estado; mas dizem que seus arredores foram ricos em ouro. A vista da parte da aldeia onde se encontra a igreja é muito agradável. Esse edifício foi construído à beira do rio, em uma pequena praça coberta de grama e cercada de morros. As casas são esparsas, cá e lá, ao redor da praça. O morro que, ao fundo da praça, faz face ao rio é coberto de mata, e, ao lado uma regato se lança, espumando, sobre uma larga rocha arredondada."* (SAINT-HILAIRE, 1975, p. 79).
JOHANN BAPTIST EMANUEL POHL (1817-1821)
*"Exceto esses poucos pontos, foram nossa companhia morros e vales estéreis e cavalos até o **Arraial de Santa Rita**, onde pernoitamos num rancho. Esta localidade fica numa eminência escalvada, de onde se avistam extensos campos, e consta de uns vinte casebres de barro, sem janelas, que recebem luz e ar apenas pelas portas, as quais servem ainda de chaminés. As ervas desse campo, para serem removidas e para fertilizar o solo com carbono e extirpar a multidão de insetos nocivos, são queimadas anualmente pouco antes de começar a estação chuvosa. Isso acontecia justamente quando ali chegávamos, e assistimos com espanto à surpreendente visão da torrente de fogo ondulando poderosamente sobre a planície sem fim. Mas uma violenta chuva com trovoada nos privou desse majestoso espetáculo. O nosso pobre teto de ervas só por pouco tempo nos protegeu da tempestade e, ao dia abafado, seguiu-se uma noite sensivelmente fria. O dia 22 de outubro apareceu sob denso nevoeiro."* (POHL, 1976, p. 89).
RICHARD FRANCIS BURTON (1865-1868)
*"Ao fim da légua surgiu-nos, na margem esquerda, uma igrejinha caiada, **Santa Rita**. No rio havia pilastras, outrora uma ponte, construída por quem desconhecia a arte e o mistério da construção de pilares. Além deles fica a mina do Morro da Glória, pertencente a cinco proprietários. As piritas, devidamente esmagadas por seis cabeças das velhas "chapas" brasileiras, contêm 5/8 de onça de ouro de 21 carats por tonelada. Aqui fica também a mina de Santa Rita, outrora lavra aberta, agora desmronada, fechada e inexplorada. Dizem que Santa Rita dica a uma légua do Morro Velho. Se assim é, trata-se da légua mais comprida que já percorri."* (BURTON, 1983, p. 279).

HERMANN BURMEISTER (1850-1852)

*"Logo depois do lugar do precioso achado, dobrarmos uma curva e divisamos, no fundo do vale, a **aldeia de Santa Rita**, que se estendia de ambos os lados no rio das Velhas. Descemos e, ao lado de um rancho, atravessamos um pequeno rio, no qual existiam ainda os restos de uma velha ponte que as águas haviam arrasado anos atrás. A aldeia de Santa Rita era, por assim dizer, uma filial da de Santo Antônio, mas apresentava melhor aspecto. A igreja, insignificante, era construída de madeira e barro, com uma pequena tôrre que lhe emprestava certa imponência. Como uma correia da nossa bagagem houvesse rebentado tivemos de parar por alguns instantes num rancho, onde um sapateiro, que residia além do rio das Velhas, levou um tempo considerável para consertá-la. No quarto onde descansamos, havia um friso, desenhado com bastante habilidade, mas muito tosco, representando uma fragata, obra, com certeza, de algum antigo marujo que quis dar prova de seus conhecimentos náuticos. **Santa Rita** ficava a 1 légua de Santo Antônio e a quase 4 de Rio das Pedras, e até chegarmos a Congonhas do Campo restava ainda a distância de 2 léguas."* (BURMEISTER, 1952, p. 218).

GEORG WILHELM FREIREYSS (1813-1825)

*"Às 3 horas chegamos a **Santa Rita**, uma aldeia a 5 léguas de Santana e a uma da mata dos Puris. Aí estavam todas as casas cheias de gente que tinham vindo assistir à festa, de modo que só havia o meio de dirigir-mo-nos à casa do padre, na esperança de encontrar abrigo, porém, isso não foi possível. Tivemos, pois, de continuar o nosso caminho até uma fazenda a um quarto de légua mais adiante. Fomos muito bem recebidos, porém, não tivemos descanso por causa dos muitos escravos que se tinham reunido no terreiro da casa, onde dançaram a noite toda, com uma música infernal e uma gritaria insuportável, tal qual Langsdorff o tinha descrito em Santa Catarina".* (FREIREYSS, 1982, p. 80).

FRANCIS DE LA PORTE, CONDE DE CASTELNAU (1843-1847)

*"Passamos uma lata montanha, depois de cuja descida chegamos ao povoado de **Santa Rita**. Aí resolvemos passar a noite, à espera da resposta à carta que eu tinha mandado na véspera ao Sr. Herring, diretor da mina de Morro Velho, pedindo-lhe permissão para visitar o estabelecimento".* (CASTELNAU, 2000, p 103).

PESQUISADOR: Francisco de Assis Carvalho

REVISORA: Dick, 2012.

***

73 Topônimo: ROSEIRA

Taxonomia: *Fitotopônimo*

Localização: Área de influência da ER

Caminho: V

MUNICÍPIO: Roseira – SP

ACIDENTE: humano / município

ORIGEM: portuguesa

MOTIVAÇÃO: Em virtude da existência de rosas silvestres (cor branca brava e a rosinha trepadeira denominada *"mariquinhas"*) à margem do caminho, onde se localiza o bairro de Roseira Velha.

HISTÓRICO: Roseira

Fitotopônimo

ESTRUTURA MORFOLÓGICA: Nf [Ssing]

INFORMAÇÕES ENCICLOPÉDICAS: O povoado que deu origem ao município de Roseira surgiu por volta do séc. XVIII, à margem do Caminho Real que ligava São Paulo ao Rio de Janeiro, onde se localiza o bairro de Roseira Velha. O povoado surgiu em torno da Capela de Nossa Senhora do Rosário, hoje Nossa Senhora da Piedade. Durante o período entre 1780 a 1840, o município foi um centro produtor e exportador de açúcar, aguardente, milho, feijão, arroz, farinha de mandioca, fumo, algodão e azeite de mamona. A partir de 1840, os engenhos de açúcar foram transformados em fazendas de café, posteriormente, substituídas pela pecuária leiteira por volta de 1920. Nas próximas décadas surgem os imigrantes italianos, franceses, japoneses, espanhóis, com o plantio de arroz, legumes e verduras.

ESCRITOS DOS VIAJANTES: n/e

PESQUISADOR: Francisco de Assis Carvalho

REVISORA: Dick, 2012.

***

74 Topônimo: SANTA CRUZ DE MINAS
Taxonomia: *Hierotopônimo*
Localização: Eixo principal da ER
Caminho: V
MUNICÍPIO: Santa Cruz de Minas – MG
ACIDENTE: humano / município
ORIGEM: portuguesa
MOTIVAÇÃO: Inspirada em um cruzeiro colocado em frente à Matriz de São Sebastião, em 1937.
HISTÓRICO: Santa Cruz de Minas < Porto < Arraial do Córrego
Hierotopônimo < Sociotopônimo< Poliopotopônimo
ESTRUTURA MORFOLÓGICA: NCf [ADJsing + Ssing + {Prep + Spl}]
INFORMAÇÕES ENCICLOPÉDICAS: Localizada entre São João del Rei e Tiradentes, bem à margem direita do Rio das Mortes está SANTA CRUZ DE MINAS. Seu processo histórico liga-se ao das Vilas de São João del Rei e São José del Rei, atual Tiradentes, município ao qual pertenceu até sua emancipação em 1995. Seu primeiro nome foi ARRAIAL DO CÓRREGO. Distrito do município de Tiradentes, criado pela lei Nº 2764, de 30 de dezembro de 1962, com sede na povoação de Santa Cruz. A emancipação do município se deu em 1995, pela Lei Nº 2050, de 21 de dezembro de 1995. (BARBOSA, 1995, p. 294 / COSTA, 1993, p. 357).
ESCRITOS DOS VIAJANTES: n/e
PESQUISADOR: Francisco de Assis Carvalho
REVISORA: Dick, 2012.

***

75 Topônimo: SANTANA DO CAPIVARI
Taxonomia: *Hagiotopônimo*
Localização: Eixo principal da ER
Caminho: V
MUNICÍPIO: Pouso Alto – MG
ACIDENTE: humano / distrito
ORIGEM: portuguesa / indígena
MOTIVAÇÃO: Em *O tupi na geografia nacional*, SAMPAIO (1955, p. 190) define "**Capivary**, corr. **Capilar-y**, o rio das capivaras. Alt. **Capibary**". SILVA (1966, p. 95) inclui: "**capivar(a)** *(a capivara)* **i =im** *(pequeno)* – 'a pequena capivara', 'a capivarinha' -0 alusão a determinada espécime do animal erbivoro (**Hydrochoerus**), de tamanho menor do que o comum". GREGÓRIO (1980, P. 523): "**Capivara (capii + guara, uara = u + ara, s'ara = o que)** = comedor de capim; capivá (guarani); capivará é o maior roedor do mundo; nome de vários topônimos brasileiros".
HISTÓRICO: Santana do Capivari < Capivari
Hagiotopônimo < Zootopônimo
ESTRUTURA MORFOLÓGICA: NCf [Ssing + {Prep + Asing + Ssing}]
INFORMAÇÕES ENCICLOPÉDICAS: Distrito subordinado: Pouso Alto. Conhecido desde velhos tempos e devidamente autorizado, o Registro do Capivari muito concorreu para o surgimento do arraial. Pelos seus postos de fiscalização, fronteiriço que era de três Estados que morrem na Mantiqueira, passaram centenas e centenas de bandeirantes, de aventureiros e de nativos. Todos eram sujeitos à rigorosa busca, tanto quando entravam, apreensivos com a vastidão do território, como para os que saíam, favorecidos com a sorte, ou desiludidos de uma esperança que se desmoronava. O Registro do Capivari, sem dúvida, foi um baluarte poderoso para o progresso da localidade, apesar de ser desconhecida a data de tal empresa do fisco. CAPIVARI era uma fazenda, cercada de casebres, colocada em posição superior e de onde se divisavam um

agradável horizonte, adornado de numerosas serras. A pequena população, que da lavoura fazia seu centro de subsistência, manteve, desde o início, os foros de catolicidade e, por isso, suas portas estiveram sempre abertas aos forasteiros. LEFORT (1993) salienta que, em 1752, quando havia sido criada a diocese de Mariana, um memorial subiu à sede do Bispado, com o intuito de merecer a consideração e a simpatia diocesanas. E, de Mariana, depois de estudadas as vantagens espirituais, foi expedida a seguinte provisão: *"Dom Fr. Manuel da Cruz da ordem do melífluo Dr. S. Bernardo etc.. Por oferecer roteiro necessário aos bandeirantes e mineradores, foi ali estabelecido um Registro Fiscal, que funcionou por muitos anos. Tinha por finalidade "amparar os direitos régios e impedir a entrada de criminosos e audaciosos".* Com a vinda de outros mineradores e posseiros, desenvolveu-se uma população respeitável, donde terem seus moradores obtido licença para a edificação de uma igreja dedicada à Gloriosa Sant'Ana, e incorporada à paróquia de Pouso Alto. A criação da Paróquia é de 3 de abril de 1839. (LEFORT, 1993, p. 251 a 253 / COSTA, 1993, p. 361 / TRINDADE, 1945, p. 92).

ESCRITO DOS VIAJANTES: n/e
PESQUISADOR: Francisco de Assis Carvalho
REVISORA: Dick, 2012.

***

76 Topônimo: SÃO BRÁS DO SUAÇUÍ
Taxonomia: *Hagiotopônimo*
Localização: Eixo principal da ER
Caminho: V
MUNICÍPIO: São Brás do Suaçuí – MG
ACIDENTE: humano / município
ORIGEM: portuguesa / indígena
MOTIVAÇÃO: Alusiva a um afluente do Paraopeba, assim denominado, que banha a região. Em *O tupi na geografia nacional*, SAMPAIO (1955, p. 168) define **"Suassuhy**, corr. Çooaçú-y, o rio dos veados".
HISTÓRICO: São Brás do Suaçui < Suassuhy
Hagiotopônimo < Zootopônimo
ESTRUTURA MORFOLÓGICA: NCm [ADJsing + Ssing + {Prep + Asing + Ssing}]
INFORMAÇÕES ENCICLOPÉDICAS: Durante o século XVII, teve início a conquista do planalto mineiro. A região foi desbravada pelas primeiras bandeiras que demandaram o interior das Minas Gerais, logo depois da célebre expedição de Fernão Dias. Nesta época, o paulista João Castanho encontrou umas paragens junto ao rio Suaçuí, onde fixou residência, recebendo a sesmaria em 1713. Foi construída, então, uma capela, em torno da qual surgiu o povoado de São Brás do Suaçuí, que pertenceu a Congonhas até 1832, quando foi anexado a Entre Rios de Minas. Em 1953, SÃO BRÁS DO SUAÇUÍ foi elevado à categoria de município. A capela inicial, filial de Congonhas do Campo, teve seu patrimônio constituído por Armando de Souza da Guarda, conforme escritura de 13 de abril de 1728. Cônego Trindade mencionou urna provisão para a ereção da capela de São Brás do Suaçuí, filial de Congonhas do Campo, com data de 19 de outubro de 1753; trata-se, certamente, de reconstrução. O curato foi elevado à paróquia por lei Nº 471, de 1º de junho de 1850. (BARBOSA, 1995, p. 310 / COSTA, 1993, p. 374 / TRINDADE, 1945, p. 64).
ESCRITO DOS VIAJANTES
AUGUSTE FRANÇOIS CESAR PROUVENÇAL DE SAINT-HILAIRE (1816-1822)
*"A cerca de uma légua de Paraopeba passei pela **aldeia de Suaçuí**, que, como a do Redondo é uma dependência da paróquia de Nª Senhora da Conceição de Congonhas de Queluz. Essa aldeia apresenta uma larga rua, por onde passa a estrada e pertence quase inteiramente a lavradores da vizinhança que aí vem aos domingos, sendo, portanto pouco movimentada nos dias de serviço."* (SAINT-HILAIRE, 1974, p. 101).
JOHN LUCCOCK (1808-1818)
*"**Suá-suí** é uma povoação que fica em sítio seco e esposto, content cerca de 50 casas disposta à maneira dos jesuítas. Nenhuma delas era caiada, nem mesmo rebocada, prova de que estávamos penetrando em região de outros minerais. De novo aqui encontramos algumas manchas de terra amarela, resquícios do revestimento primitivo que mencionamos como provavelmente tendo já recoberto o cume da Mantiqueira. O vendeiro o povoado informou-me*

de que na véspera, na estrada de Barbacena havia passado à frente de um cavaleiro que por muitos meses estivera nos "sertões", ou florestas inabitáveis, à cata de plantas. Exprimiu seu pasmo, com a naturalidade de seus apoucados conhecimentos..." (LUCCOCK, 1975, p. 348).

CHARLES JAMES FOX BUNBURY (1833-1834)

*"Parei no dia 17 em **Saçui**. O dia seguinte era domingo e vi o povo de **Saçui** indo para a igreja com suas melhores roupas; as mulheres envoltas (apesar do grande calor) em compridos mantos escuros, na maior parte, trazendo um lenço de xadrez enrolado a volta da cabeça e sobre este um chapéu preto redondo; os homens usavam casacos brancos ou de outras cores claras, ou as vezes ponchos azul-escuros. Devo observar que os brasileiros, pelo menos os mineiros, parecem ser mais cuidadosos com seus trajes do que com qualquer outra coisa; por mais pobres que sejam as suas habitações e a sua comida, andam em geral bem e elegantemente vestidos."*(BUNBURY, 1981. p. 94).

RICHARD FRANCIS BURTON (1865-1868)

*"Galgamos, enão, uma montanha, em cujo alto se espalham caminhos de terra vermelha, numa largura de mais de um quarto de milha. Havia no alto uma casa isolada, mas ao lá chegarmos, tivemos a surpresa de encontrar **Suaçuí**, uma rua com cerca de trezentas casas, ladeada por faixas de calçamento grosseiro, para impedir o barro vermelho de ser levado pelas enxurradas. A direção é leste-oeste, e as casas têm jardins e pomares nos fundos. No meio da parte mais baixa do logradouro, fica a matriz de São Brás, sobre um adro e levado de pedra, duas torres com um par de sinos e uma fachada restaurada e copiosamente caiada. As mulheres vestiam jaquetas de baeta vermelha, a roupa favorita do inverno, e as crianças se escondiam atrás das portas enquanto passávamos."* (BURTON, 1976, p. 54).

ROBERT WALSH (1828-1829)

*"Ao cair da noite chegamos ao **Arraial Sua Suci**. Trata-se de um lugarejo comprido e espalhado, situado num morro, com cerca de quarenta casas miseráveis e sujas; possui, contudo, duas igrejas brancas que o tornam visível de longe. Paramos numa espécie de estalagem mantida por um senhor idoso, que todos chamavam de major; tinha uma longa barba grisalha e era tão prestimoso que não nos deixou sozinho um segundo sequer. Sabia uma porção de lendas sobre os paulistas na época em que haviam descoberto a região, fato esse de que ele quase poderia ter sido contemporâneo. Falou-nos que o nome "sua-suci" significava, no dialeto da província, 'grande viagem e pequena viagem", sendo a seguinte a sua origem: dois grupos rivais de aventureiros, um de Taubaté, outro de Piratininga, desejando por fim às suas disputas resolveram estabelecer certas fronteiras'".* (WALSH, 1976, p. 53).

PESQUISADOR: Francisco de Assis Carvalho
REVISORA: Dick, 2012.

***

77 Topônimo: SÃO JOÃO DEL REI
Taxonomia: *Hagiotopônimo*
Localização: Eixo principal da ER
Caminho: V
MUNICÍPIO: São João Del Rei – MG
ACIDENTE: humano / município
ORIGEM: portuguesa
MOTIVAÇÃO: Foi criada a vila, em 8 de julho de 1713, que recebeu, em homenagem a D. João V e Tomé Portes del Rei, o nome de SÃO JOÃO DEL REI, tendo sido instalada a 8 de dezembro do mesmo ano.
HISTÓRICO: São João < Arraial Novo de Nossa Senhora do Pilar < Arraial Novo do Rio das Mortes < Rio das Mortes
Hagiotopônimo < Poliotopônimo < Poliotopônimo < Hidrotopônimo
ESTRUTURA MORFOLÓGICA: NCm [ADJsing + Ssing + {Prep (de + "EL" + Ssing}]
INFORMAÇÕES ENCICLOPÉDICAS: Em fins do século XVII, Tomé Portes del Rei, procedente de Taubaté, fixou-se às margens do rio da Mortes, localidade a que chamavam, por ser passagem de todas as embarcações, de "Porto Real; teve início o primeiro arraial. Em 1702, porém, falecia Tomé Portes del Rei, a quem, desde 1701, havia sido conferido o direito de cobrança de passagem no rio das Mortes. Sucedeu-o seu genro Antônio Garcia da Cunha. Até 1703, a importância do povoado decorria de sua situação como ponto de ligação com os Sertões do Caeté e a região das minas do Carmo, Ouro Preto e Sabará. De 1703 a 1704, o

português Manuel João de Barcelos descobriu, nas fraldas dos montes, ricas manchas de ouro e os paulistas Pedro do Rosário e Lourenço da Costa iniciaram ali os trabalhos de faiscação. Forasteiros e aventureiros começaram a afluir para o local. E nas encostas das serras, atualmente denominado Morro da Forca, erigiram os paulistas a primeira igreja, consagrada a Nossa Senhora do Pilar. Assim, por sua posição geográfica e pela sua riqueza aurífera, surgiu o Arraial do Rio das Mortes. O ARRAIAL NOVO DO RIO DAS MORTES, que deu origem à cidade, foi fundado entre 1704 e 1705. Porém, a região já era ocupada desde pelo menos 1701, quando Tomé Portes del-Rei se estabeleceu na região do Porto Real da Passagem (hoje nas proximidades dos bairros de Matosinhos em São João del-Rei e Porto Real em Santa Cruz de Minas). Em 8 de dezembro de 1713 o arraial alcançou foros de vila com o nome de São João Del-Rei, clara homenagem a D. João V. Em 1714 passa a ser a sede da recém criada Comarca do Rio das Mortes. O ouro, a pecuária e a agricultura permitiram o desenvolvimento e progresso da vila, elevada à categoria de cidade a 8 de dezembro de 1838. (BARBOSA, 1995, p. 317 / COSTA, 1993, p. 382 / VIEGAS 1953 / TRINDADE, 1945, p. 291).

ESCRITO DOS VIAJANTES

MANUEL AIRES DE CASAL (1817)

*"A **Vila de São João del-Rei**, anteriormente **Rio das Mortes**, cabeça da comarca, e residência ordinária do seu Ouvidor, que serve de provedor dos defuntos, ausentes, capelas, resíduos, e também de Juiz da Coroa, é uma das maiores, e a mais alegre e abastada da província; assentada num terreno plano, e meia légua distante da margem esquerda do rio, que lhe deu o nome primitivo até o ano de 1712, quando El-Rei D. João V lhe deu título."*(CASAL, 1976, p. 172).

*"A Comarca do **Rio das Mortes**, assim chamada do rio que a rega, conhecida igualmente pelo nome da sua cabeça, que é a **Vila de São João del-Rei**, tem ao oriente a de Vila Rica; ao norte a do Sabará, da qual é separada pela Serra Negra, e pelos rios Lambari e Andaiá; ao ocidente as províncias de Goiás e São Paulo, que também a limita pelo meio-dia, onde ainda confina com a do Rio de Janeiro."*(CASAL, 1976, p. 170).

JOHANN BAPTIST VON SPIX / KARL FRIEDRICH PHILIPP VON MARTIUS (1817-1820)

*"Não nos demoramos muito em **São João d'El-Rei**, porque esperávamos investigar melhor na capital, Vila Rica, tudo que diz respeito à lavagem de ouro e às condições geológicas das minas. A estrada vai daqui para nordeste pela encosta ocidental da Serra de São José, em geral despida de vegetação, e tem a direção de sudoeste para nordeste. Do outro lado desta montanha, está a pequena cidade de São José que a não ser a sua igreja, que é a mais bela de toda Minas, nada mais oferece digno de nota. Alguns habitantes plantaram nesse vale nos seus pomares, espécies europeias de frutas, com bom êxito; também fizeram tentativas de plantação de aveia, cevada e centeio mas estes últimos cereais parece que não produzem tão bem, pois dão mais palha do que grão, as espigas individuais amadurecem em tempos diferentes, e também os grãos amadurecem de repente e caem".* (SPIX & MARTIUS, 1981, p. 172).

AUGUSTE FRANÇOIS CESAR PROUVENÇAL DE SAINT-HILAIRE (1816-1822)

*"Já nos aproximavamos da cidade. Nella entrando fui á casa do vigario. Custava-me ao amor proprio fazer-lhe finezas e pedir-lhe o que quer que fosse: é um homem que não posso apreciar; mas devendo passar um dia apenas em **S. João**, e não querendo ir para a estalagem era elle a unica pessoa a quem poderia pedir hospedagem. Recebeu-me com as demonstrações da mais viva alegria e repetiu-me mil vezes que como da minha outra viagem, poderia considerar sua casa como minha".* (SAINT-HILAIRE, 1938, p. 81).

*"O Rio das Mortes vai lançar-se no Rio Grande à cerca de 20 léguas de **S. João d"El Rei**, do lado oeste, acima de Ibituruna, e nasce não longe de Barbacena, num sítio situado a uma légua do Registro Velho, e chamado Lavra de N. Sª de Oliveira. Em Porto Real atravessa-se esse rio por uma ponte de madeira, de aspecto assaz pitoresco, com largura bastante apenas para um carro de bois, e que é abrigada como as da Suíça, por um pequeno telhado de telhas ocas sustentado por postes."* (SAINT-HILAIRE, 1938 p. 109).

JOHN LUCCOCK (1808-1818)

*"A chegada a **São João d'El-Rei**, por êsse lado, é maravilhosamente bela, e, conquanto a chuva nos trouxesse o aborrecimento de um chão escorregadio, fomos fartamente compensados pela frescura que esparzia por sôbre a vegetação tenra e transparência que produziu na atmosfera. Requer o cenário apenas um pouco mais de verdura sôbre as elevadas dunas que formam e orlam os vales, para que se torne positivamente encantadora."* (LUCCOCK, 1975, p. 353).

JOHANN BAPTIST EMANUEL POHL (1817-1821)

*"No dia 15 de outubro, avistamos pela primeira vez, ao noroeste, sobre terra montanhosa de parca vegetação a cumeeira da **Serra de São José** e, sucessivamente, as lavras de ouro nela abertas, cuja cor vermelho-escura rebrilhava ao longe. Tínhamos ainda de subir uma serra e aos nossos pés estendia-se, ao longo de uma parede de xisto argiloso, a cidade de **São João del Rei**, capital da região descoberta pelo paulista de Taubaté, Tomé Portes del Rei, no Rio das Mortes e só em 1712 recebeu do Rei D. João V a sua denominação atual. Esta cidade figura entre as mais limpas e alegres que já encontrei no Brasil. Situada em clima suave, apresenta uma vista risonha com as suas 1.000 casas, na maioria de um só andar, limpamente caiadas e com pomares verdes, exuberantes, em que se erguem belas bananeiras."* (POHL, 1976, p. 86).

*"**Registro Velho**, antigo posto aduaneiro, onde pousamos, é um lugarejo construído ladeira acima e consta de uma igreja, oito casas, edificadas para durar, e dois grandes ranchos. Atravessa-o um riacho que corre do sul para o norte e é um ramos do aurífero **Rio das Mortes**, nome que recebeu de uma desgraça que aconteceu aos primeiros conquistadores da terra. Alguns se afogaram ao atravessá-lo; outros foram mortos pelos próprios companheiros de armas que, manifestando com salvas seu regozijo por um triunfo sobre os índios. Dispararam imprudentemente."* (POHL, 1976, p. 83).

WILHELM VON ESCHWEGE (1810-1821)

*"**Serra de São João Del Rei e São José Del Rei**: Essa serra solitária era, também, excepcionalmente rica, e, ainda hoje, seria digno de exploração um grande soco montanhoso de São João del Rei, desde que se adotasse, porém, um processo adequado. São José del Rei empobreceu-se, completamente em virtude da paralisação dos serviços de mineração. São João del Rei, ao contrário, desenvolve-se atualmente graças ao seu comércio."* (ESCHWEGE, 1979, p. 31).

JOHN MAWE (1808-1818)

*"**São João del-Rei**, capital dos distrito do mesmo nome, é uma cidade importante, com cinco mil habitantes no mínimo. Está situada perto do Rio das Mortes, que corre ao norte, e se lança no Rio das Velhas. O terreno em torno é muito fértil e produz excelentes frutos, tanto exóticos como indígenas, assim como milho e feijão, um pouco de tricô, etc. É a parte mais cultivada da comarca, da qual é o celeiro; aí fabricam sofrível quantidade de queijo e toucinho muito mal preparado."* (MAWE, 1978, p. 182).

RICHARD FRANCIS BURTON (1865-1868)

*"O **arrayal do rio das Mortes** começou a viver como vila em 1684. Em 1712 (segundo outros 24 de janeiro de 1714), Dom João o Magnífico chamou-a **vila deSão João d'El Rei**. Em 8 de dezembro de 1713 (alii 1715), seu Senhor, o governador e capitão-general de São Paulo, enviou-lhe o primeiro ouvidor, o Dr. Gonçalo de Freitas Baracho. Pela lei provincial nº 93, de março de 1838, tornou-se uma cidade, cabeça de comarca e centro de um distrito eleitoral. Em 1828 o Sr. Walsh dava à municipalidade 9.000 a 10.000 almas."* (BURTON, 1983, p. 189 e 187).

CHARLES JAMES FOX BUNBURY (1833-1834)

*"Alcancei **São João d'El Rei** no dia 20, depois de uma viagem de nove horas, de Lagoa Dourada, e lá fiquei todo o dia seguinte. E' uma cidade menor que Ouro Preto, porém mais limpa e melhor construída, as ruas mais largas, mais regulares e melhor calçadas e as casas de um aspecto bem mais moderno. E' situada num vale, ao pé de colinas nuas rochosas, de pouca altura, e no meio do qual corre um pequeno rio raso, atravessado por duas boas pontes de pedra. A população, dizem que se eleva a mais de 6.000 habitantes e a altitude é de 2.726 pés acima do nível do mar."* (BUNBURY, 1981. p. 96).

GEORGE HEINRICH VON LANGSDORFF (1822-1829)

*"**São João del Rei** fica num vale estreito, mas que se alarga logo abaixo, e é banhado por um ribeirão, rio d'Água Limpa. Para Oeste, vêem-se montanhas rochosas altas e abruptas, devastadas pela lavagem do ouro em tempos passados. Para Leste, campos em suave elevação ou colinas. Para Nordeste, um vale bastante extenso, cercado pela Serra de São José, o Campo de Marçal Casado, onde o Marquês de Pombal queria construir a cidade."* (LANGSDORFF, 1997, p. 26).

*"Partimos às 2h da tarde e atravessamos a ponte sobre o **rio das Mortes**. Várias pontes nesta comarca foram arrendadas, de forma que as pessoas das vizinhanças precisam pagar pedágio para passar por elas. Um viajante paga 240 réis para si e para seu animal, e uma mula carregada, 160 réis. Isso dificulta o comércio e a comunicação.*

*Miudezas e produtos agrários e agrícolas, como ovos, galinhas, couves, verduras, frutas, etc., praticamente não podem ser fornecidos aos mercados. O rio das Mortes fica aproximadamente a menos de meia hora da **Vila de São João** e poderia ser navegado por canoas grandes. Todavia, os habitantes das margens desse belo rio não têm permissão para percorrê-lo de barco por algumas horas: eles têm que pagar o pedágio da ponte. Como consta da portaria imperial ou do passaporte que eu posso passar livremente em todo lugar, então, não precisei pagar nada."* (LANGSDORFF, 1997, p. 38).

JOHANN MORITZ RUGENDAS(1822-1825)

*"A cidade de **São João d'El-Rei** substitui a de Barbacena e indeniza o viajante pelas privações e fadigas experimentadas nas florestas primitivas e nas montanhas. **São João** (outrora cidade do Rio das Mortes), está situada ao pé de uma encosta de montanha nua e rochosa e a cavaleiro do córrego do Tijuco, o qual desemboca mais adiante no Rio das Mortes.."* (RUGENDAS, 1972, p. 31).

*"O **Rio das Mortes**, que desemboca no Paraná, lembra, pelo nome, as guerras dos ousados paulistas que foram os primeiros a se embrenhar nessas montanhas tão ricas de ouro e que, depois de ter exterminado ou rechaçado os indígenas para os confins das florestas primitivas, se digladiaram na partilha de tão abundantes despojos."* (RUGENDAS, 1972, p. 31-32).

ROBERT WALSH (1828-1829)

*"A cidade de **São João del Rei**, distante de São José cerca de doze quilômetros, também se tinha tornado célebre pela quantidade de ouro que havia produzido, principalmente numa determinada lavra, sobre a qual se contavam extraordinárias histórias do passado. Desejei conhecer o lugar. Além do mais, morava na cidade um médico dos Estados Unidos, o qual, segundo nos informaram, se encontrava moribundo e desejava a presença de um pastor protestante. Assim sendo, no dia seguinte partimos para São João. Nosso caminho contornava a extremidade da serra e continuava ao longo dela, do outro lado, por algum tempo."* (WALSH, 1976, p. 72).

*"Os oito dias da "chuva fria" tinham passado e foram substituídos por um tempo muito agradável, tendo eu me aproveitado disso para conhecer os arredores da cidade. Primeiramente fomos até o **Rio das Mortes**. E' um rio caudaloso, cortado por uma ponte de madeira de aproximadamente cem metros, banhando terras que são por sua natureza extremamente férteis, mas que se tornaram estéreis por artes do homem em sua busca do ouro. A existência no país desse metal já é conhecida desde o remoto ano de 1543."* (WALSH, 1976, p. 62).

FRANCIS DE LA PORTE, CONDE DE CASTELNAU (1843-1847)

*"Na mata, havia só a Estrada por onde viemos; nas planícies, pelo contrário, ela se divide em mil caminhos, cuja cor avermelhada os faz destacar por entre a vegetação. O caminho desce às vezes em grotas, mas, de modo geral, vai sempre subindo até Barbacena. Uma légua antes de chegar à cidade atravessamos, por uma pequena ponte coberta, **o rio das Mortes**, cuja direção nesse lugar é de su-sudoeste e corta a estrada perpendicularmente. Esse córrego, por intermédio do rio Grande e do Paraná, é um dos formadores do rio da Prata. O **Registro Velho**, situado perto da ponte, compõe-se de oito a dez casas, agrupadas à margem do rio."* (CASTELNAU, 2000, p. 79).

PESQUISADOR: Francisco de Assis Carvalho

REVISORA: Dick, 2012.

***

78 Topônimo: SÃO JOSÉ DO BARREIRO
Taxonomia: *Hagiotopônimo*
Localização: Área de influência da ER
Caminho: V
MUNICÍPIO: São José do Barreiro – SP
ACIDENTE: humano / município
ORIGEM: portuguesa
MOTIVAÇÃO: Passagem de tropeiros e, devido a um ATOLEIRO que na época das cheias dificultava a passagem.
HISTÓRICO: São José do Barreiro < Barreiro < São José do Barreiro
Hagiotopônimo < Litotôponimo < Hagiotopônimo
ESTRUTURA MORFOLÓGICA: NCm [ADJsing + Ssing{Prep + Asing + Ssing}]

INFORMAÇÕES ENCICLOPÉDICAS: Pelo Porto de Mambucaba e pelo rio do mesmo nome, a partir do século XVII subiram os primeiros colonizadores fundando povoações. Também de Minas Gerais, em direção do mesmo Porto desciam a Serra da Bocaina e acabaram por se fixar ao longo do caminho. Foi construída uma capela, por volta de 1820, num local onde os tropeiros pousavam próximo de um trecho do caminho de difícil passagem, devido ao permanente atoleiro. O coronel João Ferreira de Souza, filho do sargento-mor, em 1833, doou terras para formação do patrimônio. Sob a égide de São José, orago da capela, desenvolveu-se o patrimônio que, em 1842, foi elevado à Freguesia, com o nome de São José do Barreiro, simplificado para BARREIRO, em 1938, e novamente SÃO JOSÉ DO BARREIRO, em 1953. A VILA DE SÃO JOSÉ DO BARREIRO foi criada em 1859 Vila criada por Lei Provincial nº 6, de 9 de março de 1859. Desmembrada do Município de Areias ou do Município de Queluz. Cidade por Lei Provincial nº 35, de 10 de março de 1885. *"Povoação fundada à margem do rio que lhe dá o nome, em território outrora pertencente ao município de Areais, a NE da capital. Deve sua fundação ao Coronel João Ferreira de Sousa e Alferes José Gomes dos Santos, que, pelos anos de 1820, pouco mais ou menos, franquearam ao público certa extensão de terrenos de sua propriedade e edificaram uma elegante igreja sob a invocação de São José".* (MARQUES, 1980, p. 103).
ESCRITOS DOS VIAJANTES
AUGUSTO EMÍLIO ZALUAR (1860-1861)
"Já, tive ocasião de observar em outro lugar a diferença de costumes e tendências civilizadoras que existe entre a nossas modernas e as antigas povoações do interior. Êste ato traduz-se de maneira bem palpável a quem visita a pitoresca **vila do Barreiro**, *reclinada no regaço de um vale ameno e verdejante, e à sombra de uma das abas da serra da Bocaina, cuja cordilheira se encadeia formando elos das montanhas até perder-se no horizonte. Êste pequeno núcleo de população, protegido pela sua trincheira natural de morros, vive contente e feliz, aspirando o ar da liberdade e realizando com seus fracos recursos os melhoramentos que a civilização aconselha aos seus interêsses e bem-estar. O Barreiro dista cinco léguas de Resende, e outras tantas da cidade do Bananal. As estradas que para aí confluem, tanto de um como de outro dêstes pontos, são regulares, e quase se pode dizer boas, agora que o tempo, êsse engenheiro zeloso, se encarregou de fazer os reparos que a administração provincial tão satisfatoriamente lhe delega."* (ZALUAR, 1975, p. 51).
PESQUISADOR: Francisco de Assis Carvalho
REVISORA: Dick, 2012.

***

79 Topônimo: SÃO LOURENÇO
Taxonomia: *Hagiotopônimo*
Localização: Eixo principal da ER
Caminho: V
MUNICÍPIO: São Lourenço – MG
ACIDENTE: humano / município
ORIGEM: portuguesa
MOTIVAÇÃO: Homenagem a *LOURENÇO, XAVIER DA VEIGA, natural do Rio de Janeiro (1806) e casado, em Campanha.*
HISTÓRICO: São Lourenço < Águas do Viana < Águas de São Lourenço
Hagiotopônimo < Hidrotopônimo < Hidrotopônimo
ESTRUTURA MORFOLÓGICA: NCm [ADJsing + Ssing]
INFORMAÇÕES ENCICLOPÉDICAS: Datam do início do século XIX as primeiras notícias das paragens em que se situa São Lourenço. O primeiro nome que registra a história é o de João Francisco Viana, proprietário de vasta fazenda em terras da freguesia do Carmo de Pouso Alto, Termo de Cristina. O local onde se acham as fontes de água medicinal de São Lourenço fazia parte da grande Fazenda conhecida por "Bomba", situada no distrito de Carmo do Pouso Alto. Era propriedade de João Francisco Viana, que tinha três filhos: Antônio, José e João Viana. Antônio Francisco Viana era dado à caça e, como caçador, percorria com frequência as terras da fazenda. Numa de suas andanças pela fazenda, encontrou a nascente de água cristalina que *"fervia"* no lodaçal. Provou a água. Achou-a de *"sabor diferente, ácida, agradável"*. Passou a fazer uso

frequente daquela água. Logo se criou a fama de água curadora, fama que se espalhou e, de toda a redondeza, ia gente fazer uso da água do "Sítio do Viana". A fama foi aumentando sempre. As águas do Viana, Águas Santas do Viana, Águas Férreas e sulforosas do Viana, Águas Virtuosas do Viana, essas várias designações tornavam famosas as fontes do sítio do Viana. Morto o dono da fazenda, foi esta partilhada entre os filhos. As águas do Sítio do Viana continuavam com sua fama, apenas na redondeza. Assim permaneceram, até 14 de julho de 1884, quando foi inaugurada a estação ferroviária, que concorreu para aumentar a procura das águas. O Comendador Bernardo Saturnino da Veiga, que é apontado como o verdadeiro fundador de São Loureço, adquiriu, em 1890, o terreno onde se acham as fontes de água mineral. Obteve autorização do governo do Estado para sua exploração e organizou a Companhia das Águas Minerais de São Lourenço, com o capital de 500 contos de réis. Os descendentes de Lourenço Xavier da Veiga, radicados na Campanha desde o ano de 1823, resolvera, um dia, arrojar-se à dura tarefa de levar a efeito uma exploração mais eficiente das fontes. Constituíram uma Companhia, mediante o congraçamento de numerosos operários. Isto aconteceu no ano de 1890. (LEFORT, 1993, p. 279). A capela, dedicada a São Lourenço, foi erigida por provisão de 10 de agosto de 1891 (Cônego Trindade, *op. cit.*). A verdade é que, em 1891, o povoado, já bem desenvolvido, mereceu ser elevado a distrito de paz do município de Silvestre Ferraz, por lei de 14 de dezembro daquele ano. Bernardo Saturnino da Veiga, em 1892, mandou levantar a *"planta oficial"* de São Lourenço, obteve aprovação do governo do Estado, fez a captação de uma das dez fontes existente e realizou os primeiros melhoramentos no local, isto é, retificou o leito do Ribeirão de São Lourenço, removendo-o da base do morro, onde se acham as fontes, construiu um aterro ligando as fontes à via férrea, tornando mais fácil o acesso. O decreto Nº 7572, de 1º de abril de 1907, criou provisoriamente a Prefeitura no Distrito de São Lourenço, desmembrado o novo município do de Pouso Alto. A lei Nº 987. de 20 de setembro de 1927, referendando o decreto anterior, criou o município. São Lourenço dispõe de um parque de seis fontes hidrominerais. (BARBOSA, 1995, p. 324 / LEFORT, 1993, p. 279 a 281 / COSTA, 1993, p. 389 / ANDRADE, 1945).
ESCRITO DOS VIAJANTES: n/e
PESQUISADOR: Francisco de Assis Carvalho
REVISORA: Dick, 2012.

***

80 Topônimo: SÃO LUIZ DO PARAITINGA
Taxonomia: *Hagiotopônimo*
Localização: Área de influência da ER
Caminho: V
MUNICÍPIO: São Luiz do Paraitinga – SP
ACIDENTE: humano / distrito
ORIGEM: portuguesa / indígena
MOTIVAÇÃO: Alusiva ao padroeiro do lugar, São Luiz. "Em *O tupi na geografia nacional*, SAMPAIO (1955, p. 259) define *"PARAHYTINGA, corr. Paray-tinga, o parahyba branco, ou de águas claras. V. Parahyba".* GREGÓRIO (1980, p. 1008) inclui: *"Paraitinga (" + y + tinga) = rio de águas claras; nome de rio afluente do Paraíba do Sul: com o Paraibuna forma este em São Paulo"."Povoação situada à ENE da cidade de São Paulo à margem esquerda do rio que lhe dá o nome. As primeiras sesmarias concedidas nesta paragem foram a 5 de março de 1688 ao capitão Mateu Vieira da Cunha e a João Sobrinho de Moraes, que ao capitão de Taubaté Filipe Carneiro de Alcaçouva e Sousa requereram, alegando que a queriam ir povoar".* (MARQUES, 1980, p. 140).
HISTÓRICO: São Luiz do Paraitinga < Imperial Cidade de São Luiz do Paraitinga < São Luiz e Santo Antonio do Paraitinga
Hagiotopônimo < Axiotopônimo < Hagiotopônimo
ESTRUTURA MORFOLÓGICA: NCm [ADJsing + Ssing{Prep + Asing + Ssing}]
INFORMAÇÕES ENCICLOPÉDICAS: A história de São Luiz do Paraitinga começa a ser contada a partir do século XVIII, quando bandeirantes avançavam pelo Vale do Paraíba à procura de pedras preciosas e índios, para servir de mão de obra barata para a exploração das terras brasileiras. Neste processo de desbravamento do sertão, algumas áreas começaram a ser povoadas para facilitar o deslocamento das bandeiras.

O Capitão Vieira da Cunha e João Sobrinho de Moraes alegaram pretender povoar a região dos sertões da Paraitinga e, por isso, receberam do Capitão de Taubaté, Felipe Carneiro de Alcaçouva e Souza as primeiras sesmarias da então Vila de Guaratinguetá. A 2 de Maio de 1.769 essa petição foi deferida, recebendo a povoação o nome de SÃO LUIZ e SANTO ANTONIO DO PARAITINGA, sendo a padroeira Nossa Senhora dos Prazeres. No dia 8 de maio de 1769 o sargento mor Manoel Antonio de Carvalho foi nomeado fundador e governador da nova povoação. Um incentivo do governador geral estimulou a mudança de mais gente para o local, que foi elevado à vila em janeiro de 1773, instalada a 31 de Março do mesmo ano. Por lei provincial a 30 de Abril de 1857 foi elevada à categoria de cidade e por título de 11 de junho de 1873, obteve a denominação de *"Imperial Cidade de São Luiz do Paraitinga".*

ESCRITOS DOS VIAJANTES: n/e
PESQUISADOR: Francisco de Assis Carvalho
REVISORA: Dick, 2012.

***

81 Topônimo: SÃO SEBASTIÃO DA VITÓRIA
Taxonomia: *Hagiotopônimo*
Localização: Eixo principal da ER
Caminho: V
MUNICÍPIO: São João del-Rei – MG
ACIDENTE: humano / distrito
ORIGEM: portuguesa
MOTIVAÇÃO: Alusiva ao padroeiro do lugar, São Sebastião. O local, segundo a tradição oral, devido às comemorações em torno da **Vitória da Guerra dos Emboabas**, já tinha o nome de Vitória e a este foi acrescentado o nome de São Sebastião.
HISTÓRICO: São Sebastião da Vitória < Vitória < Povoado das Bandeirinhas
Hagiotopônimo< Animotopônimo< Poliotopônimo
ESTRUTURA MORFOLÓGICA: NCm [ADJsing + Ssing + {Prep + Asing + Ssing}]
INFORMAÇÕES ENCICLOPÉDICAS: Em 28 de abril de 1880 o Pe. José Bonifácio dos Santos solicitou a autorização ao bispo de Mariana, D. Antônio Maria Correia de Sá Benevides, para edificação de uma capela que foi elevada à categoria de Matriz de São Sebastião através do Decreto Canônico de D. Helvécio Gomes (arcebispo de Mariana), em 25 de março de 1925; o cônego João Batista da Trindade, então vigário de Conceição da Barra de Minas, foi designado para dar assistência à paróquia recém-criada. (COSTA, 1993, p. 393 / TRINDADE, 1945, p. 319).
ESCRITO DOS VIAJANTES: n/e
PESQUISADOR: Francisco de Assis Carvalho
REVISORA: Dick, 2012.

***

82 Topônimo: SÃO SEBASTIÃO DO RIO VERDE
Taxonomia: *Hagiotopônimo*
Localização: Eixo principal da ER
Caminho: V
MUNICÍPIO: São Sebastião do Rio Verde – MG
ACIDENTE: humano / município
ORIGEM: portuguesa
MOTIVAÇÃO: Topônimo alusivo ao santo padroeiro, São Sebastião, e à localização junto ao Rio Verde.
HISTÓRICO: São Sebastião do Rio verde < Estação de Pouso Alto < Arraial do Rio Verde
Hagiotopônimo < Sociotopônimo < Poliotopônimo
ESTRUTURA MORFOLÓGICA: NCm [ADJsing + Ssing + {Prep + Asing + Ssing + ADJsing}]

INFORMAÇÕES ENCICLOPÉDICAS: O núcleo que deu origem ao município foi formado nas proximidades da antiga estação da Rede Mineira de Viação e se desenvolveu a partir da construção da capela, em 1891. O distrito foi criado em 1953, com sede no povoado denominado ESTAÇÃO DE POUSO ALTO. Nove anos depois, São Sebastião do Rio Verde emancipa-se, com seu território desmembrado de Pouso Alto. De acordo com LEFORT (1993, p. 285) a Estrada de Ferro, que passa pela localidade, foi causa imediata da fundação do lugar, na penúltima década do século passado. Em 27 de abril de 1941, foi criada a Paróquia de São Sebastião. São Sebastião do Rio Verde tornou-se município em 30 de dezembro de 1962, pela lei de nº 2764. (BARBOSA, 1995, p. 330 / LEFORT, 1993, p. 285 a 296 / COSTA, 1993, p. 395 / SOUZA, 1950 / PARANHOS, 2005).
ESCRITO DOS VIAJANTES:
PESQUISADOR: Francisco de Assis Carvalho
REVISORA: Dick, 2012.

***

83 Topônimo: SÃO TIAGO
Taxonomia: *Hagiotopônimo*
Localização: Área de influência da ER
Caminho: V
MUNICÍPIO: São Tiago – MG
ACIDENTE: humano / município
ORIGEM: portuguesa
MOTIVAÇÃO: Topônimo alusivo ao santo padroeiro, São Tiago.
HISTÓRICO: São Tiago
Hagiotopônimo
ESTRUTURA MORFOLÓGICA: NCm [ADJsing + Ssing]
INFORMAÇÕES ENCICLOPÉDICAS: Distrito criado com a denominação de SÃO TIAGO, pela lei provincial nº 727, de 16-05-1855, e lei estadual nº 2, de 14-09-1891, subordinado ao município de Bom Sucesso. Em divisão administrativa referente ao ano de 1911, o distrito de São Tiago figura no município de Bom Sucesso. Assim permanecendo em divisões territoriais datadas de 31-XII-1936 e 31-XII-1937. Elevado à categoria de município com a denominação de SÃO TIAGO, pela lei estadual nº 336, de 27-12-1948, desmembrado de São Tiago. Sede no antigo distrito de São Tiago. Pela lei nº 1039, de 12-12-1953, foi criado o Distrito de Mercês de Água Limpa (ex-povoado) e anexado ao município de São Tiago. (BARBOSA, 1995, p. 331 / COSTA, 1993, p. 396 / TRINDADE, 1945, p. 301).
ESCRITO DOS VIAJANTES: n/e
PESQUISADOR: Francisco de Assis Carvalho
REVISORA: Dick, 2012.

***

84 Topônimo: SÃO TOMÉ DAS LETRAS
Taxonomia: *Hagiotopônimo*
Localização: Área de influência da ER
Caminho: V
MUNICÍPIO: São Tomé das Letras – MG
ACIDENTE: humano / município
ORIGEM: portuguesa
MOTIVAÇÃO: Alusiva ao santo padroeiro do lugar, São Tomé. Faz referência histórica à imagem do apóstolo que foi encontrada em uma gruta; e a expressão **"das Letras"** deve-se às inscrições em forma de letras, de cor vermelha, gravadas na parte superior da entrada dessa gruta, que está localizada no centro da cidade. De acordo com LEFORT (1993), existem as seguintes <u>lendas</u>: (1) *"A existência lendária de um santo jesuíta, desejoso de santificação, o qual, transportando-se para aquela serra, se fez acompanhar de uma imagem do*

apóstolo S. Tomé. Este vivia em uma gruta, absorto na contemplação divina. A gruta se distinguia pelos desenhos semelhantes a letras. Querendo o povo aludir à residência daquele filho de S. Inácio, dizia: a gruta de S. Tomé das Letras, o nome da presente paróquia"; (2) Diogo de VASCONCELOS, na História Antiga de Minas Gerais, 1974,p. 65) registra que "os colonos assim denominavam por encontrarem nela uma pedra cheia de cifras e tão perfeitas, que se atribuíram ao apóstolo, graças à lenda espalhada entre os índios, que, em tempos remotos, um varão extraordinário andou pelos sertões, pregando doutrinas e praticando virtudes". LAPA: "significa geralmente caverna. Nessa parte de Minas é geralmente aplicada ao xisto argiloso duro". (BURTON, 1976, p. 398). LAPA: de acordo com PIEL (1947, p. 37), "lapa designa uma laje, ou seja uma pedra de superfície plana".

HISTÓRICO: São Tomé das Letras< LAPA DE S. TOMÉ.

Hagiotopônimo < Litotopônimo

ESTRUTURA MORFOLÓGICA: NCm [ADJsing + Ssing + {Prep + Apl + Spl }]

INFORMAÇÕES ENCICLOPÉDICAS: Em fins do século XVII, a região foi desbravada pela expedição de Fernão Dias em busca de ouro. Entretanto, a ocupação do atual município iniciou-se com a ereção de uma capela em louvor a São Tomé em 1770, construída pelo fazendeiro João Francisco Junqueira, próximo à gruta em que foi encontrada a imagem do Santo. Em torno da capela iniciou-se a formação do arraial. Conforme LEFORT (1993, p. 290), pode-se dar, com segurança, o ano de 1759, para o início do povoamento de S. Tomé das Letras. Com efeito, é desse ano um registro de óbito, encontrável nos livros de Baependi: *"Aos doze dias do mês de junho de mil setecentos e cincoenta e nove faleceu da vida presente uma criança por nome Ana, de idade de dez meses, filha de Antônio Taveira, do bairro de S. Tomé, desta freguesia; está enterrada dentro da Igreja, de que fiz este assento que assinei".* A família Taveira *"é a primeira que povoou os sertões das Carrancas... em 1730".* E Antônio Alves Taveira é filho de Manuel Alves Taveira e de Josefa Lemes da Silva. No ano de 1772, aparece a denominação LAPA DE S. TOMÉ. Assim: *"Aos doze de fevereiro de mil setecentos e setenta e dois na Lapa de S. Tomé da Serra das Letras da freguesia de Larras do Funil o reverendo Francisco Alvares Torres de licença do pároco batizou e pôs os santos óleos à inocente Francisca".* A Igreja foi construída em 1785 e a paróquia foi criada em 9 de março de 1840. O calçamento do povoado é natural, porquanto São Tomé está a 1400 metros aproximadamente acima do nível do mar e repousa sobre rocha viva... Do lado esquerdo existe uma pequena gruta, tendo na entrada algumas inscrições de cor vermelha. Ainda, segundo LEFORT (1993): *"Quem percorre a serra, com atenção, observa que, em muitos aparados verticais, em muitas superfícies lisas, aparecem aqueles sinais semelhantes na cor e no estilo, até que figuras alegóricas a animais, indicando que são pinturas de índios as que aí se acham, desde muitos anos. Pesquisas posteriores nos fazem deparar um musgo de cor vermelha – lichen cladonia sanguínea – que os primitivos habitantes daquelas paragens utilizavam para seus desenhos..."* (BARBOSA, 1995, p. 331 / LEFORT, 1993, p. 289 e 293 / COSTA, 1993, p. 396 / TRINDADE, 1945, p. 301).

ESCRITO DOS VIAJANTES

MANUEL AIRES DE CASAL (1817)

"A **Serra das Letras**, que é um ramo da precedente: o nome que a designa vem-lhe duma sorte de hieróglifos, obra da Natureza, que se observam no interior duma vasta e curiosa gruta, formada de diversas camadas de pedra arenosa; algumas de considerável elasticidade, com várias paisagens formadas de plantas, que ali apodreceram. As pretendidas letras, que não passam de toscos e ilegíveis hieróglifos, e que a ignorância do povo atribui à mão do apóstolo **São Tomé**, devem seu princípio a partículas ferruginosas, segundo parece. Junto dela há uma ermida dedicada ao santo apóstolo nomeado"(CASAL, 1976, p. 171).

JOHANN BAPTIST VON SPIX / KARL FRIEDRICH PHILIPP VON MARTIUS (1817-1820)

"A **Serra das Letras**, que, por suas admiráveis figuras dentríticas de grés elástico, corroído amiúde, branco (o denominado itacolomito), despertou o interesse do povo, está situada apenas poucas léguas distante daqui e pertence inteiramente à mesma formação. Aqui e acolá, como por exemplo, junto dos ranchos chamados Capivari, ao sopé da serra do mesmo nome, encontramos depositado sobre esse micaxisto quartzítico um sisto argiloso fortemente corroído, vermelho carne ou esverdeado, que contém granadas; efetivamente, a inclinação desse xisto argiloso é mais meridional (isto é, sudoeste e su-sudoeste) do que a do micaxisto. O xisto quartzítico é branco ou amarelado, de estrutura granulosa fina, e aparece depositado ora sobre granito ora sobre gnaisse granítico lilás, no qual se encontram granadas e turmalinas pretas. Especialmente vistosas entre a rica floração são as réxias. Há inúmeras espécies, todas

arbustos baixos, cujas numerosas hastes finas e folhentas são cobertas de flores de agradável vermelho e violeta. Imponentes caules de velósias azuis e barbacênias, variedades representantes da família das Liliáceas, ornamentam sobretudo os cumes pedregosos. Da família das gencianas, avistamos muitas espécies de lisiantas, que fazem lembrar a igualdade de distribuição de certas famílias por regiões muitos distantes". (SPIX & MARTIUS, 1981, p. 167).
PESQUISADOR: Francisco de Assis Carvalho
REVISORA: Dick, 2012.

***

85 Topônimo: SÃO VICENTE DE MINAS
Taxonomia: *Hagiotopônimo*
Localização: Área de influência da ER
Caminho: V
MUNICÍPIO: São Vicente de Minas – MG
ACIDENTE: humano / município
ORIGEM: portuguesa
MOTIVAÇÃO: Alusiva ao padroeiro do lugar, São Vicente.Conta a tradição que a história do município está ligada à descoberta, por um empregado de um fazendeiro da região, de uma imagem de São Vicente Ferrer, junto a uma nascente d'água. O fazendeiro construiu, então, uma capela no local e logo se formou o povoado, ponto de encontro de tropeiros e mascates.
HISTÓRICO: São Vicente de Minas < São Vicente Férrer < Francisco Sales
Hagiotopônimo <Hagiotopônimo < Antropotopônimo
ESTRUTURA MORFOLÓGICA: NCm [ADJsing + Ssing + {Prep + Spl}]
INFORMAÇÕES ENCICLOPÉDICAS: Depois de pertencer a Aiuruoca e a Turvo, o município foi emancipado em 1938, sob a denominação de FRANCISCO SALES. Tornou-se município pelo decreto-lei Nº 148, de 17 de dezembro de 1938, com território desmembrado do de Andrelândia. SÃO VICENTE FERRER era o nome primitivo. A capela em torno da qual se formou o povoado foi fundada em 1797, com provisão do Ordinário e obteve beneplácito régio a 17 de fevereiro de 1814 e provisão ordinária a 17 de julho de 1824 (*Livro de Visitas Pastorais de Dom Frei José da Santíssima Trindade*, Arquivo Eclesiástico de Mariana). (BARBOSA, 1995, p. 332 / COSTA, 1993, p. 397 / TRINDADE, 1945, p. 301).
ESCRITO DOS VIAJANTES: n/e
PESQUISADOR: Francisco de Assis Carvalho
REVISORA: Dick, 2012.

***

86 Topônimo: SERITINGA
Taxonomia: *Geomorfotopônimo*
Localização: Área de influência da ER
Caminho: V
MUNICÍPIO: Seritinga – MG
ACIDENTE: humano / município
ORIGEM: indígena
MOTIVAÇÃO: Em *O tupi na geografia nacional*, SAMPAIO (1955, p. 276) define *"**Serehytinga**, corr. **Ciriyba-tinga**, contracto em **ciry-tinga**, o mangue branco. V. **Serehyba**. Alt. **Siritinga**. (**Avicena nítida tomentosa**)".*O topônimo *"Seritinga"* é de origem indígena, e quer dizer *"Pedra Branca"*. É o nome dado a serra que corta o município, formada por grande quantidade de pedras brancas.
HISTÓRICO: Seritinga < Estação de Serranos
Geomorfotopônimo < Sociotopônimo
ESTRUTURA MORFOLÓGICA: Nf [Ssing]
INFORMAÇÕES ENCICLOPÉDICAS: Seritinga é um município criado pela lei de Nº 2764, de 30 de setembro de 1962, com território desmembrado de Serranos. Era uma estação de trem no distrito de Serranos,

município de Aiuruoca. Nos primórdios do século passado, chegaram à região Alto Rio Grande, no local onde hoje se situa o município de Seritinga, posseiros que, fixando nas terras, ocuparam-se da agricultura. A cidade de Seritinga, entretanto, somente começou a ser formar quando da chegada dos trilhos da estrada de ferro de Rede Mineira de Viação, em 1908, a cargo do Sr. Nicola Bianco. Em 1910, foi inaugurada a pequena estação ferroviária, pertencente ao município de Aiuruoca. Na mesma época foi construída a capela, formando-se assim o primeiro núcleo populacional. A ESTAÇÃO DE SERRANOS, no distrito de serranos, município de Aiuruoca, tornou-se povoado importante. E a lei Nº 1039, de 12 de dezembro de 1953, ao criar o município de Serranos elevou a Estação de Serranos a distrito do novo município, com a denominação de Seritinga, que se tornou município em 1962. (BARBOSA, 1995, p. 337 / COSTA, 1993, p. 402).
ESCRITO DOS VIAJANTES: n/e
PESQUISADOR: Francisco de Assis Carvalho
REVISORA: Dick, 2012.

***

87 Topônimo: SERRANOS
Taxonomia: Corotopônimo
Localização: Área de influência da ER
Caminho: V
MUNICÍPIO: Serranos – MG
ACIDENTE: humano / município
ORIGEM: portuguesa
MOTIVAÇÃO: Faz referência aos primeiros povoadores de Serranos que vieram do Serro, ou também pode ser compreendida como o lugar do *"acampamento dos tropeiros do Serro"*, porque os tropeiros e sertanistas acampavam no lugar quando iam e vinham das cidades auríferas.
HISTÓRICO: Serranos < Acampamento dos Tropeiros do Serro < Bom Sucesso dos Serranos
Corotopônimo < Sociotopônimo < Hagiotopônimo
ESTRUTURA MORFOLÓGICA: Nm [Spl]
INFORMAÇÕES ENCICLOPÉDICAS: A primeira capela foi construída por Antônio de Oliveira no ano de 1725. É o primeiro documento oficial, que conhecemos sobre a atual cidade de acordo com LEFORT (1993). A capela foi dedicada ao Menino Deus e a Nª. Sª. do Bom Sucesso. Com a construção da primeira capela dedicada à Nossa Senhora do Bonsucesso, a povoação progrediu rapidamente e já, em 1840, era o arraial elevado à sede de distrito de Paz com o topônimo de BOM SUCESSO DOS SERRANOS, fazendo parte do município de Aiuruoca. A princípio foi a agricultura a atividade econômica de maior destaque do distrito. Entretanto, posteriormente, a vantagem da pecuária em suas terras tornou-se essa atividade o principal fator econômico de SERRANOS que, em 1911, já aparecia com esse nome. Em 1953 o distrito foi elevado à categoria de Município. A criação do Município deveu-se à Lei Estadual número 1039, de 12 de dezembro de 1953. A instalação do Município deu-se a 1º de janeiro de 1955. (BARBOSA, 1995, p. 340 / LEFORT, 1993, p. 297 a 300 / COSTA, 1993, p. 404 / TRINDADE, 1945, p. 305).
ESCRITO DOS VIAJANTES: n/e
PESQUISADOR: Francisco de Assis Carvalho
REVISORA: Dick, 2012.

***

88 Topônimo: SILVEIRAS
Taxonomia: *Antropotopônimo*
Localização: Área de influência da ER
Caminho: V
MUNICÍPIO: Silveiras – SP
ACIDENTE: humano / município
ORIGEM: portuguesa

MOTIVAÇÃO: Homenagem à família SILVEIRA, primeiros habitantes do lugar. *"Vamos lá para os Silveiras!""Silveira,* sobrenome toponímico que vem do **latim**: *silvaria (moita de silvas, silvado)"*. (MANSUR, 1994).

HISTÓRICO: Silveiras< Pouso do Ventura

Antropotopônimo < Sociotopônimo

ESTRUTURA MORFOLÓGICA: Nf [Spl] [apelido de família]

INFORMAÇÕES ENCICLOPÉDICAS: Silveiras surgiu em torno de acampamentos de tropeiros, em pleno ciclo do ouro – na saga da *"trilha entre Minas Gerais e os portos de Mambucaba e Paraty"*. Freguesia – era a definição da época caracterizando a implantação da paróquia homenageando Nossa Senhora da Conceição de Silveiras, fortalecendo a capela antiga surgida em 1780, erguida no mesmo local onde está a Matriz. Com o desenvolvimento constante, a Freguesia foi elevada à condição de vila em 1842 – desmembrando-se de Lorena e tendo a Nossa Senhora da Conceição como padroeira. SILVEIRAS, no século XIX, foi o mais importante núcleo de serviços dedicado ao tropeirismo do Brasil. Em 1864 Silveiras passou para Cidade e em 1888 foi implantada a Comarca. Com a desativação e enfraquecimento das *"Minas Gerais"*, o café que se transferiu para novas terras (oeste paulista), a estrada de ferro que não passou no município, a abolição da escravidão dos negros, a república (mudança da ordem política), ocorre o êxodo da População local e a decadência atinge a comunidade. Localizada entre os rios Paraíba e Paraitinga, Silveiras teve início do seu povoamento no pouso de tropeiros à beira da Estrada da Corte, conhecido como POUSO DO VENTURA. Em 1864 Silveiras tornou-se município, e em 1888 foi implantada a Comarca.

ESCRITO DOS VIAJANTES

AUGUSTO EMÍLIO ZALUAR (1860-1861)

*"Cheguei a **Silveiras** já de noite, e tão cansado me achava, que creio me seria impossível, caso fizesse ainda claro, descrever a primeira impressão que me produziu o aspecto desta vila. Recomendado por alguns amigos ao Sr. capitão Francisco Félix Castro, bem conhecido pelos importantes serviços prestados ao seu município, devo-lhe não só a bondosa hospitalidade que recebi em sua casa, como a complacência de me acompanhar a visitar a povoação e ministrar-me algumas das informações de que carecia para esta ligeira notícia. A vila de Silveiras, a quatro léguas, de Areias, está edificada em uma e outra margem da estrada geral de S. Paulo. Fica reclinada em uma planície um pouco baixa, o que faz com que se não possa gozar a sua perspectiva senão de qualquer das alturas dós morros que a rodeiam, especialmente da colina onde está edificada a pitoresca capelinha do Patrocínio, e dondeoferece realmente uma vista deleitosa e agradável. A vila tem cento e tantas casas regularmente construídas, e muitas outras cobertas de sapé. Tem algumas ruas e três praças. A primeira é a da Matriz, cujo edifício é de arquitetura pesada e está agora em reparos, pois havia chegado a um estado lamentável de ruína."* (ZALUAR, 1975, p. 69).

PESQUISADOR: Francisco de Assis Carvalho

REVISORA: Dick, 2012.

***

89 Topônimo: SOLEDADE DE MINAS

Taxonomia: *Hagiotopônimo*

Localização: Área de influência da ER

Caminho: V

MUNICÍPIO: Soledade de Minas – MG

ACIDENTE: humano / município

ORIGEM: portuguesa

MOTIVAÇÃO: Alusiva à padroeira do lugar, Nossa Senhora da Piedade. Em *O tupi na geografia nacional*, SAMPAIO (1955, p. 215) define *"**IBATUBA,** corr. **Ybá-tyba**, o sítio das frutas; o Frutal; o pomar"*.

HISTÓRICO: Soledade de Minas < Ponte dos Teixeiras < Fazenda da Soledade< Soledade < Ibatuba

Hagiotopônimo < Hodotopônimo < Sociotopônimo< Animotopônimo < Fitotopônimo

ESTRUTURA MORFOLÓGICA: NCf [Ssing +{Prep + Spl}]

INFORMAÇÕES ENCICLOPÉDICAS: Foram os garimpeiros em busca de novas lavras que fizeram o povoamento da região. Durante o séc. XVIII garimpos clandestinos, fugindo da tributação da Coroa, instalaram-se nas terras do vale do rio Verde. No local da atual sede do município, em 1850, os irmãos Inácio e Severo Teixeira construíram, em 1850, uma ponte conhecida como PONTE DOS TEIXEIRA. Em 1893, o capitão Antônio José de Souza Rodrigues, proprietário da fazenda Soledade, construiu uma capela em torno da qual se forma o povoado de Soledade, anteriormente chamado de Ponte dos Teixeiras. O progresso do lugar se prendeu diretamente à Estrada de Ferro Minas and *Rio Railway,* uma Companhia Inglesa que explorou por alguns anos a região sul-mineira. Em torno da FAZENDA DA SOLEDADE foram construídos agrupamentos de casas. A Primeira igreja, dedicada a Nossa Senhora da Soledade, foi construída por Manuel Joaquim de Carvalho Costa e outros. O povoado de Soledade foi elevado a distrito, no município de Caxambu, com a lei Nº 319, de 16 de setembro de 1901 (*Dicionário Corográfico de Minas Gerais*). Foi criado o município com território desmembrado do de Caxambu, pelo decreto-lei Nº 148, de 17 de dezembro de 1938, quando foi SOLEDADE elevada, à categoria de Cidade. Sua denominação foi mudada para IBATUBA, pelo decreto-lei Nº 1058, de 31 de dezembro de 1943. E a lei Nº 336, de 27 de dezembro de 1948, deu-lhe a denominação atual, isto é, SOLEDADE DE MINAS. (BARBOSA, 1995,p. 346 / LEFORT, 1993, p. 303 a 304 / COSTA, 1993, p. 407).

ESCRITO DOS VIAJANTES: n/e

PESQUISADOR: Francisco de Assis Carvalho

REVISORA: Dick, 2012.

***

90 Topônimo: TABULEIRO

Taxonomia: *Ergotopônimo*

Localização: Área de influência da ER

Caminho: V

MUNICÍPIO: Tabuleiro – MG

ACIDENTE: humano / município

ORIGEM: portuguesa

MOTIVAÇÃO: Alusiva ao hábito dos antigos moradores de expor, nas janelas de suas casas, *tabuleiros de doces e quitandas* para vender aos viajantes.

HISTÓRICO: Tabuleiro < São Bom Jesus da Cana Verde < Bom Jesus da Cana Verde do Pomba < Bom Jesus do Pomba < Tabuleiro do Pomba < Senhor Bom Jesus da Cana Verde

Ergotopônimo   <   Hagiotopônimo   <   Hagiotopônimo   <   Hagiotopônimo   < Ergotopônimo<Hagiotopônimo

ESTRUTURA MORFOLÓGICA: Nm [Ssing]

INFORMAÇÕES ENCICLOPÉDICAS: O povoado que deu origem à atual cidade de Tabuleiro surgiu em torno da Capela de Bom Jesus da Cana Verde do Pomba, no município de Rio Pomba. BOM JESUS DO POMBA, que mais tarde ficou conhecido como TABULEIRO DO POMBA, serviu como ponto de pouso para tropeiros e mascates. Tabuleiro do Pomba foi elevado a distrito em 1841, tornou-se freguesia em 1866 com o nome de SENHOR BOM JESUS DA CANA VERDE e, em 1911, passou a se chamar TABULEIRO. Em 1953, cria-se o município de Tabuleiro, com território desmembrado de Rio Pomba. (BARBOSA, 1995, p. 347 / COSTA, 1993, p. 408).

ESCRITO DOS VIAJANTES: n/e

PESQUISADOR: Francisco de Assis Carvalho

REVISORA: Dick, 2012.

***

91 Topônimo: TAUBATÉ
Taxonomia: *Sociotopônimo*
Localização: Área de influência da ER
Caminho: V
MUNICÍPIO: Taubaté – SP
ACIDENTE: humano / município
ORIGEM: indígena [tupi]
MOTIVAÇÃO: Em *O tupi na geografia nacional*, SAMPAIO (1955, p. 287) define *"Taubaté, corr. Taba-etê, a aldeia grande, consideravel. Aly. Tauaeté, Tabaté".* SILVA (1966, p. 311) inclui: *"Etim. Tauba (alma, espirito) teê (real, verdadeiro) – 'a alma real'; 'o espírito verdadeiro'; 'alma grandiosa'; 'espírito brilhante'. – táua (taba, aldeia) etê (grande, autêntico, verdadeiro) – 'a taba grande'; 'aldeia de verdade'; 'a principal das povoações'; 'a cidade'; a metrópole".O* topônimo Taubaté originou-se do tupi *"'Tab-a-etê', taba verdadeira, residência do chefe ou, segundo outros, "Tauha-b-etê", muito barro ou argila".* XAVIER FERNANDES (1943, p. 61) ressalta que: *"Tab-a-été isto é, taba legítima, querendo assim significar que a deles era a principal. O topônimo Taubaté resultou da corrupção ou transformação de Tab-a-été.* De acordo MARQUES, 1876 (1980, p. 278): *"Corrupção da palavra Itaboaté, nome da aldeia de índios Guaianases que se fizeram inimigos de outros da mesma nação e dos portugueses, quando se extinguiu a vila de Santo André, por cujo motivo mudaram-se dos campos de Piratininga".*
HISTÓRICO: Taubaté < São Francisco das Chagas de Taubaté
Sociotopônimo < Hagiotopônimo
ESTRUTURA MORFOLÓGICA: Nm [Ssing]
INFORMAÇÕES ENCICLOPÉDICAS: Consta que, em 20 de janeiro de 1936, o sertanista Jacques Félix, natural de São Paulo, foi incumbido pelo Capitão-mor Francisco da Rocha, então governador da Capitania de Itanhaém, de desbravar o sertão, com o intuito de demarcar as terras da capitania de São Vicente, de propriedade de Dona Mariana de Souza e Guerra, Condessa de Vimieiro. Deslocando-se com sua família, grande número de escravos índios e cabeças de gado, Jacques Félix conseguiu impor-se na região conquista- da e em 30 de junho de 1639 o Capitão-mor da Capitania, Vasco da Mota, concedeu terras de sesmarias aos povoadores. O progresso logo se fez sentir, sendo iniciadas várias construções: igreja matriz, cadeia, casa de sobrado para o Conselho, moinho de trigo, engenho de açúcar, etc. Em 13 de outubro de 1639 o sertanista recebeu ordens de informar sobre a data de conclusão das obras, a fim de que povoação fosse erigida em Vila, o que se verificou em 5 de dezembro de 1645, com o nome de São Francisco das Chagas de Taubaté. Taubaté surgiu como centro de irradiação de bandeiras começando a se projetar no cenário da vida colonial. Elevado à categoria de Município com a denominação de SÃO FRANCISCO DAS CHAGAS DE TAUBATÉ por provisão de 09 de dezembro de 1645, constituído do Distrito Sede, posteriormente o nome foi reduzido para TAUBATÉ. Sua instalação verificou-se no dia 01 de janeiro de 1646. (XAVIER FERNANDES, 1943, p. 60-61).
ESCRITOS DOS VIAJANTES
MANUEL AIRES DE CASAL (1817)
"Thaubaté he uma das villas mais consideráveis, e a mais bem situada da Província: está trinta léguas ao Nordeste de S. Paulo, vinte de Mogi das Cruzes, e doze de Jacarehy, uma arredada da margem direita do Rio Parahiba junto a uma ribeira. Além da Matriz dedicada a S. Francisco, tem um Convento do mesmo Santo, uma Ordem Terceira, e as Capellas de N. S. do Pilar, e do Rozario. Quai todas as cazas sam de taipa, e poucas de sobrado. Seus habitante, cujos antepassados foram antagonistas dos Pyratiniganos ou Paulistas, cultiva viveres, e tabaco; criam porcos, e gallinhas em grande quantidade; e fazem pequenas plantações de cannas de assucar; e conservam um ramo de indústria com lindas esterias e açafates, que se transportam para diversas partes." (CASAL, 1976, p. 240).
JOHANN BAPTIST VON SPIX / KARL FRIEDRICH PHILIPP VON MARTIUS (1817-1820)
"Taubaté, que alcançamos à noite, está situada sobre um outeiro chato, três milhas a sudeste de Pindamonhangaba. Avista-se do seu alto uma grande parte dos campos, por onde estão dispersos pequenos capões e moitas. O convento franciscano, à esquerda do caminho, circundado de algumas filas de majestosas palmeiras, produz muito agradável impressão, e deixa presumir um lugar importante. Sem dúvida, Taubaté, que consta de uma rua principal com

casebres cerrados de ambos os lados e algumas ruas laterais, é uma das mais importantes vilas de toda a província. Rivaliza em idade com a capital da província. Na época em que a cobiça do ouro incitava grande número de paulistas a se aventurarem em bandeiras perigosas a Minas e Goiás, distinguiram-se os habitantes de Taubaté. Aqui se estabeleceu também por esse motivo, uma fundição real de ouro." (SPIX & MARTIUS, 1981, p. 109).

AUGUSTE FRANÇOIS CESAR PROUVENÇAL DE SAINT-HILAIRE (1816-1822)

*"A **villa de Tauhaté** é a mais importante de quantas atravessei, desde que entrei na capitania de S. Paulo. Fica situada em terreno plano e tem a forma de um parallelogrammo alongado. Consta de cinco ruas longitudinaes, todas pouco largas, mas muito limpas e cortadas por varias outras. As casas proximas umas das outras sao pequenas, baixas, cobertas de telhas e só tem o rez do chão. Apresenta a maioria a fachada caiada e tem um quíntalsinho plantado de bananeiras e cafeeiros. A egreja parochial ostenta duas torres, é bem grande e conta cinco altares fóra o altar mór mas como as de Guaratinguetá e Píndamonhangaba, não recebe luz pelo lado da nave, sendo por conseguinte muito escura. Alem desta egreja existem em **Tauhaté** tres outras que quando muito merecem o nome de capellas."* (SAINT-HILAIRE, 1938, p. 158).

ALCIDE D'ORBIGNY (1826)

*"**Taubaté**, localidade seguinte, também está situada em uma colina, a três milhas a suleste de Pindamonhangaba. A cidade domina a planície, onde se notam pequenas matas dispersas. Destaca-se, à direita da estrada, o convento dos franciscanos, uma bela aléa de palmeiras em frente. Embora, consista de uma única rua, Taubaté forneceu, em seus primeiros tempos, grande número dos aventureiros que foram a Minas Gerais, à procura de ouro. Taubaté não tem casas de mais de um andar. As paredes são de ripas cheias de barro e cobertas por uma espécie de argila, que se encontra à margem do rio."* (D'ORBIGNY, 1976, p. 174).

AUGUSTO EMÍLIO ZALUAR (1860-1861)

*"**Taubaté** foi primitivamente uma aldeia onde viviam muitas famílias de índios Guaianazes, que se tornaram inimigos dos Piratininigos no tempo em que a vila de Santo André foi mandada arrasar. Os Taubateanos conservaram por muito tempo restos deste ódio contra os Paulistas, ódio que foi renovado com o descobrimento das minas de ouro, até que enfim se apagou com a frequência destas duas povoações."* (ZALUAR, 1975, p. p. 100).

PESQUISADOR: Francisco de Assis Carvalho
REVISORA: Dick, 2012.

***

92 Topônimo: TIRADENTES
Taxonomia: *Historiotopônimo*
Localização: Eixo principal da ER
Caminho: V
MUNICÍPIO: Tiradentes – MG
ACIDENTE: humano / município
ORIGEM: portuguesa
MOTIVAÇÃO: Homenagem ao alferes JOAQUIM JOSÉ DA SILVA XAVIER, o Tiradentes:nascido em 1746 na Fazenda do Pombal, entre São José del Rei (hoje Tiradentes) e São João del Rei Minas Gerais, e foi executado em 21 de abril de 1792, na cidade do Rio de Janeiro.
HISTÓRICO: Tiradentes < Ponta do Morro < Santo Antônio < Arraial Velho, < São José del-Rei
Historiotopônimo < Sociotopônimo < Hagiotopônimo < Poliotopônimo < Hagiotopônimo
ESTRUTURA MORFOLÓGICA: Nm [Ssing] [alcunha]
INFORMAÇÕES ENCICLOPÉDICAS: Os primeiros povoadores das terras do atual município de Tiradentes foram paulistas, atraídos pelos cascalhos e manchas de ouro nos montes e bacia do rio das Mortes. Por volta de 1702 os paulistas descobriram ouro nas encostas da Serra de São José, dando origem a um arraial batizado com o nome de SANTO ANTÔNIO DO RIO DAS MORTES. Atribui-se ao sertanista João de Siqueira Afonso o descobridor das minas de São José. Acrescenta Herculano Veloso que a denominação primitiva do arraial foi PONTA DO MORRO. E, posteriormente, passou a ser conhecido como ARRAIAL VELHO, para diferenciá-lo do Arraial Novo do Rio das Mortes, a atual São João del Rei. Em 1718 o arraial foi elevado à vila, com o nome de SÃO JOSÉ, em homenagem ao príncipe D. José, Futuro rei

de Portugal, passando em 1860, à categoria de cidade. Durante todo o século XVIII, a Vila de São José viveu da exploração de ouro e foi um dos importantes centros produtores de Minas Gerais. No fim do século XIX os republicanos redescobriram a esquecida terra de Joaquim José da Silva Xavier, o "Tiradentes", fizeram uma visita cívica à casa do vigário Toledo, onde se tramou a Inconfidência Mineira. Com a proclamação da república, por decreto de número 3 do governo provisório do estado, datado de 06 de dezembro de 1889, recebeu a cidade o atual nome: TIRADENTES. (BARBOSA, 1995, p. 350 / NUNES, 1969 / PELLEGRINI, 2000 / COSTA, 1993, 411 / TRINDADE, 1945, p. 313).

ESCRITO DOS VIAJANTES
MANUEL AIRES DE CASAL (1817)
"Duas léguas ao nor-noroeste de São João del-Rei, e um pouco arredada da margem direita do Rio das Mortes, está a medíocre Vila de São José, ornada com a mais magnífica matriz de toda a província, dedicada a Santo Antônio, uma capela de N. Senhora do Rosário, outra de S. João Evangelista; abundante de víveres, e bem provida de boas águas. Seus habitantes, e os do seu extenso termo, onde há grande número de capelas, para lhes facilitar o cumprimento com os preceitos eclesiásticos, recolhem muito milho, algum centeio, diversidade de frutas; e criam gado vacum, com grandíssima quantidade de porcos, sua principal riqueza. Alguns mineram." (CASAL, 1976, p. 173).

JOHANN BAPTIST VON SPIX / KARL FRIEDRICH PHILIPP VON MARTIUS (1817-1820)
"Do outro lado desta montanha, está a pequena cidade de São José. Em vez de mineração de ouro, é agora o comércio do sertão que aumenta diariamente a riqueza dessa pequena cidade; dizem que, noutros tempos, a Comarca devia ao Rio de Janeiro quarenta mil cruzados; atualmente, porém, depois da vinda do rei, a antiga divida foi não somente remida, mas ali ela tem depositado um capital de igual importância." (SPIX & MARTIUS, 1981, p. 172).

AUGUSTE FRANÇOIS CESAR PROUVENÇAL DE SAINT-HILAIRE (1816-1822)
"É a margem do Rio das Mortes e abaixo das montanhas de S. José que está construída a vila que tem esse nome. Ela é pequena mas conta com casas muito bonitas e fica-se admirado do tamanho da igreja paroquial, colocada sobre um "plateau". As colinas que cercam S. José, cavadas e reviradas em todos os sentidos demontram quais eram as ocupações dos primeiros habitantes dessa vila. Seus arredores fornecem muito ouro e é de crer-se que este lugar foi de grande importância, para que, tão perto de S. João, se criasse outra vila. Hoje o metal precioso que constituía o objetivo de tantas pesquisas acha-se quase esgotado, tendo sido abandonads quase todas as antigas minerações. Dos montes que, do lado oposto à vila, margeiam o vale descortina-se vista muito agradável." (SAINT-HILAIRE, 1974, p. 116).

JOHN LUCCOCK (1808-1818)
"A cêrca de uma milha mais a jusante, suas águas reunidas recebem um outro córrego, que, através de um vale encantador, provém da povoação de São José, atirando-se, mais adiante, todos eles no Rio das Mortes. Êsse curso d'água principal da região surge a trinta milhas a leste da Vila, corre mais ou menos em rumo oeste-sudoeste e atinge perto de cento e cinquenta pés de largura no ponto em que pela Ponte Real, próximo de Matozinhos; mais adiante, joga-se no Rio Grande, a que os donos nativos do país chamam de Pará e que constitue um dos principais ramos do magnificente Paraná. O leito ro Rio das Mortes é extremamente irregular, atingindo por vezes grande profundidade, enquanto que noutros pontos é muito raso; são suas águas turbulentas em certos trechos e, por toda parte, de coloração carregada e saturadas de argila vermelha." (LUCCOCK, 1975, p. 318).

"Impedidos, pelo mau tempo, de sairmos a examinar as pedreiras de calcário de junto de São José, onde dizem haver grandes cavernas e várias petrificações de conchas e outras substâncias, iniciámos nossa jornada e dento em breve alcançámos o ponto em que tínhamos de transpor o Rio das Mortes por seguro e adequado vau, conquanto sensivelmente aumentado pelas últimas chuvas. Das alturas que lhe ficam além, a aldeia de São José formava encantadora perspectiva, concorrendo para tanto o fato de ser disseminada por amplo e verdejante vale. O Sêrro, por detrás do povoado, estava envolto em nuvens, formando imponente traço de paisagem." (LUCCOCK, 1975, p. 354).

JOHANN BAPTIST EMANUEL POHL (1817-1821)
"Além do Rio das Mortes, que corre de leste para oeste e que se atravessa por uma ponte de madeira coberta, há uma alfândega, atrás da qual se erguem, a um quarto de légua de distância, os rochedos da Serra de São José que, como se fossem muros, limitam a Vila de São José; são eles lavados a oeste por um regato e estendem-se por uma região escalvada e deserta, cujo terreno está todo minado pelas escavações em busca do ouro. A cidade propriamente dita

abrange umas quinhentas casinhas, mal construídas. Mas a igreja principal, de Santo Antônio, é um belo edifício. Consideram-na a maior e a mais linda igreja do Brasil. Num lugar isolado da encosta da serra, que é aplainado e murado, ostenta-se a igreja em imponente aspecto. Conduzem à entrada duas largas escadas, com balaustradas de xisto verde lavrado, de que também se revestem os lados das torres." (POHL, 1976, p. 88).

JOHANN MORITZ RUGENDAS(1822-1825)
*"Há lindas grutas de estalactites entre São João d'El-Rei e a **Vila de São José**, outrora rica em virtude das lavagens de ouro que aí se faziam, mas hoje muito empobrecida. Sete dessas grutas comunicam entre si; encontram-se num bloco de montanhas isolado e rochoso, coberto de floresta, de pequena elevação e constituído de pedra calcária, gênero de rocha pouco comum nessas regiões. As montanhas são aí formadas, em sua maioria, por camadas de gnaisse sobre as quais assentam o thonschicfer, o esquisto-micáceo, a pedra de cantaria e finalmente, o ferro oxidado vermelho aurífero e o esquisto-ferrífero."* (RUGENDAS, 1972, p. 31).

ROBERT WALSH (1828-1829)
*"A cidade de **São José** situa-se na margem direita do Rio das Mortes e no sopé da pedregosa serra do mesmo nome, que se ergue a prumo do solo e avança sempre em linha reta como uma imensa muralha. Sua formação se assemelha à do basalto negro, e os seus vários e regulares estratos de rocha dão-lhe uma aparência ainda mais artificial, de obra construída pelo homem, como os monumentos ciclópicos do Oriente. A cidade é relativamente velha, tendo sido formada no ano de 1718. Consiste de cerca de trezentas casas, espalhadas por várias ruas de traçado irregular, num declive que parte de um trecho plano do sopé da serra. Quando visto de certo ângulo, o lugar tem uma aparência bem cuidada e pitoresca, já que todas as casas são caiadas de branco e a paisagem ao redor é romântica e singular."* (WALSH,1976, p. 56-57).

PESQUISADOR: Francisco de Assis Carvalho
REVISORA: Dick, 2012.

***

93 Topônimo: TRAITUBA
Taxonomia: *Geomorfotopônimo*
Localização: Eixo principal da ER
Caminho: V
MUNICÍPIO: Cruzília – MG
ACIDENTE: humano / povoado
ORIGEM: Indígena
MOTIVAÇÃO: TRAITUBA, em Tupi-Guarani: *"ita – pedra,***tuba** *– grande".*
(AMATO, 1996, p. 54). Acredita-se nesse significado pela proximidade da serra que fica bem a vista da Fazenda Traituba. Em alguns relatos dos VJN encontramos a citação de Fravitua = Traituba. (ITINERÁRIO GEOGRÁFICO publicado por Francisco Tavares de Brito em Sevilha, no ano de 1732).A ESTAÇÃO DE TRAITUBA foi aberta pela E. F. Oeste de Minas em 1903.
HISTÓRICO: Traituba < Estação de Traituba < Fazenda Traituba
Geomorfotopônimo< Sociotopônimo< Sociotopônimo
ESTRUTURA MORFOLÓGICA: Nm [Ssing]
INFORMAÇÕES ENCICLOPÉDICAS: A Fazenda Traituba teve a sua origem entre os anos de 1826 e 1831 e serviu para hospedar o Imperador D. Pedro I em passagem pelo Sul de Minas. O primeiro proprietário da fazenda foi João Pedro Junqueira. Com o tempo, a tradição da criação de bons cavalos ficou bastante conhecida na Fazenda Traituba, sendo o local considerado como o berço do Cavalo Manga-larga Marchador.
ESCRITO DOS VIAJANTES
AUGUSTE FRANÇOIS CESAR PROUVENÇAL DE SAINT-HILAIRE (1816-1822)
*"**Rancho da Traituba**, (sic) 2 de março, 4 léguas. – Como atraz disse, fecham-se todas as noites os bezerros numa mangueira e as vaccas approximam-se sozinha da fazenda. Desde a madrugada fazem-nas entrar no terreiro onde são ordenhadas por negros e negras. Põe-lhe então o leite em pequenos barris cintados de aros de ferro e transvasam-no por meio de cuias cortas longitudinalmente pela metade. O gado dos arredores do Rio Grande, tem justificada fama graças ao tamanho e força. Alimentadas em optimos pastos, dão as vaccas um leite quase tão rico em nata*

quando o das nossas montanhas. Com elle se faz grande quantidade de queijos exportados para o Rio de Janeiro." (SAINT-HILAIRE, 1938, p. 56).

*"Sempre pastagens, montanhas e capões de matto. Lá pela metade do caminho seguimos uma encruzilhada que nos deve levar a Juruoca. O caminho que deixámos e seguiramos desde **Traituba**, é uma dos que vão do Rio de Janeiro a S. João servindo toda a parte meridional da comarca do Rio das Mortes. Passa por Santa Cruz e tem o nome de Caminho Novo do Parahyba."* (SAINT-HILAIRE, 1932, p. 103).

PESQUISADOR: Francisco de Assis Carvalho
REVISORA: Dick, 2012.

***

94 Topônimo: TREMEMBÉ
Taxonomia: *Hidrotopônimo/Geomorfotoônimo*
Localização: Área de influência da ER
Caminho: V
MUNICÍPIO:
ACIDENTE: humano / município
ORIGEM: indígena
MOTIVAÇÃO: Em *O tupi na geografia nacional*, SAMPAIO (1955, p. 168) define *"Tremembé corr. Tiri-membé, o que escoa molemente, o embrejado, encharcado, o alagadiço"*. A palavra está diretamente ligada à abundância das águas, fazendo referência aos rios e ao solo da região.
HISTÓRICO: Tremembé < Arraial do Senhor Bom Jesus de Tremembé
Hidrotopônimo< Poliotopônimo
ESTRUTURA MORFOLÓGICA: Nm [Ssing]
INFORMAÇÕES ENCICLOPÉDICAS: Balthazar da Costa Cabral, possuidor de parte das terras, man-dou construir em sua propriedade uma ermida em louvor à Nossa Senhora da Conceição, onde era venerada a imagem de Senhor Bom Jesus. Em 1672 foi rezada a primeira missa na Igreja de Senhor Bom Jesus do Tremembé, que havia sido construída em substituição à primeira Capela. A irmandade do Senhor Bom Jesus, passou a zelar pelas terras que foram doadas ao santo, aí formando o pequeno povoado de TREMEMBÉ. Inicialmente Tremembé viveu do comércio que realizava com os tropeiros que desciam da Mantiqueira em direção ao porto de Ubatuba. Essa atividade perdurou até o ciclo do café, meados do século XVIII. Distrito criado com a denominação de Tremembé, por lei provincial nº 1, de 02 de fevereiro de 1866 e Decreto Estadual nº 132, de 03 de março de 1891, no Município de Taubaté. Elevado à categoria de Município com a denominação de Tremembé pela Lei Estadual nº 458, de 26 de novembro de 1896, desmembrado de Taubaté. Constituído do Distrito Sede, Tremembé. Sua instalação verificou-se no dia 07 de janeiro de 1905.
ESCRITOS DOS VIAJANTES
MANUEL AIRES DE CASAL (1817)
"Perto da embocadura da ribeira, que a lava, e junto à margem do Parahiba, que a recolhe, está o pequeno **Arraial de Tremembé**, *ornado com uma Capella dedicada ao Senhor Bom Jezus anualmente festejado."* (CASAL, 1976, p. 240).
PESQUISADOR: Francisco de Assis Carvalho
REVISORA: Dick, 2012.

***

95 Topônimo: TRÊS CORAÇÕES
Taxonomia: *Numerotopônimo*
Localização: Área de influência da ER
Caminho: V
MUNICÍPIO: Três Corações – MG
ACIDENTE: humano / município
ORIGEM: portuguesa

MOTIVAÇÃO: Três versões correm sobre a origem toponímica: a primeira, segundo o historiador mineiro Alfredo VALADÃO, *"o nome da localidade originou-se das voltas que o Rio Verde fez, ao se aproximar da mesma, nas quais se pretendiam ver desenhadas as figuras dos três corações"*, a segunda, de acordo com o Cônego Raimundo TRINDADE, *"foi o Bispo de Mariana o primeiro a querer, em terras mineiras, fossem tributadas honras especiais ao Sagrado Coração de Jesus, associando-se aos corações de Maria e José"* finalmente, a terceira, mais de ficção, segundo a qual três boiadeiros, a fim de rever suas amadas pernoitavam na localidade e a denominavam *"Três Corações"*.

HISTÓRICO: Três Corações < Sagrados Corações de Jesus, Maria e José da Real Passagem do Rio Verde < Santíssimo Coração de Jesus < Três Corações do Rio Verde

Numerotopônimo < Hagiotopônimo < Hagiotopônimo < Numerotopônimo

ESTRUTURA MORFOLÓGICA: NCm [Num + Spl]

INFORMAÇÕES ENCICLOPÉDICAS: De acordo com LEFORT (1993), as primeiras notícias acerca das terras em que hoje se situa o Município de Três Corações datam de 1760, quando Alferes Tomé Martins Ribeiro, proprietário de uma grande fazenda às margens do Rio Verde, mandou erigir uma capela sob a invocação dos Santíssimos Corações de Jesus, Maria e José. Em 1764, quando da passagem do então governador da Capitania Luís Diogo da Silva, que viajava pela sue província em demarcação de limites, foram encontrados, além da fazenda, alguns casebres ao derredor, e uma capela. Em 1793, falecido o doador, seu genro, capitão Domingos Dias de Barros, vendeu o patrimônio, mandou demolir a capela e construir uma ermida sob o mesmo orago – Corações de Jesus, Maria e José. O templo, cujo altar-mor era obra do Mestre Ataíde, foi bento pelo Padre Antônio de Souza Monteiro Galvão, Vigário de Campanha, em 1801. Restaurado o patrimônio em 1809, foi declarada capela curada em junho de 1810. A freguesia e paróquia foram instaladas em 1832, e em 1847, lançada a pedra fundamental da Igreja Matriz. Três Corações teve seu período de mineração, como atesta a existência, ainda hoje, de lavras de ouro, em atividade desde o tempo do Alferes. O Almanaque Sul Mineiro de 1874 fala dessas minerações. Em 1884, Três Corações tornou-se município pela Lei 2.764, de 30/12/1962. (BARBOSA, 1995, p. 355 / LEFORT, 1993, p. 307 a 309 / COSTA, 1993, p. 413 / TRINDADE, 1945, p. 314).

ESCRITO DOS VIAJANTES: n/e

JOHANN BAPTIST VON SPIX / KARL FRIEDRICH PHILIPP VON MARTIUS (1817-1820)

*"Nosso primeiro acampamento, depois da Vila da Campanha, foi o **Arraial do Rio Verde**, pequeno povoado na verde campina circundada de matas, a margem do pequeno Rio Verde, que, tendo metade da largura do Paraiba, corre daqui para o Sapucaí, e sobre o qual se passa por uma regular ponte de madeira"*. (SPIX & MARTIUS, 1981, p. 166).

PESQUISADOR: Francisco de Assis Carvalho

REVISORA: Dick, 2012.

***

96Topônimo: VIRGÍNIA

Taxonomia: *Hagiotopônimo*

Localização: Área de influência da ER

Caminho: V

MUNICÍPIO: Virgínia – MG

ACIDENTE: humano / município

ORIGEM: portuguesa

MOTIVAÇÃO: alusivo à padroeira local, Nossa Senhora da Conceição.

Do latim, **virgo** –**inis** / **virgin** –Sf.: *"estado ou qualidade de virgem"*. (CUNHA, 1986, p. 824).

HISTÓRICO: Virgínia < Virgínia de Pouso Alto

Hagiotopônimo < Hagiotopônimo

ESTRUTURA MORFOLÓGICA: Nf [Ssing]

INFORMAÇÕES ENCICLOPÉDICAS: As origens do município estão ligadas ao Ciclo do ouro, quando desbravadores portugueses, não encontrando no local, ouro ou pedras preciosas, resolveram fixar-se na

região. Na metade do século XIX, foi erguida uma capela dedicada a Nossa Senhora da Conceição e o povoado que logo se desenvolveu ao seu redor recebeu o nome de VIRGÍNIA, em homenagem a Virgem Imaculada, padroeira do local. Com o tempo, o nome foi se modificando para Virgínia, sendo elevada a distrito em 1865, passando à categoria de município e separando-se de Pouso Alto, em 1911. De acordo com LEFORT (1993), Virgínia foi fundada pelo Padre Custódio de Oliveira Monte-Raso, na segunda metade do século passado, *"conhecendo (ele) a grande distância que tinham de percorrer alguns moradores desse lugar à sede da freguesia (Pouso Alto), que distava cinco léguas, tomou a peito erguer a povoação"*. Criada a capela, esta filiou-se a Pouso Alto. O fundador escolheu para o lugar o nome de Virgínea, em homenagem à Virgem Santíssima e em alusão à mata virgem que cobria o local. Da palavra VIRGÍNEA veio a corruptela VIRGÍNIA. Por lei Provincial de 27 de dezembro de 1861, a povoação foi elevada à categoria de freguesia de Cristina. O município criado com o referido Distrito de Virgínia foi desmembrado do município de Pouso Alto pela Lei Estadual nº 556, de 30 de agosto de 1911. (BARBOSA, 1995, p. 369 / LEFORT, 1993, p. 345 a 346 / COSTA, 1993, p. 422 / SOUZA, 1950 / PARANHOS, 2005 / TRINDADE, 1945, p. 319).
ESCRITO DOS VIAJANTES: n/e
PESQUISADOR: Francisco de Assis Carvalho
REVISORA: Dick, 2012.

***

97 Topônimo: WENCESLAU BRAZ
Taxonomia: *Antropotopônimo*
Localização: Área de influência da ER
Caminho: V
MUNICÍPIO: Wenceslau Braz – MG
ACIDENTE: humano / município
ORIGEM: portuguesa
MOTIVAÇÃO: Homenagem ao Presidente da República WENCESLAU BRAZ. (Nasceu em Brasópolis em 26 de fevereiro de 1868 e faleceu em Itajubá em 15 de maio de 1966). Foi Governador do Estado de Minas e Presidente do Brasil (1914 e 1918).
HISTÓRICO: Wenceslau Braz < Distrito de Itajubá < Bicas do Meio
Antropotopônimo < Poliotopônimo < Hidrotopônimo
ESTRUTURA MORFOLÓGICA: NCm [Ssing + Ssing] [prenome + apelido de família]
INFORMAÇÕES ENCICLOPÉDICAS: Havia na região três cachoeiras denominadas: Bicas de Cima e Bicas de Baixo, no atual município de Delfim Moreira e Bicas do Meio, no atual município de Wenceslau Bráz. O nome Bicas do Meio foi dado pelo bandeirante Lourenço Castanho ao povoado que então se formou. Graças à construção da usina hidrelétrica em 1931, o desenvolvimento do arraial foi acentuado. Em 1943, BICAS DO MEIO foi elevado à categoria de distrito de Itajubá, sendo emancipado em 1962. A mudança da denominação para WENCESLAU BRÁS veio a ocorrer em 1964. A padroeira da cidade é Nossa Senhora de Sant'Ana, cuja festa é comemorada em julho. (BARBOSA, 1995, p. 372). (COSTA, 1993, p. 424).
ESCRITO DOS VIAJANTES: n/e
PESQUISADOR: Francisco de Assis Carvalho
REVISORA: Dick, 2012.

***

98 Topônimo: ALFREDO VASCONCELOS
Taxonomia: *Antropotopônimo*
Localização: Eixo principal da ER
Caminho: N
MUNICÍPIO: Alfredo Vasconcelos – MG
ACIDENTE: humano / município

ORIGEM: portuguesa
MOTIVAÇÃO: Homenagem ao engenheiro ALFREDO BARROS DE VASCONCELOS, morto sob um bloco de pedras quando inspecionava um túnel na ferrovia.
HISTÓRICO: Alfredo Vasconcelos < Vila de Alfredo Vasconcelos do Distrito de Ressaquinha < São José da Ressaquinha < Ressaquinha
Antropotopônimo < Poliotopônimo < Hagiotopônimo < Hidrotopônimo
ESTRUTURA MORFOLÓGICA: NCm [Ssing + Ssing] [prenome + apelido de família]
INFORMAÇÕES ENCICLOPÉDICAS: Em 15 de março de 1895 as terras da Fazenda do Ribeirão de Alberto Dias – pertencia anteriormente ao distrito da cidade de Barbacena – foram transferidas para o então florescente povoado de SÃO JOSÉ DE RESSAQUINHA, passando a denominar-se SÃO JOSÉ DO RIBEIRÃO DE ALBERTO DIAS. A ex-Estação da Estrada de Ferro da Central do Brasil tornou-se município em 1992. (BARBOSA, 1995, p. 21 / COSTA, 1993, p. 153).
ESCRITOS DOS VIAJANTES: n/e
PESQUISADOR: Francisco de Assis Carvalho
REVISORA: Dick, 2012.

***

99 Topônimo: ALTO RIO DOCE
Taxonomia: *Dimensiotopônimo*
Localização: Área de influência da ER
Caminho: N
MUNICÍPIO: Alto Rio Doce – MG
ACIDENTE: humano/ município
ORIGEM: portuguesa
MOTIVAÇÃO: Alusiva ao rio que banha o lugar. *"O Rio Doce que, tendo sua nascente nas imediações de Ouro Preto e Mariana vai-se engrossando com as águas de muitos ribeirões até que recebe seus afluentes... Este rio, que serve às zonas leste e sul, apresenta uma extensão navegável de 140 km..."* (SILVA, 1997, p. 50).
GREGÓRIO (1980, p. 1228): *"Xopotó: topônimo de origem obscura";* para SPIX e MARTIUS (1981) *"viria do tupi (jy = machado + putuú = descanso)".*
HISTÓRICO: Alto Rio Doce < Contrato < São José do Xopotó < Xopotó Acima
Dimensiotopônimo < Sociotopônimo<Hagiotopônimo < Dimensiotopônimo
ESTRUTURA MORFOLÓGICA: NCm [ADJsing + Ssing + ADJsing] (ADJ + S + ADJ)
INFORMAÇÕES ENCICLOPÉDICAS: Em 1759 estabeleceram-se nas margens do Xopotó, bem perto da atual cidade Alto Rio Doce, José Alves Maciel e sua mulher, D. Vicência Maria de Oliveira. Chama-se o local da residência de Maciel, "XOPOTÓ ACIMA", segundo a procuração que lhe foi passada por sua mulher, com poderes para fazer doação de bens à capela de São José, mandato assinado pela doadora, o que é notável para a época. Mais tarde, a fazenda de Maciel passou a denominar-se "SÍTIO DE SÃO JOSÉ". Posteriormente passou a denominar-se "CONTRATO", nome que ainda hoje conserva, e assim ficou conhecida pelo fato de ter a fazenda, em 5 de março de 1792, passado à propriedade do Tenente-coronel José Ferreira Marques, contratador das estradas no caminho novo das Minas Gerais.O município emancipou em 1890, recebendo a designação de ALTO RIO DOCE. (BARBOSA, 1995, p. 22 / COSTA, 1993, p. 154 / TRINDADE, 1945, p. 295).
ESCRITOS DOS VIAJANTES: n/e
PESQUISADOR: Francisco de Assis Carvalho
REVISORA: Dick, 2012.

***

100 Topônimo: ANTONIO CARLOS
Taxonomia: *Antropotopônimo*

Localização: Eixo principal da ER
Caminho: N
MUNICÍPIO: Antônio Carlos – MG
ACIDENTE: humano / município
ORIGEM: portuguesa
MOTIVAÇÃO: Homenagem a ANTÔNIO CARLOS RIBEIRO DE ANDRADE. Nasceu em Barbacena em 5 de setembro de 1870 e faleceu no Rio de Janeiro, em 1º de janeiro de 1946. Político mineiro influente que exerceu os seguintes cargos: Prefeito de Belo Horizonte; Presidente da Câmara dos Deputados do Brasil; Senador da República; Presidente da Assembléia Nacional Constituinte de 1932-1933; Ministro de Estado e Governador do Estado de Minas Gerais.
HISTÓRICO: Antônio Carlos< Curral < Sítio < Bias Fortes
Antropotopônimo < Sociotopônimo < Sociotopônimo < Geomorfotopônimo
ESTRUTURA MORFOLÓGICA: NCm [Ssing + Ssing][prenome]
INFORMAÇÕES ENCICLOPÉDICAS: Os bandeirantes paulistas vieram para esta região, onde permaneceram por algum tempo, deslocando-se depois, rumo ao norte, onde fundaram mais tarde (1728) o arraial da Igreja Nova de Borda do Campo, hoje sede municipal da próspera cidade de Barbacena que, por sua divisão territorial, enquadrava, a esse tempo, o atual município de Antônio Carlos. A agricultura figurava como atividade principal de seus primeiros habitantes, daí a presença de várias fazendas dentro do município. Destas, algumas pertenceram a elementos ligados à Inconfidência Mineira, tais como a Fazenda do Registro Velho, onde viveu o Padre Manoel Rodrigues da Costa. Também a Fazenda da Borda do Campo, de propriedade de Domingos Rodrigues da Fonseca Lemos, um dos fundadores do arraial e mais tarde propriedade de José Ayres Gomes, tornou-se célebre pelas conversações que nela se realizavam ao tempo da Inconfidência. A região denominada a princípio BIAS FORTES, depois SÍTIO, teve seu nome definitivamente estabelecido em 1948, quando foi elevada à categoria de Município em 1948. (BARBOSA, 1995, p. 27 / COSTA, 1993, p. 157).
ESCRITOS DOS VIAJANTES: n/e
PESQUISADOR: Francisco de Assis Carvalho
REVISORA: Dick, 2012.

***

101 Topônimo: AREAL
Taxonomia: *Litotopônimo*
Localização: Área de influência da ER
Caminho: N
MUNICÍPIO: Areal – RJ
ACIDENTE: humano / município
ORIGEM: portuguesa
MOTIVAÇÃO: No local da atual Igreja havia uma praia de areia, um belo areal, fronteiro à casa de parada das viaturas, carroças, diligências e outros de tração animal. Quando os que nelas viajavam eram indagados em que ponto iriam desembarcar, os circunstantes, por não existir um nome definido para o lugar, diziam que o seu destino era uma parada na qual havia um areal.
HISTÓRICO: Areal < Fazenda de São Silvestre< Fazenda Velha
Litotopônimo< Sociotopônimo< Sociotopônimo
ESTRUTURA MORFOLÓGICA: Nm [Ssing]
INFORMAÇÕES ENCICLOPÉDICAS: O surgimento do município se liga à Fazenda de São Silvestre do Rio Preto. A região, o conglomerado urbano-rural que se formou em torno da FAZENDA DE SÃO SILVESTRE, veio por nomenclatura, criada pelo povo no decorrer de mais de cem anos, a ser chamada, popularmente, FAZENDA VELHA, constituindo, atualmente, um bairro de Areal. O Sargento-Mor José Vieira Afonso residiu na Fazenda de São Silvestre, onde nasceram seus filhos, e ali faleceu em 26 de janeiro de 1852, tendo os seus restos mortais sepultados, ao pé do Cruzeiro. Após a sua morte, a Fazenda de São Silvestre

passou às mãos de Joaquim Vital Vieira que, no decorrer do tempo, subdividiu-a em outras menores. Uma dessas Glebas, a que corresponde ao centro da cidade de Areal, pertenceu à Família Wiechers, que doou a área para a Igreja local, sendo construído, assim, o templo primitivo da cidade. A escritura se encontra no livro de Tombo da Freguesia de Cebolas. A estrada de ferro chegou em 1900 e nessa data terminou o tráfego das diligências. Foram três as tentativas de emancipação para a região arealense. As duas primeiras, em 1957 e em 1963, resultaram infrutíferas; a terceira, a partir de 1990, foi vitoriosa, surgindo o Município de Areal.

ESCRITOS DOS VIAJANTES: n/e
PESQUISADOR: Francisco de Assis Carvalho
REVISORA: Dick, 2012.

***

102 Topônimo: BARBACENA
Taxonomia: *Axiotopônimo* /Corotopônimo
Localização: Eixo principal da ER
Caminho: N
MUNICÍPIO: Barbacena – MG
ACIDENTE: humano / município
ORIGEM: portuguesa
MOTIVAÇÃO: Nome tirado de uma vila do Alentejo, Portugal, da qual era titular o então governador da capitania. A vila, criada no *"arraial da Igreja Nova de Campolide"*, foi levantada pessoalmente pelo Visconde de Barbacena.
HISTÓRICO: Barbacena < Campolide < Igreja Nova < Nossa Senhora da Piedade da Borda do Campo.
Axiotopônimo/Corotopônimo < Fitotopônimo < Hierotopônimo < Hagiotopônimo
ESTRUTURA MORFOLÓGICA: Nf [Ssing]
INFORMAÇÕES ENCICLOPÉDICAS: Barbacena teve por origem uma pequena aldeia de índios Puris, firmada por jesuítas junto às cabeceiras do rio das Mortes, no sítio então denominado, pelas primeiras bandeiras que penetraram no território das Minas Gerais e Borda do Campo. Os primeiros povoadores da região foram paulistas e portugueses, procedentes, na maioria, de Taubaté. Essa empresa foi iniciada pelo Capitão Garcia Rodrigues Paes Leme, em 1698, e determinada com o auxílio de seu cunhado, o Coronel Domingos Rodrigues de Fonseca Leme, então já estabelecido na fazenda da BORBA DO CAMPO. Como recompensa receberam ambos vários títulos, privilégios e diversas sesmarias ao longo de Caminho Novo, aberto por eles. Conforme MATOS – 1837 (1981, p. 127): *"Vila de Barbacena: acha-se situada junto da margem direita do Ribeirão da Caveira. A posição desta vila é extremamente agradável e ocupa a vasta chapada de um elevado monte, ramo da Serra da Mantiqueira, o qual em rampa doce termina do lado do sul no Rio das Mortes".* A conclusão da igreja matriz data de 1764. Em torno dela foi-se formando desde o inicio de sua construção o ARRAIAL DA IGREJA NOVA. Por sua vantajosa posição comercial entre o caminho novo e o velho, que ligavam Minas Gerais, Goiás e Mato Grosso ao Rio de Janeiro, o povoado foi prosperando. Em 14 de agosto de 1791 foi elevado à categoria de vila pelo Governador da Capitania, Visconde de Barbacena. (BARBOSA, 1995, p. 42 / COSTA, 1993, p. 166 / TRINDADE, 1945, p. 60).
ESCRITOS DOS VIAJANTES
MANUEL AIRES DE CASAL (1817)
"Barbacena, vila bem situada na proximidade da Serra Mantiqueira, 3 milhas distante do Rio das Mortes, ornada com uma igreja matriz, cuja padroeira é N. Senhora da Piedade, uma capela de S. Francisco de Paula, duas de N. Senhora com as invocações do Rosário e Boa Morte. Igreja Nova foi o seu primeiro nome. Nos seus contornos há pinheiros brasílicos; e as oliveiras frutificam ao menos em parte. Os seus habitantes criam gado, e ajudam os terrenos mais substanciosos a produzir-lhes o que no país se reputa mais útil à vida. Há quem procure ouro, e se ocupe em vários ramos de indústria com vantagem do povo. Fica 10 léguas a les-sudeste de São João del-Rei, e 15 ao su-sudoeste de Vila Rica".
(CASAL, 1976, p. 173)
AUGUSTE FRANÇOIS CESAR PROUVENÇAL DE SAINT-HILAIRE (1816-1822)

"*Tendo passado o Registro Velho avistamos, do alto de uma crista, a Vila de Barbacena, e lá chegamos, depois de caminhar cerca de seis léguas e partir de Mantiqueira. Julgava que* **Barbacena***, situada na extremidade das imensas florestas que acabávamos de atravessar, não apresentasse mais que uma reunião de miseráveis choupanas, e fiquei agradavelmente surpreendido de encontrar uma pequena cidade que pode rivalizar com todas as da França de igual população. Essa localidade, que depende da comarca do Rio das Mortes, não era antigamente mais que uma povoação, e tinha o nome de Arraial da Igreja Nova. O Visconde de Barbacena, governador da Província das Minas, ficou impressionado com a posição vantajosa dessa povoação; concedeu-lhe privilégios, fez erigi-la em vila por um decreto do ano de 1791, deu-lhe seu nome, e para lá atraiu habitantes.*" (SAINT-HILAIRE, 1975 p. 61-62).

JOHN LUCCOCK (1808-1818)

"*A cerca de uma légua de* **Barbacena***, de-súbito abriu-se ante nós um outro desses vastos panoramas que já foram notados em outras partes da região e que provocam reflexões proporcionadas à sua grandeza. Não podia, em emoção, contemplar a magnitude e comprimento dos rios que dali partem e dos quais tão pouco ainda sabemos: os séculos que já correram e as nações que já abençoaram, enquanto completamente escondidos dos europeus*". (LUCCOCK, 1975, p. 355).

JOHANN BAPTIST EMANUEL POHL (1817-1821)

"*As ruas são bastante retas e cortam a cidade na direção dos quatro pontos cardeais, mas são mal calçadas. A rua principal, na direção de Vila Rica, apresenta no meio, feita de pedra, a Igreja de Nossa Senhora da Piedade, matriz de toda a paróquia. Mas causa-me arrepios recordar o símbolo da justiça criminal, que* **Barbacena** *possui, como todas as vilas. Em frente do tribunal e cadeia havia uma coluna ereta, com quatro braços de ferro, em um dos quais estava pendurada uma ressequida mão humana. Na coluna viam-se, gravadas, uma grande faca atravessada e (o que me pareceu muito impróprio) as armas nacionais. A* **vila de Barbacena** *fica a 51½ léguas de distância do Rio de Janeiro, a 22 de vila Rica e a 10 de São João del Rei*". (POHL, 1976, p. 83).

WILHELM VON ESCHWEGE (1810-1821)

"*Se bem que sua origem date do tempo da lavagem de ouro nas vizinhanças, a* **vila de Barbacena** *deve principalmente sua prosperidade ao fato de localizar-se em situação vantajosa. De fato, foi estabelecida no ponto de interseção das estradas que, da Província, se dirigem para o Rio de Janeiro*". (ESCHWEGE, 1979, p. 31).

FRANCIS DE LA PORTE, CONDE DE CASTELNAU (1843-1847)

"**Barbacena** *não era, há cem anos atrás, mais que uma aldeia miserável de seis ou oito casas, chamada* **Arraial da Igreja Nova da Borda do Campo***. Só em 1791, quando o marquês de Barbacena permitiu que lhe dessem o seu nome, passou ela a ter o título de vila, anexando ao seu patrimônio grandes propriedades, cedidas por um rico morador. Em 1841 foi elevada à categoria de cidade. A primeira igreja paroquial era no lugar chamado hoje Registro Velho, situado uma légua ao sul da cidade atual. Alguns habitantes da cidade nova, vitoriosos numa contenda que tiveram, em consequência de uma desinteligência com os de Registro, arrebataram a padroeira da igreja de Nossa Senhora da Piedade, colocando-a num pequeno templo de madeira, mais tarde substituído por uma igreja de pedra.*" (CASTELNAU, 2000, p. 79-80).

RICHARD FRANCIS BURTON (1865-1868)

"*A estação da seca estava no apogeu, a terra parecia descorada e inerte com a estiagem. Avistamos de longe* **Barbacena***, com seus campanários arranhando a cumeeira de uma serra ao norte, alta e escura, já enrubescendo aos raios oblíquos do sol. A situação lembrava São Paulo à primeira vista, e de novo respirávamos o ar tonificante, frio, claro e leve do planalto, deixando o calor úmido da Mantiqueira. Há grandes fazendas esparsas pela região.*" (BURTON, 1976, p. 134 e 154).

HERMANN BURMEISTER (1850-1852)

"*Um dia de folga em* **Barbacena***. A cidade apresenta aspecto agradável. Situada no alto de uma cordilheira muito estreita e comprida, a 3.530 pés acima do nível do mar, tem cerca de 200 casas de boa construção que formam duas ruas compridas dispostas em "T". No ponto em que ambas se cruzam, está a igreja matriz de Nossa Senhora da Piedade, construção sólida e ampla, que, com as suas duas torres e a alta plataforma na entrada, dá para a rua principal. Esta começa exatamente no adro e corre ao longo da crista da montanha, alargando-se, depois, para formar uma grande praça, a do Mercado, e descendo, em seguida, por uma ladeira para o rio das Mortes.*" (BURMEISTER, 1952, p. 278).

ALCIDE D'ORBIGNY (1826)

284   Francisco de Assis Carvalho

*"Depois, vem **Barbacena**, célebre na região pelo grande número de mulatas complacentes que lá se encontram. Barbacena é uma bela cidade, que causa surpresa aos olhos habituados com a mesquinhez das localidades do interior. Sua população é de 2.000 almas. Construída sobre colinas, apresenta a forma de um T. Tem duas ruas principais, largas e bem alinhadas, uma das quais calçada em toda a sua extensão, e a outra só em frente das casas. Estas são pequenas e brancas; a maioria só tem o rés-do-chão; todas têm um pequeno quintal, Barbacena possui quatro igrejas, diversas lojas bem sortidas, muitas vendas e algumas hospedarias".* (D'ORBIGNY, 1976, p. 159).

GEORGE HEINRICH VON LANGSDORFF (1822-1829)

*"A Igreja da Boa Morte, em **Barbacena**, foi construída com um tipo de pedra-sabão firme e rústico, proveniente de muitas léguas daqui. A pedra é maleável o suficiente para ser trabalhada e, por isso, permite que se ganhe com ela muito dinheiro, com um trabalho leve. Já há 9 anos que se pede esmola na Igreja para a sua construção".* (LANGSDORFF, 1997, p. 25).

GEORG WILHELM FREIREYSS (1813-1825)

*"De Mantiqueira a **Barbacena**, um lugar agradável, há seis léguas. As casas são bonitas, e parece reinar ali certa abastança. Principalmente por causa do tráfego do interior com o Rio de Janeiro, este lugar lucra muito, porque em **Barbacena** reúnem-se as muitas estradas em uma que conduz à capital".* (FREIREYSS, 1982, p. 40).

JOHANN MORITZ RUGENDAS(1822-1825)

*"Ao descermos do planalto chegamos, às doze horas, à cidade de **Barbacena**, de cujo nome tirou o seu título um fidalgo que se tornou muito conhecido na Inglaterra ultimamente. A cidade fica situada na encosta de um morro totalmente despojado de árvores e tem essa aparência nua e desprotegida que a maioria das cidades apresenta. Não foi construída muito compactamente; tem duas ruas largas, que se encontram em ângulo reto, e fora delas as casas foram sendo feitas ao sabor da fantasia, espalhando-se por todos os lados."* (RUGENDAS, 1972, p. 114-115).

PESQUISADOR: Francisco de Assis Carvalho
REVISORA: Dick, 2012.

***

103Topônimo: BELMIRO BRAGA
Taxonomia: *Antropotopônimo*
Localização: Área de influência da ER
Caminho: N
MUNICÍPIO: Belmiro Braga – MG
ACIDENTE: humano / município
ORIGEM: portuguesa
MOTIVAÇÃO: Homenagem ao poeta BELMIRO BRAGA, nascido nesta localidade. Belmiro Ferreira Braga nasceu na então Vargem Grande, a 7 de janeiro de 1872 e morreu em 31 de março de 1937). É autor das seguintes obras: *"Tarde Florida"*, *"Contas Do Meu Rosário"* e *"Musa Gaiata"*. Foi Membro da Academia Mineira de Letras.
HISTÓRICO: Belmiro Braga < Vargem Grande < Ibitiguaia
Antropotopônimo < Geomorfotopônimo < Geomorfotopônimo
ESTRUTURA MORFOLÓGICA: NCm [Ssing + Ssing] [prenome + apelido de família]
INFORMAÇÕES ENCICLOPÉDICAS: Conta-nos a história que um dos mais antigos moradores da localidade foi o Guarda-Mor Mariano de Cerqueira Carneiro, originário de Portugal, que lá se estabeleceu iniciando o plantio de cereais. Posteriormente, requereu a sesmaria onde morava, adquirindo mais tarde, outras duas sesmarias. Outros moradores se radicaram à região, adquirindo terras e ali se fixando, na sua maioria portugueses ou descendentes. Mais tarde, também chegaram os italianos que muito contribuíram para o progresso do lugar. Tem uma origem histórica comum a todos os antigos distritos de Juiz de Fora que surgiram da abertura do Caminho Novo. A pequena povoação de VARGEM GRANDE foi elevada à categoria de distrito de paz em 1857. Em 1882, foi criada a Paroquia de Vargem Grande que, em 1943, passou a distrito com o nome de IBITIGUAIA. Desmembrando-se de Juiz de Fora, em 1962, torna-se município com o nome de BELMIRO BRAGA, em homenagem ao ilustre poeta mineiro que ali nasceu. (BARBOSA, 1995, p. 46 / COSTA, 1993, p. 169 / TRINDADE, 1945, p. 316).

ESCRITOS DOS VIAJANTES: n/e
PESQUISADOR: Francisco de Assis Carvalho
REVISORA: Dick, 2012.

***

104 Topônimo: BIAS FORTES
Taxonomia: *Antropotopônimo*
Localização: Área de influência da ER
Caminho: N
MUNICÍPIO: Bias Fortes – MG
ACIDENTE: humano / município
ORIGEM: portuguesa
MOTIVAÇÃO: Homenagem prestada pelo Governo do Estado ao DR. CRISPIM JACQUES BIAS FORTES. Nasceu em Oliveira Fortes, em 25 de outubro de 1847, e faleceu em Barbacena, em 14 de maio de 1917. Foi Governador do Estado de Minas, entre 1894 a 1898. Durante o seu governo se realizou a transferência da capital mineira de Ouro Preto para Belo Horizonte (1897).
HISTÓRICO: Bias Fortes < Dores do Quilombo < União < Quilombo
Antropotopônimo < Hierotopônimo < Animotopônimo <Sociotopônimo
ESTRUTURA MORFOLÓGICA: NCm [Ssing + Ssing][prenome + apelido de família]
INFORMAÇÕES ENCICLOPÉDICAS: Segundo tradições locais, o município de Bias Fortes primitivamente foi esconderijo de negros fugitivos do cativeiro, que vieram se aglomerar no entroncamento de dois rios (Quilombo e Vermelho). Teve, primitivamente, a denominação de QUILOMBO, por haver sido em tempos remotos guarida de muitos negros chamados quilombolas. Esse nome perdurou por longos anos; mais tarde, porém, foi mudado para UNIÃO em virtude do Decreto municipal nº 148, de 20 de maio de 1896, que sancionou a Lei nº 5, de 15 de fevereiro de 1896, do Conselho Distrital. QUILOMBO passou a distrito em 1875, sendo-lhe mudado o nome para UNIÃO, no ano de 1896. Com o crescimento da Vila esta foi elevada à cidade, em 1938, quando se criou o município com a denominação de BIAS FORTES. (BARBOSA, 1995, p. 49 / COSTA, 1993, p. 171 / TRINDADE, 1945, p. 108).
ESCRITOS DOS VIAJANTES: n/e
PESQUISADOR: Francisco de Assis Carvalho
REVISORA: Dick, 2012.

***

105 Topônimo: CAPELA NOVA
Taxonomia: *Hierotopônimo*
Localização: Área de influência da ER
Caminho: N
MUNICÍPIO: Capela Nova -MG
ACIDENTE: humano / município
ORIGEM: portuguesa
MOTIVAÇÃO: Origem na construção local de uma nova capela em honra a Nossa Senhora das Dores.
HISTÓRICO: Capela Nova < Capela Nova das Dores < Dores da Pedra Menina
Hierotopônimo < Hierotopônimo < Hagiotopônimo
ESTRUTURA MORFOLÓGICA: NCf [Ssing + ADJsing]
INFORMAÇÕES ENCICLOPÉDICAS: Consta que os primeiros brancos a povoar a região teriam sido José Gomes de Oliveira e Vicente Lopes. No final do século XVIII, possivelmente, por volta 1795, os então moradores ergueram uma capela, situada atrás da Serra da Pedra Menina. Essa CAPELA foi dedicada a NOSSA SENHORA DAS DORES, sendo freguesia de Queluz (atual Conselheiro Lafaiete). Surge desse modo, o arraial de "CAPELA DAS DORES DA PEDRA MENINA". Em 1856 foi criada a Paróquia de Nossa Senhora das Dores de Capela Nova. Em dezembro de 1953, pela Lei nº1039, foi elevado à categoria de

Município, com o nome de Capela Nova. (BARBOSA, 1995, p. 75 / COSTA, 1993, p. 190 / TRINDADE, 1945, p. 76).

ESCRITOS DOS VIAJANTES

FRANCIS DE LA PORTE, CONDE DE CASTELNAU (1843-1847)

*"Já, à onze da manhã, chegávamos a **Capela Nova**. Fomos recebidos pelo subdelegado, excelente pessoa, mas um pouco surdo. Em suma, verificávamos cada dia que, levadas em conta as dificuldades materiais com que lutam os moradores do interior, o estado de civilização da zona era já bastante avançado".* (CASTELNAU, 2000, p. 111).

PESQUISADOR: Francisco de Assis Carvalho

REVISORA: Dick, 2012.

***

107 Topônimo: CARANDAÍ

Taxonomia: H*idrotopônimo*

Localização: Eixo principal da ER

Caminho: N

MUNICÍPIO: Carandaí – MG

ACIDENTE: humano / município

ORIGEM: Indígena [tupi]

MOTIVAÇÃO: Em *O tupi na geografia nacional*, SAMPAIO (1955, p. 166) define *"**Carandahy**, S.C. **Caranda-y**, o rio das carnaúbas. Minas Geraes. Pode significar também – bica, cano, calha".* SILVA (1996, p. 98): *"**Caranda** (a palmeira) **i = y** (rio) – o rio dos carandás". No caso de derivar-se de **Yacarandaíb**, diz-se do pé de jacarandá, 'a carnaubeira'".*

HISTÓRICO: Carandaí < Ressaca < Santana da Ressaca < Santana do Carandaí

Hidrotopônimo < Hidrotopônimo < Hierotopônimo

ESTRUTURA MORFOLÓGICA: Nm [Ssing]

INFORMAÇÕES ENCICLOPÉDICAS: A cidade começou com uma igreja e dois sobrados laterais, construídos pelo Barão de Santa Cecília, que ali se fixara com seus escravos. O povoado começou realmente a desenvolver-se em 1881, quando foi atingido pelos trilhos da Estrada de Ferro Central do Brasil que deveriam chegar até Ouro Preto, então Capital do Estado. Carandaí era ponto de convergência de mercadorias que, vindas do interior, em lombo de animais ou carros de bois, se destinavam à Capital do Pais, ou desta para Ouro Preto e outras cidades da região. Ali permaneciam os tropeiros diversos dias à espera de novas cargas para regressar. SANTANA DA RESSACA era o nome primitivo do lugar que foi elevado a freguesia por lei provincial Nº 1887, de 15 de julho de 1872. A lei Nº 2325, de 12 de julho de 1876, mudou a denominação de Santana da Ressaca para SANTANA DO CARANDAÍ; aí foi inaugurada a estação da Central do Brasil a 28 de outubro de 1881. A lei Nº 843, de 7 de setembro de 1923, novamente mudou a denominação para CARANDAÍ e criou o município. (BARBOSA, 1995, p. 78 / COSTA, 1993, p. 192 / TRINDADE, 1945, p. 80).

ESCRITOS DOS VIAJANTES

AUGUSTE FRANÇOIS CESAR PROUVENÇAL DE SAINT-HILAIRE (1816-1822)

*"**Carandaí** é uma espécie de aldeia, que deve seu nome a um regato junto ao qual foi construída, composta de 4 ou 5 casas. Nos arredores cultivam o milho, arroz, cana-de-açúcar, feijões; mais além veem-se várias minerações, em atividade. De **Carandaí** fui parar no Rancho do Marçal, que fica à cerca de 2 léguas. Esta parte da província é alta e arenosa. Apresenta algumas matas nas gratas e imensa extensão de pastagens naturais; à esquerda do caminho estende-se a Serra de S, José, coberta de rochedos; um pequeno número de animais erra, aqui e acolá, nos campos; mas não se avista nenhuma habitação e não se vê nenhuma terra cultivada."*(SAINT-HILAIRE, 1974, p. 103).

JOHANN BAPTIST EMANUEL POHL (1817-1821)

*"Mais meia légua adiante, encontramo-nos no lugar chamado **Carandaí**, um edifício assobradado que parecia uma verdadeira ruína e um rancho construído de pedra, perto do qual corre, para oeste, o **Rio Carandaí**, de duas braças de largura, formando em sua margem oposta um extenso charco, muito difícil de atravessar e que estava muito alagado devido à violenta chuva. Interessou-me a elevação seguinte, sobre a qual encontrei uma jazida de*

pirolusita de 45 metros de comprimento, na qual ocorrem formas argilosas da rocha cilíndrica, vermiculares, entrelaçadas". (POHL, 1976, p. 412).

FRANCIS DE LA PORTE, CONDE DE CASTELNAU (1843-1847)

"A localidade de **Carandaí** *é muito interessante, porque é muito aproximada do divisor das águas do rio São Francisco e rio da Prata. O* **rio Carandaí** *tinha nesse lugar cerca de cinco metros de largura; medimos-lhe a correnteza e verificamos, em três experiências, que um flutuador gastava em média trinta e cinco minutos para percorrer um espaço de vinte e quatro passos".*(CASTELNAU, 2000, p. 84).

RICHARD FRANCIS BURTON (1865-1868)

"Às 8 horas, terrivelmente sonolentos, enregelados e esfalfados, alcançamos o **rio Carandaí**, *o qual, drenando a face ocidental da serra meridional ao norte de Barbacena, desemboca no rio das Mortes Grande e liga-se, assim, ao rio Grande e ao Paraná. O nome é trivialmente explicado como um grito de quem avista um homem afogado: "A cara anda aí". O termo é provavelmente tupi e* **Caraandaí** *significaria garra do falcão, ou curva. No Brasil, como no Oriente, há muita filosofia no folclore, supersticiosa, fantasiosa, descritiva ou galhofeira. Assim, Araxá é cidade assim chamada porque encara o sol (ara, dia; echa, o que olha para). É interpretada popularmente como "há de achar", em alusão a um quilombeiro ou ao ouro que se diz abundante".* (BURTON, 1976, p. 226).

CHARLES JAMES FOX BUNBURY (1833-1834)

"O dia 4 de junho foi frio e chuvoso e fiz uma viagem muito desagradável de três léguas até **Grandaí** *ou* **Carandaí**, *uma fazenda bem tratada, pertencente a um capitão da milícia, que me recebeu com a maior cortesia. A aparência desta região descampada neste mau tempo era triste, sombria e melancólica, quase nenhuma criatura viva era vista, e eu muito intensamente sentia o frio, porém depois de se residir num clima tropical durante algum tempo, fica-se excessivamente sensível a qualquer variação de temperatura. Entre Carandaí e Paraopeba o terreno descampado é interrompido por consideráveis extensões de florestas baixas".*(BUNBURY, 1981, p. 59).

HERMANN BURMEISTER (1850-1852)

"Passado assim o dia, ele resolvera pernoitar em **Grandaí**, *para prosseguir a viagem a pé e levar consigo a mula doente. Depois de marchar assim duas léguas, ele encontrara o brasileiro que levava meu recado. Este informara-lhe que eu já havia seguido para Barbacena e que ele devia juntar-se a mim nessa localidade. Isso o induzira a montar a mula".* (Burmeister, 1952, p. 277).

PESQUISADOR: Francisco de Assis Carvalho
REVISORA: Dick, 2012.

***

108 Topônimo: CATAS ALTAS DA NORUEGA

Taxonomia: *Sociotopônimo*
Localização: Área de influência da ER
Caminho: N
MUNICÍPIO: Catas Altas da Noruega – MG
ACIDENTE: humano / município
ORIGEM: portuguesa
MOTIVAÇÃO: No processo primitivo para extrair ouro, que era explorado no sistema de CATAS, onde grandes escavações eram feitas nas areias dos rios até encontrar a pedra do fundo do leito. NORUEGA refere-se ao nome dado pelos primeiros desbravadores ao encontrar aqueles morros frios e úmidos que *"escondiam a face do sol".*
HISTÓRICO: Catas Altas da Noruega < São Gonçalo das Catas Altas< São Gonçalo das Catas Altas da Itaverava

Sociotopônimo < Hagiotopônimo <Hagiotopônimo
ESTRUTURA MORFOLÓGICA: NCf [Spl + ADJpl + {Prep + Asing + Ssing}]
INFORMAÇÕES ENCICLOPÉDICAS: Na região onde se encontra o atual município, três núcleos de mineração se formaram a partir das primeiras descobertas do ouro, originando três distritos: Noruega, São Gonçalo e São Francisco. Os distritos de São Gonçalo e São Francisco eram próximos e acabaram se unindo num único povoado que passaria a ser chamado SÃO GONÇALO DAS CATAS ALTAS e mais

tarde CATAS ALTAS DA NORUEGA. Conforme MATOS – 1831 (1981, p. 111) *"Arraial de Catas Altas da Noruega dista 7 ½ léguas da cabeça do termo e 2 1/3 da paróquia. Tem 102 fogos e 885 almas"*. O município de Catas Altas da Noruega foi criado através da Lei nº 2.764, de 30 de dezembro de 1962. (BARBOSA, 1995, p. 86 / COSTA, 1993, p. 198 / TRINDADE, 1945, p. 90).
ESCRITOS DOS VIAJANTES
MANUEL AIRES DE CASAL (1817)
*"Na vizinhança do rio Piranga,no termo da Parrochia de Santo Antonio d'Itaberava ao Sul de V. R. está o considerável **Arrayal de Catas Altas da Noruega** ornado com uma Capella de S. Gonsalo"*. (CASAL, 1976, p. 169).
PESQUISADOR: Francisco de Assis Carvalho
REVISORA: Dick, 2012.

***

109 Topônimo: CHÁCARA
Taxonomia: *Ecotopônimo*
Localização: Área de influência da ER
Caminho: N
MUNICÍPIO: Chácara – MG
ACIDENTE: humano / município
ORIGEM: portuguesa
MOTIVAÇÃO: Local aprazível e com muitas árvores frutíferas.
HISTÓRICO: Chácara < São Sebastião da Chácara
Ecotopônimo < Hagiotopônimo
ESTRUTURA MORFOLÓGICA: Nf [Ssing]
INFORMAÇÕES ENCICLOPÉDICAS: A região onde está hoje localizado o município, primitivamente era de propriedade de D. Iria Maria da Silva que, em 1863, doou a área para ser erigida uma capela sob orago de São Sebastião. A partir daí, diversas famílias, na sua maioria residentes em Juiz de Fora, passaram a adquirir, na região, chácaras para passar fins de semanas e feriados. Em 30 de outubro de 1884, ao ser criada a freguesia, foi determinada a elevação do distrito policial de SÃO SEBASTIÃO DA CHÁCARA à freguesia. Em 30 de dezembro de 1962 foi criado o município, desmembrado de Juiz de Fora. (BARBOSA, 1995, p. 87 / COSTA, 1993,p. 200 / TRINDADE, 1945, p. 92).
ESCRITOS DOS VIAJANTES: n/e
PESQUISADOR: Francisco de Assis Carvalho
REVISORA: Dick, 2012.

***

110 Topônimo: CHIADOR
Taxonomia: *Meteorotopônimo*
Localização: Área de influência da ER
Caminho: N
MUNICÍPIO: Chiador – MG
ACIDENTE: humano / município
ORIGEM: portuguesa
MOTIVAÇÃO: Existência nas imediações de uma corredeira de água formada pelo Rio Paraíba que provoca chiador contínuo.
HISTÓRICO: Chiador < Santo Antônio < Santo Antônio do Chiador < Santo Antônio dos Crioulos
Meteorotopônimo < Hagiotopônimo<Hagiotopônimo < Hagiotopônimo
ESTRUTURA MORFOLÓGICA: Nm [Ssing]
INFORMAÇÕES ENCICLOPÉDICAS: Em 1842, o português Antônio Joaquim da Costa abandonou a Vila de Barbacena e, com sua família e pertences, deliberou instalar-se em terras virgens, procurando por

isso as matas do Paraíba. Diz a tradição que ele se instalou no local e mandou construir uma capela em honra a Santo Antônio. Concluída a capela, que hoje, depois de reformada, é a Igreja Matriz da Cidade, deu carta de liberdade aos escravos que trabalharam na construção, ao mesmo tempo que lhes permitiu construírem ranchos e cultivar a terra ao redor da capela. Iniciou-se, dessa forma, o povoado que veio a tomar o nome de SANTO ANTÔNIO DOS CRIOULOS, posteriormente transformado em SANTO ANTÔNIO DO CHIADOR. O decreto-lei Nº 148, de 17 de dezembro de 1938, reduziu sua denominação para CHIADOR e a lei Nº 1039, de 12 de dezembro de 1953, elevou Chiador a cidade. (BARBOSA, 1995, p. 88 / COSTA, 1993, p. 200 / TRINDADE, 1945, p. 92).

ESCRITOS DOS VIAJANTES: n/e
PESQUISADOR: Francisco de Assis Carvalho
REVISORA: Dick, 2012.

***

111 Topônimo: CIPOTÂNEA
Taxonomia: *Fitotopônimo*
Localização: Área de influência da ER
Caminho: N
MUNICÍPIO: Cipotânea – MG
ACIDENTE: humano / município
ORIGEM: portuguesa
MOTIVAÇÃO: Em *O tupi na geografia nacional*, SAMPAIO (1955, p. 166) define *"**Cipó– içá-pó**, literalmente – **galho-mão**, que é o mesmo que dizer – **galho aprehensor** que tem a propriedade de se prender, de se enleiar, de atar. Alt. **Icepé, cepó, capô, sipó".***
GREGÓRIO (1980, p. 1228): *"Xopotó: topônimo de origem obscura";* para SPIX e MARTIUS (1981) "viria do tupi (**jy** = machado + **putuú** = descansar)".
HISTÓRICO: Cipotânea<São Caetano < São Caetano do Xopotó < Xopotó
Fitotopônimo < Hagiotopônimo <Hagiotopônimo< Hidrotopônimo
ESTRUTURA MORFOLÓGICA: Nf [Ssing]
INFORMAÇÕES ENCICLOPÉDICAS: Os sertanistas portugueses foram os primeiros habitantes do município. Chefiados pelo alferes Francisco Soares Maciel chegaram em 7 de agosto de 1711. A comitiva desceu o Rio Espera até a foz do Rio Xopotó, que não conseguindo atravessar, instalou aí um aglomerado batizado com o nome de SÃO CAETANO DO XOPOTÓ. Em 1755 foi construída a primeira capela, fator preponderante no crescimento da povoação. O nome passou a CIPOTÂNEA a partir de 17 de dezembro de 1938 e o Município foi criado pela lei Nº 1039, de 12 de dezembro de 1953. (BARBOSA, 1995, p. 88 / COSTA, 1993, p. 201 / TRINDADE, 1945, p. 284).
ESCRITOS DOS VIAJANTES:
GEORGE GARDNER (1836-1841)
*"Então, muito a contragosto seu, prosseguimos na jornada, chegando ao escurecer ao **Arraial de S. Caetano**, onde achei em boa condição todas as minhas coleções na casa do tropeiro que me trouxera da cidade do Serro e que de novo concordou em levar-me ao Rio. Ao passar por pequena floresta, não longe do Arraial, coligi espécimes de três qualidades de feto arborescente e acrescentei à minha coleção de orquídeas um lindo e cheiroso Epidendrum. O **Arraial de S. Caetano**, pequeno e evidentemente pobre, está no declive de baixa colina na margem norte de um ribeiro que desemboca no Rio Doce. Tem apenas uma igreja que, se acabada na escala em que começou, seria grande ornamento do lugar, edificada como está numa elevação que domina a aldeia. A lavagem do ouro no leito do rio e ao longo de suas margens parece ter sido outrora a principal ocupação dos habitantes, que, exaurida agora essa fonte de renda, se entregaram em grande parte ao cultivo do solo, bem adaptado quase todo, nas vizinhanças, ao café, ao milho, etc". (GARDNER, 1975, p. 227).*
JOHN MAWE (1808-1818)
*"Atravessamos **São Caetano**, aldeia afastada e pouco habitada; e três léguas mais adiante, encontramos Lavras Velhas, casa bem mesquinha, onde passamos a noite, tendo percorrido metade do caminho. O proprietário desse*

lugar encontrava dificuldade, com trinta ou quarenta negros, em viver decentemente, embora a terra fosse própria para a agricultura e necessitasse apenas de um braço laborioso que a tornasse fecunda. Tudo em torno dessa habitação apresentava aspecto lastimável de indiferença e preguiça. Manda-nos a justiça acrescentar que ele nos acolheu muito bem e satisfez plenamente a todas as nossas necessidades". (MAWE, 1978, p. 132).

HERMANN BURMEISTER (1850-1852)

"São Caetano é uma pequena aldeia de aspecto simpático e com uma bela igreja. Está próxima à desembocadura do ribeirão da Espera no rio Chipito. A altitude do lugar, inclinado para o lado do rio, deve ser considerável. O termômetro acusava, às 8 horas da noite, 10,5° R. e, na manhã seguinte, sob uma cerração muito densa, 6,1° R. No meu quarto, a temperatura era de 10° R. estando as janelas e portas fechadas. Todos tiritavam de frio; os brasileiros vestiam seus ponches e eu o mais grosso sobretudo de peles. Esta vestimenta causou certa admiração e mesmo espanto, pois, ao sair de casa, ouvi exclamarem numa habitação vizinha, quando me viram: "Que casaco do diabo!" Nesse lugar o ribeirão da Espera salta por sobre um pequeno terraço de pedras, que foi reforçado ainda por uma grade de madeira em toda a sua largura, a qual serve para apanhar os peixes que seguem o curso do riacho. O rio Chipito já assume aí proporções respeitáveis. Nasce no ângulo extremo formado pelas serras da Barbacena e de São José, a uma légua das nascentes do rio da Pomba, no lado sul daquelas montanhas, e recebe vários outros rios, entre os quais o Breganda, o maior dos afluentes e pelo qual passamos. É preciso distinguir este rio Chipito do outro anteriormente mencionado, que, em Cachoeira, desemboca no rio da Pomba e que tem também o nome de Presídio, principal localidade do distrito. Naquele Chipito é que moram os índios, numa zona acima da fazenda Guidovale". (BURMEISTER, 1952, p. 178).

PESQUISADOR: Francisco de Assis Carvalho
REVISORA: Dick, 2012.

***

112 Topônimo: COMENDADOR LEVY GASPARIAN
Taxonomia: *Axiotopônimo*
Localização: Área de influência da ER
Caminho: N
MUNICÍPIO: Comendador Levy Gasparian – RJ
ACIDENTE: humano/ município
ORIGEM: portuguesa
MOTIVAÇÃO: Homenagem ao COMENDADOR LEVY GASPARIAN, benfeitor do lugar.
HISTÓRICO: Comendador Levy Gasparian < Serraria < Porto de Ericeira
Axiotopônimo < Sociotopônimo < Sociotopônimo
ESTRUTURA MORFOLÓGICA: NCm [Qv + Ssing + Ssing] [Qualificativo + prenome + apelido de família]
INFORMAÇÕES ENCICLOPÉDICAS: Sua História encontra-se relacionada com a abertura do "Caminho Novo". Nas primeiras décadas do século XVIII, verifica-se a formação de alguns núcleos na Área, como o "POSTO DO REGISTRO". Também outros núcleos se desenvolveram na região, como os de Nossa Senhora de Bemposta e São Sebastião de Entre Rios. Em 1805, o Capitão Christóvão Rodrigues de Andrade comprou as terras dos herdeiros de Garcia Rodrigues Paes, dando início à Fazenda de Serraria que pertenceu ao Barão do Piabanha. Algumas indústrias foram instaladas nos arredores da localidade chamada de SERRARIA, inclusive uma tecelagem construída pelo armênio Levy Gasparian, levando prosperidade e tornando possível o desmembramento do distrito de Afonso Arinos. Desta feita, "Serraria" teve seu nome mudado para LEVY GASPARIAN, ganhou autonomia pela Lei Estadual n.º 1923, de 23 de dezembro de 1991, e foi instalado em 01 de janeiro de 1993.
ESCRITOS DOS VIAJANTES: n/e
PESQUISADOR: Francisco de Assis Carvalho
REVISORA: Dick, 2012.

***

113 Topônimo: CONCEIÇÃO DO IBITIPOCA
Taxonomia: *Hagiotopônimo*
Localização: Área de influência da ER
Caminho: N
MUNICÍPIO: Lima Duarte – MG
ACIDENTE: humano / distrito
ORIGEM: portuguesa + indígena
MOTIVAÇÃO: Em *O tupi na geografia nacional,* SAMPAIO (1955, p. 226) define: *"Ibyty-poca: a montanha partida, ou furada, o vulcão. Alt. Butupoca, Vutupoca".*
HISTÓRICO: Conceição do Ibitipoca < Ibitipoca
Hagiotopônimo < Litotopônimo
ESTRUTURA MORFOLÓGICA: NCf [Ssing + {Prep + Asing + Ssing}]
INFORMAÇÕES ENCICLOPÉDICAS: É um dos mais antigos povoados mineiros. A construção de sua Igreja Matriz data de 1692. Em 1718, IBITIPOCA atingiu o seu apogeu, com a formação da freguesia (extensas áreas de terra, com aproximadamente 7000 habitantes). As mulas que traziam os alimentos de Parati para Ibitipoca ficaram escassas ou não chegavam. Grande parte da população mudou-se para Vila Rica. A região começou a ser frequentada por contrabandistas. Estes traziam comida e levavam o ouro contrabandeado para o Porto do Rio de Janeiro, por uma trilha recém aberta. Em 1764, Ibitipoca recebeu a visita do Governador Geral da Capitania das Minas Gerais, general Luiz Diogo Lobo da Silva, com o objetivo de proibir o desmatamento. Mas a idéia não era em prol do ambiente e sim, para dificultar a abertura de novas trilhas para o contrabando. Conforme MATOS – 1837 – (1981, p. 131) *"Ibitipoca: Arraial e cabeça de grande distrito situado na margem esquerda do rio do mesmo nome que entra na margem direita do Rio Grande junto à Serra da Mantiqueira, na distância de 30 léguas da cidade do Ouro Preto e 57 do Rio de Janeiro. Tem Igreja paroquial e 12 fogos. O distrito próprio da Ibitipoca dista 12 léguas da cabeça do termo. Tem 95 fogos e 727 almas".* Em 1884 foi instalado o município de Lima Duarte e em 1918 foi reconstruída a Capela do Rosário. Em 04/07/1973 foi criado o Parque Estadual do Ibitipoca. (BARBOSA, 1995, p. 20 / COSTA, 1993, p. 203 / TRINDADE, 1945, p. 119).
ESCRITOS DOS VIAJANTES: n/e
PESQUISADOR: Francisco de Assis Carvalho
REVISORA: Dick, 2012.

***

114 Topônimo: CONSELHEIRO LAFAIETE
Taxonomia: *Axiotopônimo*
Localização: Eixo principal da ER
Caminho: N
MUNICÍPIO: Conselheiro Lafaiete – MG
ACIDENTE: humano / município
ORIGEM: portuguesa
MOTIVAÇÃO: Homenagem ao jurisconsulto, político e estadista CONSELHEIRO LAFAIETE RODRIGUES PEREIRA, filho do lugar. Este nasceu em 28 de março de 1834, e faleceu no Rio de Janeiro, em 29 de janeiro de 1917. Foi jurista, proprietário rural, advogado, jornalista e político brasileiro. Destacou-se como Primeiro Ministro do Brasil (1883-1884) e por suas obras de direito: Direito de Família e Direito das Coisas. Em *O tupi na geografia nacional,* SAMPAIO (1955, p. 192) define CARIJÓ: *"cari-yá, o descendente de branco, europeu: aquelle que tem mistura de sangue europeu".*
HISTÓRICO: Conselheiro Lafaiete < Conselheiro Lafaiete Carijós < Nossa Senhora da Conceição do Campo Alegre dos Carijós < Queluz
Axiotopônimo <Axiotopônimo < Hagiotopônimo < Corotopônimo
ESTRUTURA MORFOLÓGICA: NCm [Qy + Ssing] [Qualificativo + apelido de família]

INFORMAÇÕES ENCICLOPÉDICAS: A região onde se situa hoje Conselheiro Lafaiete era habitada pelos índios Carijós. Com o aparecimento dos arraiais de Ouro Branco, Catas Altas, Guarapiranga surgiu o arraial CAMPO ALEGRE DOS CARIJÓS, lugar de passagem e pouso obrigatório para os desbravadores. Foi elevado à categoria de vila pelo Visconde de Barbacena, governador da capitania em visita ao arraial (19 de setembro de 1790) e passou a ser denominado de REAL VILA DE QUELUZ. Em 2 de janeiro de 1866 tornou-se cidade, a VILA QUELUZ, tendo o nome mudado para CONSELHEIRO LAFAIETE em 1934. (BARBOSA, 1995, p. 96 / COSTA, 1993, p. 207 / TRINDADE, 1945, p. 81).

ESCRITOS DOS VIAJANTES

MANUEL AIRES DE CASAL (1817)

"Obra de 8 léguas ao su-sudoeste de Vila Rica, 14 ao nordeste de São João del-Rei, 1 afastada do Rio de Congonhas, junto à falda da Serra do Ouro Branco, está a **Vila de Queluz**, *em sítio ameno, ornada com uma igreja matriz, de que é padroeira N. Senhora da Conceição, uma Ermida de Santo Antônio, outra com a invocação do Carmo. Carijós foi o seu primeiro nome. Gado grosso é a riqueza do povo que a habita".* (CASAL, 1976, p. 173).

AUGUSTE FRANÇOIS CESAR PROUVENÇAL DE SAINT-HILAIRE (1816-1822)

"Continuando sempre a atravessar uma região descoberta, chegamos a **Queluz**, *que está situada a 15 léguas a leste de S. João del Rei e 8 léguas S. S. E. de Vila Rica. Queluz se chamava outrora Sítio ou talvez Aldeia dos Carijós, do nome de uma tribo indígena que aí teve outrora sua povoação. Por solicitação do Visconde de Barbacena, governador da Província de Minas, a povoação de Carijós foi erigida em vila por um decreto de 1791; seu nome foi mudado, e nela se estabeleceram juízes ordinários".* (SAINT-HILAIRE, 1975, p. 65).

JOHN LUCCOCK (1808-1818)

"A **vila de Queluz** *consta de umas cem casas, dispostas ao longo do espigão de um morro, cuja largura é exatamente bastante para uma rua. Nela existem três igrejas; uma delas, no coração da cidade, é bela e contém algumas hábeis imagens de santos, a cuja proteção devotamente encomendou-se meu guia, enquanto que eu me entretinha em admirar-lhes o feitio. Nos arredores, os pés de fumo medram, nativos, com espantosa exuberância".* (LUCCOCK, 1975, p. 323).

JOHANN BAPTIST EMANUEL POHL (1817-1821)

"Na elevação que atingimos pouco depois, topamos com um depósito de pirolusita e prosseguimos rumo a **Queluz**, *distante uma légua e três quartos de nosso último pernoite. Esta vila, que conta umas trezentas casas, começa por algumas pobres choças dispersas, mas, já no centro, apresenta várias casas assobradadas, edifícios construídos de barro e madeira que ainda revelam vestígios da antiga opulência".* (POHL, 1976, p. 140).

FRANCIS DE LA PORTE, CONDE DE CASTELNAU (1843-1847)

"Saindo de **Queluz**, *tínhamos atravessado um terreno de cambiantes ora vermelhas, ora violetas, e sulcado de filões de quartzito em mosaico. Esta formação repousa sobre os gnaisses e os micaxistos que reaparecem mais longe. Estas últimas camadas estão muitas vezes subordinadas a camadas de siderocristos muito ferruginosa".* (CASTELNAU, 2000, p. 85).

HERMANN BURMEISTER (1850-1852)

*"**Queluz** é atualmente, cidade principal de um Termo, no qual existem ainda duas Paróquias que formam juntamente com o Termo de Bomfim a Comarca de Ouro Preto. Além da igreja grande, encontrei ainda duas capelas em vias de construção, uma em cada extremidade da cidade, solidamente edificadas em pedra, enquanto que a Casa da Câmara, de dois andares, não me pareceu passar de uma "casa de taipa". A cidade deve ter cerca de 1.000 habitantes, embora, durante minha estada, em dois a três dias, eu não houvesse visto mais de três indivíduos ao mesmo tempo na rua. Não sei, no Brasil inteiro, de lugar mais morto do que Queluz".* (BURMEISTER, 1952, p. 273).

ALCIDE D'ORBIGNY (1826)

"Em **Queluz**, *desapareceram as matas; passamos a viajar em uma região descoberta. Queluz é uma cidadezinha que faz parte da Comarca de Rio das Mortes. Construída em uma elevação, domina a estrada e apresenta de longe um aspecto bem pitoresco".* (D'ORBIGNY, 1976, p. 159).

PESQUISADOR: Francisco de Assis Carvalho

REVISORA: Dick, 2012.

***

115 Topônimo: CORONEL PACHECO
Taxonomia: *Axiotopônimo*
Localização: Área de influência da ER
Caminho: N
MUNICÍPIO: Coronel Pacheco – MG
ACIDENTE: humano / município
ORIGEM: portuguesa
MOTIVAÇÃO: Homenagem ao CORONEL MANOEL PACHECO, idealizador e construtor da Estrada de Ferro Juiz de Fora.
HISTÓRICO: Coronel Pacheco < Água Limpa < São Vicente
Axiotopônimo < Hidrotopônimo < Hagiotopônimo
ESTRUTURA MORFOLÓGICA: NCm [Qv + Ssing] [Qualificativo + apelido de família]
INFORMAÇÕES ENCICLOPÉDICAS: O município teve origem no antigo povoado denominado SÃO VICENTE, em homenagem ao padroeiro São Vicente de Paula. Vinculado ao município de Juiz de Fora, passou, em 1890, a distrito de ÁGUA LIMPA. Foi emancipado em 1962, quando da divisão administrativa do Estado de Minas Gerais. O movimento ferroviário trouxe bastante desenvolvimento para o povoado, que se formou ao redor da estação e que teve seu nome mudado para ÁGUA LIMPA. Foi criado o município de CORONEL PACHECO, pela lei Nº 2764, de 30 de dezembro de 1962. (BARBOSA, 1995, p. 103 / COSTA, 1993, p. 211)
ESCRITOS DOS VIAJANTES: n/e
PESQUISADOR: Francisco de Assis Carvalho
REVISORA: Dick, 2012.

***

116 Topônimo: CRISTIANO OTONI
Taxonomia: *Antropotopônimo*
Localização: Eixo principal da ER
Caminho: N
MUNICÍPIO: Cristiano Otoni – MG
ACIDENTE: humano / município
ORIGEM: portuguesa
MOTIVAÇÃO: Homenagem ao Engenheiro CONSELHEIRO BENEDITO OTONI, que dirigiu os serviços da construção da ferrovia.
HISTÓRICO: Cristiano Otoni < São Caetano
Antropotopônimo < Hagiotopônimo
ESTRUTURA MORFOLÓGICA: NCm [Ssing + Ssing] [prenome + apelido de família]
INFORMAÇÕES ENCICLOPÉDICAS: Cristiano Otoni surgiu acompanhando um dos progressos do País que foi a construção da Linha Férrea Central do Brasil. Entretanto, o início do povoamento da região aconteceu por volta da segunda metade do século XVIII. Segundo a tradição oral e fontes primárias, o primeiro "sesmeiro" a povoar a região foi João José Dutra, que recebeu a região da atual Fazenda da Pedra. A região foi formada por grandes latifúndios que, paradoxalmente, produziam uma cultura de subsistência. Município criado pela lei Nº 2764, de 30 de dezembro de 1962. (BARBOSA, 1995, p. 106 / COSTA, 1993, p. 214 / TRINDADE, 1945, p. 284).
ESCRITOS DOS VIAJANTES: n/e
PESQUISADOR: Francisco de Assis Carvalho
REVISORA: Dick, 2012.

***

117 Topônimo: DESTERRO DO MELO
Taxonomia: *Hagiotopônimo*

Localização: Área de influência da ER
Caminho: N
MUNICÍPIO: Desterro do Melo – MG
ACIDENTE: humano / município
ORIGEM: portuguesa
MOTIVAÇÃO: Homenagem ao JOSÉ DE MELO, devoto de Nossa Senhora do Desterro.
HISTÓRICO: Desterro de Melo < Melo do Desterro
Hagiotopônimo < Antropotopônimo
ESTRUTURA MORFOLÓGICA: NCm [Ssing +{ Prep + Asing + Ssing}] [apelido de família]
INFORMAÇÕES ENCICLOPÉDICAS: A CAPELA DO DESTERRO, na Fazenda do Melo, foi edificada por iniciativa do Pe. José Dias de Siqueira, conforme provisão de 5 de junho de 1761, e o patrimônio foi doado por Antônio José de Melo. Foi criada a freguesia por lei provincial Nº 1830, de 10 de outubro de 1871, com a denominação de MELO DO DESTERRO. Antigo distrito de Piranga (1842) pertenceu ao município de Rio Pomba (1851), vindo finalmente (1854) a pertencer ao de Barbacena, do qual se desmembrou, quando foi elevado à sede municipal pela lei Nº 2764, de 30 de dezembro de 1962, com o nome atual. (BARBOSA, 1995, p. 114 / COSTA, 1993, p. 219 / TRINDADE, 1945, p. 105).
ESCRITOS DOS VIAJANTES: n/e
PESQUISADOR: Francisco de Assis Carvalho
REVISORA: Dick, 2012.

***

118 Topônimo: DIOGO DE VASCONCELOS
Taxonomia: *Antropotopônimo*
Localização: Área de influência da ER
Caminho: N
MUNICÍPIO: Diogo de Vasconcelos – MG
ACIDENTE: humano / município
ORIGEM: portuguesa
MOTIVAÇÃO: Homenagem ao historiador DIOGO LUIZ PEREIRA DE VASCONCELOS. Nasceu em Mariana, em 1843, e faleceu em 1927. Foi historiador, político, jornalista e advogado. Pioneiro na defesa do patrimônio histórico e artístico, é considerado o primeiro historiador de arte, no Brasil. Escreveu, dentre outros, os livros *"História antiga de Minas Gerais"* (1904) e *"História média de Minas Gerais"* (1918). É considerado um dos fundadores da historiografia mineira.
HISTÓRICO: Diogo de Vasconcelos < São Domingos < Vasconcelos
Antropotopônimo < Hagiotopônimo < Antropotopônimo
ESTRUTURA MORFOLÓGICA: NCm [Ssing + {Prep + Ssing}] [prenome + apelido de família]
INFORMAÇÕES ENCICLOPÉDICAS: Os primeiros habitantes descendiam de paulistas, vindos de Mariana, que chegaram ao local em busca de terras férteis. Logo surgiram os primeiros sítios e fazendas, importantes na produção de alimentos na região. O povoado, fundado pelo padre Domingos Pinto Coelho da Rocha, foi elevado à freguesia em 1881. Um ano depois, foi criada a paróquia. A princípio, o povoado foi denominado SÃO DOMINGOS, devido à construção de uma capela em homenagem a São Domingos de Gusmão. Em 1923 teve sua denominação mudada para VILA DE VASCONCELOS. Em 1962 foi elevado a município com o atual nome. (BARBOSA, 1995, p. 114 / COSTA, 1993, p. 220 / TRINDADE, 1945, p. 284).
ESCRITOS DOS VIAJANTES: n/e
PESQUISADOR: Francisco de Assis Carvalho
REVISORA: Dick, 2012.

***

119 Topônimo: EWBANK DA CÂMARA
Taxonomia: *Antropotopônimo*

Localização: Eixo principal da ER
Caminho: N
MUNICÍPIO: Ewbank da Câmara – MG
ACIDENTE: humano / município
ORIGEM: portuguesa
MOTIVAÇÃO: Homenagem ao engenheiro JOSÉ EWBANK DA CÂMARA da Estação Ferroviária, no pequeno povoado de Tabuões. TABUÕES: O nome teria sua origem na necessidade de colocação de grandes tábuas de madeira no caminho alagadiço, a fim de permitir a passagem das tropas carregadas de mercadorias nas áreas de brejo.
HISTÓRICO: Ewbank da Câmara < Tabuões < Ewbank < Eubanque
Antropotopônimo < Hodotopônimo < Antropotopônimo< Antropotopônimo
ESTRUTURA MORFOLÓGICA: NCm [Ssing +{ Prep + Asing + Ssing}] [prenome + apelido de família]
INFORMAÇÕES ENCICLOPÉDICAS: A origem do primeiro nome da localidade – TABUÕES – refere-se à grande quantidade de taboa que existia nas áreas alagadas, nos arredores do povoado. Distrito que foi criado com a denominação de EUBANQUE, pela lei estadual nº 843, de 07-09-1923 e elevado à categoria de município com a denominação de EWBANK DA CÂMARA, pela lei estadual nº 2764, de 30-12-1962. (BARBOSA, 1995, p. 129 / COSTA, 1993, p. 233).
ESCRITOS DOS VIAJANTES
JOHANN BAPTIST EMANUEL POHL (1817-1821)
*"A leste da **Fazenda Tabuões**, que se acha no vale, eleva-se uma encosta coberta de araucárias. Esta árvore, pelo aspecto, bastante aparentada com o pinheiro, até agora não pôde conservar sua altura e forma peculiares nas estufas europeias".* (POHL, 1976, p. 81).
PESQUISADOR: Francisco de Assis Carvalho
REVISORA: Dick, 2012.

***

120 Topônimo: IBERTIOGA
Taxonomia: *Zootopônimo*
Localização: Área de influência da ER
Caminho: N
MUNICÍPIO: Ibertioga – MG
ACIDENTE: humano / município
ORIGEM: indígena
MOTIVAÇÃO: Em *O tupi na geografia nacional,* SAMPAIO (1955, p. 180) define *"**Bertioga**: corr. **parati--oca**, o refúgio, ou morada das tainhas".* SILVA (1966, p. 65) *"**Bertioga**: **biruti** = (m) **byryty** (pouca água, água escassa) **ioga** = **yoga** (tirar, tirá-lo) – de onde se tira pouca água; onde a água escasseia. **Biiriti** = (m) **byryty** (a palmeira buriti) **oga** = **oca** (casa tapagem, teto) – a casa, teto ou copa de muriti, a maloca de buriti; **buriqui** = (m) **buryquy** (os macacos) **oga** = **oca** (maloca, refúgio) – a maloca ou refúgio dos macacos".*
HISTÓRICO: Ibertioga < Bertioga < Santo Antônio da Bertioga
Zootopônimo <Zootopônimo < Hagiotopônimo
ESTRUTURA MORFOLÓGICA: Nf [Ssing]
INFORMAÇÕES ENCICLOPÉDICAS: Os fundadores do município foram os irmãos Paulo e Pedro Nunes, que construíram, em 1711, uma capelinha em louvor a Santo Antônio de Pádua. O povoado teve seu nome trocado diversas vezes: IBERTIOGA, BERTIOGA, SANTO ANTÔNIO DE BERTIOGA, SANTO ANTÔNIO DE IBERTIOGA e, finalmente, quando elevado à vila distrital, em 1938. Foi denominado IBERTIOGA. Em 1962 tornou-se município. (BARBOSA, 1995, p. 149 / COSTA, 1993, p. 249 / TRINDADE, 1945, p. 119).
ESCRITOS DOS VIAJANTES: n/e
PESQUISADOR: Francisco de Assis Carvalho
REVISORA: Dick, 2012.

***

121 Topônimo: INCONFIDÊNCIA
Taxonomia: *Historiotopônimo*
Localização: Eixo principal da ER
Caminho: N
MUNICÍPIO: Paraíba do Sul – RJ
ACIDENTE: humano / distrito
ORIGEM: portuguesa
MOTIVAÇÃO: Alusiva ao movimento libertário da Inconfidência Mineira. Lá esteve Joaquim José da Silva Xavier divulgando o ideário do movimento libertário.
HISTÓRICO: Inconfidência < Sebollas
Historiotopônimo < Fitotopônimo
ESTRUTURA MORFOLÓGICA: Nf [Ssing]
INFORMAÇÕES ENCICLOPÉDICAS: O Distrito de Inconfidência, conhecido também como SEBOLLAS, localiza-se a 20 km de Paraíba do Sul, e entrou para a história do Brasil por servir de pouso para Tiradentes. *"Executado e esquartejado, com seu sangue se lavrou a certidão de que estava cumprida a sentença, tendo sido declarados infames a sua memória e os seus descendentes. Sua cabeça foi erguida em um poste em Vila Rica, tendo sido rapidamente cooptada e nunca mais localizada; os demais restos mortais foram distribuídos ao longo do Caminho Novo: SANTANA DE CEBOLAS (atual INCONFIDÊNCIA, distrito de Paraíba do Sul), Varginha do Lourenço, Barbacena e Queluz (antiga Carijós, atual Conselheiro Lafaiete), lugares onde fizera seus discursos revolucionários. Arrasaram a casa em que morava, jogando-se sal ao terreno para que nada lá germinasse".* (MAXWELL, K., 2010).
ESCRITOS DOS VIAJANTES
JOHN LUCCOCK (1808-1818):
*"Dali por diante sobem-se cerca de mil pés, alcança-se a distância de quatro milhas de Pampúlia, donde então se avista, para baixo, o vale extraordinariamente lindo de **Sebollas**, com seu lado altamente ornamental. Parei para admirá-lo e compará-lo com cenários outros da mesma espécie, vindo-me à memória lagos como os de Westmoreland; mas este de todos difere e a todos sobrepuja".* (LUCCOCK, 1975, p. 262).
GEORGE HEINRICH VON LANGSDORFF (1822-1829)
*"Chegamos, então, à fazenda Cebola, pertencente a um tal Coronel Barbosa,. O local é extremamente bonito e acolhedor. Mais ou menos de meia em meia hora, passávamos por ranchos e vendas. De Pampulha, para Joaquim Mariano, para **Cebola**, do Guarda-mor Leandro Barbosa. Então, para a fazenda Lage, Padre Paulo, ou Ribeirão, Fazenda Boa Vista, onde há caetê; Vruz, onde há três ranchos.* (Langsdorff in: SILVA, 1997, p. 5).
PESQUISADOR: Francisco de Assis Carvalho
REVISORA: Dick, 2012.

***

122 Topônimo: ITAIPAVA
Taxonomia: *Litotopônimo*
Localização: Eixo principal da ER
Caminho: N
MUNICÍPIO: Petrópolis – RJ
ACIDENTE: humano / distrito
ORIGEM: indígena [tupi]
MOTIVAÇÃO: Em *O Tupi na Geografia Nacional*, SAMPAIO (1955, p. 225) define: **"Itaipava**, cor. **itai--paba**, *a estância ou pouso do pedregulho. o banco de seixos ou de cascalhos, formando travessão no leito dos rios".* SILVA (1966, p. 176) inclui que *"Itaipava é "o pedregulho", "a cascalheira"".* GREGÓRIO (1980, p. 769) complementa que **Itaipaba**, **Itaipava** = *"nome de vila do município de Petrópolis, à margem esquerda do Rio Piabanha; lugar onde o rio começa a cair em quedas".*
HISTÓRICO: Itaipava < Sertão dos Índios Coroados
Litotopônimo < Sociotopônimo

ESTRUTURA MORFOLÓGICA: Nf [Ssing]

INFORMAÇÕES ENCICLOPÉDICAS: O 3º Distrito de Petrópolis é o único que ostenta um nome tomado do idioma indígena. A denominação "SERTÃO DOS ÍNDIOS COROADOS" inicialmente dada às terras que hoje constituem o município de Petrópolis, leva a crer que esses índios foram assim denominados pelos portugueses porque *cortavam os cabelos de maneira a formar uma espécie de coroa enrolada no alto da cabeça;* seriam os antigos goitacases que, combatidos pelos portugueses e ou tribos hostis, buscaram refúgio no sertão.

ESCRITOS DOS VIAJANTES: n/e

PESQUISADOR: Francisco de Assis Carvalho

REVISORA: Dick, 2012.

***

123 Topônimo: ITATIAIA

Taxonomia: *Litotopônimo*

Localização: Eixo principal da ER

Caminho: N

MUNICÍPIO: Ouro Branco – MG

ACIDENTE: humano / distrito

ORIGEM: indígena

MOTIVAÇÃO: Em *O tupi na geografia nacional,* SAMPAIO (1955, p. 166) define *"Itatiaia – corr.* **Itá – tiái** = *o penhasco cheio de pontas; a crista eriçada".* SILVA (1966, p. 188): **"itá = yta** *(pedra, ferro)* **tiaia = tydie** *(pontas, farpas cristas) a pedra cheia de pontas, agulhas de pedras, a pedra suada".* De acordo com XAVIER FERNANDES (1943, p. 66): *"Itatiaia: pedra dentada".*

HISTÓRICO: Itatiaia

Litotopônimo

ESTRUTURA MORFOLÓGICA: Nm [Ssing]

INFORMAÇÕES ENCICLOPÉDICAS: Antigo arraial do município de Ouro Preto, onde foi criada a paróquia na primeira metade do século XVIII, elevada à colativa por alvará de 16 de janeiro de 1752. Suprimida a paróquia, foi restaurada pela lei Nº 138, de 3 de abril de 1839, com o título de Santo Antônio do Itatiaia. O Distrito de Itatiaia e a freguesia foram suprimidos definitivamente pela lei Nº 271, de 15 de abril de 1844. Hoje, Itatiaia é POVOADO no município de Ouro Branco. (BARBOSA, 1995, p. 165 / COSTA, 1993, p. 262 / TRINDADE, 1945, p. 123).

ESCRITOS DOS VIAJANTES: n/e

PESQUISADOR: Francisco de Assis Carvalho

REVISORA: Dick, 2012.

***

124 Topônimo: ITAVERAVA

Taxonomia: *Litotopônimo*

Localização: Área de influência da ER

Caminho: N

MUNICÍPIO: Itaverava – MG

ACIDENTE: humano / município

ORIGEM: indígena [tupi]

MOTIVAÇÃO: Em *O tupi na geografia nacional,* SAMPAIO (1955, p. 224) define **"Itaberaba,** c. **itá-beraba,** *a pedra resplandecente, a pedra que reluz, o Crystal".* SILVA (1966, p. 172) **"beraba** = *o vidro; o cristal, o diamante".* GREGÓRIO (1980, p. 760) = *"pedra relâmpago".*

HISTÓRICO: Itaverava < Santo Antônio da Itaverava

Litotopônimo < Hagiotopônimo

ESTRUTURA MORFOLÓGICA: Nf [Ssing]

INFORMAÇÕES ENCICLOPÉDICAS: Município criado pela lei N° 2764, de 30 de dezembro de 1962, desmembrado do de Conselheiro Lafaiete. O município consta de dois distritos: Itaverava e Monsenhor Isidro (ex-Sobrado do Rocha). O descobrimento de Itaverava se verificou no século XVII, tendo sido, portanto, dos primeiros arraiais auríferos das Minas. (BARBOSA, 1995, p. 166 / TRINDADE, 1945, p. 123).

ESCRITOS DOS VIAJANTES: n/e

PESQUISADOR: Francisco de Assis Carvalho

REVISORA: Dick, 2012.

***

125 Topônimo: JUIZ DE FORA

Taxonomia: *Axiotopônimo*

Localização: Eixo principal da ER

Caminho: N

MUNICÍPIO: Juiz de Fora – MG

ACIDENTE: humano / município

ORIGEM: portuguesa

MOTIVAÇÃO: O fato de haver estado ali, a passeio, como hóspede, demorando-se alguns meses, um juiz de fora, do Rio de Janeiro ou de qualquer outro lugar, a quem os moradores da cidade iam visitar, dizendo: Vamos visitar o juiz de fora. O juiz de fora era um magistrado nomeado pela Coroa Portuguesa para atuar onde não havia juiz de direito". (OLIVEIRA, 1966, p. 15).

HISTÓRICO: Juiz de Fora < Santo Antônio do Paraibuna < Paraibuna < Santo Antônio do Juiz de Fora Axiotopônimo < Hagiotopônimo < Hidrotopônimo < Hagiotopônimo

ESTRUTURA MORFOLÓGICA: NCm [Qv +{Prep + Prep}]

INFORMAÇÕES ENCICLOPÉDICAS: Segundo o Padre Antonil em *"O Roteiro do Caminho Novo"*, o povoamento da região onde hoje se localiza o município está relacionado à distribuição de sesmarias, nas proximidades do Rio Paraibuna, divisa natural entre os estados do Rio e de Minas Gerais. Às suas margens estabeleceram-se as primeiras propriedades agrícolas e as grandes fazendas de criação e um povoado. Em 1850, o ARRAIAL DE SANTO ANTÔNIO DO PARAIBUNA foi elevado à categoria de VILA, emancipando-se de Barbacena e formando um município. A elevação à categoria de cidade ocorreu quinze anos depois, quando foi adotada a denominação de Juiz de Fora. (BARBOSA, 1995, p. 177 / COSTA, 1993, p. 272 / OLIVEIRA, 1966 / TRINDADE, 1945, p. 127).

ESCRITOS DOS VIAJANTES

AUGUSTE FRANÇOIS CESAR PROUVENÇAL DE SAINT-HILAIRE (1816-1822)

*"A 1 légua e ¾ de Marmelo se encontra a habitação de **Juiz de Fora**, nome que sem dúvida procede do emprego que ocupava o primeiro proprietário. Da venda de **Juiz de Fora** tem-se sob os olhos uma paisagem encantadora. Essa venda foi construída na extremidade de uma vasta campina, rodeada por toda a parte de morros. O Paraibuna corre ao lado do caminho; sobre um pequeno regato que nele se lança, depois de atravessar a estrada, foi construída uma ponte de madeira de efeito muito pitoresco; perto há um cruzeiro; mais longe se vê uma capela abandonada e as ruínas de um engenho. Ao lado da venda existe um vasto rancho, e bem próximo, um paiol de milho".* (SAINT-HILAIRE, 1975, p. 52).

JOHN LUCCOCK (1808-1818)

*"**Juiz-de-Fora** contém uma capelinha e umas poucas casitas miseráveis. O rio Paraibuna, que lhe passa ao pé e recebe um acréscimo d' água, dali por diante reduz-se muito no tamanho, correndo, rápido mas imperturbado, por sobre um leto de areia, sujeito ao que se evidencia a fortes enchentes. Junto de suas barrancas flutuam várias embarcações usadas comumente na coleta de ouro em pó das areias da corrente".* (LUCCOCK, 1975, p. 281).

JOHANN BAPTIST EMANUEL POHL (1817-1821)

*"Em 17 de fevereiro, a viagem foi reiniciada bem tarde. Com os nossos animais carregados, passamos dificultosamente por um mau caminho pela Rocinha Queirós e através de um pântano quase intransitável em consequência das chuvas, chegamos ao Rancho de Antônio Moreira, e, no dia seguinte, sob chuva constante, à Venda de **Juiz***

deFora. *O dono desta venda, sapateiro de profissão e um modelo de descortesia, tratou-nos sem a mínima consideração e tivemos de limitar-nos às provisões que nos restavam"*. (POHL, 1976, p. 414).

RICHARD FRANCIS BURTON (1865-1868)

*"O nome complete e protocolar de **Juiz de Fora** é Cidade de **Santo Antônio de Paraibuna**. Tendo sido para lá enviado, ainda em tempos coloniais, um magistrado para ocupar, por três anos esquecidos, um cargo hoje obsoleto, será sempre conhecida pelo nome vulgar. Mawe a ela se refere como a uma fazenda, chamando-a "**Huiz de Fuera**". Luccock (1817) descreve-a como "uma capelinha e poucas casas pobres", Em 1825 ainda era uma povoação. Em 1850 foi promovida à categoria de freguesia e vila. Em 1856 subiu a cidade e em 1864, seu município compreendia 1.993 votantes e 33 eleitores. Tal é o progresso do Brasil onde há uma situação propícia e, nota bene, onde há comunicações. A cidade compreende três partes distintas: Santo Antônio, ou cidade propriamente dita, estação da Companhia União e Indústria e a colônia alemã D. Pedro II. A situação é boa: 2.000 pés acima do nível do mar."* (BURTON, 1976, p. 119).

HERMANN BURMEISTER (1850-1852)

*"Passando a encosta onde avistamos os macacos, vimos, numa grande planície, a **aldeia de Juiz de Fora** como uma longa fila de casas e uma grande de igreja de duas torres situada para o lado da encosta. Antes de atingirmos as primeiras casas, atravessamos um rio que se dirigia para o Paraibuna, apresentando no seu curso belas cascatas. Bonitos sobrados formavam, na continuação, uma longa rua reta, construída em sua maior parte do lado sul. A igreja, de madeira, ainda estava em construção, mormente as torres, que já tinham telhado mas nenhuma parede ainda. Surpreendi-me ao ver que o telhado era de zinco. Na extremidade leste, havia outras casas, após as quais se antingia outro rio, que como o anterior, corria para norte, indo juntar-se também ao Paraibuna"*. (BURMEISTER, 1952, p. 284-285).

ROBERT WALSH (1828-1829)

*"Por volta do meio-dia chegamos a **Juiz de Fora**. Ali foi preciso mandar ferrar o cavalo e o burro – uma questão que não se consegue resolver facilmente no Brasil. A ferradura consiste numa placa de ferro maior do que o tamanho do casco, sendo feita assim para proporcionar ao animal um apoio mais firme nas estradas de terra fofa. Mas no atual estado em que elas se encontram, uma ferradura desse tipo faz efeito contrário. Não oferece resistência à pressão e o animal afunda as patas a cada passo, e quando tenta puxá-las a borda saliente da ferradura se prende ao barro pegajoso e por lá fica, deixando desferrado o cavalo. Em alguns lugares vimos negros com varas com ponta de ferro, as quais enfiavam nos buracos deixados pelas patas dos animais; quando ouviam o tinir de ferro contra ferro sabiam que no fundo havia uma ferradura."* (WALSH,1976, p. 124).

JOHN MAWE (1808-1818)

*"Deixando este lugar, situado a cem milhas do Porto da Estrela, transpusemos no dia seguinte uma cadeia de montanhas, no meio das quais vimos outros saltos do Paraíva, mais aproximados de sua nascente, e, atravessando um território cheio de matas, chegamos à **Fazenda de Juiz de Fora**. Aí mudamos de animais e subimos durante muito tempo, quando encontramos dois lavradores de Minas Novas, que iam ao Rio de Janeiro, com quarenta e seis burros carregados de algodão, enfardado em couro crú, trazendo cada animal dois fardos. Estes lavradores estavam em viagem há perto de três meses. Ofereceram-se-nos gentilmente para levar nossas cartas a alguns amigos na capital e aproveitamos a sua boa vontade."* (MAWE, 1978, p. 113).

PESQUISADOR: Francisco de Assis Carvalho
REVISORA: Dick, 2012.

*** *** ***

126 Topônimo: LAMIM
Taxonomia: *Antropotopônimo*
Localização: Área de influência da ER
Caminho: N
MUNICÍPIO: Lamim – MG
ACIDENTE: humano / município
ORIGEM: portuguesa

MOTIVAÇÃO: Homenagem a JOSÉ PIRES LAMIM, fundador do povoado, que faleceu aos 25 anos, e cuja capela foi erigida sobre sua sepultura para, assim, perpetuar sua memória.
HISTÓRICO: Lamim
Antropotopônimo
ESTRUTURA MORFOLÓGICA: Nm [Ssing] [apelido de família]
INFORMAÇÕES ENCICLOPÉDICAS: Em 1710, os portugueses Francisco de Souza Rego, Pedro José Rosa e José Pires Lamim ergueram um rancho onde Francisco Souza Rego fez balançar a Bandeira do Divino Espírito Santo. A notícia da descoberta de ouro nos terrenos de Souza Rego atraiu os vizinhos que chegaram para explorar o precioso metal. Posteriormente, passaram a se dedicar à agricultura e pecuária, desenvolvendo-se a partir daí o atual município. LAMIM foi elevado à categoria de cidade, com a criação do município, desmembrado de Rio Espera, com a lei Nº 2764, de 30 de dezembro de 1962. (BARBOSA, 1995, p. 185 / COSTA, 1993, p. 276 / TRINDADE, 1945, p. 130).
ESCRITOS DOS VIAJANTES: n/e
PESQUISADOR: Francisco de Assis Carvalho
REVISORA: Dick, 2012.

***

127 Topônimo: LIMA DUARTE
Taxonomia: *Antropotopônimo*
Localização: Área de influência da ER
Caminho: N
MUNICÍPIO: Lima Duarte – MG
ACIDENTE: humano / município
ORIGEM: portuguesa
MOTIVAÇÃO: Homenagem ao DR. JOSÉ RODRIGUES DE LIMA DUARTE, médico e político barbacenense, que muito contribuiu para a emancipação do município.
HISTÓRICO: Lima Duarte < Rio do Peixe < Nossa Senhora das Dores do Rio do Peixe
Antropotopônimo < Zootopônimo < Hagiotopônimo
ESTRUTURA MORFOLÓGICA: NCm [Ssing + Ssing] [prenome + apelido de família]
INFORMAÇÕES ENCICLOPÉDICAS: Foi em terras doadas por dona Inácia Maria de Assunção, mulher de José Delgado Mota, que se ergueu a primeira ermida do povoado. No ano de 1839 foi elevada à sede a distrito de paz. Em 27 de junho de 1859, foi criada a freguesia com o nome de NOSSA SENHORA DAS DORES DO RIO DO PEIXE. Foi instalado o município em 1884, elevando o RIO DO PEIXE à cidade com o nome DE LIMA DUARTE. (BARBOSA, 1995, p. 188 / COSTA, 1993, p. 278 / TRINDADE, 1945, p. 249).
ESCRITOS DOS VIAJANTES: n/e
PESQUISADOR: Francisco de Assis Carvalho
REVISORA: Dick, 2012.

***

128 Topônimo: MAGÉ
Taxonomia: *Axiotopônimo*
Localização: Eixo principal da ER
Caminho: N
MUNICÍPIO: Magé – RJ
ACIDENTE: humano / município
ORIGEM: indígena [tupi]
MOTIVAÇÃO: Em *O tupi na geografia nacional*, SAMPAIO (1955, p. 242) define: *"Magé antigamente Magepe, e magé-pe, o feiticeiro ou no pagé, de referência à resistência deste. Alt. Mbagé, Magé, Bagé, Pagé"*. SILVA (1966, p. 226) *"Etim, ma = m(b)a (que, o que, aquele) gé= yé (que diz ou prediz). O que diz; aquele que*

prediz; o oráculo, o profeta, o santão. M.q. bagé, pagé, paié, maié, uaié (q.v), é denominação também de um rio e de uma cidade do Rio de Janeiro".

HISTÓRICO: Magé < Magepe-Mirim

Axiotopônimo < Axiotopônimo

ESTRUTURA MORFOLÓGICA: Nf [Ssing]

INFORMAÇÕES ENCICLOPÉDICAS: O atual município tem origem no povoado de MAGEPE-MIRIM, fundado em 1566 pelos colonos portugueses. Possuía um dos principais portos da região onde muitos navios negreiros descarregavam os escravos. Durante a monarquia foi criado o baronato de Magé em 1810. Este foi elevado a viscondado em 1811. O desenvolvimento da agricultura e a consequente elevação do nível econômico fizeram com que o governo, em 1789, conferisse à Magé a categoria de Vila. A importância do Município durante o Segundo Império foi grande. Para avaliá-la basta observar que em suas terras foi construída a primeira estrada de ferro da América do Sul, inaugurada a 30 de abril de 1854. Esta estrada, que se denominou Mauá e depois Estrada de Ferro Príncipe Grão-Pará, ligava as localidades de Guia de Pacobaíba e Fragoso, numa extensão de 14.500 metros.

ESCRITOS DOS VIAJANTES

MANUEL AIRES DE CASAL (1817)

*"**Magé**, vila medíocre com título de Condado, e algum comércio num sítio aprazível, sobre a margem esquerda do rio, que lhe empresta o nome, ornada com uma magnífica igreja paroquial de Nossa Senhora da Piedade, fica perto de três léguas ao poente de Macacu, e uma longe do mar. É abastada de pescado, e tem uma ponte de madeira sobre o rio, que a banha, e lhe serve de fonte. Barcos de considerável carga chegam ao seu cais e exportam grande quantidade de farinha, milho, feijão, algum açúcar, arroz, e pouco café. Foi erecta no ano de mil setecentos e oitenta e nove".* (CASAL, 1976, p. 199).

FRANCIS DE LA PORTE, CONDE DE CASTELNAU (1843-1847)

*"No dia seguinte encontraram-se os animais transviados, pelo que nos apresentamos para a partida. Ao nos despedirmos do cônego, ele nos deu duas cartas de recomendação, uma para **Magé**, primeiro ponto em que íamos tocar, e outra para Sumidouro, lugar situado uma légua mais adiante. No momento de montarmos a cavalo, apareceu um bando de foliões recrutados em todas as choupanas da vizinhança, com tocadores de música à frente e fazendo com este barulho ensurdecedor. Acabavam de celebrar o domingo na venda como era de seu costume. Atravessamos belas matas, que se entreabriam frequentemente, deixando-nos ver magníficas paisagens. São encantadoras estas perspectivas, mormente em região de montanhas".* (CASTELNAU, 2000, p. 67).

GEORGE HEINRICH VON LANGSDORFF (1822-1829)

*"De madrugada, fazia 10ºReaumur. Mandamos vir nossos animais – felizmente encontramos todos. Tivemos que lançar mão da provisão de mantimentos que havíamos trazido, pois teríamos que esperar muito tempo pelo café da manhã. E partimos em boa hora para Sumidouro. No caminho, passamos por Ponte, Olaria, **Magé** e outros locais. Os carrapatos são uma verdadeira praga".* (LANGSDORFF, 1997, p. 3).

PESQUISADOR: Francisco de Assis Carvalho

REVISORA: Dick, 2012.

***

129 Topônimo: MATIAS BARBOSA

Taxonomia: *Antropotopônimo*

Localização: Eixo principal da ER

Caminho: N

MUNICÍPIO: Matias Barbosa – MG

ACIDENTE: humano / município

ORIGEM: portuguesa

MOTIVAÇÃO: Homenagem ao fundador MATIAS BARBOSA.

HISTÓRICO: Matias Barbosa < Nossa Senhora da Conceição de Matias Barbosa

Antropotopônimo < Hagiotopônimo

ESTRUTURA MORFOLÓGICA: NCm [Ssing + Ssing] [prenome + apelido de família]

INFORMAÇÕES ENCICLOPÉDICAS: O português Matias Barbosa, sertanista e grande potentado obteve em 1700, a concessão de sesmaria às margens do rio Paraibuna. Esta sesmaria deu origem ao atual município que se encontra situado na divisa do estado de Minas Gerais com o do Rio de Janeiro. Inicialmente, foi criado o Registro de Matias Barbosa. Em volta do Registro formou-se um povoado que, com a denominação de NOSSA SENHORA DA CONCEIÇÃO DE MATIAS BARBOSA, foi elevado a distrito do município de Juiz de Fora, em 1885. Em 1911, o distrito passou a ser apenas MATIAS BARBOSA e com essa denominação foi elevado a município, em 1923. (BARBOSA, 1995, p. 199 / COSTA, 1993, p. 288).

ESCRITOS DOS VIAJANTES

AUGUSTE FRANÇOIS CESAR PROUVENÇAL DE SAINT-HILAIRE (1816-1822)

*"Nenhuma outra província está sujeita a impostos tão elevados como os que se pagam em **Matias Barbosa**. Essa parte do Brasil passava por ser mais rica; e era sobre ela que o jugo do regime colonial deveria pesar mais. Desse modo não se contentaram em sujeitar seus produtos a impostos, o que seria justo; exigiram-se de seus habitantes, contribuições a que outras províncias não estavam obrigadas. Há mais ainda: os mineradores faziam grande consumo de ferro; mas, embora caminhassem sobre montanhas que são quase completamente constituídas dele, foram condenados a não empregar senão ferramenta de procedência portuguesa".* (SAINT-HILAIRE, 1938, p. 51).

JOHN LUCCOCK (1808-1818)

*"O Registro de **Matias Barbosa** constitui a grande alfândega de província de Minas-Gerais. Cada três meses exige-se-lhe que remeta o total das barreiras coletadas a Vila-Rica, Capital e sede do Governo. Pelo trimestre que procedeu imediatamente a data da minha visita, recebera trinta contos de réis e suas remessas anuais atingem a cêrca de cem contos, os quais, ao câmbio de sessenta dinheiros por mil réis, vêm a dar vinte e cinco libras esterlinas".* (LUCCOCK, 1975, p. 280).

JOHANN BAPTIST EMANUEL POHL (1817-1821)

*"Separamo-nos na manhã seguinte (20 de fevereiro). Chegamos ao grande Registo de **Matias Barbosa**, onde os meus papéis, como é de uso, foram examinados. Passamos, sem pagar direitos, por aquele Registo, onde, a não ser um pedaço de carne de uma vaca que acabava de ser abatida, nenhum outro mantimento pudemos comprar. Assegurou-me um funcionário daquele Registo ser tal a falta de víveres que, apesar de não estar muito distante da capital, há dois meses ele só pudera comer carne duas vezes. Passamos por sítios já conhecidos, seguimos até Vargem, onde pelo menos consegui comprar feijão preto, oferecendo-me o dono da fazenda um leitão de presente. Rugiu durante toda a noite violenta tempestade".* (POHL, 1976, p. 414).

RICHARD FRANCIS BURTON (1865-1868)

*"A capela de **Matias Barbosa**, em que morro à direita, anuncia a **estação de Matias Barbosa**, outrora Registro Velho. Era nos tempos coloniais a principal "contagem" em que se cobravam os direitos. Até 1801 chamavam-se os impostos "quintos" (reais) de ouro. O contrabando era, então, para o mineiro o mesmo que o roubo para os leais moços de Esparta. O superintendente e sua guarda, com espiões espalhados por toda parte, vigiavam atentamente os que não tinham diante dos olhos as algemas e o desterro na África. Os contrabandistas armazenavam os seus valores em chicotes, em coronhas de espingardas, em sacos de cereais e no forro das albardas. Os estrangeiros tinham horror à revista que sofreiam. Luccock chama ao superintendente "Sua Senhoria" (His Lordship) e Caldeleugh (II. 202) conta a triste aventura sucedida a uma partidária do livre-câmbio improvisado".* (BURTON, 1983, p. 110).

ALCIDE D'ORBIGNY (1826)

*"Em **Matias Barbosa**, encontramos a primeira linha aduaneira da província de Minas, e a segunda em Simão Pereira. Essa dupla fiscalização é, ao mesmo tempo, inútil e vexatória; seu menor mal é de nada impedir. Diante dos próprios postos fiscais, oferece-se aos viajantes, ouro em pó contrabandeado. O que há de mais real é o preço exigido pelo passaporte".* (D'ORBIGNY, 1976, p. 161).

GEORGE HEINRICH VON LANGSDORFF (1822-1829)

*"Mais ou menos à 1h, depois de percorrer 2½ léguas, chegamos a **Matias Barbosa**. Trata-se de uma passagem, um posto alfandegário entre Rio de Janero e Minas Gerais, onde se pesam todas as mercadorias vindas das duas direções. Ali pagam-se muito pelos produtos de ferro, secos e molhados, artigos de seda, instrumentos agrícolas. Também se paga alto imposto alfandegário pelos negros".* (LANGSDORFF, 1997, p. 15).

GEORG WILHELM FREIREYSS (1813-1825)

*"A uma hora depois do meio-dia atravessamos uma montanha bastante alta, em cujo cimo, de ambos os lados do caminho, havia uma porção de cruzes fincadas no chão. Observamos que todas as pessoas que encontramos trazia na mão cruzes iguais para fincarem na terra; provavelmente queriam com isso obter que algum santo os protegesse na montanha. Nesse dia tivermos por várias vezes o Paraíba ao lado e às 3 horas chegamos a um lugar bem selvagem, onde o rio forma uma cachoeira; porém a zona era já mais baixa e encontramos algumas planícies. As 4 horas alcançamos a fazenda Juiz de Fora, 6 léguas distante da Patrulha, onde tínhamos pousada. Essa fazenda está situada em um lugar aberto e bonito, onde o Rio Paraibuna passa em um dos lados. A maior fazenda que nesse dia encontramos foi a da Viúva, uma légua distante de **Matias Barbosa**"*. (FREIREYSS, 1982, p. 34).

ROBERT WALSH (1828-1829)
*"Em breve chegamos ao **registro de Matias Barbosa**, onde esperávamos que seríamos inspecionados. Verificamos, entretanto, que o registro tinha sido transferido para mais adiante. O homem que o havia instalado originariamente na região, no lugar chamado Registro, mais tarde mudou-o para onde nos achávamos, dando ao lugar o seu próprio nome. Os prédios são construídos ao redor de uma ampla praça, formando um quadrado. O acesso era por um caminho calçado de pedras, que ia dar num portão. Entramos por esse portão, atravessamos a praça e saímos por outro portão do outro lado sem que ninguém nos interpelasse, embora o lugar fosse diligentemente guardado por soldados. Verificamos, após algumas indagações, que o registro se instalara finalmente às margens do Rio Paraíba, que formava a divisa entre as duas províncias"*. (WALSH, 1976, p. 129).
PESQUISADOR: Francisco de Assis Carvalho
REVISORA: Dick, 2012.

***

130 Topônimo: MERCÊS
Taxonomia: *Hagiotopônimo*
Localização: Área de influência da ER
Caminho: N
MUNICÍPIO: Mercês – MG
ACIDENTE: humano / município
ORIGEM: portuguesa
MOTIVAÇÃO: Alusiva à padroeira Nossa Senhora das Mercês. Capelinha das Mercês era como se designava o local, a princípio. Era uma pequena capela coberta com folhas de palmito.
HISTÓRICO: Mercês < Capelinha das Mercês < Mercês do Pomba < Nossa Senhora das Mercês
Hagiotopônimo < Hierotopônimo < Hagiotopônimo< Hagiotopônimo
ESTRUTURA MORFOLÓGICA: Nf [Spl]
INFORMAÇÕES ENCICLOPÉDICAS: Os primitivos habitantes da região, até fins do século XVII, eram índios da tribo dos goitacases, senhores do Rio Paraíba e seus afluentes. "REGIÃO DO POMBA" foi, pois, a primeira denominação a abranger todo o extenso território onde surgiu o município de Pomba, do qual o povoado de Mercês veio a ser distrito, em 1841. Dos primeiros moradores brancos a se fixarem no DISTRITO DE NOSSA SENHORA DAS MERCÊS DO POMBA, guardou a tradição o nome de um tal Vieira, aparentado com dois fundadores da cidade de Pomba, do mesmo sobrenome Vieira. Teria esse primeiro morador vindo à região atraído pela fama da existência de jazidas minerais; ao chegar, pernoitou à margem do rio Paciência, tendo sido então surpreendido pelos indígenas que lhe levaram toda a bagagem, inclusive a roupa do corpo, deixando-o qual novo Adão, naquele paraíso agreste. Mas, mesmo pelas contingências do momento, teve o branco de reagir às circunstâncias e o fez construindo a primeira morada, passando a integrar-se no sistema de vida do gentio, inclusive casando-se com algumas índias. Sabe-se, no entanto, que em 1767, o capitão-general Luís Diogo Lobo da Silva, governador da capitania, teve de conseguir um sacerdote que se encarregasse da catequese dos índios do rio Pomba, o que não foi de todo o fácil, dado o estado de ânimo sempre irritado daqueles gentios contra os invasores. O jovem padre fundou então seu centro de catequese, de onde irradiou suas atividades por 44 anos, erigindo dezenas de aldeias, das quais algumas progrediram e tornaram-se, mais tarde, núcleos populacionais importantes. A lei Nº 556, de 30 de agosto de 1911, criou o município de Mercês, desmembrado do de Pomba. Por um desses descuidos da lei,

continuou o distrito da sede a denominar-se MERCÊS DO POMBA; foi a lei Nº 843, de 7 de setembro de 1923. que deu ao distrito da sede a denominação de MERCÊS. (BARBOSA, 1995, p. 202 / COSTA, 1993, p. 290 / TRINDADE, 1945, p. 207).

ESCRITOS DOS VIAJANTES
HERMANN BURMEISTER (1850-1852)
"2 de maio – A jornada desse dia foi curta e sem interesse, consistindo na cobertura das 4 léguas que nos separavam do **arraial das Mercês**. *Passamos a represa do rio às 10 horas e, seguindo por uma estrada em péssimo estado de conservação e muito enlameada, atravessamos vastos campos, capoeiras e florestas. A região é toda muito aberta e cultivada. Depois de uma hora e meia, atingimos um pequeno rio, cujo vale subimos, e, passando por diversos vales menores, chegamos novamente, lá pelas 3 horas, ao rio da Pomba. Mais adiante, cruzarmos o rio Espírito Santo, junto à cabana de um negro, e, meia hora mais tarde, estávamos no nosso destino".* (BURMEISTER, 1952, p. 176).

GEORGE HEINRICH VON LANGSDORFF (1822-1829)
*"***Arraial das Mercês*** é um povoado que deve o seu nascimento, há mais ou menos 25 anos, mais ao acaso do que a qualquer outro motivo especial. Proprietários de terra abastados ajudaram um padre a construir uma capela. Tão logo ela ficou pronta, eles acharam por bem construir para si uma casa ou uma pousada nas proximidades da capela, a fim de poderem assistir a missa e às festas da Igreja com mais conforto. Pouco a pouco, vieram também vendeiros, sapateiros, alfaiates e donos de mercearias, de forma que hoje, após 20 anos, existe ali uma aldeia no meio da floresta, totalmente rodeada de morros cultivados e habitada por aproximadamente 300 almas. As casas são quase todas de um andar só, de pau-a-pique, brancas por fora e com portas pintadas de vermelho, o que dá ao conjunto um ar alegre. A perversão dos costumes é tão grande aqui como em outros lugares e maior do que em Barbacena."* (LANGSDORFF, 1997, p. 64-65).

PESQUISADOR: Francisco de Assis Carvalho
REVISORA: Dick, 2012.

***

131 Topônimo: MONT SERRAT
Taxonomia: *Geomorfotopônimo*
Localização: Área de influência da ER
Caminho: N
MUNICÍPIO: Comendador Levy Gasparian – RJ
ACIDENTE: humano / município
ORIGEM: espanhola
MOTIVAÇÃO: Inspiração em um grupo de montanhas na região espanhola da Catalunha, cerca de 40 km a Noroeste de Barcelona, lembra pela sua formação geológica denteada uma serra de madeira. Daí o nome da serra montanhosa (Montserrat), que passou à santa local, cuja adoração se espalhou pelo mundo.
HISTÓRICO: Mont Serrat
Geomorfotopônimo/Hagiotopônimo
ESTRUTURA MORFOLÓGICA: NCm [Ssing + Ssing]
INFORMAÇÕES ENCICLOPÉDICAS: No ano de 1884, foi criado o distrito de MONT SERRAT, pertencente ao Município de Paraíba do Sul que, em 1938, foi anexado ao recém criado Município de Três Rios. Ao lado das corredeiras do rio Paraibuna, a grande formação rochosa em granito existente no 2° distrito do município de Levy Gasparian, é denominada de Pedra de Paraibuna, é uma das mais belas atrações turísticas naturais da região.
ESCRITOS DOS VIAJANTES: n/e
PESQUISADOR: Francisco de Assis Carvalho
REVISORA: Dick, 2012.

***

132 Topônimo: OLARIA
Taxonomia: *Sociotopônimo*
Localização: Área de influência da ER
Caminho: N
MUNICÍPIO: Olaria – MG
ACIDENTE: humano / município
ORIGEM: portuguesa
MOTIVAÇÃO: Topônimo alusivo à manufatura de objetos de barro e à existência de oficinas de oleiro no lugar. *"Ola, s.f.: 'panela de barro' XIII. Do lat. Olla – ae//olaria 1813"*. (CUNHA, 1986).
HISTÓRICO: Olaria < Santo Antônio da Olaria
Sociotopônimo < Hagiotopônimo
ESTRUTURA MORFOLÓGICA: Nf [Ssing]
INFORMAÇÕES ENCICLOPÉDICAS: Antigo distrito do município de Rio Preto chamou-se, inicialmente, SANTO ANTÔNIO DA OLARIA. Com o progresso, em 1872, foi elevado a distrito. Já neste século, em 1923, passou a integrar o município de Lima Duarte e, em 1938, teve a denominação reduzida para OLARIA. A emancipação aconteceu em 1962, quando se separa de Lima Duarte. (BARBOSA, 1995, p. 226 / COSTA, 1993, p. 310 / TRINDADE, 1945, p. 211).
ESCRITOS DOS VIAJANTES: n/e
PESQUISADOR: Francisco de Assis Carvalho
REVISORA: Dick, 2012.

***

133 Topônimo: OLIVEIRA FORTES
Taxonomia: *Antropotopônimo*
Localização: Área de influência da ER
Caminho: N
MUNICÍPIO: Oliveira Fortes – MG
ACIDENTE: humano / município
ORIGEM: portuguesa
MOTIVAÇÃO: Homenagem a FRANCISCO JOSÉ DE OLIVEIRA FORTES, pai do Dr. Crispim Jacques Bias Fortes, presidente do Estado, no período 1894-1898.
HISTÓRICO: Oliveira Fortes < Livramento < Santana do Livramento
Antropotopônimo < Animotopônimo < Hagiotopônimo
ESTRUTURA MORFOLÓGICA: NCm [Ssing + Ssing] [apelido de família]
INFORMAÇÕES ENCICLOPÉDICAS: As origens remontam aos tempos do Império, quando as famílias Afonso Costa Viana, Antônio Carvalho Campos e Francisco José de Oliveira Fortes se fixaram no lugar. Deles partiu a doação que foi feita de 45 alqueires para o patrimônio de uma capela a SANTANA DO LIVRAMENTO. Cuidaram os primeiros povoados exclusivamente da agricultura e pecuária, coadjuvados por escravos vindos da África e outros nativos, o que fez com que experimentasse o povoado rápida prosperidade. Dada a falta de documentação, não é possível registrar aqui a data da criação do distrito, cuja existência já era consignada pela Lei nº 556, de 30 de agosto de 1911, com o nome de LIVRAMENTO, posteriormente mudado para OLIVEIRA FORTES pelo Decreto-Lei nº 1 058, de 31 de dezembro de 1956. A criação do município verificou-se pela Lei nº 1 039, de 12 de dezembro de 1953, subordinado judiciariamente à comarca de Barbacena. Município da zona da Mata, criado pela lei Nº 1039, de 12 de dezembro de 1953. (BARBOSA, 1995, p. 229 / COSTA, 1993, p. 311 / TRINDADE, 1945, p. 133).
ESCRITOS DOS VIAJANTES: n/e
PESQUISADOR: Francisco de Assis Carvalho
REVISORA: Dick, 2012.

***

134 Topônimo: OURO BRANCO
Taxonomia: *Litotopônimo*
Localização: Eixo principal da ER
Caminho: N
MUNICÍPIO: Ouro Branco – MG
ACIDENTE: humano / município
ORIGEM: portuguesa
MOTIVAÇÃO: Supõe-se que ela seja por causa da coloração do ouro encontrado na região onde se localiza o município.
HISTÓRICO: Ouro Branco < Santo Antônio do Ouro Branco
Litotopônimo < Hagiotopônimo
ESTRUTURA MORFOLÓGICA: NCm [Ssing + ADJsing]
INFORMAÇÕES ENCICLOPÉDICAS: A região foi desbravada por ex-integrantes da bandeira de Borba Gato, atraídos pela existência de ouro. Consta que, em fim do século XVII, aqueles antigos bandeirantes, subindo o rio das Velhas até as suas nascentes, transpuseram os altos da Cachoeira da Itabira do Campo e localizaram-se ao pé da Serra do Ouro Branco que se encontra a pouca distância da sede municipal. As primeiras casas foram construídas sobre alicerces de pedra, com paredes de pau-a-pique, cobertas de telhas curvas, sendo que uma das construções teve alicerces e paredes de pedra seca. (BARBOSA, 1995, p. 229 / COSTA, 1993, p. 312 / TRINDADE, 1945, p. 213).

ESCRITOS DOS VIAJANTES
JOHANN BAPTIST VON SPIX / KARL FRIEDRICH PHILIPP VON MARTIUS (1817-1820)
*"Também em outro córrego da vizinhança, **Ouro Branco**, parece que se tem achado esse metal, cuja ocorrência em lugar próximo à formação de ferro merece especial consideração. Há quarenta anos passados, toda a região monta-nhosa de Gaspar Soares até Vila do Príncipe era revestida de densa mata virgem sem interrupção, continuando as matas do Rio Doce; atualmente, já grandes trechos dela foram abatidos; contudo, ainda é agreste e sombrio o aspecto da zona. Só para o nosso índio Custódio estas selvas pareciam alegres; pois não precisava proteger-se contra os ardo-res do sol, sob um galho bem folhudo como costumava nas regiões dos campos".* (SPIX & MARTIUS, 1981, p. 19).

CHARLES JAMES FOX BUNBURY (1833-1834)
*"No dia 7, continuando a minha viagem de Queluz para **Ouro Branco**, vi as primeiras obras das minas de ouro; tinham sido de fato abandonadas há algum tempo porém os seus vestígios ainda tinham ficado na forma de pro-fundas trincheiras e grandes montões de pedras. A medida que nos aproximávamos de Ouro Branco as montanhas tornavam-se mais altas e mais cobertas de mato. A Serra de Ouro Branco, uma comprida montanha retilínea de considerável altura, com uma face muito íngreme, erguia-se diante de nós, formando um ponto de destaque no panorama: a aldeia do mesmo nome fica situada perto do pé da montanha, na região descampada, 3.224 pés franceses acima do nível do mar (mapa de Von Eschwege). Um estreito vale coberto de mato, correndo ao longo do pé da serra, a separa da planície e em muitos pontos o mato vai até bem alto na encosta da montanha, mas é baixo comparado com as florestas da costa".* (BUNBURY, 1981, p. 55-56).

AUGUSTE FRANÇOIS CESAR PROUVENÇAL DE SAINT-HILAIRE (1816-1822)
*"Dentro em pouco chegamos ao arraial de **Ouro Branco**, o único que encontráramos entre Rio de Janeiro e Vila Rica, e que pode se compor de umas cinquenta casas. Essa povoação termina por uma praça em cuja extremidade foi construída a igreja, e que domina um amplo vale. Como este não pode ser percebido, a igreja parece apoiada contra a montanha que apresenta por trás dela uma cortina de verdura. De um lado da praça estão as casas mais consideráveis da povoação; do outro não há construções; mas o que torna finalmente esse conjunto extremamente pitoresco, é um grupo de palmeiras de estipe esbelta e folhas leves, que rodeiam uma grande cruz plantada sem simetria do lado da praça oposto à igreja".* (SAINT-HILAIRE, 1975, p. 69).

JOHN LUCCOCK (1808-1818)
*"A povoação de **Ouro-Branco**, situada no sopé de extensor Sêrro, consta de cêrca de cinquenta casas miseráveis, de mistura com as quais encontram-se duas ou três de categoria melhor, muitas "vendas" e uma igreja que, em lugares tais como êsse, é chamada de metropolitana e exerce uma certa autoridade sôbre os demais edifícios sacros das vizinhanças".* (LUCCOCK, 1975, p. 326).

JOHANN BAPTIST EMANUEL POHL (1817-1821)

*"Passamos, então, por um belo vale coberto de mato, atravessado por um regato que serpeia por entre a floresta, ao longo da serra, em cujas margens se encontram muitas lavras de ouro. A vegetação florescia viçosamente, alegrando aquele trecho de nosso percurso que, passando por muitas lavras de ouro, estendia-se por uma légua, até o **Arraial de Santo Antônio do Ouro Branco**. Este arraial destaca-se especialmente pela sua encantadora situação e pela beleza geral dos seus arredores. É formado por umas 80 casas, enfileiradas em duas ruas, uma que se dirige do sul para o norte e outra de leste para oeste, ocupando ambas uma suave elevação, e uma igreja construída de pedra, ornada com duas torres. No centro da localidade, há umas vinte palmeiras plantadas em torno de um chafariz, as quais lhe dão um aspecto particularmente gracioso. Este arraial distingue-se sobretudo pelas saborosas uvas moscatéis que medram profusamente em seus pomares".* (POHL, 1976, p. 409).

JOHN MAWE (1808-1818)

*"Passamos pelo Alto de Varginha, onde assim como nos arredores, até grande distância, há lavras de ouro, conhecidas como Lavras de Varginha. Examinei os montões de detritos, nos quais apenas encontrei seixos rolados e matérias ferruginosas. Meia légua mais adiante, deparamos com as lavagens de **Santo Antônio de Ouro Branco**, onde se viam montes numerosos, compostos de escórias de exploração; pouco tempo depois, entramos na miserável aldeia do mesmo nome, quase abandonada; conta cerca de quinhentos habitantes. Tivemos entrevistas com o comandante, mas não pudemos conseguir refrescos de nenhuma qualidade, porque os poucos habitantes, vistos por nós, eram tão pobres que, longe de poderem prover as nossas necessidades, pareciam implorar tudo o que tínhamos para satisfazer às suas, e nos olhavam como se já esperassem que lhes trouxéssemos alguma coisa. Contentes por sairmos de lugar tão triste, percorremos uma série de belos vales e às quatro horas chegamos ao pé de uma montanha terrificante".* (MAWE, 1978, p. 119).

FRANCIS DE LA PORTE, CONDE DE CASTELNAU (1843-1847)

"A dois, fizemos a ascensão da serra de Ouro Branco, por um caminho não somente difícil, mas até muito perigoso, visto como a pata de nossos cavalos resvalava a cada momento sobre a superfície untuosa e reluzente das rochas que constituíam a base da formação geológica. É principalmente próximo ao cume da montanha que o caminho sobe como se fosse uma escada talhada na rocha. Magnífica é a vegetação nessas altitudes... Quando se sobe a serra do Ouro Branco, vindo da cidade do mesmo nome, atinge-se, logo depois de passar o cume, uma espécie de cratera, uma de cujas paredes seria formada pelo flanco da montanha que se acaba de subir." (CASTENAU, 2000, p 85).

*"Quando se sobe a **serra do Ouro Branco**, vindo da cidade do mesmo nome, atinge-se, logo depois de passer o cume, uma espécie de cratera, uma de cujas paredes seria formada pelo flanco da montanha que se acaba de subir. A cratera geológica, cujo diâmetro é pelo menos de quatro ou cinco léguas, é irregularmente acidentada de valos e contrafortes, cobertos de uma rica vegetação de gramíneas, onde buscam nutrição rebanhos de bois. A sede da fazenda do Capão é composta de uma casa bastante grande e de um rancho. Está situada precisamente na cratera, cerca de três léguas de Ouro Preto".* (CASTELNAU, 2000, p. 98).

RICHARD FRANCIS BURTON (1865-1868)

*"**Santo Antônio** era primitivamente, e é ainda, chamada **Ouro Branco**, em oposição a Ouro Preto. Esta é escurecida por um pouco de óxido de ferro. A primeira tem uma liga natural de platina, formação rara. Este novo metal, descoberto há só dois séculos e um quatro, e hoje usado até para relojoaria, é encontrado em Minas nas areias dos rios, correndo sobre terras planas e morros baixos. Um pedaço pesando meia onça foi encontrado nas lavras ou escavações do barão de Itabira, perto de Mariana. Mais furo que o ferro e parecendo-se muito com o ouro, deu muito trabalho aos antigos descobridores, que gastaram com ele o seu solimão (sublimado, corrosivo) e admiravam-se por ver as barras de amarelo pálido, cujo toque era contudo de 22 carats."* (BURTON, 1983, p. 69).

HERMANN BURMEISTER (1850-1852)

*"Chegamos, finalmente, ao cume da serra de Deus-Te-Livre e descemos por uma ampla estrada em serpentina, que formava quatro grandes curvas, beirando sempre as falds da montanha, até o vale. A vista que do alto se nos oferecia era das mais belas. À nossa esquerda, estendia-se o vale, com sua floresta, até os cumes da **serra de Ouro Branco**, que ficava vizinha e que é um prolongamento da serra de Barbacena; à direita, vamos, ao longe, o **arraial de Ouro Branco**, com sua alva igreja. Logo abaixo, à sombra de majestosas árvores e ao pé da serra, atrás de um rio, estava a fazenda muito bem instalada do Capitão Manoel d'Acosta. O lugar dá a impressão da opulência passada, com sua igreja de pedra, de construçãosólida, na qual se lia a data de 1779, e mais alguns sobrados igualmente sólidos,*

entre os quais um com a data de 1753. Ouro Branco forma uma Paróquia especial, a de Santo Antônio, e pertence ao Têrmo de Ouro Prêto, em cuja Comarca já nos encontrávamos desde que passamos por Casa Branca. O número de habitantes é calculado em 1.500, mas não acredito que chegue a tanto". (BURMEISTER, 1952, p. 270-271).

ALCIDE D'ORBIGNY (1826)

*"Nos últimos dias de julho, deixamos Vila Rica e dirigimo-nos para a capital do Brasil. Atravessamos primeiro, Boa Vista, depois o povoado do Capão, depois **Ouro Branco**, aldeia de umas cinquenta casas, com uma igreja que parece estar apoiada a uma verde montanha".* (D'ORBIGNY, 1976, p. 159).

AIRES DE CASAL (1817): *"Depois de ter recolhido muitas ribeiras por um e outro lado, fazendo caminho de norte a princípio, depois ao noroeste por largo espaço, se lhe incorpora o considerável Rio das Mortes, que tem sua nascença na Serra do Ouro Branco, muito vizinho à do Piranga, donde vem procurando o poente, e engrossando com os que se lhe unem por uma e outra margem."* (CASAL, 1976, p. 171).

PESQUISADOR: Francisco de Assis Carvalho
REVISORA: Dick, 2012.

***

135 Topônimo: PAIVA
Taxonomia: *Antropotopônimo*
Localização: Área de influência da ER
Caminho: N
MUNICÍPIO: Paiva – MG
ACIDENTE: humano / município
ORIGEM: portuguesa
MOTIVAÇÃO: Homenagem ao fundador do povoado JOÃO FERREIRA DE PAIVA, apelidado João Menino.
HISTÓRICO: Paiva < Estação de Paiva < Santa Rosa
Antropotopônimo < Sociotopônimo < Hagiotopônimo
ESTRUTURA MORFOLÓGICA: Nm [Ssing] [apelido de família]
INFORMAÇÕES ENCICLOPÉDICAS: A ESTAÇÃO DE PAIVA da Estrada de Ferro Central do Brasil foi inaugurada em 6 de setembro 1914, no município de Barbacena; foi construída em terras doadas à estrada pelo proprietário da fazenda de Santa Rosa, João Ferreira de Paiva, apelidado João Menino. Ao redor, foi-se formando o povoado que, em 27 de dezembro de 1948, elevou a distrito. Em 12 de dezembro de 1953, elevou PAIVA à cidade, criando o município desmembrado do de Barbacena. (BARBOSA, 1995, p. 234 / COSTA, 1993, p. 315).
ESCRITOS DOS VIAJANTES: n/e
PESQUISADOR: Francisco de Assis Carvalho
REVISORA: Dick, 2012.

***

136 Topônimo: PARAÍBA DO SUL
Taxonomia: *Cardinotopônimo*
Localização: Eixo principal da ER
Caminho: N
MUNICÍPIO: Paraíba do Sul – RJ
ACIDENTE: humano / município
ORIGEM: indígena [tupi]
MOTIVAÇÃO: Em *O tupi na geografia nacional*, SAMPAIO (1955, p. 1259) define *"**Parahyba**, corr. **Pará-ayba**, o rio ruím, impraticável, à força de dificuldades naturaes da corrente; rio imprestável".* SILVA (1966, p. 263) *"**Paraíba Etim, pará = m(b)**rá (mar, rio grande) aíba = ayba (ruim) – 'mar ruim, de abrolhos ou tempestuoso, a borraxa, rio grande imprestável, inútil, intransitável ou pobre de peixes. No comum diz-se do braço do mar".*
HISTÓRICO: Paraíba do Sul < Villa da Parahyba do Sul < Fazenda da Parahyba

Cardinotopônimo < Poliotopônimo < Sociotopônimo

ESTRUTURA MORFOLÓGICA: NCm [Ssing + {Prep + Asing + Ssing}]

INFORMAÇÕES ENCICLOPÉDICAS: Em 1681, Garcia Rodrigues Paes, filho do Bandeirante Fernão Dias, descobriu um remanso no Rio Paraíba do Sul. Sabendo que o local era próximo ao Rio de Janeiro, viu a possibilidade de ali abrir um novo caminho que aproximasse o tráfego entre as minas de pedras preciosas (descobertas pelo seu pai) ao porto do Rio de Janeiro. No ano de 1683, surgiu a ocupação inicial com a Fazenda de Garcia, que deu origem à cidade. Após 15 anos, com a descoberta e exploração do ouro em Minas Gerais, iniciou a abertura do "Caminho Novo". A FAZENDA DA PARAHYBA se tornou local de abastecimento com milho, peixe e caça para as frentes de trabalho de índios purís, escravizados pelos agregados de Garcia – os curibocas guaianás do Planalto de São Paulo. O trecho do caminho entre Paraíba e Rio de Janeiro foi concluído em 1700, e em 1704 atingiu a Mantiqueira, onde o "Caminho Novo" uniu-se ao já existente que vinha de São Paulo. O guarda mor das Minas, Garcia Rodrigues Paes, recebeu sesmarias de quase 40 Km x 13Km ao longo do caminho. Vindo a falecer em Paraíba do Sul no ano de 1738, Garcia deixou uma das maiores fortunas do Brasil Colonial a seus descendentes – os Paes Lemes – que mantiveram as terras da Fazenda da Parahyba, vivendo de arrendamentos e recebendo "foros" até 1833, quando então foi elevada à VILLA DA PARAHYBA DO SUL. Paraíba do Sul está intimamente ligada à história da Inconfidência. Possui na Vila de Sebolas, 3° distrito, os restos mortais de Tiradentes que, por determinação da sentença de morte, foram expostas em frente à Fazenda das Sebollas, local onde o inconfidente pregava a Independência do Brasil.

ESCRITOS DOS VIAJANTES

HERMANN BURMEISTER (1850-1852)

*"A cidade de **Paraíba do Sul** está situada na margem norte do rio que lhe dá o nome, e a 610 pés acima do nível do mar. Forma ela uma rua comprida, ao pé de um encosta de argila, que se estende paralela ao rio. A maioria das suas casas fica do lado sul da estrada, perto da margem; é aí o núcleo principal da cidade. Um grupo de construções, no lado leste, está disposto em um grande quadrado, para o centro do qual deverá dar a nova ponte, cuja construção já fora iniciada anos atrás, sem que entretanto se terminasse até então. Nesse quadrado, encontram-se a igreja, a Prefeitura – uma construção pequena – e outras casas residenciais. Paraíba do Sul é capital de um Distrito (Município), que abrange ainda as paróquias de Santana das Cebolas e São José do Rio Preto, ao norte e ao sul do rio Paraíba".* (BURMEISTER, 1952, p. 187).

JOHANN BAPTIST EMANUEL POHL (1817-1821)

*"Chegamos a **Paraíba**, também chamada Guara da Paraíba, na outra margem do rio. É uma localidade pequena, contando 40 choças de barro, na maioria habitadas por negros. Aqui se acha a igreja principal da paróquia, aliás edifício insignificante. Ainda há aqui uma grande casa de madeira assentada sobre pilares, onde funciona um Registro. Consta de um oficial e dez praças, que andavam sem grande porte militar, com jaquetas curtas, azuladas, sem carabina. Aqui o viajante tem de apresentar seu passaporte e pagar direitos de portagem".* (POHL, 1976, p. 78).

PESQUISADOR: Francisco de Assis Carvalho

REVISORA: Dick, 2012.

***

137 Topônimo: PEDRO DO RIO

Taxonomia: *Antropotopônimo*

Localização: Eixo principal da ER

Caminho: N

MUNICÍPIO: Petrópolis – RJ

ACIDENTE: humano / distrito

ORIGEM: portuguesa

MOTIVAÇÃO: Como existiam dois Pedros que negociavam com os tropeiros, para diferenciá-los, deram a um o nome de *"Pedro do Alto"*, tendo em vista que aquele morava no Alto do Pegado; e ao outro o nome de *"Pedro do Rio"*, pois este morava nas margens do Rio Piabanha.

HISTÓRICO: Pedro do Rio < Aldeia < Fagundes < Rocinha

Antropotopônimo< Sociotopônimo< Antropotopônimo< Sociotopônimo
ESTRUTURA MORFOLÓGICA: NCm [Ssing +{Prep + Asing + Ssing}] [prenome]
INFORMAÇÕES ENCICLOPÉDICAS: As terras que hoje pertencem ao quarto distrito de Petrópolis eram, no início do século XVIII, caminho que levava os portugueses às minas de ouro de Minas Gerais. Na ocasião, um ponto de encontro de tropeiros, que ali paravam para negociar cachaça, pólvora, fumo e rapadura, e para alimentar seus cavalos. O crescimento comercial da região começou a se implementar a partir de 1858, com a construção, pela Companhia União e Indústria de Mariano Procópio Ferreira Lage, da estrada mais antiga do país: a União e Indústria. Na região de Pedro do Rio foi criada uma estação dotada de vários armazéns para o depósito de gêneros, fazendo com que ali surgissem também hotéis e estrebarias (oficinas para o reparo das carroças e diligências). Em 1892 PEDRO DO RIO passou a ser distrito de Petrópolis.
ESCRITOS DOS VIAJANTES: n/e
PESQUISADOR: Francisco de Assis Carvalho
REVISORA: Dick, 2012.

***

138 Topônimo: PEDRO TEIXEIRA
Taxonomia: *Antropotopônimo*
Localização: Área de influência da ER
Caminho: N
MUNICÍPIO: Pedro Teixeira – MG
ACIDENTE: humano / município
ORIGEM: portuguesa
MOTIVAÇÃO: Homenagem a um chefe político de Barbacena, PEDRO TEIXEIRA, que foi um dos líderes da Revolução Liberal de 1842.
HISTÓRICO: Pedro Teixeira
Antropotopônimo
ESTRUTURA MORFOLÓGICA: NCm [Ssing + Ssing] [prenome + apelido de família]
INFORMAÇÕES ENCICLOPÉDICAS: O distrito de Pedro Teixeira foi criado, no município de Barbacena, com território desmembrado do distrito de União, e composto do povoado da Boa Vista, pela lei Nº 556, de 30 de agosto de 1911. Em 1923, a lei Nº 843 transferiu-o para o município de Lima Duarte, do qual se desmembrou em 1962, tornando-se município. (BARBOSA, 1995, p. 248 / COSTA, 1993, p. 326).
ESCRITOS DOS VIAJANTES: n/e
PESQUISADOR: Francisco de Assis Carvalho
REVISORA: Dick, 2012.

***

139 Topônimo: PETRÓPOLIS
Taxonomia: *Antropotopônimo*
Localização: Eixo principal da ER
Caminho: N
MUNICÍPIO: Petrópolis – RJ
ACIDENTE: humano / município
ORIGEM: portuguesa
MOTIVAÇÃO: Homenagem ao Imperador D. PEDRO I. Foi o primeiro imperador e também o primeiro chefe de Estado e de governo do Brasil (de 1822 a 1831), além de ter sido o 28º Rei de Portugal (durante sete dias de 1826) e, portanto, também por sete dias de 1826, o soberano do império ultramarino português. Proclamou a Independência do Brasil do Reino Unido de Portugal, Brasil e Algarves, em 1822, fundando o Império do Brasil.
HISTÓRICO: Petrópolis
Antropotopônimo

ESTRUTURA MORFOLÓGICA: Nm [Ssing] [prenome]

INFORMAÇÕES ENCICLOPÉDICAS: A história da cidade começou a configurar-se mais propriamente em 1822, quando dom Pedro I, a caminho de Minas Gerais pelo Caminho do Ouro, mais precisamente pelo Caminho do Proença ou Variante do Caminho Novo da Estrada Real, hospedou-se na fazenda do padre Correia e ficou encantado com a região. Tentou comprar as terras, porém sem sucesso. Por fim, adquiriu uma fazenda vizinha, a fazenda do Córrego Seco, que renomeou Imperial Fazenda da Concórdia, onde pretendia construir o Palácio da Concórdia. Hoje, a propriedade corresponde, com alguns acréscimos, à área do primeiro distrito de Petrópolis. Os planos do primeiro imperador não foram concluídos, mas dom Pedro II continuou com os planos e, em 1843, assinou um decreto pelo qual determinava o assentamento de uma povoação e a construção do sonhado palácio de verão, que ficou pronto em 1847. A partir de então, durante o verão, a cidade tornava-se a capital do Império com a mudança de toda a corte. Pedro II governou por 49 anos e, em pelo menos quarenta verões, permaneceu em Petrópolis, eventualmente por até cinco meses. A importância política da cidade perdurou por décadas, mesmo depois do fim do Império. Todos os presidentes da república, de Prudente de Morais a Costa e Silva, passaram pelo menos alguns dias na cidade imperial durante seus mandatos. O mais assíduo dentre eles foi Getúlio Vargas, cujas estadias, durante o Estado Novo, duravam até três meses. Como consequência da transferência da capital do Brasil para Brasília, Petrópolis perdeu consideravelmente sua importância no contexto político do país.

ESCRITOS DOS VIAJANTES

RICHARD FRANCIS BURTON (1865-1868)

*"**Petrópolis**, ou melhor, cidade de **São Pedro de Alcântara**, pode-se dizer que data de 1844. É uma criança, mas já tem idade para manter uma Câmara Municipal, vereadores, autoridades policiais e outros elementos de governo ou desgoverno. Este delírio de administração local, aspecto da funcionaomania, é comum ao Brasil e aos Estados Unidos. O SR. Bayard Taylor considera-o um "costume vulgar de pura exibição". Creio que em toda a parte os rapazes suspiram por deixar as blusas infantis e poucos homens desprezam um bom ordenado. Percorra-se **Petrópolis** em dia claro e ardente e ver-se-á que prazer para os olhos. Pelas suas principais artérias, a rua do Imperador e a rua da Imperatriz, corre borbulhando o rio Piabanha com seus afluentes, mais claros que os de Salt Lake City, enquadrados por alegres gramados e atravessados por várias pontes pretas e vermelhas."* (BURTON, 1976, p. 97).

HERMANN BURMEISTER (1850-1852)

*"A cidade de **Petrópolis** é a mais nova no seu gênero, não contando ainda dez anos de existência. Está situada num planalto, rodeada de montanhas, logo abaixo do cume da serra da Estrela, a 2.405 pés acima do nível do mar (von Martius indica 2.260 pés), onde havia antigamente a pequena fazenda de Córrego Seco. No livro de von Spix e von Martius, encontra-se uma vista da cidade naquele tempo. Hoje, Petrópolis é um centro muito elegante que tende, cada vez mais, a tornar-se a primeira cidade do Brasil. É formada, atualmente, por uma rua principal, ampla e comprida, que corre em linha reta a leste da serra. O clima de Petrópolis é como o da Europa do Sul, sendo fresco, porém menos agradável no verão em consequência das muitas chuvas."* (BURMEISTER, 1952, p. 298).

LUIZ AGASSIZ / ELIZABETH CARY AGASSIZ (1865-1866)

*"Já era sol-posto quando entrámos na linda cidadezinha de **Petrópolis**. E' o paraíso de verão de todos os fluminenses, bastante felizes para poderem fugir ao calor, à poeira e às exalações da cidade; vêm aqui à procura do ar puro e do panorama deslumbrante da Serra. O palácio de verão do Imperador, edifício mais elegante e menos sombrio que o de São-cristóvão, se acha situado em posição central; D. Pedro passa seis meses aí do ano. No meio da cidade corre o gracioso Piabanha, pequeno rio de pouco fundo, que estamos vendo suas águas de encontro aos seixos do seu leito, profundamente encravado entre dois taludes verdejantes. Que sobrevenha uma noite de tempestade, na estação quente, e manso regato se converte numa furiosa torrente que transborda e enche as ruas".* (AGASSIZ, 1975, p. 103-104).

PESQUISADOR: Francisco de Assis Carvalho

REVISORA: Dick, 2012.

***

140 Topônimo: PIAU

Taxonomia: *Zootopônimo*

Localização: Área de influência da ER
Caminho: N
MUNICÍPIO: Piau – MG
ACIDENTE: humano / município
ORIGEM: indígena
MOTIVAÇÃO: Em *O tupi na geografia nacional,* SAMPAIO (1955, p. 166) define *"Piau, corr. Py-yáu, a pelle manchada. É o nome de um peixinho d'água doce".* GREGÓRIO (1980, p. 1038) *"Piau: nome de piabas maiores, peixe de água doce; nome de rio e de cidade de Minas, Zona da Mata".*
HISTÓRICO: Piau < Espírito Santo do Piau < Divino Espírito Santo do Piau
Zootopônimo < Hagiotopônimo < Hagiotopônimo
ESTRUTURA MORFOLÓGICA: Nm [Ssing]
INFORMAÇÕES ENCICLOPÉDICAS: No final do século XVIII, a famosa Conjuração Mineira fez com que alguns homens envolvidos fossem arduamente perseguidos pela Coroa Portuguesa. Esses homens fora-gidos (dentre eles estava Francisco José da Silva, tio de Tiradentes) buscavam novos lugares para uma nova vida. O lugar encontrado era caracterizado por uma vasta floresta, banhada por um rio que nasce na Serra da Mantiqueira. Uma vez fixado nas terras, começam também as atividades agrícolas, constituindo-se então o arraial. Logo depois, construíram a primeira capela em homenagem a Divino Espírito Santo. Dessa forma o povoado passou a se chamar DIVINO ESPÍRITO SANTO DE PIAU. Em 1953 o lugar se municipalizou, recebendo o nome atual. (BARBOSA, 1995, p. 250 / COSTA, 1993, p. 329 / TRINDADE, 1945, p. 219).
ESCRITOS DOS VIAJANTES: n/e
PESQUISADOR: Francisco de Assis Carvalho
REVISORA: Dick, 2012.

***

141 Topônimo: PIRANGA
Taxonomia: *Cromototopônimo*
Localização: Área de influência da ER
Caminho: N
MUNICÍPIO: Piranga – MG
ACIDENTE: humano / município
ORIGEM: indígena [tupi]
MOTIVAÇÃO: Em *O tupi na geografia nacional,* SAMPAIO (1955, p. 166) define *"Piranga, adj., vermelho, corado, rubro, pardo. Alt. Piran, Pirá".*SILVA (1966, p. 275) *"pir = pyr (ponta, cabo) anga (alma) – a ponta ou cabo das almas!"* GREGÓRIO (1980, p. 732) *"Guarapiranga ("+ piranga) = garça vermelha Ibis rubra, guará rubra, ou simplesmente guará". "O nome anterior de Piranga foi Guarapiranga, também de origem indígena e que significa "pássaro vermelho".* De acordo com XAVIER FERNANDES (1943, p. 64):*"Guarapiranga = cabeceiras empinadas".*
HISTÓRICO: Piranga < Guarapiranga < Nossa Senhora da Conceição do Piranga
Cromotopônimo < Zootopônimo < Hagiotopônimo
ESTRUTURA MORFOLÓGICA: Nm [Ssing]
INFORMAÇÕES ENCICLOPÉDICAS: Em 1704, o bandeirante João de Siqueira Afonso, sobrinho neto do Capitão Seriguéia, seguindo o rastro de seus parentes, descobriu, a céu aberto, uma lavra do ribeirão que recebeu o nome de Córrego das Almas em homenagem aos seus parentes mortos. E assim, o arraial de GUARAPIRANGA foi crescendo ao redor da CAPELA DE NOSSA SENHORA DA CONCEIÇÃO. Em 1841, pela lei 202, o Governo instalado em Ouro Preto, elevou o Arraial à categoria de Vila e posterior-mente, a Município. Em 07 de Setembro de 1923, pela lei 843, fez-se a alteração do nome para PIRANGA. (BARBOSA, 1995, p. 253 / COSTA, 1993, p. 331 / TRINDADE, 1945, p. 221).
ESCRITOS DOS VIAJANTES
MANUEL AIRES DE CASAL (1817)

"Seis léguas ao Sueste de Villa Rica está o considerável Arrayal, e Parroquia da Piranga situado junto ao rio do mesmo nome, ornado com uma Igreja Matriz, de que he Padroeira N. Senhora da Conceição, e uma Capella com o título do Rozario. Seus habitadores cultivam viveres, e grande quantidade de tabaco, para o qual lhe mui apropriado o territorio". (CASAL, 1976, p. 371).

GEORGE GARDNER (1836-1841)

*"Continuando ainda na direção sudeste, chegamos ao **arraial de Piranga**, a três léguas da aldeia de Pinheiro; este arraial, como tantos outros..."* (GARDNER, 1975, p. 231).

JOHN MAWE (1808-1818)

*"A **aldeia de Piranga**, situada perto da margem do rio do mesmo nome, que, quarto léguas mais longe, desemboca no São José e forma com ele o Rio Doce. Este rio atravessa uma bela região, em direção norte e depois na de este e se lança no mar a 19º 30' de latitude sul; em sua embocadura estão três ilhas chamadas "Os Três Irmãos". Aí existe tropa pouco numerosa de soldados para fazer patrulhas ao longo das fronteiras, reconhecimentos nos bosques, ir procurar os selvagens por toda parte onde lhes informam que podem encontra-los".* (MAWE, 1978, p. 137).

HERMANN BURMEISTER (1850-1852)

"Mas, finalmente, de um ponto mais elevado junto ao rio, avistamos a vila da Piranga, que se estendia a nossos pés. No centro da localidade, bastante espalhada aliás, eleva-se, numa plataforma natural, a igreja principal de duas torres e, em seu redor, alvejam as casas caiadas, que vêm até junto do rio, o qual corre lentamente, num leito bastante amplo. De um pequeno grupo de casas de madeira, espécie de subúrbio, uma ponte, de 150 pés de comprimento, leva até a cidade. Vila de Piranga é sede de Distrito (Têrmo) e não pertence mais à Comarca de Paraíba, como se chama a parte de Minas Gerais que acabávamos de percorrer, mas à Comarca de Piracicaba, com a qual é limítrofe na parte norte e cuja cidade principal é Mariana. A Comarca de Paraíba abrange a região da bacia do rio da Pomba e do Paraibuna até o rio Prêto, que forma a fronteira entre as Províncias do Rio de Janeiro e Minas Gerais até desaguar no rio Paraibuna e Paraíba. Daí à sua desembocadura no rio da Pomba, é o próprio Paraíba que serve de limite". (BURMEISTER, 1952, p. 179).

PESQUISADOR: Francisco de Assis Carvalho

REVISORA: Dick, 2012.

***

142 Topônimo: PRESIDENTE BERNARDES

Taxonomia: *Axiotopônimo*

Localização: Área de influência da ER

Caminho: N

MUNICÍPIO: Presidente Bernardes – MG

ACIDENTE: humano / município

ORIGEM: portuguesa

MOTIVAÇÃO: Homenagem ao 12º Presidente do Brasil, ARTUR DA SILVA BERNARDES. Nasceu em Viçosa, 8 de agosto de 1875, e faleceu no Rio de Janeiro, em 23 de março de 1955. Foi advogado e político brasileiro; Presidente de Minas Gerais (1918-1922) e Presidente do Brasil (1922-1926). A cidade se chamava Calambau, termo de origem indígena, formado por duas palavras: *"**kala** e **ambaua** que significa lugar onde o mato é ralo e o rio faz a curva".* (SILVA, 1966).

HISTÓRICO: Presidente Bernardes < Calambau < Santo Antônio do Calambau

Axiotopônimo < Hidrotopônimo < Hagiotopônimo

ESTRUTURA MORFOLÓGICA: NCm [Qv + Ssing] [Qualificativo + apelido de família]

INFORMAÇÕES ENCICLOPÉDICAS: Por volta de 1710, a exploração aurífera ultrapassou os limites do atual município de Piranga, tendo atingido o sítio que os índios chamavam de Calambau. A chegada de outros exploradores e famílias deu início a um pequeno povoado, que surgiu em torno de uma capela dedicada a SANTO ANTÔNIO DO CALAMBAU, anexado à freguesia de Guarapiranga. Em 1868, o lugarejo foi elevado a freguesia, que não chegou a ser instituída, tendo sido extinta em 1873. Um ano depois a freguesia foi novamente criada. Elevado a distrito, teve seu nome reduzido para CALAMBAU e, em 1953, foi elevado à categoria de município com a denominação de PRESIDENTE BERNARDES. (BARBOSA, 1995, p. 270 / COSTA, 1993, p. 341 / TRINDADE, 1945, p. 72).

ESCRITOS DOS VIAJANTES: n/e
PESQUISADOR: Francisco de Assis Carvalho
REVISORA: Dick, 2012.

***

143 Topônimo: QUEIMA SANGUE
Taxonomia: *Dirrematopônimo*
Localização: Eixo principal da ER
Caminho: N
MUNICÍPIO: Paraiba do Sul -RJ
ACIDENTE: humano / povoado
ORIGEM: portuguesa
MOTIVAÇÃO: n/e
HISTÓRICO: Queima Sangue
Dirrematopônimo
ESTRUTURA MORFOLÓGICA: NCm [V + Ssing]
INFORMAÇÕES ENCICLOPÉDICAS: Queima Sangue é um bairro do município de Paraíba do Sul, Rio de Janeiro. É sede do 2° distrito do município.
ESCRITO DOS VIAJANTES: n/e
PESQUISADOR: Francisco de Assis Carvalho
REVISORA: Dick, 2012.

***

144 Topônimo: QUELUZITO
Taxonomia: *Litotopônimo*
Localização: Eixo principal da ER
Caminho: N
MUNICÍPIO: Queluzito – MG
ACIDENTE: humano / município
ORIGEM: portuguesa
MOTIVAÇÃO: Pedra que era abundante na região chamada de Queluzita. Denominava-se Santo Amaro o antigo arraial fundado, na primeira metade do século XVIII, e cujo início é atribuído a Amaro Ribeiro
HISTÓRICO: Queluzito < Santo Amaro < Queluzita
Litotopônimo < Hagiotopônimo < Litotopônimo
ESTRUTURA MORFOLÓGICA: Nm [Ssing]
INFORMAÇÕES ENCICLOPÉDICAS: O arraial fundado na primeira metade do século XVIII recebeu como primeiro nome SANTO AMARO. Foi Amaro Ribeiro quem construiu a primeira capela dedicada a Santo Amaro; a construção foi iniciada em 1726, terminando doze anos depois, em 12 de março de 1738. Um dos primeiros povoadores de Santo Amaro foi o inconfidente José da Costa Oliveira, bisavô de Conselheiro Lafaiete Rodrigues Pereira. Em 1943, o então já DISTRITO SANTO AMARO recebeu a denominação de QUELUZITO e com este nome foi elevado à categoria de cidade, em 1962. (BARBOSA, 1995, p. 276 / COSTA, 1993, p. 343 / TRINDADE, 1945, p. 278).
ESCRITOS DOS VIAJANTES: n/e
PESQUISADOR: Francisco de Assis Carvalho
REVISORA: Dick, 2012.

***

145 Topônimo: RESSAQUINHA
Taxonomia: *Hidrotopônimo*
Localização: Eixo principal da ER
Caminho: N
MUNICÍPIO: Ressaquinha – MG
ACIDENTE: humano / município
ORIGEM: portuguesa
MOTIVAÇÃO: Alusiva ao padroeiro: São José da Ressaquinha que foi restringido para RESSAQUINHA. De acordo com CUNHA (1986, p. 679): *"ressaca – refluxo de uma vaga, depois de espraiar ou encontrar obstáculos que a impede de avançar livremente".*
HISTÓRICO: Ressaquinha < Ribeirão de Alberto Dias < São José da Ressaquinha
Hidrotopônimo < Hidrotopônimo < Hagiotopônimo
ESTRUTURA MORFOLÓGICA: Nf [Ssing]
INFORMAÇÕES ENCICLOPÉDICAS: Ressaquinha, como a maioria dos municípios mineiros, deve a sua formação à *"sacra auri fames"* dos bandeirantes que povoaram as terras das Minas Gerais. No princípio foi um simples pouso de tropeiros e era conhecida por ENCRUZILHADA DO CAMPO, porque ligava o oeste mineiro a São Paulo e ao sul, pelo Caminho Novo. Mais tarde formou-se a FAZENDA RESSAQUINHA em vista da existência, nas proximidades, do lugar denominado Ressaca. O distrito recebeu o designativo de SÃO JOSÉ DA RESSAQUINHA e o município foi criado em 1953 – Lei n.º 1039 e instalado a 1.º de janeiro de 1954. (BARBOSA, 1995, p. 280 / COSTA, 1993, p. 345 / TRINDADE, 1945, p. 247).
ESCRITOS DOS VIAJANTES
JOHN MAWE (1808-1818)
*"Chegamos, pelas quarto horas da tarde, a **Ressaquinha**, lugar miserável, cujo proprietário nos forneceu todas as provisões que a exiguidade de seus recursos nos pôde proporcionar. Despachou um negro a fim de cortar capim para nossos animais, o qual é aqui de uma raridade inconcebível; matou uma ou duas galinhas para o jantar. O tempo de espera pareceu-nos interminável; não havia pássaros para caçar e não tínhamos nenhuma outra forma de diversão além da imaginação viva e a inesgotável alegria do meu companheiro de viagem. Jantamos, com apetite, mais ou menos as sete horas, galinha assada e mandioca, que substituía o pão. Este último é tão raro nesta região, que a aldeia de Barbacena, muito povoada, não pode, embora situada no distrito mais abundante em grãos, nos fornecer senão uma rosca".* (MAWE, 1978, p. 117).
FRANCIS DE LA PORTE, CONDE DE CASTELNAU (1843-1847)
*"A 28 de novembro deixamos Barbacena, achando-nos novamente em campos ondulados, interrompidos aqui e ali pelos capões de mato. Tomamos a estrada grande de Ouro Preto, embora fosse difícil nos convencermos de que esse miserável caminho perdido numa rede de outros tão maus quanto ele, era a única via de comunicação entre as duas grandes cidades. Na maioria das vezes só com ele acertávamos seguindo o rasto deixado pelas mulas. Atravessamos o ribeirão de Alberto Dias, afluente do rio das Mortes, que aqui corre diretamente para o sul, mas deve certamente desviar para o oeste, antes de unir-se ao último. Passamos este rio por uma ponte de madeira coberta, comprida de seis ou oito metros. Depois do rancho de **Ressaquinha**, atravessamos um córrego que despeja no Alberto Dias. A formação geológica observada nesse dia assemelha-se à de Barbacena".* (CASTELNAU, 2000, p. 84).
PESQUISADOR: Francisco de Assis Carvalho
REVISORA: Dick, 2012.

***

146 Topônimo: RIO DE JANEIRO
Taxonomia: *Hidrotopônimo*
Localização: Eixo principal da ER
Caminho: N
MUNICÍPIO: Rio de Janeiro – RJ
ACIDENTE: humano / município
ORIGEM: portuguesa

MOTIVAÇÃO: SÃO SEBASTIÃO DO RIO DE JANEIRO foi o nome do santo protetor escolhido pelos portugueses para a região por causa do rei de Portugal que tinha este nome. Mas por que RIO? Os navegadores portugueses, explorando a costa da antiga *Terra de Santa Cruz*, chegaram em 1º de janeiro de 1502 à baía de Guanabara, que julgaram ser o estuário de um grande rio. Assim, nasceu a designação de *Rio de Janeiro*, que ficou, embora a escolha do seu primeiro vocábulo provenha de um engano, justificando-se plenamente a segunda parte por marcar o mês do descobrimento do lugar. O topônimo Rio de Janeiro, conforme XAVIER FERNANDES (1943, p. 56), *"além do nome do mês tirado do acusativo latino januarium, está representado o nome comum rio, derivado do acusativo rivum do latim popular"*. Em *O tupi na geografia nacional*, SAMPAIO (1955, p. 166) define CARIOCA, *"o mesmo que carió ou caryó; corr. Carioca ou cari-boe, o mistiço descendente de branco. Pode vir ainda de cary-oca, significando a casa do branco, a residência do europeu. Os naturais do Rio de Janeiro são chamados cariocas"*. De acordo com XAVIER FERNANDES (1943, p. 370): *"Carioca significa propriamente mulato e é derivado do tupi-guarani caraiboca"*.

HISTÓRICO: Rio de Janeiro < São Sebastião do Rio de Janeiro

Hidrotopônimo < Hagiotopônimo

ESTRUTURA MORFOLÓGICA: NCm [Ssing + {Prep + Ssing}]

INFORMAÇÕES ENCICLOPÉDICAS: Em janeiro de 1504, entrou pela primeira vez, na baia de Guanabara, um navegante português: Gonçalo Coelho. Julgou o descobridor ter aportado na foz de um largo rio, e daí o nome dado à região. O local da instalação primitiva recebeu o nome de CARIOCA, isto é, *"casa de branco"*. Em 1519, tendo sido a baía abandonada, Fernão de Magalhães, de passagem por ela, deu-lhe o nome de BAIA DE SANTA LUZIA. Tendo sido nomeado Martim Afonso como donatário da capitania de São Vicente, que incluía as terras de Cananéia a Cabo frio, e, por conseguinte, a baía de Guanabara. No ano de 1560 conseguiram os portugueses, sob o governo de Mem de Sá expulsar os franceses da ilha e arrasar as suas fortificações, implantando novamente na baía de Guanabara o domínio de Portugal. (CARVALHO, 1994, p. 23-24 / LATIF, 1948).

ESCRITO DOS VIAJANTES

MANUEL AIRES DE CASAL (1817)

"São Sebastião, Sebastianópolis, mais conhecida pelo nome de Rio de Janeiro, é uma das mais consideráveis, populosas, ricas, e comerciantes cidades da América, criada Episcopal no ano de mil seiscentos e setenta e seis, e Metrópole do Brasil em setecentos e sessenta e três.Está situada numa planície, cuja maior parte foi antigamente mar, ao longo dum agregado de colinas, e montes de todas as alturas, que lhe ficam da banda do sul, com mais de. três quartos de légua de comprimento leste-oeste; e pelo norte murada por um cordão de cinco colinas todas oblongas,as quais só deixam espaço para uma rua ao nível da praia, que forma vários recantos. As casas são de pedra, e com pouca frente; as ruas direitas, e sem escoamento suficiente".(CASAL, 1976, p. 196).

JOHANN BAPTIST VON SPIX / KARL FRIEDRICH PHILIPP VON MARTIUS (1817-1820)

"O Rio de Janeiro, ou mais propriamente São Sebastião, em geral conhecida pela simples abreviação de Rio, reclina-se à margem da baia, cuja extensão, da cidade em direção norte terra adentro, e três vezes maior que da barra até o ancoradouro. Ocupa a parte nordeste de uma ponta de terra em forma de quadrilátero irregular, na margem ocidental, que se estende ao norte e está ligada no sul ao continente. As casas, de pouca altura e estreito frontispício relativamente ao fundo, são na maioria feitas com granito miúdo, ou com madeira nos pavimentos superiores, e cobertas de telhas. Em vez das antigas portas e janelas de grade. agora já se veem por todos os lados portas inteiriças e janelas envidraçadas. As sacadas fechadas e sombrias, à moda oriental, diante das janelas, foram por ordem superior rasgadas em balcões abertos."(SPIX & MARTIUS,1981, p. 42).

AUGUSTE FRANÇOIS CESAR PROUVENÇAL DE SAINT-HILAIRE (1816-1822)

"Agora gozava eu tanto mais deliciosamente o aspecto do campo, quanto de tal me vira privado durante o tempo de permanência no Rio de Janeiro. Os caminhos que se avizinham desta capital, apresentam-se atualmente tão movimentados quanto os que vão ter aos maiores centros da Europa". (SAINT-HILAIRE, 1938, p. 18-19).

ALCIDE D'ORBIGNY (1826)

"A cidade do Rio de Janeiro, ou São Sebastião, ocupa a parte nordeste de uma língua de terra que forma um paralelograma irregular, cuja extremidade oriental é a ponta do Calabouço e a extremidade setentrional o Armazém do Sal, diante do qual fica a pequena ilha das Cobras. A parte mais antiga e mais importante da cidade está construída

entre esses dois pontos, ao longo da baía, na direção de N.O. para S.E. e na forma de um paralelograma um tanto oblíquo. O solo, em geral plano, só se eleva na extremidade setentrional, para formar quatro colinas, tão vizinhas do mar, que mal deixam, ao longo da praia, o espaço para uma rua. Para o sul e suleste, a cidade é dominada por diversas montanhas e pelo pico do Corcovado, em uma montanha coberta de matas. A cidade velha, atravessada por oito ruas estreitas e paralelas, vai terminar no Campo de Santa Ana, que a separa da Cidade Nova, construída depois da chegada da Corte e quase acha ligada, por uma ponte construída sobre um braço de mar, ao bairro de sudoeste, chamado Bairro do Mata Porcos, e, pelo subúrbio de Catumbi, ao Palácio Imperial de São Cristovão, a noroeste".(D'ORBIGNY, 1976, p. 165).

HERMANN BURMEISTER (1850-1852)

*"A cidade do **Rio de Janeiro** propriamente está situada numa faixa bastante plana em forma de losango um tanto torto, circundada pelo mar em três lados. Uma fila dupla de pequenas colinas cônicas estende-se pelos flancos paralelos mais compridos do losango. A parte sul, a maior, é formada por uma falda do alto Corcovado e compõe-se das elevações de Santa Teresa, das quais sobressaem, como picos extremos, os dois morros isolados de Santo Antônio e do Castelo. A serra menor, de norte, está situada na praia, atrás da cidade, abrangendo, de oeste para leste, os morros separados do Nheco, da Providência, do Livramento, do Valongo, da Conceição e de São Bento, onde se destaca no ângulo obtuso, o suntuoso convento do mesmo nome, A parte leste e menor da cidade margina a baía, sendo que a de oeste vai até a planície".* (BURMEISTER, 1952, p. 34).

RICHARD FRANCIS BURTON (1865-1868)

*"Há épocas e estações, contudo, em que a baía do **Rio de Janeiro**, a encantadora, apresenta um aspecto tempestuoso e perigoso nada agradável de se apreciar. Dias há, principalmente no início do inverno, de maio a junho, em que seus sorrisos se transformam em carrancas e as lágrimas sucedem aos risos. Era o caso dessa terça-feira de têmporas no ano da graça de 1867. Soprava terrível e perigoso vento".* (BURTON,1983, p. 28).

JOHANN MORITZ RUGENDAS(1822-1825)

*"A cidade do **Rio de Janeiro**, está situada na costa ocidental, precisamente no ângulo que, desse lado, fecha a garganta da baía, para o interior. A parte mais antiga da cidade, e também a maior, está construída sobre uma pequena planície irregular, encaixada entre duas filas de colinas rochosas e sem ligação entre si. A fita meridional atinge a Ponta do Calabouço e comporta a Fortaleza de São Sebastião; a fila setentrional termina no Morro de São Bento. É entre esses dois pontos que atracam comumente; aí se acham os cais, o paço do Palácio Imperial e, defronte do Morro de São Bento, a pequena distância a Ilha das Cobras. A oeste, essa parte da cidade é separada por uma grande praça, Campo de Santana, do bairro mais moderno de igual nome."* (RUGENDAS,1972, p. 14-15).

JEAN BAPTISTE DEBRET (1816-1831)

*"A baía de Guanabara (Pedra Bruta em língua indígena), assim chamada pelos tupinambás, povo selvagem que dominava grande parte dessa costa, foi descoberta em 1515 por Juan Diaz de Solis, navegador castelhano, que lhe deu, primitivamente, o nome de Santa Luzia. Mais tarde, Afonso de Sousa, capitão português, enviado por D. João III ao Brasil, nela ancorou em 1º de Janeiro de 1532 e lhe deu o nome de **Rio de Janeiro**, confundindo a entrada da baía com a embocadura de um grande rio. O crescimento da cidade do Rio de Janeiro foi rápido. Sob o ministério de Pombal, **São Sebastião do Rio de Janeiro** tornou-se uma das cidades mais importantes da América portuguesa; em 1753 o ministro para aí mandou seu irmão Carvalho na qualidade de governador. A população atingia, então, mais de quarenta mil homens. Já em 1773 era a cidade a capital da colônia brasileira, quando, em 1808, a Corte de Portugal nela se instalou, conferindo-lhe a 16·de Dezembro de 1815, o título de capital do Reino Unido do Brasil, Portugal e Algarves".* (DEBRET, 1989, p. 143).

LUIZ AGASSIZ / ELIZABETH CARY AGASSIZ (1865-1866)

*"**Rio de Janeiro**: a paisagem tornava-se cada vez mais grandiosa à medida que nos aproximávamos da entrada da baía, guardada de ambos os lados por altos rochedos em sentinela. Mal se transpõe o portal estreito formado por essas penedias, e a imensa baía se desdobra, estendendo-se por mais de vinte milhas para o norte, semelhando mais um vasto lago fechado por montanhas que uma reentrância do Oceano. De um lado se estende a alta muralha que a separa do alto-mar, e cuja crista quebrada se heìlssa de picos, no Corcovado e na Tijuca, ou se aplaina em larga chapada, na Gávea. Do outro lado, mais no interior das terras, divisam-se os Órgãos com suas agulhas singulares, enquanto que na direção da barra, exatamente na entrada, vela o penedo liso e escarpado, tão conhecido pelo nome de Pão de Açúcar. Não fosse, por traz de nós, essa porta estreita através da qual avistávamos o alto-mar, e os navios*

ancorados ou entrando e saindo, e acreditaríamos estar navegando em algum imenso lençol tranquilo de águas interiores". (AGASSIZ,1975, p. 72-73).

ROBERT WALSH (1828-1829)

*"O tamanho atual da cidade do **Rio de Janeiro** pode ser calculado pelo comprimento das ruas. Da ponte do Catete até o Convento de S. Bento existe uma fileira contínua de casas, quase em linha reta, numa extensão de seis quilômetros mais ou menos. O estilo das casas, porém, deixa muito a desejar. Em geral, elas não são uniformes nem em tamanho e nem em sua disposição. A Praça do Rossio, onde fica situado o Teatro, é um típico exemplo; nela, não se vê dois prédios da mesma forma ou tamanho".* (WALSH, 1976, p. 194-195).

PESQUISADOR: Francisco de Assis Carvalho

REVISORA: Dick, 2012.

***

147 Topônimo: RIO ESPERA

Taxonomia: *Hidrotopônimo*

Localização: Área de influência da ER

Caminho: N

MUNICÍPIO: Rio Espera – MG

ACIDENTE: humano / município

ORIGEM: portuguesa

MOTIVAÇÃO: Lugar onde se ergueu a capela de NOSSA SENHORA DA PIEDADE DA ESPERA, demarcada em1760.

HISTÓRICO: Rio Espera < Espera < Nossa Senhora da Piedade da Boa Esperança < Piedade da Boa Esperança

Hidrotopônimo < Animotopônimo < Hagiotopônimo < Hagiotopônimo

ESTRUTURA MORFOLÓGICA: NCm [Ssing + Ssing]

INFORMAÇÕES ENCICLOPÉDICAS: O patrimônio da capela foi constituído por Mateus Pereira da Ponte e sua mulher, Quitéria de Oliveira, conforme escritura de 11 de agosto de 1766. Em 1 de junho de 1850, o curato de Espera foi elevado à FREGUESIA com o título de NOSSA SENHORA DA PIEDADE DA BOA ESPERANÇA, desmembrada da de São José do Xopotó, município de Piranga. Em 1911, criou o município de RIO ESPERA e, em 1923, foi mudada a denominação do distrito de Piedade da Boa Esperança para Rio Espera. (BARBOSA, 1995, p. 283 / COSTA, 1993, p. 347 / TRINDADE, 1945, p. 250).

ESCRITOS DOS VIAJANTES: n/e

PESQUISADOR: Francisco de Assis Carvalho

REVISORA: Dick, 2012.

***

148 Topônimo: RIO POMBA

Taxonomia: *Hidrotopônimo*

Localização: Área de influência da ER

Caminho: N

MUNICÍPIO: Rio Pomba – MG

ACIDENTE: humano / município

ORIGEM: portuguesa

MOTIVAÇÃO: Rio que banha a cidade e a região.

HISTÓRICO: Rio Pomba < Mártir São Manuel dos Sertões do Rio do Pomba e Peixe dos Índios Croatas e Coropós < Pomba < São Manuel do Pomba

Hidrotopônimo < Hagiotopônimo < Zootopônimo < Hagiotopônimo

ESTRUTURA MORFOLÓGICA: NCm [Ssing + Ssing]

INFORMAÇÕES ENCICLOPÉDICAS: Habitavam aquelas paragens os índios Croatos, Cropós (ou Coropós) e Botocudos. Em 1718, D. João V, por Carta régia de 16 de fevereiro, criava a FREGUESIA DE

SÃO MANOEL DO RIO POMBA E PEIXE, subordinada ao Bispado de São Sebastião do Rio de Janeiro. Narram as crônicas que as tribos indígenas não oferecem resistência aos colonizadores e que o Padre Manuel e o capitão Guido Tomás eram pelos mesmos respeitados, contratando-lhes trabalho agrícolas e ensinando--lhes a religião e os costumes. Continuava progredindo a aldeia da Pomba e Peixe que posteriormente passou a denominar-se "ARRAIAL DA POMBA" até 1831, quando foi elevado à categoria de vila, subordinada ao têrmo de Mariana. A Lei nº 881, de 6 de junho de 1858, elevou a VILA DE RIO POMBA à categoria de cidade, cuja instalação ocorreu em 20 de janeiro de 1859. (BARBOSA, 1995, p. 286 / COSTA, 1993, p. 349 / TRINDADE, 1945, p. 229).

ESCRITO DOS VIAJANTES:
MANUEL AIRES DE CASAL (1817)
"O **Rio da Pomba**, que já se disse ser tributário do Paraíba, rega um extenso terreno da parte meridional desta comarca, e passa junto da Paróquia de São Manuel, cujos fregueses são índios Coroados, e Crapós, com alguns brancos, todos cultivadores de milho, legumes, e alguma cana-de-açúcar, e criam muitos porcos. A fertilidade do terreno, e a navegação do rio, prometem-lhe aumento". (CASAL, 1976, p. 168).

AUGUSTE FRANÇOIS CESAR PROUVENÇAL DE SAINT-HILAIRE (1816-1822)
"O homem falava bem o português, e fiquei sabendo que tinha vindo ainda pequeno do **Rio do Pomba**, que sua nação tinha o nome de Esmurim e que ele vivia há muitos anos nas matas vizinhas, no meio dos Coroados. O nome de Aldeia, dado então (1819) a um aglomerado de casebres que encontrei a uma meia légua da fazenda de Joaquim Marcos, me levou a crer que eu encontraria ali um núcleo indígena, pois é esse o nome que os novos donos do Brasil dão aos agrupamentos dos índios. Entretanto, à época de minha viagem, os únicos habitantes da Aldeia eram os descendentes dos portugueses". (SAINT-HILAIRE, 1975, p. 36).

PESQUISADOR: Francisco de Assis Carvalho
REVISORA: Dick, 2012.

***

149 Topônimo: SANTA BÁRBARA DO TUGÚRIO
Taxonomia: *Hagiotopônimo*
Localização: Área de influência da ER
Caminho: N
MUNICÍPIO: Santa Bárbara do Tugúrio – MG
ACIDENTE: humano / município
ORIGEM: portuguesa
MOTIVAÇÃO: Homenagem à Santa Bárbara, padroeira do lugar, completado com o nome de uma fazenda denominada Tugúrio. TUGÚRIO: proveniente da tribo indígena de mesmo nome (Tukury), extinta no século XIX, que habitava a região, ocupando o Vale da Serra da Mantiqueira.
HISTÓRICO: Santa Bárbara do Tugúrio < Tugúrio < Bom Retiro dos Fernandes
Hagiotopônimo < Sociotopônimo < Dirrematopônimo
ESTRUTURA MORFOLÓGICA: NCf [ADJsing + Ssing + {Prep + Asing + Ssing}]
INFORMAÇÕES ENCICLOPÉDICAS A capela de Santa Bárbara foi benta em setembro de 1764 (Côn. Trindade), e o povoado foi fundado em 1860. O local onde se construiu o povoado era chamado de BOM JARDIM DOS FERNANDES, que em 1886 passou a denominar-se VILA TUGÚRIO. A emancipação político administrativa se deu através do ato publicado em 27 de Outubro de 1962 e efetivou-se a instalação do Município em 1º de Março de 1963. (BARBOSA, 1995, p. 294 / COSTA, 1993, p. 356 / TRINDADE, 1945, p. 267).
ESCRITOS DOS VIAJANTES: n/e
PESQUISADOR: Francisco de Assis Carvalho
REVISORA: Dick, 2012.

***

150 Topônimo: SANTA RITA DE IBITIPOCA
Taxonomia: *Hagiotopônimo*
Localização: Área de influência da ER
Caminho: N
MUNICÍPIO: Santa Rita de Ibitipoca – MG
ACIDENTE: humano / município
ORIGEM: portuguesa / indígena
MOTIVAÇÃO: Em *O tupi na geografia nacional*, SAMPAIO (1955, p. 216) define: *"Ibyty-poca: a montanha partida, ou furada, o vulcão. Alt.* **Butupoca, Vutupoca**"*.Ibitipoca é um termo de origem tupi que significa "montanha estourada", "serra fendida", através da junção dos termos ybytyra ("montanha") e pok ("estourar"). Até meados do século XVII, a Serra do Ibitipoca (**ibiti**=Pedra **poca**=estala) era habitada por pacíficos índios da tribo Aracy (**Ara**=luz, **cy**=mãe), e é quando se têm notícias de passagem das primeiras bandeiras na região.*
HISTÓRICO: Santa Rita < Ibitipoca
Hagiotopônimo < Geomorfotopônimo
ESTRUTURA MORFOLÓGICA: NCf [ADJsing + Ssing + {Prep + Ssing}]
INFORMAÇÕES ENCICLOPÉDICAS: O arraial que se formou em redor da Capela de Santa Rita do Ibitipoca, no município de Barbacena, foi elevado à freguesia por alvará régio de 21 de outubro de 1826 (Cônego Trindade).Tornou-se distrito em 1938, com a denominação de IBITIPOCA. Em 1962, foi o distrito elevado a município, quando a lei Nº 2764 lhe devolveu a primitiva denominação de SANTA RITA DO IBITIPOCA. (BARBOSA, 1995, p. 298 / COSTA, 1993, p. 366 / TRINDADE, 1945, p. 119).
ESCRITO DOS VIAJANTES:
AUGUSTE FRANÇOIS CESAR PROUVENÇAL DE SAINT-HILAIRE (1816-1822)
"Atravessamos primeiro a **Villa de Ibitipoca***, que conhecia mal e julgava ainda mais insignificante do que realmente é. Fica, como já expliquei, situada numa colina e compõe-se de pequena igreja e meia dúzia de casas que a rodeiam, cuja maioria está abandonada além de algumas outras igualmente miseráveis, construídas na encosta de uma outra colina. Não espanta pois, que inutilmente haja eu procurado, ontem nesta pobre aldeia os gêneros mais necessários á vida. A região hoje percorrida é montanhosa e apresenta pastos, nas elevações, bosques, no fundo e á encosta dos morros".* (SAINT-HILAIRE, 1938, p. 66-67).
"A Serra da Ibitipoca não é um pico isolado, e sim um contraforte proeminente de cadeia que atravessei desde o Rio de Janeiro até aqui. Pode ter uma légua de comprimento e apresenta partes mais elevadas, outras menos, vales, barrocas, picos e pequenas partes planas. As encostas são raramente muito íngremes; os pontos altos representam geralmente cumes arredondados e os rochedos mostram-se bastante raros. O fundo e barrocas estão geralmente cobertos de arbustos, mas poucos capões se vem de mato encorpado; quase sempre excelentes. Seguimos um caminho que sobe, a pouco e pouco, e chegámos a um regato chamado rio do Sal. E' elle, explicaram-me, que sob o nome de rio Brumado, rega o vale onde fica situada a fazenda deste nome e vae enfim avolumar o rio do Peixe". (SAINT-HILAIRE, 1938, p. 62).
RICHARD FRANCIS BURTON (1865-1868)
"Os viajantes vindos dos climas temperados preferem este tom cinza à luz gloriosa de um dia claro. No sudoeste, um longo paredão cor de ameixa listado de púrpura e encimado por um lenço azul-amarelo, que poderia ser de grama ou de pedra, atraía o olhar. Era a **Serra da Ibitipoca***, contraforte da grande Mantiqueira, que se dirige do nordeste para o sul-sudoeste. No seu cume, segundo se diz, há um lago, e nele há peixe. Os alagadiços em montanhas são muito comuns nos planaltos do Brasil. Podem ser encontrados mesmo nos blocos que se erguem nas planícies costeiras".* (BURTON, 1983, p. 133).
PESQUISADOR: Francisco de Assis Carvalho
REVISORA: Dick, 2012.

***

151 Topônimo: SANTANA DO DESERTO
Taxonomia: *Hagiotopônimo*
Localização: Área de influência da ER

Caminho: N
MUNICÍPIO: Santana do Deserto – MG
ACIDENTE: humano / município
ORIGEM: portuguesa
MOTIVAÇÃO: Alusiva à padroeira do lugar, Nossa Senhora de Santana do Deserto.
HISTÓRICO: Santana do Deserto < Nossa Senhora da Santana do Deserto
Hagiotopônimo<Hagiotopônimo
ESTRUTURA MORFOLÓGICA: NCf [Ssing + {Prep + Asing + Ssing}]
INFORMAÇÕES ENCICLOPÉDICAS: O distrito de paz de Santana do Deserto foi criado em 1858, como parte da comarca de Barbacena. Tornou-se freguesia em 13 de agosto de 1889, sendo que a paróquia foi instituída canonicamente em 24 de abril de 1890. Ao ser criado o município de Matias Barbosa, com a lei Nº 843, de 7 de setembro de 1923, o distrito de Santana do Deserto passou a integrar esse município, do qual se separou, em 1953, quando teve a autonomia municipal. (BARBOSA, 1995, p. 301 / COSTA, 1993, p. 362 / TRINDADE, 1945, p. 264).
ESCRITO DOS VIAJANTES: n/e
PESQUISADOR: Francisco de Assis Carvalho
REVISORA: Dick, 2012.

***

152 Topônimo: SANTANA DO GARAMBÉU
Taxonomia: *Hagiotopônimo*
Localização: Área de influência da ER
Caminho: N
MUNICÍPIO: Santana do Garambéu – MG
ACIDENTE: humano / município
ORIGEM: portuguesa
MOTIVAÇÃO: Homenagem à Santana, padroeira do local, e a FRANCISCO VELOSO GARAMBÉU, fundador do povoado.
HISTÓRICO: Santana do Garambéu < Garambéu
Hagiotopônimo < Antropotopônimo
ESTRUTURA MORFOLÓGICA: NCf [Ssing + {Prep + Asing + Ssing}]
INFORMAÇÕES ENCICLOPÉDICAS: A primitiva capela dedicada a São José de Santana, no sítio do Garambéu, no Rio Grande, filial da matriz de Borda do Campo, foi erigida por iniciativa de José Viçoso em 1754. Teve, no século XVIII, um destacamento com a finalidade de patrulhar o Rio Grande. Em 1836, foi criado o Distrito de Santana Garambéu. Numa publicação oficial de 1936, figura o distrito com a denominação de GARAMBÉU, simplesmente. Tornou-se município em 1962. (BARBOSA, 1995, p. 301 / COSTA, 1993, p. 362 / TRINDADE, 1945, p. 263).
ESCRITO DOS VIAJANTES: n/e
PESQUISADOR: Francisco de Assis Carvalho
REVISORA: Dick, 2012.

***

153 Topônimo: SANTANA DOS MONTES
Taxonomia: *Hagiotopônimo*
Localização: Área de influência da ER
Caminho: N
MUNICÍPIO: Santana dos Montes – MG
ACIDENTE: humano / município
ORIGEM: portuguesa

MOTIVAÇÃO: Homenagem à padroeira do lugar, Santana, com a menção dos vários montes que circundam o município, formando uma cadeia em forma de um chapéu. CATUÁ [De or. Tupi]: *"Vara comprida usada para remar ou impelir a embarcação, em leito raso, apoiando-o no leito do rio ou lagoa."* FERREIRA (1989).

HISTÓRICO: Santana dos Montes < Santana do Morro do Chapéu < Morro do Chapéu < Catuá.
Hagiotopônimo < Hagiotopônimo < Geomorfotopônimo<Ergotopônimo

ESTRUTURA MORFOLÓGICA: NCf [Ssing + {Prep + Asing + Spl}]

INFORMAÇÕES ENCICLOPÉDICAS: No decorrer do século XVIII uma expedição portuguesa localizava-se em Itaverava, explorando a extração de ouro e pedras preciosas. Dela se desgarrou um dos primeiros povoadores destas terras, Antônio Quirino, que se instalou no local hoje denominado "Fazenda Velha", às margens do ribeirão Fonte Limpa. Com a constante chegada de outros colonos, urgia a necessidade de construção de uma igreja, que foi feita em louvor à Senhora de Santana, no interior da qual estão quadros de autoria do famoso pintor Ataíde. Em 1840 foi criado o Distrito de Santana do Morro do Chapéu, mais tarde, CATUÁ. Em 1948, o nome foi mudado para SANTANA DOS MONTES. (BARBOSA, 1995, p. 303 / COSTA, 1993, p. 364 / TRINDADE, 1945, p. 265).

ESCRITO DOS VIAJANTES: n/e

PESQUISADOR: Francisco de Assis Carvalho

REVISORA: Dick, 2012.

***

154 Topônimo: SANTOS DUMONT
Taxonomia: *Antropotopônimo*
Localização: Eixo principal da ER
Caminho: N
MUNICÍPIO: Santos Dumont – MG
ACIDENTE: humano / município
ORIGEM: portuguesa
MOTIVAÇÃO: Homenagem a Alberto Santos Dumont, nascido no município e consagrado o *"Pai da Aviação"*. A primitiva doadora do patrimônio da Capela de São Miguel e Almas teria sido uma filha de João Gomes Martins, de nome PALMIRA, daí se originou a denominação do povoado, quando elevado à vila. As terras pertencentes a João Gomes Martins tornaram-se assim conhecidas pelo nome de ROÇA DE JOÃO GOMES.

HISTÓRICO: Santos Dumont < João Gomes < Palmira
Antropotopônimo<Antropotopônimo <Antropotopônimo

ESTRUTURA MORFOLÓGICA: NCm [Ssing + Ssing] [

INFORMAÇÕES ENCICLOPÉDICAS: JOÃO GOMES era o nome do pequeno povoado com capela, filial da matriz do Engenho do Mato, município de Barbacena, ainda no século XVIII. Mas, ao que parece, não possuía meios de se desenvolver. Daí a provisão de 27 de fevereiro de 1778, autorizando a remoção da capela de São Miguel e Almas do sítio de João Gomes para o D. Clara Maria de Jesus. A capela de João Gomes foi restaurada por provisão de 27 de junho de 1827. Foi quando o povoado tomou algum impulso, foi crescendo, até que em 1867, o distrito de João Gomes foi elevado à categoria de paróquia. Em 1889 foi criado o município desmembrado do de Barbacena e constituído de duas paróquias: a de João Gomes, como sede, elevada à categoria de vila, com o nome de PALMIRA, e a de Dores do Paraibuna. O decreto-lei Nº 25, de 4 de março de 1890, assinado por João Pinheiro da Silva, elevou Palmira à categoria de cidade. Em 1932, foi sua denominação mudada para SANTOS DUMONT, em homenagem ao filho ilustre. (BARBOSA, 1995, p. 309 / COSTA, 1993, p. 373 / TRINDADE, 1945, p. 215).

ESCRITO DOS VIAJANTES
JOHANN BAPTIST EMANUEL POHL (1817-1821)
*"Em 28 de setembro, passamos pelos povoados **João Gomes**, Córrego ou Cabeça Branca, Pinho Velho, Pinho Novo, à margem do Riacho do Pinho, que desemboca no Rio Pomba, e Rancho da Mantiqueira, até o Engenho da Viúva,*

em redor do qual há umas vinte cabanas. Nas suas vizinhanças e especialmente na vertente da serra, vê-se imensa quantidade de termiteiras, construídas de barro, com cerca de sessenta centímetros de diâmetro e tendo muitas vezes mais de dois metros de altura, tão juntas umas das outras que, vistas de longe, recordam as pedras sepulcrais de um cemitério israelita. Nelas vivem as formigas destruidoras das plantações que também se chamam cupins". (POHL, 1976, p. 82).

RICHARD FRANCIS BURTON (1865-1868)

*"O vento forte derrubava os bambus perto da estrada e as fracas mulas deram-nos a pior prova de qualidade. Atravessamos o rio do Pinho, uma das cabeceiras do rio das Mercês da Pomba que abastece o baixo Paraíba e drena a Mantiqueira oriental. Ao pé desta fica a **vila campestre João Gomes** com sua praça de palmeiras, defronte da igreja, e, um Hotel da Ponte".* (BURTON, 1976, p. 136).

HERMANN BURMEISTER (1850-1852)

*"4 de dezembro – A jornada de Nascimento até **João Gomes** foi de 4 léguas, 1 de Nascimento à serra e as 3 restantes daí a **João Gomes.** Hoje havíamos de vencer distância igual até Chapéu d'Uvas. Dispenso-me de descrever a natureza e a paisagem por haverem continuado as mesmas. Apenas é de notar que a divisa de águas entre os rios Pinho e Paraibuna se encontrava a uma hora de viagem de **João Gomes**. Descemos por uma pequena colina cujas águas se juntavam ainda às do rio Pinho. Além do rio, havia três colônias no vale que levava a Chapéu d'Uvas. Na última dessas colônias parei, pois me sentia muito fatigado, mas, como não existisse pouso conveniente, afora um estábulo muito primitivo, resolvi continuar viagem até o arraial, que alcancei meia hora depois".* (BURMEISTER, 1952, p. 282).

GEORGE HEINRICH VON LANGSDORFF (1822-1829)

*"Vilas principais por onde passei: Engenho (embora não seja um), Pinho Novo, Pinho Velho e outras. Às 3h, cheguei a **João Gomes**, onde há uma capela. O caminho percorrido hoje era péssimo. Aqui há uma venda relativamente boa. Prometeram-me cuidar bem da minha mula. Mandei dar-lhe ração e milho e a deixei sob os cuidados de um negro, em troca de promessas e bom pagamento. Ele se comprometeu a leva-la para um estábulo. Qual não foi a minha surpresa quando, às 4h da manhã, tendo ido ver se a mula havia comido capim, eu soube que ela havia fugido! Fiquei profundamente preocupado; cheguei até a suspeitar que ele a tivesse roubado. Mandaram vários negros para procura-la; não demorou muito, e a trouxeram de volta do campo onde ela estava pastando durante esse tempo. É que, à noite, enquanto estava amarrada, ela foi atacada pelos porcos e vacas. Conseguiu se soltar e escapar".* (LANGSDORFF, 1997, p. 355).

PESQUISADOR: Francisco de Assis Carvalho
REVISORA: Dick, 2012.

***

155 Topônimo: SECRETÁRIO
Taxonomia: *Axiotopônimo*
Localização: Área de influência da ER
Caminho: N
MUNICÍPIO: Petrópolis – RJ
ACIDENTE: humano / distrito
ORIGEM: portuguesa
MOTIVAÇÃO: Alusiva a JOSÉ FERREIRA DA FONTE, secretário do Governador do Rio de Janeiro que, em 1703, obteve as primeiras terras (sesmarias) onde se formou o Distrito de Secretário.
HISTÓRICO: Secretário < Alto do Pegado
Axiotopônimo < Dimensiotopônimo
ESTRUTURA MORFOLÓGICA: Nm [Ssing]
INFORMAÇÕES ENCICLOPÉDICAS: José Ferreira da Fonte, secretário do Governador do Rio de Janeiro, obteve a 7 de maio de 1703 as primeiras terras (sesmarias) onde se formou o Distrito de Secretário. A fazenda que ali surgiu no "Alto do Pegado", do nome de seu filho e sucessor, Antonio Pegado de Carvalho, ficava no divisor de águas entre o rio Piabanha, em Pedro do Rio, e a atual Vila de Secretário, sobre o ribeirão desse nome, afluente do rio Fagundes. As futuras vilas de Pedro do Rio e Secretário foram ligadas por

caminho, quando por aí se desviou o que vinha da baixada pela falda da Maria Comprida. Consta que a fazenda de Antônio Pegado de Carvalho ficava no alto de um morro, o que contribuiu para que aquela região fosse batizada pelo povo com a denominação de ALTO DO PEGADO, a qual persiste até hoje. A tradicional Secretário se localiza na última fração do município de Petrópolis, apertada entre montanhas, tendo se expandido e prosperado do Alto do Pegado até Fagundes. No fim do século XIX a fazenda do Secretário já pertencia ao Dr. José de Barros Franco Junior, antigo proprietário da fazenda Bom Jesus de Matozinhos, renomado político, um dos fundadores do Partido Republicano e já grande fazendeiro no 4º distrito, casado com Dona Ana Ferraz Caldas, neta do Visconde de São Bernardo. ("Subsídios para uma história de Secretário", Jeronymo Ferreira Alves Neto).

ESCRITO DOS VIAJANTES
JOHN LUCCOCK (1808-1818):
*"A jornada desse dia terminou em **Pegado**, estirão de oito milhas, onde cheguei sozinho cerca das dez da manhã. Contém essa situação vários edifícios excelentes; esperei, por isso ter bom jantar, luxo de que não havia gosado por muitos dias afim de que estivesse pronta para a chegada da tropa".* (LUCCOCK, 1975, p. 257).

AUGUSTE FRANÇOIS CESAR PROUVENÇAL DE SAINT-HILAIRE (1816-1822)
*"O povoado mais importante que encontrei entre Sumidouro e Boa Vista da Pampulha, onde pernoitei no dia seguinte, foi um lugar denominado **Secretário**. A partir dali até Boa Vista, a uma légua de distância, contei quatro fazendas, mas de pequenas dimensões".* (SAINT-HILAIRE, 1975, p. 26).

PESQUISADOR: Francisco de Assis Carvalho
REVISORA: Dick, 2012.

***

156 Topônimo: SENHORA DE OLIVEIRA
Taxonomia: *Hagiotopônimo*
Localização: Área de influência da ER
Caminho: N
MUNICÍPIO: Senhora de Oliveira – MG
ACIDENTE: humano / município
ORIGEM: portuguesa
MOTIVAÇÃO: Alusiva à padroeira do lugar, Nossa Senhora de Oliveira.
Em *O tupi na geografia nacional*, SAMPAIO (1955, p. 267) define *"**Piraquara** como "toca dos peixes".* Do tupi **pirá**: *peixe* e **kûara**, *buraco, cova, cavidade, esconderijo. Outra interpretação traduz como "comedor de peixe", isto é, o pescador. De pira: peixe; e guara: comedor".* SILVA (1966, p. 276): *"o buraco do peixe, a toca".*
HISTÓRICO: Senhora de Oliveira < Nossa Senhora de Oliveira < Oliveira do Piranga < Piraguara
Hagiotopônimo <Hagiotopônimo <Antropotopônimo< Ecotopônimo
ESTRUTURA MORFOLÓGICA: NCf [Ssing+ {Prep + Ssing}]
INFORMAÇÕES ENCICLOPÉDICAS: A primitiva capela foi erigida na FAZENDA DE OLIVEIRA, freguesia de Guarapiranga, por iniciativa do proprietário, Padre José Dias de Siqueira, conforme provisão de 25 de outubro de 1758. Em 6 de julho de 1859, foi elevado à freguesia com o título de Nossa Senhora da Oliveira. Por fazer parte do município de Piranga, que era o distrito de Oliveira, comumente designado por OLIVEIRA DO PIRANGA. Em 7 de setembro de 1923, mudou a denominação do distrito para PIRAGUARA. Ao ser elevado à categoria de cidade, com a criação do município em 1953, novamente trocou sua denominação para SENHORA DE OLIVEIRA, nome atual. (BARBOSA, 1995, p. 335 / COSTA, 1993, p. 400 / TRINDADE, 1945, p. 211).

ESCRITO DOS VIAJANTES
JOHANN BAPTIST EMANUEL POHL (1817-1821)
*"O **Arraial de Nossa Senhora de Oliveira**, consta de uns 200 casebres de barro, que formam uma única rua larga, inteiramente esburacada pelas chuvas, e fica sobre uma colina, cujo topo é coroado por uma igreja ainda inacabada. O portão, o púlpito e o altar são formados de um talco endurecido verde-maçã, que parece ocorrer a umas duas léguas e meia ao oeste. Um amontoado de blocos de pedra calcária, trazidos de 9 léguas de distância, ofereceu-me*

belas variações listradas em forma de fita. A flora dos arredores é escassa. Os moradores do lugar, mulatos e negros, pareceram-me espíritos curiosos, mas limitados. Em toda parte só se via necessidade e pobreza; entretanto me vi cercado por eles o dia inteiro; preferiam o dolce far niente a se dedicarem ao trabalho, ao qual só era possível movê--los". (POHL, 1976, p. 90).
PESQUISADOR: Francisco de Assis Carvalho
REVISORA: Dick, 2012.

***

157 Topônimo: SENHORA DOS REMÉDIOS
Taxonomia: *Hagiotopônimo*
Localização: Área de influência da ER
Caminho: N
MUNICÍPIO: Senhora dos Remédios – MG
ACIDENTE: humano / município
ORIGEM: portuguesa
MOTIVAÇÃO: Alusiva à padroeira do lugar. ANGORITABA (" + **ory** por **oryba**) = felicidade, consolo espiritual + **taba**) = *"cidade de Minas: alusão a remédio espiritual, antiga Remédios, município de Barbacena".* (GREGÓRIO, 1980).
HISTÓRICO: Senhora dos Remédios < Nossa Senhora dos Remédios < Remédios < Angoritaba
Hagiotopônimo < Hagiotopônimo < Ergotopônimo <Animotopônimo
ESTRUTURA MORFOLÓGICA: NCf [Ssing + {Prep + Apl+ Spl}]
INFORMAÇÕES ENCICLOPÉDICAS: O povoado do município de Senhora dos Remédios surgiu na segunda metade do século XVIII. Na cabeceira do Brejáuba, Serra da Mantiqueira, para dentro do sertão que se vai povoando, vertendo para o Xopotó foi erguida a capela primitiva em 1763. Ao formar o Arraial, o patrimônio da igreja foi doado, em 1775, por Pedro Alves Carias. Em 1870, foi criada a freguesia. Essa Freguesia dos Remédios, então no município de Piranga, foi suprimida em 1873, e restaurada em 24 de dezembro de 1874 com o mesmo nome. Em 1923 foi reduzida a denominação do DISTRITO DE NOSSA SENHORA DOS REMÉDIOS, no município de Barbacena, para REMÉDIOS. Em 31 de dezembro de 1943, trocou o nome Remédios para ANGORITABA. Em 12 de dezembro de 1953, ao criar o município, elevado Angoritaba à categoria de cidade, deu-lhe a denominação atual SENHORA DOS REMÉDIOS. (BARBOSA, 1995, p. 336 / COSTA, 1993, p. 401 / TRINDADE, 1945, p. 246).
ESCRITO DOS VIAJANTES: n/e
PESQUISADOR: Francisco de Assis Carvalho
REVISORA: Dick, 2012.

***

158 Topônimo: SIMÃO PEREIRA
Taxonomia: *Antropotopônimo*
Localização: Área de influência da ER
Caminho: N
MUNICÍPIO: Simão Pereira – MG
ACIDENTE: humano / município
ORIGEM: portuguesa
MOTIVAÇÃO: Homenagem ao primeiro colonizador do município, SIMÃO PEREIRA.
HISTÓRICO: Simão Pereira < Rancharia < São Pedro de Alcântara
Antropotopônimo < Sociotopônimo < Hagiotopônimo
ESTRUTURA MORFOLÓGICA: NCm [Ssing + Ssing] [prenome + apelido de família]
INFORMAÇÕES ENCICLOPÉDICAS: O primeiro donatário e colonizador das terras municipais foi Simão Pereira de Sá, fundador do arraial que recebeu seu nome: Simão Pereira. Como o território ficava próximo ao Rio de Janeiro e livre do pagamento, por se achar afastado do "Caminho Novo" e do posto de

arrecadação (atual cidade de Matias Barbosa), logo cresceu por causa do movimento. Em 1718 foi criada a FREGUESIA DE NOSSA SENHORA DA GLÓRIA, com sede na fazenda de Simão Pereira de Sá. Supõe-se que, por volta de 1850, o arraial entrou em decadência pois a sede da paróquia foi mudada para Juiz de Fora. Foi restaurada em 1852, mas perdeu esta condição, definitivamente, em 1858, quando foi transferida para o povoado de RANCHARIA com a denominação de SÃO PEDRO DE ALCÂNTARA. Cresceu o novo núcleo para o qual se transferiam todos os moradores da região determinando, inclusive, o esvaziamento do primitivo povoado. Em 1943, o nome da localidade foi mudado para SIMÃO PEREIRA. (BARBOSA, 1995, p. 345 / COSTA, 1993, p. 406 / TRINDADE, 1945, p. 306).

ESCRITO DOS VIAJANTES

AUGUSTE FRANÇOIS CESAR PROUVENÇAL DE SAINT-HILAIRE (1816-1822)

*"A cerca de duas léguas e meia do Paraibuna se encontra **Rocinha de Simão Pereira**, o primeiro lugar em que se revistam os viajantes que vêm das Minas. Fazem-se abrir as malas; enfiam-se sondas de ferro nos sacos de milho e nos rolos de tecido de algodão, que constituem um ramo de comércio tão importante para a Província das Minas; mas, em geral, as revistas não são extremamente rigorosas, a menos que o viajante não tenha sido secretamente denunciado como contrabandista. Não há maior povoação em Simão Pereira do que às margens do Paraíba. A igreja, mais ou menos isolada, foi construída a pequena distância do caminho, no meio de uma pequena plataforma, e por trás dela se eleva um morro cujo cume está coroado de matas virgens e a encosta, outrora cultivada, não apresenta mais que arbustos. A paróquia que depende dessa igreja se dilata por uma extensão de dez léguas portuguesas, desde o Paraibuna, até a localidade chamada Juiz de Fora. Antigamente apenas compreendia o pequeno número de casas situadas à margem do caminho; mas desde a chegada do Rei D. João VI ao Rio de Janeiro, recebeu um considerável acréscimo de população. Mais de quatrocentos homens livres com outros tantos escravos aí vieram estabelecer-se de diferentes partes da Província das Minas, atraídos pela fertilidade das terras, pelas vantagens que oferece a vizinhança da capital, e a de não pagar nenhuma taxa, morando além do **registro de Matias Barbosa"**.* (SAINT-HILAIRE, 1975, p. 123).

JOHN LUCCOCK (1808-1818)

*"Ao descermos por um caminho em voltas, recortado no flanco da montanha, avistámos minério de ferro, que nos pareceu muito rico. Do fundo escutávamos, através da cerração, as pancadas de um sinozinho de igreja, o seu som era peculiarmente grato, não só por ser esse a primeira vez que tais harmonias nos chegavam aos ouvidos desde que deixáramos a cidade, mas ainda por estar em perfeito acordo com os meus sentimentos e, embora de pouca significação em si, contribuíram para alegrar um espírito já disposto à satisfação. O nome do povoado de que provinha o som é, ao que nos disseram, **Simão-Pereira"**.* (LUCCOCK, 1975, p. 275).

JOHANN BAPTIST EMANUEL POHL (1817-1821)

*"Subindo montes cobertos de mata, nosso caminho nos levou à **Fazenda de Simão Pereira**, uma casa mal construída, com pequena igreja feita de madeira, ferreiros, rancho e venda; e depois a Cuiabá, nas vizinhanças de um grande posto aduaneiro, o Registro de Matias Barbosa".* (POHL, 1976, p. 79).

*"Três léguas adiante, sobre uma colina, acha-se o **Arraial de São Pedro de Alcântara**. Meu pessoal descrevera este vilarejo como um eldorado. Aliás, a distância, com a sua bonita igreja afastada, parece muito pitoresco; mas o interior não corresponde absolutamente a essa primeira impressão. As casas são de taipa. Cobrem-nas telhas sem argamassa, que se entrechocam e se quebram ao primeiro vento mais forte. Numa dessas cabanas me deram, como cama, cinco grades de varas amarradas com cipó; e todos os moradores, negros livres, eram tão indigentes que nenhum alimento pude conseguir. Como as minhas provisões de viagem só chegaram no dia seguinte, eu teria ido para a cama com fome, se não fosse a obsequiosidade do vigário local, um espanhol, que me presenteou com uma galinha cozida. Os rapazes se arranjaram como puderam e desta vez sem resmungar, pois travaram conhecimento com mulheres e eu tive de ficar atento para não ser furtado por elas".* (POHL, 1976, p. 95).

RICHARD FRANCIS BURTON (1865-1868)

*"Adiante, para a direita, fica Rancharia, hoje **Simão Pereira**, aldeia que não conta ainda 10 anos. Tem uma clássica igreja, no ponto principal do largo, uma clássica casa-grande defronte e um clássico chafariz. Daí o ditado:*
O chafariz
João Antônio e a matriz.

que enumera os elementos essenciais destas povoações. Em volta do largo ficam chácaras e casas de moradia, habitadas por lavradores ricos dos domingos e dias santos. Durante o resto do ano ficam fechadas". (BURTON, 1976, p. 109).

GEORGE HEINRICH VON LANGSDORFF (1822-1829)

*"Chegamos, então, à **Paroquia de Simão Pereira**, onde se vêem a igreja, a casa paroquial, uma ferraria e um rancho. A paróquia compreende cerca de 3.000 almas. Só é estranho que a igreja esteja totalmente isolada, sem nenhuma casa por perto. Isso ocorre de vez em quando por aqui. A região por onde passamos hoje era bastante estéril e não oferecia nade de interessante. A mata, caminhos ruins e uma vegetação sem nada de especial nos cercavam. À beira da estrada, de vez em quando, veem-se casas habitadas miseráveis e outras não habitadas mais miseráveis ainda".* (LANGSDORFF, 1997, p. 14).

ROBERT WALSH (1828-1829)

*"Não conseguimos encontrar nada para comer nesse lugar, tendo prosseguido viagem até a **vila de Simão Pereira**, onde há uma capela. Ali conseguimos um pouco de café, e por volta das quatro horas chegamos ao local de travessia do Paraibuna, um lugar singularmente belo e romântico. A algumas léguas dali o rio se junta ao Paraíba, e a península formada pela junção das duas correntes é constituída de imensos blocos de granito que se projetam por sobre o rio formando altos paredões de pedra; através dessa barreira de rochas se despejam as águas encachoeiradas da vasta corrente até desaguarem na corrente ainda mais vasta do seu irmão. Naquele local estivera instalado em outros tempos o registro até ser finalmente transferido para as margens do Paraíba; o lugar ainda conserva, entretanto, uma aparência bem cuidada. Há uma ponte muito bonita sobre o rio, com as extremidades fixas na rocha e a parte central sustentada por pilares apoiados nas pedras no meio da corrente, que ali tem cerca de 200 metros de largura".* (WALSH, 1976, p. 129-130).

PESQUISADOR: Francisco de Assis Carvalho
REVISORA: Dick, 2012.

***

159 Topônimo: TRÊS RIOS
Taxonomia: *Numerotopônimo*
Localização: Eixo principal da ER
Caminho: N
MUNICÍPIO: Três Rios – RJ
ACIDENTE: humano / município
ORIGEM: portuguesa
MOTIVAÇÃO: Alusão aos três mais importantes rios que cortam o seu território: rios Paraíba do Sul, Piabanha e Paraibuna.
HISTÓRICO: Três Rios < Estação de Entre-Rios < Entre–Rios < Paraíba Nova
Numerotopônimo < Sociotopônimo < Dirrematopônimo< Hidrotopônimo
ESTRUTURA MORFOLÓGICA: NCm [Num + Spl]
INFORMAÇÕES ENCICLOPÉDICAS: A referência mais remota sobre o território do município de Três Rios data do início do século XIX, quando Antônio Barroso Pereira obteve por requerimento, de 16 de setembro de 1817, "terras de sesmaria no sertão entre os rios Paraíba e Paraibuna...". Dentro do seu patrimônio territorial, Antônio Barroso Pereira fundou cinco fazendas: a Fazenda Cantagalo, a mais importante, e as fazendas Piracema, Rua-Direita, Boa União e Cachoeira, todas dependentes da primeira. O Território onde se encontra o atual Município de Três Rios era primitivamente denominado PARAÍBA NOVA. A 23 de junho de 1861 foi inaugurada a rodovia União e Indústria (que ligava Petrópolis a Juiz de Fora) e que passava pelas terras da fazenda Cantagalo. Essa rodovia contou com grande colaboração do fazendeiro Antônio Barroso Pereira e, por esse motivo, o imperador Pedro II agraciou-lhe, em 1852, com o título honorífico Barão de Entre-Rios. Ainda em sua homenagem, à estação rodoviária local foi dado o nome de ESTAÇÃO DE ENTRE-RIOS. Com o batismo da estação não tardou que o pequeno povoado, formado às margens da rodovia, passasse a ser conhecido como Entre-Rios. Apesar do progresso, somente após o período republicano foi criado o distrito de ENTRE RIOS (1890) que, juntamente com o Monte Serrat, Areal e Bem-posta,

fazia parte do município de Paraíba do Sul. Com o decreto de 14 de dezembro de 1938, esses distritos foram desmembrados daquele município e constituíram o município de Entre Rios. Em 1943 o topônimo Entre Rios foi mudado para TRÊS RIOS e o distrito de Monte Serrat foi extinto, passando o seu território a fazer parte do recém criado distrito de Afonso Arinos.

ESCRITO DOS VIAJANTES

ROBERT WALSH (1828-1829)

"Nosso caminho passava pela serra íngreme e acidentada de **Entre Rios**, *que ocupava praticamente todo o espaço entre os dois rios. Aproximavamo-nos agora do caminho do Paraíba, a grande e movimentada estrada da região, e o tráfego aumentava muito. A cada quilômetro, aproximadamente víamos ranchos lotados de burros e de suas cargas. Alguns desse abrigos, especialmente o denominado Rocinha da Negra, formavam grande quadrângulos, passando a estrada bem no seu centro".* (WALSH, 1976, p. 131).

LUIZ AGASSIZ / ELIZABETH CARY AGASSIZ (1865-1866

"Para o meio do dia, dissemos adeus ao lindo ribeiro, cujas margens acompanháramos, e, na estação de **Entre-Rios**, atravessamos a bela ponte lançada sobre o Paraíba". (AGASSIZ, 1975, p. 63).

RICHARD FRANCIS BURTON (1865-1868)

"**Entre-rios** tem menor altitude. Fica a uns 610 pés acima do nível do mar". (Burton, 1976, p. 107)

JOHANN BAPTIST EMANUEL POHL (1817-1821)

"Daí em diante torna-se o maior rio da Capitania do Rio de Janeiro e corre, com cerca de 65 metros de largura, mesmo com águas baixas, em sentido oriental, juntando-se, num lagar chamado **Três Rios**, com os rios Paraibuna e Piabanha. Dez léguas à frente misturam-se ainda às suas águas o Rio Pomba, o Rio das Bengalas e vários ribeirões". (POHL, 1976, p. 77).

PESQUISADOR: Francisco de Assis Carvalho
REVISORA: Dick, 2012.

***

160 TOPÔNIMO: ACAIACA
TAXONOMIA: *Fitotopônimo*
LOCALIZAÇÃO: Área de influência da ER
CAMINHO: D
MUNICÍPIO: Acaiaca – MG
ACIDENTE: humano / município
ORIGEM: indígena [tupi]
MOTIVAÇÃO: Em *O tupi na geografia nacional*, SAMPAIO (1955, p. 166) define o termo *"acaiaca como 'o cedro brasileiro' (cedrella brasilienses)"*. COSTA (1993, p. 148) diz que *"Acaiaca* é um 'distrito na aplicação de Ubá, município de Mariana'".**Ubá-** de acordo com SAMPAIO (1955, p. 296) *"ybá = contração de yba-á, o que se colhe na árvore, o fruto. Também significa canoa, mas das fabricadas em casca de árvore".* GREGÓRIO (1980, p. 1193): *"Ubá (nheengatu) = canoa que é feita de tronco escavado".* Com relação a grafia do nome da cidade é interessante destacar também que ele é um PALÍNDROMO".
HISTÓRICO: Acaiaca~Acayaca < Ubá do Furquim < São Gonçalo do Ubá < Capela do Obá
Fitotopônimo < Fitotopônimo < Hagiotopônimo < Hierotopônimo
ESTRUTURA MORFOLÓGICA: Nf [Ssing]
INFORMAÇÕES ENCICLOPÉDICAS: Os primeiros habitantes foram aborígenes de tribos não definidas. Vieram depois bandeirantes e garimpeiros procedentes de Mariana e estabeleceram-se às margens do rio do Carmo em busca de ouro e diamantes. Essas riquezas foram se tornando escassas, cedendo lugar às atividades agrícolas e pecuárias que acabaram por determinar a fixação dos moradores na povoação que havia sido formada. No século XVIII foi erguida uma capela em homenagem a São Gonçalo, que deu início ao povoamento da região onde hoje está Acaiaca. O povoado que ali surge é batizado de UBÁ. No ano de 1884, tornou-se distrito de Mariana. Em 1874, de distrito passou à freguesia com o nome de SÃO GONÇALO DE UBÁ. Segundo MATOS – 1837 (1981, p. 103), *"O arraial de São Gonçalo do Ubá tem 114 fogos e 613 almas".*

A denominação de ACAIACA data de 1923. Em 1962 tornou-se município com território desmembrado de Mariana. (BARBOSA, 1995, p. 17 / TRINDADE, 1945, p. 41).

ESCRITOS DOS VIAJANTES
GEORGE HEINRICH VON LANGSDORFF (1822-1829)
"A aldeia d'Ubá é pequena e insignificante, mas a redondeza é agradável, e o local parece crescer diariamente (considerando-se as muitas casas novas). A capela de São Januário foi construída há seis anos, surgindo com ela a aldeia". (LANGSDORFF, 1997, p. 89).
PESQUISADOR: Francisco de Assis Carvalho
REVISORA: Dick, 2012.

***

161 TOPÔNIMO: ALVINÓPOLIS
TAXONOMIA: *Antropotopônimo*
LOCALIZAÇÃO: Área de influência da ER
CAMINHO: D
MUNICÍPIO: Alvinópolis – MG
ACIDENTE: humano / município
ORIGEM: portuguesa
MOTIVAÇÃO: Homenagem ao ilustre mineiro CESÁRIO ALVIM que foi Presidente de Minas e assinou o decreto de emancipação do município.
HISTÓRICO: Alvinópolis < Paulo Moreira < Nossa Senhora do Rosário de Paulo Moreira
Antropotopônimo < Antropotopônimo < Hagiotopônimo
ESTRUTURA MORFOLÓGICA: Nm [Ssing]
INFORMAÇÕES ENCICLOPÉDICAS: O Município de Alvinópolis originou-se do primitivo arraial de PAULO MOREIRA, criado por Decreto Imperial, em 1830, em terras pertencentes ao município de Mariana. MATOS – 1837 (1981, p. 105): *"O arraial de Paulo Moreira tem 105 fogos e 122 almas".* A entrada das primeiras famílias na povoação deu-se, entretanto, um século antes, em 1730, quando o território pertencia ainda à freguesia de Santa Bárbara. Por volta de 1832, passou a denominar-se Freguesia de Nossa Senhora do Rosário de Paulo Moreira. Foi esse patrimônio legado pelo seu proprietário Paulo Moreira a Nossa Senhora do Rosário. Elevado à categoria de Vila, por força do Decreto de 5-2-1891, passou a denominar-se Vila de Alvinópolis, em homenagem ao ilustre mineiro Dr. Cesário Alvim. O decreto Nº 365, de 5 de fevereiro de 1891, determinou: *"fica elevada à categoria de vila e constituída em município, com a denominação de vila Alvinópolis, a freguesia de Nossa Senhora do Rosário de Paulo Moreira, desmembrada do município de Mariana".* (BARBOSA, 1995, p. 23 / TRINDADE, 1945, p. 217).
ESCRITOS DOS VIAJANTES: n/e
PESQUISADOR: Francisco de Assis Carvalho
REVISORA: Dick, 2012.

***

162 TOPÔNIMO: ALVORADA DE MINAS
TAXONOMIA: *Metereotopônimo*
LOCALIZAÇÃO: Eixo principal da ER
CAMINHO: D
MUNICÍPIO: Alvorada de Minas – MG
ACIDENTE: humano / município
ORIGEM: portuguesa
MOTIVAÇÃO: Sugestão de dois lutadores pela emancipação política do lugar que alegavam ser esta conquista um *"alvorecer"*, um *"despontar"*, um *"amanhecer"*. DISTRITO DE ITAPANHOACANGA: em *O tupi na geografia nacional*, SAMPAIO (1955, p. 227) define o termo *"**Itapanhunacanga,** tendo como variante **Tapanhunacanga. Tapuyna-acanga,** a cabeça do negro. Minas Geraes. V. **Tapanhuna".** SILVA (1966, p. 130),

por sua vez, registrou *"Itanhanga, Ita = Yta (pedra) (a) nhangá (coisa do diabo, malefício fantasmagoria – 'a pedra do diabo', ou inversamente – 'o diabo de pedra'). Itá (concha) nhangá = ñanga (b) (lugar, tempo e modo de coletar)"*.

HISTÓRICO: Alvorada de Minas < Santo Antônio do Rio do Peixe < Rio do Peixe
Metereotopônimo < Hagiotopônimo < Zootopônimo

ESTRUTURA MORFOLÓGICA: NCf [Ssing + {Prep + Ssing}]

INFORMAÇÕES ENCICLOPÉDICAS: A região do *Ivitiruí*, ou *Serro-Frio* teve como primitivos habitantes os índios da tribo dos botocudos e outros. Foi a mineração que trouxe os bandeirantes à procura de ouro e de pedras preciosas, fazendo surgir a povoação originária da atual cidade às margens do rio do Peixe. Nos primeiros anos do século XVIII, a povoação foi denominada de SANTO ANTÔNIO DO RIO DO PEIXE, ou simplesmente RIO DO PEIXE, estando ligada às atividades mineradoras do Serro Frio. A antiga povoação foi elevada a distrito em 1836 e, depois, foi elevada à freguesia em 1841, tendo como primeiro vigário o Padre Silvério Teixeira Coelho. A paróquia foi construída em 1846 e restaurada em 1857. Rio do Peixe foi progredindo lentamente e em 1962 foi emancipada, desmembrando-se do Serro e tornando-se a sede de município, com a atual denominação de ALVORADA DE MINAS. Possui uma área de 374,9 km^2 e é composto pela sede e o Distrito de Itapanhoacanga. O DISTRITO DE ITAPANHOACANGA foi um dos mais ricos garimpos de ouro do Serro Frio. João Simões, antigo negociante do lugar, figurou entre os homens mais abastados da Capitania, em 1746. A Igreja de São José é um importante exemplar da arte barroca. A construção se iniciou em 1746, havendo registros de reedificações em 1763 e 1771/1787. (BARBOSA, 1995, p. 23 / TRINDADE, 1945, p. 280).

ESCRITOS DOS VIAJANTES:

JOHANN BAPTIST VON SPIX / KARL FRIEDRICH PHILIPP VON MARTIUS (1817-1820)
"Do nosso pouso a Vila do Príncipe ainda distava oito léguas. A estrada continuava sempre por despenhadeiros, selvas e trechos de terreno árido com samambaias, passando por Onça, Bom-Sucesso e Taparoca, na direção do **Arraial de Tapanhoacanga**, *povoação de uns 1.000habitantes, que faíscam ouro. Depois de passáramos pela fazenda de D. Rosa, perto da Fazenda do Rio de Peixe, o aspecto da região das campinas tornou-se mais belo"*. (SPIX & MARTIUS, 1981, p. 20).

"No dia seguinte, alcançamos cedo o pequeno Arraial do Rio do Peixe, no vale e, ao entardecer, o morro de Gaspar Soares. Manuel Ferreira da Câmara, Intedente-geral do Distrito Diamantino, havia instalado aqui, à custa do governo, uma Fábrica Real de Ferro, no ano de 1812. Está situada acima dum ressalto da montanha e consta de um alto-forno e duas refinações. Os fornos, o moinho de pilões, os armazéns, as habitações do mestre-fundidor e dos operários estão montados amplamente e teriam custado uns 200.000 cruzados". (SPIX & MARTIUS, 1981, p. 19).

AUGUSTE FRANÇOIS CESAR PROUVENÇAL DE SAINT-HILAIRE (1816- 1822)
"A vista de uma capela construída na encosta de um monte, à extremidade da **aldeia de Tapanhuacanga,** *anunciou-me sua proximidade e logo, com efeito, avistei-a toda. Quando aí passei de novo a beleza que as chuvas imprimiram à verdura dos montes vizinhos emprestara à paisagem maior encanto ainda. Descobri a aldeia inteira, surgindo ao pé de um monte alto, cujo cume é coberto de mata e a encosta, muito íngreme, apresenta um relvado do mais belo verde. A igreja é o primeiro edifício que se vê ao pé da montanha; as casas, entremeiadas de bananeira, agrupam-se imediatamente abaixo da igreja, em uma elipse isolada, mais abaixo estende-se um valezinho"*. (SAINT-HILAIRE, 1974, p. 45-46).

"A povoação de **Tapanhuacanga**, *em que fui passar a noite, está situada em um vale, a cerca de oito ou dez léguas de Conceição, e pode contar uma centena de casas que marginam ambos os lados da estrada. É rodeada de montanhas que se elevam sobre planos desiguais; muito mais próximo, porém, das que se descobrem para o poente, domina ela própria um valão em que corre um pequeno regato. As elevações que, como acabo de dizer, rodeiam a povoação, apresentam grande variedade, não só na altura como no aspecto. As mais próximas estão cobertas de pastagens, em meio às quais se veem algumas árvores e numerosas casas de térmitas; mais longe, outras montanhas apresentam sombrias matas virgens; outras, finalmente, deixam perceber grandes rochedos nus em meio a uma erva cuja cor verde-amarelada faz parecer ainda mais escuros os matizes das florestas vizinhas. A igreja de* **Tapanhuacanga** *está construída sobre uma pequena plataforma, a meio comprimento da rua, e domina as casas da povoação. Estas são pequenas e baixas; constam, em geral, apenas do rés-do-chão, mas são todas cobertas de*

telhas, e vê-se que foram outrora caiadas; finalmente, por trás de cada uma estão plantados, segundo o costume, alguns pés esparsos de laranjeiras, cafeeiros e bananeiras". (SAINT-HILAIRE, 1975, p. 136).

JOHANN BAPTIST EMANUEL POHL (1817-1821)

*"Depois de viajarmos quatro léguas, achamo-nos no pequeno **Arraial de Tapanhoacanga**, onde acampamos num riacho bastante limpo. Este arraial, com cerca de sessenta casas pequenas, construídas de madeira e barro, algumas assobradadas, está situado numa encosta entre serra e, além de uma capela, tem ainda uma igreja. A rocha aqui dominante é uma brecha de ferro vermelho-castanha, que os modernos geognostas designam como rocha à parte sob o nome de **tapanhoacanga**"*. (POHL, 1976, p. 371).

WIHELM VON ESCHWEGE (1810-1821)

*"A uma légua do lugar, depois de atravessar uma região montanhosa denominada **Serra de Tapanhoacanga**, o conglomerado ferrífero cobre toda a superfície do terreno. Aqui se atinge o sopé da alta Serra do Caraça, de que meus amigos von Spix e von Martius deram bastantes informações em seu trabalho. Nessa direção, encontra-se a fazenda do Capitão Durães, que foi o primeiro a fundir ferro, conforme se verá no capítulo relativo à história do ferro. Esse senhor foi quem descobriu cobre nativo"*. (ESCHWEGE, 1825, p. 13).

GEORGE GARDNER (1836-1841)

*"Partindo da Cidade do Serro e passando por uma região montanhosa, de mata mais densa e mais habitações que as que havíamos ultimamente atravessado, chegamos com quatro léguas de jornada ao **Arraial de Tapanhuacanga**, onde passamos a noite no rancho público. Grande tropa de cerca de cem mulas ali chegara do Rio antes de nós, do Rio de Janeiro, carregada de mercadorias europeias. O Arraial assenta um recôncavo cercado por altas montanhas, as mais próximas das quais cobertas de grama, de umas poucas árvores solitárias e de imenso número de grandes formigueiros de formiga branca. As outras, mais distantes, cobriam-se de florestas virgens. Ao tempo da fundação do arraial descobriu-se ouro em abundância nas vizinhanças, mas está agora quase esgotado, existem atualmente apenas vinte ou trinta casas, na maioria caindo em ruínas, bem como duas igrejas em idênticas condições"*. (GARDNER, 1975, p. 215).

JOHN MAWE (1808-1818)

*"Despedi-me do meu respeitável vigário e pus-me em marcha para **Tapinhoacanga**, distante trinta milhas. Percorri um terreno áspero e pedregoso, cheio de quartzo em camadas e misturado de xisto, e cheguei a Córregos, aldeia onde há lavagens de ouro. Uma delas deu, há alguns anos, lucro líquido de 800c., embora apenas nela estivessem empregados quatro negros durante o mês. Da estrada à aldeia acima mencionada, o terreno é muito acidentado, cheio de terríveis precipícios, que me forçaram a viajar com tantas precauções, que só cheguei uma hora depois do pôr-do-sol"*. (MAWE, 1978, p. 149).

PESQUISADOR: Francisco de Assis Carvalho
REVISORA: Dick, 2012.

***

163 TOPÔNIMO: AMARANTINA
TAXONOMIA: *Corotopônimo*
LOCALIZAÇÃO: Eixo principal da ER
CAMINHO: D
MUNICÍPIO: Ouro Preto – MG
ACIDENTE: humano / município
ORIGEM: portuguesa
MOTIVAÇÃO: Semelhança do local com a região de AMARANTE em Portugal que os viajantes, principalmente lusitanos, começaram a chamar a região de São Gonçalo do Amarante.
HISTÓRICO: Amarantina < São Gonçalo do Tijuco < São Gonçalo do Amarante < Tijuco
Corotopônimo < Hagiotopônimo < Hagiotopônimo < Litotopônimo
ESTRUTURA MORFOLÓGICA: Nf [Ssing]
INFORMAÇÕES ENCICLOPÉDICAS: Em busca de um caminho para as minas de ouro, os bandeirantes foram abrindo picadas e criando povoados por onde passavam. A crise de fome que acometeu a população de Vila Rica, por volta de 1700, levou inúmeras pessoas a procurar um local próximo às minas para o cultivo

e a criação de animais. Foi assim que surgiu um pequeno povoado denominado TIJUCO. O nome foi dado por causa das enchentes do Rio Maracujá, que transbordava na época das chuvas, transformando as suas margens num brejo. Devido à qualidade do clima, às condições favoráveis ao relevo e à produção agrícola, a região começou a destacar-se como um ponto de pouso para os bandeirantes e tropeiros que andavam pelas terras do ouro. Antônio Alves, fazendeiro português, foi quem ergueu uma ermida em homenagem a São Gonçalo, em suas terras no Tijuco. Em 1726 a região foi elevada à categoria de Freguesia de São Gonçalo do Tijuco, filiada à matriz de Nossa Senhora de Nazareth de Cachoeira do Campo. A denominação de freguesia de São Gonçalo do Tijuco foi mudada para São Gonçalo do Amarante, pelo decreto Nº 253, de 26 de novembro de 1890, *"conforme foi requerido pelos respectivos habitantes"*. A denominação de São Gonçalo do Amarante foi reduzida para Amarante pelo decreto-lei Nº 148, de 17/12/1938. Novamente foi mudada a denominação de Amarante para Amarantina, que é a atual, pelo decreto-lei Nº 1058, de 31/12/943. (BARBOSA, 1995, p. 23 / TRINDADE, 1945, p. 287).

ESCRITOS DOS VIAJANTES: n/e
PESQUISADOR: Francisco de Assis Carvalho
REVISORA: Dick, 2012.

***

164 TOPÔNIMO: BARÃO DE COCAIS
TAXONOMIA: *Axiotopônimo*
LOCALIZAÇÃO: Eixo principal da ER
CAMINHO: D
MUNICÍPIO: Barão de Cocais – MG
ACIDENTE: humano / município
ORIGEM: portuguesa
MOTIVAÇÃO: Homenagem ao patrono do município que, em 1802, foi ali batizado, Tenente Coronel José Feliciano Pinto Coelho da Cunha, o BARÃO DE COCAIS.
HISTÓRICO: Barão de Cocais < Macacos < São João Batista do Morro Grande <São João do Morro Grande < Morro Grande.
Axiotopônimo < Zootopônimo < Hagiotopônimo < Hagiotopônimo < Geomorfotopônimo
ESTRUTURA MORFOLÓGICA: NCm [Qv + {Prep + Spl}]
INFORMAÇÕES ENCICLOPÉDICAS: A origem do município liga-se à penetração dos bandeirantes em busca de ouro e metais preciosos a partir de 1713. Os bandeirantes, procedentes do Rio de Janeiro, São Paulo e Bahia, desceram o rio percorrendo uma distância aproximadamente de dez quilômetros, e, no lugar a que deram o nome *"Macacos"*, construíram suas cabanas e uma pobre capela, coberta de palmeiras. Sob a invocação de São João Batista e porque tal povoado tivesse sua localização às fraldas de um extenso morro, juntaram-lhe o qualificativo de *"Morro Grande"*. Sendo bem sucedidos aqueles bandeirantes em suas explorações e tendo ecoado em outros lugares o descobrimento do ouro, novos forasteiros se transferiram também para o lugar, iniciando construções de novas casas que se multiplicaram até que do povoado MACACOS começaram a estender uma única rua, a qual obedeceu às denominações sucessivas de *"Macacos"*, *"Chafariz"*, *"Largo"*, *"Canto"* e *"Fim"*, sempre com novas construções, tendo atingido naquela época a uma centena de casas habitadas. Em 1713, foi construída a Igreja de SÃO JOÃO DO PRESÍDIO (nome dado ao Santo que carregava a sua própria cabeça numa bandeja, após ser cortada na prisão a pedido de Salomé), cuja imagem foi colocada no altar-mor. Por provisão episcopal de 1749 foi instituída a paróquia, confirmada colativa por alvará régio de 16 de janeiro de 1752, sendo o primeiro vigário, padre Antônio Manuel da Rocha Pita. Em 1764, teve início a construção da atual igreja-matriz São João Batista do Morro Grande, primeiro projeto arquitetônico de Aleijadinho, que esculpiu a imagem de São João na porta de entrada e projetou o conjunto da tarja do arco-cruzeiro no interior da igreja. O alvará régio de 1752 e a Lei nº 2 de 14 de setembro de 1891, criou o distrito com a denominação de SÃO JOÃO DO MORRO GRANDE. Com a implantação da Usina Morro Grande, em 1923, o lugar toma impulso. Em 1938, o nome do distrito foi reduzido para MORRO GRANDE. Através do decreto-lei estadual nº 1058 de 31 de dezembro de 1943, foi emancipado o distrito de

Morro Grande, que se separou de Santa Bárbara, passando a chamar-se Barão de Cocais. (BARBOSA, 1995, p. 41 / COSTA, 1993, p. 166 / TRINDADE, 1945, p. 93).

ESCRITOS DOS VIAJANTES

AUGUSTE FRANÇOIS CESAR PROUVENÇAL DE SAINT-HILAIRE (1816-1822)

*"A aldeia de **S. João do Morro Grande**, onde me separei do capitão Gomes, é a cabeça de uma paróquia cuja população ascende a 5.420 habitantes, e que compreende cinco sucursais. **S. João** fica a 19º57' de lat., às margens do Rio Caeté e ao pé dos montes que o dominam. Outrora o ouro era encontrado com abundância nas vizinhanças deste rio; mineradores para aí acorreram e construíram a **aldeia de S. João**; mas as minas logo se esgotaram e a aldeia de S. João; mas as minas logo se esgotaram e a aldeia teve a mesma sorte que tantas outras, estando atualmente inteiramente abandonada. Não perdeu, contudo, todo o seu antigo esplendor; porque resta-lhe ainda uma das mais belas igrejas que vi na Província de Minas. Quase logo após ter atravessado **S. João do Morro Grande**, passei diante de uma cruz, sobre a qual não posso deixar de dizer algumas palavras. Um homem, viajando nessa região, acreditou ter visto almas do purgatório, que volteavam ao redor de seu cavalo, sob a forma de pombos, pedindo-lhe preces. Em memória dessa aparição ele fez erguer a cruz; a história que venho de relatar acha-se gravada ao pé da mesma".*(SAINT-HILAIRE, 1938, p. 117).

WILHELM VON ESCHWEGE (1810-1821)

*"Nas vizinhanças encontram-se riquíssimos morros auríferos, sobretudo na freguesia de **São João do Morro Grande**. Como eu próprio pude verificar ainda há pouco tempo, foi extraída enorme quantidade de ouro no morro denominado Serra Velha. O método de exploração, inadequado e ruinoso, deitou tudo a perder".* (ESCHWEGE, 1825, p. 31).

GEORGE HEINRICH VON LANGSDORFF (1822-1829)

*"Meu cavalo não foi alimentado em Cocais, de forma que, uma légua adiante, não conseguiu mais andar. Tive que apear e caminhar a pé até **São João do Morro Grande**. Fui muito bem recebido na casa do Sr. João Baptista, onde permaneci 1½ hora para alimentar o cavalo. Cheguei a Gongo Soco à tarde, mais ou menos às 2h. Lá reencontrei meus companheiros de viagem, a tropa e todo o antigo grupo de amigos e parentes do Sr. João Baptista. O dono da casa estava ausente – talvez por isso as minas de ouro não produzam mais tantas arrobas. Encontrei outro ambiente, menos alegria e menos abastança. A época dos banhos de tratamento terminara – mais acima, na minha primeira estada aqui neste local, comparei-o a um balneário alemão; agora vai se esperar uma estação do ano mais apropriada. Havia pouca ou nenhuma parasita por aqui".* (LANGSDORFF, 1997, p. 342).

GEORGE GARDNER (1836-1841)

*"A meio caminho havíamos passado pelo **Arraial de S. João do Morro Grande**, que consiste principalmente em longa e estreita rua. A região em torno é formada de solo ferruginoso e áspero, por toda parte escavado à procura de ouro, labor em que ora se empenham muito poucos dos habitantes, por estar quase extinto o metal. Como tantas outras aldeias que devem sua origem ao solo aurífero das vizinhanças, também esta apresenta todos os sintomas de decadência: casas construídas em tempos de prosperidade estão rapidamente caindo em ruínas e as que se edificaram mais recentemente são de construção muito inferior. Perto do centro do arraial há uma bela igreja em bom estado de conservação".* (GARDNER, 1975, p. 214).

PESQUISADOR: Francisco de Assis Carvalho
REVISORA: Dick, 2012.

***

165 TOPÔNIMO: BARRA LONGA

TAXONOMIA: *Hidrotopônimo / Geomorfotopônimo*
LOCALIZAÇÃO: Área de influência da ER
CAMINHO: D
MUNICÍPIO: Barra Longa – MG
ACIDENTE: humano / município
ORIGEM: portuguesa

MOTIVAÇÃO: Aorigem do nome BARRA LONGA se deve ao encontro dos seus dois grandes rios Carmo e Gualaxo que formavam uma 'grande barra' perto de onde começou o povoado, conforme TRINDADE (1945).

HISTÓRICO: Barra Longa <São José da Barra do Gualaxo < Barra de Matias Barbosa < São José da Barra Longa.

Hidrotopônimo / Geomorfotopônimo < Hagiotopônimo < Geomorfotopônimo < Hagiotopônimo

ESTRUTURA MORFOLÓGICA: NCf [Ssing + ADJ sing]

INFORMAÇÕES ENCICLOPÉDICAS: Nos primórdios da penetração das Minas Gerais, colonizadores que se haviam fixado na região do Carmo e Ribeirão do Ouro Preto, emigraram para a região dos rios Gualacho do Norte e Carmo, formando, aí, pequenos núcleos de povoação. Entre eles estava Barra Longa. O coronel Matias Barbosa da Silva lançou nestas partes várias posses, legalizadas anos depois pelos documentos comumente chamados – carta de sesmarias. A principal destas posses, a que o coronel tratou com mais interesse e carinho, foi a grande Fazenda da Barra do Gualacho do Norte, vasto territorial, dentro de cujo perímetro, próximo ao local, fundou ele o pequeno arraial de BARRA DE MATIAS BARBOSA, e pouco depois, o de SÃO JOSÉ DE BARRA LONGA. Isto se deve ter verificado de 1701 a 1704. Após a reconstrução de uma capela mandada erigir por Matias Barbosa, o povoado foi se desenvolvendo. As principais atividades a que se dedicava essa gente era a agricultura e a exploração do ouro de aluvião, abundante nos rios Carmo e Gualacho do Norte. O fundador de BARRA LONGA, Matias Barbosa da Silva, foi um coronel ilustre e potentado, que muito se distinguiu pelos serviços que prestou ao Estado. Desde a fundação, até 1857, Barra Longa viveu sob a dependência administrativa do Município de Mariana. Pela Lei provincial nº 827, de 11 de julho de 1857, Barra Longa passou a ser DISTRITO DE PONTE NOVA, município que acabara de ser criado. Pela Lei Provincial nº 1744, de 18 de outubro de 1870, voltou novamente Barra Longa a integrar o velho município de Mariana. (BARBOSA, 1995, p. 44 / COSTA, 1993, p. 168 / TRINDADE, 1945, p. 54).

ESCRITOS DOS VIAJANTES

JOHN MAWE (1808-1818)

"Apenas descansamos uma hora nesta fazenda, porque tínhamos intenção de visitar a aldeia de **São José da Barra Longa**, *situada quatro milhas mais adiante, nos confins do território habitado pelos índios Botocudos. Depois de atravessarmos o rio por uma sólida ponte de madeira, construída há cerca de cinquenta anos, mas ainda bem conservada, prosseguimos ao longo das margens, embelezadas por alguns jardins e apresentando, com maior frequência, sinais de cultura, como há muito tempo não víamos. O clima é muito mais quente que em Vila Rica, por causa da pequena elevação; disseram-nos que aí vingavam todas as espécies de frutas e notadamente o ananás, que atinge grandes dimensões e tem excelente sabor. Não podemos assegurar a exatidão dessas informações, porque não era a estação das frutas. Soubemos que a aldeia fora fundada vinte e três anos antes, por vários portugueses, tentados pela abundância do ouro conquanto o distrito estivesse exposto às depredações dos Botocudos. Contam-se hoje, em* **São José**, *quatrocentos habitantes: os arredores são bem povoados, de sorte que há sempre força suficiente para repelir os gentios; estes não ousam atacar abertamente; usam com frequência de estratagemas".* (MAWE, 1978, p. 136).

PESQUISADOR: Francisco de Assis Carvalho

REVISORA: Dick, 2012.

***

166 TOPÔNIMO: BELA VISTA DE MINAS

TAXONOMIA: *Animotopônimo*

LOCALIZAÇÃO: Área de influência da ER

CAMINHO: D

MUNICÍPIO: Bela Vista de Minas – MG

ACIDENTE: humano / município

ORIGEM: portuguesa

MOTIVAÇÃO: A construção da capela dedicada a São Sebastião, erguida em ponto bem elevado de onde se descortinava BELA E AGRADÁVEL VISTA fez com que a povoação passasse a se chamar São Sebastião da Bela Vista.

HISTÓRICO: Bela Vista de Minas < Bela Vista < São Sebastião da Bela Vista < Onça de Cima e Onça de Baixo. Animotopônimo < Hagiotopônimo< Zootopônimo

ESTRUTURA MORFOLÓGICA: NCf [ADJsing + Ssing + { Prep + Spl}]

INFORMAÇÕES ENCICLOPÉDICAS: A mineração foi um dos fatores predominantes na fixação dos primeiros moradores. Posteriormente, por exaustão das minas ou por excessivo rigor fiscal na tributação do trabalho dos garimpeiros, essa ocupação deu lugar à lavoura, surgindo, deste modo, várias fazendas. A cidade de BELA VISTA DE MINAS foi formada por fazendas que pertenciam aos Srs. Modesto Antônio de Ávila, José Modesto de Ávila e Antônio Modesto de Ávila, que deixaram as terras em herança a seus descendentes. Cada descendente empossou da sua herança e vendeu a terceiros. Cada comprador construiu sua casa, formando um povoado com as denominações: ONÇA DE CIMA E ONÇA DE BAIXO. Algum tempo depois foi construída uma capelinha em honra de São Sebastião, e o povoado passou a chamar-se SÃO SEBASTIÃO DE BELA VISTA, distrito de Nova Era. Quando da criação do município, em 1962, o topônimo foi alterado para BELA VISTA DE MINAS, conservando-se as origens iniciais do nome. (COUTO, 1993, p. 168). O município de Bela Vista de Minas foi criado pela Lei nº 2764, de 30 de dezembro de 1962, desmembrando do município de Nova Era. (BARBOSA, 1995, p. 46 / COSTA, 1993, p. 168).

ESCRITOS DOS VIAJANTES: n/e

PESQUISADOR: Francisco de Assis Carvalho

REVISORA: Dick, 2012.

***

167 TOPÔNIMO: BENTO RODRIGUES

TAXONOMIA: *Antropotopônimo*

LOCALIZAÇÃO: Eixo principal da ER

CAMINHO: D

MUNICÍPIO: Mariana – MG

ACIDENTE: humano / distrito

ORIGEM: portuguesa

MOTIVAÇÃO: Bento Rodrigues foi um *"Sertanista de São Paulo que tomou parte na destruição de Vila Rica, em 1631."* Inventários e Testamentos, XXX, 143-147. FRANCO (1989).

HISTÓRICO: Bento Rodrigues< Arraial de Bento Rodrigues<Distrito de Paz de Bento Rodrigues Antropotopônimo < Poliotopônimo < Poliotopônimo

ESTRUTURA MORFOLÓGICA: NCm [Ssing + Ssing] [prenome + apelido de família]

INFORMAÇÕES ENCICLOPÉDICAS: Bento Rodrigues é um ARRAIAL que surgiu no centro da mineração, na época dos bandeirantes e junto ao Ribeirão do Carmo. A capela de S. Bento foi erigida em 1718 segundo o que se deduz de um documento publicado pelo Cônego Trindade. (COUTO, 1993, p. 170). Num recenseamento verificado em 1831, o *"Distrito de Paz de Bento Rodrigues"* apresentava 318 livres, 136 cativos, num total de 454 habitantes e 91 fogos (Avulsos A.P.M.). Em 1838, a lei Nº 102, de 6 de abril, suprimiu o distrito, cujo território foi incorporado ao de Mariana. Por um pedido de auxílio dirigido à Assembleia Provincial, em 1853, verifica-se que havia ruído a capela de S. Bento e o povo construíra outra que, na época, estava já com dois altares prontos (Avulsos A.P.M.). A lei Nº1477, de 9 de julho de 1868, elevou BENTO RODRIGUES a distrito de paz. Esta lei, entretanto, foi revogada pela Nº 1858 de 12 de outubro de 1871; assim, continuava Bento Rodrigues como simples povoado do município de Mariana. Em 1880, a lei de 30 de novembro transferiu a sede da freguesia de Camargos para o arraial de Bento Rodrigues. (BARBOSA, 1995, p. 48 / TRINDADE, 1945, p. 56).

ESCRITOS DOS VIAJANTES

AUGUSTE FRANÇOIS CESAR PROUVENÇAL DE SAINT-HILAIRE (1816-1822)

*"A distância pouco considerável de Camargos, passamos por **Bento Rodrigues**, outra povoação situada à margem de um córrego, entre morros pouco elevados, e que apresenta aspecto bastante pitoresco com a presença de numerosas bananeiras plantadas pelos habitantes em torno de suas casas".* (SAINT-HILAIRE, 1938, p. 87).

CHARLES JAMES FOX BUNBURY (1833-1834)

*"O termo Arraial, que propriamente dito significa um acampamento, é aplicado às aldeias desta parte do Brasil, que, ao tempo das primeiras explorações, eram, sem dúvida, realmente, acampamentos. O **arraial de Bento Rodrigues**, um miserável agrupamento de choupanas, é situado em terreno baixo e um tanto pantanoso, cercado de colinas lindamente matizadas de bosques, pastagens e rochedos, acima dos quais se eleva a Serra do Caraça com seus ásperos penhascos cinzentos. Imediatamente depois desta aldeia a estrada sobe uma colina íngreme, escabrosa, com pitorescos rochedos de ardósia de quartzo, que de repente se eleva no meio de espessas matas".*(BUNBURY, 1981. p. 68-69).

GEORGE GARDNER (1836-1841)

*"Uma légua adiante chegamos ao **arraial de Bento Rodrigues**, onde nos alojamos por essa noite no rancho público. Nesta jornada, o caminho, montanhoso e pedrento, estava longe de bom. Vi pouquíssimo terreno adequado a plantações; era em geral de natureza argilosa".* (GARDNER, 1975, p. 227).

PESQUISADOR: Francisco de Assis Carvalho
REVISORA: Dick, 2012.

***

168 TOPÔNIMO: BOM JESUS DO AMPARO
TAXONOMIA: *Hagiotopônimo*
LOCALIZAÇÃO: Área de influência da ER
CAMINHO: D
MUNICÍPIO: Bom Jesus do Amparo – MG
ACIDENTE: humano / município
ORIGEM: portuguesa
MOTIVAÇÃO: Ao fato de que a IMAGEM DO SENHOR DO BOM JESUS foi adquirida na CIDADE DE AMPARO, EM PORTUGAL.
HISTÓRICO: Bom Jesus do Amparo < Bom Jesus do Rio São João
Hagiotopônimo < Hagiotopônimo
ESTRUTURA MORFOLÓGICA: NCm [ADJsing +{ Prep + Asing + Ssing}]
INFORMAÇÕES ENCICLOPÉDICAS: Foi por volta do início do século passado que o português Coronel João da Mota Ribeiro estabeleceu-se na região do município de BOM JESUS DO AMPARO. A grande distância existente entre a sua propriedade e a freguesia mais próxima fez com que o fazendeiro erguesse em suas terras uma capela. Em 1873, com o seu falecimento, surgiu o desejo de formar-se ali um povoado. À frente do movimento colocaram-se o Cel. João da Mota Teixeira e seus irmãos. Esclarece o Cônego Trindade que o nome primitivo era BOM JESUS DO RIO SÃO JOÃO. A lei Nº 898, de 4de junho de 1858, que elevou o distrito à paróquia, menciona a denominação de SENHOR BOM JESUS DO AMPARO DO RIO SÃO JOÃO. Bom Jesus do Amparo foi elevado à categoria de cidade, com a criação do município, desmembrado do de Barão de Cocais em 1953. (BARBOSA, 1995, p. 54 / COSTA, 1993, p. 174 / TRINDADE, 1945, p. 58).
ESCRITOS DOS VIAJANTES: n/e
PESQUISADOR: Francisco de Assis Carvalho
REVISORA: Dick, 2012.

***

169 TOPÔNIMO: CACHOEIRA DO CAMPO
TAXONOMIA: *Hidrotopônimo*
LOCALIZAÇÃO: Eixo principal da ER
CAMINHO: D
MUNICÍPIO: Ouro Preto – MG
ACIDENTE: humano / distrito
ORIGEM: portuguesa

MOTIVAÇÃO: Fernão Dias Paes, o caçador de esmeraldas, descobriu em meio aos campos UMA ALTA CASCATA, que posteriormente deu origem ao nome do povoado.

HISTÓRICO: Cachoeira do Campo < Nossa Senhora de Nazaré da Cachoeira do Campo < Nossa Senhora de Nazareth da Caxoeira < Nossa Senhora do Nazaré dos Campos de Minas.

Hidrotopônimo < Hagiotopônimo < Hagiotopônimo < Hagiotopônimo

ESTRUTURA MORFOLÓGICA: NCf [Ssing + {Prep + Asing + Ssing}]

INFORMAÇÕES ENCICLOPÉDICAS: O desenvolvimento de CACHOEIRA DO CAMPO deve-se ao grande número de pessoas que se dirigiram à região, no período da crise de fome de Vila Rica. Em 1710, Frei Francisco Botelho de Menezes, um dos fundadores do local, iniciou a tradição de Cachoeira do Campo como centro abastecedor de Vila Rica. Ao contrário da maioria dos distritos que circundam Ouro Preto, Cachoeira do Campo nunca se destacou por desenvolver atividades mineradoras, mas sempre atraiu a população por sua beleza natural. Para o Cônego Trindade, a freguesia foi instituída por provisão episcopal de 1710. O Alvará de 10 de fevereiro de 1724 elevou-a à natureza colativa. O nome primitivo foi NOSSA SENHORA DO NAZARÉ DOS CAMPOS DE MINAS. (BARBOSA, 1995, p. 63 / COSTA, 1993, p. 182 / TRINDADE, 1945, p. 65).

ESCRITOS DOS VIAJANTES

MANUEL AIRES DE CASAL (1817)

*"3 léguas ao noroeste de Vila Rica está a **Freguesia de Nossa Senhora de Nazaré da Cachoeira**, onde os governadores têm uma casa de recreio, e onde vão passar alguns dias no exercício, e recreio com caça dos veados e perdizes".* (CASAL, 1976, p. 169).

FRANCIS DE LA PORTE, CONDE DE CASTELNAU (1843-1847)

*"Destas Alturas a estrada desce até um pequeno córrego, que corre para o norte. É um afluente do rio das Velhas e atravessamo-lo numa ponte de madeira. Depois de passarmos dois morros, chegamos a **Cachoeira**, arraial de 600 a 700 almas, situada à margem do rio do mesmo nome, afluente também do rio das Velhas, por intermédio do rio Maracujá. A aldeia nada tinha de notável. Os antigos capitães-generais da província aí tinham construído um palácio, hoje abandonado. O governo conserva em Cachoeira uma pequena guarnição. Grande interesse para nós tinha só a casa do Dr. Claussen, onde ele tinha reunido uma enorme coleção de objetos dos três reinos da natureza. Nossa atenção ficou longo tempo na bela série de ossos descobertos nas cavernas da província".* (CASTELNAU, 2000, p. 9).

HERMANN BURMEISTER (1850-1852)

*"**Cachoeira** é um lugar assaz grande, com duas igrejas de pedra e sobre as duas margens de um pequeno rio, cujo vale parece chato e amplo. Mas, ao lado deste curso d'água, o terreno era tão íngreme que foi necessário calçar a estrada com pedras, na parte onde assenta a vila, a fim de evitar que as águas das enxurradas levassem a terra toda. Antigamente, essa região era rica em ouro, mas, atualmente, o precioso metal acha-se esgotado. Hospedei-me numa velha venda bastante grande, na entrada norte, a qual servia também de estalagem e dispunha de muitos quartos, mas todos em estado precário. De lá até o rio levava-se um quarto de hora pelo acidentado caminho. Ao sul do rio, há algumas casas isoladas e, ao lado destas, um casarão velho e mal conservado, pertencente ao governo e que é conhecido pelo suntuoso nome de palácio. O presidente da Província costumava residir ali quando passava algumas semanas em **Cachoeira**".*(BURMEISTER, 1952, p. 266).

PESQUISADOR: Francisco de Assis Carvalho

REVISORA: Dick, 2012.

***

170 TOPÔNIMO: CAMARGOS

TAXONOMIA: Antropotopônimo

LOCALIZAÇÃO: Eixo principal da ER

CAMINHO: D

MUNICÍPIO: Mariana – MG

ACIDENTE: humano / distrito

ORIGEM: portuguesa

MOTIVAÇÃO: Deve-se a TOMÁS LOPES DE CAMARGO e sua família que se estabeleceram no local em 1701 para a mineração.

HISTÓRICO: Camargos <Distrito da Paróquia de Camargos < Nossa Senhora da Conceição de Camargos Antropotopônimo < Poliopotôponimo < Hagiotopônimo

ESTRUTURA MORFOLÓGICA: Nm [Spl] [apelido de família]

INFORMAÇÕES ENCICLOPÉDICAS: O ARRAIAL DE CAMARGOS, que teve opulência até meados do século XVIII foi elevado à sede distrital pela lei Nº 52, de 1836. MATOS – 1837 (1981, p. 81): *"Camargos acha-se situado a pouca distância da margem direita do Ribeirão do Gualaxo do Norte. Tem Igreja Paroquial. Dista 2 léguas da cabeça do termo. Tem 195 fogos e 727 almas".* A informação do Cônego Trindade de que, segundo a tradição e os assentos da freguesia, a fundação da paróquia se deu pelos anos de 1698, (Arquidiocese de Mariana, 1º. vol., 67) não coincide com a do autor de *Os Camargos de S. Paulo.* Entretanto, no *"Livro de Lotação das Freguesias deste Bispado"* (Arquivo Eclesiástico de Mariana), lê-se: *"Segundo a tradição e os assentos da FREGUESIA DE N. SRª. DA CONCEIÇÃO DE CAMARGOS, a sua fundação foi pelos anos de 1690, começando a ser igreja paroquial daquele tempo em diante"*(fl. 103v.). No censo realizado em 1831, o *"DISTRITO DA PARÓQUIA DE CAMARGOS"* apresentou ter 248 pessoas livres, 118 cativos, com o total de 366 habitantes e 65 fogos (Avulsos, A.P.M.). O distrito foi suprimido e, depois, restaurado. Ainda é distrito do município de Mariana. (BARBOSA, 1995, p. 68 / COSTA, 1993, p. 186 / TRINDADE, 1945, p. 73).

ESCRITOS DOS VIAJANTES:

AUGUSTE FRANÇOIS CESAR PROUVENÇAL DE SAINT-HILAIRE (1816-1822)

*"A região que atravessamos entre Mariana e a povoação de **Camargos**, em que fizemos alto, não apresenta nenhum vestígio de cultura. **Camargos**, sede de uma paróquia, está situada à margem de um regato em posição bastante triste, rodeada de morros desolados, esburacados pelos mineradores de ouro. Seus atuais habitantes são muito pobres; possuem muito poucos escravos para manter lavagens de certa importância, e suas casas estão mal conservadas".* (SAINT-HILAIRE, 1975, p. 87).

JOHANN BAPTIST EMANUEL POHL (1817-1821)

*"Em seguida tivermos de atravessar várias vezes o sinuoso Ribeirão Camargo, que corre para o noroeste por entre baixas colinas auríferas. Em pouco, chegamos ao **Arraial de Camargo**, onde o Ribeirão Camargo forma uma admirável cachoeira de três braças de altura. O **Arraial de Camargo** é igualmente uma das mais antigas povoações da Capitania; foi fundado, em 1966, por Tomás Lopes Camargo, de quem proveio seu nome. Fica a uma légua de distância do Arraial de Bento Rodrigues e sempre foi considerado, depois de Vila Rica, como um dos lugares mais ricos em ouro. Considerado como povoação, é um dos piores lugares da região. Conta, no máximo, 60 casas mal construídas e muito mal conservadas, espalhadas numa rua torta, em terreno muito desigual. O melhor edifício de todo o lugar é a igreja, construída de pedra, situada numa elevação a que conduz uma larga escada, na qual se acha um grande cruzeiro de pedra-sabão, que aqui se extrai".* (POHL, 1976, p. 383).

WIHELM VON ESCHWEGE (1810-1821)

*"Na saída da cidade de Mariana, começam o itabirito e o xisto argiloso, que repousam sobre o gneiss e o grünstein. Na região se encontra **Camargos**, outrora rica em ouro, mas onde, atualmente, só seis lavras estão sendo exploradas, ocupando apenas sessenta e oito escravos e noventa e cinco faiscadores, livres e escravos, que dali conseguem o necessário para a sua subsistência. O tipo de ocorrência do ouro nessa região é idêntico ao de Vila Rica e Passagem, já descrito. As camadas oscilam, porém, em torno da 6ª a 9ª hora, o que não se dá naqueles dois lugares citados".* (ESCHWEGE, 1979, p. 14).

GEORGE GARDNER (1836-1841)

*"A uma légua de Bento Rodrigues passamos pelo pequeno **Arraial de Camargos**, situado entre montanhas ao pé de um ribeiro. Estávamos apenas a 3 léguas do lugar de nosso destino, São Caetano, que eu ansiava por alcançar sem maior demora; mas a estrada, que corta uma região montanhosa e estéril, era má e as mulas, ainda pouco afeitas ao trabalho, desviavam-se do caminho ou nele se deitavam, tornando muito lenta nossa marcha. Eram por isso quase cinco horas da tarde quando alcançamos a última casa na estrada de São Caetano, sendo a distância daí em diante inferior a uma légua. Nesta casa queria o tropeiro pousar essa noite, proposta em que de modo algum consenti, especialmente porque ameaçava chover e a casa era tão pequena e tão mal coberta que não poderia oferecer-nos*

abrigo adequado. Ele, porém, teimou em ficar e teria ficado, se eu o não ameaçasse de suspender-lhe o pagamento". (GARDNER, 1975, p. 227).

JOHN MAWE (1808-1818)

*"Descansei em **Camargo**, pequena aldeia, e passei em frente a uma bela vivenda situada perto do córrego do mesmo nome, onde há uma lavagem de ouro que ocupa duzentos negros e que dizem ser riquíssima. Uma légua além está Bento Rodrigo, lugar pobre, de pouca importância; às seis horas da tarde, entrei em Inficcionado, grande aldeia, com população de mil e quinhentos habitantes. A população fora mais numerosa, mas, com o declínio das minas, diminuíra. Não encontrando aí hospedagem decente, apeei em casa de um lojista, que me recebeu muito amavelmente, deu-me quarto e jantar e me apresentou a sua mulher e a três outras senhoras. Achei sua companhia alegre e divertida. No dia seguinte, meus soldados, depois de alguma dificuldade, em hora tardia, arranjaram animais".* (MAWE, 1978, p. 143).

PESQUISADOR: Francisco de Assis Carvalho
REVISORA: Dick, 2012.

***

171 TOPÔNIMO: CAPIVARI
TAXONOMIA: *Zootopônimo*
LOCALIZAÇÃO: Eixo principal da ER
CAMINHO: D
MUNICÍPIO: Serro – MG
ACIDENTE: humano / distrito
ORIGEM: indígena [tupi]
MOTIVAÇÃO: Em *O tupi na geografia nacional*, SAMPAIO (1955, p. 190) define o termo "***capivary** como* "***Caapuiar-y**, o rio das capivaras. Alt. **Capibary**. Em decorrência, SILVA (1966, p. 95): **capivar(a)** = **capibar** (a) (o animal capivara) i = y (rio) – 'o rio das capivaras'. **Capivar (a)** a capivara i = **um** (pequeno) – "a pequena capivara: alusão a determinada espécie de animal herbívoro (**hydrocherus**)".*
HISTÓRICO: Capivari
Zootopônimo
ESTRUTURA MORFOLÓGICA: Nm [Ssing]
INFORMAÇÕES ENCICLOPÉDICAS: Pequena comunidade que nasceu em 1773 em decorrência da mineração. O acesso se dá por Milho Verde. A localidade surgiu provavelmente com a atividade de garimpo de diamantes e depois se tornou um ponto de apoio para tropeiros que seguiam em direção ao Arraial do Tijuco para vender seus produtos. CAPIVARI está em meio a uma natureza privilegiada; além do PICO DO ITAMBÉ; o distrito possui deliciosas cachoeiras e está muito próximo à nascente do rio Jequitinhonha, onde estão cascatas e piscinas naturais de águas limpíssimas. (COSTA, 1993, p. 191 / TRINDADE, 1945, p. 76).
ESCRITOS DOS VIAJANTES
GEORGE HEINRICH VON LANGSDORFF (1822-1829)
*"O sr. Rugendas, para minha alegria, chegou por volta do meio dia, de forma que me despreocupei, pois poderíamos prosseguir nossa viagem amanhã. Nossa intenção é ir até Brumado e de lá seguir para **Capivarim**".* (LANGSDORFF, 1997, p. 131).
PESQUISADOR: Francisco de Assis Carvalho
REVISORA: Dick, 2012.

***

172 TOPÔNIMO: CARMÉSIA
TAXONOMIA: *Hagiotopônimo*
LOCALIZAÇÃO: Área de influência da ER
CAMINHO: D
MUNICÍPIO: Carmésia – MG
ACIDENTE: humano / município

ORIGEM: portuguesa
MOTIVAÇÃO: Homenagem a NOSSA SENHORA DO CARMO, padroeira da cidade.
HISTÓRICO: Carmésia < Viamão do Carmo
Hagiotopônimo < Hidrotopônimo
ESTRUTURA MORFOLÓGICA: Nf [Ssing]
INFORMAÇÕES ENCICLOPÉDICAS: Uma capela foi erguida em honra a Nossa Senhora do Carmo e o lugarejo se desenvolveu. Em 1943, o nome da localidade foi mudado para CARMÉSIA, com o qual se emancipou em 1962. A microrregião Bacia do Suaçuí, onde se localiza o município, foi desbravada em meados do século XVIII. Em consequência, surgiram várias povoações de rios e ribeirões, tais como: Conceição do Mato Dentro, Dom Joaquim e Ferros. Mais tarde, o solo municipal foi alcançado por ocasião da fundação de um núcleo denominado VIAMÃO. Município criado pela lei Nº2764, de 30 de dezembro de 1962. (BARBOSA, 1995, p. 80).
ESCRITOS DOS VIAJANTES: n/e
PESQUISADOR: Francisco de Assis Carvalho
REVISORA: Dick, 2012.

***

173 TOPÔNIMO: CATAS ALTAS
TAXONOMIA: *Sociotopônimo*
LOCALIZAÇÃO: Eixo principal da ER
CAMINHO: D
MUNICÍPIO: Catas Altas – MG
ACIDENTE: humano / município
ORIGEM: portuguesa
MOTIVAÇÃO: *"Das PROFUNDAS ESCAVAÇÕES QUE SE FAZIAM NO ALTO DO MORRO"* (Eschwege, Rev. A.P.M., Il, 628). A denominação de Catas Altas DO MATO DENTRO para distinguir de Catas Altas da Noruega.
HISTÓRICO: Catas Altas < Catas Altas do Mato Dentro
Sociotopônimo < Sociotopônimo
ESTRUTURA MORFOLÓGICA: NCf [Spl + ADJpl]
INFORMAÇÕES ENCICLOPÉDICAS: Em 1702, o bandeirante Domingos Borges descobriu ricas minas auríferas na parte oriental do Maciço do Espinhaço, que foram denominadas de "CATAS ALTAS". O povoado se originou ao redor da mineração, a partir de 1712 e, com o esgotamento das minas, na segunda metade do século, tornou-se um arraial pouco populoso e os habitantes que ali permaneceram passaram a se dedicar ao cultivo de pequenas roças de subsistência. A **SERRA DO CARAÇA** faz um magnífico cenário para esta pitoresca cidade, formando uma das mais marcantes paisagens mineiras. Cônego Trindade informa que, em 1710, já tinha seu vigário, Pe. André do Couto Leal (Arquidiocese de Mariana, 1º, 68). Lê-se no *"Livro de Lotação das Freguesias deste Bispado"*(Arquivo Eclesiástico de Mariana), fls. 104, que *"consta do lº batismo que se celebrou na capela de N. Sr.ªda Conceição de Catas Altas, no ano de 1712, que sua fundação havia sido muito anterior ao tempo em que começou a ser provida de vigários encomendados".*(COSTA, 1993, p. 198 / TRINDADE, 1945, p. 91).
ESCRITOS DOS VIAJANTES:
MANUEL AIRES DE CASAL (1817)
*"**Catas-Altas de Mato Dentro**, noutro tempo arraial grande e florescente, ornado com uma igreja matriz dedicada a N. Senhora da Conceição, tem decaído com a falta do ouro. Os profundos socavões, que se fizeram para o tirar do centro da terra, deram-lhe o nome. Seus habitantes são agricultores, mineiros e criadores de gado. Fica 2 léguas arredado do precedente".* (CASAL, 1976, p. 170).
AUGUSTE FRANÇOIS CESAR PROUVENÇAL DE SAINT-HILAIRE (1816-1822)
*"**Catas Altas de Mato Dentro** é sede de uma paróquia considerável. Os habitantes atuais dessa povoação, como os de Antônio Pereira, não se entregam à agricultura; e quando um trabalho de algumas horas lhes rendeu três ou*

quatro vinténs vão descansar. Por toda a parte onde tínhamos parado, havíamos despertado curiosidade geral. Já no Paraíba, as pessoas da região que, pela aparência, eram gente de importância, nos tinham rodeado, e enchiam- -nos de perguntas. Em Catas Altas foram mais longe: havia uma multidão diante da janela em que eu analisava plantas, a qual me privava da luz que me era necessária". (SAINT-HILAIRE, 1938, p. 88).

JOHN LUCCOCK (1808-1818)

"Tendo tomado a grande estrada do norte que, através de Barbacena leva a Vila-Rica e passado pela pequena ladeia de Ressaquinha, principiámos a subir uma considerável eminência. À direita havia uns tantos morros, im- propriamente chamados de Catas Altas, coroados de florestas e que pareciam pertencer às grandes matas que ficam para as bandas do oriente. Fiz tudo por saber que largura tinham os "morros" despidos que jaziam para ocidente, mas, não estando certo de que minhas perguntas foram compreendidas, menciono aqui com desconfiança a informação obtida de que a distância de floresta a floresta, em linha reta, traçada de este a oeste, media cerca de 50 léguas. Para os lados de nordeste e sudoeste, pareciam as terras despidas não possuir limites com matas, pois que nenhuma das pessoas com as quais encontrei fora jamais até a orla da floresta em ambas as direções. E' neste lugar que nasce o Paraopeba, uma das principais nascentes do S. Francisco".(LUCCOCK, 1975, p. 323).

JOHANN BAPTIST EMANUEL POHL (1817-1821)

"O arrayal de Catas Altas de Mato Dentro recebeu esse nome das profundas catas feitas na serra, as quais são o único vestígio da antiga extração de ouro que, segundo se diz, produzia abundantemente. Atualmente, só são exploradas as lavras do Capitão-mor Inocêncio, de produção apenas regular. O arraial fica numa encosta da Serra de Maquiné, em terreno muito acidentado, e é um dos maiores arraiais da província. As casas, enfileiradas em duas ruas, uma na direção sul-norte e a outra menor, de oeste para leste, são na maioria térreas e possuem vendas. Devem elevar-se a umas 200. As igrejas, em número de três, estão em decadência, como a maior parte dos edifícios do arraial, desde que diminuiu a extração do ouro. A mais bela é a igreja matriz de Nossa Senhora da Conceição, que se acha numa praça aberta, ornada com duas torres. Vêm-se por todo lado, neste arraial, vestígios da riqueza e abastança de outrora. Atualmente, o meio de vida dos moradores reside geralmente mais no comércio, na lavoura e na criação de gado do que na busca de ouro, que há muitos anos se encontra bastante diminuída". (POHL, 1976, p. 381).

WIHELM VON ESCHWEGE (1810-1821)

"A vizinha Catas Altas foi muito rica, quando as lavras ainda produziam excelentes resultados e existia um co- mércio considerável de ametistas, extraídas na serra próxima, chamada Itaberava. Hoje, porém, está em completa decadência. A superfície dessa região montanhosa foi muito escalada pelos mineiros. A altitude permanece a mes- ma, até o importante arraial de Cocais, entre 2200 a 2500 pés, acima do nível do mar, vale dizer, não muito abaixo dos pontos mais elevados da cadeia de montanhas. As profundas escavações, feitas no alto do morro, deram nome ao local. A povoação, outrora florescente, está atualmente em completa decadência. De considerável valor são ainda hoje as lavras do Capitão-Mor Inocêncio". (ESCHWEGE, 1825, p. 31).

JOHN MAWE (1808-1818)

"Parti, cerca das dez horas, por estrada má e, após viajar meia légua, passei o córrego do Inficcionado, lindo regato que atravessa um terreno rico em ouro, principalmente perto da aldeia de Santa Bárbara, onde, de todos os lados, há lavagens. Daí à aldeia de Catas Altas, 2 léguas além, está uma região aberta, das mais belas que eu jamais vira no Brasil. Ela muito se assemelha à que se estende de Matlock a Derby, e suas montanhas apresentam grande conformidade com as de Westmoreland. Algumas têm fendas, nas quais geralmente se encontram topázios bastante medíocres. Este distrito pareceu-me igualmente próprio para a agricultura e para os trabalhos das minas, sendo aí ricos o solo e o subsolo. Catas Altas conta pelo menos dois mil habitantes e está situada em lugar muito povoado. Seus edifícios públicos são bem construídos; as habitações particulares têm bom aspecto, mas apresentam todos os sinais de decadência".(MAWE, 1978, p. 143).

JOHANN MORITZ RUGENDAS(1822-1825)

"A criação de gado e a agricultura deram trabalho e profissão garantida à parte da população que a exploração do ouro empobrecera; Barbacena, Santa Lúcia, e principalmente os fazendeiros de Mato Dentro, atingiram um grande bem-estar ao passo que os distritos unicamente devotados à exploração do ouro decaíram. O mesmo diremos de Sabará, cidade de cerca de 7.000 habitantes. Era ela outrora muito mais rica e povoada e evidencia hoje todos os sintomas de decadência. O arraial de Catas Altas, ao norte de Vila Rica, perto da Serra de Nossa Senhora Mãe

dos Homens, foi um dos lugares de maior riqueza aurífera. Poucas léguas adiante encontram-se Brumado e Congo Seco, onde, ainda hoje, a produção de ouro é abundante". (RUGENDAS, 1972, p. 39).

J. B. von SPIX e C. F. P. von MARTIUS (1817-1820): *"o Pico de Itabira, perto de Sabará, a Serra do Caraça, perto de* **Catas Altas***; a Serra da Lapa etc.; e, diante de nós a oeste, resplandecia a Lagoa Santa."* (SPIX e MARTIUS, 1981, p. 17).

GEORGE GARDNER (1837)

"Ao dia seguinte fizemos jornada de cerca de duas léguas e a meia Barra passamos pelo arraial do Brumado, solitário em grande decadência. Daqui partindo, continuamos na direção de leste até o sopé da serra do Caraça e contornando a sua base do lado nordeste, chegamos logo depois do meio-dia ao arraial de **Catas Altas***, que está situado no sopé da serra, na extremidade sudeste. Consiste principalmente em uma longa rua e, como Brumado, não está vivendo dias muito florescentes. As montanhas em torno da aldeia e entre esta e Brumado são cobertas de capim-gordura. A grande altura, na própria serra, há uma ermida chamada Nossa Senhora Mãe dos Homens. A edificação foi começada em 1771 por um português que ainda era vivo, mais do que centenário, quando foi visitado por Spix e Martius em 1818. Era agora, a ermida, um seminário teológico tendo, ao que dizem, muitos poucos alunos. Esta serra foi botanicamente explorada por Saint-Hilaire, bem como por Spix e Martius, que a acharam riquíssima em curiosos e raros produtos vegetais. Desejava eu, por minha vez, esperar um dia subi-la, mas o tempo não me ajudou, porque choveu copiosamente e as partes mais altas da montanha ficaram envoltas em nuvens. Partindo de Catas Altas, a estrada toma uma direção sudeste ao longo dos sopé da serra do Caraça. Depois de viajar duas léguas passamos pelo arraial do Inficionado, outra longa e estreita aldeia, mais ou menos do tamanho de Catas Altas e, como esta, em evidente estado de decadências."* (GARDNER, 1975, p. 226).

CHARLES J. F. BUNBURY (1833-1835): *"... No dia seguinte, prosseguia a viagem passando por* **Catas Altas** *e Água Quente, até Cata Preta, perto do Inficionado, onde fiquei bem alojado numa casa pertencente à mesma companhia que possui a mina de Gongo Soco. A distância de Brumado para Inficionado é de quatro léguas. A primeira parte da viagem, até* **Catas Altas** *foi ao longo das raízes da Serra do Caraça, da qual obtive uma boa vista, tendo ficado mais perto dela do que anteriormente..."* (BUNBURY, 1981, p. 91).

PESQUISADOR: Francisco de Assis Carvalho
REVISORA: Dick, 2012.

***

174 TOPÔNIMO: CHAPADA

TAXONOMIA: *Geomorfotopônimo*
LOCALIZAÇÃO: Eixo principal da ER
CAMINHO: D
MUNICÍPIO: Ouro Preto – MG
ACIDENTE: humano / distrito
ORIGEM: portuguesa
MOTIVAÇÃO: Refere-se à LOCALIZAÇÃO DO VILAREJO.Chapada: *"cha-pa-da, s. f. Superfície plana. Clareira. Bras. Esplanada no alto de um monte ou serra".* (CUNHA, 1989).
HISTÓRICO: Chapada < Alto da Chapada
Geomorfotopônimo < Dimensiotopônimo
ESTRUTURA MORFOLÓGICA: Nf [Ssing]
INFORMAÇÕES ENCICLOPÉDICAS: Povoado ligado à mineração que se originou em meados do século XVIII e foi consolidado no século seguinte, como confirma a construção da Capela em 1883. (BARBOSA, 1995, p. 88 / COSTA, 1993, p. 200).
ESCRITOS DOS VIAJANTES
MANUEL AIRES DE CASAL (1817)
"Três léguas ao norte do Fanado está o **Arraial da Chapada***. Seus habitantes, que apenas recolhem alguns viveres ocupam-se em minerações".*(CASAL, 1976, p. 180).
JOHANN BAPTIST VON SPIX / KARL FRIEDRICH PHILIPP VON MARTIUS (1817-1820)

*"Algumas regiões do termo pareciam justificar outrora a fama de riqueza de ouro, e até foram aberta importantes minas no **arraial de Chapada**; parece, entretanto, ter diminuído muito ali a quantidade do precioso mineral, e hoje, quando muito estão uns 150 homens ocupados a lavar ouro, sobretudo era em Chapada e Araçuaí".* (SPIX & MARTIUS, 1981, p. 53).

JOHN MAWE (1808-1818)

*"Atravessamos Mariana e chegamos ao **Alto da Chapada**, aldeia distante três milhas, situada numa eminência, no meio de bela planície. Pouco depois, atingimos lugar muito elevado e limitado entre dois montes perpendiculares, de onde avistamos a aldeia de São Sebastião. Custamos muito a descer a pé ao Ribeirão do Carmo, que banha a base dessa montanha, e passamos por uma ponte bastante pitoresca pela altura de seus arcos. Atravessamos **Chapada**, aldeiazinha muito suja, outrora famosa por suas lavagens, bem como os regatos e as ravinas em torno. Entramos, depois, em bom terreno argiloso e deparou-se-nos considerável extensão de solo turfoso, banhado por imensos córregos, que brotavam de todos os lados. Era região descampada, de aspecto romântico, devido ao grande número de rochedos de conglomerados, laminada, mole e disposta em camadas de formas irregulares, pouco elevadas e esparsas".*(MAWE, 1978, p. 160).

PESQUISADOR: Francisco de Assis Carvalho
REVISORA: Dick, 2012.

***

175 TOPÔNIMO: COCAIS
TAXONOMIA: *Fitotopônimo*
LOCALIZAÇÃO: Eixo principal da ER
CAMINHO: D
MUNICÍPIO: Barão de Cocais – MG
ACIDENTE: humano / distrito
ORIGEM: portuguesa
MOTIVAÇÃO: A Igreja de Santana que era outrora cercada de coqueirais.
HISTÓRICO: Cocais
Fitotopônimo
ESTRUTURA MORFOLÓGICA: Nf [Spl]
INFORMAÇÕES ENCICLOPÉDICAS: A vila colonial de Cocais foi fundada no dia 26 de julho de 1703 pelos bandeirantes Antônio e João Furtado Leite, irmãos portugueses que erigiram uma tosca capela sob a invocação de Santana. Conforme MATOS 1837 (1981, p. 178): *"Arraial de Cocais: sobre a margem esquerda do Córrego do mesmo nome, que entra pelo mesmo lado no Rio de Santa Bárbara, ramo principal do Piracicaba. Tem 239 fogos e 1864 almas".* Em 1835, quando o Barão de Cocais foi governador de Minas Gerais (presidente da província), realizou melhoramentos na VILA DE COCAIS, como urbanização e calçamento, além da reforma da capela de Santana, como pintura, ampliação e douramento dos altares. (BARBOSA, 1995, p. 89 / COSTA, 1993, p. 202 / TRINDADE, 1945, p. 93).
ESCRITOS DOS VIAJANTES

MANUEL AIRES DE CASAL (1817)
*"3 léguas distante de Santa Bárbara está o **Arraial dos Cocais**, com ricas minas de ouro no distrito da Paróquia de São João do Morro-Grande".*(CASAL, 1976, p. 170).

JOHANN BAPTIST VON SPIX / KARL FRIEDRICH PHILIPP VON MARTIUS (1817-1820)
*"Quando saímos da mata da primeira montanha que galgamos, vislumbramos a aldeia de São João do Morro Grande, com as suas torres gêmeas, num vale melancólico. Antes do pôr do sol, fizemos a ascensão da segunda montanha, e alcançamos, depois de uma caminhada de cinco horas, o **povoado de Cocais**, cuja capela, circundada de palmeiras, destaca-se graciosa num outeiro. Esse lugar é afamado, sobretudo, pela quantidade e pureza do ouro aqui lavado, que aparece não só salpicado nos filões de quartzo, ou no barro, porém, igualmente em pedaços maiores, lâminas e cristais, dos quais tem o Dr. Gomides uma notável coleção, além de outros minerais do país. O ouro daqui, assim como o do Morro Grande, é, em geral, de 22 ½ quilates".* (SPIX & MARTIUS, 1981, p. 17-18).

CHARLES JAMES FOX BUNBURY (1833-1834)

*"Fiquei detido em **Cocais** todo o dia seguinte, em consequência de minhas mulas se terem desgarrado no mato; um contratempo nada fora do comum em viagens no Brasil. No dia 21 reencentei minha viagem, mas em vez de: ir para o norte, virei para o oeste, ou mais, para o sudoeste, e prossegui por São João do Morro Grande para Gongo Soco, e, a cerca de uma légua além daí, na estrada de Caeté. Ao passarmos pela aldeia de São João encontramos umas senhoras viajando numa liteira coberta, pendurada entre duas mulas, como a lettiga de Sicília. Essa condução não é fora do comum no interior do Brasil. De Morro Grande a Gongo Soco, a estrada acompanha o curso de um rio pequeno, mas veloz, na margem esquerda do qual as colinas são íngremes e bem cobertas de matas, enquanto que as do outro lado são arredondadas e sem árvores o nível geral do vale sobe para o oeste, as colinas ao norte tornam-se dignas do nome de montanhas, e imediatamente depois de passarmos por Gongo Soco, subimos uma montanha íngreme de minério de ferro que fecha o vale nessa ponta".* (BUNBURY, 1981. p. 71-72).

AUGUSTE FRANÇOIS CESAR PROUVENÇAL DE SAINT-HILAIRE (1816-1822)

*"Havia muito tempo não gozava de um lugar tão agradável quanto a que me ofereceu a **aldeia de Cocais**, observada das montanhas opostas. Ela é construída ao mesmo tempo sobre o topo e sobre o flanco de uma colina que se eleva ao pé da serra. Esta, desenvolvendo-se atrás da aldeia, forma uma espécie de semicírculo que apresenta grandes espaços cobertos de florestas sombrias, outros simplesmente revestidos de gramados e, acolá rochas de cor enegrecida. À direita, percebe-se, em grotas, duas grandes jazidas onde a terra se apresenta desprovida de vegetação e ao redor das quais se acham esparsas numerosas casas de negros. A colina onde se acha a aldeia, termina por uma larga plataforma, à frente da qual foi construída a igreja. Ao redor desta foram plantadas palmeiras cujos caules erectos e a folhagem leve contrastam de modo notável com as formas das árvores cerradas e copadas da serra, enquanto que a brancura das paredes da igreja faz ressaltar o verde sombrio dessas árvores. As casas que se estendem pelo flanco da colina, pequenas e baixas, são separadas umas das outras por grupos de bananeiras, cafeeiros e laranjeiras, de tal modo densas que em parte nenhuma deixam perceber o solo".* (SAINT-HILAIRE, 1975, p. 57).

JOHANN BAPTIST EMANUEL POHL (1817-1821)

*"O **Arraial de Cocais** que fica sobre uma colina rodeada de serras. Acampamos na péssima estalagem deste lugar, que alcançamos depois de uma jornada de 2 léguas e três quartos. Na estalagem, antes uma venda com alguns quartos, encontramos alguma proteção contra a chuva, que já nos encharcara até os ossos. Víveres aqui não havia, e só o que se podia obter era cachaça. Este arraial deve seu nome a alguns coqueiros plantados junto à igreja, numa colina. O arraial é pequeno e fica na encosta da Serra Velha, que é bastante alta, estendendo-se de noroeste para sudeste e a cujo sopé correm os ribeirões Una e Maquiné. As casas, conquanto térreas, são em geral construídas com muito gosto e nada ficam devendo às do Rio de Janeiro".* (POHL, 1976, p. 378).

GEORGE GARDNER (1836-1841)

*"O **Arraial de Cocais** não é somente o mais belo que vi em Minas, mas ainda o mais magnificamente situado. Está edificado no suave declive e no cimo de pequena montanha que se ergue no meio de um semicírculo formado pela serra, desnuda. Entre o arraial e a serra corre o pequeno Rio Una, de pouca água na estação da seca. Ao longo de suas margens e mesmo até considerável distância, o solo foi por toda parte escavado e lavado em busca de ouro; estas operações ainda agora se fazem. Longe de mostrar a ruína e decadência que apresentavam os outros lugarejos pouco antes percorridos, aqui as casas tinham todas um ar de asseio e elegância, caiadas e cercadas de pequenos pomares com laranjeiras, cafeeiros, bananeiras etc. A igreja salienta-se fortemente entre as demais construções, rodeada de altas palmeiras que dão àquele sítio um aspecto verdadeiramente tropical".* (GARDNER, 1975, p. 220).

PESQUISADOR: Francisco de Assis Carvalho
REVISORA: Dick, 2012.

***

176 TOPÔNIMO: CONCEIÇÃO DO MATO DENTRO
TAXONOMIA: *Hagiotopônimo*
LOCALIZAÇÃO: Eixo principal da ER
CAMINHO: D
MUNICÍPIO: Conceição do Mato Dentro – MG
ACIDENTE: humano / município
ORIGEM: portuguesa

MOTIVAÇÃO: Situada na região de Caeté que, na língua indígena, significa MATO DENTRO. Segundo BEAUREPAIRE (2007), *"o substantivo masculino **Mato** é muito usado com o mesmo significado de roça"*.

HISTÓRICO: Conceição do Mato Dentro < Conceição < Conceição do Serro

Hagiotopônimo < Hagiotopônimo < Hagiotopônimo

ESTRUTURA MORFOLÓGICA: NCf [Ssing + {Prep + Asing + ADV}]

INFORMAÇÕES ENCICLOPÉDICAS: A história de **CONCEIÇÃO DO MATO DENTRO** remonta ao tempo do ouro, no início do século XVIII, com as expedições dos bandeirantes que desbravaram o território mineiro em busca desse metal. Embora existam relatos de que a primeira expedição teria chegado à região em meados do século XVI (1573), liderada por Fernandes Tourinho, a região só teria sido povoada de fato no inicio do século XVIII. O território foi originalmente habitado pelos índios Botocudos. A região foi emancipada em 1851 com o nome de CONCEIÇÃO DO SERRO; mudou em 1925 para CONCEIÇÃO, e em 1943 foi modificado definitivamente para CONCEIÇÃO DO MATO DENTRO. Conceição do Mato Dentro, outrora um dos maiores municípios da região Central do Estado, abrangia com seu território toda a Serra do Cipó, da cordilheira Espinhaço ou Serra Geral, numa extensão de mais de cem quilômetros em linha reta, do rio Paraúna ao Tanque. (COSTA, 1993, p. 34-35 / BARBOSA, 1995, p. 91-92 / TRINDADE, 1945, p. 94).

ESCRITOS DOS VIAJANTES

MANUEL AIRES DE CASAL (1817)

*"No seu termo em distância de 12 léguas, está o considerável **Arraial e Freguesia de N. Senhora da Conceição**, em cujo distrito fica a Serra de Gaspar Soares, abundante de minerais de ferro, para cujo aproveitamento se está estabelecendo uma fábrica real".* (CASAL, 1976, p. 179).

JOHANN BAPTIST VON SPIX / KARL FRIEDRICH PHILIPP VON MARTIUS (1817-1820)

*"...extenso **Arraial da Conceição**, à margem do Rio Santo Antônio, e pernoitamos na solitária fazenda do Pe. Bento. Uma das nossas mulas cargueiras havia-se descadeirado na subida do morro, caso que exigia rápido socorro. O arrieiro procurou remediar o animal com clisteres, cataplasmas quentes e aplicação de um emplastro".* (SPIX & MARTIUS, 1981, p. 20).

AUGUSTE FRANÇOIS CESAR PROUVENÇAL DE SAINT-HILAIRE (1816-1822)

*"A povoação de **Conceição (Nossa Senhora da Conceição de Mato Dentro)** é a sede de uma paróquia cuja extensão é de 40 léguas, mas em que se compreendem florestas desabitadas que se estendem a leste. Essa povoação está situada em um vale, à margem de um regato que tem o mesmo nome. Por todos os lados é rodeada por colinas áridas e despidas, absolutamente impróprias para a cultura. **Conceição** pode ter cerca de duzentas casas que se alinham em duas ruas paralelas. A exceção de Itambé, de todas as povoações até então vistas, nenhuma apresentava como essa tantos sintomas de decadência e miséria. Essa povoação jamais esteve, certamente, na altura de Inficionado e Catas Altas; no entanto, o tipo das casas prova que seus primeiros ocupantes gozavam de abastança. Nessa época o ouro retirava-se sem dificuldade dos terrenos próximos à povoação; as minas, porém, empobreceram, e os atuais proprietários não possuem recursos para fazê-las explorar. Afastam-se sucessivamente de uma zona que não mais produz ouro e é imprópria à agricultura; o mato que cresce nas ruas de **Conceição** esconde quase completamente as pedras do calçamento; grande número de casas já foi abandonado, e as outras caem em ruínas. Conceição tem aspecto muito árido".* (SAINT-HILAIRE, 1975, p. 135).

JOHANN BAPTIST EMANUEL POHL (1817-1821)

*"Após légua e meia de marcha, entramos no **Arraial da Conceição**. Este arraial, que está entre as maiores povoações de Capitania, distingue-se entre os demais por sua bela e salubre situação. Fica na encosta setentrional de uma serra e é cercado de serra por todos os lados. O Ribeirão Conceição, que na parte meridional da povoação, correndo de leste para oeste e voltando-se, depois, de oeste para leste, deságua no Ribeirão Bandeirinha e, unido a este, no Rio Santo Antônio, fornecendo água suficiente ao arraial. A outrora abundante produção de ouro foi a causa da fundação deste lugar, cujos grandes edifícios dão testemunho cabal da antiga opulência dos habitantes. Mas observa-se, com a mesma certeza, a decadência atual. As duas ruas principais, que atravessamos de norte para sul, eram mal e parcialmente caçadas. O número de edifícios deve somar uns 200. Muito deles, assobradados. As igrejas, quatro no total, são todas bem construídas. Os habitantes, que antes viviam da extração do ouro, hoje sustentam-se geralmente de suas plantações; entregam-se também, em grande parte, aos ofícios e ao comércio."* (POHL, 1976, p. 336).

GEORGE GARDNER (1836-1841)

*"Depois de viajar cerca de meia légua na manhã seguinte passamos pelo **Arraial de N. S. da Conceição do Mato Dentro**. Está situado num recôncavo, às margens de pequeno rio e cercado por altas e relvosas montanhas. Contém cerca de duzentas casas distribuídas em duas longas ruas paralelas e é um dos lugares de mais miserando aspecto que já vi. Muitas das casas estão caindo em ruínas e as que ainda se acham habitadas nem sequer caiadas são, mas apenas rebocadas de barro vermelho. A região ao redor tem aspecto sáfaro; mas, como as montanhas são cobertas de capim gordura, a aparência não é tão estéril quanto a das redondezas da cidade de Diamantina; são, porém, despidas de todos os pequenos e belos arbustos que tornam tão interessante para o botânico as montanhas do distrito do diamante. Com exceção de umas pequenas hortas junto a algumas das casas, não há sinal de plantações nos arredores de Conceição".* (GARDNER, 1975, p. 232).

JOHN MAWE (1808-1818)

*"A **aldeia de Conceição** me pareceu bastante grande para conter somente dois mil habitantes. A maior parte deste esgotado distrito caminhava rapidamente para a decadência. O aluguel de uma casa passável é pouco mais ou menos de dois shillings por mês. A única manufatura deste lugar é a do algodão, que se fia à mão e com o qual se fazem panos grosseiros para camisas. Parece existir a máxima entre os habitantes, de que é preferível andar nu do que trabalhar para vestir-se. O solo é, em geral, de boa terra vermelha. Há em muitos lugares situações convenientes para fundições, porque neles são igualmente abundantes o minério de ferro e a madeira. Fora realmente para desejar que se instalassem estabelecimentos desse gênero, por ser o ferro tão caro em **Conceição**, e tão pobres os habitantes, que raramente os burros são ferrados, o que é incômodo para o cavaleiro e perigoso para os animais, que dão quedas contínuas, sobretudo subindo colinas argilosas, depois de alguma chuva".* (MAWE, 1978, p. 149).

GEORGE HEINRICH VON LANGSDORFF (1822-1829)

*"Ele partiu e voltou na manhã seguinte, com a notícia de que eles haviam tomado o caminho errado e ido na direção da **vila (arraial) da Conceição**, 3 léguas ao lado, e que haviam pernoitado a céu aberto. Por causa da hora, o Sr. Rubtsov cavalgou com o mesmo guia ao encontro deles. Ficamos contentes em saber que pelo menos não havia acontecido nenhum acidente".* (LANGSDORFF, 1997, p. 292-293).

PESQUISADOR: Francisco de Assis Carvalho
REVISORA: Dick, 2012.

***

177 TOPÔNIMO: CONGONHAS DO NORTE
TAXONOMIA: *Fitotopônimo/Dimensiotopônimo*
LOCALIZAÇÃO: Área de influência da ER
CAMINHO: D
MUNICÍPIO: Congonhas do Norte – MG
ACIDENTE: humano / município
ORIGEM: indígena [tupi]
MOTIVAÇÃO: Os bandeirantes encontraram às margens dos rios e córregos arbustos que conheciam pelo nome de CONGONHAS ou mate. NORTE, pela posição geográfica do local. Em *O tupi na geografia nacional*, SAMPAIO (1955, p. 198) define o termo **Congonha** como *"corr. **Congoi**, o que sustenta ou alimenta; é a herva-matte, variedade (**Ilex Congonha**)"*. GREGÓRIO (1980, p. 601) apoia-se na definição de Sampaio para discorrer sobre **Congonha do Campo**: *"arbusto da família das Rubiáceas (ochnaceas) **Luxemburgia glazioviana**, espécie ornamental dos campos de Minas Gerais; pode ser tomada a infusão das folhas como a erva-mate, e por isso é chamada ainda mate do campo"*. Ainda esclarece: **Congonhas:***"nome de cidade de minas, zona metalúrgica"* / *"**Congonhas do Norte**: nome de cidade de minas, zona metalúrgica"*. LAPA: *"significa geralmente caverna. Nessa parte de Minas é geralmente aplicada ao xisto argiloso duro".* (BURTON, 1976, p. 398). LAPA: de acordo com PIEL (1947, p. 37), *"lapa designa uma laje, ou seja, uma pedra de superfície plana".*
HISTÓRICO: Congonhas do Norte < Congonhas < Congonhas de Cima da Serra da Lapa
Fitotopônimo/Dimensiotopônimo < Fitotopônimo < Fitotopônimo
ESTRUTURA MORFOLÓGICA: NCf [Spl + {Prep + Asing + Ssing}]

INFORMAÇÕES ENCICLOPÉDICAS: Data do período de 1711 a 1715, época em que aportou no local uma caravana formada por paulistas, comandada por Fernão Dias Paes Leme, e tinha como auxiliar o seu genro, Manoel da Borba Gato. Estes ergueram uma ermida coberta de palhas de coqueiro, e nela colocaram uma imagem de Nossa Senhora de Santana. Estabelecida a Bandeira, esta continuou sua exploração à procura de minerais, cristais, etc. Descobriram, então, em uma serra próxima, um veio de ouro, sendo esse o ponto de partida para o desenvolvimento do povoado que tomou o nome de CONGONHAS DE CIMA DA SERRA DA LAPA. O povoado que deu origem ao município surgiu da necessidade que as entradas e bandeiras tinham de um ponto de apoio e de reabastecimento. Distrito do Serro, com a denominação de CONGONHAS foi suprimido e depois restabelecido em 1857, incorporado a Conceição do Mato Dentro, situação em que permaneceu até a sua emancipação, em 1962. Conforme MATOS – 1837 (1981, p. 186): *"Congonhas do Mato Dentro: arraial com 48 fogos. Dista 9 léguas da paróquia. Tem 110 fogos e 515 almas."*(BARBOSA, 1995, p. 95 / COSTA, 1993, p. 207 / TRINDADE, 1945, p. 97).

ESCRITOS DOS VIAJANTES

AUGUSTE FRANÇOIS CESAR PROUVENÇAL DE SAINT-HILAIRE (1816-1822)

*"Um viajante, referindo-se a um outro lugar que tem também o nome de **Congonhas**, dá a significação desse nome como derivada das palavras indígenas **caa**: mata, e **cunha**: mulher (mulher das matas). Não sei se esta etimologia está certa, mas o que é certo é que pelo nome de congonhas se designa em Minas a planta famosa cujas folhas fornecem aos habitantes do Paraguai a bebida que eles denominam mate (Ilex paraguariensis St. Hil). De qualquer modo a **aldeia de Congonhas**, distante 4 léguas de Tapera e 9 léguas de Conceição, é uma dependência desta paróquia e devia ser chamada sempre, **Congonhas da Serra**, para impedir-se a confusão com o lugar chamado Congonhas do Campo, próximo de Vila Rica, e com Congonhas do Sabará. A **aldeia de Congonhas** da Serra fica sobre o declive de uma colina, e se compõe de 6 e poucas casas. Não existe ouro em seus arredores, ou, pelo menos ainda não foi encontrado; o que mantém a população dessa aldeia é a passagem das caravanas que vão de Sabará, e principalmente de Santa Luzia, ao Tijuco. A região montanhosa onde está **Congonhas** é uma das mais elevadas da província".* (SAINT-HILAIRE, 1938, p. 48).

PESQUISADOR: Francisco de Assis Carvalho

REVISORA: Dick, 2012.

***

178 TOPÔNIMO: CÓRREGOS

TAXONOMIA: *Hidrotopônimo*

LOCALIZAÇÃO: Eixo principal da ER

CAMINHO: D

MUNICÍPIO: Conceição do Mato Dentro – MG

ACIDENTE: humano / distrito

ORIGEM: portuguesa

MOTIVAÇÃO: Lugar de mineração que apresenta ainda hoje os chamados cânions artificiais, gerados pelas técnicas de mineração que faziam sulcos no solo. Originalmente, NOSSA SENHORA APARECIDA DE CÓRREGOS. CÓRREGO: *"é pronunciado pelo povo 'corgo', e as vezes assim escrito pelos incultos".* (BURTON, 1976, P. 222).

HISTÓRICO: Córregos < Nossa Senhora Aparecida de Córregos

Hidrotopônimo < Hagiotopônimo

ESTRUTURA MORFOLÓGICA: Nm [Spl]

INFORMAÇÕES ENCICLOPÉDICAS: Fundado por bandeirantes em 1702, o povoado de NOSSA SENHORA APARECIDA DE CÓRREGOS é considerado o mais antigo do município, servindo como núcleo de mineração do ouro e do diamante, no início de sua formação. De acordo com MATOS – 1837 (1981, p. 186): *"Córrego: arraial. Dista 3 léguas da paróquia. Tem 191 fogos e 826 almas. Distrito do município de Conceição do Mato Dentro".* O distrito foi criado pela lei Nº 902, de 8 de junho de 1858 e foi elevado à paróquia, com o título de Nossa Senhora da Aparecida de Córregos, pela lei Nº 2420, de 5 de novembro de 1877. (BARBOSA, 1995, p. 104 / COSTA, 1993, p. 212 / TRINDADE, 1945, p. 143).

348 Francisco de Assis Carvalho

ESCRITOS DOS VIAJANTES: n/e
PESQUISADOR: Francisco de Assis Carvalho
REVISORA: Dick, 2012.

***

179 TOPÔNIMO: COUTO DE MAGALHÃES DE MINAS
TAXONOMIA: *Antropotopônimo*
LOCALIZAÇÃO: Área de influência da ER
CAMINHO: D
MUNICÍPIO: Couto de Magalhães de Minas – MG
ACIDENTE: humano / município
ORIGEM: portuguesa
MOTIVAÇÃO: Homenagem a JOSÉ VIEIRA COUTO DE MAGALHÃES. Nasceu em Diamantina, em 1 de novembro de 1837, e faleceu no Rio de Janeiro, em 14 de setembro de 1898. Foi político, militar, escritor e folclorista brasileiro. Dentre suas obras se destacam: *Viagem ao rio Araguaia, O selvagem e Ensaios de Antropologia.*
HISTÓRICO: Couto de Magalhães de Minas < Couto de Magalhães < Rio Manso
Antropotopônimo < Antropotopônimo < Hidrotopônimo
ESTRUTURA MORFOLÓGICA: NCm [Sm + {Prep + Spl + Prep + Spl}] [prenome + apelido de família]
INFORMAÇÕES ENCICLOPÉDICAS: O pequeno ARRAIAL DE RIO MANSO surgiu entre os primeiros núcleos de povoamentos ligados às lavras diamantíferas, nos primeiros anos do século XVIII. Em 1725, Sebastião Leme do Prado, fundador do povoado junto com seus companheiros paulistas, chegaram ao local em busca de ouro e diamantes e assentaram acampamento próximo às margens de um rio sereno e cristalino que recebeu o nome de Rio Manso. Durante todo o período colonial, devido à rígida administração e pelo monopólio real sobre os diamantes, limitando os lucros e benefícios, o povoado, que pertencia à área do Distrito Diamantino desde 1734, teve seu crescimento contido. Com a decadência da mineração, as terras férteis do povoado passaram a ser exploradas com a plantação de frutas e com a agricultura, que se pode observar até os dias de hoje. Devido à sua localização, próxima de Diamantina e no sentido do nordeste de Minas, passou a ser ponto de parada e pouso dos tropeiros, fazendo o comércio florescer. Ainda na época do auge da exploração dos diamantes foram erguidas duas importantes igrejas coloniais sem datação precisa: a matriz de Nossa Senhora da Conceição e a Capela do Bom Jesus de Matozinhos. Município criado pela lei Nº 2764, de 30 de dezembro de 1962. Formado o povoado, foi, em 1839, elevado a distrito, com a denominação de RIO MANSO. Em 1938, ainda pertencendo ao município de Diamantina, teve sua denominação mudada para COUTO DE MAGALHÃES (decreto-lei Nº 1058, de 17 de dezembro). E a lei Nº 2764, *de* 30 de dezembro de 1962, criou o município, desmembrado do de Diamantina, com a denominação de COUTO DE MAGALHÃES DE MINAS. (BARBOSA, 1995, p. 105 / COSTA, 1993, p. 213 / TRINDADE, 1945, p. 251).
ESCRITOS DOS VIAJANTES
JOHANN BAPTIST VON SPIX / KARL FRIEDRICH PHILIPP VON MARTIUS (1817-1820)
*"Guiados por ele, descemos a íngreme serra, a cinco léguas de Tejuco, transpusemos a ponte sobre o **Rio Manso**, de uns trinta pés de largura, afluente do Rio Jequitinhonha, e estávamos agora à saída do Distrito Diamantino, diante do Registro, no **Arraial do Rio Manso**. Os soldados vigilantes já sabiam de nossa permanência e das nossas investigações de história natural no Tejuco, e deixaram-nos prosseguir a jornada, sem que nos revistassem a bagagem".* (SPIX & MARTIUS, 1981, p. 44).
PESQUISADOR: Francisco de Assis Carvalho
REVISORA: Dick, 2012.

***

180 TOPÔNIMO: DATAS
TAXONOMIA: *Litotopônimo/Sociotopônimo*

LOCALIZAÇÃO: Área de influência da ER
CAMINHO: D
MUNICÍPIO: Datas – MG
ACIDENTE: humano / município
ORIGEM: portuguesa
MOTIVAÇÃO: Para garimpar em um "lote" ou DATA DE TERRA, era necessária uma autorização do Império e, devido aos inúmeros pedidos e liberações de "datas", esta região passou a ser denominada Datas d'El Rei.
HISTÓRICO: Datas < Espírito Santo das Datas <Ribeirão das Datas < Datas d'El Rei
Litotopônimo/Sociotopônimos < Hagiotopônimo < Hidrotopônimo < Litotopônimo
ESTRUTURA MORFOLÓGICA: Nf [Spl]
INFORMAÇÕES ENCICLOPÉDICAS: O início do povoamento desta localidade deu-se pelo idos de 1825. Os garimpeiros chegaram no lugar em busca da riqueza que se escondia debaixo daquele solo ainda inexplorado. Para garimpá-lo tinham que ter uma autorização do Rei de Portugal e, para isso, recebiam uma Data que significava um lote de terra marcado para a sua exploração. Tão grande foi a quantidade de lotes ou datas marcadas, que a região, mais tarde, ficou conhecida por "DATAS D'EL REI". A descoberta daquelas pedras preciosas atraiu para ali, garimpeiros abastados com levas de escravos e comerciantes de origem portuguesa. Embora o arraial sempre se chamasse Datas, era, às vezes, designado por ESPÍRITO SANTO DAS DATAS, nome da paróquia; por isso a lei Nº 843, de 7de setembro de 1923, determinou a mudança da denominação de ESPÍRITO SANTO DAS DATAS para DATAS. (BARBOSA, 1995, p. 111 / COSTA, 1993, p. 217).
ESCRITOS DOS VIAJANTES: n/e
PESQUISADOR: Francisco de Assis Carvalho
REVISORA: Dick, 2012.

***

181 TOPÔNIMO: DIAMANTINA
TAXONOMIA: *Litotopônimo*
LOCALIZAÇÃO: Eixo principal da ER
CAMINHO: D
MUNICÍPIO: Diamantina – MG
ACIDENTE: humano / município
ORIGEM: portuguesa
MOTIVAÇÃO: Deve-se à EXTRAÇÃO DE DIAMANTES que acontecia no passado. O ouro do Serro Frio, descoberto nos fins do século XVII, seduziu bandeirantes e aventureiros que chegaram na região até um córrego que ia perder-se no rio Grande. Deram-lhe o nome de *Tijuco*, vocábulo indígena que quer dizer lama (*ty-yuc: "líquido corrupto ou podre, lama, brejo"*) explorado o terreno, encontraram ouro em abundância assombrosa, como nunca aparecera em toda a capitania". Em tupi na *O tupi na geografia nacional*, SAMPAIO (1955, p. 289) define o termo *"Tijuco como ty-yuc: água corrupta, podre; lama, brejo. No tupi-guarani Tuyú"*. BEAURE PAIRE-ROHAN (1889, p. 229) completa: *"Tijuco: s.m. lama e particularmente a lama de cor--escura. Também se diz tyjuco. // etim de origem tupi: tijuca, tiyúca (Voc. Braz.) como ainda se diz no dialeto amazonense (Seixas); em guarani tiyú (Montoya)"*.
HISTÓRICO: Diamantina < Vila do Tijuco < Arraial do Tijuco
Litotopônimo < Poliotopônimo < Poliotopônimo
ESTRUTURA MORFOLÓGICA: Nf [Ssing]
INFORMAÇÕES ENCICLOPÉDICAS: O ARRAIAL DO TIJUCO surgiu em decorrência da exploração do ouro descoberto no Vale do Tijuco, pequeno afluente do Ribeirão Rio Grande situado entre as Serras de Santo Antônio e de São Francisco. Foi a descoberta de diamantes em suas proximidades, em torno de 1720, que contribui para o desenvolvimento do pequeno povoado. Em 1734, o ARRAIAL DO TIJUCO foi transformado em centro político-administrativo do Distrito Diamantino. A política repressiva da Coroa

Portuguesa, preocupada com a defesa do monopólio dos diamantes, impôs a limitação do seu crescimento. Em consequência, surgiu uma sociedade aristocrática e estratificada, diferenciada dos demais povoados mineiros, destacando-se pelo alto nível cultural. Devido a esses fatores, o Tijuco foi-se tornando importante. Em 1831, o ARRAIAL DO TIJUCO foi elevado à categoria de VILA DO TIJUCO e em 06 de março de 1838, à categoria de cidade de DIAMANTINA. Foi a cidade mais luxuosa de Minas Gerais, como também, onde o povo mais sofreu as consequências da política repressiva da Coroa. (BARBOSA, 1995, p. 114 / COSTA, 1993, p. 219 / MACHADO FILHO, 1980 / TRINDADE, 1945, p. 106).

ESCRITOS DOS VIAJANTES

JOHANN BAPTIST VON SPIX / KARL FRIEDRICH PHILIPP VON MARTIUS (1817-1820)

*"**Tijuco** é o lugar principal do Distrito Diamantino, sede do intendente-geral e de toda a Junta Diamantina, que consta, além do funcionário supremo acima mencionado, do corregedor-fiscal, de dois caixas, um inspetor-geral e um escrivão dos diamantes. Para vigilância do lugar, guarnição dos Registros e serviço militar da Junta, estaciona aqui um comando do Regimento dos Dragões de Minas. Contam-se mais de 6.000 habitantes, que, como já disse acima, pertencem à diocese da Vila do Príncipe, e estão sob o cuidado de simples coadjutores".* (SPIX & MARTIUS, 1981, p. 21).

AUGUSTE FRANÇOIS CESAR PROUVENÇAL DE SAINT-HILAIRE (1816-1822)

*"**Tijuco** é construída sobre a encosta de uma colina cujo cume foi profundamente cavado pelos mineradores. Ao pé dessa colina corre, em um vale demasiadamente estreito, um regato que tem o nome de Rio S. Francisco. Do outro lado do vale outeiros extremamente áridos fazem face à aldeia, e apresentam por todos os lados rochedos e um pardo escuro, no meio dos quais cresce um relvado cuja cor difere pouco (quando de mina viagem), da dos próprios rochedos. A verdura dos jardins da aldeia contrasta, como mostrarei, com esses tons sombrios".* (SAINT-HILAIRE, 1974, p. 27-28).

GEORGE GARDNER (1836-1841)

*"Este lugar, outrora conhecido como **Arraial de Tijuco**, foi em 1839 elevado à dignidade de cidade, sob o nome de Diamantina, por ser capital do distrito do diamante. Segundo informação do juiz de paz, sua população subia a seis mil almas; as ruas são muito irregulares, geralmente bastante estreitas e mal calçadas; há na cidade e nos subúrbios muitas casas boas, de dois a três andares, quase todas construídas de excelente pedra, abundante nos arredores".* (GARDNER, 1975, p. 207).

JOHN MAWE (1808-1818)

*"Por ter a honra de morar em casa do intendente, os habitantes da cidade me olhavam como pessoa ligada ao governo e que, por conseguinte, não devia saber do tráfico secreto que faziam entre si. Por isso, todas as vezes que me achava em companhia dos oficiais da administração, ao ouvir a palavra garimpeiro, julgava que era bom manifestar um sentimento de horror igual ao deles. Quando exprimia a minha surpresa de que alguém se pudesse degradar a ponto de se tornar culpado do crime de fraudar os diamantes, estava tacitamente convencido de que um branco nunca poderia se manchar com tal infâmia. Tudo isso foi bem arranjado, porque pensei que mais valia não estar em oposição com a opinião geral e não aprofundar muito em assunto tão delicado. Algumas vezes mesmo achei melhor não ter o ar de prestar atenção às coisas sobre as quais tinha os olhos fixos. Há no **Tijuco** nove ou dez negociantes principais, que são frequentemente credores da administração e dos oficiais que dela fazem parte".* (MAWE, 1978, p. 172).

RICHARD FRANCIS BURTON (1865-1868)

*"A localização de **Diamantina** é peculiar: para leste e sudoeste, o terreno é extremamente alcantilado, ao passo que a parte norte é uma continuação das terras onduladas do campo. A incipiente "Haute Ville" é a melhor e mais saudável localidade, e aqui a povoação se espalhar. A "cidadezinha" desce pela encosta ocidental de um morro muito íngreme, para terminar no profundo vale do Rio São Francisco ou Rio Grande, cujas águas, servindo de escoadouro às do terreno mais baixo, alimentam a artéria principal da bacia, o Rio Jequitinhonha, que fica a 3 léguas em linha reta e seis indiretamente. Visto do "Alto da Cruz", a cidade apresenta um aspecto de prosperidade. Mudou muito, depois de 1801, quando era o "**Arraial do Tijuco**" e só contava com casas de pau-a-pique; não poderia ser reconhecida nas páginas de Gardner e M. Barbot, que a descreveram como era na geração passada. Abaixo de nós, estende-se um lençol de casas pintadas de muitas cores, cor-de-rosa, branco e amarelo, com quintais e jardins verdejantes, ao longo de ruas largas e amplas praças, ao passo que os edifícios públicos de tamanho maior e uma confusão de igrejas de duas torres ou uma torre só testemunham a religiosidade do lugar".* (BURTON, 1976, p. 87-88).

ALCIDE D'ORBIGNY (1826)

*"Essa cidade está situada na encosta de um morro, no sopé do qual passa um córrego que tem o nome de rio São Francisco. As ruas do **Tijuco** são largas e limpas, porém mal calçadas; quase todas são ladeiras. As casas têm paredes de adobes, cobertas de telhas, caiadas por fora e, em geral, bem conservadas. As paredes internas são bem cuidadas, os tetos de madeira pintada, os aposentos mobiliados com tamboretes de couro cru, cadeiras de encosto, bancos e mesas. Cada casa tem um quintal plantado de bananeiras, laranjeiras, pessegueiros, figueiras e alguns pinheiros. Cultivam-se, também, flores e legumes".* (D'ORBIGNY, 1976, p. 135).

GEORGE HEINRICH VON LANGSDORFF (1822-1829)

*"**Tijuco**, um arraial, é a sede da administração dos diamantes e, consequentemente, de todo o extenso quadro de funcionários públicos, civis e militares. A eles acrescentem-se comerciantes ricos e abastados, mineiros e oficiais militares. Em Tijuco, veem-se apenas alguns belos pomares, com bananeiras, laranjeiras, jabuticabeiras e outras árvores frutíferas e algumas verduras. Fora isso, todos os mantimentos, tenham o nome que tiverem, foram trazidos da Europa, uma vez que os habitantes mais abastados queriam viver aqui ao estilo europeu".* (LANGSDORFF, 1997, p. 263).

JEAN BAPTISTE DEBRET (1816-1831)

*"A cidade de **Tijuco** está situada no flanco de uma montanha; como capital, é a residência do intendente geral das minas de diamante e mensalmente são trazidos ao tesouro da intendência todos os diamantes e todo o ouro encontrados no distrito. A cidade, embora localizada em terreno triste e árido, é bastante bonita; nela se observa o luxo de nossas cidades, na riqueza de seu comércio, cujas lojas apresentam uma variada escolha dos mais belos produtos da indústria europeia. A sociedade é brilhante e amável; constitui-se da reunião dos funcionários, cujos vencimentos são consideráveis. Como no meio de semelhante deserto os alimentos têm que vir de longe e a preços elevados, grande parte dos habitantes da cidade definha vergonhosamente na miséria e na dependência da caridade pública".* (DEBRET, 1989, p. 159).

AIRES DE CASAL (1817): *"Dentro desta comarca está o monstruoso **distrito Diamantino**, que poderá ter 14 léguas de diâmetro. As pedras denominadas diamantes, descobertas por Bernardo de 1734, em que se proibiu a sua extração."* (CASAL, 1976, p. 180).

4 – LUIZ AGASSIZ E ELIZABETH C. AGASSIZ (1865-1866): *"... Ward deixou seus companheiros em Barbacena, dirigindo-se para o Tocantis, via Ouro Preto e **Diamantina**..."* (AGASSIZ, 1975, p. 308).

PESQUISADOR: Francisco de Assis Carvalho

REVISORA: Dick, 2012.

***

182 TOPÔNIMO: DOM JOAQUIM

TAXONOMIA: *Axiotopônimo*

LOCALIZAÇÃO: Área de influência da ER

CAMINHO: D

MUNICÍPIO: Dom Joaquim – MG

ACIDENTE: humano / município

ORIGEM: portuguesa

MOTIVAÇÃO: Homenagem ao primeiro Arcebispo da Arquidiocese de Diamantina, DOM JOAQUIM SILVÉRIO DE SOUZA. Anteriormente, homenagem ao português DOMINGOS BARBOSA DE CARVALHO que fixou residência quando passou pela região em busca de ouro e diamantes.

HISTÓRICO: Dom Joaquim < São Domingos do Rio do Peixe

Axiotopônimo < Hagiotopônimo

ESTRUTURA MORFOLÓGICA: NCm [Qv + Ssing] [Qualificativo + prenome]

INFORMAÇÕES ENCICLOPÉDICAS: O local fazia parte de uma rota que vinha de grandes cidades, como Ouro Preto, Mariana, Sabará, Rio de Janeiro, Conceição do Mato Dentro, Serro, Diamantina. Era uma rota de mercadorias, como sal, açúcar, tecidos e joias e toda a região pertencia ao português João Lopes de Albuquerque. Em 1750, o português Domingos Barbosa de Carvalho apossou-se de uma sesmaria de mata virgem, próxima ao Rio do Peixe, onde ergueu uma capela dedicada a São Domingos e ao redor da qual se formou o ARRAIAL DE SÃO DOMINGOS DO RIO DO PEIXE. Em 1818, o arraial muda de localização, devido a problemas de falta de água, uma vez que já se achava no alto de uma colina. O terreno do segundo arraial foi doado pelo também português João Lopes Albuquerque. (BARBOSA, 1995, p. 118 / COSTA, 1993, p. 222 / TRINDADE, 1945, p. 284).

ESCRITOS DOS VIAJANTES: n/e
PESQUISADOR: Francisco de Assis Carvalho
REVISORA: Dick, 2012.

***

183 TOPÔNIMO: DORES DE GUANHÃES
TAXONOMIA: *Hagiotopônimo*
LOCALIZAÇÃO: Área de influência da ER
CAMINHO: D
MUNICÍPIO: Dores de Ganhães – MG
ACIDENTE: humano / município
ORIGEM: portuguesa / indígena
MOTIVAÇÃO: À padroeira do lugar: NOSSA SENHORA DAS DORES e aos indígenas que viviam no local. Em *O tupi na geografia nacional*, SAMPAIO (1955, p. 208) define o termo **Guanhães** como *"corr.Guanhã, aquelle que corre; o corredor. Nome de uma tribu selvagem de Minas Geraes".*
HISTÓRICO: Dores de Ganhães < Capelinha das Dores < Nossa Senhora das Dores de Guanhães
Hagiotopônimo < Hierotopônimo < Hagiotopônimo
ESTRUTURA MORFOLÓGICA: NCf [Spl +{ Prep + Ssing}]
INFORMAÇÕES ENCICLOPÉDICAS: A região onde atualmente está localizada a cidade de DORES DE GUANHÃES foi habitada pelos índios botocudos que, segundo alguns historiadores, dizimaram toda a família de Joaquim Cavaco. A posse de uma sesmaria fora solicitada pelos habitantes da região e concedida em 1817. O lugar da sesmaria ficava próximo ao local do massacre da família Cavaco e do Quartel de Barretos. No povoado de Capelinha das Dores, no município de Conceição, foi criado o distrito de paz em 1854. (BARBOSA, 1995, p. 119 / COSTA, 1993, p. 223 / TRINDADE, 1945, p. 117).
ESCRITOS DOS VIAJANTES: n/e
PESQUISADOR: Francisco de Assis Carvalho
REVISORA: Dick, 2012.

***

184 TOPÔNIMO: ENGENHEIRO CORREIA
TAXONOMIA: *Axiotopônimo*
LOCALIZAÇÃO: Eixo principal da ER
CAMINHO: D
MUNICÍPIO: Ouro Preto – MG
ACIDENTE: humano / distrito
ORIGEM: portuguesa
MOTIVAÇÃO: Homenagem a MANUEL FRANCISCO CORREIA JÚNIOR, engenheiro morto em desastre, pouco adiante, no povoado que se formou ao redor da ESTAÇÃO do mesmo nome.
HISTÓRICO: Engenheiro Correia < Estação Sardinha
Axiotopônimo < Sociotopônimo
ESTRUTURA MORFOLÓGICA: NCm [Qv + Ssing] [Qualificativo + apelido de família]
INFORMAÇÕES ENCICLOPÉDICAS: A região banhada pelo Ribeirão Sardinha era composta por diversas fazendas, nelas havendo serviço de mineração e cultivo de alimentação. Por volta de 1890, foi construída uma estação ferroviária, a qual trouxe várias pessoas para a localidade em sua fase de construção. A ESTAÇÃO DO SARDINHA foi inaugurada em 1º de dezembro de 1896 com grande festa, fazendo transporte de carga e, principalmente, de passageiros. Devido à morte do supervisor da Estação Sardinha,

mudaram o nome da estação para ENGENHEIRO CORREIA. A capela de São José adquiriu o direito de realização de cultos religiosos, no início do século XX, e o cartório foi implantado em 1930. Engenheiro Correia se desenvolveu tão rapidamente que, em 12 de dezembro de 1953, foi elevada à categoria de distrito de Ouro Preto. (BARBOSA, 1995, p. 124).
ESCRITOS DOS VIAJANTES: n/e
PESQUISADOR: Francisco de Assis Carvalho
REVISORA: Dick, 2012.

***

185 TOPÔNIMO: FELÍCIO DOS SANTOS
TAXONOMIA: *Antropotopônimo*
LOCALIZAÇÃO: Área de influência da ER
CAMINHO: D
MUNICÍPIO: Felício dos Santos – MG
ACIDENTE: humano / município
ORIGEM: portuguesa
MOTIVAÇÃO: Homenagem à ilustre FAMÍLIA DIAMANTINENSE.
HISTÓRICO: Felício dos Santos < Grota Grande
Antropotopônimo < Geomorfotopônimo
ESTRUTURA MORFOLÓGICA: NCm [Ssing +{Prep + Apl + Ssing}] [prenome + apelido de família]
INFORMAÇÕES ENCICLOPÉDICAS: O município começa a se formar por volta de 1912, quando se intensifica o trânsito de tropeiros. Muitos desses tropeiros, atraídos pela abundância de terras férteis ao longo da estrada que levava a Diamantina, decidiram erguer ali suas residências. A capela do Sagrado Coração de Jesus foi construída e, assim, constituiu-se o povoado, pertencente, até então, ao distrito de Felisberto Caldeira. A exploração de ouro e diamante foi o marco inicial na ocupação da maior parte do Vale do Jequitinhonha, onde fica FELÍCIO DOS SANTOS. O arraial firmou-se como centro regional de comércio e das decisões políticas, mas seu crescimento econômico estava vinculado ao Arraial do Tijuco, atual Diamantina. O que se produzia em Felício dos Santos era consumido no garimpo do Tijuco. Eram poucas as fazendas que existiam na época, mas juntas formavam grandes latifúndios. Município do Alto Jequitinhonha, criado pela lei Nº 2764, de 30 de dezembro de 1962, desmembrado do de Diamantina. O distrito, no município de Diamantina, foi criado pela lei Nº 1039, de 12 de dezembro de 1953, no povoado de GROTA GRANDE. (BARBOSA, 1995, p. 132 / COSTA, 1993, p. 233 / TRINDADE, 1945, p. 117).
ESCRITOS DOS VIAJANTES: n/e
PESQUISADOR: Francisco de Assis Carvalho
REVISORA: Dick, 2012.

***

186 TOPÔNIMO: FERROS
TAXONOMIA: *Ergotopônimo*
LOCALIZAÇÃO: Área de influência da ER
CAMINHO: D
MUNICÍPIO: Ferros – MG
ACIDENTE: humano / município
ORIGEM: portuguesa
MOTIVAÇÃO: Centro de mineração e de garimpo, aí usavam os mineiros, pás e outros instrumentos de ferro. Nas margens do rio S. Antônio, foram tantos destes instrumentos imprestáveis encontrados, que a denominação "dos Ferros" se passou ao lugar. SANTANA DOS FERROS foi a denominação primitiva do povoado.
HISTÓRICO: Ferros < Os Ferros < Santana dos Ferros
Ergotopônimo < Ergotopônimo < Hagiotopônimo

ESTRUTURA MORFOLÓGICA: Nm [Spl]

INFORMAÇÕES ENCICLOPÉDICAS: Imprecisa é a data da fundação da velha localidade que hoje recebe o nome de FERROS, anteriormente chamada SANTANA DOS FERROS. Foi o português Pedro da Silva Chaves, abastado proprietário de terras na região que, por devoção a Santana, destacou de seus domínios uma porção de terras para que aí se erguesse uma capela em louvor a sua Santa padroeira. Segundo MATOS – 1837 (1981, p. 104): *"Santana dos Ferros: arraial com 250 fogos e 2620 almas."* O município foi criado por efeito da Lei provincial nº 3 195, de 23 de setembro de 1884, ocorrendo a sua instalação a 17 de outubro do ano seguinte, havendo o seu território se desmembrado do município de Itabira. (BARBOSA, 1995, p. 133 / COSTA, 1993, p. 234 / TRINDADE, 1945, p. 265).

ESCRITOS DOS VIAJANTES

ALCIDE D'ORBIGNY (1826)

*"De Mariana, os viajantes dirigiram-se para a **aldeia de Santa Ana de Ferros**. Nesse lugar, o córrego do Bacalhau e logo depois do rio Turvo se ajuntam ao rio Piranga e, um e a outro, engrossados, mais embaixo, pelo ribeirão do Carmo, tomam o nome de Rio Doce. Santa Ana consiste em um pequeno número de casas, habitadas por mulatos e negros. No dia seguinte, os viajantes passaram por Venda das Duas Irmãs, e seguiram caminho, através de uma região montanhosa e coberta de matas".* (D'ORBIGNY, 1976, p. 150.)

GEORGE HEINRICH VON LANGSDORFF (1822-1829)

*"Na acolhedora **vila de Santana dos Ferros**, infelizmente só encontramos uma ponte em péssimas condições e perigosa. Aqui, o mesmo. Dentro da aldeia, existe uma ponte extremamente perigosa, e ninguém se preocupa em consertá-la, embora isso não custasse mais do que algumas horas. Aqui existe pasto fechado. Assim, os animais apareceram logo cedo. Durante a noite choveu novamente muito forte e hoje de manhã ainda chovia. Mesmo assim, achei aconselhável prosseguir viagem, já que aqui não havia o mínimo de conforto e de mantimentos".* (LANGSDORFF, 1997, p. 264).

GEORG WILHELM FREIREYSS (1813-1825)

*"Do nosso amável hóspede e sua família despedimo-nos cedo. Também hoje o caminho abeirava muitas e grandes fazendas. Lavras de ouro, porém, não encontramos hoje. Às 2 horas, depois de termos caminhado 4 léguas, através de uma região florestal, chegamos à **aldeia de Santana dos Ferros**, na barra do Bacalhau. O rio ao pé deste lugar é bastante largo, porém, como quase todos estes rios, navegável apenas em certas extensões por causa das cachoeiras. Santana dos Ferros parece um antigo presídio contra os indígenas; consta hoje de uns 40 fogos e o seu distrito está calculado em 6 ½ léguas por 4 léguas de largo. Não há mais 3000 habitantes".* (FREIREYSS, 1982, p. 78).

PESQUISADOR: Francisco de Assis Carvalho

REVISORA: Dick, 2012.

***

187 TOPÔNIMO: GLAURA

TAXONOMIA: *Antropotopônimo*

LOCALIZAÇÃO: Eixo principal da ER

CAMINHO: D

MUNICÍPIO: Ouro Preto – MG

ACIDENTE: humano / distrito

ORIGEM: portuguesa

MOTIVAÇÃO: Homenagem a uma famosa obra literária do escritor Manuel Inácio da SILVA ALVARENGA, nascido em Ouro Preto em 1749, em que o pseudônimo de sua musa inspiradora era GLAURA. Alguns historiadores especulam que Silva Alvarenga tenha nascido ou morado aqui, por isso a homenagem com o nome de sua musa. A população ainda conserva o nome primitivo: CASA BRANCA. Encontramos também a seguinte informação: *"O lugarejo teve seu nome mudado para Glaura em homenagem à esposa do Barão de Saramenha, que possuía um sítio no distrito"* (BICALHO, 2005, p. 210).

HISTÓRICO: Glaura < Casa Branca < Santo Antônio da Casa Branca do Ouro Preto < Santo Antônio do Morro

Antropotopônimo < Ecotopônimo < Hagiotopônimo < Hagiotopônimo

ESTRUTURA MORFOLÓGICA: Nf [Ssing]

INFORMAÇÕES ENCICLOPÉDICAS: Chamou-se primitivamente CASA BRANCA e foi dos mais antigos arraiais de mineração de Minas Gerais. O primeiro nome do lugar foi SANTO ANTÔNIO DO CAMPO. A antiga denominação de CASA BRANCA aparece pela primeira vez, no termo da visita pastoral feita ao lugar por Dom Antônio de Guadalupe, bispo do Rio de Janeiro, em 30 de agosto de 1727. O ARRAIAL DE CASA BRANCA foi elevado à freguesia, por ato de Dom Frei Manuel da Cruz, em 1748. O alvará de 16 de janeiro de 1752 elevou-a à categoria de colativa. O decreto-lei Nº 1058, de 31 de dezembro de 1943, deu-lhe a denominação de Glaura. (BARBOSA, 1995, p. 139 / COSTA, 1993, p. 241 / TRINDADE, 1945, p. 84).

ESCRITOS DOS VIAJANTES:

HERMANN BURMEISTER (1850-1852)

*"Perto das 2 horas, chegamos ao **arrayal da Casa Branca**, situado além do córrego, numa elevação considerável. O lugar causa ótima impressão, com sua igreja de pedra, quando avistado ainda de grande distância, mas esta impressão se desfaz logo que se entra na aldeia, constituída de casebres miseráveis e habitada por uma gente suja e macilenta, entre a qual encontrei, pela primeira vez, uma mulher atacada de elefantíase. Estava ela sentada à beira da estrada, pedindo esmola aos transeuntes. É esta a única forma de mendicância que se encontra no Brasil; nenhuma pessoa sã se atreveria a pedir esmola sem ter antes prestado algum serviço, e, em tais circunstâncias, são, às vezes, muito impertinentes".*(BURMEISTER, 1952, p. 212).

JOHANN BAPTIST VON SPIX / KARL FRIEDRICH PHILIPP VON MARTIUS (1817-1820)

*"Depois de uma caminhada de 4 léguas, abriu-se a montanha e achamo-nos no meio dos campos abertos e à vista da Serra de Capanema diante do **Arraial de Santo Antônio da Casa Branca**, onde nos proporcionava bom pouso para noite uma venda, bem sortida, por estar perto da capital. Os campos, nesta região, têm moitas de Sidas, Murtas, Vernônias, sobretudo de uma Spermacoce de folhas verde-azuladas, e o solo arenoso é às vezes tão movediço, que o dia seguinte foi penoso para os animais, a labutar sob um calor opressivo através dessa solidão sem sombras".* (SPIX & MARTIUS, 1981, p. 13).

PESQUISADOR: Francisco de Assis Carvalho

REVISORA: Dick, 2012.

***

188 TOPÔNIMO: GOUVEIA

TAXONOMIA: *Antropotopônimo*

LOCALIZAÇÃO: Área de influência da ER

CAMINHO: D

MUNICÍPIO: Gouveia – MG

ACIDENTE: humano / município

ORIGEM: portuguesa

MOTIVAÇÃO: Fundadora: MARIA GOUVEIA. Com relação ao topônimo Gouveia, convém esclarecer que era muito comum, em Portugal. *"Não é apenas a vila serrana, que é sede de concelhia, mas designa também alguns lugares espalhados desde Trás-os-Montes até ao Alentejo"*(Xavier Fernandes, *Topônimos e Gentílicos*, 2º volume, pág. 319. Porto, 1943).

HISTÓRICO: Gouveia < Santo Antônio do Gouveia

Antropotopônimo < Hagiotopônimo

ESTRUTURA MORFOLÓGICA: Nf [Ssing] [apelido de família]

INFORMAÇÕES ENCICLOPÉDICAS: No século, XVIII, em terras da fazenda de Francisca Gouvéia, de origem portuguesa, formou-se o povoado chamado mais tarde de SANTO ANTÔNIO DE GOUVEIA. Elevado a município em 1873, só em 1953 foi a sede elevada à cidade, desmembrando-se o território de Diamantina. Segundo a versão tradicional, o município tem suas origens na fazenda de uma rica latifundiária portuguesa, Maria Gouveia. A fazendeira possuía inúmeros escravos da tribo Kobu e dominava todo o comércio e política locais, sendo, por isso, responsável pelo desenvolvimento inicial do local. Seus habitantes são apelidados de Kobus, em razão da presença de negros da tribo no local, fabricantes de um bolo de fubá enrolado em folha de bananeira, famoso na região. O arraial foi crescendo e, em 1811, já pertencendo ao termo de Diamantina, foi o curato elevado à freguesia, com o título de Santo Antônio do Gouveia, por lei provincial Nº 209, de 7 de abril de 1841. A lei Nº 1994, de 13 de novembro de 1873, elevou GOUVEIA à vila criando o município desmembrado do de Diamantina, com elevação de Gouveia à cidade, com a lei estadual Nº1039, de 12 de dezembro de 1953. (BARBOSA, 1995, p. 141 / COSTA, 1993, p. 242 / TRINDADE, 1945, p. 116). / TRINDADE, 1945, p. 116).

ESCRITOS DOS VIAJANTES:
MANUEL AIRES DE CASAL (1817)
"Em torno do distrito Diamantino há vários destacamentos para evitar os roubos que se poderiam fazer nos extravios do ouro e diamantes, e ainda dos direitos das entradas. Tais são entre outros: 1. O de Milho Verde, 2. O de Pirauna, 3. O de Gouveia, 4. O do Rio Pardo, 5. O da Chapada, 6. O do Arraial, 7. O de Hinhaní, 8. O do Rio Manso". (CASAL, 1976, p. 181).

RICHARD FRANCIS BURTON (1865-1868)
"Na parte norte da localidade, fica a igreja principal, Santo Antônio, ocupando parte da praça, que constitui, na verdade, mais um alargamento da rua que uma praça. Ficou torta, tendo sido construída, naturalmente, antes de Gouveia ter sido fundada; tem a frente para o sudoeste, indelicadamente virando para Jerusalém sua parte dorsal. De cada lado, uma faixa de calçada se sobrepõe ao chão vermelho e esse incipiente calçamento aparece aqui e ali. Perto, há algumas casuarinas e coqueiros, nesta época, segundo dizem, sempre poucos viçosos; alimentam uma grande lagarta, que cedo se transforma em borboleta, após o que eles se recuperam". (BURTON, 1976, p. 80).
PESQUISADOR: Francisco de Assis Carvalho
REVISORA: Dick, 2012.

***

189 TOPÔNIMO: GUANHÃES
TAXONOMIA: *Antropotopônimo*
LOCALIZAÇÃO: Área de influência da ER
CAMINHO: D
MUNICÍPIO: Guanhães
ACIDENTE: humano / município
ORIGEM: indígena [tupi]
MOTIVAÇÃO: A região era habitada por índios **guanahans**, de origem tapuia e do grupo selvagem dos caingangues, de Minas. Guanhães é palavra aportuguesada. Em *O tupi na geografia nacional*, SAMPAIO (1955, p. 208) define o termo **Guanhães** como *"corr.* **Gua-nhã**, *aquelle que corre; o corredor. Nome de uma tribu selvagem de Minas Geraes".*
HISTÓRICO: Guanhães < São Miguel e Almas de Guanhães < São Miguel das Correntes < São Miguel de Guanhães
Antropotopônimo < Hagiotopônimo < Hagiotopônimo < Hagiotopônimo
ESTRUTURA MORFOLÓGICA: Nm [Spl]
INFORMAÇÕES ENCICLOPÉDICAS: Em 1752, João de Azevedo Leme, partindo da Vila do Príncipe encontra ouro nos *"Descobertos do Graypú"*, nas imediações da atual cidade de Guanhães. Em 1810 Guanhães era conhecida como "SÃO MIGUEL E ALMAS DO ARICANGA" Em *O tupi na geografia nacional*, SAMPAIO (1955, p. 168) define *"Aricanga: s. c. airi-canga, o coco de airi (Astrocaryum Ayri, Mart.)".* É uma espécie de palmeira nativa da região, muito usada pelos índios para a fabricação de arcos, bodoques e aros de peneiras. Logo na data de 1821, tornou-se paróquia de São Miguel dos Correntes (depois São Miguel e Almas dos correntes), em 14 de julho de 1832, ligada à Vila do Príncipe. A riqueza atraiu muita gente: das redondezas e de longe, como os ingleses, que decidiram explorar uma mina na Fazenda do "Candonga". (Este nome é um termo africano e surgiu logo depois da construção de um prostíbulo nas imediações da mineração, cujo seu significado é intriga com carinhos fingidos). Foi instalada como Vila em 9 de dezembro de 1879, com o nome de SÃO MIGUEL DE GUANHÃES. Tornou-se cidade de "Guanhães" em 13 de setembro de 1881. (BARBOSA, 1995, p. 143 / COSTA, 1993, p. 244 / TRINDADE, 1945, p. 117).

ESCRITOS DOS VIAJANTES
GEORGE HEINRICH VON LANGSDORFF (1822-1829)
"Há cerca de dez anos, de repente, muitas pessoas, principalmente da região de São Miguel, depois de Catas Altas, mudaram-se para cá. Hoje essa freguesia, certamente bastante extensa e com muita área rural, já possui mais de 660 chaminé – só o local tem 360 casas". (LANGSDORFF, 1997, p. 91).
PESQUISADOR: Francisco de Assis Carvalho
REVISORA: Dick, 2012.***
190 TOPÔNIMO: IPOEMA
TAXONOMIA: *Zootopônimo*
LOCALIZAÇÃO: Área de influência da ER
CAMINHO: D
MUNICÍPIO: Itabira – MG
ACIDENTE: humano / distrito
ORIGEM: indígena [tupi]
MOTIVAÇÃO: Ipoema significa *"Ave que Canta"*. [n/e em SAMPAIO e outros].
HISTÓRICO: Ipoema < Estalagem < Pouso Alegre < Aliança < Santo Afonso da Aliança
Zootopônimo < Sociotopônimo < Sociotopônimo < Animotopônimo < Hagiotopônimo
ESTRUTURA MORFOLÓGICA: Nf [Ssing]
INFORMAÇÕES ENCICLOPÉDICAS: Por lá passavam os tropeiros – responsáveis por conduzir tropas de burros e mulas carregados de alimentos que abasteciam Diamantina. Já se chamou ESTALAGEM, POUSO ALEGRE, ALIANÇA e SANTO AFONSO DA ALIANÇA. O distrito de ALIANÇA, no município de Itabira, foi criado por lei municipal Nº 214, de 7 de dezembro de 1901. O decreto-lei Nº 1058, de 31 de dezembro de 1943, deu-lhe a denominação de IPOEMA. (BARBOSA, 1995, p. 155 / COSTA, 1993, p. 255).
ESCRITOS DOS VIAJANTES: n/e.
PESQUISADOR: Francisco de Assis Carvalho
REVISORA: Dick, 2012.

***

191 TOPÔNIMO: ITABIRA
TAXONOMIA: *Litotopônimo*
LOCALIZAÇÃO: Área de influência da ER
CAMINHO: D
MUNICÍPIO: Itabira – MG
ACIDENTE: humano / município
ORIGEM: indígena [tupi]
MOTIVAÇÃO: Em *O tupi na geografia nacional*, (SAMPAIO, 1955, p. 224) define o termo *ita*, e *y-ta* = *"o que é duro, a pedra, o penedo, a rocha, o seixo, o metal em geral, o ferro em decorrência"*, SAMPAIO define **Itabira**, **itá-bira**, *"a pedra levantada ou empinada"*. De acordo com GREGÓRIO (1980, p. 761): **Itabira**"(*"+ byra = erguer-se) = pedra levantada, empinada, pedra aguda"*.
HISTÓRICO: Itabira < Nossa Senhora do Rosário de Itabira < Itabira do Mato Dentro < Presidente Vargas
Litotopônimo < Hagiotopônimo < Litotopônimo < Axiotopônimo
ESTRUTURA MORFOLÓGICA: Nf [Ssing]
INFORMAÇÕES ENCICLOPÉDICAS: O Cônego Trindade informa que o povoamento data de 1705, quando o Pe. Manuel do Rosário e João Teixeira Ramos descobriram ouro. ITABIRA DO MATO DENTRO foi elevada à freguesia por alvará de 20 de dezembro de 1825. O município de Itabira foi criado por ato de 30 de junho de 1833, desmembrado do de Caeté; a vila foi instalada solenemente a 7 de outubro do mesmo ano. Foi elevada à cidade com a denominação de ITABIRA DO MATO DENTRO, por lei Nº 374, de 9 de outubro de 1848. O decreto-lei Nº 839, de 13 de junho de 1942, deu ao município a denominação de

Presidente Vargas. Mas o decreto Nº 2430, de 5 de março de 1947, restabeleceu a denominação antiga, ITABIRA. (BARBOSA, 1995, p. 155 / COSTA, 1993, p. 255 / TRINDADE, 1945, p. 122).

ESCRITOS DOS VIAJANTES

JOHANN BAPTIST VON SPIX / KARL FRIEDRICH PHILIPP VON MARTIUS (1817-1820)

*"Soberbo e o panorama que se descortina do alto desta montanha, de mais ou menos 5.400 pés de altitude, em cuja ascensão, gastamos quatro hora; estão deitados como gigantes, em torno dela: o **Pico de Itabira**, perto de Sabará; a Serra do Caraça, perto de Catas Altas; a Serra da Lapa etc.; e, diante de nós, a oeste, resplandecia a Lagoa Santa. A alma do espectador, perante tais perspectivas, de pontos altos, por assim dizer, vagueia enlevada em visões, e, fitando por cima dos campos, montes e habitações dos homens, consagra os lugares, que já por natureza dominam sobre as regiões longínquas".* (SPIX & MARTIUS, 1981, p. 17).

AUGUSTE FRANÇOIS CESAR PROUVENÇAL DE SAINT-HILAIRE (1816-1822)

*"Para ir de Itajuru a Itambém, passei, quando de minha primeira viagem, pela sucursal de **Itabira de Mato Dentro**. Não querendo passar por uma região que eu já conhecia, continuei a seguir, além de Itambé, pela estrada real que, sempre a leste da grande cadeia, vai de Mariana a Vila do Príncipe, e não deixei essa estrada senão entre as aldeias de Cocais e Catas Altas. Toda a região percorrida, cerca de 10 léguas, entre Itambé e Cocais, é coberta de montanhas. Outrora esta zona apresentava florestas imensas, que foram queimadas para fazer lavouras, e em seu lugar veem-se hoje somente grandes samambaias, o capim gordura e capoeiras, no meio das quais há muito escassa área de terras de cultura".* (SAINT-HILAIRE, 1974, p. 55).

AUGUSTE FRANÇOIS CESAR PROUVENÇAL DE SAINT-HILAIRE (1816-1822)

*"A história das **minas de Itabira** é também a da povoação desse nome. De 1720 a 1740, aumentou lentamente, e apenas se foi sustentando até a exploração das três minas de que fizemos particular menção. Essa exploração tornou-se para o país uma fonte de riquezas: os esbanjamentos dos proprietários de lavras, e os roubos dos trabalhadores fizeram circular ouro em abundância; e os próprios faiscadores participaram dessa prosperidade momentânea, pois recolhiam dos abundantes resíduos de lavagens, de uma dracma até duas onças de ouro por dia. Entretanto as levas de vagabundos e bandidos acorriam de toda a parte; tornavam-se um fardo pesado para os proprietários e a precária autoridade do comandante não podia por cobro aos crimes que se cometiam. Na sua vizinhança fica a Serra da Itabira, que termina em dois penhascos piramidais".* (SAINT-HILAIRE, 1938, p. 167).

JOHANN BAPTIST EMANUEL POHL (1817-1821)

*"Do Arraial de Itambé sai um caminho pela **Serra de Itabira**, que se estende de sul para norte. Partimos e seguimos o caminho da serra, passando pelo Rancho Prudente, pelo Rancho Sesmaria, onde encontramos alguns pedaços de rocha, e chegamos até perto da íngreme Serra da Lapa, onde acampamos no rancho construído no paredão a pique da serra, a 3 léguas e três quartos do Rio do Peixe".* (POHL, 1976, p. 377).

FRANCIS DE LA PORTE, CONDE DE CASTELNAU (1843-1847)

*"O caminho se inclina um pouco para o sul; depois sobe a encosta da **serra de Itabira**, que se estende para o sudoeste. Logo no próprio **povoado de Itabira** começam as phyllas que se alternam com o itacolomito e que, nesse lugar, se apoiam diretamente sobre o gnaisse. Os xistos filódicos têm cores variadas e passam do cinza ao preto e do vermelho ao violeta. Esta formação, que é quase sempre pregueada e amarrotada, acha-se sublevada às vezes quase verticalmente; sucede-lhe o itacolomito, que continua até a mina, cavada ela própria nesta rocha. Veem-se no ponto de junção montes de itacolomito, contendo camadas de ardósia e fragmentos destacados. Após excelente almoço, fomos visitar a povoação, que nos impressionou pelo seu aspecto nitidamente inglês, sua extrema limpeza e seus jardins floridos em frente às habitações".* (CASTELNAU, 2000, p. 99).

HERMANN BURMEISTER (1850-1852)

*"No dia seguinte, 11 de maio, continuamos a viagem sob densa neblina. O frio era ainda cortante. Um desfiladeiro estreito levava a uma ramificação do vale, de onde desfrutamos uma bela vista da aldeia que acabávamos de deixar. O caminho, cavado no barranco, seguia numa altura considerável, o que permitida descortinar-se uma longa extensão a **serra da Itabira**. Depois de descrever uma grande curva, a estrada descia bruscamente para atingir o belo rio de águas límpidas e frias, cujo leito era marginado por escarpados rochedos".* (BURMEISTER, 1952, p. 216).

PESQUISADOR: Francisco de Assis Carvalho
REVISORA: Dick, 2012.

***

192 TOPÔNIMO: ITAMBÉ DO MATO DENTRO
TAXONOMIA: *Litotopônimo*
LOCALIZAÇÃO: Eixo principal da ER
CAMINHO: D
MUNICÍPIO: Itambé do Mato Dentro – MG
ACIDENTE: humano / município
ORIGEM: indígena [tupi]
MOTIVAÇÃO: O topônimo é de origem indígena: **Ita**=a pedra+**també**=a mole, acrescido do complemento *"do mato Dentro"*. Existe, também, na localidade vários tipos de folhagens de "Imbé". Em *O tupi na geografia nacional*, SAMPAIO (1955, p. 225) *"Itaimbe, e itá-aimbé, a pedra afiada, o penedo ponteagudo"*. SILVA (1966, p. 178) complementa *"etim. Itá = ytá (pedra) mbé = mbé (b) (voa, voar) – 'a pedra que voa'; o petardo'; 'a bala detonada'"*. De acordo com XAVIER FERNANDES (1943, p. 65): *"Itambé: pedra oca"*.
ITACURU: itá-curuba, *"o fragmento de pedra, o cascalho"*. (SAMPAIO, 1955, p. 224).
HISTÓRICO: Itambé do Mato Dentro < Itambé < Nossa Senhora de Oliveira do Itambé < Itacuru
Litotopônimo < Litotopônimo < Hagiotopônimo < Litotopônimo
ESTRUTURA MORFOLÓGICA: NCm [Ssing + {Prep + Ssing + ADV}]
INFORMAÇÕES ENCICLOPÉDICAS: Foi habitado primitivamente por silvícolas diversos, inclusive os Botocudos. Ao começar o Século XVIII, de 1720 a 1740, ocorreu a chegada dos irmãos bandeirantes Albernaz (ou Albanaz), Francisco Salvador de Faria e Romão Gramacho, que teriam dado início à formação do arraial de Itambé. A ocupação das terras se evidenciou devido à existência de várias minas de ouro. Enquanto seguiam rumo à Serra da Lapa, os Albanaz descobriram o Pico do Cauê (hoje cidade de Itabira). A mineração embalou o crescimento da povoação situada na zona mineradora de Minas Gerais. Em 1943, ao ser criado o município de Santa Maria de Itabira, transferiu-se o distrito de Itambé para o novo município e, ao mesmo tempo, alterou-se a denominação para ITACURU. Essa denominação foi novamente mudada para ITAMBÉ DO MATO DENTRO, em dezembro de 1962. ITAMBÉ, NOSSA SENHORA DA OLIVEIRA DO ITAMBÉ, foram designações comuns a esse importante centro de mineração. (BARBOSA, 1995, p. 161 / COSTA, 1993, p. 259 / TRINDADE, 1945, p. 123).
ESCRITOS DOS VIAJANTES
JOHANN BAPTIST VON SPIX / KARL FRIEDRICH PHILIPP VON MARTIUS (1817-1820)
*"O **Monte Itambé**, o mais alto, cuja ascensão fizemos e cuja altura medimos em toda a nossa viagem pelo Brasil, tem 5.590 pés parisienses de altitude, e supera, portanto, de 972 pés, ao Itacolomi, igualmente muito alto, perto de Vila Rica. Ele compõe-se inteiramente de xisto quartzítico, branco-acinzentado, em geral de granulação fina que, nas alturas, contém aqui e acolá, grandes quantidades de fragmentos de quartzo arredondados, incluídos, à maneira de brechas, às vezes se torna de granulação mais grosseira, e no mais é atravessado por grossos filões de quartzo. Suas camadas são enormes; a oeste, nas alturas, são mais corroídas e íngremes do que a leste. Em toda a montanha não se encontra vestígio de itabirito, nem jazidas de mica, nem as camadas de minério de ferro do tapanhoacanga"*. (SPIX & MARTIUS, 1981, p. 33).
*"Outra excursão instrutiva foi para nós a **ascensão do Itambé**. Este monte, que, para diferençar, também se chama **Itambé da Vila**, eleva-se soberano, dominando toda a região, e forma o centro da serra, que segue para a costa do mar a leste, e a oeste se vai perdendo em morros baixos e nas terras planas do Rio São Francisco. Nos seus desfiladeiros, brota o pequeno Rio Capivari, e muito perto toma inicio, reunindo dois braços, o Jequitinhonha, portador de ouro e de diamantes"*. (SPIX & MARTIUS, 1981, p. 39).
AUGUSTE FRANÇOIS CESAR PROUVENÇAL DE SAINT-HILAIRE (1816-1822)
*"A povoação de **Itambé**, sucursal da Paróquia de Conceição, está situada em local encantador, à margem de um regato que tem o mesmo nome que ela, e corre em um largo valão. Alguns morros se estendem, por um declive suave, acima do casario, e são em parte cobertos de matas e em parte revestidos de relva entremeada de rochedos. Apenas deixei Itambé, comecei a subir por entre rochedos"*. (SAINT-HILAIRE, 1938, p. 34).
*"As margens e o leito do **Rio Itambé** foram antigamente explorados por mineradores, e ao ouro que aí encontraram deve-se provavelmente a origem da povoação. A insignificância dos resultados, porém, fez abandonar essa espécie de trabalho. A agricultura não podia tomar-lhe o lugar, pelo menos, nos arredores; pois são de extrema esterilidade,*

e, excetuando pequeno número de bananeiras e laranjeiras, plantadas próximo às casas, não se vê, em torno de Itambé, nenhum vestígio de cultura. A povoação está numa situação de decadência de que nenhuma outra apresenta igual imagem, e não se compõe senão de uma igreja e cerca de cem casas que, todas, caem em ruínas; por isso é com razão que se repete, na região, esse provérbio já citado por um viajante: A miserlis Itambé, libera nos, Domine; provérbio que se reproduz da maneira seguinte nos arredores de Caeté:

Itabira, Itambé,
Samambaia e Sapé,
Meirinhos de Caeté,
Libera nos, Domine.

Não se deve admirar que eu me estenda tanto a respeito de simples povoações. Sente-se que devem ter importância em uma região em que se pode viajar durante dias sem se encontrar uma única, e meses sem avistar a menor cidade". (SAINT-HILAIRE, 1975, p. 129).

JOHANN BAPTIST EMANUEL POHL (1817-1821)

*"O **Arraial de Itambé** era distante 4 léguas de nosso último pernoite, a Casa de Telha. Tem cerca de 40 casas pequenas de péssima construção, dispersas em terreno muito desigual em três colinas cobertas de mato. Uma igreja minúscula comprova suficientemente a indigência dos habitantes, que vivem apenas de suas plantações. A segunda igreja, que me foi indicada para morada, ainda não foi terminada e, segundo declaram os próprios habitantes, jamais o será. Antigamente os habitantes deste arraial extraíam ouro; ainda agora se encontram nos riachos da vizinhança cascalhos abandonados que, em vista da fraca produção, não são mais explorados. O Ribeirão Itambé, que atravessa o arraial e nele recebe o Ribeirão da Madre, desemboca no Rio Santo Antônio e este no Rio Doce".* (POHL, 1976, p. 369).

GEORGE GARDNER (1836-1841)

*"De Ponte Alta uma caminhada de 3 léguas levou-nos ao **Arraial de Itambé**. A estrada cortava uma região montanhosa, mas de boa mata, com vegetação geral mais variada que a de outras partes percorridas desde que deixamos o **Distrito do Diamante**. O **Arraial de Itambé** está situado num belo vale, às margens de pequeno rio do mesmo nome e que atravessamos por excelente ponte de madeira, antes de entrar na aldeia. O arraial contém, além de uma igreja, umas oitenta a cem casas, a maioria em grande decadência; de fato, tudo aqui tinha um tal aspecto de desolação".* (GARDNER, 1975, p. 217).

*"O vale em que assenta é cercado por altas montanhas de encostas suaves, umas pedregosas e cobertas de relva, outras cobertas de mata baixa. Para além destas montanhas, cerca de uma légua do arraial na direção do oeste, ergue-se mais alta a cordilheira de Itacolomi, também chamada dos Sete Pecados Mortais, por causa dos sete cumes que ostenta. Foi outrora coberta de florestas que, havia cerca de quarenta anos, foram destruídas acidentalmente pelo fogo. Como no Arraial do Morro, os arredores de **Itambé** não apresentam sinais de plantações excetuados poucos pomares ao fundo de algumas casas, com laranjeiras e outras árvores frutíferas".* (GARDNER, 1975, p. 218).

JOHN MAWE (1808-1818)

*"Depois de fazer dezesseis milhas, vi uma montanha muito singular ou um rochedo de granito, chamado **Itambé**, parte de alta cadeia, situada à minha esquerda. Pelas quatro horas cheguei a Itambé. Pobre aldeia construída perto do lindo regato do mesmo nome. Este lugar foi outrora de alguma importância, mas se tornou miserável por ter faltado o ouro em sua vizinhança. Conta cerca de mil habitantes, todos reduzidos ao último grau de penúria e de apatia; seu ar espantado poderia fazer tomá-los facilmente pelas sombras de seus antepassados, à procura, nas ruínas, de sua antiga fortuna".* (MAWE, 1978, p. 145-146).

RICHARD FRANCIS BURTON (1865-1868)

*"Diante de nós, erguia-se o majestoso **Pico do Itambé**, que dizem estar a 2.000 metros acima do nível do mar. Sua cabeça se achava envolta em nuvens, sempre semelhante e nunca as mesmas, e seus ombros revestidos de capim avermelhado e matas sombrias. No lado oriental do horizonte, elevava-se o maciço montanhoso chamado Curralinho, que dizem ser muito rico em diamantes".* (BURTON, 1976, p. 99).

PESQUISADOR: Francisco de Assis Carvalho
REVISORA: Dick, 2012.

***

193 TOPÔNIMO: JABOTICATUBAS
TAXONOMIA: *Fitotopônimo*
LOCALIZAÇÃO: Área de influência da ER
CAMINHO: D
MUNICÍPIO: Jaboticatubas – MG
ACIDENTE: humano / município
ORIGEM: indígena [tupi]
MOTIVAÇÃO: Grande quantidade de jabuticabeiras existentes às margens do rio que atravessa o município. Em *O tupi na geografia nacional*, SAMPAIO (1955, p. 231) *"Jaboticaba, corr. **Yabutí-caba** "a gordura do Kagado".* O voc. Admite diversas interpretações. Considerado como corrupção de **yabuti-guaba**, quer dizer: *"comida de Kagado"*; se, porém, como opina Baptista Caetano, *"for composto de **yamboticaba**, significa – "fruto em botão", ou abotoamento de frutos". (Eugenia Cauliflora).* De acordo com XAVIER FERNANDES (1943, p. 65): *"Jaboticatuba: lugar de vento forte".*
HISTÓRICO: Jaboticatubas < Fazenda do Ribeirão < Ribeirão do Raposo < Nossa Senhora da Conceição de Jabuticatubas < Ribeirão de Jabuticatubas
Fitotopônimo < Sociotopônimo < Hidrotopônimo < Hagiotopônimo < Hidrotopônimo
ESTRUTURA MORFOLÓGICA: Nf [Spl]
INFORMAÇÕES ENCICLOPÉDICAS: Félix da Costa, o fundador do *Recolhimento das Macaúbas*, depois de ter sua sesmaria, no sertão do rio das Velhas, confirmada por D. João V, por resolução de 28 de julho de 1728, andou estendendo suas posses pelos terrenos adjacentes, inclusive no vale do Jabuticatubas. Outros foram adquirindo terrenos pelas imediações e constituindo as fazendas de Taquaruçu, do Bamburral, dos Costas, etc. O terceiro proprietário da fazenda do Ribeirão, capitão Manuel Gomes da Mota, foi quem teve a iniciativa de levantar a capela, que dedicou à Virgem Imaculada Conceição. Depois da morte do fundador, a fazenda do Ribeirão passou a ser propriedade de Antônio Raposo de Oliveira, mais conhecido por Raposo; isso justifica a denominação que recebeu o povoado, primitivamente, RIBEIRÃO DO RAPOSO. A lei Nº 912, de 4 de junho de 1858, elevou o curato do Ribeirão do Raposo à freguesia, com o título de NOSSA SENHORA DA CONCEIÇÃO DE JABUTICATUBAS. RIBEIRÃO DE JABUTICATUBAS foi crescendo; a lei Nº 843, de 7 de setembro de 1923, reduziu a denominação do distrito de Ribeirão de Jabuticatubas para JABUTICATUBAS. E o decreto-lei Nº 148, de 17 de dezembro de 1938, criou o MUNICÍPIO DE JABUTICATUBAS. (BARBOSA, 1995, p. 169 / COSTA, 1993, p. 264 / TRINDADE, 1945, p. 125).
ESCRITOS DOS VIAJANTES: n/e
PESQUISADOR: Francisco de Assis Carvalho
REVISORA: Dick, 2012.

***

194 TOPÔNIMO: JOÃO MONLEVADE
TAXONOMIA: *Antropotopônimo*
LOCALIZAÇÃO: Área de influência da ER
CAMINHO: D
MUNICÍPIO: João Monlevade – MG
ACIDENTE: humano / município
ORIGEM: portuguesa
MOTIVAÇÃO: Fundador JEAN MONLEVADE. Ele tinha a chamada *Forja Catalã*, em Rio Piracicaba, e morava na Fazenda Solar – no século XIX – no lugarejo que, mais tarde, se transformaria em distrito com o nome dele.
HISTÓRICO: João Monlevade < Carneirinhos
Antropotopônimo < Zootopônimo
ESTRUTURA MORFOLÓGICA: NCm [Ssing + Ssing}] (prenome + apelido de família)
INFORMAÇÕES ENCICLOPÉDICAS: O município de JOÃO MONLEVADE foi fundado por Jean Monlevade e Louis Jacques Ensch. Em 1817, aos 28 anos, chegou ao Brasil o francês Jean Antoine Félix

Dissandes de Monlevade. Ao aportar no Rio de Janeiro, ele seguiu viagem para a província de Minas Gerais com o objetivo de estudar a mineralogia e a geologia, visto que ele era engenheiro de minas. Em Minas, Jean notou que o Estado estava repleto de forjas para a produção de ferro e percorreu várias comarcas como Sabará, Caeté e São Miguel de Piracicaba, onde adquiriu algumas sesmarias e construiu uma forja Catalã, além de sua moradia – o Solar Monlevade. Com o vasto conhecimento que Jean de Monlevade adquiriu através de seus estudos e a aquisição de vários equipamentos comprados na Inglaterra, a fábrica criada por ele prosperou. Tornou-se uma das mais importantes, no período imperial, com uma produção diversificada, produzindo desde enxadas até freios para animais. Na década de 1930, houve a construção da Companhia Siderúrgica Belgo Mineira definitivamente implantada em 1935, com a ajuda de outro pioneiro, o engenheiro Louis Ensh. A lei Nº 336, de 27 de dezembro de 1948, criou o distrito de João Monlevade, no município de Rio Piracicaba. E a lei N° 2764, de 30 de dezembro de 1962, criou o município. (BARBOSA, 1995, p. 175 / COSTA, 1993, p. 270 / TRINDADE, 1945, p. 207).

ESCRITOS DOS VIAJANTES: n/e
PESQUISADOR: Francisco de Assis Carvalho
REVISORA: Dick, 2012.

***

195 TOPÔNIMO: LAGOA SANTA
TAXONOMIA: *Hidrotopônimo*
LOCALIZAÇÃO: Área de influência da ER
CAMINHO: D
MUNICÍPIO: Lagoa Santa – MG
ACIDENTE: humano / município
ORIGEM: portuguesa
MOTIVAÇÃO: A lagoa que possui minerais com propriedades curativas.
HISTÓRICO: Lagoa Santa < Lagoa Grande < Lagoa das Congonhas do Sabarabuçu
Hidrotopônimo < Hidrotopônimo < Hidrotopônimo
ESTRUTURA MORFOLÓGICA: NCf [Ssing + ADJsing]]
INFORMAÇÕES ENCICLOPÉDICAS: A história de Lagoa Santa remonta ao tempo dos bandeirantes paulistas que percorreram o desconhecido interior do Brasil. Foi, no entanto, com Felipe Rodrigues, que a história de Lagoa Santa começou a ser contada. Este acabou por fixar-se nos arredores da Lagoa Grande que – devido à crença nos poderes curativos de suas águas – passou a se chamar LAGOA SANTA. A origem da cidade está ligada às propriedades das águas ali encontradas. Isso se deu aproximadamente em 1713. Lagoa Santa já exportou as águas da lagoa, pois se acreditava que eram curativas. Acorrendo bastante gente, surgiu a necessidade da capela. E assim, por iniciativa de Felipe Rodrigues de Macedo e Manuel Pereira Berredo, foi obtida a provisão de 2 de maio de 1749, para se erguer a capela dedicada a N. Sr.ª da Saúde, *"no lugar da Lagoa Grande"*, filial da matriz de Roça Grande. Um aspecto interessante da região de Lagoa Santa, focalizado por H.V. Walter, são os achados arqueológicos e antropológicos, que colocam Lagoa Santa *"no rol do mundo científico, e muito tem contribuído para o nosso conhecimento inicial da pré-história da América do Sul"*(Rev. LH.G.M.G., IV). O mesmo autor, H.V. Walter, em seu livro *The Pre-History of Lagoa Santa Region*, depois de referir-se à natureza pitoresca do lugar, ao clima salutar e às águas antes tidas por milagrosas, escreveu o seguinte: *"O mundo científico possui outra boa razão para conhecer Lagoa Santa e seus arredores. Ali existe grande riqueza de material arqueológico, antropológico e sobretudo paleontológico"*.Esta região foi introduzida nos círculos científicos pelo naturalista Peter Wilhelm Lund, há cem anos. O município de Lagoa Santa foi criado pelo decreto-lei Nº 148, de 17 de dezembro de 1938, desmembrado do de Santa Luzia. (BARBOSA, 1995, p. 182 / COSTA, 1993, p. 275 / TRINDADE, 1945, p. 129).
ESCRITOS DOS VIAJANTES
LUIZ AGASSIZ / ELIZABETH CARY AGASSIZ (1865-1866)

*"Deixando os distritos montanhosos, continuaram a sua rota através de uma longa série de campos e florestas, que se sucedem até Gequitiba, passando por Saburá (sic) Santa Luzia, **Lagoa-Santa** e Sete-Lagoas".* (AGASSIZ, 1975, p. 627).

GEORGE HEINRICH VON LANGSDORFF (1822-1829)

*"A **Lagoa Santa** recebeu esse nome já em época remota, quando praticamente ainda nem havia cabanas nas redondezas. Dizem que, há muitos anos, ela continha alto teor de ferro e vitriolo, mas que agora perdeu muitas de suas propriedades e efeitos. Outros dizem que, antigamente, a lagoa era bem maior; ela alimentava a grande quantidade de ervas e raízes que cresciam nas suas margens, e dessas plantas ela adquiria propriedades medicinais. Mas, com o passar dos anos, e graças à ação de um ouvidor que quis secar a lagoa, ela teve seu tamanho reduzido, e suas águas perderam os poderes curativos. Há mais de 100 anos, a fama dessa lagoa se espalhara tanto, que pessoas que sofriam de gota ou pessoas entrevadas eram trazidas até da Bahia para cá e daqui saíam totalmente curadas. O **Arraial da Lagoa Santa** está situado exatamente na parte mais baixa da lagoa, cujas as águas, em épocas de chuvas fortes, escorrem para cá".* (LANGSDORFF, 1997, p. 180).

HERMANN BURMEISTER (1850-1852)

"Lagoa Santa é uma aldeia pobre. Constituindo uma Paróquia, tem apenas uma igreja, sem tôrre, feita de madeira e barro. Não tem mais que 60 ou 80 casas e conta apenas com 500 habitantes, mulatos em sua maioria. De estrangeiros, viviam lá em caráter permanente o dr. Lund e um fr4ancês, M. Foulon, proprietário de uma venda bem frequentada. A aldeia está situada no canto noroeste de lagoa, que, comprida e de forma triangular, tem uma légua de perímetro, sendo que seu ângulo mais agudo se dirige para sul Essa lagoa é cercada de colinas pouco elevadas, existindo um pequeno bosque em sua ponta meridional". (Burmeister, 1952, p. 231).

J. B. von SPIX e C. F. P. von MARTIUS (1817-1820): *"o Pico de Itabira, perto de Sabará, a Serra do Caraça, perto de Catas Altas; a Serra da Lapa etc.; e, diante de nós a oeste, resplandecia a **Lagoa Santa.**"* (SPIX & MARTIUS, 1981, p. 17).

PESQUISADOR: Francisco de Assis Carvalho

REVISORA: Dick, 2012.

***

196 TOPÔNIMO: LAVRAS NOVAS

TAXONOMIA: *Sociotopônimo*

LOCALIZAÇÃO: Eixo principal da ER

CAMINHO: D

MUNICÍPIO: Ouro Preto – MG

ACIDENTE: humano / povoado

ORIGEM: portuguesa

MOTIVAÇÃO: Lavra:*"local de onde se extrai metal ou pedras preciosas; terreno de mineração".* (FERREIRA, 1988). CORONEL FURTADO: refere-se ao Coronel Salvador Fernandes Furtado de Mendonça, responsável pela descoberta do ouro no Ribeirão do Carmo em 16 de julho de 1696, e que deu origem à cidade de Mariana.

HISTÓRICO: Lavras Novas < Lavras Novas do Coronel Furtado < Arraial de Lavras Novas
Sociotopônimo < Sociotopônimo < Poliotopônimo

ESTRUTURA MORFOLÓGICA: NCf [Spl + ADJpl]

INFORMAÇÕES ENCICLOPÉDICAS: A chamada LAVRAS NOVAS DO CORONEL FURTADO já era um núcleo populacional em 1716, devido à exploração do ouro. Como todos os demais locais, o colapso da região mineradora atingiu o ARRAIAL DE LAVRAS NOVAS na década de 80 do século XVIII. Uma versão para a grande quantidade de descendentes de negros é a de que estes teriam ocupado o lugar, após os senhores de lavras terem abandonado o mesmo com a decadência da produção aurífera. É possível que os quilombos tivessem sido organizados nas proximidades, já que a geografia, ali, proporciona locais favoráveis para esconderijos. Há registros de que, no final do século XIX, parte da população de Lavras Novas já exercia a atividade tropeira, levando principalmente lenha para Ouro Preto, enquanto outra se dedicava à agricultura e pecuária através de trabalho remunerado em fazendas e sítios da região. (BARBOSA, 1995, p. 345 / COSTA, 1993, p. 406 / TRINDADE, 1945, p. 132).

ESCRITO DOS VIAJANTES: n/e

PESQUISADOR: Francisco de Assis Carvalho

REVISORA: Dick, 2012.

***

197 TOPÔNIMO: MARIANA

TAXONOMIA: *Antropotopônimo*

LOCALIZAÇÃO: Eixo principal da ER

CAMINHO: D

MUNICÍPIO: Mariana – MG

ACIDENTE: humano / município

ORIGEM: portuguesa

MOTIVAÇÃO: Homenagem à rainha D. MARIA ANA DE ÁUSTRIA, esposa do rei D. João V. Mariana tem também a sua origem relacionada ao culto da VIRGEM MARIA. (CUNHA, 1986).

HISTÓRICO: Mariana < Ribeirão do Carmo < Nossa Senhora da Conceição do Ribeirão do Carmo < Nossa Senhora do Carmo de Albuquerque < Arraial do Carmo

Antropotopônimo < Hidrotopônimo < Hagiotopônimo < Hagiotopônimo < Poliotopônimo

ESTRUTURA MORFOLÓGICA: Nf [Ssing] [prenome]

INFORMAÇÕES ENCICLOPÉDICAS: Mariana, primitivamente RIBEIRÃO DO CARMO, foi a primeira entre as cidades surgidas por efeito das expedições de bandeirantes paulistas que, a partir da última década do século XVII, demandaram as Minas Gerais. E foi também, no dizer do historiador Diogo de Vasconcelos, o centro de onde se irradiou a conquista definitivamente do território. Partindo de Itaverava, ponto do qual os bandeirantes vindos de Taubaté prosseguiam como em última arrancada para atingir o ribeirão do Tripuí, desde 1691 vinha sendo procurado por outros sertanistas, Salvador Fernandes de Mendonça, em companhia de Miguel Garcia da Cunha e outros bandeirantes, acampou a 16 de julho, nas margens do ribeirão do Carmo, assim chamado por ser aquele o dia consagrado no calendário cristão à festa da Santíssima Virgem. Verificaram ser o ribeirão riquíssimo em aluviões auríferas, com a mesma formação dos granitos cor de aço que tornaram famoso o Tripuí, onde surgiria Ouro Preto. Tomando posse de ribeirão do Carmo e nele iniciando a mineração, mandou Salvador Fernandes levantar as primeiras cabanas ao longo da praia, hoje chamada do Mata-cavalos, bem assim a capela que foi dedicada inicialmente ao Menino Jesus, sendo mudada a invocação sucessivamente para Nossa Senhora do Bom Sucesso e Nossa Senhora da Assunção. Criada a VILA DE ALBUQUERQUE, em 1711, foi o seu nome mudado para RIBEIRÃO DO CARMO ao ser confirmada a criação pelo governo da metrópole, em 14 de abril de 1712. Pela carta régia de 23 de abril de 1745, que a elevou à categoria de cidade, passou a denominar-se Mariana, em homenagem à rainha D. Maria Ana d'Áustria. (BARBOSA, 1995, p. 195 / COSTA, 1993, p. 285 / TRINDADE, 1945, p. 138).

ESCRITOS DOS VIAJANTES

MANUEL AIRES DE CASAL (1817)

"*Mariana, Marianópolis, originalmente Arraial do Carmo até o ano de 1711, quando El-Rei D. João V lhe deu floral, e o nome de Vila Leal do Carmo, criada cidade episcopal em 1745 pelo mesmo monarca, que lhe deu o nome de sua amada consorte, é pequena e abastada, situada num terreno, que nem é plano, nem mui declivioso, junto à margem direita do Ribeirão do Carmo, ornada com as capelas de Nossa Senhora do Rosário, de São Pedro, Santa Ana, São Gonçalo, S. Francisco, que é dos Pardos; N. Senhora das Mercês dos pretos crioulos; duas ordens Terceiras do Carmo e São Francisco, cuja capela é elegante; duas praças, sete chafarizes de boas águas. As ruas são calçadas, as casas modernas de pedra*". (CASAL, 1976, p. 169).

AUGUSTE FRANÇOIS CESAR PROUVENÇAL DE SAINT-HILAIRE (1816-1822)

"*A cidade de Mariana é rasgada por ruas longitudinais, que cortam outras ruas oblíquas relativamente as primeiras, e, aproximadamente, paralelas entre si. As ruas longitudinais, que seguem a crista da colina, vão descendo de modo insensível; as transversais se estendem sobre o flanco da colina por uma rampa um tanto íngreme. Todas são regularmente pavimentadas e, em geral direitas e bastante largas, principalmente as duas ruas longitudinais chamadas Rua Direita e, Rua das Cortes. A primeira leva à praça chamada da Cadeia, (lugar da prisão), a outra termina na chamada das Cavalhadas (local dos Torneios)".* (SAINT-HILAIRE, 1975, p. 79).

JOHN LUCCOCK (1808 – 1818)

*"A primeira visão que tivemos de **Mariana**, outrora **povoado do Carmo** e elevada hoje às mais altas honras cívicas, mercê de sua lealdade, foi através do rasgão que gradualmente se amplia até formar uma vale de encostas escarpadas em meio ao qual corre o rio O efeito é insolitamente grato, pois que, por entre as rochas despidas cujos flancos produzem um efeito telescópico, se avista lindíssima planície para além delas, semeada de casas e igrejas".* (LUCCOCK, 1975, p. 339).

JOHANN BAPTIST EMANUEL POHL (1817-1821)

*"Chegamos então ao lado ocidental da Serra do Ouro Preto e, de uma estalagem meio decadente, desfrutamos, pela primeira vez, da vista da aprazível **Cidade de Mariana**. Deve ter-se dado por volta de 1700 o descobrimento e o povoamento desta região, que teve a sua origem na extraordinária riqueza do Ribeirão do Carmo, que é uma continuação do Ouro Preto e de vários outros riachos auríferos. Manuel Garcia Rodrigues foi o primeiro a dar notícia de um riacho que deságua no Ribeirão do Carmo; mas João Lopes de Lima, de São Paulo, foi o verdadeiro descobridor desta região. O novo povoado foi chamado **Arraial do Carmo** e, pelo crescimento da população, elevado a vila por Dom João V no ano de 1711 com o nome de Vila Leal de Nossa Senhora do Carmo. No ano de 1745, o mesmo rei elevou-a a cidade e, em homenagem a sua esposa Dona Maria d'Áustria, deu-lhe o nome de Cidade Episcopal Mariana ou Marianópolis, ao qual ela de fato faz jus pelas muitas igrejas que possui. A cidade está edificada na margem direita do Ribeirão do Carmo, que a banha, e é limitada por altas serras tanto a leste como a oeste. Fica, pois, num estreito vale, ladeado a leste pela Serra da Cachoeira, que vem de Vila Rica, e a oeste pela Serra do Itacolomi Pequeno, um ramo da Serra do Itacolomi propriamente dita".* (POHL, 1976, p. 384).

GEORGE GARDNER (1836-1841)

*"Uma jornada de 3 léguas por uma região montanhosa e escassa de matas levou-me a cidade de **Mariana**, cujo aspecto e situação muito me agradaram: ergue-se ao sudeste de largo e plano vale, no manso declive de uma elevação de terreno que rodeia a base da Serra do Itacolomi. É de edificações mais compactas que as cidades que eu havia geralmente visto no Brasil; e, como tem diversas formosas e finas igrejas e as casas são em maioria amplas e caiadas, é no todo de aparência muito nobre. Nos subúrbios e na própria cidade, muitas casas tem pomares com bananeiras, laranjeiras e copadas jabuticabeiras, que, com seus diferentes matizes verdes, contrastam bem com as paredes das casas caiadas de branco. Passando pela cidade, achei-a tão quieta, que por pouco a imaginei deserta. Em algumas das ruas principais vi negociantes reclinados negligentemente sobre os balcões e nas escadas em frente da cadeia, uns poucos soldados montando-lhe guarda. Estes e um ou outro garoto preto acocorado a uma porta eram todo o sinal de vida na cidade, que se diz ter cerca de cinco mil habitantes. É antes uma cidade clerical que comercial, residência do bispo e sede de uma faculdade de teologia".* (GARDNER, 1975, p, 227).

FRANCIS DE LA PORTE, CONDE DE CASTELNAU (1843-1847)

*"Depois de nossa volta a Ouro Preto, vários companheiros nossos fizeram uma excursão a **Mariana**, a mais antiga das cidades da província. Está situada a uma distância de 2 léguas do capital e pode ter uma população de aproximadamente, 3.000 almas. O caminho que a ela conduz é muito bom, a princípio sobre terreno itacolumítico e depois sobre gnaisse. Ofereceu-nos o presidente da província um excelente jantar de despedida. Em suma, só podemos conservar agradável recordação dos habitantes de Ouro Preto, que sob muitos aspectos nos pareceram amis adiantados do que os da maioria das cidades do Brasil. Nessa capital pudemos desfrutar a sociedade das mulheres, em muitas das quais reconhecemos esmerada educação".* (CASTELNAU, 2000, p. 90).

HERMANN BURMEISTER (1850-1852)

*"A cidade de **Mariana** está situada no declive sul e na estreita crista de uma colina que segue de oeste para leste e cujo limite norte é formado pelo ribeirão do Carmo, onde desembocam dois riachos, que separam Mariana do resto da região. São eles o ribeirão do Seminário, que. corre, em frente à cidade, na direção sul-norte e desagua mais abaixo, no do Carmo; e o ribeirão do Catete, que vem do oeste do vale do Itacolumi e que se encontra com o do Carmo no centro da cidade. Na parte mais íngreme da pequena cadeia de montanhas assim limitada por cursos dágua, levanta-se a grande igreja de São Pedro, ainda não acabada de construir, e somente abaixo desta é que aparecem as primeiras casas. Calcula-se que a cidade fica a 2.243 pés acima do nível do mar (2.390 pés. segundo von Eschwege),*

sendo que a sua situação geográfica é de 20º 21' de Latitude sul e 25° 55' de longitude oeste de Ferro. Vindo pelo sul, do lado da cordilheira do Itacolumi, o viajante vê Mariana construída como um anfiteatro, no lado mais favorável das encostas das montanhas, e, em breve, distingue as três ruas principais, paralelas ao dorso da montanha e cortadas em ângulo reto por várias. ruas transversais". (BURMEISTER, 1952, p. 189).

ALCIDE D'ORBIGNY (1826)

*"Spix e Martius saíram de Vila Rica para visitar as margens do rio Xopotó, um dos braços do rio da Pomba. Passaram, em primeiro lugar, por **Mariana**, situada em um vale, que está sendo obstruído pela queda constante de rochedos que descem dos altos de Ribeirão do Carmo. **Mariana**, cidade de 4.800 almas, aproximadamente, é formada por casas pequenas, regulares, bonitas e bem alinhadas. É sede do bispado".* (D'ORBIGNY, 1976, p. 153).

CHARLES JAMES FOX BUNBURY (1833-1834)

*"**Mariana** uma cidade episcopal, é consideravelmente menor que Ouro Preto (pelo menos ocupa muito menor espaço, apesar de dizer-se que sua população é apenas de 1.200 habitantes menos do que a de Ouro Preto): mas tem uma aparência muito mais alegre e agradável e o cenário em torno tem um aspecto aberto e risonho, em vez da severa, mas pitoresca austeridade que caracteriza a outra. Está situada a mais de mil pés abaixo de Ouro Preto, mais ainda no vale do Carmo (aqui largo e aberto), que corre por muitos canais estreitos em um leito largo e areiento e é atravessado por uma ponte de madeira. Mariana contém uma grande quantidade de igrejas, algumas das quais não são feias e tem padres em abundância. E' a capital eclesiástica de Minas Gerais, ao passo que Ouro Preto é a capital para fins militares e políticos".* (BUNBURY, 1981. p. 68-69).

WILHELM VON ESCHWEGE (1810-1821)

*"Ao sul de **Mariana** levanta-se o prolongamento da grande Serra do Itacolomi, até uma altitude de 3.651 pés, enquanto a própria cidade se acha a 2.390 pés, mais baixa que Vila Rica, portanto, 1.390 pés. Para os outros lados, o vale, em forma de caldeirão, é balisado por morros pouco elevados, constituídos de xistos argilosos, em toda a parte devastados pelo serviço de talho aberto. Em um deles, o proprietário, um dos mais distintos padres da catedral de **Mariana**, perdeu a vida em 1816, quando, dirigindo o trabalho, foi soterrado com seus escravos por uma massa de terra que se desmoronou".* (ESCHWEGE, 1979, p. 11).

GEORG WILHELM FREIREYSS (1813 -1825)

*"O nosso caminho passava logo abaixo da cidade de **Mariana**, que é muito menor do que Vila Rica, mas que é superior a esta pela sua posição plana e suas edificações. É sede do bispado e distante de Vila Rica apenas 2 léguas. Imediatamente depois de **Mariana**, começa a subida da serra que se enxerga de Vila Rica e cujo ponto culminante parece ser o Itacolomi. Esta palavra, na língua dos indígenas que antigamente aqui moravam, quer dizer o filho da pedra, porque o ponto mais alto é constituído por uma rocha grande e outra pequena. A subida era péssima, não obstante estar o caminho em parte calçado. No lugar mais alto tínhamos uma vista extensa, porém pouco bela, parecendo que a terra aqui há pouco saíra do caos; milhares de morros e entre eles outros tantos vales profundos e estreitos geravam esta ideia".* (FREIREYSS, 1982, p. 77).

PESQUISADOR: Francisco de Assis Carvalho
REVISORA: Dick, 2012.

***

198 TOPÔNIMO: MIGUEL BURNIER
TAXONOMIA: *Antropotopônimo*
LOCALIZAÇÃO: Eixo principal da ER
CAMINHO: D
MUNICÍPIO: Ouro Preto – MG
ACIDENTE: humano / distrito
ORIGEM: portuguesa
MOTIVAÇÃO: Homenagem ao diretor da rede ferroviária Engenheiro Miguel Noel Nascentes Burnier. A inauguração da Estação se deu no dia 17 de junho e 1884.
HISTÓRICO: Miguel Burnier < São Julião < Rodeio
Antropotopônimo < Hagiotopônimo < Sociotopônimo
ESTRUTURA MORFOLÓGICA: NCm [Ssing + Ssing] [prenome + apelido de família]

INFORMAÇÕES ENCICLOPÉDICAS: A região do RODEIO era uma localidade composta por fazendas mineradoras de ouro. A mineração desenvolveu-se principalmente nas áreas de depressão do terreno, chamadas de caldeirões. A partir de 1880, a região começou a ganhar nova dinâmica. Distrito do município de Ouro Preto foi criado, com a denominação de SÃO JULIÃO, pela lei Nº 556, de 30 de agosto de 1911, com sede no povoado e estação de Burnier. (BARBOSA, 1995, p. 202 / COSTA, 1993, p. 290).
ESCRITOS DOS VIAJANTES: n/e
PESQUISADOR: Francisco de Assis Carvalho
REVISORA: Dick, 2012.

***

199 TOPÔNIMO: MILHO VERDE
TAXONOMIA: *Antropotopônimo/Fitotopônimo*
LOCALIZAÇÃO: Eixo principal da ER
CAMINHO: D
MUNICÍPIO: Serro – MG
ACIDENTE: humano / distrito
ORIGEM: portuguesa
MOTIVAÇÃO: Existem duas versões: um português de nome RODRIGO MILHO VERDE, que durante muitos anos teria morado no local. A outra afirma que os primeiros bandeirantes que alcançaram a região encontraram uma comunidade indígena e esta lhes teria oferecido uma grande quantidade de MILHO VERDE.
HISTÓRICO: Milho Verde < Nossa Senhora dos Prazeres do Milho Verde
Antropotopônimo/Fitotopônimo < Hagiotopônimo
ESTRUTURA MORFOLÓGICA: NCm [Ssing + ADJ]
INFORMAÇÕES ENCICLOPÉDICAS: O ARRAIAL DO MILHO VERDE surgiu em decorrência das atividades de mineração do ouro desenvolvidas na região do Serro Frio em princípios do século XVIII. Milho Verde é uma pequena vila, sede de distrito no município do Serro, no Estado de Minas Gerais, situada na região do Alto Jequitinhonha, próxima à nascente deste rio. Originou-se da lavra de minerais preciosos de Manuel Rodrigues Milho Verde, natural da Província do Minho, em Portugal, e abrigou um posto de fiscalização da entrada e saída no Distrito Diamantino. Uma capela dedicada a São José, no lugar denominado São José do Milho Verde, foi erguida por iniciativa do cap. José de Moura e Oliveira, conforme provisão de 8 de outubro de 1781. A povoação de Milho Verde foi elevada a distrito pela lei Nº1475, de 9 de julho de 1868. No mesmo dia, mês e ano, foi sancionada a lei Nº 1479, que transferiu a sede da paróquia de São Gonçalo para São Gonçalo do Milho Verde. O arraial sempre se chamou Milho Verde e também este era o nome do distrito. Entretanto, na divisão administrativa de 1911, como também na de 1923, aparece com o nome de NOSSA SENHORA DOS PRAZERES DO MILHO VERDE. Conforme MATOS – 1837 (1981, p. 183): *"Milho Verde tem 190 fogos e 858 almas"*.E o decreto-lei Nº148, de 17 de dezembro de 1938, determinou a mudança da denominação de Nossa Senhora dos Prazeres do Milho Verde para MILHO VERDE. (BARBOSA, 1995, p. 202 / COSTA, 1993, p. 291 / TRINDADE, 1945, p. 207).
ESCRITO DOS VIAJANTES
JOHANN BAPTIST VON SPIX / KARL FRIEDRICH PHILIPP VON MARTIUS (1817-1820)
*"O mensageiro voltou nessa mesma tarde, e entregou-nos a resposta escrita, em que o Intendente Ferreira da Câmara nos convidava a jantar com ele no dia seguinte, em Tejuco. Satisfeitos com a tão almejada licença, depois do desassossego da espera, logo nos pusemos a caminho para o posto da fronteira, ainda distante légua e meia, o **arraial do Milho Verde**. Esses Destacamentos ou Registros são, dez, em torno do Distrito Diamantino, numa distância de cinco até 6 léguas, isto é, começando a oeste de **Milho Verde**: Paraúna, distante de Tejuco 10 léguas; Bandeirinha, três; Gouveia, cinco; Rio Pardo, sete; Andaial, quatro; Inhai, sete; Inhasica, dez; Rio Mando, cinco; e Itaibaba, seis. Os soldados, aqui destacados do regimento de Dragões de Minas, têm o dever de impedir a entrada de quem quer que seja, de onde quer que venha, e qualquer que seja a sua posição, sem uma ordem especial do intendente-geral".* (SPIX & MARTIUS, 1981, p. 21).

AUGUSTE FRANÇOIS CESAR PROUVENÇAL DE SAINT-HILAIRE (1816-1822)

*"A **aldeia de Milho Verde** situa-se em uma região árida que não possibilitava nenhum gênero de plantação, compondo-se de uma dúzia de casas e de uma igreja. É aí a sede do destacamento de soldados encarregados de inspecionar os viajantes que vão de Tijuco à Vila do Príncipe. Apresentei ao oficial que o comandava o salvo-conduto que me fornecera a secretaria do Estado; ele dispensou-me toda a sorte de gentilezas e minha bagagem não foi vistoriada. Apesar de haver uma guarda colocada em Milho Verde não é de crer-se que essa aldeia seja o limite do Distrito dos Diamantes. O território desse Distrito estende-se até mais longe, ao lugar chamado Cabeça do Bernardo. Existe em Milho Verde um serviço que, como o de Vau, forneceu outrora muitos diamante. Deixando **Milho Verde**, percebem-se montanhas semelhantes àquelas que se têm sob as vistas desde a capital do Distrito dos Diamantes. Entretanto é evidente que, considerado em seu conjunto, o caminho desce Tijuco, havia sido constantemente arenoso, tornou-se argiloso e avermelhado. Então a vegetação muda e os grandes fetos que nascem por toda parte indicam que esses lugares foram outrora cobertos de florestas".* (SAINT-HILAIRE, 1975, p. 44).

PESQUISADOR: Francisco de Assis Carvalho
REVISORA: Dick, 2012.

***

200 TOPÔNIMO: MONJOLOS
TAXONOMIA: *Ergotopônimo*
LOCALIZAÇÃO: Área de influência da ER
CAMINHO: D
MUNICÍPIO: Monjolos – MG
ACIDENTE: humano / município
ORIGEM: portuguesa/ africana
MOTIVAÇÃO: Existia um monjolo na fazenda do primeiro morador do local; foi feito da madeira do mesmo nome, que existia em abundância na região. Daí o nome pluralizado: Monjolos. Outra versão se deve à história do município que possui indícios de aculturação de grupos afro-portugueses no norte, com influência espanhola. Estes fizeram originar os monjolos típicos de Moçambique.
HISTÓRICO: Monjolos < Estação de Monjolos
Ergotopônimo < Sociotopônimo
ESTRUTURA MORFOLÓGICA: Nm [Spl]
INFORMAÇÕES ENCICLOPÉDICAS: Os primeiros moradores foram Feliciano Corrêa de Melo, proprietário da Fazenda Açude, sua mulher Ambrosina, escravos e outros parentes de Feliciano. Entre 1914 e 1918, quando da construção da linha férrea Corinto – Diamantina, já existiam no local algumas casas, sendo a primeira construída por Feliciano Melo, junto ao engenho. Com o objetivo de explorar as matas existentes para a transformação da madeira em dormentes, que eram vendidos para construção da linha férrea, para lá se dirigiam diversos exploradores, iniciando-se a formação do arraial. Ao lado da exploração de madeira e produção de dormentes, houve grande desenvolvimento da agricultura e pecuária, que fizeram a base da economia do atual município. Elevado à categoria de município com a denominação de MONJOLOS, pela lei estadual nº 2764, de 31-12-1962, desmembrado de Diamantina. Sede no antigo DISTRITO DE MONJOLOS. Constituído de 2 distritos: Monjolos e Rodeador. (BARBOSA, 1995, p. 206 / COSTA, 1993, p. 294).
ESCRITOS DOS VIAJANTES: n/e
PESQUISADOR: Francisco de Assis Carvalho
REVISORA: Dick, 2012.

***

201 TOPÔNIMO: MORRO DA ÁGUA QUENTE
TAXONOMIA: *Geomorfotopônimo*
LOCALIZAÇÃO: Eixo principal da ER
CAMINHO: D

MUNICÍPIO: Catas Altas – MG
ACIDENTE: humano / distrito
ORIGEM: portuguesa
MOTIVAÇÃO: Referência às fontes termais existentes na região e que foram destruídas pelas escavações do ouro. *"Recebeu o seu nome das inúmeras fontes termais existentes em suas proximidades e que os habitantes não utilizam. Já de longe se reconhece a rocha dessa serra pelo brilho do ferro micáceo, e ela, por causa do ouro que encerra, é escavada quase verticalmente".* (POHL, 1976, p. 382).
HISTÓRICO: Morro da Água Quente < Arraial do Morro da Água Quente
Geomorfotopônimo < Poliotopônimo
ESTRUTURA MORFOLÓGICA: NCm [Ssing + { Prep + Asing + Ssing + ADJ}]
INFORMAÇÕES ENCICLOPÉDICAS: Pequena povoação do distrito de Catas Altas (do Mato Dentro), no município de Santa Bárbara. Tinha bonita capela dedicada a N. Sr.ª das Mercês, erigida por provisão do vigário capitular do bispado, de 29 de março de 1767, a favor do Pe. Pantaleão Nunes França, tendo funcionado como filial da freguesia de Catas Altas (Côn. Trindade, Instituição de Igrejas no Bispado de Mariana; Rev. A.P.M., XIII). (BARBOSA, 1995, p. 212 / TRINDADE, 1945, p. 42).
ESCRITOS DOS VIAJANTES
AUGUSTE FRANÇOIS CESAR PROUVENÇAL DE SAINT-HILAIRE (1816-1822)
*"Não longe de Inficionado encontra-se o povoado de **Morro da Água Quente**, cujo nome é devido a fontes termais que outrora em suas proximidades. Formas destruídas pelas escavações aí feitas, na esperança de encontrar ouro em maior abundância que alhures".* (SAINT-HILAIRE, 1975, p. 88).
JOHANN BAPTIST EMANUEL POHL (1817-1821)
*"Após três quartos de légua de viagem, chegamos ao Ribeirão Folheta, cujo leito, de 100 passos de largura, era cheio de pequenas lâminas, de ferro micáceo. Este rio, descrito como muito aurífero, nasce no Morro das Águas, a oeste, e ao sul fica a enorme Fazenda Bananal, que possui uma pequena igreja. Só nos tínhamos afastado uma légua do local de pernoite, quando entramos no **Arraial do Morro da ÁguaQuente**, ao sopé da serra de mesmo nome, que é prolongamento da Serra de Maquiné. Este pequeno e insignificante arraial é construído muito irregularmente, tendo muitos ângulos, e consiste em casas péssimas, geralmente providas de vendas e de uma pequena igreja semiarruinada".* (POHL, 1976, p. 382).
WIHELM VON ESCHWEGE (1810-1821)
*"Embora o **lugarejo doMorro da Água Quente** tenha a aparência miserável, nas suas vizinhanças moram ainda abastados proprietários de ricas lavras de ouro, entre os quais podem ser citados o Padre José Vieira da Silva e D. Maria Teresa Bárbara, que, em 1814, trabalhavam com quarenta e oito escravos e produziram quatorze mil e quarente oitavas, isto é, trezentos e trinta e seis mil réis por escravo, o que corresponde a quase o dobro do valor de cada um. Em duas outras lavras, de menor importância, trabalham quarenta e seis escravos e oitenta e cinco faiscadores, que vivem das sobras dos primeiros".* (ESCHWEGE, 1979, p. 14).
GEORGE HEINRICH VON LANGSDORFF (1822-1829)
*"Hoje fomos de Bento Rodrigues para **Morro da Água Quente**, distante 2½. O caminho é acidentado e muito pedregoso. De ambos os lados de Inficionado, há montanhas de ferro. Oportunamente, voltarei a falar sobre essas impressionantes colunas de ferro. Praticamente todo o caminho entre Inficionado e Água Quente é margeado por paredes de ferro. Morro da Água Quente é um pequeno lugarejo com cerca de 20 casas; seus habitantes vivem da exploração do ouro e, consequentemente, são muito pobres. O local deve ser nome a uma fonte quente que existe nas proximidades. Ela deve ter sido outrora bastante quente e grande; hoje por causa da constante lavação do ouro, acabou ficando toda assoreada".* (LANGSDORFF, 1997, p. 130-131).
PESQUISADOR: Francisco de Assis Carvalho
REVISORA: Dick, 2012.

***

202 TOPÔNIMO: MORRO DO PILAR
TAXONOMIA: *Geomorfotopônimo*
LOCALIZAÇÃO: Eixo principal da ER

CAMINHO: D
MUNICÍPIO: Morro do Pilar – MG
ACIDENTE: humano / município
ORIGEM: portuguesa
MOTIVAÇÃO: Refere-se à padroeira. MORRO DE GASPAR SOARES: nome do proprietário de grande fazenda local.
HISTÓRICO: Morro do Pilar < Morro de Gaspar Soares < Nossa Senhora do Pilar < Nossa Senhora do Pilar do Morro de Gaspar Soares

Geomorfotopônimo < Geomorfotopônimo <Hagiotopônimo < Hagiotopônimo
ESTRUTURA MORFOLÓGICA: NCm [Ssing + {Prep + Asing + Ssing}]
INFORMAÇÕES ENCICLOPÉDICAS: O povoado formou-se em função da exploração do ouro. Erigiu-se a primitiva capela sob a invocação de Nossa Senhora do Pilar, mais tarde substituída por um segundo templo que recebeu a bênção por provisão, em 1789. O arraial primitivo foi transferido para um plano mais baixo da colina, situando-se nos contrafortes da serra do Espinhaço. Conforme MATOS – 1837 (1981, p. 231): *"Na Comarca de Serro Frio, perto do Arraial do Morro do Pilar de Gaspar Soares a região é rica em minério de ferro"*. Posteriormente, por desconhecidas razões, o arraial foi trazido do Alto da Canga para o local onde hoje se encontra instalada a cidade. De início, o povoado chamou-se MORRO DO GASPAR SOARES, tomando depois o nome que ainda hoje conserva de MORRO DO PILAR. Foi considerado distrito pela Resolução régia nº 7, de 13 de abril de 1818 e confirmado pela Lei estadual número 2, de 14 de setembro de 1891, com o nome de MORRO DE GASPAR SOARES. A Lei nº 1 039, de 12 de dezembro de 1953, criou o município de MORRO DO PILAR, desanexando-o de Conceição do Mato Dentro. (BARBOSA, 1995, p. 213 / COSTA, 1993, p. 298 / TRINDADE, 1945, p. 208).
ESCRITOS DOS VIAJANTES
JOHANN BAPTIST VON SPIX / KARL FRIEDRICH PHILIPP VON MARTIUS (1817-1820)
*"No dia seguinte, alcançamos cedo o pequeno Arraial do Rio do Peixe, no vale e, ao entardecer, o **Morro de Gaspar Soares**. Manuel Ferreira da Câmara, Intendente-geral do Distrito Diamantino, avia instalado aqui, à custa do governo, uma Fábrica Real de Ferro, no ano de 1812"*. (SPIX & MARTIUS, 1981, p. 19).
AUGUSTE FRANÇOIS CESAR PROUVENÇAL DE SAINT-HILAIRE (1816-1822)
*"A povoação do **Morro de Gaspar Soares**, situada acerca de 5 léguas de Itambé, não é mais que uma sucursal da Paróquia da Conceição, e deve o nome ao gerente de uma das mais antigas jazidas que foram exploradas no país. Quis-se fazê-lo denominar **Morro de Nossa Senhora do Pilar**, porque sua igreja foi edificada sob a invocação dessa Santa; o nome mais antigo, todavia, sempre prevaleceu. A povoação deve a origem, provavelmente, a importantes lavagens outrora existentes, atualmente abandonadas. Se bem que se encontre ainda atualmente ouro no leito do Rio Preto e na crosta dos morros, esse metal não é objeto de uma exploração regular e constante"*. (SAINT-HILAIRE, 1975, p. 52).
JOHANN BAPTIST EMANUEL POHL (1817-1821)
*"O Rancho do Morro de Gaspar Soares, fica perto do **Arraial do Morro de Gaspar Soares**, cujo nome procede de seu primeiro possuidor, que, nessas redondezas, lavrara ouro, que antigamente aqui se extraía em grande quantidade. Atribui-se às formigas o descobrimento do ouro nesta região. Construindo os seus formigueiros, elas conduziam grãos de ouro na cabeça, revelando a ocorrência do metal precioso aos escravos do fundador do arraial. Este importante achado logo atraiu para cá vários colonos e assim foi-se desenvolvendo aos poucos o arraial, que primitivamente teve o nome de Morro de Nossa Senhora do Pilar, devido à padroeira da igreja"*. (POHL, 1976, p. 376).
GEORGE GARDNER (1836-1841)
*"Era mesmo um refrigério penetrar mais uma vez em zona assim, depois de vaguear por tanto tempo nas áridas províncias do norte. Na manhã seguinte, após 2 léguas de viagem, passamos pelo pequeno **Arraial do Morro de Gaspar Soares**, no cimo de alta montanha. É cercado de outras montanhas cobertas de capim-gordura, que se apresentava bem verde já no fim da estação seca, em forte contraste com as pastagens do Ceará, Piauí e Goiás, que nesta época do ano se acham requeimadas"*. (GARDNER, 1975, p. 217).
PESQUISADOR: Francisco de Assis Carvalho
REVISORA: Dick, 2012.

***

203 TOPÔNIMO: NOVA UNIÃO
TAXONOMIA: *Cronotopônimo*
LOCALIZAÇÃO: Área de influência da ER
CAMINHO: D
MUNICÍPIO: Nova União – MG
ACIDENTE: humano/ município
ORIGEM: portuguesa
MOTIVAÇÃO: Alusiva aos moradores que reivindicavam a emancipação do local. JOSÉ DE MELO é uma homenagem ao ilustre homem público e político notável, José Nunes de Melo Júnior, natural de Caeté.
HISTÓRICO: Nova União < Viúva < União de Caeté < José de Melo
Cronotopônimo < Antropotopônimo < Animotopônimo < Antropotopônimo
ESTRUTURA MORFOLÓGICA: NCf [ADJsing + Ssing]
INFORMAÇÕES ENCICLOPÉDICAS: O território do município teve sua ocupação iniciada quando uma viúva, de nome não conhecido, instalou-se à margem esquerda do Ribeirão Santa Cruz, fazendo de sua casa uma pousada a tropeiros e boiadeiros que por ali transitavam. O lugar ficou conhecido como "VIÚVA", derivativo de sua primeira moradora. As incursões constantes, rumo ao centro de Minas, traziam novos habitantes ao lugarejo, nascido junto à casa da viúva, exatamente no local onde está a residência do Sr. Jove Augusto de Oliveira. Com a doação de terrenos pelo Sr. Carolino Rodrigues Machado, pioneiro da povoação, ao patrimônio da capela de São Sebastião, novos moradores se fixaram no local, promovendo o desenvolvimento do atual município. A origem da ocupação do lugar onde se situa o município funda-se, como a de grande parte dos municípios mineiros, no Ciclo do Ouro, principalmente na bandeira de Lourenço Castanho Taques, em 1662, e na descoberta das minas de Caeté, pelo sargento-mor Leonardo Nardez, em 1701. A região logo se tornou conhecida, sendo ocupada por paulistas e forasteiros de todas as partes. A população cresceu e, a 24 de janeiro de 1714, foi criada a Vila Nova da Rainha de Caeté, que compreendia em seus limites, entre outros, o distrito da atual NOVA UNIÃO. O município foi emancipado em 1962, desmembrando-se de Caeté. (BARBOSA, 1995, p. 176).
ESCRITOS DOS VIAJANTES: n/e
PESQUISADOR: Francisco de Assis Carvalho
REVISORA: Dick, 2012.

***

204 TOPÔNIMO: OURO PRETO
TAXONOMIA: *Litotopônimo*
LOCALIZAÇÃO: Eixo principal da ER
CAMINHO: D
MUNICÍPIO: Ouro Preto – MG
ACIDENTE: humano / município
ORIGEM: portuguesa
MOTIVAÇÃO: Vem do *"ouro escuro"*, recoberto com uma camada de óxido de ferro, encontrado na cidade. O primeiro nome da cidade foi Vila Rica de Albuquerque (em homenagem ao capitão-general da Capitania, Antônio de Albuquerque Coelho de Carvalho). Depois foi reduzido para Vila Rica (por causa do grande desenvolvimento e da riqueza de seus habitantes). Em *O tupi na geografia nacional*, SAMPAIO (1955, p. 224): corr. *"itacutumi"* "corr. **Itá-curumi**, *o menino de pedra; alusão ao facto de ser o pico, que tem este nome, formado por um grande penedo como outro menor ao lado, à guisa de filho"*.
HISTÓRICO: Ouro Preto < Vila Rica < Vila Rica d'Albuquerque < Vila Rica do Ouro Preto
Litotopônimo < Poliotopônimo < Poliotopônimo < Poliotopônimo
ESTRUTURA MORFOLÓGICA: NCm [Ssing + ADJsing]
INFORMAÇÕES ENCICLOPÉDICAS: A notícia de que do córrego do TRIPUÍ, cuja águas rolavam sobre leito de pedras e areias negras, justificando a denominação de origem tupi (*tipi-í – "água de fundo sujo"*), foram retirados granitos da cor do aço que, depois se soube, serem ouro de fino quilate, ecoou no espírito

dos paulistas como grito de desafio à audácia dos bandeirantes, para que viessem descobrir a imensa riqueza do território. SAMPAIO (1955, p. 292): *"ityra – poi: o morro delgado ou esguio"*. Inicialmente foi descoberto o ouro na posição central dominada por um pico, sobre o qual figurava um grupo de penhascos a que deram o nome de **ITACOLUMI**, também de origem tupi (ita-curumí – *"pedra menino"*), conforme SAMPAIO (1955, p. 224) por lhes parecer mãe e filha ao pé uma da outra. Iniciada a exploração das minas, todas riquíssimas do precioso metal, surgiram, nas escarpas da montanha e a pouca distância uns dos outros, os arraiais de São João, Padre Faria, Antônio Dias, Bom Sucesso e Ouro Podre, cuja população passou em pouco tempo a formar um núcleo considerável, a tal ponto que, em 1711, pela carta Régia de 8 de julho, era elevado à categoria de vila, com o nome de Vila Rica de Albuquerque, sendo confirmada a criação pela carta régia de 15 de dezembro de 1712, que simplificou o topônimo para Vila Rica. (BARBOSA, 1995, p. 230 / COSTA, 1993, p. 313 / RUAS, 1950 /LIMA JÚNIOR,1996 / TRINDADE, 1945, p. 213).

ESCRITOS DOS VIAJANTES
MANUEL AIRES DE CASAL (1817)

"A célebre Serra do Caraça, assim chamada por ter um lugar, que visto de certa paragem arremeda uma enorme fisionomia. É um desmembramento da cordilheira grande com 12 ou mais léguas de circuito na sua base, e escarpada em redondo. Numa planície de pouco menos de légua em quadro, em uma quebrada da sua sumidade, há uma espécie de mosteiro, onde vivem vários ermitões conduzidos uns pela devoção, outros pelas perseguições: seu hábito é uma sotaina negra. Sustentam-se de esmolas, e das produções do terreno adjacente, onde criam gado, e cultivam centeio. O edifício é de pedra; a igreja de elegante arquitetura, e dedicada a Nossa Senhora Mãe dos Homens". (CASAL, 1976, p. 159).

*"***Villa Rica*** anteriormente **Oiro Preto**, creada em setecentos e onze, grande, populoza, abastada, e florecente he a Capital, e rezidencia dos Governadores da Provincia, e do Ouvidor da Comarca, que he tambem Provedor dos defuntos, ausentes, capellas, reziduos; servindo ainda de Juiz da Coroa com jurisdicção em toda a Provincia. Tem Juiz de Fóra do cível, crime, e órfãos; servindo tambem de Procuador da Coroa: Vigario foraneo, Professores Regios de primeiras letas, Latim, e Filozofia; porém he mal situada nas abas meridionaes da serra do Oiro Preto, entre morros tristonhos, em terreno mui desigual, e frequentemente cuberta de nevoa, cauza de continuadas defluxões. Ha nella Caza de Mizeicordia fundada por Gomes Freyre d'Andrade em virtude do Alvará de dezaseis d'Abril de mil setecentos trinta e oito, e confirmada em setecentos e quarenta; caza de fundição do oiro; uma Junta de Administração da Fazenda Real, composta de quatro Deputados, que sam o Ouvidor da Comarca, o Procurador da Coroa, o Thezoureiro Geral e o Escrivão contador, e prezidida pelo Governador. Ornam na dez Capellas: a do Senhor do Bom-Fim, a das Almas, a de S. Anna, a de S. João, a de S. Józé, a de S. Antonio, a de S. Sebastião, tres dedicadas a N. Senhora com as invocações do Rozario, Piedade, e Dores; a fóra as tres das Ordens Terceiras de S. Francisco d'Assiz, Carmo, e S. Francisco de Paula, que he dos Pardos; quazi todas de pedra; quatro pontes de pedra. A caza da Camera he grandioza, e commumente com quinze mil cruzados de rendimento annual; o Palacio dos Governadores magnifico; os Quarteis da Tropa asseiados. Tem um Fortim com algumas peças para salvar nos dias de solemnidade; e quatorze fontes de cristalinas, e boas aguas; e um Hospital. Seus habitantes, pela maior parte mineiros, e negociantes, estam repartidos em duas Parroquias: Nossa Senhora he a Padroeira, numa com o Titulo do Pilar, n'outra com o da Conceição. Fica sessenta e 6 léguas ao Nornoroeste do Rio de Janeiro"*. (CASAL, 1976, p. 169).

JOHANN BAPTIST VON SPIX / KARL FRIEDRICH PHILIPP VON MARTIUS (1817-1820)

*"A Vila de São João d'El-Rei, assim chamada pelo Rei D. João V, é, assim como **Vila Rica**, do Príncipe, Sabará e, recentemente, Paracatu, um dos lugares principais das cinco comarcas da capitania de Minas Gerais, isto é, da comarca do Rio das Mortes, que tem umas 50 léguas de diâmetro. A própria vila tem uma população de seis mil habitantes, dos quais apenas um terço é de brancos; tem um ouvidor, uma Casa de Fundição de Ouro, uma escola de latim, um hospital, uma Casa de Correção, que abriga na maioria assassinos, diversas capelas e quatro igrejas, entre as quais se destaca a bela matriz. Embora os arredores próximos da cidade, muito montanhosos e áridos, pareçam pouco povoados, acham-se, entretanto, nas gargantas e no fundo dos vales, muitas fazendas espalhadas, que fornecem o necessário em milho, mandioca, feijão, laranjas, fumo, como também algum açúcar e algodão, sobretudo queijos, muito gado vacum, porcos, mulas; e com os regatos ricos de peixes, oferecem bastantes meios de alimentação"*. (SPIX & MARTIUS, 1981, p. 170-171).

AUGUSTE FRANÇOIS CESAR PROUVENÇAL DE SAINT-HILAIRE (1816-1822)

*"A pouca distância de **Vila Rica** avista-se uma pequena parte dessa cidade. As casas que ficam em frente ao caminho, na maioria assobradadas e recentemente caiadas, dão a mais agradável impressão da capital da província; mas logo se é desiludido, quando, chegando à cidade pela rua das Cabeças veem-se casas mal cuidadas cujas portas e janelas são pintadas de vermelho e com telhados que se prolongam desmedidamente além das paredes. A rua das Cabeças é em grande parte habitada por ferradores e por comerciantes de comestíveis, o que não é de se admirar porquanto grande número de caravanas entram na cidade pro essa rua".* (SAINT-HILAIRE, 1974, p. 85).

"Para além desses morros erguem-se montanhas em que a princípio não percebi mais que uma erva amarelada, no meio da qual se mostravam rochedos esparsos. Essas montanhas, situadas a uma légua de Itambé, para a parte de oeste, tem o nome de Itacolumi ou Sete Pecados Mortais, por causa de seus sete cumes: achavam-se, há poucos anos, cobertos de matas; mas, em consequência de uma seca prolongada, ficaram estas reduzidas a cinza por um incêndio que durou um mês".(SAINT-HILAIRE, 1974; p. 86).

*"**Vila Rica** tem tão pouca regularidade que é extremamente difícil dar dela uma ideia suficientemente exata. É construída sobre uma longa série de morros que marginam o Rio de Ouro Preto e lhe desenham as sinuosidades. Uns avançam mais; outros, mais recolhidos, formam gargantas bastante profundas; alguns, demasiado escarpados para receber habitações, não apresentam, em meio dos que os rodeiam, senão uma vegetação bastante enfezada, e grandes escavações. As casas se encontram assim dispostas por grupos desiguais, e cada uma é, por assim dizer, construída em plano diferente do das outras".* (SAINT-HILAIRE, 1975, p. 69).

JOHN LUCCOCK (1808-1818)

*"**Vila-Rica** é, talvez, um dos lugares mais estranhamente situados no mundo todo e somente mesmo o poderoso amor do ouro poderia ter dado origem a uma cidade grande em tal posição. Todavia, a aparência de suas ruas é digna e mais ainda o de seu calçamento, Uma delas estende-se através de vários contrafortes em linha reta, medindo cerca de duas milhas de comprimento. Das cinco mil casas que o local possui, consta uma quinta parte de boas construções, sendo as restantes construídas ligeiramente".* (LUCCOCK, 1975, p. 332).

JOHANN BAPTIST EMANUEL POHL (1817-1821)

*"Na região de **Vila Rica** o clima é geralmente rude. Na maior parte do tempo, todos os arredores estão envoltos em nuvens e névoa. Soma-se a isso a constante mudança da temperatura que, unida à topografia da cidade, obrigando a contínuas subidas de ladeiras, contribui para frequentes febres catarrais, reumatismos e doenças inflamatórias de que sofrem os habitantes durante todo o ano. A época de nossa estada em **Vila Rica** foi precisamente na estação chuvosa, quando muitas vezes ocorriam tempestades e, raramente, tínhamos algumas horas do dia sem chuva, que, de ordinário, caia torrencialmente, transformando as ruas em leitos dos regatos que corriam das serras para o vale e não raro esburacavam o calçamento".* (POHL, 1976, p. 398).

GEORGE GARDNER (1836-1841)

*"Embora **Ouro Preto** seja muito maior que a cidade de Mariana, não tem o mesmo aspecto imponente, não por falta de grandes construções, mas pela irregularidade da localização. A maior parte está edificada na encosta da Serra de S. Sebastião, limite noroeste de fundo e estreito vale. É naturalmente dividida em cidade alta e cidade baixa, sendo a de cima muitíssimo mais bela. Tem grande número de bonitos edifícios, tais como o palácio do governo provincial, grande e sólida construção de pedra, em uma das faces de uma vasta praça, cujo lado oposto é formado pela câmara municipal e a cadeia, outro edifício igualmente belo".* (GARDNER, 1976, p. 238).

JOHN MAWE (1808-1818)

*"**Vila Rica** conserva hoje apenas uma sombra do antigo esplendor. Seus habitantes, com exceção dos lojistas, estão sem trabalho, desprezam a bela região que os cerca, que, devidamente cultivada, os recompensaria amplamente da parte das riquezas que seus antepassados arrancaram do seu âmago. A educação, hábitos, preconceitos hereditários, os tornam inaptos para a vida ativa; sempre entregues à perspectiva de enriquecer subitamente, imaginam estar isentos da lei universal da natureza, que obriga o homem a ganhar o pão com o suor do seu rosto. Contemplando a fortuna acumulada por seus predecessores, esquecem que estes só a alcançaram pela atividade e pela perseverança, e perdem inteiramente de vista a mudança de circunstâncias, que tornam essas qualidades, agora, duplamente necessárias".* (MAWE, 1978, p. 123/129).

FRANCIS DE LA PORTE, CONDE DE CASTELNAU (1843-1847)

*"Não foi sem perigo que circulamos, com os animais exaustos de cansaço, nas ruas estreitas e tortuosas de **Ouro Preto**, cuja topografia é a mais irregular que imaginar se pode. Nessas descidas abruptas, as patas das cavalgaduras são apenas, seguras pelas pedrinhas angulares que servem de calçamento. Já se tinha tornado escura a noite e ainda vagávamos por este dédalo desconhecido, sem sabermos para onde nos devíamos dirigir, mas, interessados em descobrir alguma coisa que se pudesse chamar de hospedaria, já imaginávamos ter de dormir à luz das estrelas, quando um padre, ao passar por nós, verificando que éramos estrangeiros, acercou-se benevolamente de nós, oferecendo-nos os seus serviços. **Ouro Preto** é hoje uma cidade de 11 a 12 mil habitantes, enquanto que outrora chegara a ter 30.... Está edificada em solo de itacolomito. A posição da capital de Minas foi decidida exclusivamente pela riqueza mineral do solo em que a construíram, porque, sob qualquer outro ponto de vista, seria difícil fazer pior escolha. Rodeiam-na de todos os lados elevadas montanhas".* (CASTELNAU, 2000, p. 88-89).

HERMANN BURMEISTER (1850-1852)

*"O maciço do **Itacolomi** forma uma serra estreita, de contornos agudos e separada das montanhas vizinhas pelos vales bastante largos e profundos do ribeirão do Carmo, ao norte, e do rio Mainarte, ao sul. A leste, a serra termina em pequenas elevações, que se dirigem para norte ao longo do rio Piranga, no qual deságuam os cursos acima mencionados. A oeste, a serra está ligada a uma cadeia mais baixa – integrada pelas serras da Cachoeira e de Deus-te-livre – por alguns cumes estreitos e agudos".* (BURMEISTER, 1952, p. 194).

*"A cidade de **Vila Rica**, chamada hoje de Ouro Preto, causa impressão muito diferente de Mariana. É difícil mesmo encontrar qualquer ponto de contato entre ambas. Na primeira, tudo é vivo e animado; as casas galgam os morros e os aspectos gerais da cidade é bastante pitoresco, enquanto que em Mariana tudo obedece a um plano simétrico e Austero. Em Ouro Preto, as casas não se enfileiram em ruas compridas, formam antes pequenos núcleos nas encostas de uma montanha íngreme, recortada e dividida em diversas partes pelos rios e vales que sulcam sua vertente. Os habitantes agrupam suas casas em redor dos vários templos que se levantam em morros aparentemente isolados. Contei dez igrejas grandes e de belas torres".* (BURMEISTER, 1952, p. 198).

ALCIDE D'ORBIGNY (1826)

*"Embora situada em região montanhosa, cercada de gargantas, **Vila Rica** é um mercado bem frequentado. A população de toda a província de Minas, avaliada em meio milhão de habitantes, para lá aflui, vinda de vários pontos. Todos os gêneros de comércio têm ali suas casas e seus representantes. As estradas do litoral e do interior ali se encontram. Vai-se para lá, de São Paulo, pela estrada de São João del Rei; da Bahia, por São Romão, Tijuco e Malhada; penetra-se, também, por esse caminho, até as províncias de Goiás e Mato Grosso; mas é, sobretudo entre o Rio de Janeiro e Vila Rica que as relações são mais frequentes e as comunicações mais fáceis. Quase todas as semanas, sai da cidade uma tropa, levando para o litoral os artigos da região, algodão, couro, pedras preciosas e lingotes de ouro, para trazer em troca, sal, vinho, tecidos, espelhos, quinquilharias ou escravos comprados para o trabalho nas minas".* (D'ORBIGNY, 1976, p. 150).

GEORGE HEINRICH VON LANGSDORFF (1822-1829)

*"Encontro-me agora na nova capital de Minas Gerais, a **Cidade Imperial de Ouro Preto**, onde estão o presidente, os tribunais e funcionários públicos e três regimentos de soldados. Antigamente o lugar chamava-se Vila Rica – Comarca de Ouro Preto. Em toda a cidade, há água potável e um grande número de fontes. Também existe uma fonte de água mineral ferrosa na ponta leste da cidade, no caminho para Mariana. Ao longo dos vales, correm pequenos riachos, turvos pela lavagem do ouro, que, aos poucos, vão se avolumando até desaguar no rio Doce".* (LANGSDORFF, 1997, p. 124-125).

JOHANN MORITZ RUGENDAS(1822-1825)

*"Em 1818 Vila Rica foi elevada a capital da Província de Minas Gerais e sede da **Comarca deOuro Preto**. Em 1824 foi erigida em cidade imperial, sob o nome de Ouro Preto. Está construída na encosta da montanha chamada **Morro da Vila Rica** e estende-se pelo vale banhado pelo ribeirão de Ouro Preto, ou do Carmo, que desemboca no Rio Doce, separando assim o **Morro de Vila Rica do Itacolomi**, cujo pico se eleva a 5.000 pés. Segundo um cálculo do Barão de Eschwege, a própria cidade se encontra a 3.000 pés acima do nível do mar; o solo em que se assenta está coberto de sulcos e trabalhos em todos os sentidos pelos métodos empregados na lavagem do ouro. Lugares há mesmo, em que a declividade do terreno e a inconsistência do solo, tão amiúde escavado, ameaçam as casas e seus habitantes de desmoronamento. A rua principal corre paralela à montanha, durante cerca de uma légua, para terminar*

numa praça, situada numa saliência do morro, onde de se erguem a residência do presidente da Província, algumas habitações particulares dignas de menção, a prisão e a Igreja de São Francisco". (RUGENDAS, 1972, p. 33).

"Na região de Vila Rica e Minas Gerais, o ouro encontrado é compacto; pelo menos não se tentou ainda nenhuma experiência para tirá-lo de outros minerais a que se liga também. A cadeia de montanhas mais fecunda estende-se de leste para oeste, numa distância de 2 léguas, de Vila Rica até Mariana e o Morro de Santo Antônio. É formada de mica ferruginosa e arenosa, alternando com mineral de ferro argiloso, a que os indígenas dão o nome de jacutinga. Esta, em muitos lugares, tem de 60 a 70 pés e assenta na argila comum ou no thonschiefer saturado de ferro; as camadas superiores têm de 16 a 18 pése contêm quase sempre um minério de ferro poroso, menos rico em ouro do que as camadas profundas". (RUGENDAS, 1972, p. 36).

JEAN BAPTISTE DEBRET (1816-1831)

"Sua posição se determinou assim; vemo-la, ainda hoje, num flanco de uma alta montanha situada no meio de um campo inculto; esta antiga Vila Rica. Da riqueza passada só conserva o nome. Podem-se admirar seus belos jardins em degraus, rasgados por fontes elegantes, mas para chegar a eles existem apenas ruas íngremes, mal calçadas e irregulares". (DEBRET, 1989, p. 10).

GEORG WILHELM FREIREYSS (1813-1825)

"A Vila Rica, que hoje não merece mais esse nome, não impressiona bem. Por causa de ser lugar muito montanhoso, onde cada um edificava onde queria, é este lugar o mais irregular possível. As edificações são mal feitas, exceto o palácio e algumas igrejas, que se distinguem agradavelmente. Por toda a parte foram os morros explorados e imensas riquezas saíram daqui e, antigamente, decerto, mereceu o lugar o nome de Vila Rica. A ópera (teatro) começou outra vez a funcionar por impulso de Dom Manuel de Portugal e Castro, porém o edifício é pequeno, os atores são medíocres e todos mulatos, porque os brancos desdenham este meio de vida. Antigamente era pior ainda, porque não se admitiam atrizes em cena e o ator, que um dia representava de galã, no dia seguinte representava de amante. Hoje, porém, ajuntou-se meia dúzia de mulheres de vida alegre que achavam ridículo o costume velho ou que o venceram". (FREIREYSS, 1982, p. 44).

ROBERT WALSH (1828-1829)

"Se ainda houvesse a lagoa no fundo da cratera e as montanhas ao redor ainda fossem cobertas por matas virgens, Vila Rica seda talvez a cidade mais romântica e pitoresca do mundo. Na sua presente situação, porém, rodeada por áridas e pedregosas montanhas, com suas encostas nuas mutiladas pela busca do ouro, nada restando para se ver senão as desgraciosas pedreiras, no alto, e a barrenta planície lá embaixo – o aspecto da cidade é singularmente feio e desagradável. O interior da cidade, entretanto, acha-se em melhor situação. Onde termina a rua comprida surgem várias outras, ladeadas de casas limpas e bem cuidadas e de lojas onde se encontram uma grande variedade de mercadorias de todo tipo – artigos de algodão de Manchester, casemiras de Nottingham, chapéus de Londres e cutelaria de Sheffield – artigos esses tão abundantes e tão baratos ali, em pleno coração das montanhas da América do Sul, quanto o eram nas cidades onde foram manufaturados". (WALSH, 1976, p. 99).

PESQUISADOR: Francisco de Assis Carvalho
REVISORA: Dick, 2012.

*** *

205 TOPÔNIMO: PASSABÉM
TAXONOMIA: *Dirrematotopônimo*
LOCALIZAÇÃO: Área de influência da ER
CAMINHO: D
MUNICÍPIO: Passabém – MG
ACIDENTE: humano / município
ORIGEM: portuguesa
MOTIVAÇÃO: Os primeiros moradores, hospitaleiros, recebiam bem os visitantes e lhes ofereciam uma farta e saborosa alimentação; outra versão é a de viajantes e cavaleiros que indagavam se estava passando bem em um córrego na entrada da cidade que, na época de chuvas, devido ao barro, transformava-se em um atoleiro; aos sábados, os fazendeiros, fundadores do povoado, convidavam seus trabalhadores a "*passar-bem*" em festivos banquetes, repletos de comes e bebes.

HISTÓRICO: Passabém < São José do Passabém

Dirrematopônimo < Hagiotopônimo

ESTRUTURA MORFOLÓGICA: NCm [V + ADV]

INFORMAÇÕES ENCICLOPÉDICAS: Município da zona Metalúrgica, criada pela lei N° 2764, de 30 de dezembro de 1962, com território desmembrado do de Santa Maria de Itabira. O DISTRITO DE PASSABÉM foi criado no município de Conceição do Mato Dentro, pela lei N° 556, de 30 de agosto de 1911, com a denominação para PASSABÉM. Ao ser criado o município de Santa Maria de Itabira, em 1943, foi o distrito de Passabém anexado a esse município, do qual se desmembrou, em 1962. (BARBOSA, 1995, p. 242 / COSTA, 1993, p. 319).

ESCRITOS DOS VIAJANTES: n/e

PESQUISADOR: Francisco de Assis Carvalho

REVISORA: Dick, 2012.

***

206 TOPÔNIMO: PONTE NOVA

TAXONOMIA: *Hodotopônimo*

LOCALIZAÇÃO: Área de influência da ER

CAMINHO: D

MUNICÍPIO: Ponte Nova – MG

ACIDENTE: humano / município

ORIGEM: portuguesa

MOTIVAÇÃO: Tendo de abrir uma estrada para o Espírito Santo, uma comissão de Furquim lançou sobre o rio Piranga uma ponte provisória, mais tarde substituída por uma ponte nova.

HISTÓRICO: Ponte Nova < Rio Turvo

Hodotopônimo < Hidrotopônimo

ESTRUTURA MORFOLÓGICA: NCf [Ssing + ADJsing]

INFORMAÇÕES ENCICLOPÉDICAS: A origem do município de Ponte Nova se deu com a história do Padre João do Monte de Medeiros que, em 1756, com a carta da sesmaria da Vargem Alegre fundou uma propriedade, exatamente onde se ergue hoje a Fazenda-Indústria Santa Helena (... no Vau-Açu denominada também de Ponte Nova). O padre João requereu licença para erigir na sua fazenda uma capela em invocação de São Sebastião e Almas. Ao redor da capela se foi constituindo o arraial. Índios Acaiabas para uns ou Tupis, segundo outros, foram os primeiros habitantes da região. Não se conhece, entretanto, o local exato de seus aldeamentos. As casas foram construídas ao redor da capela, surgindo assim, às margens do rio Piranga, o povoado de RIO TURVO. A povoação foi crescendo. Dada à fertilidade do solo, a agricultura tomou logo a primazia nas ocupações dos habitantes. (BARBOSA, 1995, p. 264 / COSTA, 1993, p. 336 / TRINDADE, 1945, p. 237).

ESCRITOS DOS VIAJANTES: n/e

PESQUISADOR: Francisco de Assis Carvalho

REVISORA: Dick, 2012.

***

207 TOPÔNIMO: PRESIDENTE KUBITSCHEK

TAXONOMIA: *Axiotopônimo*

LOCALIZAÇÃO: Área de influência da ER

CAMINHO: D

MUNICÍPIO: Presidente Kubitschek – MG

ACIDENTE: humano / município

ORIGEM: portuguesa

MOTIVAÇÃO: Homenagem ao Presidente da República JUSCELINO KUBITSCHEK DE OLIVEIRA. Nasceu em Diamantina, em 12 de setembro de 1902, e faleceu em Resende, em 22 de agosto de 1976.

Conhecido como JK, foi Prefeito de Belo Horizonte (1940-1945), Governador de Minas Gerais (1951-1955), e Presidente do Brasil (1956-1961). O seu nome anterior era POUSO ALTO DE DIAMANTINA por ser local de pouso para os tropeiros.

HISTÓRICO: Presidente Kubitschek < Pouso Alto < Pouso Alto de Diamantina < Tijucal

Axiotopônimo < Sociotopônimo < Sociotopônimo < Litotopônimo

ESTRUTURA MORFOLÓGICA: NCm [Qv + Ssing] [Qualificativo + apelido de família]

INFORMAÇÕES ENCICLOPÉDICAS: A localidade tornou-se ponto de pouso para tropeiros e, por estar em uma posição topográfica bem elevada, passa a chamar-se POUSO ALTO. Em 1866, é elevado a distrito de Diamantina e, no ano seguinte, à paróquia. Em 1923, recebe a denominação de TIJUCAL, modificada para PRESIDENTE KUBITSCHEK, quando conquista sua emancipação política em 30 de dezembro de 1962. (BARBOSA, 1995, p. 270 / COSTA, 1993, p. 341).

ESCRITOS DOS VIAJANTES: n/e

PESQUISADOR: Francisco de Assis Carvalho

REVISORA: Dick, 2012.

***

208 TOPÔNIMO: RIO PIRACICABA

TAXONOMIA: *Hidrotopônimo*

LOCALIZAÇÃO: Área de influência da ER

CAMINHO: D

MUNICÍPIO: Rio Piracicaba – MG

ACIDENTE: humano / município

ORIGEM: indígena

MOTIVAÇÃO: Em *O tupi na geografia nacional*, SAMPAIO (1955, p. 265): *"corr. **Pirá-cycaba**, a colheita ou tomada do peixe. Designa lugar, que, por acidente natural do leito do rio, não deixe o peixe passar e favorecer a pesca. Um salto ou queda d'água é uma **pirá-cycaban"**.* Em decorrência, SILVA (1966, p. 273): *"**pirá** (peixe) **cicaba** = **cycaba** (colheita, tomada) – "a colheita ou tomada do peixe", "a apanha de pescado", pescaria".* GREGÓRIO (1980, p. 1052): *"(" + **cycaba**) = chegado do peixe, o peixe sobe o rio para a desova, sendo fácil apanhá-lo".* De acordo com XAVIER FERNANDES (1943, p. 53): *"Piracicaba é corruptela de **Pihá-ci-quabo**, de degrau em degrau, aos golpes, de **pihá**, degrau, escada, **ci**, partícula distributiva, **qua**, golpe, **bo** (breve), para exprimir o modo de estar; é pronunciado **piá-ci-ca-bo**, sendo o nome alusivo ao fato de lá caírem as águas de degrau em degrau, espumando".*

HISTÓRICO: Rio Piracicaba < São Miguel do Piracicaba

Hidrotopônimo < Hagiotopônimo

ESTRUTURA MORFOLÓGICA: NCm [Ssing + Ssing]

INFORMAÇÕES ENCICLOPÉDICAS: O Arraial de São Miguel de Piracicaba foi fundado pelos bandeirantes paulistas. O capitão-mor João dos Reis Cabral, no dia 9 de setembro de 1713, assentou seu barracamento à beira de um córrego, cerca de um quarto de légua de distância do lugar onde surgiu o arraial, córrego a que denominou S. Miguel. De acordo com MATOS – 1837 (1981, p. 177): *"São Miguel do Piracicaba é um arraial situado na margem esquerda do rio do mesmo nome. Dista 14 léguas da cidade de Ouro Preto, e do Rio de Janeiro 92 léguas. Tem Igreja Paroquial e 194 fogos".* A lei Nº 556, de 30 de agosto de 1911, criou o município de Rio Piracicaba, *"no distrito de S. Miguel do Piracicaba de Santa Bárbara".* Surgiu assim a vila do Rio Piracicaba. A lei Nº 843, de 7 de setembro de 1923, modificou a denominação do distrito que passou a chamar-se também RIO PIRACICABA. (BARBOSA, 1995, p. 285 / COSTA, 1993, p. 349 / TRINDADE, 1945, p. 252).

ESCRITO DOS VIAJANTES: n/e

PESQUISADOR: Francisco de Assis Carvalho

REVISORA: Dick, 2012.

***

209 TOPÔNIMO: SABINÓPOLIS
TAXONOMIA: *Antropotopônimo*
LOCALIZAÇÃO: Área de influência da ER
CAMINHO: D
MUNICÍPIO: Sabinópolis – MG
ACIDENTE: humano / município
ORIGEM: portuguesa
MOTIVAÇÃO: Homenagem ao DOUTOR SABINO BARROSO, ilustre filho do lugar, que foi constituinte de 1891 e Presidente da Câmara dos Deputados.
HISTÓRICO: Sabinópolis < São Sebastião dos Correntes
Antrotopônimo < Hagiotopônimo
ESTRUTURA MORFOLÓGICA: Nf [Ssing]
INFORMAÇÕES ENCICLOPÉDICAS: Nos primeiros anos do séc. XVIII, o capitão-mor Antônio Soares Ferreira e o coronel Manoel Rodrigues Arzão descobriram ouro na serra do Ivituruí. No extremo leste do Serro, depois do cruzamento com o rio Guanhães, ergueram a primeira capela da região, dedicada a São Sebastião, e que deu origem ao povoado de SÃO SEBASTIÃO DOS CORRENTES, elevado à paróquia em 1870. Em volta do templo foram surgindo as casas dos primeiros moradores. Recebeu, em 1840, foros de distrito, emancipando-se em 1923, com a criação do município de Sabinópolis. (BARBOSA, 1995, p. 292 / COSTA, 1993, p. 354 / TRINDADE, 1945, p. 262).
ESCRITO DOS VIAJANTES: n/e
PESQUISADOR: Francisco de Assis Carvalho
REVISORA: Dick, 2012.

***

210 TOPÔNIMO: SANTA BÁRBARA
TAXONOMIA: *Hagiotopônimo*
LOCALIZAÇÃO: Eixo principal da ER
CAMINHO: D
MUNICÍPIO: Santa Bárbara – MG
ACIDENTE: humano / município
ORIGEM: portuguesa
MOTIVAÇÃO: Alusiva à padroeira do lugar. *"Santa muito popular, invocada como protetora contra trovões, daí a sua frequência na toponímia"*. SERRA DO CARAÇA: *"o nome oficial do local é o Santuário de Nossa Senhora Mãe dos Homens, mas o Caraça tem esse apelido devido à forma que tem parte da serra, que lembra o rosto de um gigante deitado"*. (MACHADO, 1984).
HISTÓRICO: Santa Bárbara < Santo Antônio do Ribeirão de Santa Bárbara
Hagiotopônimo < Hagiotopônimo
ESTRUTURA MORFOLÓGICA: NCf [ADJsing + Ssing]
INFORMAÇÕES ENCICLOPÉDICAS: O ARRAIAL DE SANTO ANTÔNIO DO RIBEIRÃO SANTA BÁRBARA foi fundado pelo bandeirante paulista Antônio Pereira, em 4 de dezembro de 1704, que ali encontrou ouro de aluvião e veios de pedras preciosas. Posteriormente a cidade se tornou importante passagem na rota entre a Corte, no Rio de Janeiro, e as minas do centro/norte de Minas Gerais. Foi elevada à condição de Vila em 16 de março de 1839 e, em 1858, à condição de Município, com o nome deSANTA BÁRBARA DO MATO DENTRO. Conforme MATOS – 1837 (1981, p. 138): *"Santa Barbara: arraial situado na margem direita do rio deste nome, braço do Piracicaba, distante 11 léguas da cidade de Ouro Preto, e 89 do Rio de Janeiro. Tem igreja paroquial e 255 fogos"*. Falar sobre a história de Santa Bárbara é ter forçosamente que falar sobre o *"Caraça"*, notável santuário e educandário, localizado na serra homônima. O nome oficial do local é o Santuário de Nossa Senhora Mãe dos Homens, mas o Caraça tem esse apelido devido à forma que tem parte da serra, que lembra o rosto de um gigante deitado. A serra forma imenso anfiteatro alongado, com os três picos do morro da Trindade, o da Conceição; ao sul, as serras da Olaria e da Canjerana, a Serra

do Inficionado, o morro do Sol, a Serra do Carapuça. (BARBOSA, 1995, p. 293 / COSTA, 1993, p. 356 / TRINDADE, 1945, p. 266).

ESCRITO DOS VIAJANTES
MANUEL AIRES DE CASAL (1817)

*"Pouco mais de 2 léguas afastado de Cata-Altas fica o grande, comerciante e florescente **Arraial de Santa Bárb**ara, junto à ribeira do mesmo nome, ornado com vários templos, e prometendo considerável aumento. Seus moradores criam gado, cultivam mantimentos, e tiram ouro".* (CASAL, 1976, p. 170).

AUGUSTE FRANÇOIS CESAR PROUVENÇAL DE SAINT-HILAIRE (1816-1822)

*"Chegado próximo do **Rio de Santa Bárbara** segui seu curso até à aldeia do mesmo nome. As duas margens do rio foram revolvidas pelos mineradores; retiraram daí bastante ouro, mas o metal esgotou-se e a povoação de Itajuru de Santa Bárbara, que precede a **aldeia de Santa Bárbara**, está hoje quase abandonada. Nesse povoado, cujas casas são muito separadas umas das outras, e construídas a pouca distância do rio, existe uma que por seu tamanho chamou-me a atenção, podendo ser comparada a um de nossos castelos. Desta casa, que pertencia à família do capitão Pires, da aldeia de Itabira, dependia outrora uma mineração importante; essa mineração esgotou-se e a casa está atualmente quase abandonada".* (SAINT-HILAIRE, 1974, p. 57).

*"Após caminharmos cerca de 5 léguas por uma região inculta e deserta, chegamos à **povoação de Santa Bárbara**, situada sobre o córrego do mesmo nome. Essa povoação depende da justiça de Caeté e da comarca do Rio das Velhas, e é a sede de uma paróquia que compreende seis sucursais e cerca de 12.000 habitantes. É fácil perceber que **Santa Bárbara** teve outrora grande importância; mas esse vilarejo está atualmente de tal forma abandonado, que um proprietário que aí possui várias casas garantiu-me que ninguém queria habitá-las, mesmo de graça".* (SAINT-HILAIRE, 1975, p. 98).

JOHANN BAPTIST EMANUEL POHL (1817-1821)

*"O **Arraial de Santa Bárbara** está entre as maiores povoações da província de Minas Gerais. Compreende um quarto de légua completo. O terreno em que o arraial foi edificado é muito acidentado e, por isso, não oferece uma vista abundante aos moradores. Os edifícios, entre os quais vários assobradados e muitos de tamanho considerável e construídos com bom gosto, são enfileirados um junto do outro; em geral, porém, mal conservados e decadentes. Devem elevar-se a uns 500. As igrejas, em número de cinco, atestam a antiga riqueza dos habitantes. A maior delas é a matriz, construída em estilo bizarro, ornada com duas torres. As demais quatro igrejas – Nossa Senhora das Mercês, Nossa Senhora do Rosário, Bonfim de São Francisco e São João de Deus – estão em vias de desabar. Estavam então, consertando uma delas. As ruas do arraial são calçadas".* (POHL, 1976, p. 380).

WIHELM VON ESCHWEGE (1810-1821)

*"Os depósitos auríferos mais notáveis da região encontram-se no **Rio Santa Bárbara**, cujas cabeceiras principais se acham na serra aurífera de Catas Altas. O aluvião antigo do rio, muito rico, está recoberto por uma camada mais recente, com cinquenta pés de espessura. Por esta razão, o local está atualmente em decadência".* (ESCHWEGE, 1979, p. 31).

LUIZ AGASSIZ / ELIZABETH CARY AGASSIZ (1865-1866)

*"A viagem foi bastante penosa. Ninguém acompanhava o explorador; separado de seus amigos em Barbacena, penetrou ele por Ouro-Preto e **Santa Bárbara** na bacia do rio Doce, que seguiu até à confluência do rio Antônio, aproximadamente. Pude assim colecionar não somente nas nascentes do rio Doce, como também nas águas de um de seus principais tributários. Transpondo em seguida a Serra das Esmeraldas, o Sr. Ward penetrou na bacia do Jequitinhonha, e, passando por Diamantina, explorou vários afluentes desse rio".* (AGASSIZ, 1975, p. 629).

CHARLES JAMES FOX BUNBURY (1833-1834)

*"Segui no mesmo dia, passando por **Santa Bárbara** para Cocais, deixando para trás a Serra do Caraça, paralelamente a qual eu tinha viajado nos dois dias precedentes. De Catas Altas para Santa Bárbara o terreno é muito descoberto e sem interesse, por toda parte coberto de capim-melado, que estando agora em flor, dá em toda a sua extensão uma uniforme tonalidade avermelhada. A maneira pela qual este capim cobre a terra por muitas léguas seguidas, excluindo outras plantas, é notável. Acima de Santa Bárbara existem consideráveis florestas e da parte mais alta da ultima colina, antes de chegar-se a Cocais, a vista é muito agradável, estendendo-se sobre uma região montanhosa, matizada de florestas e pastagens, cercada por todos os lados de pitorescas montanhas, enquanto que*

na frente, abaixo de mim, estava o Arraial de Cocais, com suas casas brancas espalhadas entre bosques e planta-ções". (BUNBURY, 1981. p. 70).

"A Serra do Caraça, que se erguia como uma muralha à nossa direita e cujos picos estavam envoltos em espessas massas de nuvens, era o único objeto que quebrava a monotonia da paisagem. A estrada era abominavelmente má; nas partes baixas tinha sido reduzida pela chuva a uma série de charcos, nos quais as mulas carregadas se atola-vam quase até a barriga; os degraus de rocha quebrados, pelos quais tinham de galgar, abaixo e acima, as encostas íngremes, eram ainda piores". (BUNBURY, 1981. p. 91-92).

MANUEL AIRES DE CASAL (1817)

*"Oito léguas ao Norte de Mariana está a celebre **serra do Caraça**, assim chamada por ter um lugar, que visto de certa paragem arreméda uma enorme fizionomia. He um desmembramento da cordilheira grande com doze ou mais léguas de circuito na sua baze, e escarpada em redondo. Numa planice de pouco menos de légua em quadro, em uma quebrada da sua sumidade há uma espécie de Mosteiro, onde vivem varios Heremitoes conduzidos uns pela devoção, outas pelas perseguições: seu habito he uma sotana negra. Sustentam-se de esmollas, e das producções do terreno adjacente, onde criam gado, e cultivam centeio. O edifício he de pedra, a Igreja de elegante arquitectura, e dedicada a Nossa Senhora Mãe dos Homens. No jardim há varias arvoes fructiferas da Europa como macieiras, pe-reiras, ameixieiras, cerejeiras, marmeleiros, castanheiros, oliveiras, nogueiras, carvalhos; athé giesta amarela, e tojo. O terreno he regado por varios regatos, que depois de unidos vam engossa o Percicaba".* (CASAL, 1976, p. 365).

AUGUSTE FRANÇOIS CESAR PROUVENÇAL DE SAINT-HILAIRE (1816-1822)

*"Até próximo de **Santa Bárbara** seguimos caminho já meu conhecido e que vai dessa aldeia a Itajuru e a S. Miguel. Quando deixamos esse caminho, a **Serra do Caraça** logo se nos apresentou, com toda a sua majestosidade. Até então vímos apenas jazidas abandonadas, vastos campos de capim gordura e tufos de matas, reduzidos restos das florestas primitivas".* (SAINT-HILAIRE, 1974; p. 61).

JOHANN BAPTIST EMANUEL POHL (1817-1821)

*"Seguimos o primeiro e, após légua e meia de viagem, atingimos o **Ribeirão Santa Bárbara**, um dos riachos mais auríferos desta Capitania, que tinha a largura de 36 passos. Nasce na **Serra do Caraça**, vindo-se depois ao Rio Piracicaba, que deságua no Rio Doce. Atravessamo-lo por uma ponte de madeira bem estragada, que ameaça desa-bar. A água deste rio estava muito suja por causa das lavras que ameaça desabar. A água deste rio estava muito suja por causa das lavras de ouro que ali havia em quantidade, umas nas encostas das serras vizinhas, outras em suas próprias margens e que eram exploradas ativamente pelos habitantes daquela região. Em toda parte o ouro é extra-ído ao ar livre ("talho aberto"). A rocha que encerra o ouro é, em geral, aqui como em toda a circunvizinhança, o itabirito que, pela sua contextura frouxa, é fácil de trabalhar e leva os que o exploram a instalar as minas da manei-ra mais simples, como as nossas pedreiras, mas de um modo absolutamente inadequado".* (POHL, 1976, p. 380).

WIHELM VON ESCHWEGE (1810-1821)

"À esquerda da estrada, na direção da Serra do Caraça, acompanha-se a linha de cumiada da serra, que se constitui de itacolomito, que substituiu, tanto nas elevações como nos vales, as formações talcosas. Junto de Bento Rodrigues, alcança-se o rio Gualaxo, que corre à esquerda da Serra de Antonio Pereira e se reúne ao Ribeirão do Carmo, depois de um percurso de dez a quatorze léguas. Esse rio é muito rico em ouro e, ainda em 1812, nele existia um impor-tante serviço, de propriedade do Capitão-Mor de Mariana. O proprietário fizera um cerco e esgotara as águas mais profundas por meio de um rosário". (ESCHWEGE, 1979, p. 12).

GEORGE GARDNER (1836-1841)

*"Do lado oriental da montanha, perto da igreja, há um pequeno pomar, que parecia ter sido bem cuidado em tem-pos melhores. Notei ali uns poucos pessegueiros e macieiras estiolados, batatas e outros vegetais europeus. A maior parte do pomar, bem como o topo da **Serra do Caraça**, em frente da igreja, estavam cobertos de morangueiros comuns europeus; e, como era tempo da fruta, colhemos alguns punhados deles. Diversas outras plantas europeias se naturalizaram aqui, como a alsina, Cerastium vulgatum. A igreja é cuidada por uma mulata de meia idade e um velho branco de sórdido aspecto, vestido com batina de padre, que se diz eremita e lá reside".* (GARDNER, 1975, p. 225).

FRANCIS DE LA PORTE, CONDE DE CASTELNAU (1843-1847)

*"Por entre estes picos, divisava-se ao longe o Itabirito e, em plano mais próximo, o gigante do **Caraça**, cuja altitude é de 2.000 metros. Nos cumes que atravessamos crescia a vegetação mais luxuriante. Lá estavam as encantadoras Vellosia de flores brancas e violetas, os Criocaulon, as Barbacenia de flores aveludadas e, mais que tudo, as numerosas espécies da família das Melastomáceas, tão espalhadas nestas regiões. Entre estas belas plantas faziam-se ainda notar os fetos arborescentes, numerosas orquídeas, grandes Cassia de flores douradas, muitas Luxemburgia, Kielmeyria, Echitis, etc. Tivemos o ensejo de admirar essa paisagem magnífica em duas ocasiões e sob aspecto muito diferente".* (CASTELNAU, 2000, p. 99).

HERMANN BURMEISTER (1850-1852)

*"A **serra da Caraça** erguia-se, longe no horizonte, como uma linha azulada, com suas faldas escuras ao fundo da paisagem. Uma dessas faldas aponta para o rio das Velhas, obrigando-o a descrever uma grande curva para oeste, e era nessa parte achatada da serra que nós nos encontrávamos. Separada por um abismo, víamos, à direita, à distância de meia légua, outra plataforma semelhante, sobre a qual se estendia o arraial de São Vicente, e, mais longe ainda, numa parte estreita do dorso da montanha, bem à nossa frente, a bela igreja de Rio das Pedras, entre duas filas de macaúbas".* (BURMEISTER, 1952, p. 213).

GEORGE HEINRICH VON LANGSDORFF (1822-1829)

*"Devido ao pasto ruim, alguns animais se dispersaram e só foram recapturados mais tarde. A tropa só pôde sair por volta do meio-dia. Informaram-nos que deveríamos ir para a **serra da Caraça** e tomar um caminho mais curto por Brumadinho, para onde tínhamos enviado nossa tropa. Tanto nós quanto a tropa nos perdemos. Encontramos 20 casas pobres espalhadas em 1½ légua, todas em Brumadinho, mas nenhuma fazenda. Finalmente, decidimos ir para a Chácara dos Missionários, localizada no alto da montanha, onde chegamos pouco antes do anoitecer. Logo depois, tivemos a notícia de que a nossa tropa estava acampada a céu aberto, em Brumadinho".* (LANGSDORFF, 1997, p. 132).

PESQUISADOR: Francisco de Assis Carvalho
REVISORA: Dick, 2012.

***

211 TOPÔNIMO: SANTA LUZIA

TAXONOMIA: *Hagiotopônimo*
LOCALIZAÇÃO: Área de influência da ER
CAMINHO: D
MUNICÍPIO: Santa Luzia – MG
ACIDENTE: humano / município
ORIGEM: portuguesa
MOTIVAÇÃO: Conta-se que mineradores do rio das Velhas, em certa ocasião em que pescavam, colheram na rede uma imagem de Santa Luzia. Esta foi levada à capela do arraial. A imagem, surgida assim, trouxe ao povoado muitos romeiros em busca de cura.
HISTÓRICO: Santa Luzia < Bom Retiro < Santa Luzia do Rio das Velhas
Hagiotopônimo < Animotopônimo < Hagiotopônimo
ESTRUTURA MORFOLÓGICA: NCf [ADJsing + Ssing]
INFORMAÇÕES ENCICLOPÉDICAS: No caminho das tropas de *Sabará-bussu* para o sertão surgiu em, 1697, um novo povoado que recebeu o nome de BOM RETIRO, nome que se originou de abrigo, pelo asilo que esse local foi para a povoação. Num dia 13 de dezembro, data consagrada à Virgem *"Santa Luzia"*, foi erguida uma capela com a sua invocação, e com esse nome, em 1704, já era conhecido o povoado, que se estendera pelo espigão da colina, evoluindo-se rapidamente, devido à descoberta de ouro que trouxe, também, um período de fausto para o lugarejo. O município foi criado em 1847 e instalado em agosto do mesmo ano. (BARBOSA, 1995, p. 295 / COSTA, 1993, p. 358 / TRINDADE, 1945, p. 268).
ESCRITO DOS VIAJANTES:
MANUEL AIRES DE CASAL (1817)

*"5 léguas ao norte de Sabará, e 1 milha arredado do Rio das Velhas, junto ao Corgo da Calçada, está o grande e florescente **Arraial de Santa Luzia**, ornado com cinco templos, e cujos habitantes vivem abastados com as produções da agricultura, mineração e criação de gado".* (CASAL, 1976, p. 176).

JOHANN BAPTIST EMANUEL POHL (1817-1821)

*"A cidadezinha de **Santa Luzia** é de origem recente. Foi erigida em 1746 por Antônio Bueno de Azevedo, pois, naquele tempo, as lavras de ouro do Rio Vermelho, que a atravessa do norte para o sul, se mostraram produtivas e atraíram muita gente para este ponto. A cidadezinha está situada pitorescamente na encosta de uma colina e tem ruas razoavelmente retilíneas, mas mal e só parcialmente calçadas. As casas de madeira e de barro, alinhadas lado a lado, são térreas".* (POHL, 1976, p. 112).

GEORGE GARDNER (1836-1841)

*"Apenas poucas casas se avistavam; a **Vila de S. Luzia**, a 6 léguas para o sul, era a única que se via, estando as outras ocultas pelas montanhas circundantes. Dois dos mais proeminentes objetos que atraem os olhos são as serras de Cocais e Caraça; esta última, a mais alta, a umas 8 léguas na direção do nordeste".*(GARDNER, 1975, p. 232).

RICHARD FRANCIS BURTON (1865-1868)

*"As minerações de ouro de que resultou a fundação de **Santa Luzia** eram de duas espécies: cascalho e "ouro de barba". As enchentes do rio depositavam partículas na margem, o terreno relvoso era carpido e a grama podada rente como barba, antes de ser peneirada, o que deu origem à pitoresca denominação. Ainda há muito marumbé, a dura pedra de ferro. O Município que, em 1864, tinha 22.980 habitantes, com 1.915 votantes e 48 eleitores, pode se enriquecer, com o aperfeiçoamento da agricultura".*(BURTON, 1976, p. 18).

HERMANN BURMEISTER (1850-1852)

*"Nenhum lugar me havia causado tão triste impressão como **Santa Luzia**, onde a decadência se manifestava de maneira lastimável. A colina em que a cidade está situada dista meia hora do rio das Velhas e acompanha-o paralelamente de norte a sul. A parte que dá para o rio era cultivada e apresentava uma ou outra casa, em estado razoável. No ponto mais alto fica a matriz, feita de madeira e barro, com suas duas torres, uma das quais ameaçava ruir. A segunda igreja, menor e igualmente com duas torres, estava mais bem conservada. Ficava ela na comprida rua que levava da matriz ao rio, onde se encontravam também os melhores edifícios do lugar. Entre estes, notei um com uma grande loja e uma bem aprovisionada farmácia e em cujo andar térreo havia uma velha carruagem bem conservada. Nada me poderia surpreender mais do que encontrar no interior de Minas, numa cidade em franca decadência, uma carruagem – verdadeiro milagre. Os próprios mineiros me chamaram a atenção para o fato. Disseram-me que a carruagem pertencera ao mais rico homem da região, o barão de Santa Luzia, e que fora transportada, a grande custo, desde o Rio de Janeiro, pois o barão, tendo idade avançada e já não mais podendo caminhar, devia realizar passeios de carruagem a conselho do seu médico".*(BURMEISTER, 1952, p. 227).

GEORGE HEINRICH VON LANGSDORFF (1822-1829)

*"Chamam-nos a atenção a riqueza e a prosperidade de seus habitantes. **Santa Luzia** situa-se próxima ao rio das Velhas, que aqui ainda não é muito grande, mas abundante em peixes. Os peixes mais comuns aqui são: dourado, surubim, surubim-cassonete e surubim-loango, curimatã, piau, piabanha, curubixá, que não tem espinhas; matrinxã, mandi, mandiaçu, traíra, pirá, piranha, cascudo, jaú, piaba e outros".*(LANGSDORFF, 1997, p. 154).

PESQUISADOR: Francisco de Assis Carvalho

REVISORA: Dick, 2012.

***

212 TOPÔNIMO: SANTA MARIA DE ITABIRA

TAXONOMIA: *Hagiotopônimo*

LOCALIZAÇÃO: Área de influência da ER

CAMINHO: D

MUNICÍPIO: Santa Maria de Itabira–MG

ACIDENTE: humano / município

ORIGEM: portuguesa / indígena

MOTIVAÇÃO: Em *O tupi na geografia nacional*, (SAMPAIO, 1955, p. 224) define o termo *"**ita**, e **y-ta** = o que é duro, a pedra, o penedo, a rocha, o seixo, o metal em geral, o ferro"* em decorrência, SAMPAIO define

"Itabira, itá-bira, a pedra levantada ou empinada". De acordo com GREGÓRIO (1980, p. 761): *"Itabira ("+ byra = erguer-se) = pedra levantada, empinada, pedra aguda"*.

HISTÓRICO: Santa Maria de Itabira < Santa Maria < Nossa Senhora do Rosário de Santa Maria de Itabira
Hagiotopônimo < Hagiotopônimo < Hagiotopônimo

ESTRUTURA MORFOLÓGICA: NCf [ADJsing + Ssing + {Prep + Ssing}]

INFORMAÇÕES ENCICLOPÉDICAS: Há uma versão histórica de que o povoado teria se formado a partir de um quilombo próximo de onde hoje está a sede do município, criado por escravos fugidos de fazendas da região. A data mais antiga e precisa de sua história foi encontrada em documentos localizados na Prefeitura de Itabira (município do qual Santa Maria foi distrito até 1943). Neles pode-se saber que o povoado se formou nos tempos da corrida do ouro na região. Santa Maria de Itabira foi um povoado que surgiu nos meados do século XVIII, ao redor da capela e posteriormente da Igreja Matriz, criando a FREGUESIA DE NOSSA SENHORA DO ROSÁRIO DE SANTA MARIA DE ITABIRA, em 15 de Setembro de 1870. Possivelmente tenha contribuído para acelerar o processo de emancipação, o decreto-lei federal de 17 de dezembro de 1938, que simplificou o nome do Distrito Itabirano: de Nossa Senhora de Santa Maria do Itabira para SANTA MARIA DE ITABIRA. (BARBOSA, 1995, p. 296 / COSTA, 1993, p. 359 / TRINDADE, 1945, p. 276).

ESCRITOS DOS VIAJANTES: n/e

PESQUISADOR: Francisco de Assis Carvalho

REVISORA: Dick, 2012.

***

213 TOPÔNIMO: SANTA RITA DURÃO

TAXONOMIA: *Antropotopônimo*

LOCALIZAÇÃO: Eixo principal da ER

CAMINHO: D

MUNICÍPIO: Mariana – MG

ACIDENTE: humano / distrito

ORIGEM: portuguesa

MOTIVAÇÃO: Homenagem ao poeta épico brasileiro, FREI JOSÉ DE SANTA RITA DURÃO. Nasceu em Cata Preta, em 1722, e morreu em Lisboa, em 1784. Foi um religioso agostiniano brasileiro do período colonial, orador e poeta. É também considerado um dos precursores do Indianismo no Brasil. Seu poema épico *Caramuru* é a primeira obra narrativa escrita a ter, como tema, o habitante nativo do Brasil, e foi escrita ao estilo de Luís de Camões. INFICCIONADO: Conforme MATOS – 1837 (1981, p. 105): *"Inficionado: Arraial situado entre 2 braços do Ribeirão Gualaxo do Norte. Recebeu este nome pela má qualidade (ou toque) do ouro que ali se extraiu, algum tempo depois de se haver lavrado ouro de maior toque. O arraial do Inficionado é pátria de Frei José de Santa Rita Durão, autor do poema Caramuru. Este arraial tem uma igreja paroquial. Dista 4 léguas da cabeça do termo. Tem 121 fogos e 178 almas"*. De acordo com ESCHWEGE (1979, p. 31): *"A palavra significa termo ou estado daquilo que se acha contaminado por alguma coisa. A lavra do Inficionado foi quase totalmente abandonada e, recentemente, adquirida por uma companhia inglesa"*. A denominação INFICIONADO refere-se a *"inficionar o ribeiro se dizia quando os flibusteiros o assaltavam em tumulto"* (VASCONCELOS, 1974, p. 181), ou seja, a presença de piratas e ladrões.

HISTÓRICO: Santa Rita Durão < Inficionado < Nossa Senhora do Nazaré do Inficionado
Antropotopônimo < Animotopônimo < Hagiotopônimo

ESTRUTURA MORFOLÓGICA: NCf [ADJsing + Ssing + Ssing] (apelido de família)

INFORMAÇÕES ENCICLOPÉDICAS: Sua origem está diretamente relacionada à história da ocupação de Mariana pelos vicentinos – devotos de São Vicente – que se aventuraram em busca de ouro nos arredores. Na passagem do século XVII para o XVIII, o bandeirante Salvador Faria de Albernás, em suas explorações pelo Ribeirão do Carmo, encontrou ouro em um lugar que ganhou o nome de INFICIONADO. A freguesia foi criada em 1718, recebendo o título de NOSSA SENHORA DE NAZARÉ DO INFICIONADO. (BARBOSA, 1995, p. 299 / COSTA, 1993, p. 366 / TRINDADE, 1945, p. 277).

ESCRITO DOS VIAJANTES
MANUEL AIRES DE CASAL (1817)

*"4 léguas ao norte da mesma cidade está o **Arraial e Freguesia do Inficionado**, ao qual deu este nome a quebra do seu ouro, que sendo a princípio mui subido, era ao depois inferior; de sorte que ficou chamando-se ouro inficionado. É pátria do poeta, que compôs o poema do Caramuru. A sua matriz é dedicada a N. Senhora de Nazaré: e seus habitantes cultivam os víveres do país, criam gado, e mineram".* (CASAL, 1976, p. 170).

JOHANN BAPTIST VON SPIX / KARL FRIEDRICH PHILIPP VON MARTIUS (1817-1820)

*"Em geral, toma-se a estrada por **Inficionado** e Cocais, quando se sai de Vila Rica, hoje Imperial cidade de Ouro Preto, para Tejuco, a localidade mais importante da terra dos diamantes; como, entretanto, na nossa excursão à Serra do Caraça já conhecíamos parte desta região, preferimos fazer um rodeio, passando por Sabará. Quando a nossa tropa se pôs a subir a encosta do morro de Vila Rica, nascia justamente o sol e iluminava a cidade, reclinada entre pinturescos outeiros, ao sopé do majestoso Itacolomi, sobre a qual os nosso olhos repousaram pela última vez".* (SPIX & MARTIUS, 1981, p. 13).

AUGUSTE FRANÇOIS CESAR PROUVENÇAL DE SAINT-HILAIRE (1816-1822)

*"Avistamos repentinamente a Serra do Caraça, um dos pontos mais elevados da cadeia ocidental, e em breve chegamos a **Inficionado**. Essa povoação, situada a 4 léguas ao norte de Mariana, é considerável e bem edificada. É a sede de uma paróquia, e na localidade se contam três igrejas. Foi em **Inficionado** que nasceu o P. José da S. Rita Durão, o autor do poema intitulado Caramuru".* (SAINT-HILAIRE, 1975, p. 88).

JOHANN BAPTIST EMANUEL POHL (1817-1821)

*"**Arraial do Inficionado**, onde depois entramos. Este lugarejo é o berço do Padre José de Santa Rita Durão, autor do poema épico "Caramuru", que os brasileiros têm em alta consideração e que foi impresso em 1781 em Lisboa. Antigamente, explorou-se intensamente o ouro neste Arraial, sendo ponderável a produção obtida. Hoje estão as minas em completa decadência, em parte pela diminuição do ouro, em parte pela incompetência dos exploradores. Esse nome **Inficioonado** foi dado por causa da diminuição do teor do ouro, que, no princípio, era extraído perfeitamente puro, mas que se foi aos poucos degradando e por isso foi chamado ouro infeccionado. O arraial, que ainda é considerado como rico, fica na encosta de uma serra, tendo uma única rua, de um quarto de légua de comprimento, muito acidentada e mal calçada. Dão-lhe gracioso aspecto três igrejas, duas das quais com torres, e vários edifícios assobradados, que se enfileiram entre as casas térreas. Há aqui enorme quantidade de vendas e também numerosas lavras de ouro, que se encontram em toda parte às margens dos rios. Dentre ela a mais considerável é a Lavra da Cata Preta, considerada como uma das mais ricas em toda a região".* (POHL, 1976, p. 382).

WIHELM VON ESCHWEGE (1810-1821)

*"Em **Inficionad**o encontra-se a lavra de Cata Preta, outrora célebre. A matriz da formação aurífera, nesta lavra, é constituída de uma massa negra, friável e untuosa, betuminosa e argilo-talcosa, cujas camadas mergulham quase verticalmente e se dirigem para 1ª hora, estendendo-se à alta serra. **Inficionad**o, que se localiza numa altitude de dois mil quinhentos e sessenta e seis pés, é um lugarejo abastado, possuindo numerosas casas bem acabadas e negócios bem sortidos".* (ESCHWEGE, 1979, p. 12).

GEORGE GARDNER (1836-1841)

*"Partindo de Catas Altas, a Estrada toma uma direção sudeste ao longo do sopé da Serra do Caraça. Depois de viajar 2 léguas, passamos pelo **Arraial Inficionado**, outra longa e estreita aldeia, mais ou menos do tamanho de Catas Altas e, como esta, em evidente estado de decadência".* (GARDNER, 1975, p. 226).

PESQUISADOR: Francisco de Assis Carvalho
REVISORA: Dick, 2012.

*** *** ***

214 TOPÔNIMO: SANTANA DE PIRAPAMA
TAXONOMIA: *Hagiotopônimo*
LOCALIZAÇÃO: Área de influência da ER
CAMINHO: D
MUNICÍPIO: Santana de Pirapama – MG
ACIDENTE: humano / município

ORIGEM: portuguesa / indígena
MOTIVAÇÃO: Vem de sua padroeira: SANTA ANA, associada à expressão indígena PIRAPAMA, que quer dizer *peixe bravo*, característica da Traíra. Em *O tupi na geografia nacional*, SAMPAIO (1955, p. 266) esclarece que *"Pirapama = bate o peixe; isto é, onde o peixe salta na água. (Pira – peixe e Pama – bravo, bravura), sinônimo de traíra"*.
HISTÓRICO: Santana de Pirapama < Traíras < Pirapama
Hagiotopônimo < Zootopônimo < Zootopônimo
ESTRUTURA MORFOLÓGICA: NCf [Ssing + {Prep + Ssing}]
INFORMAÇÕES ENCICLOPÉDICAS: A história do município começa em 1834, com a fundação do DISTRITO DE TRAÍRAS, nome dado pela tradição de usar nomes de peixes em comum com a região, sendo a traíra um deles. O decreto lei Nº 1058, de 31 de dezembro de 1943, mudou a denominação de TRAÍRAS para PIRAPAMA. A lei Nº 336, de 27 de dezembro de 1948, elevou o distrito de Pirapama a município, desmembrando-o de Cordisburgo e dando-lhe a denominação de SANTANA DO PIRAPAMA. (BARBOSA, 1995, p. 300 / COSTA, 1993, p. 361).
ESCRITOS DOS VIAJANTES: n/e
PESQUISADOR: Francisco de Assis Carvalho
REVISORA: Dick, 2012.

***

215 TOPÔNIMO: SANTANA DO RIACHO
TAXONOMIA: *Hagiotopônimo*
LOCALIZAÇÃO: Área de influência da ER
CAMINHO: D
MUNICÍPIO: Santana do Riacho – MG
ACIDENTE: humano / município
ORIGEM: portuguesa
MOTIVAÇÃO: Originou-se do nome da padroeira do local, SANTANA, e por ter sido a cidade erguida ás margens de um RIACHO.
HISTÓRICO: Santana do Riacho < Riacho Fundo < Santo Antônio do Riacho Fundo
Hagiotopônimo < Hidrotopônimo < Hagiotopônimo
ESTRUTURA MORFOLÓGICA: NCf [Ssing + {Prep + Asing + Ssing}]
INFORMAÇÕES ENCICLOPÉDICAS: Antônio Ferreira de Aguiar e Sá obteve, em 1744, uma sesmaria denominada por ele RIACHO FUNDO, na freguesia de Conceição do Mato Dentro. Em 1759, construiu uma capela, em torno da qual surgiu o povoado de Riacho Fundo. O distrito foi suprimido em 1836 e incorporado ao território de Morro do Pilar, sendo restaurado, em 1844, no município de Conceição do Mato Dentro. Com a criação do município de Jaboticatubas, em 1938, o DISTRITO DO RIACHO FUNDO foi incorporado a ele até 1962, quando foi elevado à categoria de município, com a denominação de SANTANA DO RIACHO. (BARBOSA, 1995, p. 303 / COSTA, 1993, p. 363).
ESCRITO DOS VIAJANTES: n/e
PESQUISADOR: Francisco de Assis Carvalho
REVISORA: Dick, 2012.

***

216 TOPÔNIMO: SANTO ANTÔNIO DO ITAMBÉ
TAXONOMIA: *Hagiotopônimo*
LOCALIZAÇÃO: Área de influência da ER
CAMINHO: D
MUNICÍPIO: Santo Antônio do Itambé – MG
ACIDENTE: humano / município
ORIGEM: portuguesa / indígena

MOTIVAÇÃO: Origina-se de **Itá** (pedra) numa referência ao PICO DO ITAMBÉ, acrescentado o nome do padroeiro Santo Antônio. **Ita** = a pedra + **també** = a mole, acrescido do complemento *"do mato Dentro"*. Existe também, na localidade, vários tipos de folhagens de *"Imbé"*. Em *O tupi na geografia nacional,* SAMPAIO (1955, p. 225) *"Itaimbe, e "itá-aimbé, a pedra afiada, o penedo ponteagudo".* SILVA (1966, p. 178) complementa *"etim. **Itá = ytá** (pedra) **mbé = mbé (b)** (voa, voar) – 'a pedra que voa'; o petardo'; 'a bala detonada'"*. De acordo com MATOS – 1837 (1981, p. 232): *"Itambi, na Comarca de Serro Frio o su pico tem 6300 pés ingleses de altura: é o mais elevado da província".*
HISTÓRICO: Santo Antônio do Itambé < Santo Antônio
Hagiotopônimo < Hagiotopônimo
ESTRUTURA MORFOLÓGICA: NCm [ADJsing + Ssing +{Prep + Asing + Ssing}]
INFORMAÇÕES ENCICLOPÉDICAS: Como cidade nascida da atividade mineradora das bandeiras, alguns historiadores defendem a ideia de que tenha sido fundada por Borba Gato, em 1664. Outros atribuem esse feito a Antônio Ferreira Soares. O fato é que, em 1665, SANTO ANTÔNIO DO ITAMBÉ já existia como povoado integrado ao município do Serro. Em 1962, passa a figurar como município. (BARBOSA, 1995, p. 306 / COSTA, 1993, p. 370 / TRINDADE, 1945, p. 278).
ESCRITO DOS VIAJANTES: n/e
PESQUISADOR: Francisco de Assis Carvalho
REVISORA: Dick, 2012.

***

217 TOPÔNIMO: SANTO ANTÔNIO DO LEITE
TAXONOMIA: *Hagiotopônimo*
LOCALIZAÇÃO: Eixo principal da ER
CAMINHO: D
MUNICÍPIO: Ouro Preto – MG
ACIDENTE: humano / distrito
ORIGEM: portuguesa
MOTIVAÇÃO: Dada à qualidade do leite, a fazenda de Gouveia começou a abastecer o palácio de férias do governador, na mesma localidade. Com o passar do tempo, passaram a chamar a fazenda de, simplesmente, Fazenda do Leite. O nome tornou-se popular e a região passou a ser chamada de Leite. No início do século XIX, surgiu na região um fazendeiro português, Antônio Gonçalves Sacramento. Carregando sempre uma imagem de Santo Antônio, em todos os locais por onde passava, tentou conseguir o dinheiro no próprio Leite para construir uma capela. Conseguindo o dinheiro, não ficou satisfeito com o tamanho da capela e começou a arrecadar mais e, assim, transformou a capela em Matriz.
HISTÓRICO: Santo Antônio do Leite < Bárbara Heliodora < Leite < Fazenda do Leite < Fazenda do Bananal
Hagiotopônimo < Antropotopônimo < Ergotopônimo < Sociotopônimo < Sociotopônimo
ESTRUTURA MORFOLÓGICA: NCm [ADJsing + Ssing +{Prep + Asing + Ssing}]
INFORMAÇÕES ENCICLOPÉDICAS: As primeiras informações do distrito datam de aproximadamente 1750, quando o padre Vidal José do Vale se instalou no local montando a FAZENDA BANANAL que abrangia grande parte do território de Santo Antônio do Leite. A fazenda produzia, além de banana, vários outros tipos de gêneros agrícolas. Desejando o padre diversificar a produção, começou ele a criar gado leiteiro na região de Gouveia. O povoado do LEITE foi elevado a distrito com a denominação de SANTO ANTÔNIO DO LEITE. A lei Nº 336, de 27 de dezembro de 1948, modificou a denominação de Santo Antônio do Leite para BÁRBARA HELIODORA. E a lei Nº 1039, de 12 de dezembro de 1953, restituiu-lhe a denominação anterior, que conserva. (BARBOSA, 1995, p. 307 / COSTA, 1993, p. 371).
ESCRITO DOS VIAJANTES: n/e
PESQUISADOR: Francisco de Assis Carvalho
REVISORA: Dick, 2012.

***

218 TOPÔNIMO: SANTO ANTÔNIO DO NORTE
TAXONOMIA: *Hagiotopônimo*
LOCALIZAÇÃO: Eixo principal da ER
CAMINHO: D
MUNICÍPIO: Conceição do Mato Dentro – MG
ACIDENTE: humano / município
ORIGEM: portuguesa
MOTIVAÇÃO: A descoberta do ouro nas margens do Rio Santo Antônio.
HISTÓRICO: Santo Antônio do Norte < Santo Antônio da Tapera < Tapera
Hagiotopônimo < Hagiotopônimo < Ecotopônimo
ESTRUTURA MORFOLÓGICA: NCm [ADJsing + Ssing + {Prep + Asing + Ssing}]
INFORMAÇÕES ENCICLOPÉDICAS: O ouro descoberto sobre as margens do ribeirão Santo Antônio e seus afluentes deu origem ao povoamento do município. A primeira caravana foi formada ao longo do percurso dos arraiais de Tapera, Córregos e Conceição. Distrito do município de Conceição do Mato Dentro. TAPERA foi o nome primitivo do arraial. A lei Nº 902, de 8 de junho de 1858, elevou à paróquia o povoado da Tapera. O decreto-lei Nº 148, de 17 de dezembro de 1938, mudou a denominação de SANTO ANTÔNIO DA TAPERA para SANTO ANTÔNIO DO NORTE. (BARBOSA, 1995, p. 307 / COSTA, 1993, p. 372 / TRINDADE, 1945, p. 311).
ESCRITO DOS VIAJANTES
AUGUSTE FRANÇOIS CESAR PROUVENÇAL DE SAINT-HILAIRE (1816-1822)
*"De qualquer modo a aldeia de Congonhas, distante 4 léguas de **Tapera** e 9 léguas de Conceição, é uma dependência desta paróquia e devia ser chamada sempre, Congonhas da Serra, para impedir-se a confusão com o lugar chamado Congonhas do Campo, próximo de Vila Rica, e com Congonhas do Sabará. A aldeia de Congonhas da Serra fica sobre o declive de uma colina, e se compõe de 6 e poucas casas. Não existe ouro em seus arredores, ou, pelo menos ainda não foi encontrado; o que mantém a população dessa aldeia é a passagem das caravanas que vão de Sabará, e principalmente de Santa Luzia, ao Tijuco. A região montanhosa onde está Congonhas é uma das mais elevadas da província".* (SAINT-HILAIRE, 1938, p. 48).
*"**Tapera**, dependência da paróquia de Conceição, fica situada em um grande vale, limitado por colinas, cobertas umas de mata-virgem, outras de Gramíneas. Ao redor da aldeia o vale não oferece senão traços do trabalho dos mineradores. Uma só rua, à extremidade da qual fica a igreja, constitui a aldeia. As casas que a compõem são em número de 70; quase todas cobertas de telhas e muito bonitas, mas várias entre elas estão abandonadas e em muito mau estado. Os primeiros moradores de **Tapera** foram os mineradores; eles retiraram ao solo o ouro mais fácil de extrair e retiraram-se em seguida. Atualmente não existem minerações importantes, e apenas alguns habitantes mandam dois ou três negros batear nos regatos próximos".* (SAINT-HILAIRE, 1974, p. 46).
PESQUISADOR: Francisco de Assis Carvalho
REVISORA: Dick, 2012.

***

219 TOPÔNIMO: SANTO ANTÔNIO DO RIO ABAIXO
TAXONOMIA: *Hagiotopônimo*
LOCALIZAÇÃO: Área de influência da ER
CAMINHO: D
MUNICÍPIO: Santo Antônio do Rio Abaixo – MG
ACIDENTE: humano / município
ORIGEM: portuguesa
MOTIVAÇÃO: Borba Gato explora o Rio Santo Antônio, no município de Ferros, onde fixa residência. Com ele, outros desbravadores vieram e foram encontrando em abundância, o ouro aluvião, no rio Santo Antônio, fixam residências em sua margem direita. Por ter sido construído seguindo as correntes das águas, recebeu a denominação de SANTO ANTÔNIO DO RIO ABAIXO.
HISTÓRICO: Santo Antônio do Rio Abaixo < Fazenda do Morro Grande

Hagiotopônimo < Sociotopônimo
ESTRUTURA MORFOLÓGICA: NCm [ADJsing + Ssing + {Prep + Asing + Spl}]
INFORMAÇÕES ENCICLOPÉDICAS: A expedição que fundou SANTO ANTÔNIO DO RIO ABAIXO se compunha de bandeirantes portugueses das famílias Duarte e Alvarenga. Os bandeirantes iniciaram a mineração de ouro nas terras da FAZENDA MORRO GRANDE construindo, à margem direita de um rio, uma capela para Santo Antônio e também seus casebres, formando, assim, um pequeno povoado. Mais tarde, elevou-se à categoria de vila e tornou-se distrito de Conceição do Mato Dentro, em 4 de janeiro de 1875. Emancipou-se em 1º de março de 1963. (BARBOSA, 1995, p. 308 / COSTA, 1993, p. 372 / TRINDADE, 1945, p. 280).
ESCRITO DOS VIAJANTES: n/e
PESQUISADOR: Francisco de Assis Carvalho
REVISORA: Dick, 2012.

***

220 TOPÔNIMO: SANTO HIPÓLITO
TAXONOMIA: *Hagiotopônimo*
LOCALIZAÇÃO: Área de influência da ER
CAMINHO: D
MUNICÍPIO: Santo Hipólito – MG
ACIDENTE: humano / município
ORIGEM: portuguesa
MOTIVAÇÃO: Fazendo as escavações para a edificação dos pilares de sustentação das duas pontes, às margens do rio das velhas, os trabalhadores encontraram uma imagem de Santo Hipólito. **Piçarrão** s.f. Mistura de terra, areia e pedra; cascalho. Rocha sedimentar altamente endurecida. Ardósia. (CUNHA, 1986, p. 603).
HISTÓRICO: Santo Hipólito < Senhora da Glória < Piçarrão < Valo Fundo
Hagiotopônimo < Hagiotopônimo < Litotopônimo < Dimensiotopônimo
ESTRUTURA MORFOLÓGICA: NCm [ADJsing + Ssing]
INFORMAÇÕES ENCICLOPÉDICAS: Havia antes da inauguração da estação, a fazenda de Santo Hipólito, com uma capelinha situada exatamente no local onde foi construída a casa do Sr. Américo Costa. O nome, SANTO HIPÓLITO, foi dado à estação da Central, inaugurada em 21 de dezembro de 1910, e à povoação que aí se formou. Pertencia o povoado de Santo Hipólito ao distrito de SENHORA DA GLÓRIA, então no município de Diamantina. Foi criado o distrito, já no município de Corinto, pela lei 843, de 7 de dezembro de 1923. E em 1962, foi elevado o distrito à categoria de cidade com a criação do município. (BARBOSA, 1995, p. 309 / COSTA, 1993, p. 373).
ESCRITO DOS VIAJANTES: n/e
PESQUISADOR: Francisco de Assis Carvalho
REVISORA: Dick, 2012.

***

221 TOPÔNIMO: SÃO BARTOLOMEU
TAXONOMIA: *Hagiotopônimo*
LOCALIZAÇÃO: Eixo principal da ER
CAMINHO: D
MUNICÍPIO: Ouro Preto – MG
ACIDENTE: humano / distrito
ORIGEM: portuguesa
MOTIVAÇÃO: Alusivo ao santo padroeiro do lugar.
HISTÓRICO: São Bartolomeu
Hagiotopônimo
ESTRUTURA MORFOLÓGICA: NCm [ADJ sing + Ssing]

INFORMAÇÕES ENCICLOPÉDICAS: O rio das Velhas atravessa o centro do distrito e, por isso, pequenos acampamentos já existiam no local por ser ponto obrigatório de passagem dos bandeirantes, antes mesmo do descobrimento do Ouro Preto. Assim, como a maioria das localidades daquela região, São Bartolomeu recebeu grande quantidade de habitantes em decorrência da crise de fome que assolou Vila Rica em 1700/1701. A primeira capela foi edificada em louvor a Nossa Senhora do Rosário, numa fazenda situada um pouco ao norte do distrito, depois edificaram uma ermida para São Bartolomeu, situada no centro da propriedade de mesmo nome. (BARBOSA, 1995, p. 309 / COSTA, 1993, p. 374 / TRINDADE, 1945, p. 282).

ESCRITO DOS VIAJANTES
MANUEL AIRES DE CASAL (1817)
*"Em distância de 2 léguas e meia, ou com pouca diferença, ao poente de Vila Rica, está o **Arraial e Freguesia de São Bartolomeu**, famoso pela grande quantidade de marmelada, que ele se exporta. Obra de 16 léguas mais adiante se encontra a grande Cachoeira de Pirapora; e depois de 4 a confluência do considerável Rio das Velhas, originalmente Guaicuí, de São Bartolomeu, 6 milhas ao poente de Vila Rica. Tem grande número de cachoeiras, tortuosidades, e mais de 60 léguas de curso".* (CASAL, 1976, p. 169 e 174).

AUGUSTE FRANÇOIS CESAR PROUVENÇAL DE SAINT-HILAIRE (1816-1822)
*"A região onde se acha situado o rancho, sendo muito alta, não tem temperatura muito elevada. As macieiras e os marmeleiros aí dão muitos frutos e a colheita de marmelos é mesmo de grande importância para a **aldeia de S. Bartolomeu**, cabeça da paróquia, situada a 1½ légua de João Henriques. Não há, disseram-me, uma pessoa em S. Bartolomeu que não tenha um quintal plantado de marmeleiros e macieiras; os habitantes fazem com os marmelos um doce muito afamado que é posto em caixas quadradas feitas com uma madeira branca e leve chamada caixeta e não somente vendem essas caixas em Vila Rica e seus arredores, mas ainda fazem remessas ao Rio de Janeiro".* (SAINT-HILAIRE, 1975, p. 83).
PESQUISADOR: Francisco de Assis Carvalho
REVISORA: Dick, 2012.

***

222 TOPÔNIMO: SÃO GONÇALO DO RIO ABAIXO
TAXONOMIA: *Hagiotopônimo*
LOCALIZAÇÃO: Área de influência da ER
CAMINHO: D
MUNICÍPIO: São Gonçalo do Rio Abaixo – MG
ACIDENTE: humano / município
ORIGEM: portuguesa
MOTIVAÇÃO: Rio Abaixo é um povoado que surgiu na década de 1720, às margens do Rio Santa Bárbara, ao pé da Serra do Catunguí. Dá-se como *origem do topônimo, homenagem ao padroeiro São Gonçalo do Amarante, e por existir no município de Santa Bárbara de onde se desmembrou, um povoado com o nome de São Gonçalo do Rio acima, daí, para se destacar, optou-se por São Gonçalo do Rio Abaixo.* As primeiras famílias vieram de diversas localidades como: Rio de Janeiro, Salvador, Guaratinguetá, São Paulo, Ouro Preto, Mariana e um grande número de portugueses, vindos principalmente de Braga. Esses portugueses deram origem as tradicionais famílias do povoado e deixaram como prova de sua influência a escolha do Padroeiro do arraial do Rio Abaixo, São Gonçalo do Amarante, Santo de origem portuguesa.
HISTÓRICO: São Gonçalo < Rio Abaixo
Hagiotopônimo < Hidrotopônimo
ESTRUTURA MORFOLÓGICA: NCf [Ssing + {Prep + Asing + Ssing}]
INFORMAÇÕES ENCICLOPÉDICAS: O Arraial que deu origem ao núcleo urbano do município de São Gonçalo do Rio abaixo, teve seu início ao *alvorecer* do século XVIII, com a fixação do fenômeno bandeirante. Em 1704, o desbravador Antônio Bueno encontrou minas ricas e abundantes, ao longo do Ribeirão Santa Bárbara, trajeto do qual originou São Gonçalo, entre 1710 a 1720. Em 1831, Manoel Dias de Freitas, juiz de paz, relatava um número de 2834 habitantes sendo 1750 livres e 1084 cativos. A localidade contava

com conjunto arquitetônico de antigas fazendas, 13 engenhos de cana, 3 fábricas de ferro e 8 mineiros. Sua vocação aurífera era explorada por ingleses ao longo do Ribeirão Santa Bárbara e suas terras compunham-se de pequenas planícies e campos de criar. Município da zona Metalúrgica, criado pela lei Nº 2764, de 30 de dezembro de 1962, com território desmembrado do de Santa Bárbara. Consta do único distrito da sede. O antigo curato de São Gonçalo do Rio Abaixo, filial da matriz de Santa Bárbara, foi elevado à paróquia pela lei Nº 471, de 1º de junho de 1850. E teve como primeiro vigário, Pe. Manuel Antônio de Souza Vinagre. (BARBOSA, 1995, p. 314 / COSTA, 1993, p. 379 / TRINDADE, 1945, p. 287).

ESCRITOS DOS VIAJANTES
JOHANN BAPTIST VON SPIX / KARL FRIEDRICH PHILIPP VON MARTIUS (1817-1820)
*"A **aldeia de São Gonçalo**, que dista três léguas de Santa Bárbara tinha, a uns trinta e tantos anos, consideráveis lavagens de ouro e gozava de grande riqueza, de cujo caráter efêmero dão testemunho diversos edifícios imponentes, já meio arruinados"*. (SPIX & MARTIUS, 1981, p. 161).
PESQUISADOR: Francisco de Assis Carvalho
REVISORA: Dick, 2012.

***

223 TOPÔNIMO: SÃO GONÇALO DO RIO DAS PEDRAS
TAXONOMIA: *Hagiotopônimo*
LOCALIZAÇÃO: Eixo principal da ER
CAMINHO: D
MUNICÍPIO: Serro – MG
ACIDENTE: humano / distrito
ORIGEM: portuguesa
MOTIVAÇÃO: Homenagem ao santo padroeiro. O nome deve-se a lenda de um menino que vivia na vila, não tinha família e que sempre se encontrava próximo a um pé de goiabeira, no alto do morro, brincando. Com o tempo, os moradores descobriram que se tratava de um santo, São Gonçalo. No local da goiabeira foi construída então uma capelinha, onde hoje é a Igreja Matriz de São Gonçalo do Rio das Pedras.
HISTÓRICO: São Gonçalo do Rio das Pedras < São Gonçalo do Serro < Rio das Pedras
Hagiotopônimo < Hagiotopônimo < Litotopônimo
ESTRUTURA MORFOLÓGICA: NCm [ADJsing + Ssing + {Prep + Asing + Ssing + Prep + Apl + Spl}]
INFORMAÇÕES ENCICLOPÉDICAS: O Arraial De São Gonçalo do Rio das Pedras data do início do século XVIII, quando a exploração de ouro se intensificou na região do Serro Frio, hoje Serro. Registros de 1732 citam a existência de *"pessoas com casas de vivenda, roças e engenhos"* na região. O nome aparecia também em documentos antigos como SÃO GONÇALO DO SERRO Na divisão administrativa de 1911, figura já o distrito com a denominação de SÃO GONÇALO DO RIO DAS PEDRAS, que permanece até hoje. (BARBOSA, 1995, p. 314 / COSTA, 1993, p. 379 / TRINDADE, 1945, p. 248).
ESCRITO DOS VIAJANTES
PESQUISADOR: Francisco de Assis Carvalho
REVISORA: Dick, 2012.

***

224 TOPÔNIMO: SÃO GONÇALO DO RIO PRETO
TAXONOMIA: *Hagiotopônimo*
LOCALIZAÇÃO: Área de influência da ER
CAMINHO: D
MUNICÍPIO: São Gonçalo do Rio Preto – MG
ACIDENTE: humano / município
ORIGEM: portuguesa
MOTIVAÇÃO: Alusiva ao santo padroeiro e ao rio que corta o lugar.
HISTÓRICO: São Gonçalo do Rio Preto < Rio Preto < Felisberto Caldeira

Hagiotopônimo < Hidrotopônimo < Antropotopônimo
ESTRUTURA MORFOLÓGICA: NCm [ADJsing + Ssing + {Prep + Asing + Ssing + ADJsing}]
INFORMAÇÕES ENCICLOPÉDICAS: Iniciou-se como um ponto propício para a comercialização de produtos à beira da estrada, um pouco acima da margem esquerda do Rio Preto, recebendo o primeiro nome do próprio Rio que o margeia. A povoação floresceu, conforme atesta o Dr. Joaquim Felício dos Santos, em seu livro Memórias do distrito de Diamantina, que *"em 1734, já floresciam importantes povoações, dentre elas Rio Preto"*. Em 1747, FELISBERTO CALDEIRA BRANT, principal contratador dos diamantes do Tijuco, e outros, lá estiveram em suas viagens à procura da pedra em destaque, o diamante. (BARBOSA, 1995, p. 314 / TRINDADE, 1945, p. 252).
ESCRITO DOS VIAJANTES: n/e
PESQUISADOR: Francisco de Assis Carvalho
REVISORA: Dick, 2012.

***

225 TOPÔNIMO: SÃO SEBASTIÃO DO RIO PRETO
TAXONOMIA: *Hagiotopônimo*
LOCALIZAÇÃO: Área de influência da ER
CAMINHO: D
MUNICÍPIO: São Sebastião do Rio Preto – MG
ACIDENTE: humano / município
ORIGEM: portuguesa
MOTIVAÇÃO: Alusiva ao santo do lugar e ao rio próximo.
HISTÓRICO: São Sebastião do Rio Preto < Cachoeira Alegre < Cemitério
Hagiotopônimo < Hidrotopônimo < Sociotopônimo
ESTRUTURA MORFOLÓGICA: NCm [ADJsing + Ssing + {Prep + Asing + Ssing + ADJsing}]
INFORMAÇÕES ENCICLOPÉDICAS: Em 1814, João da Silva Maia mandou construir, em uma extremidade de sua fazenda, um cemitério. Em seguida, começaram a aparecer algumas casas pelas imediações, constituindo a povoação denominada CACHOEIRA ALEGRE. Aí foi erigida uma capela dedicada a S. Sebastião. Prevaleceu, o que se considera natural, o nome do orago e, como distrito do município de Conceição, passou a ser designado por SÃO SEBASTIÃO DO RIO PRETO. Com este título, foi criada a paróquia pela lei Nº 2218, de 5 de junho de 1876, e a cidade, em 1962. (BARBOSA, 1995, p. 330 / COSTA, 1993, p. 395 / TRINDADE, 1945, p. 65).
ESCRITO DOS VIAJANTES: n/e
PESQUISADOR: Francisco de Assis Carvalho
REVISORA: Dick, 2012.

***

226 TOPÔNIMO: SENHORA DO CARMO
TAXONOMIA: *Hagiotopônimo*
LOCALIZAÇÃO: Área de influência da ER
CAMINHO: D
MUNICÍPIO: Itabira- MG
ACIDENTE: humano / município
ORIGEM: portuguesa
MOTIVAÇÃO: Alusiva à santa padroeira do lugar.
HISTÓRICO: Senhora do Carmo < Nossa Senhora do Carmo < Carmo de Itabira < Andaime < Onça < Fazenda das Cobras
Hagiotopônimo < Hagiotopônimo < Hagiotopônimo < Ergotopônimo < Zootopônimo < Sociotopônimo
ESTRUTURA MORFOLÓGICA: NCf [Ssing + {Prep + Asing + Ssing}]

INFORMAÇÕES ENCICLOPÉDICAS: O povoamento de Senhora do Carmo começou no início do século XVIII, com a concessão de carta de sesmaria ao português Chrispim Chrispiniano de Souza Coutinho, que recebeu a Fazenda das Cobras, depois transformada em vila. A região pertenceu a Caeté e a Mariana. Em 1933, passou a pertencer a Itabira. Uma capelinha, construída na fazenda das Cobras, deu início ao povoado. A capelinha era dedicada a N. Sr.ªdo Carmo. O povoado denominava-se CARMO DO CACUNDA e já teve várias denominações: FAZENDA DAS COBRAS, ANDAIME, ONÇA, CARMO DE ITABIRA, NOSSA SENHORA DO CARMO e SENHORA DO CARMO. O distrito de Nossa Senhora do Carmo teve sua denominação reduzida para SENHORA DO CARMO, pelo decreto-lei Nº 148, de 17 de dezembro de 1938. (BARBOSA, 1995, p. 336 / COSTA, 1993, p. 400 / TRINDADE, 1945, p. 212).
ESCRITO DOS VIAJANTES: n/e
PESQUISADOR: Francisco de Assis Carvalho
REVISORA: Dick, 2012.

***

227 TOPÔNIMO: SENHORA DO PORTO
TAXONOMIA: *Hagiotopônimo*
LOCALIZAÇÃO: Área de influência da ER
CAMINHO: D
MUNICÍPIO: Senhora do Porto – MG
ACIDENTE: humano / município
ORIGEM: portuguesa
MOTIVAÇÃO: Alusiva à padroeira local. O distrito de Senhora do Porto foi criado em 1854.
HISTÓRICO: Senhora do Porto < Nossa Senhora do Porto de Guanhães < Porto de Guanhães.
Hagiotopônimo< Hagiotopônimo < Sociotopônimo
ESTRUTURA MORFOLÓGICA: NCf [Ssing + {Prep + Asing + Ssing}]
INFORMAÇÕES ENCICLOPÉDICAS: Distrito criado em 1856 com a denominação de NOSSA SENHORA DO PORTO DE GUANHÃES e subordinado ao município de Conceição do Sêrro. Pela lei estadual nº 843, de 07-09-1923, o distrito de Nossa Senhora do Porto de Guanhães foi transferido para o município de Guanhães com a denominação de PORTO DE GUANHÃES. Em divisão administrativa, referente ao ano de 1933, o distrito de Porto de Guanhães figura no município de Guanhães. Pelo decreto-lei estadual nº 148, de 17-12-1938, o distrito de Porto de Guanhães tomou a denominação de SENHORA DO PORTO e foi transferido do município de Guanhães para constituir o novo município de Dom Joaquim. Foi elevado à categoria de município com a denominação de Senhora do Porto, pela lei nº 1039, de 12-12-1953, desmembrado de Dom Joaquim. (BARBOSA, 1995, p. 336 / COSTA, 1993, p. 400 / TRINDADE, 1945, p. 240).
ESCRITO DOS VIAJANTES: n/e
PESQUISADOR: Francisco de Assis Carvalho
REVISORA: Dick, 2012.

***

228 TOPÔNIMO: SERRA AZUL DE MINAS
TAXONOMIA: *Geomorfotopônimo*
LOCALIZAÇÃO: Área de influência da ER
CAMINHO: D
MUNICÍPIO: Serra Azul de Minas – MG
ACIDENTE: humano / município
ORIGEM: portuguesa
MOTIVAÇÃO: Escolhida por estar a cidade rodeada de serras, com uma tonalidade azulada.
HISTÓRICO: Serra Azul de Minas < Casa de Telha
Germorfotopônimo < Ecotopônimo

ESTRUTURA MORFOLÓGICA: NCf [Ssing + ADJsing + {Prep + Spl}]

INFORMAÇÕES ENCICLOPÉDICAS: Supõe-se que tenham sido os Bandeirantes desbravando os sertões em busca de riquezas minerais. Sabe-se que o lugar era passagem de tropeiros que se dirigiam para o Serro e Diamantina, sendo que, alguns lá se fixaram, surgindo várias casas de capim. Posteriormente, Cristiano Félix de Brito doou um terreno para a Igreja Católica, onde Bernardino Gomes e João de Souza construíram uma capela sob o orago de Nossa Senhora do Rosário. Nesse lugarejo o português Paulo Vieira construiu uma grande casa com cobertura de telhas, iniciando o artesanato de barro e fazendo da casa ponto comercial e pouso de tropeiros. Mais tarde, Edmundo Pascoal demoliu a capela e fez erguer a atual "Igreja Matriz de Nossa Senhora do Amparo". Em 1962 os líderes do local conseguiram sua emancipação política, elevando-se à categoria de município, pertencente à comarca de Serro. A denominação primitiva da povoação que deu origem ao atual município de Serra Azul de Minas era CASA DE TELHA. (BARBOSA, 1995, p. 337 / COSTA, 1993, p. 402).

ESCRITO DOS VIAJANTES

JOHANN BAPTIST EMANUEL POHL (1817-1821)

*"Tínhamos viajado três léguas e fizemos alto da **Casa de Telha**, então habitada por um único negro e ali acampamos num alpendre fechado. O dono deste antigo engenho é tesoureiro do Distrito Diamantino do Tijuco".* (POHL, 1976, p. 368).

PESQUISADOR: Francisco de Assis Carvalho

REVISORA: Dick, 2012.

***

229 TOPÔNIMO: SERRO

TAXONOMIA: *Geomorfotopônimo*

LOCALIZAÇÃO: Eixo principal da ER

CAMINHO: D

MUNICÍPIO: Serro – MG

ACIDENTE: humano / município

ORIGEM: portuguesa

MOTIVAÇÃO: Ivituruí (ivi = vento, **turí** = morro, **huí** = frio) na língua tupi-guarani. Daí derivou SERRO FRIO ou SERRO DO FRIO. Ivituruí era uma região da Serra do Espinhaço. SERRO: de acordo com PIEL (1947, p. 12), "grafado com C (**Cêrro**), muito comum em Espanha, *"outeiro, pequeno monte penhascoso"; com* S (**Sêrro**), *"sob a influência de serra. Vocábulo de propagação tardia"*.

HISTÓRICO: Serro < Serro Frio < Serro do Frio < Lavras Velhas do Serro < Ribeirão das Lavras Velhas < Vila do Príncipe

Geomorfotopônimo < Geomorfotopônimo < Geomorfotopônimo < Sociotopônimo < Hidrotopônimo < Poliotopônimo

ESTRUTURA MORFOLÓGICA: Nm [Ssing]

INFORMAÇÕES ENCICLOPÉDICAS: Em 1701 teve início o arraial que daria origem à atual cidade do Serro, centro da exploração de ouro na região. O primeiro nome de que se tem notícias foi "ARRAIAL DO RIBEIRÃO DAS MINAS DE SANTO ANTÔNIO DO BOM RETIRO DO SERRO DO FRIO", dado em 1702, no ato de descoberta oficial. Também há citações de "ARRAIAL DAS LAVRAS VELHAS", embora sem registros oficiais. Em 1714, a povoação é elevada á vila e município com o nome de VILA DO PRÍNCIPE, pelo governador Brás Baltasar da Silveira. (BARBOSA, 1995, p. 340 / COSTA, 1993, p. 404 / TRINDADE, 1945, p. 306).

ESCRITO DOS VIAJANTES

MANUEL AIRES DE CASAL (1817)

*"**Vila do Príncipe**, cabeça da comarca, e residência ordinária do seu Ouvidor, que serve também de Provedor dos defuntos ausentes, capelas e resíduos; considerável, abundante, e ornada com uma igreja matriz, de que é padroeira N. Senhora da Conceição, uma capela do Senhor Jesus de Matozinhos, outra de Santa Rita, três dedicadas a N.*

Senhora com as invocações da Purificação, Carmo e Rosário; porém mal situada: só uma rua é vistosa. Foi erecta em 1714". (CASAL, 1976, p. 179).

JOHANN BAPTIST VON SPIX / KARL FRIEDRICH PHILIPP VON MARTIUS (1817-1820)

"A mata que reveste a Serra do Mar vai acompanhando o Rio Doce e seus tributários Piranga, Gualacho, Percicaba e de Santa Bárbara a oeste até Mariana afora, e estende-se até perto da **Vila do Príncipe**. *Costuma-se, por isso, diferenciar nesta fronteira muitos lugarejos com os apelidos: do Mato Dentro ou do Campo. Mata de igual extensão tivemos que percorrer no caminho de Cocais. Tem esta região aspecto tristonho, solidário, e somente no cume das montanhas, coberto de capim-melad ou capim-gordura (*Tristegis glutinosa Nees*), e de algumas espécies de Hyptis, Compostas e Spermacoce, patenteia-se-nos o panorama da majestosa Serra do Caraça, com seus penhascos brilhantes, como prata, aos raios do sol. Caeté, antigamente também chamada Vila Nova da Rainha, é pequena localidade, irregularmente espalhada num belo vale fértil, ao sopé da Serra da Piedade".* (SPIX & MARTIUS, 1981, p. 17).

AUGUSTE FRANÇOIS CESAR PROUVENÇAL DE SAINT-HILAIRE (1816-1822)

"Mas foi ainda com maior alegria que avistei **Vila do Príncipe**. *Achava-me agora a 123 léguas do Rio de Janeiro; ia penetrar na estrada que lá vai dar a um lugar que eu já conhecia, onde fora perfeitamente acolhido e onde possuía amigos. Parecia-me que repentinamente eu havia transposto uma imensa distância que me separava da França. Fui perfeitamente acolhido pelo cura de* **Vila do Príncipe**, *Sr. Francisco Rodrigues Ribeiro de Avelar, e fiquei ainda uma dezena de dias em sua casa, tratando da embalagem de minhas coleções. A estação chuvosa estava virtualmente iniciada. Durante o tempo em que permaneci em* **Vila do Príncipe** *não se passou um dia sem chuva; entretanto resolvi partir (12-11-817). Apesar da chuva o excelente cura acompanhou-me durante algum tempo. Tinha meu coração apertado quando dele me despedi. Ele me havia cumulado de provas de amizade; recebera-me duas vezes em sua casa; aí recuperara minha saúde, seria possível dizer-lhe sem emoção – nunca mais nos veremos".* (SAINT-HILAIRE, 1974, p. 44).

*"***Vila do Príncipe*** *compreende cerca de 700 casas e uma população de 2.500 a 3.000 indivíduos. Essa vila está edificada sobre a encosta de um morro alongado; e suas casas dispostas em anfiteatro, os jardins que ente elas se veem, suas igrejas disseminadas formam um conjunto de aspecto muito agradável, visto das elevações próximas. A parte oriental da vila é muito mais bem construída que a ocidental, e é lá que se veem as principais igrejas, a câmara e a intendência. As ruas são pouco numerosas, e, na maioria, calçadas. As principais estendem-se de leste a oeste, paralelamente à base do morro; e cada uma delas acha-se assim traçada, em todo o comprimento, quase no mesmo plano. Só as ruas transversais seguem o declive do morro; tem, porém, pequena extensão".* (SAINT-HILAIRE, 1975, p. 145).

JOHANN BAPTIST EMANUEL POHL (1817-1821)

"Como a estada num lugar grande no nosso caso sempre significava atraso de viagem e **Vila do Príncipe** *oferecia aos meus arrieiros atrativos suficientes para que não a quisessem tão cedo abandonar, resolvi não me demorar nela e partir imediatamente. Sob chuva constante, viajamos mais uma légua, até o Rancho Ouro Fino, tendo percorrido, hoje, 5 léguas".* (POHL, 1976, p. 370).

GEORGE GARDNER (1836-1841)

"A cidade do **Serro** *é construída na encosta de uma montanha, de menor elevação e com as casas mais espalhadas. Neste lugar separei-me do tropeiro que nos trouxera de Diamantina. Como não havia qualquer estalagem, instalei-me no rancho público, grande casa bem construída e destinada expressamente à acomodação das tropas que vão e vem só podendo entrar aí três a um tempo. Pela acomodação o proprietário cobra quatro vinténs (cerca de dois pence) por noite a cada tropeiro. Junto do rancho, tem ele uma venda grande para fornecer provisões e milho e subentende-se que os tropeiros aí comprem o de que precisam para si, seus homens e as mulas. Neste rancho encontrei um arrieiro de volta de Ouro Preto, com as mulas descarregadas. Aluguei dezoito destas para nos levarem adiante, concordando em pagar-lhe, em nossa chegada, 180 mil réis, cerca de 22libras esterlinas".* (GARDNER, 1975, p. 214).

JOHN MAWE (1808-1818)

*"***Vila do Príncipe*** *foi erigida em comarca ou distrito em 1730, época na qual as lavagens de ouro eram mais produtivas, mas esta cidade fora fundada quinze anos antes, quando os paulistas, começando a deixar Vila Rica e os cantões vizinhos, aqui vieram se estabelecer. A cidade conta hoje cinco mil habitantes, dos quais a maior parte são lojistas; o resto é composto de artesãos, fazendeiros, mineiros e operários. Há um escritório de controle ao qual*

todos os mineiros do distrito trazem o outro que encontram e pagam o quinto, como em Vila Rica". (MAWE, 1978, p. 159).

ALCIDE D'ORBIGNY (1826)

"A fundação de **Vila do Príncipe** *data de pouco mais de cem anos. O ouro existente nos outeiros dos arredores para ali atraiu, a princípio, alguns raros habitantes, cujo número aumentou depois. A cidade está situada junto de um córrego chamado Quatro Vinténs, porque a primeira bateia de areia que dali se tirou rendeu quatro vinténs de ouro, que dizer, cerca de vinte soldos. Elevada à cidade em 1714, no governo de D. Braz Balthazar, Vila do Príncipe chegou, em pouco mais de um século, ao seu estado atual: tem cerca de 700 casas e uma população de 2 a 3.000 almas".* (D'ORBIGNY, 1976, p. 143).

JEAN BAPTISTE DEBRET (1816-1831)

"Mais adiante encontra-se a **cidade do Príncipe**, *no centro de uma região fértil. Possui também uma Casa de Fundição e, como se encontra nas proximidades do distrito dos diamantes, todo o viajante de passagem é submetido a um exame rigoroso e não pode afastar-se da estrada sem se arriscar a ser preso como contrabandista. Ao norte da* **Vila do Príncipe**, *avançando-se por Serro-Frio, entra-se no distrito dos diamantes, que pode ser considerado o mais alto da capitania de Minas".* (DEBRET, 1989, p. 159).

PESQUISADOR: Francisco de Assis Carvalho
REVISORA: Dick, 2012.

***

230 TOPÔNIMO: TAQUARAÇU DE MINAS

TAXONOMIA: *Fitotopônimo*
LOCALIZAÇÃO: Área de influência da ER
CAMINHO: D
MUNICÍPIO: Taquaraçu de Minas–MG
ACIDENTE: humano / município
ORIGEM: indígena [tupi]
MOTIVAÇÃO: Em *O tupi na geografia nacional,* SAMPAIO (1955, p. 285) *"***taquar-uçú**, *a canna grande, a taquara grossa, bambú".* TAQUARAÇU: *"taquara ou tacoara. A Taquaraçu tem 40 pés de altura e é da grossura do braço de um homem. Seus ramos tem espinhos grossos e curtos e os botocudos faziam com elas embarcações. O galho central servia de fundo. Usavam fragmentos delas como cantil muito útil aos viajantes".* (BOURTON, 1976, p. 115).
HISTÓRICO: Taquaraçu de Minas < Taquaraçu de Cima < Santíssimo Sacramento de Taquaraçu < Taquaraçu
Fitotopônimo < Fitotopônimo < Hierotopônimo < Fitotopônimo
ESTRUTURA MORFOLÓGICA: NCf [Ssing +{Prep + Spl}]
INFORMAÇÕES ENCICLOPÉDICAS: Sabe-se que TAQUARAÇU foi importante arraial que floresceu em meados do século XVIII, na margem direita do Rio das Velhas. O arraial foi fundado pelos coronéis João Pinto Moreira e José Alves Diniz. A primeira capela foi a de Nossa Senhora da Penha, colada em 1759. A capela e atual matriz do Santíssimo Sacramento de Taquaraçu foi elevada à freguesia, em 1841. Foram o garimpo e, posteriormente, a agricultura e pecuária, os principais motivos da fixação e desenvolvimento do atual município. O município, com a denominação de TAQUARUÇU DE MINAS, foi criado pela lei Nº 2764, de 30 de dezembro de 1962, com território desmembrado de Caeté. Situado na zona Metalúrgica, o município contém apenas o distrito da cidade. (BARBOSA, 1995, p. 348 / COSTA, 1993, p. 409 / TRINDADE, 1945, p. 311).
ESCRITO DOS VIAJANTES: n/e
PESQUISADOR: Francisco de Assis Carvalho
REVISORA: Dick, 2012.

***

231 TOPÔNIMO: TRÊS BARRAS
TAXONOMIA: *Numerotopônimo*
LOCALIZAÇÃO: Eixo principal da ER
CAMINHO: D
MUNICÍPIO: Serro – MG
ACIDENTE: humano / distrito
ORIGEM: portuguesa
MOTIVAÇÃO: Deve-se ao encontro dos três rios: Rio Preto, Rio Três Barras e Rio Cubas. Tal encontro formaria uma espécie de *"Barra"*, daí o nome Três Barras.
HISTÓRICO: Três Barras
Numerotopônimo
ESTRUTURA MORFOLÓGICA: NCm [Num + Spl]
INFORMAÇÕES ENCICLOPÉDICAS: No princípio do século XVIII, após a descoberta dos diamantes na região do Serro, seguia-se a exploração do rico mineral nos arredores de Milho Verde e São Gonçalo do Rio das Pedras. Esta foi a primeira parada a caminho do distrito de Milho Verde. TRÊS BARRAS, local de passagem do francês Saint-Hilaire, no século XIX, transparece ainda hoje a sua perene atmosfera de tranquilidade, apresentando aos viajantes a harmonia de seu conjunto, tendo como registro da religiosidade do povo a modesta Capela de São Geraldo.
ESCRITO DOS VIAJANTES:
AUGUSTE FRANÇOIS CESAR PROUVENÇAL DE SAINT-HILAIRE (1816-1822)
"Deixando Milho Verde, percebem-se montanhas semelhantes àquelas que se têm sob as vistas desde a capital do Distrito dos Diamantes. Entretanto é evidente que, considerado em seu conjunto, o caminho desce muito mais que sobe. No lugar chamado Três Barras, o terreno que, desde Tijuco, havia sido constantemente arenoso, tornou-se argiloso e avermelhado. Então a vegetação muda e os grandes fetos que nascem por toda parte indicam que esses lugares foram outrora cobertos de florestas". (SAINT-HILAIRE, 1975, p. 44).
GEORGE GARDNER (1836-1841)
"Saindo de Três Barras, outra jornada de 3 léguas e meia nos levou à cidade do Serro. A estrada corta uma região ondulante e montanhosa, evidentemente bem mais baixa que a do distrito do diamante que deixáramos atrás em Três Barras; perdera agora a aparência pedregosa e salara e na maior parte das montanhas arredondadas havia matas até o topo, vendo-se às vezes casas e plantações nos recôncavos. Em vez do solo cascalhoso do distrito dos diamantes, aparece de novo a argila ferruginosa vermelha, tão comum no país. Avistamos a cidade de cerca de uma légua de distância; embora muito menor que Diamantina, sua elevada situação dá-lhe aspecto imponente". (GARDNER, 1975, p. 214).
PESQUISADOR: Francisco de Assis Carvalho
REVISORA: Dick, 2012.

***

232 TOPÔNIMO: VAU
TAXONOMIA: *Hodotopônimo*
LOCALIZAÇÃO: Eixo principal da ER
CAMINHO: D
MUNICÍPIO: Diamantina – MG
ACIDENTE: humano / distrito
ORIGEM: portuguesa
MOTIVAÇÃO: Um vau é o trecho de um rio, lago, mar com profundidade suficientemente rasa para passar a pé, a cavalo ou com um veículo. *"Local mais raso de um rio para atravessar a pé ou em montaria".* (CUNHA, 1986).
HISTÓRICO: Vau
Hodotopônimo
ESTRUTURA MORFOLÓGICA: Nm [Ssing]

INFORMAÇÕES ENCICLOPÉDICAS: *"Distrito de Diamantina em que na estrada para seu acesso, está a gruta do Salitre".*
ESCRITO DOS VIAJANTES
AUGUSTE FRANÇOIS CESAR PROUVENÇAL DE SAINT-HILAIRE (1816-1822)
*"Era muito tarde quando parti, no dia seguinte, e, como um dos meus cavalos se achava grandemente fatigado, não fui além de Milho Verde, pequena aldeia situada a uma légua e meia de Borbas, esta pobre palhoça onde passei a noite. Junto do riacho chamado Rio das Pedras, no lugar chamado **Vau**, vi casas pertencentes a um serviço de diamantes".* (SAINT-HILAIRE, 1974, p. 44).
GEORGE GARDNER (1836-1841)
*"Pouco antes passamos pelo Arraial de Milho Verde, mas a curta distância para o sul, em um lugar chamado **Vau**, atravessamos pequeno rio por uma velha ponte de madeira meio podre. Há aqui umas poucas casas de mau aspecto, cujos donos são geralmente lavadores de diamantes: um destes me mostrou alguns, todos pequenos e longe de igualar, quanto à cor, os que se encontram perto de Diamantina; um era negro como azeviche, cor que não é raro encontrar".* (GARDNER, 1975, p. 231).
ROBERT WALSH (1828-1829)
*"O lugar tinha tido outrora uma mina de ouro bastante extensa. Para interceptar as partículas de ouro trazidas por um riacho da montanha, havia sido construído um dique através de uma ravina; o seu construtor, porém, não calculara a pressão da água e, após um prolongado período de chuvas, o dispendioso dique se rompeu, fazendo desaparecer com ele, numa única noite, todas as riquezas acumuladas à sua margem. Mais além ficava o Rio Limpo, que, com suas águas cristalinas fluindo sobre um leito forrado de seixos, apresentava um forte contraste com o barrento rio pelo qual tínhamos acabado de passar. Depois de o atravessarmos a **Vau**, chegamos a São João del Rei".* (WALSH, 1976, p. 73-74).
PESQUISADOR: Francisco de Assis Carvalho
REVISORA: Dick, 2012.

***

233 Topônimo: ACURUI
Taxonomia: *Litotopônimo*
Localização: Eixo principal da ER
Caminho: S
MUNICÍPIO: Itabirito – MG
ACIDENTE: humano / distrito
ORIGEM: indígena [tupi]
MOTIVAÇÃO: Em O tupi na geografia nacional, SAMPAIO (1955, p. 168) define *"o termo **Acuruy** como s.c. Acurú– y, "o rio dos seixos".* Em SILVA (1966, p. 23) encontramos *"**Acuruí** – **Acuru** (o seixo, pedrinhas, cascalhos). I = **y** (rio) – "o rio dos seixos ou dos cascalhos".* De acordo com MATOS (1981, p. 163): *"arraial situado na margem direita deste nome, 10 léguas distante do Ouro Preto".* O Códice Costa MATOSO (1999) esclarece que seu nome *"ao tempo de sua elaboração era **Rio de Pedras".***
HISTÓRICO: Acuruí <Distrito de Acuruí < Distrito do Rio das Pedras <Arraial deRio das Pedras <Freguesia de N. Srª. da Conceição do Rio das Pedras
Litotopônimo < Poliotopônimo < Litotopônimo < Litotopônimo < Poliotopônimo
ESTRUTURA MORFOLÓGICA: Nm [Ssing]
INFORMAÇÕES ENCICLOPÉDICAS: No termo de Vila Rica, foi o ARRAIAL DO RIO DAS PEDRAS um dos grandes centros de mineração. Surgiu nos primórdios da Capitania. Segundo se vê no Arquivo Eclesiástico de Mariana, a *"FREGUESIA DE N. SRª. DA CONCEIÇÃO DO RIO DAS PEDRAS foi erigida antes do ano de 1718 e mereceu ser elevada, pelo alvará de 16 de fevereiro de 1724, à natureza de colativa"* (Livro de Lotação das freguesias deste Bispado de Mariana). O arraial prosperava e, por provisão de 17 de novembro de 1751, foi erigida a Igreja de N. Srª. do Rosário dos Pretos. Posteriormente, com a decadência da mineração, também decaiu o arraial. Em 1938, passou o DISTRITO DO RIO DAS PEDRAS a integrar o município de Itabirito; a transferência foi determinada pelo decreto-lei Nº 148, de 17 de dezembro de 1938.

A denominação atual de DISTRITO DE ACURUÍ foi dada pelo decreto-lei Nº 1058, de 31 de dezembro de 1943. (BARBOSA, 1995, p. 17 / COSTA, 1993, p. 149 / TRINDADE, 1945, p. 248).

ESCRITOS DOS VIAJANTES:
JOHANN BAPTIST VON SPIX / KARL FRIEDRICH PHILIPP VON MARTIUS (1817-1820)
*"Ao sopé de uma alta montanha, onde corre o pequeno **Rio das Pedras** e está a freguesia do mesmo nome, conhecido por algumas lavagens de ouro. Ainda nessa tarde, galgamos a encosta pedregosa, quase intransitável, atravancada de fragmentos espalhados, e alcançamos finalmente, a outra vertente".* (SPIX &MARTIUS, 1981, p. 14).

DR. HERMANN BURMEISTER (1850-1852)
*"Em **Rio das Pedras**, pernoitamos no rancho ao lado de uma venda situada à margem do rio, muito aurífero em tempos idos mas já sem o precioso metal. Fomos, como sempre, amavelmente recebidos, mas obrigados a nos contentar com o mínimo de conforto".* (BURMEISTER, 1952, p. 226).

PESQUISADOR: Francisco de Assis Carvalho
REVISORA: Dick, 2012.

***

234 Topônimo: BRUMADINHO
Taxonomia: *Corotopônimo*
Localização: Área de influência da ER
Caminho: S
MUNICÍPIO: Brumadinho – MG
ACIDENTE: humano / município
ORIGEM: Portuguesa
MOTIVAÇÃO: Estação construída no lugar e tem origem na derivação do NOME DO POVOADO MAIS PRÓXIMO, Brumado e Paraopeba.
HISTÓRICO: Brumadinho< Conceição do Itaguá < Brumado do Paraopeba
Corotopônimo < Hagiotopônimo < Corotopônimo
ESTRUTURA MORFOLÓGICA: Nm[Ssing]
INFORMAÇÕES ENCICLOPÉDICAS: A história de BRUMADINHO pode ser dividida em duas etapas: A primeira, ainda no final do século XVII e início do século XVIII, com a ocupação do Vale do Paraopeba pelas bandeiras e entradas. Nessa etapa, os desbravadores da região Espinhaço Meridional onde hoje se situa o município, foram bandeirantes paulistas, chefiados por Fernão Dias Paes Leme, que fundaram inicialmente um núcleo de abastecimento da bandeira, pousos de repouso de tropas e lugar de levantamento dos mantimentos. De ponto de abastecimento de víveres, passou a pequeno ARRAIAL de mineradores; a segunda etapa refere-se ao período de nascimento da cidade de Brumadinho propriamente dita, à época da construção do ramal do Paraopeba da Estrada de Ferro Central do Brasil, já no início do século XX. O desenvolvimento da cultura cafeeira e a possibilidade de se extrair e exportar minérios de ferro, abundantes na região, provocaram a construção do ramal do Paraopeba da Estrada de Ferro Central do Brasil, fazendo nascer e desenvolver o povoado, com a chegada de trabalhadores e imigrantes estrangeiros. O MUNICÍPIO foi criado pelo decreto-lei Nº 148, de 17/12/1938. Em 1948, foi elevado à categoria de cidade, com a lei já citada, que criou o município. (BARBOSA, 1995, p. 59).
(COSTA, 1993, p. 179).

ESCRITOS DOS VIAJANTES
JOHN MAWE (1808-1818)
*"Continuando minha viagem, revi todas as pessoas que me tinham acolhido anteriormente. Perto de Cocais, encontram-se belas ametistas e cristais entremeados de titânio. Ao sair deste lugar, tomei a estrada mais a leste, para ir a **aldeia de Brumado**, distante 5 léguas. Passei pela aldeia de São João, e entrei em um belo vale, banhando pelo pequeno Córrego de Santo Antônio. Dificilmente se imagina um lugar mais delicioso. O terreno que se apresenta em suaves elevações, parece fértil e próprio para toda espécie de cultura, que compensaria amplamente o cultivador. Independentemente desta vantagem e da de um bom clima, este lugar é, em certos pontos, muito rico em ouro".* (MAWE, 1978, p. 177).

GEORGE GARDNER (1836-1841)
"No dia seguinte, fizemos jornada de cerca de duas léguas e, a meia légua de Barra, passamos pelo arraial do
Brumado, *comprido, solitário e em grande decadência".* (GARDNER, 1975, p. 226).
GEORGE HEINRICH VON LANGSDORFF (1822-1829)
"Informaram-nos que deveríamos ir para a serra do Caraça e tomar um caminho mais curto por **Brumadinho**,
para onde tínhamos enviado nossa tropa. Tanto nós quanto a tropa nos perdemos. Encontramos vinte casas pobres
espalhadas em 1½ légua, todas em **Brumadinho**, *mas nenhuma fazenda".* (LANGSDORFF, 1997, p. 132).
PESQUISADOR: Francisco de Assis Carvalho
REVISORA: Dick, 2012.

***

235 Topônimo: CAETÉ
Taxonomia: *Fitotopônimo*
Localização: Eixo principal da ER
Caminho: S
MUNICÍPIO: Caeté – MG
ACIDENTE: humano / município
ORIGEM: indígena [tupi]
MOTIVAÇÃO: Em *O tupi na geografia nacional*, SAMPAIO (1955, p. 186) define o termo *"Caete como:*
caá-eté, "a matta real, constituída de árvores grandes, a matta virgem; a folha larga". GREGÓRIO (1980, p.
497) acrescenta: *"caaeté, caeté, caieté ("+ eté) = "mata verdadeira", legítima, mata densa, mata-virgem, re-*
gião das grandes florestas; hyléa(grego = floresta)". SILVA (1966, p. 77) complementa: *"caá(mato, folha) eté*
(grande, verdadeiro, legítimo) – "o matagal", "a mata grande", "a floresta de grandes árvores", "o folharal ou folhas
grandes".
HISTÓRICO: Caeté < Vila Nova da Rainha < Arraial de Caeté
Fitotopônimo < Coronotopônimo < Poliotopônimo
ESTRUTURA MORFOLÓGICA: Nm [Ssing]
INFORMAÇÕES ENCICLOPÉDICAS: Caeté era até 1700 uma floresta ocupada por índios que tinham
suas principais tabas ou aldeias na Pedra Branca e Ribeirão do Inferno (redondezas da cidade); foi, em 1701,
"descoberto" pelo bandeirante paulista Leonardo Nardez que, atraído pela riqueza aurífera da região, chegou
a essas terras. Apesar de descoberto por NARDEZ, Caeté, segundo alguns historiadores, deve seu povo-
amento aos irmãos João e Antônio Leme, auxiliadores pelos Guerra, descendentes da condessa Maria de
Souza Guerra. (MATOS, 1981, p. 176). Entre os seus primeiros povoadores, citam-se Frei Simão de Santa
Teresa, que deu início, em 1704, à construção da igreja do Rosário; e Manuel Nunes Viana, estabelecido no
sopé da serra da Piedade, onde extraiu 50 arrobas de ouro, riqueza igual a que Borba Gato acumulara em
SABARABUÇU (Sabará). O reinol, Nunes Vieira, foi propagador da Chamada *"guerra dos emboabas"* no
ARRAIAL DE CAETÉ, chegando em 1708 a guindar-se a liderança do movimento e proclamar-se *"ditador*
supremo das Minas". O regime rebelde só teve fim em 1709. Pacificada as Minas Gerais, Caeté evoluiu rapidamente, sendo elevada à VILA NOVA DA RAINHA DO CAETÉ em 1714. Ainda repercutiam as soleni-
dades da instalação da nova Vila, quando o povo do Morro Vermelho e da Vila se rebelou, em 1715, contra a
cobrança do quinto do ouro por bateia, recomendada em três cartas régias de novembro de 1714, processo
fiscal vexatório que irritou o povo oprimido. Em 1833, em consequência de sua participação na revolta militar de Ouro Preto, Caeté teve seus foros de vila suprimidos, só restaurados em 1840, com a denominação de
Caeté. Caeté foi elevada à categoria de cidade com a lei nº 1258 de 25/11/1865. (BARBOSA, 1995, p. 65 /
COSTA, 1993, p. 183 / TRINDADE, 1945, p. 66).
ESCRITOS DOS VIAJANTES
MANUEL AIRES DE CASAL (1817)
"Vila Nova da Rainha, criada em 1714, mais conhecida pelo seu primitivo nome **Caité**, *que na língua brasílica*
significa bosque fechado, é medíocre, alegre, bem arruada num terreno plano e agradável junto a uma ribeira,
ornada com uma magnífica matriz dedicada ao Senhor do Bom Sucesso, uma capela de N. Senhora do Rosário,

outra de S. Francisco. Há nela quinze ofícios judiciais: o rendimento da Câmara anda por 8.000 cruzados. Seus habitantes são mineiros, criadores de gados, e lavradores; respiram ares salutíferos, recolhem variedade de frutas europeias, e formam, com os de três freguesias do seu termo, dezessete companhias de ordenanças de brancos, sete de pardos, e algumas esquadras de pretos forros. Fica 3 léguas a les-sueste do Sabará. Nos seus subúrbios há boas argilas e olarias". (CASAL, 1976, p. 176).

CHARLES JAMES FOX BUNBURY (1833-1834)

*"Durante a minha estada em Gongo Soco, um dia aproveitei a oportunidade para ir a cidade de **Caeté**, distante cerca de 2 léguas, em companhia de um dos sobrinhos do coronel Skerrett, e visitar um senhor brasileiro, muito conhecido do meu companheiro. **Caeté**, ou **Vila Nova da Rainha**, como às vezes se costuma chamar, é uma pequena cidade e aspecto nada singular, situada entre as baixas, nuas e empoeiradas colinas de aparência estéril, no lado oeste das montanhas que repetidamente tenho mencionado"*. (BUNBURY, 1981, p. 90).

JOHANN BAPTIST VON SPIX / KARL FRIEDRICH PHILIPP VON MARTIUS (1817-1820)

*"Ainda não era meio-dia, quando alcançamos Sabará. Como não considerássemos conveniente abreviar o habitual dia de viagem dos cargueiros, ordenamos que a tropa seguisse adiante, para o **Arraial de Caeté**, distante 3 léguas a leste; nós, porém, fomos visitar o juiz de fora, para o qual trazíamos do Rio de Janeiro e de Vila Rica nossas cartas de recomendação. Conhecimento mais agradável do que o do Sr. Teixeira, português de origem, não poderíamos fazer, pois esse homem culto e amabilíssimo era tão grande amigo da história natural quanto da jurisprudência. Quando ele nos levou à sua biblioteca, vimos com grande prazer, além de alguns livros ingleses e franceses, também as obras de Buffon e uma edição de Lineu, feita pelo nosso compatrício Gmelin. A horta da casa em que ele morava ostentava alamedas de preciosas laranjeiras, cobertas de frutos, várias espécies de pequenas árvores frutíferas europeias e de Mirtáceas brasileiras, de cujo cultivo fazia ele o ensaio, e cujos frutos, já pelos cuidados de poucos anos, haviam melhorado em suco e sabor; viceja aqui especialmente a jabuticabeira (Myrtus cauliflora)"*. (SPIX & MARTIUS, 1981, p. 13).

AUGUSTE FRANÇOIS CESAR PROUVENÇAL DE SAINT-HILAIRE (1816-1822)

*"**Caeté** é célebre na história das Minas, como tendo sido teatro de um dos primeiros conflitos que fomentaram a guerra civil entre os paulistas e os forasteiros ou estrangeiros.O nome desta cidade que, na língua dos índios, significa "montanha coberta por grossas árvores", foi-lhe dado outrora, porquanto efetivamente existiram grandes florestas em suas vizinhanças. Em 1714 **Caeté** foi elevada a cidade, sob o nome de Vila Nova da Rainha, nome que foi adotado na linguagem habitual"*. (SAINT-HILAIRE, 1974, p. 64-65).

GEORGE GARDNER (1836-1841)

*"A meio caminho entre os dois lugares passamos pela **Vila de Caeté**, de tamanho regular e mísera aparência, situada em estreito e raso vale que corre da Serra de Piedade no sentido de nordeste, estando a própria vila à distância de 2 léguas dela. Esta vila, como muitas outras dos distritos de mineração, tem toda a aparência de ter visto melhores dias, pois contém as ruínas de muitas belas casas, bem como das mais lindas igrejas do interior, chegando Saint-Hilaire a por em dúvida que mesmo no Rio haja outra que se lhe compare"*. (GARDNER, 1975, p. 226).

GEORGE HEINRICH VON LANGSDORFF (1822-1829)

*"Na região de **Caeté**, encontramos muitas pessoas com bócio, tanto brancos como negros. Qual seria a verdadeira origem do bócio? Em Caeté, a água não é tão fria como em outras montanhas. A região é aberta e ampla. A água vem de montanhas ferruginosas; apenas em pequenos trechos, ela passa por barro, cal e arenito. A atmosfera está cheia de fumaça, que chega a escurecer o sol e a formar uma auréola em torno dele"*. (LANGSDORFF, 1997, p. 142).

PESQUISADOR: Francisco de Assis Carvalho
REVISORA: Dick, 2012.

***

236 Topônimo: HONÓRIO BICALHO
Taxonomia: *Antropotopônimo*
Localização: Área de influência da ER
Caminho: S
MUNICÍPIO: Nova Lima– MG

ACIDENTE: humano / distrito
ORIGEM: portuguesa
MOTIVAÇÃO: Estação de Ferro Central do Brasil inaugurada em 1890. HONÓRIO BICALHO foi um engenheiro formado pela Escola Politécnica do Rio de Janeiro e participou na construção de obras públicas em portos e ferrovias brasileiras, sendo o chefe da construção da Estrada de Ferro Pedro II.
HISTÓRICO: Honório Bicalho< Distrito de Honório Bicalho > Estação de Honório Bicalho
Antropotopônimo < Poliotopônimo > Sociotopônimo
ESTRUTURA MORFOLÓGICA: NCm [Ssing + Ssing] [prenome + apelido de família]
INFORMAÇÕES ENCICLOPÉDICAS: A região abrigou três minas auríferas que foram exploradas pelos ingleses. O rio das Velhas corta o lugarejo em forma de meia lua; destaca-se no lugar a Cachoeira das Vinte e Sete Voltas e o Santuário do Senhor Bom Jesus de Matozinhos construído em 1760, no alto de uma montanha. O lugar foi colonizado pelos bandeirantes, em busca do ouro.
ESCRITOS DOS VIAJANTES: n/e
PESQUISADOR: Francisco de Assis Carvalho
REVISORA: Dick, 2012.

***

237 Topônimo: ITABIRITO
Taxonomia: *Litotopônimo*
Localização: Eixo principal da ER
Caminho: S
MUNICÍPIO: Itabirito – MG
ACIDENTE: humano / município
ORIGEM: indígena [tupi]
MOTIVAÇÃO: Em *O tupi na geografia nacional*, (SAMPAIO, 1955, p. 224) define o termo *"**ita**, e **y-ta** = "o que é duro, a pedra, o penedo, a rocha, o seixo, o metal em geral, o ferro"*. Em decorrência, SILVA (1966, p. 172) define *"**Itabira**, **itá-bira**, a pedra levantada ou empinada"*. De acordo com GREGÓRIO (1980, p. 761): *"**itabirito** (itabira + ito) = sufixo grego = "rocha metamórfica xistosa, composta de grãos de quartzo ferruginoso"*.
HISTÓRICO: Itabirito < Itabira do Campo < Itaubyra < Arêdes
Litotopônimo < Litotopônimo < Litotopônimo < Sociotopônimo
ESTRUTURA: MORFOLÓGICA: Nm [Ssing]
INFORMAÇÕES ENCICLOPÉDICAS: A riqueza das terras do atual município de ITABIRITO despertou em 1660 o interesse dos bandeirantes Fernão Dias Pais Leme e Borba Gato, pelo desbravamento da região. O lugar tinha como primitivos habitantes os índios *"arêdes"* que viviam na cadeia do Espinhaço, distante uns vinte quilômetros da atual sede municipal. Foi ao redor da mina de ARÊDES que se desenvolveu o povoado de igual nome, onde foi construída uma capela em honra a São Sebastião. Com o passar dos anos as reservas auríferas foram se esgotando e, pouco a pouco, as antigas minas eram abandonadas. Tomando o nome de "ITAUBYRA" até 1790, quando passou a Itabira do Campo. ITABIRA DO CAMPO, distrito do termo de Vila Rica, foi ativo centro de mineração. O distrito de Itabira do Campo foi elevado a município desmembrado do de Ouro Preto, pela lei Nº 843, de 7 de setembro de 1923, sendo que, em 1924, foi elevado à categoria de município com o nome de ITABIRITO. (COSTA, 1993, p. 256). O termo *"itabirito"* foi dado por ESCHWEGE à rocha composta de minério de ferro especular *micáceo*, ferro especular compacto, raramente laminado (Charles Frederick HARTT, *Geologia e Geografia Física do Brasil*, pags. 574/575). O município de Itabirito fica na zona Metalúrgica. Consta de quatro distritos: Itabirito, Acuruí, Bação e São Gonçalo do Monte. (BARBOSA, 1995, p. 156 / TRINDADE, 1945, p. 122).
ESCRITOS DOS VIAJANTES
RICHARD FRANCIS BURTON (1865-1868)
*"Depois de cerca de seis horas seguidas de cavalgada, avistamos **Itabira do Campo**, numa poncheira abaixo de nós. O rio que a divide, correndo de leste para oeste, é atravessado por uma ponte de pedra tolerável. As margens são usadas como terreiro de lavanderia e ficam manchadas de branco com a roupa e de preto com as lavadeiras. Ao sul*

402 Francisco de Assis Carvalho

da freguesia ficam as capelas de Nossa Senhora das Mercês e Bom Jesus de Matozinhos; ao oriente fica o Rosário. No centro da vila estão as matrizes da Boa Viagem e Santa Teresa. As igrejas comportariam toda a população, ainda que dificilmente com conforto. A maior parte das construções está em condições ruinosas". (BURTON, 1983, p. 271).

PESQUISADOR: Francisco de Assis Carvalho
REVISORA: Dick, 2012.

***

238 Topônimo: MORRO VERMELHO
Taxonomia: *Geomorfotopônimo*
Localização: Eixo principal da ER
Caminho: S
MUNICÍPIO: Caeté – MG
ACIDENTE: humano / distrito
ORIGEM: portuguesa
MOTIVAÇÃO: Relacionada ao MORRO DE SANTA CRUZ, que se destaca na paisagem. A escassez de vegetação deixava exposta a rocha de cor avermelhada, que era utilizada como referência por tropeiros do século XVIII.
HISTÓRICO: Morro Vermelho <Distrito de Morro Vermelho > Arraial de Morro Vermelho
Geomorfotopônimo < Poliotopônimo < Poliotopônimo
ESTRUTURA MORFOLÓGICA: NCm [Ssing + ADJ}]
INFORMAÇÕES ENCICLOPÉDICAS: Arraial sobre a margem direita do rio das Velhas. (MATOS, 1981, p. 177). Distrito do município de Caeté que foi criado em 1842. A capela de Morro Vermelho foi elevada à freguesia por lei Nº 2709, de 30 de novembro de 1880. Em MORRO VERMELHO registrou-se um dos primeiros levantes de Minas, em 1715, quando os mineiros descobriram a trama utilizada pelo Governador D. Brás Baltasar da Silveira, para que as câmaras aprovassem o sistema do pagamento dos quintos por bateia. (BARBOSA, 1995, p. 213 / COUTO, 1993, p. 299 / TRINDADE, 1945, p. 210).

ESCRITOS DOS VIAJANTES
GEORGE HEINRICH VON LANGSDORFF (1822-1829)
*"Depois de um bom café da manhã, tomamos o caminho para o **Arraial do Morro Vermelho**, distante uma légua de Cachoeira. O caminho era acidentado em alguns pontos, mas, em geral, muito bom. É uma vila de certa importância, com algumas capelas, situada num vale estreito, cercado de morros por todos os lados. Deve ter entre 70 e 80 casas. O sol estava sufocante. Tendo sido informados de que não encontraríamos, numa distância de 2 léguas, nenhuma casa, nenhuma fonte ou riacho, resolvemos tomar aqui refrescos. Logo adiante das últimas casas da vila, ergue-se um morro vistoso e íngreme, que as mulas só conseguem escalar com muita dificuldade".* (LANGSDORFF, 1997, p. 148-149).

RICHARD FRANCIS BURTON (1865-1868)
*"Em 1715 armou-se e juntou-se em revolta aberta a Vila Nova da Rainha (hoje Caeté) e Vila Real (Sabará). Os revoltados recusavam-se a pagar o quinto do ouro exigido de cada bateia e pediam a remissão do tributo usual, que era somente de 160 libras de metal precioso. Tiveram então a insolência de aparecer diante do governador Dom Brás Baltasar da Silveira, "Ilustríssimo e Excelentíssimo", e, com excessiva barbaridade – para usar a expressão dele – gritaram em sua nobre orelha: "Viva o povo". **Morro Vermelho** é hoje mero arraial de um comprido e disperso acampamento, com uma feira ou mercado, com uma rua, "defeito geral das aldeias de Minas" formando a estrada real pela qual os viajantes hão de passar. Tem um mínimo de cem casas e um máximo de cento e oitenta. Há duas moradas de sobrado e contei quatro vendas. O povo sofre muito de papeira e o local, de falta de comunicações. Isto prejudica muito a agricultura, a criação de gado e a fundição de ferro. As carroças precisam ir a Morro Velho, via Rio das Pedras, pelas duas pernas de um triângulo muito agudo".* (BURTON, 1983, p. 378).

PESQUISADOR: Francisco de Assis Carvalho
REVISORA: Dick, 2012.

***

239 Topônimo: NOVA LIMA
Taxonomia: *Cronotopônimo/Antropotôponimo*
Localização: Área de influência da ER
Caminho: S
MUNICÍPIO: Nova Lima – MG
ACIDENTE: humano / município
ORIGEM: portuguesa
MOTIVAÇÃO: Homenagem ao filho da terra, ANTÔNIO AUGUSTO DE LIMA. Nasceu na então Congonhas de Sabará, em 5 de abril de 1859,e faleceu no Rio de Janeiro, em 22 de abril de 1934. Foi jornalista, poeta, magistrado, jurista, professor universitário e político brasileiro. Foi Governador de Minas Gerais (1891) e Presidente da Academia Brasileira de Letras (1928). Dentre as suas obras destacam-se: *Símbolos, Poesias, Tiradentes, poesias.*

HISTÓRICO: Nova Lima< Congonhas < Congonhas das Minas de Ouro < Congonhas do Sabará < Nossa Senhora do Pilar das Congonhas < Campos de Congonhas

Cronotopônimo/Antropotopônimo < **Fitotopônimo**< **Fitotopônimo** < **Fitotopônimo** < **Hagiotopônimo**< **Fitotopônimo**

ESTRUTURA MORFOLÓGICA: NCf [ADJsing + Ssing] [apelido de família]

INFORMAÇÕES ENCICLOPÉDICAS: A história de NOVA LIMA remonta ao fim do século XVII, quando o bandeirante paulista Domingos Rodrigues da Fonseca Leme chegou no lugar em busca do ouro existente. A Igreja do Senhor do Bonfim, de 1720, marca o início da ocupação da região. Os mineradores resolveram fixar-se na área que, em 1720, já possuía um número considerável de habitantes. O arraial foi elevado à freguesia, por ato episcopal, em 1748; adquiriu a natureza colativa, por alvará de 16 de janeiro de 1752. O distrito foi criado pela lei provincial Nº 50, de 8 de abril de 1836, com a designação de CONGONHAS DO SABARÁ. Em 1852, quando ainda era simples arraial, foi construído magnífico teatro, na praça principal. A primeira denominação dada ao local foi a de CAMPOS DE CONGONHAS. Com a expansão das faisqueiras, passou a ser conhecido por CONGONHAS DAS MINAS DE OURO (pela quantidade de ouro encontrada na cidade), abrigando a população que trabalhava em diversas minas, como Bela Fama, Cachaça, Vieira e Urubu. (BARBOSA, 1995, p. 224 / COSTA, 1993, p. 309 / MATOS, 1981, p. 162 / TRINDADE, 1945, p. 96).

ESCRITOS DOS VIAJANTES
AUGUSTE FRANÇOIS CESAR PROUVENÇAL DE SAINT-HILAIRE (1816-1822)
"Em um monte elevado, chamado Morro do Marmeleiro, vi vegetação diferente da dos arredores. Era um campo natural composto de ervas, no meio das quais surgiam, de longe em longe, alguns arbustos. Notei belas plantas nessa montanha; mas a chuva impediu-me de colhê-las. À cerca de 3 léguas, na direção S. W. de Sabará, passei pela al-
deia de*Congonhas de Sabará, cabeça de uma paróquia cuja população ascende a 1.390 indivíduos. É ela situada em uma baixada, a 19º20' lat. S., 33º26' long., a 14 léguas de Mariana e 96 léguas do Rio de Janeiro. Sua igreja, isolada como geralmente adota-se neste país, é construída a uma das extremidades de uma praça muito regular, em forma de um longo quadrilátero.* **Congonhas** *deve sua fundação a mineradores atraídos pelo ouro que se encontrava em seus arredores, e sua história é a mesma de tantas outras aldeias. O precioso metal esgotou-se; os trabalhos tornaram-se difíceis e Congonhas atualmente apresenta cadência e abandono".*(SAINT-HILAIRE, 1975, p. 78).

GEORGE GARDNER (1836-1841)
"A mina de Morro Velho está situada a cerca de meia milha ao sudeste do Arraial de **Congonhas de Sabará***. A aldeia, muito irregularmente construída, fica num recôncavo e tem uma população de cerca de dois mil habitantes, que era ainda muito menor antes de começarem os ingleses a explorar as minas das vizinhanças. Há aqui três igrejas, uma das quais nunca foi acabada e está caindo agora em ruínas".*(GARDNER, 1975, p. 222).

RICHARD FRANCIS BURTON (1865-1868)
"Nossa Senhora do Pilar de **Congonhas de Sabará** *(os nomes aqui são compridos, parece que na razão inversa da importância do lugar ou da pessoa nomeada) ainda que muito sonolenta, é passavelmente limpa e apresenta uma tal ou qual aparência de prosperidade. A praça principal tem algumas casas de dois pavimentos, são ornamentadas*

e os dignitários locais deram-se ao trabalho de construir o essencial à vida de uma cidade brasileira: o teatro, decrépito posto que conte apenas cinquenta anos, a matriz, reformada pelo falecido frei Francisco de Coriolano. Esta apresenta uma fachada de três janelas e um frontão encimado por uma cruz. Os campanários têm tetos suíços em rabo de porco nos cantos, voltados para cima, segundo a moda de Macau na China.Congonhas recuperou-se da 'décadence et abandon' em que Saint-Hilaire a encontrou há quarenta e sete anos. Construída pela mineração, caiu com a mineração e pela mineração foi ressuscitada. Em 1830 abrigava 1.390 almas; em 1840 cerca de 2.000, com três igrejas, uma inacabada, em ruínas; em 1847 (Sr. Silva Pinto), 913, não incluindo Morro Velho, está claro; em 1864, 6 eleitores, 211 votantes e 4.000 almas incluindo 1.100 mineiros. Desde aí, por certo, o número não caiu". (BURTON, 1976, p. 281-282).
PESQUISADOR: Francisco de Assis Carvalho
REVISORA: Dick, 2012.

***

240 Topônimo RAPOSOS
Taxonomia: *Antropotopônimo*
Localização: Eixo principal da ER
Caminho: S
MUNICÍPIO: Raposos – MG
ACIDENTE: humano / município
ORIGEM: portuguesa
MOTIVAÇÃO: Alusiva ao bandeirante ANTÔNIO RAPOSO TAVARES.
HISTÓRICO: Raposos < Nossa Senhora da Conceição de Raposos< Arraial de Raposos
Antropotopônimo < Hagiotopônimo < Poliotopônimo
ESTRUTURA MORFOLÓGICA: Nm [Spl] [apelido de família]
INFORMAÇÕES ENCICLOPÉDICAS: A história de RAPOSOS guarda profundas ligações com a história da mineração. Ela teve seu início em princípios de 1690, quando a capitania de Minas Gerais ainda não existia. Arthur de Sá Meneses, governador-geral das Capitanias do Rio de Janeiro, São Paulo e Minas, designou Pedro de Morais Rapôso para descobrir ouro e pedras preciosas nos sertões de Minas, região dos índios Cataguás. Ele trouxe consigo muitos membros de sua família, vários amigos e todos aqueles que ambicionavam as riquezas do ouro e não tinham medo do desconhecido ou dos índios. Eles entraram pela região de Sabarabuçu e, seguindo o caminho de Paes Leme, acompanhando o leito do Rio *Guaicuy* (atual Rio das Velhas), encontraram o lugar ideal para garimpar e faiscar ouro na confluência de um volumoso ribeirão (atual Ribeirão da Prata). A terra era fértil e o ouro era encontrado em aluvião, então fundou-se o ARRAIAL DOS RAPOSOS, onde eles começaram a semear os gêneros de subsistência. O Rio *Guaicuy*, que orientou a penetração dos bandeirantes, era navegável e se tornou fundamental para o escoamento dos produtos; sendo assim, o ARRAIAL DOS RAPOSOS passou a abastecer os lugarejos e povoados em redor. Ergueu-se uma pequena ermida de pau-a-pique que foi consagrada como capela de Nossa Senhora da Conceição, no dia 8 de dezembro de 1690. *"Arraial situado 16 léguas distante de Ouro Preto e noventa e três do Rio de Janeiro. Tem Igreja Paroquial, a mais antiga de Minas".* (MATOS, 1981, p. 162). Conforme o Cônego Trindade *"A freguesia de N. Sr.ª da Conceição de Raposos julga-se ter sido erigida por todo o ano de 1690; e é tradição ser a primeira de Minas Gerais"* (BARBOSA, 1995, p. 278 / COSTA, 1993, p. 343 / TRINDADE, 1945, p. 245).
ESCRITOS DOS VIAJANTES
GEORGE GARDNER (1836-1841)
*"Era minha intenção voltar a Gongo Soco pelo caminho por onde viera; mas na véspera da partida chegou a Morro Velho informação de que tinha ruído a ponte de madeira sobre o Rio das Velhas, em **Raposos**. Fomos por isso obrigados a voltar via Sabará, o que aumentou de cerca de duas léguas nossa jornada".* (GARDNER, 1975, p. 226).
PESQUISADOR: Francisco de Assis Carvalho
REVISORA: Dick, 2012.

***

241 Topônimo: RIO ACIMA
Taxonomia: *Hidrotopônimo*
Localização: Eixo principal da ER
Caminho: S
MUNICÍPIO: Rio Acima
ACIDENTE: humano / município
ORIGEM: portuguesa
MOTIVAÇÃO: Localização no rio Santo Antônio.
HISTÓRICO: Rio Acima < Santo Antônio do Rio Acima
Hidrotopônimo < Hagiotopônimo
ESTRUTURA MORFOLÓGICA: NCm [Ssing + ADV]
INFORMAÇÕES ENCICLOPÉDICAS: Povoado de bandeirantes, mineradores e comerciantes de tropas experimentou tal florescimento em meados do século XVIII. Em 16 de janeiro de 1752, foi a paróquia declarada colativa. Supõem-se que tenha sido construído às margens do rio das Velhas, na foz do córrego hoje chamado Santo Antônio, um acampamento para os viajantes e, de acordo com os costumes da época, uma capela em torno da qual tenha florescido um ARRAIAL. Com a denominação de SANTO ANTÔNIO DO RIO ACIMA encontrou Cônego Trindade a seguinte anotação: *"Consta ter sido erigido em 1736. Foi a paróquia declarada colativa pelo alvará de 16 de janeiro de 1752, tendo tido como primeiro vigário colado o Pe. Luís de Paiva".* (Arquivo Ultramarino, maço de 1714 a 1749, documento cedido por Augusto de Lima Júnior. A lei Nº 843, de 7 de setembro de 1923, reduziu a denominação de Santo Antônio do Rio Acima para RIO ACIMA. A lei Nº 336, de 27 de dezembro de 1948, elevou Rio Acima a município, com território desmembrado do de Nova Lima. Quando ainda arraial, recebeu a visita de D. Pedro I e da Imperatriz, por ocasião da viagem do Imperador a Minas. (Rev. I.H.G.B., tomo LX, p. 1º, 344).(BARBOSA, 1995, p. 281 / COSTA, 1993, p. 346 / TRINDADE, 1945, p. 247).
ESCRITOS DOS VIAJANTES: n/e
PESQUISADOR: Francisco de Assis Carvalho
REVISORA: Dick, 2012.

***

242 Topônimo: SABARÁ
Taxonomia: *Litotopônimo*
Localização: Eixo principal da ER
Caminho: S
MUNICÍPIO: Sabará – MG
ACIDENTE: humano / município
ORIGEM: indígena {tupi}
MOTIVAÇÃO: Em *O tupi na geografia nacional*, SAMPAIO (1995, p. 273) define *"Sabará, ant. Tabará de que se fez Tabaraboçu, "como se vê em velhos documentos, Tabará é a forma contracta de Itabaraba, Itaberaba, que é Itá-beraba, a pedra reluzente, o crystal".* Em decorrência, SILVA (1966, p. 289): *"Sá = eçá (olho, olhos) bera = (m) bera (be) (brilhante, fulgente) "os olhos brilhantes ou fulgentes".* Por analogia, disse da "esmeralda". Inclui GREGÓRIO (1980, p. 760) *"Itaberaboçu, Taberaboçu, Sabaraboçu = "pedra grande brilhante". Sabará (idem: forma apocopada)".*
HISTÓRICO: Sabará < Nossa Senhora da Conceição de Sabará < Vila Real de Nossa Senhora da Conceição
Hidrotopônimo<Hagiotopônimo<Poliotopônimo
ESTRUTURA MORFOLÓGICA: Nf [Ssing]
INFORMAÇÕES ENCICLOPÉDICAS: A atual denominação do município e da cidade proveio do rio Sabará que corta para oeste a comuna sabarense, banhando a cidade onde deságua no rio das Velhas. Durante vários anos o nome foi VILA REAL DE NOSSA SENHORA DA CONCEIÇÃO DE SABARABUÇU ou, simplesmente, VILA REAL. O princípio da história de Sabará está ligado à descoberta de ouro na região, então conhecida como Sabarabuçu, em finais do século XVII e a presença de Borba Gato, que ali permaneceu

após a morte de Fernão Dias, e que veio a ser o seu primeiro guarda-mor. Predomina hoje a versão de que quando o bandeirante paulista lá chegou já encontrou uma povoação e que o núcleo urbano por ele criado foi, na verdade, Santo Antônio do Bom Retiro da Roça Grande, que está um pouco antes da entrada de Sabará, do outro lado do rio das Velhas.Tão logo correu a notícia do descobrimento do ouro no famoso rio, paulistas e imigrantes de várias origens, aí se fixaram. Já, em 1701, foi erigida a paróquia, pelo Bispo do Rio de Janeiro, D. Frei Francisco de São Jerônimo, paróquia que foi elevada à categoria de colativa, pelo alvará de 16 de fevereiro de 1724.O governador Antônio de Albuquerque, quando veio às Minas, em 1711, criou a VILA REAL DE NOSSA SENHORA DA CONCEIÇÃO juntamente com as vilas do Ribeirão do Carmo e Vila Rica. E a vila prosperou, tornando-se o grande centro comercial entre as minas do ouro e a Bahia. Sua extensão era enorme, pois limitava-se com a Bahia, com Pernambuco, com Goiás, com Espírito Santo, com Rio de Janeiro. Sabará foi elevada à categoria de cidade, pela lei Nº 93, de 6 de março de 1838. *"Sabará, com suas igrejas, constitui verdadeiro relicário, de extraordinário encantamento. Sabará, além das igrejas, tem seus chafarizes, que merecem ser vistos; tem o seu Teatro, tem o solar do Padre Correia, e tem o seu Museu do Ouro. E tem a alma de Minas Gerais, relicário de nossas mais caras tradições"*. (COSTA, 1993, p. 353 / BARBOSA, 1995, p. 291 / TRINDADE, 1945, p. 60).

ESCRITOS DOS VIAJANTES
MANUEL AIRES DE CASAL (1817)
*"**Vila Real do Sabará**, cabeça da comarca, e residência ordinária do seu Ouvidor, que também serve de Provedor dos defuntos, ausentes, capelas e resíduos, situada junto à margem direita do Rio das Velhas, no lugar onde este recolhe a ribeira, que lhe deu nome, em terreno baixo, rodeado de montes, é grande, florescente, abastada de carne, peixe, e víveres do país; ornada com uma igreja matriz, que tem por padroeira N. Senhora da Conceição, uma capela de N. Senhora do Ó, outro do Rosário com uma numerosa irmandade de pretos, duas ordens terceiras do Carmo e S. Francisco"*. (CASAL, 1976, p. 17).

JOHANN BAPTIST VON SPIX / KARL FRIEDRICH PHILIPP VON MARTIUS (1817-1820)
*"Esta **pequena cidade** está agradavelmente situada entre plantações de bananeiras, num vale formado por pinturescos morros, na encosta de um outeiro baixo, à beira do Rio das Velhas, que tem aqui uns trinta pés de largura, e vai desaguar no Rio São Francisco. Uma ponte de madeira sobre o gracioso rio, leva à vila, que consta de filas espalhadas de moradias bonitas e asseadas, cujas vendas. Bem fornecidas de mercadorias, e ruas em parte bem calçadas, atestam a riqueza dos habitantes. Monta a 800 o número de casas e a 5.000 o dos habitantes. A comarca de **Sabará** é uma das mais importantes das quatro de Minas Gerais, e foi reduzida à metade pela recente instituição da quinta, a comarca de Paracatu. A fundição de ouro daqui produz atualmente maior quantidade de barras de ouro do que qualquer uma das outras três que existem na província, e pode-se avaliar o ouro derretido, em 300.000 até 400.000 florins"*.(SPIX & MARTIUS, 1981, p. 17).

AUGUSTE FRANÇOIS CESAR PROUVENÇAL DE SAINT-HILAIRE (1816-1822)
*"A história de **Sabará** acha-se estreitamente ligada a da descoberta da região das minas; lê-se na biografia de Fernão Dias Pais Leme, a quem se deve essa descoberta, que ele formara 3 estabelecimentos no território de **Sabará** (provavelmente de 1664 a 1677). Não foi ele, entretanto, quem descobriu as ricas jazidas desta zona. Essa boa fortuna estava reservada ao seu genro, Manuel Borba Gato, o qual não deu notícias de suas pesquisas senão após haver vivido uma longa série de aventuras romanescas.Durante alguns anos a **Vila de Sabará** foi rica e florescente. Então seus arredores forneciam ouro em abundância, que se tirava da terra com tanta facilidade, que os habitantes da região dizem que era bastante arrancar um tufo de mato e sacudí-lo para ver surgir pedaços de ouro. Atualmente isso não e mais assim. Lavadas e relavadas mil vezes as terras vizinhas do **Rio**Sabará e do Rio das Velhas nada mais podem dar ao minerador. Todo o mundo afirma, é verdade, que os morros circunvizinhos contêm ainda tesouros imensos; mas para possuí-los é preciso pagar adiantado; é preciso ter escravos e há na região pouca gente suficientemente capaz de se dedicar a empresas tão importantes. Doutro lado, **Sabará** não faz nenhum comércio, sendo mantida apenas por seus tribunais e sua intendência do ouro"*.(SAINT-HILAIRE, 1974, p. 73-74).

JOHN MAWE (1808-1818)
*"O **distrito de Sabará** foi descoberto pelos paulistas em 1690, ou vinte anos antes, conforme algumas narrações. Fundaram a cidade, que é hoje a capital do distrito, exploraram várias minas de ouro dos arredores. Mandavam o produto para a sua terra natal, uso em geral observado com todo o ouro que encontravam; foi o que deu à cidade*

de São Paulo uma fama de riqueza que não merecia, acreditando-se que todo ouro para aí enviado era encontrado nos seus arredores. Alguns anos após a fundação de **Sabará***, a Corte de Lisboa mandou um nobre como governador para submeter os habitantes e obriga-los a pagar um tributo de conformidade com as leis da colônia".* (MAWE, 1978, p. 182).

FRANCIS DE LA PORTE, CONDE DE CASTELNAU (1843-1847)

"A **cidade de Sabará***, da primeira à última casa, tem quase uma légua de comprimento, com uma população de cerca de 4.500 almas. Visitamos a principal igreja da cidade. Ornam-lhe a portada, por fora e em cima, boas esculturas feitas por um aleijado. O interior, que só nos foi possível ver à luz do lampião, é enfeitado de pinturas e esculturas indígenas, muitas das quais não fariam má figura numa igreja europeia. Várias igrejas inacabadas veem-se esparsas nas praças da cidade. Vimos aqui alguns minérios de ouro de incrível riqueza, sabendo ao mesmo tempo que a mina de Taquaral, donde procediam, acabava de ser vendida a uma companhia inglesa, pela importância de 20.000 libras esterlinas e mais 5% da produção".* (CASTELNAU, 2000, p. 106).

HERMANN BURMEISTER (1850-1852)

"A **Vila Real de Sabará** *foi elevada a tal dignidade em 1717. Ao que parece, já existia, como uma espécie de colônia, desde 50 anos atrás, quando, em companhia de seu sogro Fernando Dias Paes, que andava à cata de esmeraldas, Manoel Borba Gato se instalou nesse lugar. O ouro foi então encontrado não só aí, mas em toda a Província de Minas. Nunca, porém, Borba Gato admitiu que o grande número de aventureiros que afluiu a essa região nela entrasse e, quando na impossibilidade de assim proceder, ocultou os lugares onde descobrira o ouro e escondeu suas ferramentas. É que, por ocasião da chegada dos paulistas sob as ordens do intendente real Rodrigo de Castello Branco, surgiu logo uma forte contenda com Borba Gato, que matou aquele funcionário numa briga, fugindo, em seguida, para o rio Doce, onde se instalou no meio dos índios. Em vão tentaram, após, descobrir o ouro; nada acharam. Resolveram então chamar de volta o fugitivo, prometendo-lhe o lugar de fiscal geral, se indicasse os lugares das minas. Borba Gato aceitou a proposta e, para contento de todos, foi descoberta uma grande quantidade do precioso metal, que logo atraiu grande número de forasteiros, fundando-se assim o primeiro povoado, que hoje tem o nome de* **Sabará***".* (BURMEISTER, 1952, p. 223).

GEORGE HEINRICH VON LANGSDORFF (1822-1829)

" **Sabará** *está situada na confluência do riacho com o mesmo nome com o grande rio das Velhas, o principal afluente do rio das Mortes, que vem de São João del Rei. A vila localiza-se num vale estreito, cercado de morros e colinas por todos os lados. O rio das Velhas é abundante em peixes. Embora os montes e colinas não sejam muito rochosos, mas cobertos por terra fértil, quase não se veem jardins ou lavouras de importância. O clima é diferenciado, a temperatura, surpreendente, muito mais quente do que em qualquer outro lugar que já visitamos. A vila parece morta: só se veem mendigos, nenhuma indústria propriamente dita ou produção de alimentos, nenhuma fábrica; só pessoas inativas. Ela deve seu surgimento à lavação do ouro. Ainda hoje, o ouro é explorado nesta comarca, mais do que nas outras, e talvez essa seja a causa da decadência e pobreza da cidade. Um ouvidor, um corregedor, um juiz de fora e alguns funcionários mantêm alguma atividade profissional. Existem aqui muitos cegos".* (LANGSDORFF, 1997, p. 151).

PESQUISADOR: Francisco de Assis Carvalho
REVISORA: Dick, 2012.

Capítulo VI

Análise quantitativa e discussão dos resultados

CONSIDERANDO AS 242 FICHAS LEXICOGRÁFICO-TOPONÍMICAS apresentadas no capítulo V e a sistematização dos dados, efetuamos a análise e a discussão dos resultados, de acordo com os itens que se seguem:

Localização

Os topônimos analisados estão distribuídos nos quatro caminhos que compõem a Estrada Real e, em consonância com o Instituto Estrada Real, (MARQUES, 2009), eles foram classificados em municípios, distritos e logradouros que fazem parte do Eixo Principal da Estrada Real (96) ou Área de Influência da Estrada Real (146), assim distribuídos:

Quadro 26 - Quadro da localização dos municípios, distritos e logradouros da Estrada Real

CAMINHO VELHO	
Aiuruoca	Área de Influência da ER
Alagoa	Área de Influência da ER
Alto Maranhão	Eixo Principal da ER
Andrelândia	Área de Influência da ER
Aparecida	Área de Influência da ER
Arapeí	Área de Influência da ER
Areias	Área de Influência da ER
Baependi	Eixo Principal da ER
Bananal	Área de Influência da ER
Barroso	Área de Influência da ER

Belo Vale	Eixo Principal da ER
Bichinho	Eixo Principal da ER
Cachoeira Paulista	Eixo Principal da ER
Cambuquira	Área de Influência da ER
Campanha	Área de Influência da ER
Canas	Área de Influência da ER
Capela Do Saco	Eixo Principal da ER
Caquende	Eixo Principal da ER
Carmo de Minas	Área de Influência da ER
Carrancas	Eixo Principal da ER
Casa Grande	Eixo Principal da ER
Caxambu	Eixo Principal da ER
Conceição da Barra de Minas	Área de Influência da ER
Conceição do Rio Verde	Área de Influência da ER
Congonhas	Eixo Principal da ER
Coronel Xavier Chaves	Área de Influência da ER
Cristina	Área de Influência da ER
Cruzeiro	Eixo Principal da ER
Cruzília	Área de Influência da ER
Cunha	Eixo Principal da ER
Delfim Moreira	Área de Influência da ER
Desterro de Entre Rios	Área de Influência da ER
Dom Viçoso	Área de Influência da ER
Dores de Campos	Área de Influência da ER
Entre Rio de Minas	Eixo Principal da ER
Guaratinguetá	Eixo Principal da ER
Ibituruna	Área de Influência da ER
Ingaí	Área de Influência da ER
Itamonte	Eixo Principal da ER
Itanhandu	Eixo Principal da ER
Itutinga	Área de Influência da ER
Jeceaba	Área de Influência da ER
Jesuânia	Área de Influência da ER
Lagoa Dourada	Eixo Principal da ER
Lagoinha	Área de Influência da ER
Lambari	Área de Influência da ER
Lavras	Área de Influência da ER

Lavrinhas	Área de Influência da ER
Lobo Leite	Eixo Principal da ER
Lorena	Eixo Principal da ER
Luminárias	Área de Influência da ER
Madre de Deus de Minas	Área de Influência da ER
Maria da Fé	Área de Influência da ER
Marmelópolis	Área de Influência da ER
Minduri	Área de Influência da ER
Moeda	Área de Influência da ER
Nazareno	Área de Influência da ER
Olímpio de Noronha	Área de Influência da ER
Paraty	Eixo Principal da ER
Passa Quatro	Eixo Principal da ER
Passa Tempo	Área de Influência da ER
Pedralva	Área de Influência da ER
Pequeri	Eixo Principal da ER
Piedade do Rio Grande	Área de Influência da ER
Pindamonhangaba	Área de Influência da ER
Piquete	Área de Influência da ER
Potim	Área de Influência da ER
Pouso Alto	Eixo Principal da ER
Prados	Eixo Principal da ER
Queluz	Área de Influência da ER
Resende Costa	Área de Influência da ER
Ritápolis	Área de Influência da ER
Roseira	Área de Influência da ER
Santa Cruz de Minas	Eixo Principal da ER
Santana do Capivari	Eixo Principal da ER
São Brás do Suaçuí	Eixo Principal da ER
São João Del Rei	Eixo Principal da ER
São José do Barreiro	Área de Influência da ER
São Lourenço	Eixo Principal da ER
São Luiz do Paraitinga	Área de Influência da ER
São Sebastião da Vitória	Eixo Principal da ER
São Sebastião do Rio Verde	Eixo Principal da ER
São Tiago	Área de Influência da ER
São Tomé das Letras	Área de Influência da ER

São Vicente de Minas	Área de Influência da ER
Seritinga	Área de Influência da ER
Serranos	Área de Influência da ER
Silveiras	Área de Influência da ER
Soledade de Minas	Área de Influência da ER
Tabuleiro	Área de Influência da ER
Taubaté	Área de Influência da ER
Tiradentes	Eixo Principal da ER
Traituba	Eixo Principal da ER
Tremembé	Área de Influência da ER
Três Corações	Área de Influência da ER
Virgínia	Área de Influência da ER
Wenceslau Braz	Área de Influência da ER

CAMINHO NOVO	
Alfredo Vasconcelos	Eixo Principal da ER
Alto Rio Doce	Área de Influência da ER
Antonio Carlos	Eixo Principal da ER
Areal	Área de Influência da ER
Barbacena	Eixo Principal da ER
Belmiro Braga	Área de Influência da ER
Bias Fortes	Área de Influência da ER
Capela Nova	Área de Influência da ER
Caranaíba	Área de Influência da ER
Carandaí	Eixo Principal da ER
Catas Altas da Noruega	Área de Influência da ER
Chácara	Área de Influência da ER
Chiador	Área de Influência da ER
Cipotânea	Área de Influência da ER
Comendador Levy Gasparian	Área de Influência da ER
Conceição do Ibitipoca	Área de Influência da ER
Conselheiro Lafaiete	Eixo Principal da ER
Coronel Pacheco	Área de Influência da ER
Cristiano Otoni	Eixo Principal da ER
Desterro de Melo	Área de Influência da ER
Diogo de Vasconcelos	Área de Influência da ER
Ewbank da Câmara	Eixo Principal da ER

Ibertioga	Área de Influência da ER
Inconfidência	Eixo Principal da ER
Itaipava	Eixo Principal da ER
Itatiaia	Eixo Principal da ER
Itaverava	Área de Influência da ER
Juiz de Fora	Eixo Principal da ER
Lamim	Área de Influência da ER
Lima Duarte	Área de Influência da ER
Magé	Eixo Principal da ER
Matias Barbosa	Eixo Principal da ER
Mercês	Área de Influência da ER
Monte Serrat	Área de Influência da ER
Olaria	Área de Influência da ER
Oliveira Fortes	Área de Influência da ER
Ouro Branco	Eixo Principal da ER
Paiva	Área de Influência da ER
Paraíba do Sul	Eixo Principal da ER
Pedro do Rio	Eixo Principal da ER
Pedro Teixeira	Área de Influência da ER
Petrópolis	Eixo Principal da ER
Piau	Área de Influência da ER
Piranga	Área de Influência da ER
Presidente Bernardes	Área de Influência da ER
Queima Sangue	Eixo Principal da ER
Queluzito	Eixo Principal da ER
Ressaquinha	Eixo Principal da ER
Rio de Janeiro	Eixo Principal da ER
Rio Espera	Área de Influência da ER
Rio Pomba	Área de Influência da ER
Santa Bárbara do Tugúrio	Área de Influência da ER
Santa Rita de Ibitipoca	Área de Influência da ER
Santana do Deserto	Área de Influência da ER
Santana do Garambéu	Área de Influência da ER
Santana dos Montes	Área de Influência da ER
Santos Dumont	Eixo Principal da ER
Secretário	Área de Influência da ER
Senhora de Oliveira	Área de Influência da ER

Senhora dos Remédios	Área de Influência da ER
Simão Pereira	Área de Influência da ER
Três Rios	Eixo Principal da ER

CAMINHO DOS DIAMANTES	
Acaiaca	Área de Influência da ER
Alvinópolis	Área de Influência da ER
Alvorada de Minas	Eixo Principal da ER
Amarantina	Eixo Principal da ER
Barão de Cocais	Eixo Principal da ER
Barra Longa	Área de Influência da ER
Bela Vista de Minas	Área de Influência da ER
Bento Rodrigues	Eixo Principal da ER
Bom Jesus do Amparo	Área de Influência da ER
Cachoeira do Campo	Eixo Principal da ER
Camargos	Eixo Principal da ER
Capivari	Eixo Principal da ER
Carmésia	Área de Influência da ER
Catas Altas	Eixo Principal da ER
Chapada	Eixo Principal da ER
Cocais	Eixo Principal da ER
Conceição do Mato Dentro	Eixo Principal da ER
Congonhas do Norte	Área de Influência da ER
Córregos	Eixo Principal da ER
Couto de Magalhães de Minas	Área de Influência da ER
Datas	Área de Influência da ER
Diamantina	Eixo Principal da ER
Dom Joaquim	Área de Influência da ER
Dores de Ganhães	Área de Influência da ER
Engenheiro Correia	Eixo Principal da ER
Felício dos Santos	Área de Influência da ER
Ferros	Área de Influência da ER
Glaura	Eixo Principal da ER
Gouveia	Área de Influência da ER
Guanhães	Área de Influência da ER
Ipoema	Área de Influência da ER
Itabira	Área de Influência da ER

Itambé do Mato Dentro	Eixo Principal da ER
Jaboticatubas	Área de Influência da ER
João Monlevade	Área de Influência da ER
Lagoa Santa	Área de Influência da ER
Lavras Nova	Eixo Principal da ER
Mariana	Eixo Principal da ER
Miguel Burnier	Eixo Principal da ER
Milho Verde	Eixo Principal da ER
Monjolos	Área de Influência da ER
Morro da Água Quente	Eixo Principal da ER
Morro do Pilar	Eixo Principal da ER
Nova União	Área de Influência da ER
Ouro Preto	Eixo Principal da ER
Passabém	Área de Influência da ER
Ponte Nova	Área de Influência da ER
Presidente Kubitschek	Área de Influência da ER
Rio Piracicaba	Área de Influência da ER
Sabinópolis	Área de Influência da ER
Santa Bárbara	Eixo Principal da ER
Santa Luzia	Área de Influência da ER
Santa Maria de Itabira	Área de Influência da ER
Santa Rita Durão	Eixo Principal da ER
Santana de Pirapama	Área de Influência da ER
Santana do Riacho	Área de Influência da ER
Santo Antônio do Itambé	Área de Influência da ER
Santo Antônio do Leite	Eixo Principal da ER
Santo Antônio do Norte	Eixo Principal da ER
Santo Antônio do Rio Abaixo	Área de Influência da ER
Santo Hipólito	Área de Influência da ER
São Bartolomeu	Eixo Principal da ER
São Gonçalo do Rio Abaixo	Área de Influência da ER
São Gonçalo do Rio das Pedras	Eixo Principal da ER
São Gonçalo do Rio Preto	Área de Influência da ER
São Sebastião do Rio Preto	Área de Influência da ER
Senhora do Carmo	Área de Influência da ER
Senhora do Porto	Área de Influência da ER
Serra Azul de Minas	Área de Influência da ER

Serro	Eixo Principal da ER
Taquaraçu de Minas	Área de Influência da ER
Três Barras	Eixo Principal da ER
Vau	Eixo Principal da ER

CAMINHO DE SABARABUÇU	
Acuruí	Eixo Principal da ER
Brumadinho	Área de Influência da ER
Caeté	Eixo Principal da ER
Honório Bicalho	Área de Influência da ER
Itabirito	Eixo Principal da ER
Morro Vermelho	Eixo Principal da ER
Nova Lima	Área de Influência da ER
Raposos	Eixo Principal da ER
Rio Acima	Eixo Principal da ER
Sabará	Eixo Principal da ER

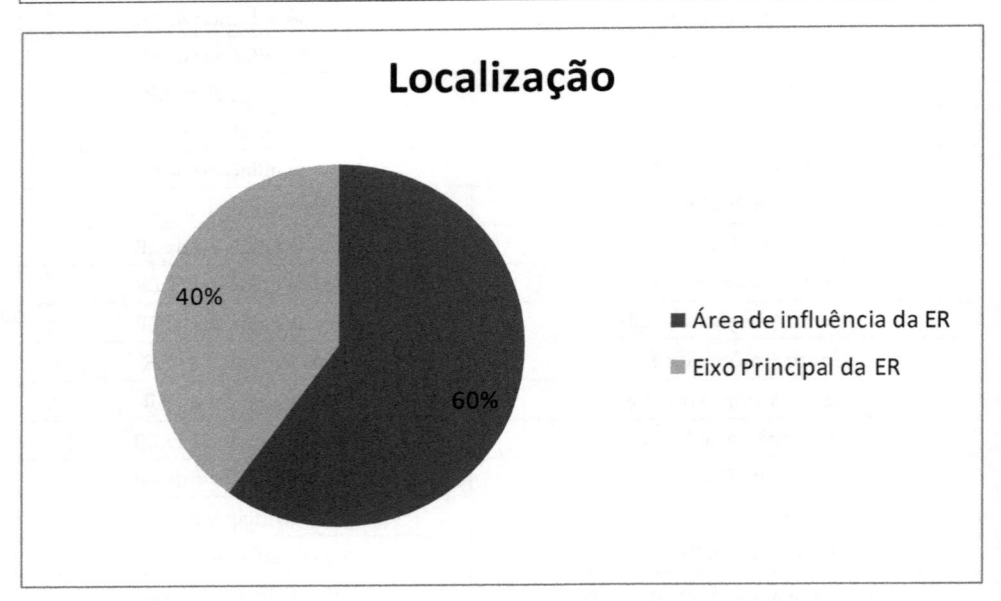

Gráfico 01 – Distribuição da localização dos municípios, distritos e logradouros da ER

Acidentes

Os topônimos analisados fazem referência a uma variada gama de lugares por onde atravessa a Estrada Real e compreendem municípios, distritos e povoados. Tomando como referência os 242 topônimos analisados, estes estão distribuídos em 200 municípios, 37 distritos e 5 povoados, dentro do percentual que pode ser visualizado no gráfico que segue:

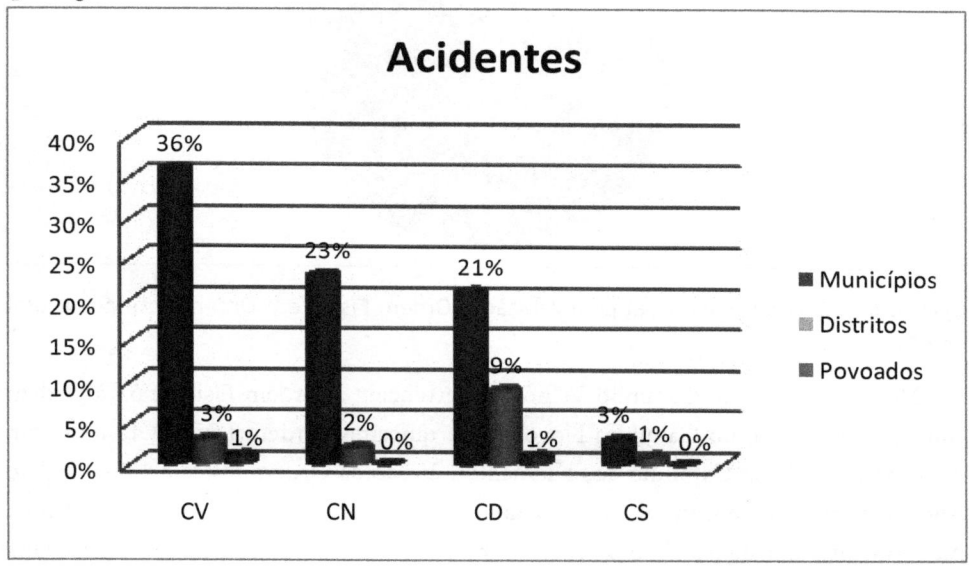

Gráfico 02 - Identificação percentual da distribuição dos topônimos em relação a municípios, distritos e povoados

Taxonomia

Dick estabeleceu uma divisão relacionada à natureza dos topônimos, dividindo-os com relação à Ordem Física e à Ordem Antropocultural. Na Estrada Real predominam os topônimos de Ordem Antropocultural. Ou seja, dos 242 topônimos analisados, 170 são de Ordem Antropocultural e 72 de Ordem Física. De tal maneira que os topônimos de Ordem Antropocultural perfazem o percentual de 70% do total dos nomes analisados, conforme o gráfico a seguir.

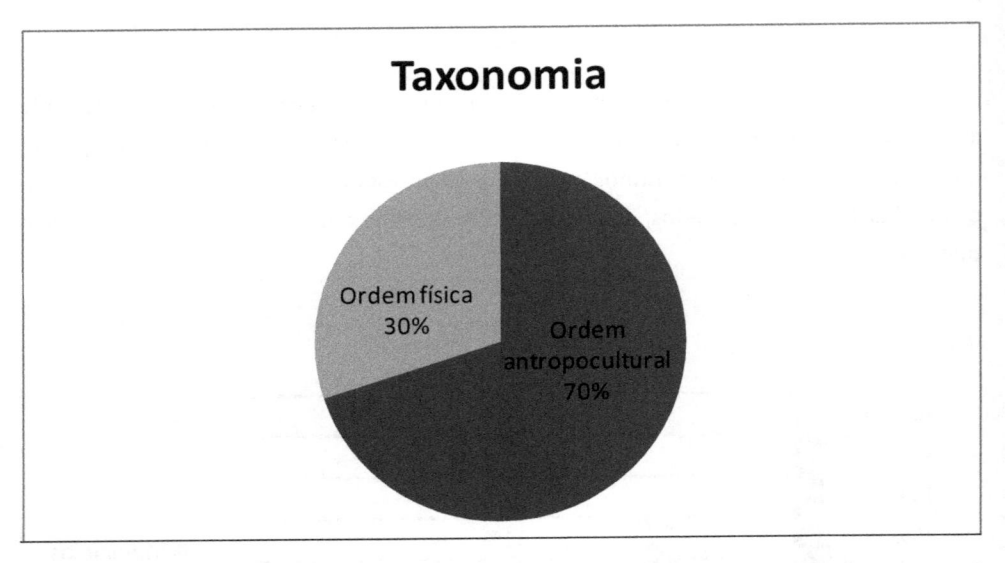

Gráfico 03 - Divisão percentual com relação à Ordem Física e à Ordem Antropocultural da ER

Nos topônimos do Caminho Velho, 32 pertencem à Ordem Física e 65 à Ordem Antropocultural. Já, no Caminho Novo, 20 pertencem à Ordem Física e 42 à Ordem Antropocultural. No Caminho dos Diamantes, 25 são da Ordem Física e 48 da Ordem Antropocultural, e no Caminho de Sabarabuçu, 5 se ligam à Ordem Física e 5 à Ordem Antropocultural. Esta distribuição revela a importância dos aspectos da cultura humana e a sua grande relevância para a consolidação toponímica da região, levando-se em conta o confronto entre as raças e os movimentos econômicos e sociais havidos nos caminhos do ouro.

Dick estabeleceu 27 taxes, sendo 11 pertencentes à Ordem ou Natureza Física e 16 pertencentes à Ordem ou Natureza Antropocultural. A análise e a contagem dos topônimos conduziram aos resultados que se seguem, apresentados inicialmente em cada caminho, e depois no geral:

1 – No Caminho Velho foram classificados 96 topônimos, distribuídos em 7 hidrotopônimos, 2 dimensiotopônimos, 4 litotopônimos, 6 zootopônimos, 7 fitotopônimos, 3 geomorfotopônimos, 13 antropotopônimos, 24 hagiotopônimos, 3 hodotopônimos, 1 animotopônimo, 6 sociotopônimos, 3 hierotopônimos, 3 dirrematopônimos, 1 somatopônimo, 1 ecotopônimo, 4 ergotopônimos, 2 axiotopônimos, 2 corotopônimos, 1 historiotopônimo e 1 numerotopônimo. São de dupla classificação: 1 eco-sociotopônimo, 1 hidro-fitotopônimo, 1 hidro-geomorfotopônimo. O gráfico que segue permite uma visualização percentual desta distribuição:

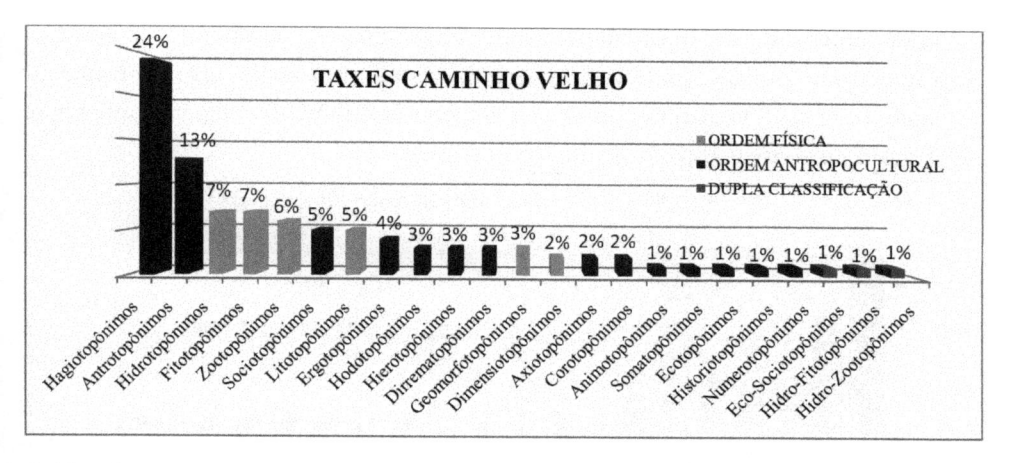

Gráfico 04 - Distribuição percentual taxonômica no Caminho Velho

2 – No Caminho Novo foram classificados 96 topônimos, distribuídos em 7 hidrotopônimos, foram classificados 62 topônimos, distribuídos em 1 dimensiotopônimo, 6 litotopônimos, 2 fitotopônimos, 5 hidrotopônimos, 1 ecotopônimo, 1 meteorotopônimo, 2 zootopônimos, 1 cardinotopônimo, 1 cromototopônimo, 1 hierotopônimo, 2 sociotopônimos, 7 axiotopônimos, 11 hagiotopônimos, 1 historiotopônimo, 1 dirrematopônimo, 1 numerotopônimo, 1 axio-corotopônimo e 17 antropotopônimos. O gráfico que segue permite uma visualização percentual desta distribuição:

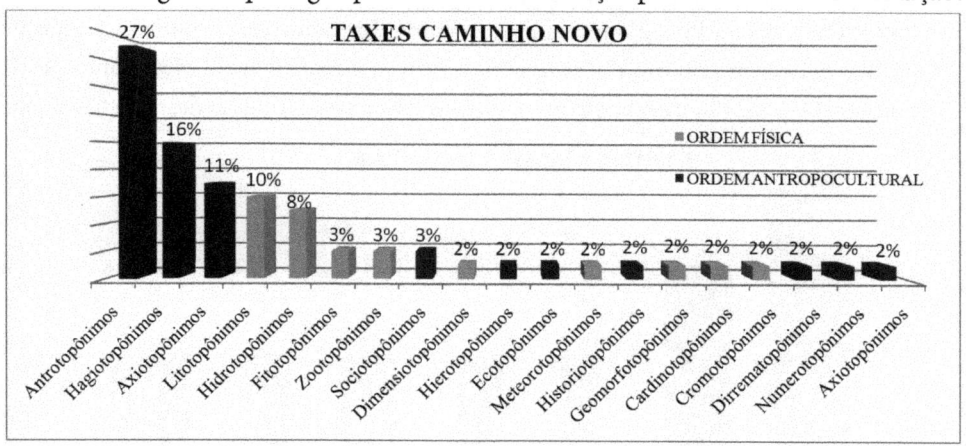

Gráfico 05 - Distribuição percentual taxonômica no Caminho Novo

1– No Caminho dos Diamantes foram classificados 73 topônimos, distribuídos em 4 fitotopônimos, 1 metereotopônimo, 5 geomorfotopônimos, 5 hidrotopônimos, 2 zootopônimos, 4 litotopônimos, 13 antropotopônimos, 1 corotopônimo, 4 axiotopônimos, 1 animotopônimo, 21 hagiotopônimos, 2 sociotopônimos, 2 ergotopônimos, 1 cronotopônimo, 1 dirrematopônimo, 2 hodotopônimos, 1 nume-rotopônimo. Ainda encontramos topônimos com dupla classificação: 1 fito-dimen-siotopônimo, 1 lito-sociotopônimo e 1 antropo-fitotopônimo. O gráfico que segue permite uma visualização percentual desta distribuição:

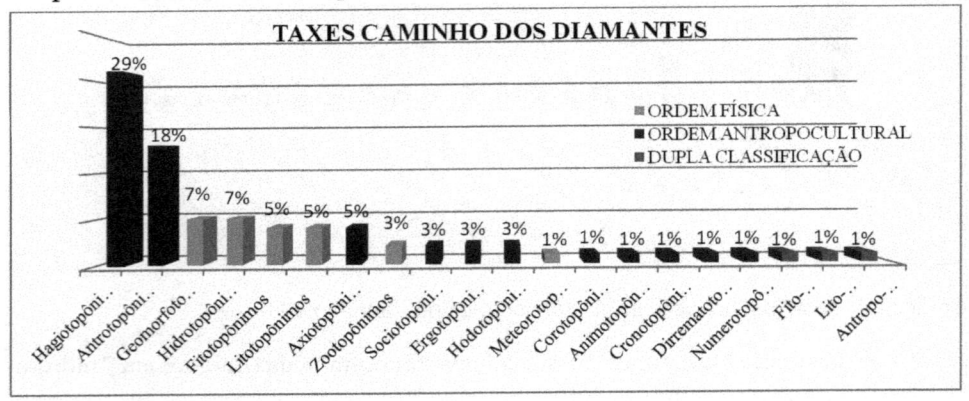

Gráfico 06 - Distribuição percentual taxonômica no Caminho dos Diamantes

Taxes do Caminho dos Diamantes

4 – No Caminho de Sabarabuçu foram classificados 10 topônimos, distribuídos em 3 litotopônimos, 1 hidrotopônimo, 1 fitotopônimo, 1 geomorfotopônimo, 2 antropoto-pônimos, 1 corotopônimo, e, de dupla classificação, encontramos 1 crono-antropoto-pônimo. O gráfico que segue permite uma visualização percentual desta distribuição:

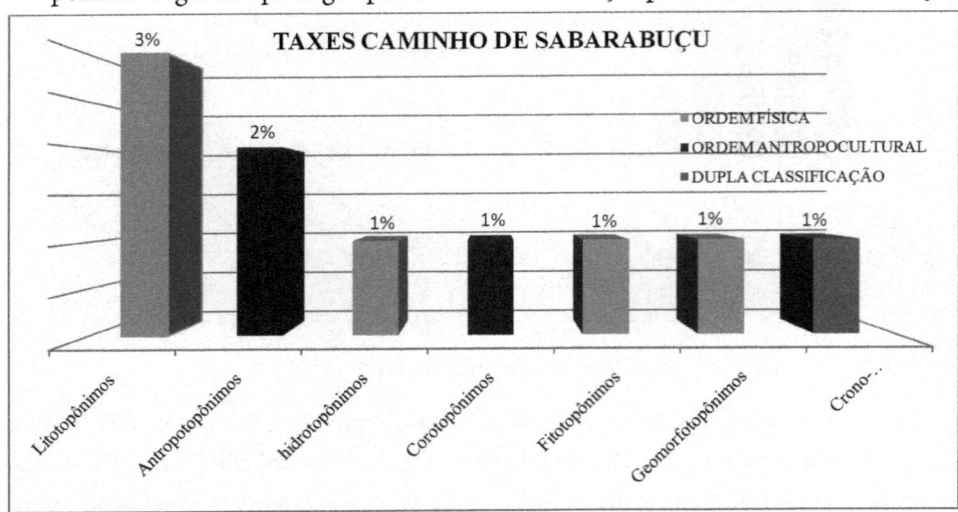

Gráfico 07 - Distribuição percentual taxonômica no Caminho de Sabarabuçu

Em conformidade com os dados arrolados nos gráficos apresentados, constatamos que predominam na Estrada Real os topônimos da Ordem Antropocultural que podem ser de várias taxes. Predominam os hagiotopônimos (23%) e os antropotopônimos (19%) com uma grande abrangência, seguidos dos axiotopônimos (5%) e sociotopônimos (4%) e, em número menor, os ergotopônimos, hodotopônimos, dirrematopônimos, hierotopônimos, numerotopônimos, animotopônimos, ecotopônimos, historiotopônimos, somatotopônimos, corotopônimos e os de dupla classificação. Com relação à Ordem Física, são relevantes os hidrotopônimos (7%) e os litotopônimos (7%), seguidos dos fitotopônimos (6%), geomorfotopônimos (4%), zootopônimos (3%), dimensiotopônimos (2%), e, em número bem menor, os meteorotopônimos, cardinotopônimos e de dupla classificação. Para uma melhor visualização da distribuição das taxes, elaboramos o gráfico seguinte:

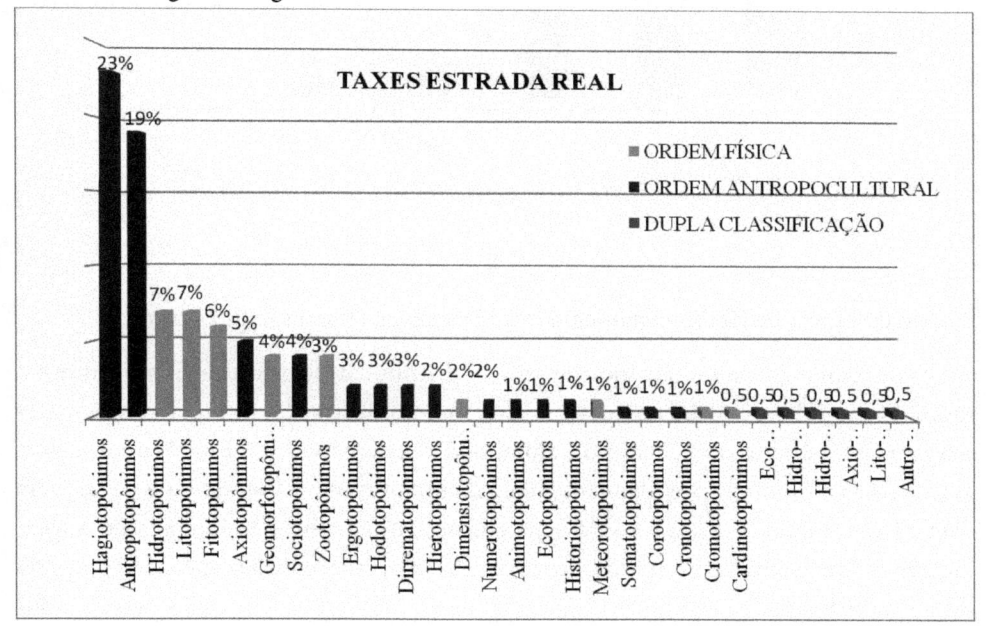

Gráfico 08 - Distribuição numérica das taxes da ER

Após a apresentação dos dados percentuais em cada gráfico, conforme se pode observar, há a predominância dos Hagiotopônimos no Caminho Velho (24 topônimos) e no Caminho dos Diamantes (21 topônimos). Os Antropotopônimos predominam no Caminho Novo (17 topônimos) e no Caminho de Sabarabuçu (3 topônimos). Considerando a soma total, a taxe predominante é a dos Hagiotopônimos (56 topônimos), seguida pela taxe dos Antropotopônimos (com 47 topônimos). Depois, vem a taxe da Ordem Física, os Hidrotopônimos, num total de 20 topônimos.

Origem

Em se tratando da origem dos topônimos analisados, consideramos que o número maior refere-se à procedência portuguesa (75%), seguida de procedência indígena pura e única, num total percentual bem menor (19%). Constatamos também a existência de topônimos de origem portuguesa/indígena (4%). Os topônimos africanos são inexpressivos (1%), bem como os de origem portuguesa/africana (1%). Há apenas uma ocorrência toponímica de origem espanhola (0,5%). Isso pode ser visualizado no gráfico que segue:

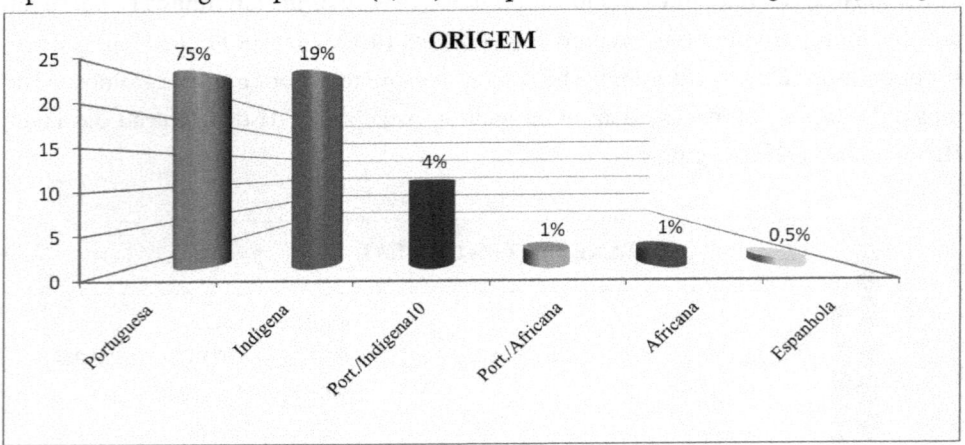

Gráfico 09 - Caracterização numérica dos topônimos da ER em relação à origem

Os topônimos de origem portuguesa se distribuem de maneira homogênea em todos os caminhos, considerando a sua alta predominância. O caminho com o maior número de topônimos indígenas é o Caminho Velho, num total de 22 topônimos, em seguida temos o Caminho dos Diamantes com 13 topônimos e o Caminho Novo também com 12 topônimos. O Caminho de Sabarabuçu tem também 4 topônimos de origem indígena. Com relação à toponímia de origem africana, identificamos apenas três topônimos: Caxambu (CV) e Monjolos (CD) e Caquende (CV). Todavia, ainda identificamos dentro das denominações anteriores alguns topônimos de origem africana, tais como: Dores de Quilombo e Quilombo em Bias Fortes (CN). A única ocorrência de origem espanhola é Mont Serrat (CN).

Motivação

Ao longo da história da ocupação territorial das regiões que formam a Estrada Real, diversos tipos de contatos culturais ocorreram e fizeram gerar uma realidade linguística que reflete essas marcas. É assim que podemos perceber dentro da memória toponímica ocorrências das culturas portuguesa, indígena, africana e estrangeira. De acordo com os estudos efetuados, encontramos dentro da análise toponímica essa pluralidade de influências que pode ser melhor compreendida em conformidade com a classificação taxonômica que foi apresentada.

Religiosa

A motivação da colonização portuguesa confunde-se com a religiosidade do colonizador que deixou impregnado nos topônimos a marca da sua religiosidade. É relevante a influência da religião católica, a religião do colonizador, na nomenclatura da maioria dos lugares. O fervor missionário fez construir igrejas e missões com nomes tirados do almanaque católico para nomear os lugares, tais como: Sant'Ana da Paraíba Nova < São Miguel de Areias (Areias), Santana do Barroso (Barroso), São Gonçalo da Ponte (Belo Vale), São Sebastião de Cambuquira (Cambuquira), São Cipriano < Santo Antonio do Vale da Piedade do Rio Verde (Campanha), Espírito Santo do Cumquibus (Cristina), São Sebastião da Encruzilhada (Cruzília), Vila de Santo Antônio de Guaratinguetá (Guaratinguetá), São Gonçalo do Ibituruna (Ibituruna), Santo Antônio da Lagoa Dourada (Lagoa Dourada), Santana das Lavras do Funil (Lavras), São Francisco de Paula dos Pinheiros (Lavrinhas), São Caetano da Moeda (Moeda), São Sebastião dos Campos (Olímpio de Noronha), São Pedro do Pequeri (Pequeri), São Miguel do Piquete (Piquete), São José de Pindamonhangaba (Pindamonhangaba), Freguesia de São João Batista de Queluz (Queluz), Santana do Capivari, São Brás do Suaçuí, São João Del Rei, São Lourenço, São José do Barreiro, São Luiz e Santo Antonio do Paraitinga (São Luiz do Paraitinga), São Sebastião do Rio Verde, São Tiago, São Francisco das Chagas de Taubaté (Taubaté), São Tomé das Letras, São Vicente Férrer (São Vicente de Minas), São José del-Rei, Santo Antônio (Tiradentes), Arraial do Senhor Bom Jesus de Tremembé (Tremembé), São Sebastião da Vitória, Sagrados Corações de Jesus, Maria e José da Real Passagem do Rio Verde, (Três Corações) e Santa Cruz de Minas.

Vale lembrar que, na reconstituição histórica da atual nomenclatura, a grande maioria dos nomes teve a religião católica como primeira motivação. Alguns foram totalmente modificados, outros reduzidos e muitos permaneceram com a denominação antiga. Muitas vezes é o complemento formado pelo nome de um rio, um monte, um acidente geográfico que se juntou ao hagiotopônimo, como podemos perceber: Santo Antônio do Rio Abaixo, Piedade do Rio Grande, Santana do Riacho, Conceição do Mato Dentro, ou mesmo Santuário do Caraça. Há ainda nomes que foram classificados como hierotopônimos: Capela do Saco, Capela Nova, Povoado da Capela do Senhor Jesus da Cana Verde de Ribeirão de Potim (Potim) e axiotopônimos com títulos católicos: Dom Joaquim, Dom Viçoso.

Ao longo dos caminhos da Estrada Real podem ser encontradas capelas e igrejas coloniais com abundância, significando padrões de posse em nome do Império e "garantia de domínio sobre índios, franceses, holandeses e quilombolas." (SODERO, 2009, p. 86). Com a finalidade de melhor explicitar a influência da religião católica na constituição toponímica da Estrada Real, traçamos o quadro seguinte que mostra a procedência do topônimo e a sua configuração atual:

Quadro 27 -Histórico da hagiotoponímia na Estrada Real

TOPÔNIMOS QUE PERDERAM A MOTIVAÇÃO RELIGIOSA			
PERÍODO	ANO	NOME DE ORIGEM	NOME ATUAL
SEISCENTOS	1690	N. S. da Conceição de Raposos	Raposos
	1667	Vila de N. S. dos Remédios de Paraty	Paraty
SETECENTOS	1791	N. S. da Piedade da Borda do Campo	Barbacena
	1785	Vila de N. S. da Conceição de Cunha	Cunha
	1714	N. S. Madre de Deus de Roças Novas	Caeté
	1778	N. S. da Conceição do Rio Grande	Carrancas
	1718	Arraial Velho de Santo Antônio / Vila de São José do Rio das Mortes	Tiradentes
	1724	Santo Antônio do Pirapetinga	Piranga
	1716	N. S. da Conceição dos Prados	Prados
	1767	S. Manuel do Pomba	Rio Pomba
	1711	N. S. da Conceição de Sabará	Sabará
	1718	Sagrados Corações de Jesus, Maria e José da Real Passagem do Rio Verde	Três Corações
	1724	S. Gonçalo do Monte	Itabirito
	1726	S. Antônio da Itaverava	Itaverava
	1711	N. S. da Conceição do Ribeirão do Carmo	Mariana
	1724	Santo Antônio do Ouro Branco	Ouro Branco
	1790	N. S. da Conceição do Campo Alegre dos Carijós	Conselheiro Lafaiete
OITOCENTOS	1844	S. Gonçalo do Ubá	Acaiaca
	1836	São Domingos	Alto Rio Doce
	1832	N. S. do Rosário de Paulo Moreira	Alvinópolis
	1835	N. S. da Conceição do Porto da Salvação	Andrelândia
	1886	S. Sebastião de Campo Lide	Antônio Carlos
	1841	S. José da Barra do Gualaxo	Barra Longa

1874	Santana do Barroso	Barroso
1857	S. J. do Rio Preto	Belmiro Braga
1850	S. Gonçalo da Ponte	Belo Vale
1872	S. Sebastião de Cambuquira	Cambuquira
1882	Santana do Carandaí	Carandaí
1874	N. S. da Penha Longa	Chiador
1890	Distrito de N. S. da Conceição Bemposta	Três Rios
1857	São Miguel de Areias	Areias
1876	Santo Antônio do Porto da Cachoeira	Cachoeira Paulista
1873	São Sebastião da Chácara	Chácara
1858	São Pedro de Alcântara	Simão Pereira
1883	Rosário do Pontel	Ponte Nova
1868	N. S. da Conceição do Pouso Alto	Pouso Alto
1836	N. S. da Penha de França	Resende Costa
1890	Santo Antônio do Rio Acima	Rio Acima
1850	N. S. da Piedade da Boa Esperança	Rio Espera
1839	S. Miguel do Piracicaba	Rio Piracicaba
1883	S. Francisco Xavier	Coronel Xavier Chaves
1883	S. Caetano	Cristiano Otoni
1841	Espírito Santo do Cumquibus	Cristina
1839	Espírito Santo das Datas	Datas
1832	Santa Rita do Rio do Peixe / Santo Antônio da Fortaleza	Ferros
1838	Santo Antônio do Gouveia	Gouveia
1855	N. S. da Conceição de Matias Barbosa	Matias Barbosa
1819	N. S. do Pilar	Morro Do Pilar
1836	N. S. do Pilar das Congonhas	Nova Lima
1836	Santo Antônio da Bertioga	Ibertioga
1833	Senhora do Carmo	Itabira
1839	São José do Picu	Itamonte
1844	Santo Antônio da Ponte Nova	Itutinga
1841	São José de Almeida	Jabuticatubas
1850	Santo Antônio do Paraibuna	Juiz De Fora
1890	Santo Antônio da Lagoa Dourada	Lagoa Dourada
1839	N. S. das Dores do Rio do Peixe	Lima Duarte

1852	Santa Rita do Rio Abaixo	Ritápolis
1841	São Bom Jesus da Cana Verde	Tabuleiro
1872	Santo Antônio da Olaria	Olaria
1836	Santana do Livramento	Oliveira Fortes
1832	São Sebastião do Capituba	Pedralva
1890	São Pedro do Pequeri	Pequeri
NOVECENTOS	1938	São José do Passabém	Passabém
1911	Espirito Santo do Piau	Piau
1948	Santa Catarina	Olímpio de Noronha
1903	Santo Antônio de Guanhães	Guanhães
1923	São Gonçalo de Ibituruna	Ibituruna
1953	N. S. de Oliveira	Itambé do Mato Dentro
1928	São Domingos	Diogo de Vasconcelos
1911	N. S. do Rosário de Dom Viçoso	Dom Viçoso
1928	Dores do Quilombo	Bias Fortes
1938	São Caetano do Xopotó	Cipotânea
1962	Santo Antônio do Rio do Peixe	Alvorada de Minas
1943	São João Batista do Morro Grande	Barão de Cocais
1911	Bom Sucesso dos Serranos	Serranos
1962	Santíssimo Sacramento do Taquaraçu	Taquaraçu de Minas
1953	Santo Antônio do Calambau	Presidente Bernardes
1962	Santo Amaro	Queluzito

TOPÔNIMOS QUE CONSERVARAM A MOTIVAÇÃO RELIGIOSA		
PERÍODO	ANO	NOME
SETECENTOS	1778	Capela do Saco
	1724	Santa Bárbara
	1701	Santa Luzia
	1711	Santo Antônio do Leite
	1788	Santo Antônio do Rio Abaixo
	1711	São Bartolomeu
	1728	São Brás do Suaçuí
	1714	São Gonçalo do Rio das Pedras
	1769	São Gonçalo do Rio Preto

	1713	São João Del Rei
	1713	São Sebastião da Vitória
	1770	São Tomé das Letras
OITOCENTOS	1842	Bom Jesus do Amparo
	1841	Cristina
	1846	Cruzeiro
	1865	Virgínia
	1841	Carmo de Minas
	1839	Conceição do Ibitipoca
	1840	Conceição do Mato Dentro
	1839	Conceição do Rio Verde
	1841	Desterro de Entre Rios
	1836	Desterro de Melo
	1890	Dores de Campos
	1854	Dores de Ganhães
	1882	Santa Bárbara do Tugúrio
	1839	Santa Rita de Ibitipoca
	1868	Santana do Capivari
	1858	Santana do Deserto
	1836	Santana do Garambéu
	1844	Santana do Riacho
	1848	Santana dos Montes
	1841	Santo Antônio do Itambé
	1840	Santo Antônio do Norte
	1884	São Lourenço
	1830	São Sebastião do Rio Preto
	1802	São Tiago
	1833	Senhora do Carmo
NOVECENTOS	1938	Senhora do Porto
	1953	Senhora dos Remédios
	1938	Capela Nova
	1938	Dom Joaquim
	1911	Dom Viçoso
	1953	Piedade do Rio Grande
	1962	Santa Cruz de Minas
	1923	Carmésia
	1962	Conceição da Barra de Minas

1943	Jesuânia
1953	Madre de Deus de Minas
1911	Mercês
1943	Nazareno
1938	Santa Maria de Itabira
1948	Santana de Pirapama
1923	Santo Hipólito
1953	São Sebastião do Rio Verde
1938	São Vicente de Minas
1953	Senhora de Oliveira

TOPÔNIMOS QUE CONSERVARAM A MOTIVAÇÃO RELIGIOSA		
PERÍODO	ANO	NOME
SETECENTOS	1778	Capela do Saco
	1724	Santa Bárbara
	1701	Santa Luzia
	1711	Santo Antônio do Leite
	1788	Santo Antônio do Rio Abaixo
	1711	São Bartolomeu
	1728	São Brás do Suaçuí
	1714	São Gonçalo do Rio das Pedras
	1769	São Gonçalo do Rio Preto
	1713	São João Del Rei
	1713	São Sebastião da Vitória
	1770	São Tomé das Letras
OITOCENTOS	1842	Bom Jesus do Amparo
	1841	Cristina
	1846	Cruzeiro
	1865	Virgínia
	1841	Carmo de Minas
	1839	Conceição do Ibitipoca
	1840	Conceição do Mato Dentro
	1839	Conceição do Rio Verde
	1841	Desterro de Entre Rios
	1836	Desterro de Melo
	1890	Dores de Campos
	1854	Dores de Ganhães
	1882	Santa Bárbara do Tugúrio

	1839	Santa Rita de Ibitipoca
	1868	Santana do Capivari
	1858	Santana do Deserto
	1836	Santana do Garambéu
	1844	Santana do Riacho
	1848	Santana dos Montes
	1841	Santo Antônio do Itambé
	1840	Santo Antônio do Norte
	1884	São Lourenço
	1830	São Sebastião do Rio Preto
	1802	São Tiago
	1833	Senhora do Carmo
NOVECENTOS	1938	Senhora do Porto
	1953	Senhora dos Remédios
	1938	Capela Nova
	1938	Dom Joaquim
	1911	Dom Viçoso
	1953	Piedade do Rio Grande
	1962	Santa Cruz de Minas
	1923	Carmésia
	1962	Conceição da Barra de Minas
	1943	Jesuânia
	1953	Madre de Deus de Minas
	1911	Mercês
	1943	Nazareno
	1938	Santa Maria de Itabira
	1948	Santana de Pirapama
	1923	Santo Hipólito
	1953	São Sebastião do Rio Verde
	1938	São Vicente de Minas
	1953	Senhora de Oliveira

Tendo em vista o quadro apresentado, podemos perceber que a secularização progressiva com as leis de alterações toponímicas dos municípios brasileiros aboliu, em grande escala, nomes religiosos, de um tipo mais solene. A maioria dos topônimos perdeu a identidade católica primitiva, numa opção bem clara por uma designação mais breve e desvinculada da religiosidade. Entretanto, não obstante às legislações de cunho "positivista" que mudaram os nomes dos municípios, alguns topônimos resistiram às mudanças e ainda hoje preservam essa religiosidade com os nomes de Santos e de Nossa Senhora.

Há uma abundância de topônimos que manifestam a devoção para com Nossa Senhora. O incentivo a essa devoção, com a oração do Rosário, foram armas usadas pela Contrarreforma, buscando restabelecer um elemento de contemplação interior nas orações dos fiéis. Dentro de uma visão diacrônica encontramos, na Estrada Real, os seguintes "títulos" de Nossa Senhora que foram ou são topônimos: Aparecida, Nossa Senhora do Rosário da Alagoa de Aiuruoca (Alagoa), Nossa Senhora do Porto do Turvo (Andrelândia), Carmo do Rio Verde (Carmo de Minas), Nossa Senhora da Conceição de Carrancas (Carrancas), Capela de Nossa Senhora da Conceição do Porto do Saco (Capela do Saco), Nossa Senhora da Conceição da Barra de Minas (Conceição da Barra de Minas), Nossa Senhora da Conceição do Rio Verde (Conceição do Rio Verde), Freguesia de Nossa Senhora da Conceição do Embaú (Cruzeiro), Nossa Senhora da Conceição do Facão (Cunha), Nossa Senhora do Desterro de Entre Rios (Desterro de Entre Rios), Dores de Campos, Vila de Nossa Senhora da Conceição de Lagoinha (Lagoinha), Madre de Deus de Minas, Nossa Senhora de Nazaré (Nazareno), Nossa Senhora dos Remédios de Paraty (Paraty), Nossa Senhora da Piedade do Rio Grande (Piedade do Rio Grande), Nossa Senhora da Conceição do Pouso Alto (Pouso Alto), Nossa Senhora da Conceição dos Prados (Prados), Nossa Senhora da Penha de França do Arraial da Laje (Resende Costa), Arraial Novo de Nossa Senhora do Pilar (São João Del Rei), Bom Sucesso dos Serranos (Serranos), Soledade de Minas, Virgínia, Nossa Senhora da Soledade (Lobo Leite), Nossa Senhora da Piedade (Lorena), Carmo das Luminárias (Luminárias).

O Hagiotopônimo mais frequente, tanto no passado quanto no presente, é o de *Nossa Senhora da Conceição*. Conforme o *Sanctorum* colonial, o culto a Nossa Senhora da Conceição intensificou-se depois de 1646. Dom João IV, rei de Portugal, em fins de 1645, prestou solene juramento aclamando e postulando sua devoção aos súditos de todo o Império Lusitano. A festa da Conceição tornou-se obrigatória e, desde 1671, o Papa Clemente X aclamou-a "Padroeira do Reino Português". (FURTADO, 1966, p. 8).

Com referência aos nomes de santos, os hagiotopônimos que têm maior relevância nas ocorrências são os seguintes: São José, São Sebastião, Santo Antônio e São Gonçalo. *São José:* o seu culto foi incentivado pelo Papa Pio IX após o Concílio de Trento. Em várias igrejas da ER existem imagens de "São José de Botas". O santo usa botas de cavaleiro em vez de sandálias tradicionais. É o São José viajante e peregrino. (MEGALE, 2003, p. 144). *São Sebastião:* também trazido no início da colonização, é um santo historicamente ligado ao Império Romano. Pertencia à guarda pessoal do Imperador Diocleciano. Tornou-se cristão e foi executado, preso a uma árvore. Protetor dos soldados, encontra-se relacionado com o rei português Dom Sebastião. Em 1567, na batalha final contra os franceses, na baía da Guanabara, foi visto lutando com os portugueses e mamelucos. *Santo Antonio:* é chamado de "Santo de Lisboa ou de Pádua", o segundo da Ordem Franciscana no século XIII – o santo mais popular porque é padroeiro de Portugal, guardião das coisas perdidas, objetos e afetos. Foi trazido nos primeiros tempos pelo colonizador português. São Gonçalo: nasceu em fins do século XII em Tágide, freguesia de São Salvador, arcebispado de Braga. Com muitos milagres, Deus glorificou o túmulo do seu fiel servo, sendo ele até hoje muito venerado pelo povo católico português. O Papa Júlio III, em 16 de setembro de 1561, aprovou o culto do bem-aventurado para todo o reino lusitano.

Indígena

Como vimos na parte I deste trabalho, Capítulo I, o tupi padronizado recebeu uma variante que foi denominada de NHEENGATU ("língua boa"). É também chamado de *Abanheenga* ("gente de língua ruím"). A atuação dos Bandeirantes e o surgimento dos Mamelucos foram fundamentais para a difusão do Tupi-Guarani, que era chamado de *Língua Geral*. Em consequência, todas as regiões penetradas pelas bandeiras receberam nomes tupis como designativos de lugares, ainda que nelas jamais tivesse existido uma tribo de raça tupi. De acordo com os estudos empreendidos, nas regiões da Estrada Real, as designações indígenas, quase todas, tiveram essa procedência, ou seja, foram topônimos dados conforme a interpretação dos bandeirantes. Entretanto, nem sempre é possível explicar o sentido de todos os nomes geográficos de origem tupi, porque muitos deles foram adulterados.

O levantamento toponímico da Estrada Real revela marcas dos povos indígenas que habitaram essas regiões, ou que nelas pisaram como desbravadores do Sertão, sobretudo nas denominações motivadas pelas montanhas, águas e plantas. À medida em que as regiões eram descobertas, recebiam um nome tupi. Diogo de Vasconcelos (1904, p. 84) salienta que a designação toponímica indígena em Minas Gerais foi feita majoritariamente pelos invasores e não pelos indígenas habitantes, salvo em algumas exceções. Muitas vezes as populações indígenas não demoravam nas regiões o tempo suficiente para perpetuar "o nome de seus efêmeros reinos." Admiravelmente "plasmáveis", os termos indígenas prestavam-se a palavras compostas, que descreviam os lugares segundo os acidentes mais notáveis, como foram as serras e rios. A memória da toponímia indígena pode ser encontrada na Estrada Real nos seguintes nomes de procedência indígena que, como vimos, corresponde a 4,5% do total:

Quadro 28 – Descrição da motivação dos topônimos indígenas

Acaiaca	Fitotopônimo
Acuruí	Hidrotopônimo
Aiuruoca	Ecotopônimo
Arapeí	Hidrotopônimo
Baependi	Hodotopônimo
Bananal	Hidrotopônimo
Caeté	Fitotopônimo
Cambuquira	Fitotopônimo
Capivari	Zootopônimo
Caranaíba	Fitotopônimo
Carandaí	Hidrotopônimo
Conceição do Ibitipoca	Hagiotopônimo
Congonhas	Fitotopônimo
Congonhas do Norte	Fitotopônimo
Dores de Guanhães (Portuguesa / Indígena)	Hagiotopônimo < Hagiotopônimo
Guanhães	Antropotopônimo
Guaratinguetá	Zootopônimo
Ibertioga	Zootopônimo
Ibituruna	Geomorfotopônimo
Ingaí	Fitotopônimo
Ipoema	Zootopônimo
Itabira	Litotopônimo
Itabirito	Litotopônimo
Itaipava	Litotopônimo
Itambé do Mato Dentro	Litotopônimo
Itamonte	Litotoponimo
Itanhandu	Litotopônimo
Itatiaia	Litotopônimo
Itaverava	Litotopônimo
Itutinga	Hidrotopônimo
Jaboticatubas	Fitotopônimo
Jeceaba	Hidrotopônimo
Lambari	Zootopônimo
Magé	Axiotopônimo
Minduri	Zootopônimo

Paraíba do Sul	Cardinotopônimo
Paraty	Zootopônimo
Pequeri	Hidrotopônimo
Pindamonhangaba	Ergotopônimo
Piau	Zootopônimo
Piranga	Cromotopônimo
Potim	Zootopônimo
Rio Piracicaba	Hidrotopônimo
Sabará	Litotopônimo
Santa Maria de Itabira (Port./ Ind.)	Hagiotopônimo / Litotopônimo
Santa Rita de Ibitipoca (Port./ Ind.)	Hagiotopônimo / Litotopônimo
Santana de Pirapama (Port./ Ind.)	Hagiotopônimo / Zootopônimo

Em nosso estudo constatamos que a quantidade de topônimos de origem indígena é muito significativa no panorama da Estrada Real. A toponímia indígena, quase sempre, é de Ordem Física e guarda marcas dos aspectos físico-naturais, como flora, fauna, hidrografia e orografia. Encontramos nas taxes da toponímia indígena um número expressivo de hidrotopônimos, fitotopônimos, litotopônimos e zootopônimos. Isso se justifica por causa da profunda importância da natureza para o homem, que dela necessita para se alimentar e sobreviver. A motivação das taxes é bastante variada, já que nas regiões que habitavam os indígenas ou que passaram os bandeirantes, existia uma imensa paisagem verde e um sertão a ser desbravado. Dentro da língua tupi, o elemento de origem indígena concorre com inúmeras formações que ampliam o quadro dos litotopônimos no Brasil (DICK, 1990, 9. 143) como o itá, cujo significado primitivo é pedra, dentro da fase primitiva da "Língua Geral". Em língua tupi-guarani, "yta" (itá) significa "pedra". Pedra essa que "itá", só por si, não distingue de pedra preciosa, mineral e minério. Por isso, "itá" entra numa grande quantidade de topônimos brasileiros de origem nativa que sofrem muitas variações com relação à grafia. Um exemplo é o histórico topônimo Itaverava que se refere a um dos primeiros arraiais auríferos da região. No século XVIII, quando ainda pertencia ao Termo de Vila Rica, era comum a grafia Itaberaba, esta variou muito ao longo do tempo, todavia, quanto ao significado, não há discrepâncias que traduz "pedra brilhante" ou "pedra reluzente".

Africana

No que concerne à memória de toponímia africana, conforme Dick (1990, p. 152), o número de designativos africanos deixou um legado pequeno ao português brasileiro, "cerca de trezentos termos mais ou menos, numa desproporção clara com o total de negros imigrados". Isto pode ser explicado por razões históricas: o negro veio para o Brasil na condição de trabalhador subjugado e escravizado, por isso sua cultura e sua língua foram inferiorizadas A toponímia africana, como vimos, foi muito prejudicada e até mesmo combatida por razões de preconceito e de "apagamento" de sua memória. Como reflexo dessa realidade, verificamos que há uma incidência mínima de topônimos de origem africana nas designações toponímicas da Estrada Real, ainda que, inegavelmente, a presença da raça negra tenha sido muito importante na atividade mineradora e no processo colonizador dessas regiões. Os três topônimos detectados foram assim classificados:

Caxambu = Ergotopônimo

Monjolos = Ergotopônimo

Caquende = Dirrematopônimo

Entretanto, cumpre salientar que todos os três topônimos trazem controvérsias em sua classificação. Optamos por seguir a opinião dos estudiosos mais aceitos e tradicionais para enquadrá-los dentro da toponímia de origem africana.

Antropo-toponímia

A memória toponímica da Estrada Real pode ser reconstruída pela composição dos diversos caminhos que possibilitaram a formação dos aglomerados humanos. Estes podem ser considerados históricos, já que guardam a memória de pessoas ligadas à história nacional e também à história do lugar denominado, tais como:

- **POLITICOS:** Wenceslau Braz, Sabinópolis (Dr. Sabino Barroso), Bias Fortes, Oliveira Fortes, Pedro Teixeira e Secretário (José Ferreira da Fonte).
- **FUNDADORES:** Andrelândia (André da Silveira), Barroso (Alferes Joaquim Barroso), Lorena (Bernardo José de Lorena), Bento Rodrigues, Gouveia, João Monlevade, Maria da Fé, Lamim, Matias Barbosa, Paiva, Simão Pereira e Paulo Moreira (Alvinópolis).
- **HOMENAGEADOS:** Felisberto Caldeira (São Gonçalo do Rio Preto), Honório Bicalho, Nova Lima (Augusto de Lima), Raposos (Antônio Raposo Tavares), Alvinópolis (Cesário Alvim), Couto de Magalhães de Minas, Mariana, Miguel Burnier, Milho Verde (Rodrigo Milho Verde), Alfredo Vasconcelos, Antônio Carlos, Coronel Pacheco, Cristiano Otoni, Desterro de Melo (José

de Melo), Ewbank da Câmara, Lima Duarte, Pedro do Rio, Petrópolis, Santos Dumont, Delfim Moreira, Lobo Leite e Olímpio Noronha.

- **LITERATOS:** Santa Rita Durão, Glaura, Belmiro Braga, Diogo de Vasconcelos, Vitoriano Veloso (Bichinho), Felipe dos Santos (nome anterior de Lobo Leite), Resende Costa, Tiradentes.
- **NOMES DE FAMÍLIA:** Cunha, Andradina (Minduri), Prados, Camargos, e Felício dos Santos.

Junto à taxe dos antropotopônimos situa-se a taxe dos axiotopônimos. Esta se faz presente com:

– Barão de Cocais,

– Dom Joaquim,

– Engenheiro Correia,

– Barbacena,

– Conselheiro Lafaiete,

– Juiz de Fora,

– Presidente Bernardes,

– Presidente Kubitschek,

– Coronel Xavier Chaves,

– Dom Viçoso.

A Família real foi também homenageada com os seguintes topônimos:

– Areias-SP (CV) < São Miguel de Areias: homenagem a Dom Miguel, filho do Rei

– Campanha: Campanha da Princesa da Beira

– Cristina: Imperatriz do Brasil

– São José Del Rei (Tiradentes): Homenagem ao rei Dom José

– Mariana: D. Maria Ana de Áustria

– Petrópolis: D. Pedro I

O ouro na Litotoponímia da Estrada Real

Na Estrada Real, os nomes não omitem, naturalmente, o lado mais materialista e econômico, sobretudo no que se refere à corrida do ouro e à busca das pedras preciosas porque, conforme vimos na parte II, no capítulo II, os primeiros aglomerados humanos que deram origem aos arraiais e depois às vilas, inicialmente localizaram-se nas bordas dos ribeiros, quando, então, era explorado o ouro de aluvião. Depois, após o esgotamento desse tipo de ouro, passou-se à busca do ouro dos barrancos e aos veios subterrâneos. À essa fase começaram a surgir aglomerados humanos nas encostas das montanhas. Por isso, em Minas Gerais, algumas das mais típicas cidades de montanha são, justamente, aquelas que se criaram em torno de arraiais de extração do ouro. A urbanização de Minas se deu por causa da exploração do ouro e das pedras preciosas. Os arraiais nasceram e cresceram onde havia ouro e diamantes. É por isso que podemos encontrar esses arraiais situados em vales profundos, junto aos rios e córregos, onde o ouro se misturava ao cascalho e à areia, rodeados de paredes montanhosas.

A força dos fatores sócio históricos do ciclo do ouro na constituição toponímica de Minas Gerais pode ser vista quando encontramos designativos como: Distrito Diamantino; Lavras Velhas do Ivituruí, Vila Rica do Ouro Preto. Dentre os topônimos chamados históricos, conforme Dick (1990, p. 141), sob uma perspectiva diacrônica, podemos perceber o elemento motivador que se liga à época da descoberta do metal ambicionado em topônimos como Ouro Preto, cujo batismo vincula-se ao ouro encontrado no *Tripuí*. Outro topônimo carregado de historicidade é Vila Rica, nome anterior de Ouro Preto. Esse designativo surgiu devido ao modo diferenciado da aglomeração humana que se desenvolveu naquelas paragens em torno do ouro. O ouro que corria livre nas mãos dos habitantes e proporcionava riqueza e privilégios. Com relação ao topônimo Sabará, sabemos que o município de Sabará tem origem num arraial de bandeirantes que apareceu no fim do século XVII. A sua história também se liga à descoberta de ouro na região, então conhecida como Sabarabuçu. Diamantina foi descoberta nos primeiros anos do século XVIII, quando uma bandeira partiu da região de Serro Frio seguindo o curso do Rio Jequitinhonha e encontrou grande quantidade do minério, estabeleceu-se às margens do córrego do Tijuco, fundando arraial do mesmo nome, mais tarde a cidade de Diamantina. A descoberta de diamantes que marcou a história de Diamantina fez com que esta se diferenciasse das outras cidades mineradoras. Serro (Lavras velhas do Serro), que se iniciou em 1701, com o nome "Arraial do Ribeirão das Minas de Santo Antônio do Bom Retiro do Serro do Frio", "Arraial das Lavras Velhas"; embora sem registros oficiais, marca a descoberta do ouro no Ivituruí (ivi = vento, turi = morro, huí = frio) na língua tupi-guarani. Daí derivou Serro Frio ou Serro do Frio. Ivituruí era uma região da Serra do Espinhaço.

Encontramos na Estrada Real topônimos que não escondem a vinculação com esse marcante período histórico, tais como: Ouro Branco e Ouro Preto. Ainda em algumas designações toponímicas, podemos perceber situações ligadas ao contexto situacional do trabalho da exploração do precioso metal. Dick (1990) lembra que as atividades socioeconômicas decorrentes da mineração geraram topônimos que, embora incluídos na mesma área cultural, não devem ser considerados como manifestações litotoponímicas, mas sim sociotopônimicas. É assim que os topônimos Catas Altas e Catas Altas da Noruega podem ser entendidos. A palavra "catas" significa: garimpo, escavação mais ou menos profunda, conforme a natureza do terreno para a mineração. No povoado, as catas, os garimpos, as minas mais ricas e produtivas estavam situadas nas partes mais altas. Grupiara é um designativo que se refere à fenda na encosta dos morros onde se explorava ouro. Em Aiuruoca, o mais antigo povoado, foi assim denominado. As origens do município de Grupiara remontam o século XVIII, quando surgiram os primeiros moradores efetivos da cidade, atraídos pelo garimpo. Lavras, Lavras Novas (Distrito de Ouro Preto), Lavrinhas: topônimos que se referem a lugar e exploração de jazidas de minérios e que estão situados em regiões da extração do ouro. Tabuleiro, Tabuleiro Grande (Distrito de Conceição do Mato Dentro): terrenos secos às margens dos rios, de onde se pode extrair ouro. Datas: designação referente a lotes de terras, concedidos pelo Governo Imperial, aos garimpeiros, para exploração própria. Descoberto (Descoberto de Itajubá, hoje, Delfim Moreira); Descoberto da Pedra Branca: nome primeiro de Natércia. Descoberto do Peçanha (Peçanha), Descoberto era o título que se dava às minas de ouro quando recentemente encontradas. Garimpo: Garimpo das Canoas (Distrito de Claraval), Garimpo das Alagoas (Distrito de Conceição das Alagoas). O garimpo é uma forma de extrair riquezas minerais (pedras preciosas e semipreciosas são mais comuns) utilizando-se, na maioria das vezes, de equipamentos simples e ferramentas rústicas. Extração (Distrito de Diamantina) que dispensa qualquer explicação. A origem antroponímica se faz presente, de acordo com Dick (1990, p. 142), em topônimos que guardam a lembrança dos primeiros descobridores dos acidentes que nomeiam, tais como Ribeiro de Antônio Dias ou Ribeiro do Padre Faria (Ouro Preto).

O ciclo da mineração foi breve, mas intenso, e deixou marcas profundas na cultura brasileira e no patrimônio lexical português. O ouro das Gerais gerou sonhos de riqueza e lendas. Não há lugarejo, ainda que seja miserável, que não exista um tesouro enterrado em panelas abarrotadas de dobrões, ouro em pó e pedras preciosas. Esse se encontra ao pé do "Arco da véia" ou é guardado pela "Mãe do Ouro", como se conta lá em Itutinga para os olhos encantados das crianças. E a Lagoa Dourada escondia muito ouro...

Junto com essa memória social está a memória toponímica que é um precioso arcabouço de tudo o que foi vivido, tendo em vista que, a investigação da história social de uma língua, só é possível no estudo dos fatores sócio históricos que são intervenientes à formação lexical. Como um *palimpsesto* (pergaminho cujo manuscrito os copistas medievais raspavam para sobre ele escreverem de novo, mas do qual se tem conseguido, em parte, fazer reaparecer os caracteres primitivos), a toponímia da Estrada Real é um repositório de uma época marcada pelo sonho e o desejo de conquistar riquezas que aflorassem da terra, na busca eterna do Eldorado.

Hidrotoponímia

Podemos ainda evidenciar nomes ligados diretamente à Natureza e, principalmente, topônimos que guardam a memória do importante papel da água para a constituição dos municípios, distritos e povoados da Estrada Real.

Desde sempre a Água, em toda parte, é elemento vital para o homem. É ela que mata a sede, fertiliza os campos, dá pastagem ao gado e move os engenhos que transformam o grão em farinha e faz existir as hidrelétricas... As memórias sobre a utilização dos rios para se adentrar o sertão mineiro são comuns nos relatos dos Bandeirantes e dos Viajantes que, desde o século XVI, aventuraram-se a descobrir terras, rios, minas de pedras preciosas e fundar povoados e arraiais. Daí a importância da Água para o estabelecimento da comunicação interna no espaço colonizador brasileiro e para a interiorização e ocupação das terras e dos sertões. Além dos peixes que forneciam e dos animais que atraíam, os rios constituíam-se como "cercas vivas" para a delimitação das sesmarias. E, na falta de mapas e de um sistema formal de representação de um espaço coberto de matas fechadas, os rios, com suas nascentes e acidentes geográficos, funcionavam como pontos de referência. Eram também lugar de lazer e de encontros:

Em seu estudo sobre a importância do referencial hidrotoponímico, Dick (1997) ressalta que os nomes dos rios costumam ser os registros mais antigos de uma língua e da toponímia de um lugar. As vilas e cidades da Estrada Real, quase todas, nasceram ao redor das águas de um rio. Assim temos: Rio Espera, Rio Manso, Rio Novo, Rio Acima, Rio Pomba, Rio Preto, Santo Antônio do Rio Abaixo, São Gonçalo do Rio Abaixo, São Gonçalo do Rio das Pedras, Rio das Mortes (São João Del Rei), São Gonçalo do Rio Preto, São Sebastião do Rio Preto, Três Rios, Desterro de Entre-Rios, Entre-Rios de Minas e Rio de Janeiro (os portugueses, como vimos, pensaram que o mar fosse rio...).

Topônimos como: Barra Longa, Córregos, Morro da Água Quente, Santana do Riacho, Três Barras, Vau e Ressaquinha relacionam a importância do caráter hidrotoponímico na origem de um lugar. Às vezes pode ocorrer de maneira "indireta" a referência ao rio que corta o local: São Brás do Suassuí (Suassuhy), Paraíba do Sul (Paraíba), Alto Maranhão (Rio Maranhão), Alto Rio Doce, Vila Bela do Turvo (Andrelândia), Pedro do Rio, Conceição do Rio Verde e São Sebastião do Rio Verde. Dentro da hidrotoponímia indígena incluímos: Arapeí (rio das baratinhas), Acuruí (rio das pedras), Bananal (rio sinuoso), Carandaí (rio das carnaúbas), Itutinga (salto branco), Jeceaba (união de rios), Pequeri (rio dos peixinhos), Rio Piracicaba (queda d'água) e Tremembé (brejo).

Cachoeiras e lagoas também caracterizam a importância da água no processo denominativo: Cachoeira do Campo, Cachoeira Paulista, Alagoa, Lagoa Dourada, Lagoa Santa.

O poço, o chafariz, a água mineral e as termas fazem parte da paisagem que se desenha na Estrada Real. Essa água teve em muitos momentos uma grande propaganda a respeito de seus poderes "curativos": Águas de São Lourenço < Águas do Viana (São Lourenço); Águas Virtuosas de Cambuquira (Cambuquira); Águas Virtuosas de Caxambu (Caxambu); Águas Santas de Lambari < Águas Virtuosas da Campanha (Lambari); Águas Santas (Piedade do Rio Grande); Água Limpa (Coronel Pacheco), Mercês de Água Limpa (São Tiago) e Bicas do Meio (Wesceslau Braz),

A investigação sobre os hidrotopônimos da Estrada Real proporcionou perceber que a água é um insumo fundamental para a produção e, ao mesmo tempo, um recurso estratégico para o desenvolvimento econômico, tornando-se ao mesmo tempo elemento vital para a manutenção do sistema ecológico e também uma referência cultural da população como bem social.

Hodotoponímia

Vimos na parte II, no capítulo III, que os caminhos e as viagens constituíram uma parte importante e difícil no desbravamento do sertão mineiro. Os protagonistas deste empreendimento foram os bandeirantes paulistas que, por onde passaram, deixaram as suas marcas fundando cidades e nomeando as paisagens. As cidades mais antigas da Estrada Real foram fundadas por esses desbravadores. "Elas eram, inicialmente, pontos de paradas (aldeias), onde os bandeirantes descansavam de suas jornadas pelo interior do país. Depois tornaram-se vilas, sendo, bem mais tarde, elevadas a cidades". (MEGALE, 2000, p. 83). Dentre elas destacamos: Ouro Preto, Mariana, Caeté, São João del-Rey, Itaverava, Pitangui, Pouso Alto, Ribeirão do Carmo, Aiuruoca, Campanha, Carrancas, Baependi, Cruzília, Cunha, Ibituruna, Itamonte, Paraty e Wenceslau Braz, dentre outras. Por isso, a origem designativa dessas cidades, em sua maioria, se liga a esse momento histórico da passagem das bandeiras. Topônimos como: Ressaquinha, Ponte Nova, Passabém, Passa Quatro, Pouso do Picu (Itamonte), Pouso Alto, Cruzília, Entre Rios de Minas, Paraíba do Sul, Passa–Tempo, Ponte Nova, Vau evidenciam muito bem isso.

Em seguida, como vimos, foram os tropeiros que movimentaram os caminhos, deixando também as suas marcas no surgimento e na consolidação de muitas cidades, tais como: Rancharia (Simão Pereira), Baependi, Cachoeira Paulista, Lagoinha, Pindamonhangaba, São José do Barreiro, Serranos (acampamento dos tropeiros do Serro), São Vicente de Minas, Silveiras e Tabuleiro, dentre outras.

Os caminhos do ouro fizeram também surgir os *descaminhos* do ouro que também fizeram surgir povoações e cidades, dentre elas destacamos Alagoa. Para evitar "os descaminhos", a Coroa inventou os registros, ou postos de fiscalização que, como vimos na parte II, no capítulo II, ficavam em lugares estratégicos. Algumas localidades da Estrada Real surgiram ao redor dessa movimentação. Podemos destacar: Piquete, Matias Barbosa, Santana do Capivari, Três Barras, dentre outras.

Muitos povoados da Estrada Real cresceram e se formaram ao redor de uma Estação. Lugar de paragem e de passagem, os caminhos ferroviários consolidaram as entradas para o sertão. Estação de Paiva (Paiva), Estação de Capivary (Santana do Capivari), Estação de Serranos (Seritinga), Estação de Traituba (Traituba), Estação de Pouso Alto (São Sebastião do Rio Verde), Estação Sardinha (Engenheiro Correia), Estação de Monjolos (Monjolos), Estação de Honório Bicalho (Honório Bicalho), Estação de Lobo Leite (Lobo Leite). Dentre essas cidades citamos ainda: Belo Vale, Cachoeira Paulista, Cruzeiro, Delfim Moreira, Itanhandu, Itutinga, Lavrinhas, Lobo Leite, Minduri, Queluz, São Lourenço, entre outras.

Uma viagem toponímica pelas regiões da Estrada Real não pode dispensar a vegetação. Grupos numerosos de nomes locais referem-se à vegetação por causa de sua importância na constituição social e econômica. Borda do Campo (Barbacena), Campina do Rio Verde (Conceição do Rio Verde), Rocinha (Pedro do Rio), Campos de Maria da Fé (Maria da Fé), Dores de Campos e Congonhas do Campo. Esta não passa despercebida nos seguintes fitotopônimos: Marmelópolis, Pinheirinhos (Passa Quatro), Pinheiros (Lavrinhas), Jaboticatubas, Cocais, Cipotânea, Milho Verde, Caeté, Acaiaca, Congonhas, Taquaraçu de Minas, Cambuquira, Canas, Ingaí, Caranaíba, Roseira e Bananal.

O exame dos topônimos que se compõem do substantivo "mato" mostra a importância da vegetação arbustiva, a chamadas "estevas", conforme a natureza do terreno. Conceição do Mato Dentro, Itabira do Mato Dentro e Itambé do Mato Dentro.

Há cidades que nasceram com a vocação de serem "celeiros" para a atividade mineradora, diante das "crises de fome" que se sucederam. Outras, desde o seu surgimento sobrevivem da agricultura, carregando em seus nomes essas marcas: Fazenda da Moeda (Moeda), Fazenda do Ribeirão (Jabuticatubas), Fazenda do Morro Grande (Santo Antônio do Riacho), Fazenda das Cobras (Nossa Senhora do Carmo), Fazenda da Parahyba (Paraiba do Sul), Fazenda do Leite (Santo Antônio do Leite). Há nomes que se ligam também à realidade agropecuária, atividade marcante na região: Curral (Antonio Carlos), Curralinho (Lagoa Dourada), dentre outros.

Junto com a vida vegetal, desponta também a vida animal. Os zootopônimos encontrados são os seguintes: Capivari, Ipoema, Ibertioga, Piau, Bichinho, Guaratinguetá, Lambari, Minduri, Paraty, Potim, Mosquito (Coronel Xavier Chaves), Onça de Cima e Onça de Baixo (Bela Vista de Minas), Onça (Senhora do Carmo), Carneirinhos (João Monlevade) e Traíras (Lambari).

Os caminhos da Estrada Real são encantadores também, pela orografia, marcadamente presente nos litotopônimos e geomorfotopônimos. Num ambiente articulado e acidentado como esses caminhos, a morfologia do terreno oferece materiais abundantes para a toponímia. O elevado número de montanhas e a variedade de nomes parecem refletir a grande diversidade de características ambientais, mas ao mesmo tempo traduzem as influências da língua indígena e também a fantasia popular na busca de "compreensão e interpretação" dessa orografia. Nomes como Serra da Mantiqueira ("serra que chora", cf. SAINT-HILAIRE, 1932, p. 137), Pico do Itacolomi ("pedra menina", cf. BURMEISTER, 1952, p. 194), Serra dos Órgãos ("tubos do órgão de uma igreja", cf. SPIX e MARTIUS, 1981, p. 80), Serra do Espinhaço ("em forma de espinha", cf. D'ORBIGNY, 1976, p. 188) e Serra do Caraça ("cara grande", cf. BUNBURY, 1981. p. 91), expressam muito bem isso. A imaginação se encontra também retratada em muitos topônimos designativos de lugares, tais como: Mont Serrat ("em forma de serra"), Morro do Chapéu (Santana dos Montes), Morro grande (Barão de Cocais), Serraria (Comendador Levy Gasparian), Santana dos Montes, Morro do Pilar, Serra Azul de Minas, Morro Vermelho, Chapada, Morro da Água Quente, Serro, Itaipava, Itabirito, Sabará, Itabira, Itambé do Mato Dentro, Itatiaia, Itaverava, Ibituruna, Itamonte, Itanhandu, Seritinga e Traituba.

Existem topônimos que revelam uma atitude mais individual e uma atitude positiva para com as coisas que os nomes indicam, bem como sentimentos de confiança e satisfação, denunciando os variados motivos de satisfação dos nomeadores. Estes se ligam às taxes dos metereotopônimos, animotopônimos ou cronotopônimos. Assim como em: Nova União, Três Corações, Belo Vale, Bela Vista de Minas, Alvorada de Minas e Chiador. A verdadeira razão nem sempre é evidente para o observador. Muito interessante é a atribuição das partes do corpo humano à paisagem circundante, os somatotopônimos. Encontramos na Estrada Real, além da famosa Garganta do Embaú, Pé do Morro (Passa Quatro) e Carrancas.

A partir da década de 1950 ocorreu no Brasil a implementação de um novo tipo de toponímia de influência estrangeira, baseada no uso de topônimos híbridos, que são formados por duas raízes: uma portuguesa e outra de origem inglesa (lândia < Ing. land "terra") ou grega (pólis < gr. pólis "cidade"). Podemos perceber essas influências em Andrelândia e em Petrópolis, Marmelópolis, Sabinópolis, Ritápolis e Alvinópolis. A influência portuguesa na toponímia da Estrada Real também pode ser detectada nos corotopônimos: Amarantina, Barbacena, Queluz e Porto da Ericeira (Comendador Levi Gasparian).

Mudanças toponímicas

Em sua obra *Les Noms de Lieux* (1932), Dauzat ressalta que um nome de lugar nem sempre conserva a mesma denominação e que está sujeito a mudanças. Isso por causa das "migrações, invasões e conquistas, bem como por fatores diferenciados". O autor distingue dois processos de mudanças toponímicas mais comuns que são: as substituições (um topônimo é colocado no lugar do outro) e as transformações (mudanças que ocorrem num mesmo topônimo ao longo do tempo). Essas transformações podem ter um caráter espontâneo (em consequência do uso popular), e acontecem pela eliminação de um nome antigo por outro novo ou pela mudança de língua; ou podem ter um caráter sistemático, quando são resultado da imposição de autoridade ou acatadas por elas. O autor citado, ao falar das transformações toponímicas, distingue aquelas que ocorrem no interior de uma mesma língua por mudança ou acidente fonético ou alterações gráficas ou de passagem de um idioma para outro. Detectamos esses dois tipos de mudanças dentro do *corpus* estudado. O caráter espontâneo pode ser observado em denominações como: Patusca (Dores de Campos), Bromado (Entre Rios de Minas), Barreiro (São José do Barreiro), Nossa Senhora Aparecida (Aparecida), Vitoriano Veloso (Bichinho), São Gonçalo da Ponte (Belo Vale), Santo Antonio do Rio Acima (Rio Acima), São Sebastião da Bela Vista (Bela Vista de Minas), Rio Turvo (Ponte Nova), Santo Antonio do Paraibuna (Juiz de Fora), Aldeia (Pedro do Rio), Ribeirão de Alberto Dias (Ressaquinha), Estação de Entre-Rios (Três Rios) etc.

Com relação ao caráter sistemático, no Brasil, os topônimos das povoações passaram, ao longo do século XX, por um processo de "laicização", não por causa de um abandono da religiosidade, mas por causa das políticas públicas. No dizer de Da Mata (2005, p. 129), tudo indica que o controle crescente sobre as normas referentes à denominação de distritos e cidades "é expressão de um processo mais amplo de racionalização." Quando observamos o desenvolvimento histórico do Brasil, constatamos que o Estado, durante muito tempo, pouco se importou com a questão dos nomes das localidades. Com isso, havia uma certa confusão toponímica que perdurou durante longo tempo. Localidades diferentes com topônimos iguais proporcionavam uma certa confusão para os governantes. Por isso, uma das mudanças ocorridas foi a do governo de Raul Soares, com a lei mineira de nº 843, de 7 de setembro de 1923 que trouxe a mudança de 324 localidades. (Cf. Anexo G). Havia aqui uma preocupação muito nítida em tentar eliminar os topônimos religiosos, retirando dos mesmos a referência ao santo religioso do lugar. Depois, em 1938, o decreto-lei de nº 311, de 2 de março de 1938, determinou que num mesmo estado estava proibido existir nomes iguais para vilas e cidades (Art. 10). Naquela época havia no país 1747 circunscrições com nomes iguais, das quais 612 foram conservados e os 1135 duplicados foram alterados. Posteriormente, em 1943, o decreto-lei de nº 5.901, de 21 de outubro de 1943 estabeleceu, quanto à toponímia, que deviam ser evitados: "designação de datas, vocábulos estrangeiros, nomes de pessoas vivas, expressões compostas de mais de duas palavras". Recomendava, também, a "adoção de nomes indígenas ou outros com propriedade local". Não se consideravam nomes novos, o restabelecimento de "antigas denominações", desde que não tivesse mais de duas palavras. (DA MATA, 2005, p. 132). A revisão toponímica de 1938 ansiava fazer um tributo "aos antepassados", trazendo de volta os nomes que foram substituídos por "qualquer pretexto", restituindo denominações "tão belas, tão justas, tão humanas".

A opção pela simplificação e pelo nome original se faz transparente nestas legislações. Entretanto, podemos perguntar: até quando a troca de um topônimo, ainda que seja com a finalidade de distinção prática, não altera a percepção que se tem do espaço onde se vive? Isso porque, é por meio da linguagem que o espaço é construído em nossa consciência. Novamente recorremos a Da Mata para entender essas leis de revisão toponímica que, de maneira arbitrária, interferiram na toponímia das localidades brasileiras, quando o autor ressalta que esta revisão, iniciada em 1923, deu-se pelo empenho das "elites da República Velha, tão influenciada pelo positivismo comtiano e seu ideal de constituição de uma religião da humanidade". Isso será redirecionado a partir do governo Vargas, no Estado Novo, marcando um período nacionalista, daí o incentivo aos topônimos indígenas.

Ao longo do tempo, as denominações das localidades da Estrada Real passaram por muitas variações toponímicas. Só em Minas Gerais, conforme a Secretaria de Assuntos Fundiários, dos atuais 853 municípios mineiros, somente 15% não passaram por alterações toponímicas. A mudança toponímica sempre foi "uma constante no Brasil" e, de acordo com Badia-Margarit (1959, p. 228), é por isso que ela se torna um estudo desafiador.

A análise do processo evolutivo histórico do *corpus* deste trabalho revelou que muitas mudanças foram efetuadas ao longo do tempo. Depois de contabilizar as mudanças ocorridas nos 242 topônimos, elaboramos a tabela que segue para melhor compreensão das mesmas:

Quadro 29 - Histórico da quantidade das mudanças toponímicas

MUDANÇAS	CV	CN	CD	CS	TOTAL
1 OCORRÊNCIAS	6	7	5		18
2 OCORRÊNCIAS	29	19	20	1	69
3 OCORRÊNCIAS	31	16	20	6	73
4 OCORRÊNCIAS	18	20	14	1	53
5 OU + OCORRÊNCIAS	11	1	6	2	20

• 8% dos topônimos da Estrada Real passaram por um processo de 5 ou mais mudanças toponímicas, sendo que o maior número de mudanças nesta ordem ocorreram nos topônimos do Caminhos Velho e dos Diamantes.

• 22% dos topônimos da Estrada Real passaram por um processo de 4 mudanças toponímicas, sendo que o maior número de mudanças nesta ordem ocorreram nos topônimos dos Caminhos Velho e Novo.

• 30% dos topônimos da Estrada Real passaram por um processo de 3 mudanças toponímicas, sendo que o maior número de mudanças nesta ordem ocorreram nos topônimos do Caminho Velho e dos Diamantes.

• 29% dos topônimos da Estrada Real passaram por um processo de 2 mudanças toponímicas, sendo que o maior número de mudanças nesta ordem ocorreram nos topônimos do Caminho Velho e dos Diamantes.

• 7% dos topônimos da Estrada Real passaram por 1 mudança toponímica, sendo que o maior número de mudanças nesta ordem ocorreram nos topônimos do Caminho Novo.

Com relação a essas mudanças, elencamos as seguintes características detectadas no *corpus* analisado:

1 – A redução dos topônimos em obediência às leis, tais como:

Lavras Novas do Coronel Furtado < Lavras Novas

Carmo das Luminárias< Luminárias

Povoado da Capela do Senhor Jesus da Cana Verde de Ribeirão de Potim < Potim

São Sebastião da Bela Vista < Bela Vista

Nossa Senhora de Nazaré da Cachoeira do Campo < Cachoeira do Campo

Espírito Santo das Datas < Datas

2 – A substituição de nomes religiosos por topônimos que fazem referência à casa reinante portuguesa:

Espírito Santo dos Cumquinbus > Cristina

Arraial Novo de Nossa Senhora do Pilar > São João Del Rei

Caeté > Vila Nova da Rainha

Arraial do Ribeirão das Lavras Velhas > Vila do Príncipe

Vila de Nossa Senhora do Carmo > Mariana

São José Del Rei > Tiradentes

Santo Antônio do Vale da Piedade do Rio Grande > Campanha da Princesa da Beira

3 – A mudança dos nomes descritivos que trazem a marca da espontaneidade da cultura popular:

Patusca > Dores de Campos

Pântano > Lagoa Dourada

Cemitério > São Sebastião do Rio Preto

Rio do Peixe > Lima Duarte

Mosquito > Coronel Xavier Chaves

Rancharia > Simão Pereira

Bicas do Meio > Wenceslau Brás

Macacos > Barão de Cocais

Carneirinhos > João Monlevade

Grota Grande > Felício dos Santos

Bromado >Entre Rios de Minas

Queimada >Marmelópolis

Águas Santas >Piedade do Rio Grande

Arraial do Córrego >Santa Cruz de Minas

Pouso do Ventura >Silveiras

4 – Os seguintes topônimos conservaram a motivação toponímica original, mesmo passando por mudanças ao longo do tempo:

a) Aiuruoca ~ Ayuruoca < Iuruoca < Juruoca < Jeruoca < Ieruoca < Iouruoca < Ajuruoca

b) Baependi < Mapendi < Maipendi < Mbaipendi

c) Carrancas < Nossa Senhora da Conceição do Rio Grande < Nossa Senhora da Conceição das Carrancas

d) Pedralva < São Sebastião do Capituba < São Sebastião da Pedra Branca < Pedra Branca< Pedra Branca de Santa Catarina

e) Três Corações < Sagrados Corações de Jesus, Maria e José da Real Passagem do Rio Verde < Santíssimo Coração de Jesus < Três Corações do Rio Verde.

5 – Dentro do *corpus* analisado, os topônimos que mais sofreram mudanças configurativas são:

a) *Cachoeira Paulista* (11): Cachoeira Paulista < Porto da Caxoeira < Arraial do Porto da Cachoeira < Porto da Cachoeira < Arraial porto da Cachoeira de santo Antônio < Freguesia de Santo Antonio da Cachoeira < Vila de Santo Antonio da Bocaina

< Vila de Santo Antônio da Cachoeira < Vila da Bocaina < Bocaina < Cachoeira < Valparaíba

b) *Andrelândia* (6): Andrelândia < Turvo Grande e Pequeno < Nossa Senhora do Porto do Turvo < Nossa Senhora da Conceição do Porto da Salvação < Vila Bela do Turvo < Turvo

c) *Tabuleiro* (6): Tabuleiro < São Bom Jesus da Cana Verde < Bom Jesus da Cana Verde do Pomba < Bom Jesus do Pomba < Tabuleiro do Pomba < Senhor Bom Jesus da Cana Verde

d) *Carmo de Minas* (5): Carmo de Minas < Carmo da Cristina < Carmo do Pouso Alto < Carmo do Rio Verde < Silvestre Ferraz

e) *Campanha* (5): Campanha < Campanha da Princesa da Beira < Campanha do Rio Verde < Santo Antônio do Vale da Piedade do Rio Verde < São Cipriano.

f) *Lambari* (5): Lambari < Água Santa < Águas Santas < Águas Virtuosas < Águas Virtuosas da Campanha

6 – Topônimos que mudaram completamente a sua motivação:

a) Redondo > Alto-Maranhão

b) São Francisco Xavier > Coronel Xavier Chaves

c) Espírito Santo do Cunquibus > Cristina

d) Embaú > Cruzeiro

e) Facão > Cunha

f) Descoberto de Itajubá > Delfim Moreira

g) Aliança > Ingaí

h) São José do Picu > Itamonte

i) Estação de Capivari > Itanhandu

j) Lambarizinho > Jesuânia

k) Curralinho > Lagoa Dourada

l) Nossa Senhora da Soledade > Lobo Leite

m) São Francisco de Paula dos Pinheiros > Lavrinhas

n)Guaypacaré > Lorena

o) Fazenda da Boa Memória > Moeda

p) Paiol > Minduri

q) Cianita > Madre de Deus de Minas

r) Pé do Morro > Angaturama > Pinheirinhos > Passa Quatro

s) Povoado das Bandeirinhas > São Sebastião da Vitória

7 – Topônimos que nunca sofreram mudanças:

Bananal, Casa Grande e São Tiago.

8 – Topônimos que passaram por mudanças, mas que conservaram a motivação inicial:

a) Passa Tempo < Matos de Passatempo < Paragem do Passatempo

b) Virgínia < Virgínia de Pouso Alto

9 – Mudanças ocorridas da língua indígena para a língua portuguesa:

a) Ibitutinga < Ritápolis

b) Angaturama < Passa Quatro

10 – Mudanças ocorridas da língua portuguesa para a língua indígena:

a) Soledade de Minas < Ibatuba

b) Nossa Senhora dos Remédios < Angoritaba

Estrutura Morfológica

O *Corpus* analisado se compõe de 242 topônimos, sendo que 116 são femininos e 126 masculinos. Há predominância do gênero masculino, correspondendo a 52% dos dados analisados. Destes, 34% são nomes masculinos simples e 66% são nomes masculinos compostos. Quanto ao gênero feminino dos 116 topônimos analisados, 36% são simples e 64% são compostos.

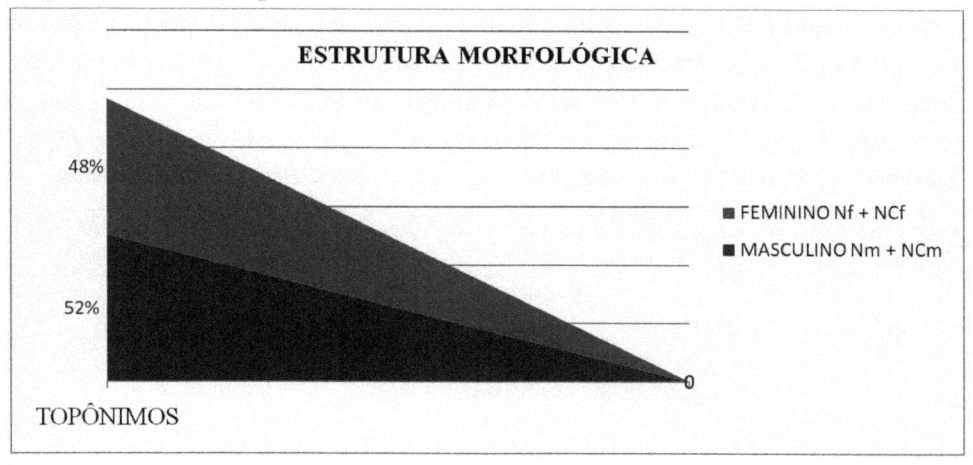

Gráfico 10 - Caracterização dos topônimos quanto ao gênero

As estruturas morfológicas de maior ocorrência são as seguintes:

a) Gênero masculino:

Nm [Ssing] = 34% das ocorrências

NCm [Ssing + Ssing] [prenome + apel. de família] = 17% das ocorrências

NCm [Qv + Ssing + Ssing] [qualificativo + pren. + apel. de família] = 10% das ocorrências

NCm [ADJsing + Ssing + {Prep. + Asing + Ssing}] = 8% das ocorrências

Nm [Spl] = 6% das ocorrências

b) Gênero feminino:

Nf [Ssing] = 36% das ocorrências

Nf [Spl] = 11% das ocorrências

NCf [Ssing + ADJsing] = 4% das ocorrências

NCf [Ssing + {Prep. + Asing + Ssing}] = 3% das ocorrências

NCf [Ssing + ADJsing] = 4% das ocorrências

NCf [ADJsing + Ssing + {Prep. + Spl}] = 9% das ocorrências

NCf [Ssing + {Prep. + Asing + Ssing + ADJsing}] = 5% das ocorrências

Escritos dos Viajantes

Desde o século XVI o Brasil se constituíra em local privilegiado para o olhar estrangeiro que, entre maravilhado e inconformado, analisava esse lugar tão "exótico", emoldurado por uma natureza magnífica e esplendorosa. Foi assim que as viagens científicas ao território brasileiro, após a abertura dos portos, com a chegada da Corte, em 1815, tornaram-se uma constante. A maioria dos relatos coletados para este trabalho fazem parte dessa época. Por isso, é muito importante salientar a contribuição dos registros desses viajantes para o estudo toponímico da Estrada Real, já que, em seus escritos, podemos identificar registros descritivos dos lugares e dos topônimos atribuídos a eles. A tabela seguinte mostra os roteiros dos VJN nos caminhos da Estrada Real:

Quadro 30 - Localidades da Estrada Real Registradas pelos Viajantes Naturalistas

VIAJANTES NATURALISTAS	CAMINHO VELHO	CAMINHO NOVO	CAMINHO DOS DIAMANTES	CAMINHO DE SABARABUÇU
AGASSIZ	Lagoa Dourada.	Petrópolis, Rio de Janeiro, Três Rios.	Diamantina, Lagoa Santa, Santa Bárbara.	
BUERMEISTER		Barbacena, Carandaí, Cipotânea, Conselheiro Lafaiete, Juiz de Fora, Mercês, Ouro Branco, Paraíba do Sul, Petrópolis, Piranga, Rio de Janeiro, Santos Dumont.	Cachoeira do Campo, Glaura, Itabira, Lagoa Santa, Mariana, Ouro Preto, Santa Luzia.	Acuruí, Sabará.

BUNBURY	Congonhas, Lagoa Dourada	Carandaí, Ouro Branco.	Bento Rodrigues, Catas Altas, Cocais, Mariana, Santa Bárbara.	Caeté.
BURTON	Alto Maranhão, Congonhas, Jeceaba, Lagoa Dourada.	Barbacena, Carandaí, Matias Barbosa, Ouro Branco, Petrópolis, Rio de Janeiro, Santa Rita do Ibitipoca, Santos Dumont, Simão Pereira, Três Rios.	Diamantina, Gouveia, Itambé do Mato Dentro, Santa Luzia.	Itabirito, Morro Vermelho, Nova Lima.
CASAL	Aiuruoca, Aparecida, Areias, Baependi, Cachoeira Paulista, Campanha, Cunha, Guaratinguetá.	Barbacena, Catas Altas da Noruega, Conselheiro Lafaiete, Magé, Ouro Branco, Piranga, Rio de Janeiro, Rio Pomba.	Cachoeira do Campo, Catas Altas, Chapada, Cocais, Conceição do Mato Dentro, Diamantina, Gouveia, Mariana, Ouro Preto, Santa Bárbara, Santa Luzia, Santa Rita Durão, São Bartolomeu, Serro.	Caeté, Sabará.
CASTELNAU	Congonhas.	Barbacena, Capela Nova, Carandaí, Conselheiro Lafaiete, Magé, Ouro Branco, Ressaquinha.	Cachoeira do Campo, Itabira, Mariana, Ouro Preto.	Sabará.
D'ORBIGNY	Aparecida, Areias, Guaratinguetá.	Barbacena, Conselheiro Lafaiete, Matias Barbosa, Ouro Branco, Rio de Janeiro.	Diamantina, Ferros, Mariana, Ouro Preto, Serro.	
DEBRET		Rio de Janeiro.	Diamantina, Ouro Preto, Serro.	

ESCHWEGE	Congonhas.	Barbacena.	Barão de Cocais, Camargos, Catas Altas, Mariana, Morro da Água Quente, Santa Bárbara, Santa Rita Durão.	
FREIREYSS	Congonhas.	Barbacena, Matias Barbosa.	Ferros, Mariana, Ouro Preto.	
GARDNER		Cipotânea, Piranga.	Barão de Cocais, Bento Rodrigues, Camargos, Catas Altas, Cocais, Conceição do Mato Dentro, Diamantina, Itambé do Mato Dentro, Mariana, Morro do Pilar, Ouro Preto, Santa Luzia, Santa Rita Durão, Serro, Três de Barras, Vau.	Brumadinho, Caeté, Nova Lima, Raposos.
LANGSDORFF	Aparecida, Areias, Bananal, Congonhas.	Barbacena, Inconfidência, Magé, Matias Barbosa, Mercês, Santos Dumont, Simão Pereira.	Acaiaca, Barão de Cocais, Capivari, Conceição do Mato Dentro, Diamantina, Ferros, Guanhães, Lagoa Santa, Morro da Água Quente, Ouro Preto, Santa Luzia.	Brumadinho, Caeté, Morro Vermelho, Sabará.
LUCCOCK	Aiuruoca, Congonhas, Lagoa Dourada.	Barbacena, Conselheiro Lafaiete, Inconfidência, Juiz de Fora, Matias Barbosa, Ouro Branco, Secretário, Simão Pereira.	Catas Altas, Mariana, Ouro Preto.	
MAWE	Campanha.		Barra Longa, Camargos, Catas Altas, Chapada, Conceição do Mato Dentro, Diamantina, Itambé do Mato Dentro, Ouro Preto, Serro.	Brumadinho, Sabará.

POHL	Alto Maranhão.	Barbacena, Carandaí, Conselheiro Lafaiete, Ewbank da Câmera, Juiz de Fora, Matias Barbosa, Ouro Branco, Paraíba do Sul, Santos Dumont, Senhora de Oliveira, Simão Pereira, Três Rios.	Camargos, Catas Altas, Cocais, Conceição do Mato Dentro, Itambé do Mato Dentro, Mariana, Morro da Água Quente, Morro do Pilar, Ouro Preto, Santa Bárbara, Santa Luzia, Santa Rita Durão, Serra Azul de Minas, Serro.	
RUGENDAS		Barbacena, Rio de Janeiro.	Catas Altas, Ouro Preto.	
SAINT-HILAIRE	Aiuruoca, Aparecida, Baependi, Bananal, Cachoeira Paulista, Campanha, Carrancas, Congonhas, Cruzília, Guaratinguetá, Jeceaba, Lagoa Dourada.	Barbacena, Carandaí, Conselheiro Lafaiete, Juiz de Fora, Matias Barbosa, Ouro Branco, Rio de Janeiro, Rio Pomba, Santa Rita de Ibitipoca, Secretário, Simão Pereira.	Barão de Cocais, Bento Rodrigues, Camargos, Catas Altas, Cocais, Conceição do Mato Dentro, Congonhas do Norte, Diamantina, Itabira, Itambé do Mato Dentro, Mariana, Milho Verde, Morro da Água Quente, Morro do Pilar, Ouro Preto, Santa Bárbara, Santa Rita Durão, Santo Antônio do Norte, São Bartolomeu, Três Barras, Vau.	Caeté, Nova Lima, Sabará.

SPIX & MARTIUS	Aiuruoca, Aparecida, Areias, Bananal, Campanha, Guaratinguetá, Itanhandu, Lagoa Dourada.	Ouro Branco, Rio de Janeiro.	Alvorada de Minas, Chapada, Cocais, Conceição do Mato Dentro, Couto de Magalhães de Minas, Diamantina, Glaura, Itabira, Itambé do Mato Dentro, Lagoa Santa, Milho Verde, Morro do Pilar, Ouro Preto, Santa Rita Durão, São Gonçalo do Rio Abaixo, Serro.	Acuruí, Caeté, Sabará.
WALSH		Juiz de Fora, Ouro Branco, Piranga, Ressaquinha.	Ouro Preto, Vau.	
ZALUAR	Aparecida, Areias, Bananal, Guaratinguetá, São José do Barreiro, Silveiras, Taubaté.			

O quadro apresentado permite fazer comparações e levantar as observações que se seguem:

1. O caminho da Estrada Real mais visitado pelos viajantes naturalistas foi o Caminho dos Diamantes.

2. O viajante que mais viajou pelos caminhos da Estrada Real foi o francês Saint-Hilaire, registrando 58 topônimos do *corpus* pesquisado. Saint-Hilaire esteve em localidades dos 4 caminhos da Estrada Real, visitando em número maior as localidades do Caminho dos Diamantes.

3. Aires de Casal está em segundo lugar, com relação ao número de localidades descritas e registradas em sua obra, perfazendo o total de 32 topônimos. Ele também traz registros dos 4 caminhos da Estrada Real, sendo que o maior número de descrições que elaborou refere-se ao Caminho Velho.

4. Pohl passou por 29 localidades da Estrada Real, detendo-se por mais tempo no Caminho dos Diamantes, não efetuando descrições referentes às localidades do Caminho de Sabarabuçu.

5. Spix & Martius também passaram pelos 4 caminhos da Estrada Real, registrando 28 topônimos, sendo os de maior número os pertencentes às localidades do Caminho dos Diamantes.

6. Langsdorff também esteve nos 4 caminhos da Estrada Real, registrando 26 topônimos, destes a maior parte pertence ao Caminho dos Diamantes.

7. Mawe, Castelnau e Bunbury passaram pelos 4 caminhos da Estrada Real e trazem registros toponímicos em número menor das localidades onde estiveram.

8. D'Orbigny, Agassiz, Freireyss, Pohl, Gardner e Eschwege não trazem referências sobre as localidades do Caminho de Sabarabuçu.

9. Os outros viajantes apresentam registros toponímicos em número mais reduzido, detendo-se alguns somente em determinados caminhos e rotas. Por exemplo, Zaluar só traz registros de algumas localidades do Caminho Velho; Debret refere-se somente a algumas localidades dos Caminhos dos Diamantes e Novo; Burton não traz referências sobre localidades do Caminho Velho, detendo-se mais no Caminho Novo.

Em sintonia com os dados apresentados, traçamos um quadro comparativo dos topônimos registrados pelos Viajantes Naturalistas na Estrada Real, situando-os em cada caminho:

Quadro 31 - Comparativo dos Topônimos Registrados pelos VJN nos Caminhos da Estrada Real

TOPÔNIMO VELHO	CAMINHO VELHO
	TOPÔNIMOS REGISTRADOS PELOS VJN
Aiuruoca	Serra Juruoca ou Papagaio / Nossa Senhora da Conceição da Juruoca (Casal); Rio Juruoca (Saint-Hilaire); Montanha de Juruoca (Luccock); Montanha de Juruoca (Spix & Martius).
Alto Maranhão	Vila de Redondo (Burton); Arraial do Redondo (Walsh); Redondo (Pohl).
Aparecida	Capela de Nossa Senhora Aparecida (Casal); Capella de N. S. de Apparecida (Saint-Hilaire); Freguesia de Nossa Senhora Aparecida (Langsdorff); Capelinha da milagrosa Senhora da Aparecida (Zaluar); Capela de Nossa Senhora Aparecida (D'Orbigny).
Areias	Vila de Areias (Spix & Martius); Paróquia de Sant'Ana das Areias (Casal); Santa Ana das Areias (D'Orbigny); Areias (Langsdorff); Cidade de Areias (Zaluar).
Baependi	Vila de Santa Maria de Baependi (Casal); Baependy (Saint-Hilaire).
Bananal	Freguesia de Bananal (Spix & Martius); Aldeia do Bananal (Saint-Hilaire); Cidade do Bananal (Zaluar); Bananal (Langsdorff).
Cachoeira Paulista	Porto da Cachoeira (Casal); Porto da Cachoeira (Saint-Hilaire).
Campanha	Vila da Princesa da Beira (Casal); Vila da Campanha (Spix & Martius); Cidade da Campanha (Saint-Hilaire); Aldeia de Campanha (Mawe).

Carrancas	Villa de Carrancas / Serra das Carrancas (Saint-Hilaire).
Congonhas	Congonhas (Saint-Hilaire); Cancha / Congonha (Luccock); Congonhas do Campo (Bunbury); Aldeia de Congonhas (Castelnau); Congonhas (Burton); Região de Congonhas (Langsdorff); Congonhas do Campo (Freireyss); Congonhas (Eschwege).
Cruzília	Encruzilhada (Saint-Hilaire).
Cunha	Cunha / Facão (Casal).
Entre Rios de Minas	Entre Rios (Walsh).
Guaratinguetá	Guaratinguetá (Casal); Guaratinguetá (Spix & Martius); Guaratinguetá (Saint-Hilaire); Guaratinguetá (D'Orbigny); Guará / Guaraz (Zaluar).
Itanhandu	Rio Verde (Spix & Martius).
Jeceaba	Camapoã (Saint-Hilaire); Camapoão (Burton).
Lagoa Dourada	Lagoa Dourada (Saint-Hilaire); Lagoa Dourada (Lucocck) Santo Antonio de Alagoa (Burton); Lagoa Dourada (Spix & Martius); Arraial de Lagoa Dourada (Walsh); Lagoa Dourada (Agassiz).
Lavras	Nossa Senhora da Conceição das Lavras do Funil (Casal); Arraial das Lavras do Funil (Spix & Martius).
Lorena	Vila de Lorena (Casal); Vila de Lorena / Guaipacaré (Spix & Martius); Villa de Lorena (Saint-Hilaire); Lorena / Guaipacaré (D'Orbigny); Lorena (Langsdorff); Lorena (Zaluar).
Paraty	Parati (Casal).
Passa Quatro	Passa Quatro (Saint-Hilaire).
Pindamonhangaba	Villa de Pindamonhangaba (Casal); Pendamhoongabo / Pindamonhangaba (Spix & Martius); Pindamonhangaba (Zaluar).
Pouso Alto	Nossa Senhora da Conceição de Pouso Alto (Casal); Pouso Alto (Saint-Hilaire).
Prados	Arraial dos Prados (Langsdorff).
Queluz	Queluz (Bunbury).
Ritápolis	Aldeia de Santa Rita (Saint-Hilaire); Arraial de Santa Rita (Pohl); Santa Rita (Burton); Aldeia de Santa Rita (Burmeister); Santa Rita (Freireyss); Santa Rita (Castelnau).
São Brás do Suaçuí	Aldeia de Suaçuí (Saint-Hilaire); Suá-Suí (Luccock) Saçuí (Bunbury); Suaçuí (Burton); Arraial Suá Suci (Walsh).
São João Del Rei	Villa de São João del-Rei / Rio das Mortes (Casal); São João d'El-Rei (Spix & Martius); S. João d'El Rei (Saint-Hilaire); São João del Rei (Pohl); São João Del Rei (Eschwege); São João del-Rei (Mawe); Arraial do Rio das Mortes (Burton); São João d'El Rei (Bunbury); São João del Rei / Vila de São João (Langsdorff); São João d'El-Rei (Rugendas); São João del Rei / Rio das Mortes (Walsh); Rio das Mortes (Castelnau).
São José do Barreiro	Vila do Barreiro (Zaluar).
São Sebastião do Rio Verde	Arraial do Rio Verde (Spix & Martius).

São Tomé das Letras	Serra das Letras / São Tomé (Casal); Serra das Letras (Spix & Martius).
Silveiras	Silveiras (Zaluar).
Taubaté	Thaubaté (Casal); Taubaté (Spix & Martius); Vila de Tauhaté (Saint-Hilaire); Taubaté (D'Orbigny); Taubaté (Zaluar).
Tiradentes	São José del-Rei (Casal); Cidade de São José (Spix & Martius); S. José (Saint-Hilaire); Povoação de São José (Luccock); Vila de São José (Pohl); Vila de São José (Rugendas); Cidade de São José (Walsh).
Traituba	Rancho da Traituba / Traituba (Saint-Hilaire).
Tremembé	Arraial de Tremembé (Casal).
CAMINHO NOVO	
Barbacena	Barbacena (Casal); Vila de Barbacena (Saint-Hilaire); Barbacena (Luccock); Vila de Barbacena (Pohl); Vila de Barbacena (Eschwege); Arraial da Igreja Nova da Borda do Campo (Castelnau); Barbacena (Burton); Barbacena (Burmeister); Barbacena (D'Orbigny); Barbacena (Langsdorff); Barbacena (Freireyss); Barbacena (Rugendas).
Capela Nova	Capela Nova (Castelnau).
Carandaí	Carandaí (Saint-Hilaire); Carandaí (Pohl); Carandaí (Castelnau); Caraandaí (Burton); Grandaí / Carandaí (Bunbury); Grandaí (Burmeister).
Catas Altas da Noruega	Arrayal de Catas Altas da Noruega (Casal).
Cipotânea	Arraial de São Caetano (Gardner); São Caetano (Mawe); Aldeia de São Caetano (Burmeister).
Conselheiro Lafaiete	Vila de Queluz (Casal); Queluz (Saint-Hilaire); Vila de Queluz (Luccock); Queluz (Pohl); Queluz (Castelnau); Queluz (Burmeister); Queluz (D'Orbigny).
Ewbank da Câmara	Fazenda Tabuões (Pohl).
Inconfidência	Sebollas (Luccock); Cebola (Langsdorff).
Juiz de Fora	Juiz de Fora (Saint-Hilaire); Juiz-de-Fora (Luccock); Juiz de Fora (Pohl); Santo Antônio de Paraibuna (Burton); Aldeia de Juiz de Fora (Burmeister); Juiz de Fora (Walsh); Fazenda de Juiz de Fora (Mawe).
Magé	Vila de Magé (Casal); Magé (Castelnau); Magé (Langsdorff).
Matias Barbosa	Matias Barbosa (Saint-Hilaire); Registro de Matias Barbosa (Luccock); Registro de Matias Barbosa (Pohl); Capela de Matias Barbosa (Burton); Matias Barbosa (D'Orbigny); Matias Barbosa (Langsdorff); Matias Barbosa (Freireyss); Registro de Matias Barbosa (Wash).
Mercês	Arraial das Mercês (Burmeister); Arraial das Mercês (Langsdorff).
Ouro Branco	Ouro Branco (Spix & Martius); Ouro Branco (Bunbury); Arraial de Ouro Branco (Saint-Hilaire); Povoação de Ouro Branco (Luccock); Arraial de Santo Antônio do Ouro Branco (Pohl); Santo Antônio de Ouro Branco (Mawe); Ouro Branco (Castelnau); Santo Antônio (Burton); Arraial de Ouro Branco (Buermeister); Povoado de Ouro Branco (D'Orbigny).
Paraíba do Sul	Cidade de Paraíba do Sul (Burmeister); Paraíba / Guara da Paraíba (Pohl).

Petrópolis	São Pedro de Alcântara / Petrópolis (Burton); Cidade de Petrópolis (Burmeister); Cidadezinha de Petrópolis (Agassiz).
Piranga	Parróquia da Piranga (Casal); Arraial de Piranga (Gardner); Aldeia de Piranga (Mawe); Vila de Piranga (Burmeister).
Ressaquinha	Ressaquinha (Mawe); Rancho de Ressaquinha (Castelnau).
Rio de Janeiro	São Sebastião / Sebastianópolis / Rio de Janeiro (Casal); Rio de Janeiro / São Sebastião (Spix & Martius); Rio de Janeiro (Saint-Hilaire); Cidade do Rio de Janeiro (D'Orbigny); Cidade do Rio de Janeiro (Burmeister); Baía do Rio de janeiro (Burton); Cidade do Rio de Janeiro (Rugendas); São Sebastião do Rio de Janeiro (Debret); Rio de Janeiro (Agassiz); Cidade do Rio de Janeiro (Walsh).
Rio Pomba	Rio da Pomba (Casal); Aldeia de Rio do Pomba (Saint-Hilaire).
Santa Rita do Ibitipoca	Villa de Ibitipoca (Saint-Hilaire); Ibitipoca (Burton).
Santos Dumont	João Gomes (Pohl); Vila Campestre João Gomes (Burton); João Gomes (Burmeister); João Gomes (Langsdorff).
Secretário	Pegado (Luccock); Secretário (Saint-Hilaire).
Senhora de Oliveira	Arraial de Nossa Senhora de Oliveira (Pohl).
Simão Pereira	Rocinha de Simão Pereira (Saint-Hilaire); Simão-Pereira (Luccock); Arraial de São Pedro de Alcântara (Pohl); Aldeia de Simão Pereira (Burton); Paróquia de Simão Pereira (Langsdorff); Vila de Simão Pereira (Walsh).
Três Rios	Entre Rios (Walsh); Entre-Rios (Agassiz); Entre-Rios (Burton); Três Rios (Pohl).
CAMINHO DOS DIAMANTES	
Acaiaca	Aldeia d'Ubá (Langsdorff).
Alvorada de Minas	Arraial do Rio do Peixe (Spix & Martius).
Barão de Cocais	S. João do Morro Grande (Saint-Hilaire); Freguesia de São João do Morro Grande (Eschwege); São João do Morro Grande (Langsdorff); Arraial de São João do Morro Grande (Gardner).
Barra Longa	São José da Barra Longa (Mawe).
Bento Rodrigues	Bento Rodrigues (Saint-Hilaire); Arraial de Bento Rodrigues (Bunbury); Arraial de Bento Rodrigues (Gardner).
Cachoeira do Campo	Freguesia de Nossa Senhora de Nazaré da Cachoeira (Casal); Cachoeira (Castelnau); Cachoeira (Burmeister).
Camargos	Povoação de Camargos (Saint-Hilaire); Arraial de Camargo (Pohl); Camargos (Eschwege); Arraial de Camargos (Gardner); Camargo (Mawe).
Capivari	Capivarim (Langsdorff).
Catas Altas	Catas-Altas de Mato Dentro(Casal); Catas Altas de Mato Dentro(Saint-Hilaire); Catas Altas (Luccock); Arrayal de Catas Altas do Mato Dentro (Pohl); Catas Altas (Eschwege); Aldeia de Catas Altas (Mawe); Arraial de Catas Altas (Rugendas); Arraial de Catas Altas (Gardner); Catas Altas (Bunbury).

Chapada	Arraial da Chapada (Casal); Arraial de Chapada (Spix &Martius); Alto da Chapada (Mawe).
Cocais	Arraial dos Cocais (Casal); Povoado de Cocais (Spix & Martius); Cocais (Bunbury); Aldeia de Cocais (Saint-Hilaire); Arraial de Cocais (Pohl); Arraial de Cocais (Gardner).
Conceição do Mato Dentro	Arraial e Freguesia de N. Senhora da Conceição (Casal); Arraial da Conceição (Spix & Martius); Povoação de Conceição (Saint-Hilaire); Arraial da Conceição (Pohl); Arraial de N. S. da Conceição do Mato Dentro (Gardner); Aldeia de Conceição (Mawe); Vila (Arraial) da Conceição (Langsdorff).
Congonhas do Norte	Congonhas da Serra / Congonhas / Aldeia (Saint-Hilaire).
Couto de Magalhães de Minas	Arraial do Rio Manso (Spix & Martius).
Diamantina	Tijuco (Spix & Martius); Tijuco (Saint-Hilaire); Arraial de Tijuco (Gardner); Tijuco (Mawe); Diamantina (Burton); Tijuco (D'Orbigny); Tijuco (Langsdorff); Cidade de Tijuco (Debret); Distrito Diamantino (Casal); Diamantina (Agassiz).
Ferros	Aldeia de Santa Ana de Ferros (D'Orbigny); Vila de Santana dos Ferros (Langsdorff); Aldeia de Santana dos Ferros (Freireyss).
Glaura	Arrayal da Casa Branca (Burmeister); Arraial de Santo Antônio da Casa Branca (Freireyss).
Gouveia	Gouveia (Casal); Gouveia (Burton).
Guanhães	São Miguel (Langsdorff).
Itabira	Pico de Itabira (Spix & Martius); Itabira de Mato Dentro / Povoação de Itabira (Saint-Hilaire); Serra de Itabira (Pohl); Povoado de Itabira (Castelnau); Serra da Itabira (Burmeister).
Itambé do Mato Dentro	Monte Itambé (Spix & Martius); Povoação de Itambé (Saint-Hilaire); Arraial de Itambé (Pohl); Arraial de Itambé (Gardner); Itambé (Mawe); Pico do Itambé (Burton).
Lagoa Santa	Lagoa Santa (Agassiz); Arraial da Lagoa Santa (Langsdorff); Aldeia de Lagoa Santa (Burmeister); Lagoa Santa (Spix & Martius).
Mariana	Mariana / Marianópolis / Arraial do Carmo (Casal); Cidade de Mariana (Saint-Hilaire); Mariana / Povoado do Carmo (Luccock); Cidade de Mariana (Pohl); Cidade de Mariana (Gardner); Mariana (Castelnau); Cidade de Mariana (Burmeister); Mariana (D'Orbigny); Mariana (Bunbury); Mariana (Eschwege); Cidade de Mariana (Freireyss).
Milho Verde	Arraial do Milho Verde (Spix & Martius); Aldeia de Milho Verde (Saint-Hilaire).
Morro da Água Quente	Povoado de Morro da Água Quente (Saint-Hilaire); Arraial do Morro da Água Quente (Pohl); Lugarejo do Morro da Água Quente (Eschwege); Morro da Água Quente (Langsdorff).

Morro do Pilar	Morro de Gaspar Soares (Spix & Martius); Povoação do Morro de Gaspar Soares / Morro de Nossa Senhora do Pilar (Saint-Hilaire); Arraial do Morro de Gaspar Soares (Pohl); Arraial do Morro de Gaspar Soares (Gardner).
Ouro Preto	Vila Rica/ Oiro Preto (Casal); Vila Rica (Spix & Martius); Vila Rica (Saint-Hilaire); Vila Rica (Luccock); Vila Rica (Pohl); Ouro Preto (Gardner); Ouro Preto (Castelnau); Vila Rica (Mawe); Cidade de Vila Rica (Burmeister); Vila Rica (D'Orbigny); Cidade Imperial de Ouro Preto (Langsdorff); Comarca de Ouro Preto/ Vila Rica (Rugendas); Vila Rica (Debret); Vila Rica (Freireyss); Vila Rica (Walsh).
Santa Bárbara	Arraial de Santa Bárbara (Casal); Aldeia / Povoação de Santa Bárbara (Saint-Hilaire); Arraial de Santa Bárbara (Pohl); Santa Bárbara (Eschwege); Santa Bárbara (Agassiz); Santa Bárbara (Bunbury).
Santa Luzia	Arraial de Santa Luzia (Casal); Cidadezinha de Santa Luzia (Pohl); Vila de Santa Luzia (Gardner); Santa Luzia (Burton); Santa Luzia (Burmeister); Santa Luzia (Langsdorff).
Santa Rita Durão	Arraial e Freguesia do Inficionado(Casal); Inficionado (Spix & Martius); Inficcionado (Saint-Hilaire); Arraial do Inficcionado (Pohl); Inficionado (Eschwege); Arraial Inficionado (Gardner).
Santo Antônio do Norte	Tapera (Saint-Hilaire)
São Bartolomeu	Arraial e Freguesia de São Bartolomeu (Casal); Aldeia de S. Bartolomeu (Saint-Hilaire).
São Gonçalo do Rio Abaixo	Aldeia de São Gonçalo (Spix & Martius).
Serra Azul de Minas	Casa de Telha (Pohl).
Serro	Vila do Príncipe (Casal); Vila do Príncipe (Saint-Hilaire); Vila do Príncipe (Spix & Martius); Vila do Príncipe (Pohl); Cidade do Serro (Gardner); Vila do Príncipe (Mawe); Vila do Príncipe (D'Orbigny); Cidade do Príncipe (Debret).
Três Barras	Três Barras (Saint-Hilaire); Três Barras (Gardner).
Vau	Vau (Saint-Hilaire); Vau (Gardner); Vau (Walsh).
CAMINHO DE SABARABUÇU	
Acuruí	Rio das Pedras (Spix & Martius); Rio das Pedras (Burmeister).
Brumadinho	Aldeia de Brumado (Mawe); Arraial de Brumado (Gardner); Brumadinho (Langsdorff).
Caeté	Vila Nova da Rainha (Casal); Caeté / Vila Nova da Rainha (Bunbury); Arraial de Caeté (Spix & Martius); Caeté (Saint-Hilaire); Vila de Caeté (Gardner); Caeté (Langsdorff).
Itabirito	Itabira do Campo (Burton).
Morro Vermelho	Arraial do Morro Vermelho (Langsdorff); Morro Vermelho (Burton).
Nova Lima	Aldeia de Congonhas de Sabará (Saint-Hilaire); Arraial de Congonhas de Sabará (Gardner); Nossa Senhora do Pilar de Congonhas de Sabará (Burton).
Raposos	Raposos (Gardner).

Sabará	Vila Real do Sabará (Casal); Sabará (Spix & Martius); Vila de Sabará (Saint-Hilaire); Distrito de Sabará (Mawe); Cidade de Sabará (Castelnau); Vila Real de Sabará (Burmeister); Sabará (Langsdorff).

A leitura e a análise dos registros toponímicos deixados pelos VJN que passaram pela Estrada Real permitem que façamos as seguintes considerações:

1. Em sua quase totalidade, as memórias dos VJN selecionados no *corpus* desta pesquisa, revelam o caráter do homem-cientista, cuidadoso nas observações que faz e criterioso em suas análises e juízos, buscando ser neutro na busca da verdade científica. Entretanto, muitas vezes podemos perceber que a curiosidade do cientista, ao invés de se fechar na contemplação do mundo físico, igualmente se abre à contemplação do mundo circundante, das instituições, dos costumes, das formas de trabalho aborígene, do branco, dos negros, livres ou escravos, e todas as situações políticas que se desenhavam nas paisagens da Estrada Real.

2. A análise dos registros toponímicos proporciona considerar que, nem sempre os topônimos foram grafados de acordo com a Norma Culta, uma vez que os viajantes não tinham o completo domínio da Língua Portuguesa. Outro fator complicador é que, às vezes, um mesmo topônimo vem grafado de forma diferenciada de autor para autor. Além disso, no uso corrente, várias localidades não eram designadas por seu nome completo. Isso acontecia, por exemplo, quando o topônimo oficial era demasiado longo.

3. É preciso também levar em conta que o estrangeiro nem sempre estava em condições de perceber a diferença entre nome oficial e denominação cotidiana.

4. Muitos viajantes foram surpreendentemente cuidadosos ao registrar os nomes das localidades pelas quais passavam, muitas delas ainda arraiais nascentes, embriões de cidades que os poucos mapas produzidos à época sequer sonhariam em mencionar.

5. Os topônimos com maior número de descrições são:
   a) Caminho Velho: São João del Rei, Aparecida, Congonhas, Lagoa Dourada e Tiradentes.
   b) Caminho Novo: Rio de Janeiro, Barbacena, Ouro Branco, Juiz de Fora, Matias Barbosa e Conselheiro Lafaiete.
   c) Caminho dos Diamantes: Ouro Preto, Marina, Diamantina, Catas Altas e Serro.
   d) Caminho do Sabarabuçu: Caeté, Nova Lima e Sabará.

6. Encontramos diferenças de registro na grafia dos seguintes topônimos: Juruoca (Aiuruoca), Baependy (Baependi), Caancunha (Congonhas), Guarã / Guaráz (Guaratinguetá), Camapoã / Camapoão (Jeceaba), Guaipacaré / Guaypacaré (Lorena), Parati (Paraty), Pendamhoongabo (Pindamonhangaba), Saçuí / Suá

Sucí / Suá-Suí (São Brás do Suaçuí, São João d'El Rei / São João del-Rei (São João Del Rei), Thaubaté / Tauhaté (Taubaté), Caraandaí / Grandaí (Carandaí), Sebollas / Cebola (Inconfidência), Camargo (Camargos), Arrayal de Catas Altas / Arraial de Catas Altas (Catas Altas), Oiro Preto (Ouro Preto), Inficcionado / Inficionado (Santa Rita Durão), Cuité (Caeté), Capivarim (Capivari).

7. Os nomes de lugares que sofreram mudanças toponímicas mais evidentes e marcantes são:

Redondo > Alto Maranhão,

Santana das Areias > Areias,

Vila da Princesa da Beira > Campanha,

Encruzilhada < Cruzilha,

Facão > Cunha,

Camapoã > Jeceaba,

Guaypacaré > Lorena,

Rio das Mortes > São João Del Rei,

São José del Rei > Tiradentes,

Arraial da Igreja da Borda do Campo > Barbacena,

Guará da Paraíba > Paraíba do Sul,

João Gomes > Santos Dumont,

Pegado > Secretário,

Arraial de São Pedro de Alcântara > Simão Pereira,

Arraial do Rio do Peixe > Alvorada de Minas,

São João do Morro Grande > Barão de Cocais,

Tijuco > Diamantina,

Arraial de Santo Antônio da Casa Branca > Glaura,

Arraial do Carmo > Mariana,

Morro de Gaspar Soares > Morro do Pilar,

Vila Rica > Ouro Preto,

Inficionado > Santa Rita Durão,

Tapera > Santo Antônio do Norte,

Casa de Telha > Serra Azul de Minas,

Vila do Príncipe > Serro,

Rio das Pedras > Acuruí,

Vila Nova da Rainha > Caeté,

Arraial de Congonhas de Sabará > Nova Lima.

8. O registro de topônimos que se referem a nomes sagrados e católicos:

Capella de Nossa Senhora Aparecida > Aparecida,

Paróquia de Sant'Ana das Areias > Areias,

Santo Antônio de Alagoa > Lagoa Dourada,

Nossa Senhora da Conceição de Pouso Alto > Pouso Alto,

Arraial de Santa Rita > Ritápolis,

Vila de São João > São João Del Rei,

Povoação de São José > Tiradentes

Arraial da Igreja Nova da Borda do Campo > Barbacena,

Arraial de São Caetano > Cipotânea,

Santo Antônio de Paraibuna > Juiz de Fora,

Arraial das Mercês > Mercês,

Arraial de Santo Antônio do Ouro Branco > Ouro Branco,

São Pedro de Alcântara > Petrópolis,

São Sebastião do Rio de Janeiro > Rio de Janeiro,

Arraial de Nossa Senhora de Oliveira > Senhora de Oliveira,

Arraial de São Pedro de Alcântara > Simão Pereira,

São João do Morro Grande > Barão de Cocais,

Freguesia de Nossa Senhora de Nazaré da Cachoeira > Cachoeira do Campo,

Arraial de Nossa Senhora da Conceição > Conceição do Mato Dentro,

Vila de Santana dos Ferros > Ferros,

Arraial de Santo Antônio da Casa Branca > Glaura,

São Miguel > Guanhães,

Morro de Nossa Senhora do Pilar > Morro do Pilar,

Povoação de Santa Bárbara > Santa Bárbara,

Arraial de Santa Luzia > Santa Luzia,

Aldeia de São Bartolomeu > São Bartolomeu,

Aldeia de São Gonçalo > São Gonçalo do Rio Abaixo,

Nossa Senhora do Pilar de Congonhas de Sabará > Nova Lima.

Os dados apresentados e a análise empreendida permitem constatar a importância dos escritos dos VJN para a compreensão da memória toponímica da Estrada Real, no que se refere à sua constituição e aos processos de mudanças ocorridos. Tendo em vista isso, partiremos para as considerações finais deste trabalho.

Fonte: *Revista Oceanos*, 1995, p. 53.

Perto de lá tem vila grande – que se chamou Alegres – o senhor vá ver. Hoje, mudou de nome, mudaram. Todos os nomes eles vão alterando. É em senhas. São Romão todo não se chamou primeiro Vila Risonha? O Cedro e o Bagre não perderam o ser? O Tabuleiro – Grande? Como é que podem remover uns nomes assim? O senhor concorda? Nome de lugar onde alguém já nasceu devia de estar sagrado. Lá como quem diz: então alguém havia de renegar o nome de Belém – de Nosso Senhor – Jesus – Cristo no presépio, com Nossa Senhora e São José? Precisava de ter mais travação.

Guimarães Rosa

Grande Sertão: veredas

Considerações finais

É FUNDAMENTAL RESSALTAR QUE, com um *corpus* tão amplo e diversificado, em que se enlaçaram conteúdos de procedências diversas, o imbricamento dos dados de uma leitura sócio-histórico-cultural se tornou sumamente necessário, para se atingir o percurso assinalado. Ainda que diante dos objetivos propostos, e que foram seguidos, era de esperar que esta pesquisa apresentasse uma composição mista e que apontasse para vários problemas em simultâneo, cremos, no entanto, ter conseguido traçar um percurso de exposição teórico-prática que deu resposta eficaz ao cumprimento desses objetivos, não extrapolando o contexto linguístico-textual toponímico norteador de cada parte executada.

Um percurso que começou na Parte I deste trabalho, com a descrição teórica da ciência toponímica e as relações estabelecidas com as outras ciências, de modo particular com a Geografia, História e Religião e avançou para a descrição da motivação toponímica e os pressupostos teóricos de Dick. Seguiu-se para a Parte II, onde foram apresentados os aspectos históricos e geográficos da Estrada Real e também uma breve exposição biográfica dos Viajantes Naturalistas pesquisados. Depois, na Parte III foram apresentadas as fichas lexicográficas e procedeu-se a análise quantitativa das mesmas com a discussão dos resultados.

Após a consecução deste trabalho podemos afirmar, que:

1. A Toponímia constitui-se como relevante marca cultural e expressa uma efetiva apropriação do espaço pelos grupos culturais. É ainda um poderoso elemento identitário porque articula história, linguagem, política territorial e identidade. A sua análise permite entrever o Léxico falado e escrito que camufla a memória das tradições e dos valores da identidade de um povo;

2. A importância da utilização dos relatos de viagens para a compreensão das motivações toponímicas e das mudanças linguísticas ocorridas fez emergir a perspectiva de uma análise para além da literatura, em que os textos se transformaram

em fontes comprobatórias e em significativos documentos que forneceram não somente dados políticos e econômicos, mas também preciosas informações linguísticas sobre o *corpus* pesquisado;

3. Na tentativa de resgatar a Memória Toponímica da Estrada Real, expressão cunhada por nós, afirmamos que a língua funciona afetada por uma memória do dizer, já que nomear um lugar, uma vila, uma cidade é, pois, rememorar a história dos fatos que motivaram o surgimento de um topônimo. Na expressão de Rancière (1994, p. 43). "as palavras da história são nomes". Um nome é sempre uma fonte de sentido, o que faz da cultura uma forma diferente de identificar e recortar a realidade;

4. A variedade toponímica do corpus analisado deixou entrever a força da memória toponímica. Esta é tão grande que os topônimos muitas vezes tornam-se atemporais, de tal modo que, no passar do tempo entre o desbravamento dos sertões e a instalação dos povoados e das cidades, se sucederam as culturas, chegaram novos habitantes para povoar aqueles territórios e mudaram-se as línguas, mas muitos topônimos permaneceram com os nomes originais que foram dados pelos primeiros habitantes;

5. A Toponímia testemunha a história de uma cultura e sobrevive muitas vezes a ela. No *corpus* analisado pudemos observar que existem muitos lugares em que o nome foi dado por que correspondia a uma vegetação predominante no lugar, a uma corrente de água, a uma construção singular, mas passado o tempo mesmo desaparecendo a paisagem motivadora, ficou o nome próprio (topônimo) como referência do que existiu, muitas vezes como um "fiel guardião" de uma história ignorada e perdida pela maioria dos homens das novas gerações. Por exemplo: *Cocais* (a Igreja era outrora cercada de coqueirais); *Casa Grande* (havia uma casa muito grande que abrigava cerca de 15 famílias e dela hoje só existem os alicerces); *Pouso Alto* (os bandeirantes buscavam "pouso" em suas terras em meados do século XVII); *Alagoa* (existia uma grande lagoa que foi esvaziada pelos bandeirantes para exploração de ouro e pedras preciosas). Dessa maneira podemos concluir que esses topônimos que, em seu nascimento foram palavras semanticamente motivadas, converteram-se em termos de significação arbitrária, sem nenhuma relação com a realidade agora designada;

6. Em sua maioria, a gênese toponímica dos povoados, distritos e municípios da Estrada Real está indissoluvelmente ligada com a religião Católica. Esses surgiram ao redor das capelas e das igrejas e o povo aprendeu a identificar o lugar com o nome de um santo ou divindade. Por isso, existe um amalgamento do nome com aquilo que ele representa. Na expressão de Granet (1997, p. 36),

"saber o nome, dizer a palavra, é possuir o ser ou criar a coisa". Justifica-se, dessa maneira, a hagiotoponímia como taxe predominante nos topônimos dessas regiões, demonstrando a força da colonização portuguesa que junto com a espada trouxe a cruz. São 61 topônimos que têm motivação religiosa;

7. Um povoado pode desaparecer, inclusive sem deixar memória de seu desaparecimento mas o topônimo permanece. Por exemplo, nos relatos dos viajantes, no percurso da Estrada Real encontramos muitas referências à Vila de São João Marcos do Príncipe,esta já não existe mais porque foi despovoada e demolida na década de 1940 para a formação de uma represa hidrelétrica. Assim, ao nos defrontarmos com nomes desconhecidos ou nomes que pareciam estranhos diante da realidade observada, percebemos que muitas vezes, a toponímia fazia referências a conceitos que já não encontravam mais correspondência com a realidade física que tínhamos diante de nós, porque essa realidade mudou com o tempo, ou até desapareceu;

8. Guimarães Rosa (1986) afirma que "não se pode perder o nome sem perder o ser". Não se justificam mudanças toponímicas que desconsideram as raízes culturais de um povo e a sua história. As trocas arbitrárias dos topônimos designativos de um lugar atingem a identidade coletiva de um grupo social, afetando a maneira de representação do espaço em que se vive;

9. Enfim, ainda sobre a memória toponímica, há que se acrescentar um fator importante que afeta por igual os topônimos de criação recente com os mais antigos: a toponímia possui um poder de fixação muito superior ao léxico comum porque a sua função única é a de *referencial*. Nela se entrelaça um nome com a designação de um lugar, ainda que fixação não tenha a significação de imobilidade por ser ela uma ciência dinâmica que sofre mutações, que agrega e que se restringe.

10. Cumpre ressaltar, no prolongamento das questões levantadas pela pesquisa e devido à amplitude da mesma, que ainda há espaço de reflexão e problematização sobre temas ligados à toponímia da Estrada Real no que se refere a desdobramentos referentes ao processo designativo das montanhas e dos rios, bem como estudos que contemplem localidades que não estão inseridas na Carta do Instituto Estrada Real e que também têm importância histórica nos Caminhos do Ouro. Por exemplo: Santo Antônio do Rio Acima, Sumidouro, Matozinhos, São Miguel do Mato Dentro, Chapéu de Uvas (Paula Lima), dentre outras. Estas, mesmo não figurando no mapa referido aparecem nas descrições dos viajantes, em cartas geográficas e documentos antigos.

Referências bibliográficas

ABBAGNANO, Nicola. *Dicionário de Filosofia*. São Paulo: Martins Fontes, 2000.

ABREU, Artur C. de. A Revisão Toponímica. *Boletim Geográfico*. n. 9, 1943. v. 1. p. 5-8.

ABREU, J. Capistrano. *Caminhos Antigos e povoamento do Brasil*. Belo Horizonte: Itatiaia; São Paulo: Editora da Universidade de São Paulo, 1988.

AGASSIZ, Luiz e AGASSIZ, Elizabeth Cary. *Viagem ao Brasil. 1865-1866*. Belo Horizonte: Itatiaia, 1975.

AGUIAR, Marcos Magalhães. Quotidiano da população forra em Minas Gerais do período colonial. In: *Revista Oceanos*, n. 42. Viver no Brasil Colônia. Lisboa: Comissão Nacional para as Comemorações dos Descobrimentos Portugueses, abr./jun./2000.

ALBUQUERQUE, Luís de: *Os Descobrimentos Portugueses*. Lisboa: Editora Alfa, 1985.

AMATO, Marta Maria. *A freguesia de N. Sra. da Conceição de Carrancas e sua História*. São Paulo: Loyola, 1996.

ANASTASIA, Carla. *Salteadores, Bandoleiros e Desbravadores nas Matas Gerais da Mantiqueira (1783-1786)*. Revisão do Paraíso. DEL PRIORE, Mary (Org.). Os Brasileiros e o Estado em 500 anos de História. Rio de Janeiro: Editora Campus, 2000.

ANASTASIA, Carla Maria Junho. *A geografia do crime*: violência nas Minas Setecentistas. Belo Horizonte: Editora UFMG, 2005.

ANDRADE, Francisco Eduardo de. *A Natureza e a gênese das Minas do Sul nos livros de André João Antonil e Sebastião da Rocha Pita*. Revista Brasileira de História. n.51. São Paulo: Jan./June 2006. V. 26.

ANDRADE, Marcos Ferreira de. "Revolta de Carrancas". In: *Dicionário do Brasil Imperial.* VAINFAS, Ronaldo. (dir.). Rio de Janeiro: Objetiva, 2002. pp. 635-637.

_____. *Família, Fortuna e Poder no Império do Brasil – Minas Gerais- Campanha da Princesa* (1799-1850). 2005. 356 f. Tese de doutorado. Programa de Pós-graduação em História Social da Universidade Federal Fluminense, Niterói-RJ.

_____. *Elites Regionais e a Formação do Estado Imperial Brasileiro:* Minas Gerais – Campanha da Princesa 1799-1850. Rio de Janeiro: Arquivo Nacional, 2008.

ANDRADE, Martins de. *São Lourenço:* cidade recreio. Rio de Janeiro: Livraria Editora Zélio Valverde S.A. 1945.

ANTONIL, André João. *Cultura e opulência do Brasil:* por suas Drogas e Minas. 3. ed. Belo Horizonte: Itatiaia/Edusp, 1982.

ARAÚJO, Emanuel. Tão Vasto, tão ermo, tão longe:o sertão e o sertanejo nos tempos co-loniais. Revisão do Paraíso. In: DEL PRIORE, Mary (Org.). *Os Brasileiros e o Estado em 500 anos de História.* Rio de Janeiro: Editora Campus, 2000.

ARAÚJO, Paulo Henrique e CARDOSO, Ciro Flamarion. *Rio de Janeiro.* Madrid: Editorial Mapfre, 1992.

ARQUIVO PÚBLICO MINEIRO. *Primeiros descobridores das minas de ouro na Capitania de Minas Geraes.* Belo Horizonte: Imprensa Oficial de Minas Gerais, 1899. V. 4, p. 83-98.

ARRUDA, Maria A. do Nascimento. *Mitologia da Mineiridade:* o imaginário mineiro na vida política e cultural do Brasil. São Paulo: Brasiliense, 1999.

ASSEMBLÉIA LEGISLATIVA DO ESTADO DE MINAS GERAIS / INSTITUTO DE GEOCIÊNCIAS APLICADAS. *As denominações urbanas de Minas Gerais:* cida-des e vilas mineiras com estudo toponímico e da categoria administrativa. 2. ed. Belo Horizonte: ALEMG, 1997.

AZARYVAHU, M. e GOLAN, A. *(Re) naming the Landscate:* The Formation of Hebrew Map of Israel, 1949-1960. *Journal of Historical Geography.* 27 (2), 2001, pp. 178-195.

BADÍA-MARGARIT, Antonio M. Sobre la distribución geográfica de la toponímia de origen portugués en el Brasil. *Separata do III Colóquio Internacional de Estudos Luso-Brasileiros, I.* Barcelona: Universidad de Barcelona, 1957.

BALDINGER, Kurt. *Problèmes Fondamentaux de L'Onomasiologie.* Madrid: C.S.I.C., 1968.

BARBOSA, Waldemar de Almeida. *A Capitania de Minas Gerais.* Belo Horizonte: Itatiaia, 1970.

_____. *Dicionário histórico geográfico de Minas Gerais.* 2. ed. Belo Horizonte: Itatiaia, 1995.

_____. *O Aleijadinho de Vila Rica.* São Paulo: Edusp; Belo Horizonte: Itatiaia, 1988.

BARREIROS, Eduardo Canabrava. *Episódios da Guerra dos Emboabas e sua Geografia.* Belo Horizonte: Editora Itatiaia; São Paulo: Edusp, 1984.

_____. *Roteiro das Esmeraldas:* A Bandeira de Fernão Dias Pais. Rio de Janeiro: Instituto Nacional do Livro, 1979.

_____. *As Vilas Del-Rei e a cidadania de Tiradentes.* Rio de Janeiro: Livraria José Olímpio Editora, 1976.

BAZIN, Germain. *O Aleijadinho e a escultura barroca no Brasil.* 2ª ed. rev. aum. Rio de Janeiro: Record, 1963.

BEAUREPAIRE, Rohan. *Dicionário de Vocábulos Brasileiros.* Belo Horizonte: Garnier, 2007.

BERGER, Paulo. *Bibliografia do Rio de Janeiro de viajantes e autores estrangeiros 1531-1900.* Rio de Janeiro: Livraria São José Ltda., 1964.

BESNARD, A. M.. *Le Mystère du nom.* Paris: Éditions Cert, 1962.

BIBLIOTECA NACIONAL DE PORTUGAL. *A América Portuguesa nas colecções da Biblioteca Nacional de Portugal e da Biblioteca da Ajuda.* Lisboa: BNP, 2008.

BIBLIOTECA NACIONAL DO RIO DE JANEIRO. *Ouro Preto.* Sesquicentenário da Elevação de Vila Rica à Categoria de Imperial Cidade de Ouro Preto, 1823-1973. Catálogo da exposição. Rio de Janeiro, 1973.

BIBLIOTECA NACIONAL DO RIO DE JANEIRO. Saint-Hilaire, 1779-1853. *Catálago da Exposição* Comemorativa do bicentenário de nascimento, organizado pela seção de Promoções Culturais. Pref. De Afonso Arinos de Melo Franco. 42 p. Rio de Janeiro 1979.

BICALHO, Maria Fernanda. *A cidade e o império:* o Rio de Janeiro no século XVIII. Rio de Janeiro: Civilização Brasileira, 2003.

BICALHO, Sebastião. *Estrada Real:* Romance. Votuporanga: Casa Editora Espírita "Pierre-Paul Didier", 2005.

BONATO, Tiago; Construindo a paisagem da América Portuguesa: Imagens textuais nos relatos de viagem do final do período colonial. In: SALES, Jean Rodrigues;

FREITAG, Liliane; STANCZYK, Milton Filho. (org.) *Região: Espaço, Linguagem e Poder*. São Paulo: Alameda Casa Editorial, 2010, p. 219-223.

BOSCHI, Caio César. *Achegas à História de Minas Gerais (séc. XVIII)*. Porto, Portugal: Universidade Portucalense. 1994.

_____ (coord.) *Inventário dos manuscritos avulsos relativos a Minas Gerais existentes no Arquivo Histórico Ultramarino (Lisboa)*. Belo Horizonte: Fundação João Pinheiro. Centro de Estudos Históricos e Culturais, 1998, 3v. (coleção mineiriana. Série Obras de Referência).

_____. *Fontes Primárias para a História de Minas Gerais em Portugal*. Belo Horizonte: Conselho Estadual de Cultura de Minas Gerais, 1979.

BOXER, C. R. *A idade de Ouro do Brasil*. São Paulo: Companhia Editora Nacional, 1969.

_____. *The Golden age of Brazil*. Los Angeles: University of California, 1962.

BRUCKER, Charles. *L'étymologie*. Paris: Presses Universitaires de France, 1988.

BRUNO, Ernani Silva. *O ouro e a Montanha*: Histórias e Paisagens do Brasil. São Paulo: Cultrix, 1959.

BUENO, Eduardo. *Brasil*: Uma História. 2 ed. São Paulo: Ática, 2003.

BUENO, Júlio. *Questão de Limites entre São Paulo e Minas Gerais*. Belo Horizonte: Imprensa Oficial, 1912.

_____. História da Campanha. *Almanaque do Município da Campanha*. 1. e. 1900. Sul de Minas: Edição impressa provisoriamente nas Oficinas do Jornal "Monitor Sul de Minas". 2007.

_____. *Almanach do Municipio da Campanha*. Typ do "Monitor Sul Mineiro". 1900.

BUNBURY, Charles James Fox. *Viagem de um naturalista inglês ao Rio de Janeiro e Minas Gerais*. Belo Horizonte: Itatiaia; São Paulo: Edusp, 1981.

BURMEISTER Dr. Hermann. *Viagem ao Brasil*: através das Províncias do Rio de Janeiro e Minas Gerais. Visando especialmente a história natural dos Distritos Auri-Diamantíferos. São Paulo: Martins, 1952.

BURTON, R. F. *Viagem do Rio de Janeiro a Morro Velho*. Belo Horizonte: Itatiaia; São Paulo: Edusp, 1977.

_____. *Viagens aos Planaltos do Brasil* – Tradução de Américo Jacobina Lacombe. São Paulo: Cia. Editora Nacional, 1941.

_____. *Viagens aos Planaltos do Brasil*. São Paulo: Cia. Editora Nacional, 1983.

CALDEIRA, Jorge (org.). *Viagem pela História do Brasil*. São Paulo: Companhia das Letras, 1997.

CALMON, Pedro. *História do Brasil*. Rio de Janeiro: José Olympio, 1959.

CALVINO, Ítalo. *Por que Ler os Clássicos*. São Paulo: Companhia das Letras, 1993.

CAMARA JR., Joaquim Mattoso. *Princípios de Linguística Geral*. 2. ed. Rio de Janeiro: Livraria Acadêmica, 1954.

CAMPOS, Helena Guimarães. *Estradas Reais e Estradas de Ferro:* cotidiano e imaginário nos caminhos de minas. Revista de História Comparada volume 1, número 1, jun./2007. Disponível em: http://www.hcomparada.ifcs.ufrj.br/revistahc/artigos/volume001_Num001_artigo004.pdf. Acesso em 10/10/2011.

CARDIM, Fernão. *Tratados da terra e gente do Brasil*. Belo Horizonte: Itatiaia, 1980.

CARDOSO, Armando Levy. *Toponímia brasílica*. Rio de Janeiro: Biblioteca do Exército Editora,1961.

CARDOSO, Manuel da Silveira Soares. Alguns subsídios para a história da cobrança do quinto na capitania de Minas Gerais até 1735. Lisboa: *I Congresso da História da expansão Portuguesa no Mundo*. 3ª Seção, 1938

CARROZZO, João. *Lambari*. Bragança Paulista: Gráfica das Faculdades Franciscanas, 1977.

CARVALHO, Carlos Delegado de. *História da cidade do Rio de Janeiro*. Rio de Janeiro: Secretaria Municipal de Cultura, Departamento Geral de Documentação, 1994.

CARVALHO, J. R. de Sá. *Brazilian El Dorado*. London and Glasgov: Blackie & Son Limited, 1938.

CASADEI, Antônio. *Notícias Históricas da Cidade da Campanha:* Tradição e Cultura. Niterói: Serviços Gráficos Impar, 1987.

CASAL, Aires. *Corografia Brasílica*. B. Horizonte: Itatiaia; São Paulo: Edusp, 1976.

CASSIRER, Ernest. *Ensaio sobre o homem*. Coleção Filosofia & Ensaios. Lisboa: Guimarães Editores, 1995.

_____. *Linguagem, mito e religião*. Coleção Substância. Lisboa: Edições Rés, 1976.

CASTELNAU, Francis. *Expedição às regiões centrais da América do Sul*. Belo Horizonte: Itatiaia. 2000.

474   Francisco de Assis Carvalho

CASTRO, Sílvio. *A Carta de Pero Vaz de Caminha* – o descobrimento do Brasil. Porto Alegre: L&PM, 2000.

CASTRO, Yeda Pessoa de. [PDF] *As Línguas Africanas ao PortuguêsBrasileiro*. Faculdade de Filosofia e Ciências Humanas. Centro de Estudos Afro-Orientais – Universidade Federal da Bahia. 1983. Disponível em: www.smec.salvador.ba.gov.br/documentos/linguas-africanas.pdf. Acesso em: 15/08/2011.

CHAVES, Luís. *Influências religiosas na formação da antroponímia e toponímia em Portugal.* Coimbra: Casa do Castelo Editora, 1957.

CHAVES, Mario Luiz de Sá C.; CHAMBEL, Luís. *Diamantes do médio rio Jequitinhonha, Minas Gerais:* qualificação gemológica e análise granulométrica. 2004. Disponível em: http://www.scielo.br/scielo.php?pid=S0370-44672004000400009&script=sci_arttext. Acesso em: 05/set./2011.

CÓDICE Costa Matoso. *Coleção das notícias dos primeiros descobrimentos das minas na América que fez o doutor Caetano da Costa Matoso sendo ouvidor-geral das do Ouro Preto, de que tomou posse em fevereiro de 1749, & vários papéis.* Belo Horizonte: Fundação João Pinheiro, Centro de Estudos Históricos e Culturais, 1999. 2v.: il. (Coleção Mineriana, Série Obras de Referência.

COROMINES, J. Revista Electrónica de Geografia y Ciencias Sociales. *Scripta Nova.* v. VII, nº 138, 01/04/2003. UNB, Barcelona, 2003.

COSERIU, Eugenio. *Lecciones del Linguística General.* Madrid: Gredos, 1981.

_____. *La geografia Linguistica.* Montevideo: Universidad de La Republica. Facultad de Humanidades y Ciencias: Public. Instituto de Filologia, departamento de linguística, 1956.

_____. *Princípios de Semàntica Estructural.* Madrid: Gredos, 1977.

COSGROVE, Denis. A geografia está em toda a parte: cultura e simbolismo nas paisagens humanas. In: CORRÊA, Roberto Lobato; ROZENDAHL, Zeny (orgs.). *Paisagem, tempo e cultura.* Rio de Janeiro: Editora UERJ, 1998, p. 92-123.

COSTA, Antônio Gilberto. (org). *Os Caminhos do Ouro e a Estrada Real.* Belo Horizonte: Editora da UFMG; Lisboa: Kapa Editorial, 2005.

_____. *Cartografia da Conquista do Território das Minas.* Belo Horizonte: Editora UFMG, 2004.

COSTA, Antônio Gilbert. et alii. *Cartografia das Minas Gerais*. Da Capitania à Província. Belo Horizonte: Editora UFMG, 2002.

COSTA, Iraci del Nero da. *Vila Rica*: população (1719-1826). São Paulo: IPE-USP, 1979.

COSTA, Joaquim Ribeiro. *Conceição do Mato Dentro*: Fonte da Saudade. Belo Horizonte: Itatiaia; Brasília: INL, 1975.

_____. *Toponímia de Minas Gerais*. Belo Horizonte-Rio de Janeiro: Itatiaia Ltda. 1993.

COSTA, José Pedro de Oliveira. *Aiuruoca, Matutu e Pedra do Papagaio, Um Estudo de Conservação do Ambiente Natural e Cultural*. São Paulo: Edusp, 1994.

COSTA, Lúcio. Antônio Francisco Lisboa, o "Aleijadinho". In: *OUNIVERSO mágico do barroco brasileiro*. São Paulo: Sesi, 1998. p. 169.

COSTA, Maria Lúcia Prado. *Fontes para a História do sul de Minas*: Os trabalhadores de Paraguaçu e Machado (1850-1900). Belo Horizonte: Mazza Edições, 2002.

COUTO, Jorge & GUEDES, Max Justo. *Descobrimento do Brasil*. Lisboa: Comissão Nacional para a comemoração dos Descobrimentos Portugueses, 1998.

COUTO, José Vieira. Memórias sobre as minas de Minas Gerais.In: *Revista do Arquivo Público Mineiro*. v. 6. Belo Horizonte: 1900

CUNHA, Antônio Geraldo da. *Dicionário Etimológico Nova Fronteira da Língua Portuguesa*. Rio de Janeiro: Nova Fronteira, 1986.

DA MATA, Sérgio. *O desencantamento da toponímia*. In: ROSENDAHL, Zeny & LOBATO, Roberto (Org.). *Geografia*: temas sobre cultura e espaço. Rio de Janeiro: Eduerj, 2005. Págs. 115- 141.

D'ORBIGNY, Alcide. *Viagem pitoresca através do Brasil*. Belo Horizonte: Itatiaia, 1976.

DARBY, H.C.. Place names and geography. *The Geographical Journal*, United States: 1957, n. 123, p. 387.

DAUZAT, A. Ètudes de Linguistique Française. Deuxième édition. Paris: Editions D'Artrey, 1946.

_____. *La Toponymie Française*. Paris: Payot, 1939.

_____. *Les noms de lieux*. Paris: Librairie Delagrave, 1932

_____. Revista Electrónica de Geografia y Ciencias Sociales. *Scripta Nova*. vol. VII, nº138, 01/04/2003. UNB, Barcelona, 2003.

DEBRET, Jean Baptiste. *Viagem Pitoresca e História do Brasil*. São Paulo: Edusp, 1989.

DEL PRIORE, Mary. *Esquecidos por Deus:* Monstros no mundo europeu e ibero-americano: uma história dos monstros do Velho e do Novo Mundo. (Seculos XVI-XVIII). São Paulo: Compnhia das Letras, 2000.

DELGADO, Alexandre Miranda. *Memória histórica sobre a cidade de Lima Duarte e seu município.* Juiz de Fora: Editora do Autor, 1959.

DIAS, Carlos Malheiro; VASCONCELLOS, Ernesto de; GAMEIRO, Roque. *Historia da colonização portuguesa do Brasil.* v.3. Porto: Litografia Nacional, 1924.

DICK, Maria Vicentina de Paula do Amaral. Fundamentos Teóricos da Toponímia. Estudo de caso: O Projeto ATEMIG-Atlas Toponímico do Estado de Minas Gerais. (variante regional do Atlas Toponímico do Brasil). In: SEABRA, Maria Cândida T. Costa. (org.) *O léxico em estudo.* Belo Horizonte: Faculdade de Letras da UFMG, 2006.

_____. "A Documentação em Toponímia". XXXIV Seminário do GEL. Franca, 1991.

_____. A língua de São Paulo. In: *Revista USP*: 450 anos de São Paulo. Nº. 03. Setembro a Novembro de 2004. USP, São Paulo: 2004.

_____. *A motivação toponímica e a realidade brasileira.* São Paulo: Arquivo do Estado de SP, 1990.

_____. Atlas Toponímico: Um estudo de caso. *Acta Semiotica et Lingvistica.* S. Paulo: SBPL-Ed. Plêiade, l996, v. 6: 27-44.

_____. Métodos e questões terminológicas na onomástica. Estudo de caso: o Atlas Toponímico do Estado de São Paulo. In: *Investigações:* Linguística e Teoria Literária. Vol. 9. 1999.

_____. *O português no Brasil no período colonial.* Disponível em: http://www.filologia. org.br/vcnlf/anais%20v/civ6_13.htm. Acesso em: 26 mai. 2011.

_____. O problema das taxionomias toponímicas. Uma contribuição metodológica. In: *Separata da Revista de Letras.* São Paulo: USP, 1975.

_____. O sistema onomástico: bases lexicais e terminológicas, produção e frequência. In. OLIVEIRA, Ana M. Pinto Pires e ISQUERDO, Aparecida Negri. In: *As Ciências do léxico.* 2. ed. Campo Grande: Ed. UFMS, 2001.

_____. Os nomes como marcadores ideológicos. *Revista Internacional de Semiótica e Linguística.* São Paulo: vol. 7, 1998, p. 97-122.

_____. Rede de conhecimento e campo lexical: hidrônimos e hidrotopônimos na onomástica brasileira. In: ISQUERDO, Aparecida Negri; KRIEGER, Maria da Graça. *As Ciências do léxico.* V. II. Campo Grande: Ed. UFMS, 2004. p. 121-130.

_____. *Toponímia e Antroponímia no Brasil.* Coletânea de Estudos. 2. Ed. São Paulo: FFLCH/USP, 1992.

_____. Toponímia e cultura. *Revista do Instituto de Estudos Brasileiros.* São Paulo: 27-93-101, 1987.

_____. Tradição de Modernidade na Toponímia. *Arquivo:* B. hist. e inf. São Paulo: 7(4): 89-98, out. Dez. 1986.

D'ORBIGNY, Alcide. *Viagem pitoresca através do Brasil.* São Paulo/Belo Horizonte: Itatiaia/Edusp, 1976.

DORION, Henri. & POIRIER, Jean. *Lexique des termes utiles à l'étude des noms de lieux.* Quebec: Les Presses de l'Université Laval, 1975.

_____. Revista electrónica de Geografia y Ciencias Sociales. *Scripta Nova.* Barcelona: Universidade de Barcelona. Vol. VII, n° 138, 01/04/2003.

DORNAS FILHO, João. *O ouro das Gerais e civilização da Capitania.* São Paulo: Companhia Editora Nacional, 1957.

DRUMOND, Carlos. *Contribuição do Bororo à toponímia brasileira.* São Paulo: Revista do IEB, 1965.

DUSSEL, Enrique. *1492 O Encobrimento do Outro.* A origem do "mito da Modernidade". Petropolis: Vozes, 1993.

DURAND, Gilbert. *Les Structures anthropologiques de l'imaginaire.* Paris: Dunod (first edition), P.U.F., 1960.

ELIA, Silvio. *Orientações da linguística moderna.* Rio de Janeiro: Livro Técnico, 1978.

ELIADE, Mircea. *O sagrado e o profano:* a essência das religiões. Coleção Vida e Cultura. Lisboa: Livros do Brasil. 1962.

ESCHWEGE, W. L. Von. Notícias, e Reflexões Estadísticas a respeito da Provincia de Minas Gerais. *Historia e Memórias da Academia Real das Sciencias de Lisboa.* Tomo IX, parte I, Lisboa: Typografia da Academia, 1825, pp. 1-4.

_____. *Pluto Brasilienses.* Belo Horizonte: Itatiaia, 1979.

FALCÃO, Edgard de Cerqueira. Nas Paragens do Aleijadinho (Guia das Minas Gerais). *Revista dos Tribunais*, São Paulo: Publisher, 1955.

_____. *Relíquias da Terra do Ouro*. São Paulo: Sociedade Indústrias Gráficas Lanzara, 1946.

FARIA, Miguel. Brasil: visões europeias da América Lusitana. In: *Revista Oceanos*, n. 24. O Teatro da Natureza: Maximiliano no Brasil. Lisboa: Comissão Nacional para as Comemorações dos Descobrimentos Portugueses, out./dez./1995.

FARIA, Ronan Gonçalves de. *Cartografia Administrativa*: dos primórdios da América Portuguesa à Capitania de Minas Gerais. Belo Horizonte: 2009. PUC-MG. Dissertação do Programa de Pós-Graduação em Geografia Tratamento de Informação Espacial. 2009.

FERRATER, Josep. *Diccionário de Filosofia*. Madrid: Alianza, 1979.

FERREIRA, Aurélio Buarque de Holanda. *Dicionário Aurélio Básico da Língua Portuguesa*. Rio de Janeiro: Nova Fronteira, 1988.

FERREIRA, Francisco Ignácio. *Opulência de Minas Geraes*. Belo Horizonte: Imprensa Oficial de Minas Gerais, 1924. v. 20, p. 11-155.

FIGUEIREDO, Lucas. *Boa Ventura! A corrida do ouro no Brasil(1697-1810)*: a cobiça que forjou um país, sustentou Portugal e inflamou o mundo. 2ªed. Rio de Janeiro: Record, 2011.

FONSECA, Cláudia Damasceno. *Des Terres Aux Villes de L'or* – Pouvoirs Et Territoires Urbains au Minas Gerais (Brésil, Xviiie Siècle). Paris: Centre Culturel Calouste Gulbenkian, 2003.

_____. Agentes e contextos das intervenções urbanísticas nas Minas Gerais do século XVIII. In: *Revista Oceanos*, n. 41. A Construção do Brasil Urbano. Lisboa: Comissão Nacional para as Comemorações dos Descobrimentos Portugueses, jan./mar./2000.

FORTES BUSTAMANTE. *Notas sobre São José do Itamonte e Alagoa*: districtos do futuro município de Itamonte. Rio de Janeiro: Oficinas Gráficas do Jornal do Brasil, 1936.

FRANCO, Carvalho. *Bandeiras e bandeirantes de São Paulo*. Rio de Janeiro: Companhia Editora Nacional, 1940.

_____. *Dicionário de Bandeirantes e Sertanistas do Brasil*. Belo Horizonte: Itatiaia; São Paulo: Edusp, 1989.

FREYRE, Gilberto. *Problemas Brasileiros de Antropologia*. Rio de Janeiro: Casa do Estudante do Brasil. 1943.

FREIREYSS, George Wilheln. *Viagem ao Interior do Brasil*. Belo Horizonte: Itatiaia; São Paulo: Edusp, 1982.

FUNDAÇÃO João Pinheiro. Centro de Estudos Históricos e Culturais *Códice Costa Matoso*: coleção dos primeiros descobrimentos das minas na América que fez o doutor Caetano da Costa Matoso sendo ouvidor-geral das do Ouro Preto, de que tomou posse em fevereiro de 1749, & vários papéis. Belo Horizonte: Fundação João Pinheiro: CEHC, 1999.

FURTADO, Júnia Ferreira. *Chica da Silva e o contratador dos diamantes:* O outro lado do mito. São Paulo: Companhia das Letras, 2003.

_____. *O Livro da Capa Verde*. O regimento diamantino de 1771 e a vida no distrito diamantino no período da Real Extração. São Paulo: Annablume; Belo Horizonte: PPGH/UFMG, 2008.

FURTADO, Milton Braga. *Síntese da Economia Brasileira*. 7ªed. Rio de Janeiro: LTC editora, 2000.

FURTADO, Sebastião da Silva. *Presença de N. S. da Conceição na toponímia brasileira*. V Colóquio Internacional de Estudos Luso-brasileiros. Coimbra: Biblos, 1966.

GANCHO, Candida V. e TOLEDO, Vera Vilhena de. *Inconfidência Mineira. São Paulo: Ática, 1991.*

GANDAVO, Pero de Magalhães. *Tratado da terra do Brasil:* História da Província de Santa Cruz. Belo Horizonte: Itatiaia, 1980.

GARDNER, George. *Viagem ao interior do Brasil, principalmente nas províncias do Norte e nos distritos do ouro e do diamante durante os anos de 1836-1841*. Tradução de Milton Amado. Belo Horizonte: Itatiaia; São Paulo: Edusp, 1975.

GARSCHAGEN Donalson M. (coord.). In: Enciclopédia Barsa, IX, São Paulo: Melhoramentos, 1978, pp. 237 e 238.

GERSON, Brasil. *O ouro, o café e o Rio*. Rio de Janeiro: Brasiliana editora, 1970.

GIUCCI, Guillermo. *Viajantes do Maravilhoso:* o Novo Mundo. São Paulo: Cia das Letras, 1992.

GODINHO, Vitorino Magalhães. *Os descobrimentos e a economia mundial*. Lisboa: Presença, 1971.

GRANET, Marcel. *O pensamento chinês*. Rio de Janeiro: Contraponto, 1997.

GREGÓRIO, Irmão José. *Contribuição Indígena ao Brasil:* lendas e tradições – usos e costumes – fauna e flora – língua – raízes – toponímia – vocabulário. Belo Horizonte: UBEE, 1980.

GROHLER, Herman. *Uber Ursprung und Bedeutung der Franzosis Chen Ortsnamen*. Chalestoston, SC: Copyright Bibliobazaar, 2008.

GUEDES, Max Justo. O descobrimento do Brasil. In: *Revista Oceanos*, n. 39. O achamento do Brasil. Lisboa: Comissão Nacional para as Comemorações dos Descobrimentos Portugueses, jul./set./1999.

GUERREIRO, Inácio. A revelação da Imagem do Brasil (1500-1540). In: *Revista Oceanos*, n. 39. O achamento do Brasil. Lisboa: Comissão Nacional para as Comemorações dos Descobrimentos Portugueses, jul./set./1999.

GUIMARÃES, Elisa. *Texto, Discurso e Ensino*. São Paulo: Contexto, 2009.

GUIMARÃES, Fábio Nelson. *Fundação histórica de São João del Rei:* com subsídios para a história da cidade de Tiradentes em suas origens. São João del Rei: Artes Gráficas SA., 1961.

GUIMARÃES, José. *Borda da Mata:* Notas para sua história. Pouso Alegre: Tipografia da Escola Profissional, 1958.

HOLANDA, Sérgio Buarque de (org.). A herança colonial: sua desagregação. In: *História geral da civilização brasileira*. São Paulo: Difel, 1976.

_____. As Monções. In: TAUNAY, A. *et al. Curso de Bandeirologia*. São Paulo: Departamento Estadual de Informações, 1946, p. 127-146.

_____. *Caminhos e Fronteiras*. São Paulo: Companhia das Letras, 1994.

_____. *Raízes do Brasil*. Rio de Janeiro: José Olympio, 1995.

_____. *Visão do paraíso:* os motivos edênicos no descobrimento e colonização do Brasil. 6ª ed. São Paulo: Brasiliense, 1996.

HÖRMANN, Hans. *Introduction & la pnycholingnlirtiqne*. Paris: Larousse, 1972.

HOUAISS, A. e VILLAR, M. S.. *Dicionário Houaiss de Língua Portuguesa*. Lisboa: Círculo dos Leitores, 2003, v. VI.

HUMBOLDT, Alexandre von. *Quadros da Natureza*. Tradução de Assis de Carvalho. São Paulo: W. N. Jackson, 1950. 2. v.

IGLÉSIAS, Francisco. *Trajetória Política do Brasil* (1500-1964). São Paulo: Companhia das Letras, 1993.

INSTITUTO BRASILEIRO DE GEOGRAFIA E ESTATÍSTICA. *Enciclopédia Dos Municípios Brasileiros*. (1957-1964). Publicações disponíveis da Coleção Digital do IBGE. Disponível em: http://biblioteca.ibge.gov.br/colecao_digital_publicaco-es_multiplo.php?link=EMB-Enciclopedia%20dos%20Municipios%20Brasileiros&titulo=Enciclop%E9dia%20dos%20Munic%EDpios%20Brasileiros. Acesso: 01/jul./2011.

INSTITUTO BRASILEIRO DE GEOGRAFIA E ESTATÍSTICA – Conselho Nacional de Geografia. *Vocabulário das cidades e vilas brasileiras*. Rio de Janeiro: IBGE, 1943.

INSTITUTO CULTURAL BANCO DE SANTOS. A Cartografia na Formação do Brasil. *Tesouro dos Mapas*. 2002, p. 108.

INSTITUTO ESTRADA REAL; INSTITUTO TERRA AZUL. *Formato de submissão à Lista tentativa*. Belo Horizonte, 2008.

_____. INSTITUTO TERRA AZUL. *Lista Tentativa de Propriedades da Estrada Real*. Belo Horizonte, 2006.

INSTITUTO HISTÓRICO E GEOGRAPHICO BRASILEIRO. *Diccionario Historico, Geographico e Ethnographico do Brasil* (Comemorativo do Primeiro Centenário da Independência). Rio de Janeiro: Imprensa Nacional, 1922.

ISQUERDO, A. N.. *O fato linguístico como recorte da realidade sócio-cultural*. 1996. Tese (Doutorado) – UNESP, Araraquara, 1996.

KIDDER, Daniel P. *Reminiscências de Viagens e Permanência no Brasil* (Rio de Janeiro e Província de São Paulo). São Paulo: Livraria Martins, 1940.

KNIVET, Anthony. *As incríveis aventuras e estranhos infortúnios de Anthony Knivet:* Memórias de um aventureiro inglês que em 1591 saiu de seu país com o pirata Thomas Cavendish e foi abandonado no Brasil, entre índios canibais e colonos selvagens. Hue, Sheila Moura. (Org.). Rio de Janeiro: Jorge Zahar Editora, 2009.

LAPESA, Rafael. La Toponimia como Herencia Histórica y Lingüística. *Léxico e História*, I. Palabras. Madrid: Itsmo, 1992.

LATIF, Mirian de Barros. *Uma cidade nos trópicos, São Sebastião do Rio de Janeiro*. São Paulo: Livraria Martins, 1948.

_____. *As Minas Gerais:* a aventura portuguesa, a obra paulista, a capitania e a província. Rio de Janeiro: Editora S.A. A Noite, 1965.

LEFORT, Mons. José do Patrocínio. *Cidade da Campanha:* monografia histórica. Belo Horizonte: Imprensa Oficial, 1972.

_____. *A Diocese da Campanha.* Belo Horizonte: Imprensa Oficial de Minas Gerais. 1993.

LE GOFF, Jacques. *História e memória.* Campinas: Editora da Unicamp, 2003.

LEITE, Aureliano. *O Cabo – Maior dos Paulistas na Guerra com os Emboabas.* São Paulo: Livraria Martins, 1942.

LEITE, Mário. *A região da Mantiqueira:* Ensaio descritivo. Lisboa – Portugal: Sociedade Industrial e Tipografia Ltda., 1951.

_____. *Paulistas e Mineiros:* Plantadores de Cidades. São Paulo: Edart, 1961.

LÉVI-STRAUSS, Claude. *O pensamento selvagem.* Campinas: Papirus, 1989.

LEY, Willy; CAMP, Sprague de. *Da Atlântida ao Eldorado.* Belo Horizonte: [s.n.], 1961.

LIMA JÚNIOR, Augusto de. *A Capitania das Minas Gerais.* Belo Horizonte: Itatiaia; São Paulo: Edusp. 1978.

_____. *Vila Rica do Ouro Preto:* síntese histórica e descritiva. Rio de Janeiro: EGL, 1996.

_____. *História de Nossa Senhora em Minas Gerais:* origem das primeiras invocações. Belo Horizonte: Autêntica, 2008.

_____. *A Capitania de Minas Gerais* (Origens e Formação). 3. ed. Belo Horizonte: Edição do Instituto de História, Letras e Artes, 1965.

_____. *História dos diamantes nas MinasGerais* – Século XVIII. Rio de Janeiro/Lisboa: Edições Dois Mundos, 1945.

LIND, Ivan. *De Portugal ao Brasil, um pequeno estudo de Toponímia Brasileira.* Lisboa: Casa Portuguesa, 1963.

LISBOA, Karen Macknow. Olhares estrangeiros sobre o Brasil do século XIX. In: MOTA, Carlos Guilherme (org.). *Viagem Incompleta.* Experiência brasileira (1500-2000). Formação: histórias. São Paulo: Editora SENAC, 2000, pp. 265-299.

_____. *A nova Atlântida de Spix e Martius:* natureza e civilização na Viagem pelo Brasil, 1817-1820. São Paulo: HUCITEC/FAPESP, 1997 (Estudos Históricos).

LOBO, Eulália Maria Lahmayer. *História do Rio de Janeiro. Do capital comercial, industrial e financeiro*. Rio de Janeiro: IBMEC, 1978.

LONGNON, Auguste. *Les noms de lieu de la France: leur origine, leur signification, leurs transformations*. Paris: Éditions Honoré Champion, 1999.

LOPES, Antônio Francisco. *Os Personagens da Inconfidência Mineira*. Belo Horizonte: Biblioteca Mineira de Cultura, 1947, v. XVI.

LOPES, Eliane Marta Santos Teixeira. *Colonizador-Colonizado*. Belo Horizonte: Editora UFMG, 1985.

LUCCOCK, John. *Notas sobre o Rio de Janeiro e partes meridionais do Brasil*. Belo Horizonte: Itatiaia/Edusp, 1975.

MACHADO FILHO, Aires da Mata. *Arraial do Tijuco* Cidade Diamantina. Belo Horizonte: Itatiaia, 1980.

MACHADO, José Pedro. *Dicionário Onomástico e Etimológico da Língua Portuguesa*. Lisboa: Editorial Confluência, 1984.

MAGASICH-AIROLA, Jorge e BEER Jean-Marc de, *América Mágica:* quando a Europa da Renascença pensou estar conquistando o Paraíso. São Paulo: Paz e Terra, 2000.

MAIA, Tom & MAIA, Thereza Regina de Camargo. *O Folclore das Tropas, Tropeiros e Cargueiros no Vale do Paraíba*. Rio de Janeiro: MEC-SEC, FUNARTE, INF, São Paulo: SEC, UNITAU, 1981.

MANSUR, R. F. G.. *Nomes e Sobrenomes*. São Paulo: Ave-Maria Editora, 1994.

MARCELLESI, Jean-Baptiste; GARDIN, Bernard. *Introdução à Sociolinguística*: A Linguística Social. Lisboa: Editorial Aster, 1975.

MARQUES, Daniel Anilton Duarte. *Estrada Real:* Patrimônio de Minas Gerais – Um estudo de Diamantina e Serro. 2009. 270 f. Dissertação (Mestrado Profissional em Turismo). Centro de Excelência em Turismo, Universidade de Brasília, Brasília.

MARQUES, Manoel Eufrásio de Azevedo, 1825-1878. *Apontamentos históricos, geográficos, biográficos, estatísticos e noticiosos da Província de São Paulo:* seguidos da cronologia dos acontecimentos mais notáveis desde a fundação da Capitania de São Vicente até o ano de 1876. Belo Horizonte: Itatiaia; São Paulo: Edusp, 1980.

MARTINS, Luciana de Lima. *O Rio de Janeiro dos Viajantes:* O olhar britânico (1800-1850). Rio de Janeiro: Jorge Zahar Editor, 2001.

MARTINS, Sebastião. *Caminhos de Minas*. São Paulo: Editoração Publicações e Comunicações, 1992.

MASSENA, José Franklin da Silva. *Panorama do Sul de Minas*. Belo Horizonte: Imprensa Oficial de Minas Gerais, 1904. (p. 769-794).

_____. *Quadros da Natureza Tropical:* ou Ascensão scientifica ao Itatiaya ponto mais culminante do Brasil. Rio de Janeiro: Tip. de Pinheiro & Cia. 1867.

MATA, Sérgio da. O espaço do poder. *Revista do Arquivo Público Mineiro*, v. 152, Belo Horizonte: 2006, p. 48-57.

MATEUS, Maria Helena Mira & VILLALVA, Alina. *O essencial sobre a Linguística*. Lisboa: Editorial Caminho, 2006.

MATHIAS, Herculano Gomes. *A coleção da Casa dos Contos de Ouro Preto*: documentos avulsos. Rio de Janeiro: Ministério da Justiça e Negócios Interiores/ Arquivo Nacional, 1966.

MATOS, Raimundo José da Cunha. *Corografia histórica da Província de Minas Gerais* (1837). Belo Horizonte: Itatiaia: São Paulo: Edusp, 1981, 2 v.

MATTOS, Ilmar Rohloff. *O tempo Saquarema*. São Paulo: Hucitec/Instituto Nacional do Livro, 1987.

MATTOSO, José: Antecedentes Medievais da Expansão Portuguesa, in: *História da Expansão Portuguesa*, v. I, BETHENCOURT, Francisco e CHAUDHURI, Kirti. Temas e Debates, Espanha: 1998, pp. 15-23.

MAWE, Jonh. *Viagens ao interior do Brasil*. Belo Horizonte: Itatiaia, 1978.

MAXWELL, Kenneth. *A Devassa da Devassa*. A Inconfidência Mineira Brasil e Portugal [1750 -1808]. São Paulo: Paz e Terra, 2010.

MEGALE, Heitor. *Filologia Bandeirante*: estudos. São Paulo: Humanitas FFLCH/USP, 2000.

MENDONÇA, Marcos Carneiro de. *O Marquês de Pombal e o Brasil*. São Paulo: Companhia Editora Nacional, 1960.

MENDONÇA, Renato. *A influência africana no português do Brasil*. Porto: Livraria Figueirinhas, 1948.

MENÉNDEZ, Pidal R. *Toponimia Prerrománica Hispánica*. Madrid: Gredos, 1952.

MESQUITA FILHO, Júlio de. *Ensaios Sul-Americanos*. São Paulo: Livraria Martins Editora, 1956.

MESQUITA, José Carlos Vilhena. *A Importância do Brasil na Economia Portuguesa do Século XVIII.* Faro (Portugal): Comp. E Imp. Jornal de Famalicão, 1984.

MORALA, J. R. *La toponimia de uma zona del Esla* (Palanquinos, Campo y villa-videl). Centro de Estudios Metodológicos e Interdisciplinares de la Universidad de León, León, 1984.

MORAN, Josep. *Consideracions sobre l'onomàstica.* Barcelona: Institut d'Estudis Catalans, 1996.

MOREAU-REY, E. *Els Noms de Lloc.* Barcelona: Unió Excursionista de Catalunya, 1995.

_____. Revista Electrónica de Geografia y Ciencias Sociales. *Scripta Nova.* v. VII, n.138,01/04/2003, UNB, Barcelona, 2003.

_____. *Tipologia Toponímica.* In: ROSSELÓ, V. M. & CASANOVA, E.. *Materials de Toponimia* – Generalitat Valenciana. València: Universidad de València, 1982.

MOURA, Clóvis. *Quilombos Resistência ao escravismo.* São Paulo: Editora Ática, 1993.

NASCENTES, Antenor. A saudade portuguesa na toponímia brasileira. III Colóquio Internacional de estudos luso-brasileiros. Separata do n.252 da *Revista Labor.* Lisboa, 1959.

NÈGRE, Ernest. *Les noms de lieux en France.* Paris: Librairie Armand Colin, 1963.

NOGUEIRA, Marilene Marinho. Os Caminhos do Ouro e o registro da vegetação segundo Naturalistas do Século XIX. In: COSTA, A, G. (org). *Os Caminhos do Ouro e a Estrada Real.* Belo Horizonte: Editora da UFMG; Lisboa: Kapa Editorial, 2005.

NOVAIS, Fernando A. *Portugal e Brasil na Crise do Antigo Sistema Colonial* (1777-1808). Sétima Edição. São Paulo: Editora Hucitec, 2001.

NUNES, Antônio de Pádua. *Tiradentes.* São Paulo: Conselho Estadual de Cultura, 1969.

OILIAM, José. *Historiografia Mineira.* Belo Horizonte: Itatiaia, 1959.

_____. *Indígenas de Minas Gerais: Aspectos Sociais, Políticos e Etnológicos.* Belo Horizonte: Itatiaia, 1965.

OLIVEIRA, Paulino de. *História de Juiz de Fora.* Juiz de Fora: Cia. Dias Cardoso SA., 1966.

PARANHOS, Paulo. *Terras Altas da Mantiqueira:* caminho do ouro das Minas Gerais. Rio de Janeiro: Verbete, 2005.

PASIN, José Luiz. *Vale do Paraíba:* a Estrada Real – Caminhos e Roteiros. Lorena: UNISAL, 2004.

PELLEGRINI, Américo Filho. *Turismo cultural em Tiradentes.* São Paulo: Manole Ltda. 2000.

PELÚCIO, José Alberto, *Baependi.* Baependi: [s.n.], 1942.

PEREIRA, Valnei; MAIA, Andréa Casanova. *[PDF] LÍNGUAS AFRICANAS.* Faculdade de Filosofia e Ciências Humanas. Centro de Estudos Afro-Orientais – Universidade Federal da Bahia. 2005. Disponível em: www.smec.salvador.ba.gov.br/documentos/ linguas-africanas.pdf. Acesso: 25/08/2011.

_____. *Videografias Etnográficas e Mutações Culturais na "Estrada Real".* Disponível em: www.fca.pucminas.br/saogabriel/estrada real. Acesso em: 15 mai. 2010.

PIAGET, Jean et INHELDER, Barbel. *La Representation de L'Espace chez L'Enfant.*Paris: PUF, 1948.

PIEL. Joseph M. *Os nomes dos santos tradicionais hispânicos na toponímia peninsular.* Coimbra: Coimbra Editora Ltda, 1950.

_____. Nomes de Lugar referentes ao Relevo e ao aspecto geral do solo. (Capítulo de uma toponímia galego-portuguesa). *Separata da Revista Portuguesa de Filologia.* v. I, tomo I. Coimbra: Casa di Castelo, Editora, 1947.

PIMENTA, Demerval José. *Caminhos de Minas Gerais.* Belo Horizonte: Imprensa Oficial, 1971.

PITA, Sebastião da Rocha. *História da América portuguesa.* Belo Horizonte: Itatiaia; São Paulo: Edusp, 1976.

_____. *História da America Portugueza, desde o anno MD até o de MDCCXXIV.* 2. Ed., Lisboa: Francisco Arthur da Silva. 1880, p. 269.

POHL, Joahann Emmanuel. *Viagem no interior do Brasil.* Tradução de Milton Amado e Eugênio Amado. São Paulo: Edusp, 1976.

POIRIER. Revista Electrónica de Geografia y Ciencias Sociales. *Scrita Nova.* v. II, UNB, Barcelona, 1965.

POLO, Marco. *Livro das Maravilhas:* a descrição do mundo. Porto Alegre: L & PM, 1985.

PONTES, Eunice. *Espaço e Tempo na Língua Portuguesa.* Campinas: Pontes Editores, 1992.

PRADO JÚNIOR, Caio. *Formação do Brasil Contemporâneo.* São Paulo: Editora Brasiliense; Publifolha, 2000.

_____. *História Econômica do Brasil.* São Paulo: Editora Brasiliense, 1980.

PRADO, J. F. de Almeida. *As bandeiras*. São Paulo: IBRASA, 1986.

QUEROL, Ernest. *La metodologia en els estudis de toponímia*. In: ROSSELÓ, V.M.; Materials de toponímia – I València: Generalitat Valenciana – Universitat de València, 1995.

RAMOS, Agostinho Vicente de Freitas; *Pequena História do Bananal*. São Paulo: Conselho Estadual de Artes e Ciências Humanas, 1978.

RAMOS, Fábio Pestana; MORAIS, Marcus Vinicius de. *Eles formaram o Brasil*. São Paulo: Contexto, 2010.

RAMOS, Jânia Martins & VENÂNCIO, Renato Pinto. Topônimos mineiros: uma fonte para a história social da língua portuguesa. In: DUARTE, Maria Eugênia Lamoglia & CALLOU, Dinah (Orgs.). *Para a história do português brasileiro: notícias de corpora e outros estudos*. Rio de Janeiro: UFRJ, 2002, v. 4, p. 112-23.

RAMOS, Ricardo Ferreira. História Ecológica do Sertão Mineiro e a Formação do Patrimônio Cultural Sertanejo. In: LUZ, Cláudia; DAYRELL, Carlos (org.). *Cerrado e Desenvolvimento*: tradição e atualidade. Montes Claros: CAA, 2000.

RANCIÈRE, Jacques. *Os Nomes da História*. Campinas: Pontes/Educ, 1994.

REIS, Paulo Pereira de. *O caminho Novo da Piedade no Nordeste da capitania de São Paulo*. São Paulo: Imprensa Oficial do Estado de São Paulo, 1971.

RENGER, F. A origem histórica das estradas reais nas Minas Setecentistas. In: RESENDE, M., VILALTA, L. (org.). *História de Minas Gerais* – As Minas Setecentistas. Belo Horizonte: Autêntica; Cia. do Tempo, 2007.

RESENDE, Maria Efigênia Lage de & VILLALTA, Luiz Carlos. *História de Minas Gerais*. As Minas Setecentistas. Belo Horizonte: Companhia do Tempo/ Autêntica, 2007. v. 2.

REVISTA OCEANOS. O Teatro da Natureza. n. 24. Lisboa: Comissão Nacional para as Comemorações dos Descobrimentos Portugueses, out./dez. 1995.

REVISTA OCEANOS. Viver no Brasil Colônia. n. 42. Lisboa: Comissão Nacional para as Comemorações dos Descobrimentos Portugueses, abr./jun. 2000.

RIBAS, Marcos Caetano. *A História do Caminho do Ouro em Paraty*. Paraty: Contest Produções Culturais, 2003.

RIBEIRO, Darcy. *O povo brasileiro: a formação e o sentido do Brasil*. São Paulo: Companhia das Letras, 1995.

RIBEIRO, Ricardo Ferreira. História ecológica do sertão mineiro e a formação do patrimônio cultural sertanejo. In: LUZ, Cláudia; DAYRELL, Carlos (org.). *Cerrado e desenvolvimento: tradição e atualidade.* Montes Claros, 2000.

RICARDO, Cassiano. *Pequeno Ensaio de Bandeirologia,* serviço de documentação. Rio de Janeiro: Imprensa Nacional, 1956.

ROCHA, Everaldo P. G. *O que é mito.* 1. ed. São Paulo: Brasiliense, 1985.

RODRIGUES, Antonio da Gama. *"Gens Lorenensis"* Do sertão de Guaypacaré à Formosa Cidade de Lorena. (1646-1946). Lorena: FFCLSP, 1956.

ROQUE, Francisco. *Verdadeiro resumo do valor do ouro e prata.* Lisboa: Miguel Deslandes, 1694, pp. 2 e 3.

ROSA, João Guimarães. *Grande Sertão:* veredas. Rio de Janeiro: Nova Fronteira, 1986.

RUAS, Eponina. *Ouro Preto:* sua história, seus templos e monumentos. Rio de Janeiro: Imprensa Nacional, 1950.

RUGENDAS, JOHANN MORITZ. *Viagem pitoresca através do Brasil.* Tradução Sérgio Milliet; apresentação Josué Montello. Rio de Janeiro: A Casa do Livro, 1972.

SAINT-HILAIRE, Auguste de. *Segunda viagem do Rio de Janeiro a Minas Gerais e a São Paulo* – 1822. Belo Horizonte: Itatiaia, 1974.

_____. *Viagem às nascentes do rio São Francisco.* Tradução de Regina Regis Junqueira. Belo Horizonte/São Paulo: Ed. Itatiaia/Edusp, 1975.

_____. *Viagem pelas províncias do Rio de Janeiro e Minas Gerais.* São Paulo: Companhia Editora Nacional, 1938.

_____. *Viagem pelo Distrito dos Diamantes e Litoral do Brasil.* Belo Horizonte: Itatiaia; São Paulo: Edusp, 1974.

SALAZAR-QUIJADA, A. *La toponimia en Venezuela.* Caracas: Publicaciones de la Faculdad de Ciencias Economicas y Sociales, 1985.

SALVADOR, José Gonçalves. *Os cristãos-novos em Minas Gerais durante o ciclo do ouro, 1695-1755:* relações com a Inglaterra. São Paulo: Pioneira; São Bernardo do Campo, SP, Instiruto Metodista de Ensino Superior, 1992.

SAMPAIO, Teodoro. Peregrinação de Antônio Knivet no Brasil no século XVI: estudo crítico para servir de contribuição à história e geografia do país. *Congresso de História Nacional 1,* v.2, p. 345-390. Rio de Janeiro: Revista do Instituto Histórico e Geográfico Brasileiro, 1914.

_____. *Viagem à Serra da Mantiqueira:* Campos do Jordão e São Francisco dos Campos. São Paulo: Brasiliense, 1978.

_____. *O Tupi na Geografia Nacional.* 4. e. Câmara Municipal do Salvador. Salvador: Fundação Gonçalo Moniz, 1955.

SANTOS, Joaquim Felício dos. *Memórias do Distrito Diamantino da Comarca do Sêrro do Frio (Província de Minas Gerais).* 3. e. Rio de Janeiro: Edições O Cruzeiro, 1958, p. 50.

SANTOS, Márcio. *Estradas Reais:* Introdução ao estudo dos caminhos do ouro e do diamante no Brasil. Belo Horizonte: Editora Estrada Real, 2001.

SAPIR, Edward. *A linguagem.* Introdução ao estudo da fala. São Paulo: Editora Perspectiva, 1980.

_____. *Le Langage:*Introduction à l'étude de la parole.Paris: Payot, 1970.

SAUSSURE, Ferdinand de. *Curso de linguística general.* Buenos Aires: Losada, 1945.

SCARANO, Julita. *Devoção e escravidão: a Irmandade de Nossa Senhora do Rosário dos Pretos no Distrito Diamantino no século XVIII.* São Paulo: Cia. Editora Nacional, 1975.

SEABRA, Maria Cândida Trindade Costa. *A formação e a fixação da Língua Portuguesa em Minas Gerais:* a Toponímia da Região do Carmo. 2004. Tese de doutorado. Faculdade de Letras, Universidade Federal de Minas Gerais, Belo Horizonte. 2004.

SEEMANN, Jorn. Geografia, geograficidade e a poética do espaço: Patativa do Assaré e as paisagens da região do Cariri (Ceará). *Ateliê Geográfico,* Goiânia: v. 1 n. 1, p. 50-73, set. 2007.

SEIXAS, Maria Lucília Barbosa. *A Natureza Brasileira nas Fontes Portuguesas do Século XVI:* Para uma tipologia das grandezas do Brasil. Viseu – Portugal: Passagem Editores, 2003.

SENNA, Nelson. *Africanos no Brasil:* estudos sobre os negros africanos e influências sobre a linguagem e costumes do povo brasileiro. Belo Horizonte: Of. Gráf. Queiroz Breyner, 1938.

SERAINE, Florival. Relação entre os factos históricos e a Onomástica no Brasil. *Separata da Revista de Portugal.* Série A: Língua Portuguesa, v. XXI; Lisboa, 1966.

SERRA, Pedro. *Três alíneas de onomástica.* Aveiro, Portugal: Labor, 1966.

SERRÃO, Joaquim Veríssimo. *A carta de Pero Vaz de Caminha.* Ericeira-Portugal: Mar de Letras Editora, 1999.

SILVA, Arthur Vieira de Resende e. *O município de Cataguazes esboço histórico*. v. 13 Belo Horizonte: Edição Imprensa Oficial de Minas Gerais, 1908.

SILVA, Danúbio G. Bernardino. *Os Diários de Langsdorff.* Rio der Janeiro: Fiocruz, 1997. v. I, II, III.

SILVA, Janice Theodoro da. *Descobrimentos e colonização*. São Paulo: Ática, 1989.

SILVA, José Joaquim. *Tratado de Geografia descritiva especial da Província de Minas Gerais*. Belo Horizonte: Centro de Estudos Históricos e Culturais, Fundação João Pinheiro, 1997.

SILVA, J. R. *Denominações Indígenas na Toponímia Carioca*. Rio de Janeiro: Brasiliana, 1966.

SILVEIRA, Luís. La Toponymie des Territoires Portugais d'Outre-mer. *Separata de Studia*. N. 1, janeiro, 1958. Lisboa: Agência Geral do Ultramar.

SILVEIRA, Sirlei. *Em Busca do País do Ouro,* sonhos e itinerários. Cuiabá, MT: Carlini & Caniato: EduFMT, 2009.

SIMONSEM, Jaime. *História Económica do Brasil (1500-1800).* e. 6. São Paulo: Ed. Nacional, 1969.

SIMONSEN, Roberto. *História Econômica do Brasil (1500-1820).* São Paulo: Ed. Nacional, 2 v. 1937.

SODRÉ, Nelson Werneck. *Formação da Sociedade Brasileira.* São Paulo: José Olympio Editora, 1944.

SOUZA, Gabriel Soares de. *Tratado Descritivo do Brasil em 1587.* São Paulo: Companhia Editora Nacional, 1971.

SOUZA, Heitor Antunes de. *Esboço Histórico dos Municípios e Itanhandu e Itamonte.* Itamonte: Gráfica São José, 1950.

SOUZA, Laura de Mello e.; BICALHO, Maria Fernanda Baptista. *1680-1720:* O império deste mundo. São Paulo: Companhia das Letras, 2000.

SOUZA, Laura de Mello e.; *Claúdio Manuel da Costa.* Desclassificados do Ouro: a pobreza mineira no século XVIII. Rio de Janeiro: Graal, 1986.

_____. *Desclassificados do Ouro:* a pobreza mineira no século XVIII. 4ª edição. Rio de Janeiro: Edições Graal, 2004.

_____. *Claúdio Manuel da Costa.* São Paulo: Companhia das Letras, 2011.

SPIX, J.B. von; MARTIUS, C. F. P. von. *Viagem pelo Brasil: 1817–1820*. Belo Horizonte: Itatiaia, 1981.

STRAFORINI; Rafael. Estradas Reais no Século XVIII: a importância de um complexo sistema de circulação na produção territorial brasileiro. *Revista Electrónica de Geografía Y Ciencias Sociales*. Universidad de Barcelona. Vol. X, n. 218 (33), 01/ago/2006.

TAUNAY, de Affonso. *Relatos maçoeiros*. Belo Horizonte: Itatiaia, 1981.

TAVARES, Marilze. Língua e cultura: Considerações sobre a motivação de nomes geográficos indígenas. *Raido*. Dourados, MS, v. 3, n. 6, p. 95-109, jul. /dez. 2009. Disponível: http://www.periodicos.ufgd.edu.br/index.php/Raido/article/viewFile/434/401. Acesso em: 10/04/2012.

TEIXEIRA, José – *A verbalização do espaço*: modelos mentais de frente/trás. Braga: Universidade do Minho. Centro de Estudos Humanísticos, 2001.

TODOROV, T. & DUCROT, O. *As morais da história*. Portugal: Publicações Europa – América Ltda., 1991.

_____. *Dicionário Enciclopédico das Ciências da Linguagem*. São Paulo: Editora Perspectiva, 1977.

TODOROV, Tzvetan. *A conquista da América, a Questão do Outro*. São Paulo: Martins Fontes, 1988.

TOLEDO, Francisco Sodero. *Estrada Real*: Caminho Novo da Piedade. Campinas (SP): Editora Alínea, 2009.

TORRES, João Camilo de Oliveira. *História de Minas*. Rio de Janeiro: Distribuidora Record de Serviços de Imprensa Ltda., 1967

TORT, Joan Donada. "Toponimia y Marginalid Geográfica. Los Nombles de Lugar como Reflejo de uma Interpreción del Espacio". Revista Electrónica de Geografia y Ciencias Sociales. *Scripta Nova*. N. 86, 01 abr. 2003, Universidade de Barcelona, Espanha.

TRAPERO, Maximiano. Contribuciones al estudio de la Linguística Hispánica. Homenaje a Profesor Ramón Trujillo (ed. Manuel Almeida y Josefa Dorta) La Laguna *Montesinos y Cabildo Insular de Tenerife*, Vol. II, p. 241-243,1997.

_____. Estructuras semánticas en el léxico de la toponímia: Topónimos oronímicos de Canarias, en Marcos Martinez *et al* (ed.), *Congreso Internacional de Semántica* (*Universidad de La Laguna* 1999). Madrid: Ed. Clásicas, II, 945-955, 2000.

TRINDADE, Cônego Raimundo Otávio da. *Um Pleito Tristemente Célebre nas Minas do Século XVIII*. São Paulo: Revista dos Tribunais, 1957.

_____. *Velhos Troncos Mineiros*. São Paulo: Revista dos Tribunais, 1955. V. I, II, III.

_____. *Instituições de Igrejas no Bispado de Mariana*. Rio de Janeiro: Imprensa Nacional, 1945.

TRINDADE, Flaviano Pereira. *São Brás do Suaçuí:*no caminho do ouro, no caminho da história. 2012. Disponível em: http://saobrasdosuacui.mg.gov.br/images/historia-saobras.pdf. Acesso em: 5/set. 2011.

TSCHUDI, J. J. Von. *Viagem as províncias do Riode Janeiro e São Paulo*. São Paulo: Martins Editora, 1953.

ULLMANN, S. *Semántica*. Introducción a la ciencia del significado. Madrid: Aguiar, 1976.

VAINFAS, Ronaldo. *A heresia dos índios: catolicismo e rebeldia no Brasil colonial*. São Paulo: Companhia das Letras, 1995.

VAINFAS, Ronaldo.; SOUZA, Juliana Beatriz de. *Brasil de todos os santos*. Rio de Janeiro: Jorge Zahar Ed., 2000.

VALLADÃO, Alfredo. *Campanha da Princeza*. v. I. (1737-1821), Rio de Janeiro: Leuzinger S.A. Lavradio: 1937.

_____. *Campanha da Princeza*. v. IV. São Paulo: Empreza Grafhica da "Revistas dos Tribunais" Ltda., 1945.

VALADARES, Virgínia Maria Trindade. *Minas Colonial em documentos: economia, governo e poder*. Belo Horizonte: Expressão, 1999.

_____. *Elites mineirassetecentistas:* conjugação de dois mundos. Lisboa: Edições Colibri/Instituto de Cultura Íbero-Atlântica, 2004.

VARNHAGEN, Francisco Adolfo de. *História Geral do Brasil – Antes da sua Separação e Independência de Portugal*. São Paulo: Melhoramentos, 1956.

VASCONCELLOS, Diogo de. *História Antiga das Minas Geraes*. Belo Horizonte: Imprensa Official do Estado de Minas Gerais, 1974.

VASCONCELOS, Simão de. *Mariana e seus Templos:* era colonial (1703-1797). Belo Horizonte: Gráphica Queirós Ltda., 1938.

VELOSO, João José de Oliveira. *A História de Cunha:* Freguesia do Facão: A rota da exploração das minas e abastecimento de tropas. Cunha-SP: Centro de Cultura e Tradição de Cunha, 2010.

VERGUEIRO, Laura. *Opulência e Miséria de Minas Gerais.* São Paulo: Brasiliense, 1982.

VIANNA, Oliveira. *Populações Meridionais do Brasil.* São Paulo: Livraria José Olympio Editora. 1952.

VICENT, Auguste. *Toponymie de la France.* Bruxelles: reprint Gérard Montton, 1984.

VIEGAS, Augusto. *Notícia de São João del-Rei.* Belo Horizonte: [s.n.], 1953

VIEIRA, Padre Antônio. *Sermões.* Organização e introdução Alcir Pécora. São Paulo: Hedra, 2000.

_____. *Sermões.* Lisboa: Lello & Irmãos Editores, 1951. v. 5.

VILLALTA, Luiz Carlos. "Posse e uso dos livros". *Oceanos.* N. 42. Lisboa: Comissão Nacional para as Comemorações dos Descobrimentos Portugueses, abr./jun. 2000.

XAVIER, Ivo Xavier Fernandes. *Topônimos e Gentílicos.* vol. 2. Porto, Portugal: Editora Educação Nacional Ltda., 1943.

WAINWRIGHT, Barbara M. *Archaeology and Place-Names and History.* London: Routledge & Kegan Paul, 1962.

WALSH, Robert. *Notícias do Brasil.* Belo Horizonte: Itatiaia; São Paulo: Edusp, 1976.

WILCKEN, Patrick. *Império à deriva:* a corte portuguesa no Rio de Janeiro 1808-1821. Lisboa: Civilização Editora, 2004.

WIRTH, John D. *O Fiel da Balança,* Minas Gerais na Federação Brasileira 1889-1937. Rio de Janeiro, Paz e Terra, 1982.

ZALUAR, Augusto Emílio. *Peregrinação pela Província de São Paulo (1860-1861).* Belo Horizonte: Itatiaia; São Paulo: Edusp, 1975.

ZEMELLA, Mafalda P. *O Abastecimento da Capitania das Minas Gerais no Século XVIII.* 2 ed. São Paulo: Hucitec, 1990.

_____. *O abastecimento da capitania de Minas Gerais no século XIII.* São Paulo: USP, 1951.

Apêndice I

Cronologia dos fatos históricos mais interessantes ligados à Estrada Real

- **1494.** O Tratado de Tordesilhas estabeleceu limites das novas descobertas entre Portugal e Espanha. A parte leste do Brasil ficou para Portugal.
- **1500.** Pedro Álvares Cabral descobre o Brasil em 22 de abril.
- **1590.** Próximo ao Pico do Jaraguá, Capitania de São Vicente (São Paulo). Foi descoberta a primeira jazida de ouro em terras brasileiras.
- **1595.** Foi organizada com Martim de Sá a primeira expedição ao interior do Brasil à procura de ouro (Bacia do Rio Sapucaí a partir de Parati).
- **Século XVII** – Os primeiros bandeirantes começam a entrar no *sertão mineiro*.
- **1618.** A Coroa elaborou regimento das minas de São Paulo e São Vicente para a exploração de jazidas auríferas.
- **1645.** Criação da primeira vila do Vale do Paraíba que pertence ao roteiro da Estrada Real: São Francisco das Chagas de Taubaté.
- **1652.** Foi publicada a legislação mineral, de 15 de agosto de 1603. As jazidas de ouro em lavra situavam-se em Jaraguá (São Paulo); Serra da Mantiqueira (Lagoas Velhas do Geraldo; Freguesia de Guarulhos, São Paulo; Serra do Uvuturuna; morro próximo à Vila do Apiaí; e ainda nos Distritos de Curitiba, Iguape, Cananéia e Vila de Serra Acima).
- **1674.** Fernão Dias Pais Leme organizou uma bandeira e explorou por sete anos os vales dos Rios das Mortes, das Velhas, Paraopeba, Araçuaí e Jequitinhonha.
- **1674.** A bandeira de Fernão Dias Paes partiu em busca das esmeraldas.
- **1674.** Borba Gato e seus companheiros chegaram na região de Sabarabuçu.
- **1680.** Borba Gato descobriu ouro nas margens do Rio das Velhas.

- **1693.** A descoberta oficial do ouro se deu com a Bandeira de Antônio Rodrigues Arzão.
- **1694.** Entrada dos Bandeirantes Paulistas na região de Aiuruoca.
- **1697 a 1698.** Primeira onda da fome nas regiões mineradoras.
- **1698.** João Lopes de Lima descobriu ouro nas margens do ribeirão de Nossa Senhora do Carmo.
- **1698.** Início da construção do Caminho Novo de Garcia Paes.
- **1699.** Chegada da Bandeira de Antônio Dias ao Tripui. Onde se localiza a cidade de Ouro Preto, então Vila Rica, encontrando ouro em abundância
- **1700.** Foi instalado o Quinto do ouro, sistema de tributação previsto no regimento de 1603, que definia o pagamento à Coroa Portuguesa de 20% do ouro apurado e fundido.
- **1700.** Viagem do governador Artur de Sá e Meneses pelo Caminho Velho (do Rio de Janeiro a Parati e daí a Taubaté e São Paulo).
- **1700.** Abertura do Caminho Novo (do Rio de Janeiro até Matias Barbosa e Borda do Campo).
- **1700 a 1701.** Segunda onda da fome nas regiões mineradoras.
- **1702.** Foi descoberto ouro em Serro Frio, Itacambira e Conceição do Mato Dentro.
- **1702.** A Coroa criou o Regimento das Terras Minerais.
- **1703.** Assinado o Tratado de Methuen, entre Portugal e a Inglaterra, que causou uma grande evasão do ouro da região das Minas de Ouro, recém descobertas.
- **1704.** Foi descoberta uma jazida de ouro em São João del Rei e Santa Bárbara.
- **1704.** Criado o Registro do ouro de Parati, no Caminho Velho.
- **1707 a 1709.** Guerra dos Emboabas.
- **1706.** Foi descoberta uma jazida de ouro em Aiuruoca.
- **1709.** Criação da Capitania de São Paulo e Minas do Ouro (sede em Mariana).
- **1709 a 1710.** Período da redação da obra *Cultura e Opulência do Brasil por suas Drogas e Minas*, de Antonil, que registra o surgimento do Caminho Velho (via principal de acesso do Rio de Janeiro a Minas Gerais).
- **1709 a 1717.** Período de abertura e consolidação do Caminho Velho.
- **1710.** Foi definido que o quinto devia ser cobrado de acordo com o número de bateias (per capita).
- **1710.** Descobertas as jazidas de ouro de Pitangui.
- **1711.** Implantação do Regimento Diamantino (Livro da Capa Verde).
- **1713.** Criação do tributo da capitação.

- **1714.** Entrou em vigor o sistema tributário denominado "finta" (o pagamento de 30 arrobas de ouro à Coroa Portuguesa).
- **1714.** Foi criado o Registro do Caminho Novo por iniciativa de Garcia Rodrigues.
- **1717.** Viagem do Conde de Assumar que passou pela variante de Baependi e Carrancas, no Caminho Velho.
- **1717.** Foi encontrada no Rio Paraíba a Imagem de Nossa Senhora Aparecida.
- **1719.** Surgimento do tributo do Quinto arrecadado pelas Casas de Fundição.
- **1720.** Revolta de Felipe dos Santos em Vila Rica, em oposição à política tributária
- **1720.** Foi criada a Capitania das Minas, separando-se a região da Capitania de São Paulo.
- **1722 a 1725.** Processo de abertura e consolidação do Caminho Novo.
- **1725.** Criado o imposto de capitação, que recaía sobre os escravos produtivos e improdutivos.
- **1725.** No Caminho Velho foi construída uma via terrestre entre o Rio de Janeiro e São Paulo.
- **1725.** Foi criada a casa de Fundição de Sabará.
- **1725 a 1735.** Período de abertura e consolidação do Caminho dos Diamantes.
- **1729.** Foi descoberto diamantes no Tejuco (Dom Lourenço de Almeida comunica à Coroa).
- **1731.** Proibição da exploração de diamantes no Brasil pela Coroa Portuguesa.
- **1733.** Festa do Triunfo Eucarístico em Ouro Preto
- **1733.** Foi criada a Demarcação Diamantina.
- **1751.** Instalação da Derrama.
- **1755.** Terremoto de Lisboa.
- **1757 a 1759.** Proibição do Nheegatu e criação da Lei do Diretório pelo Marquês de Pombal.
- **1763.** Efetuada a mudança da Capital de Salvador para o Rio de Janeiro.
- **1772.** Foi criada a empresa estatal chamada Real Extração (a Coroa passou a explorar diretamente os diamantes).
- **1788 a 1789.** Inconfidência Mineira.
- **1792.** Execução de Tiradentes.
- **1808.** Vinda da Família Real para o Rio de Janeiro.
- **1822.** Independência do Brasil.

Lista de abreviaturas e siglas

I – SIGLAS

AEDC	Anuário Eclesiástico da Diocese da Campanha
AHU	Arquivo Histórico Ultramarino
ANF	Arquivo Nacional de France
ANTT	Arquivo Nacional da Torre do Tombo
APM	Arquivo Público Mineiro
BGUC	Biblioteca Geral da Universidade de Coimbra
BNL	Biblioteca Nacional de Lisboa
BPE	Biblioteca Nacional de Évora
CD	Caminho Diamantes
CN	Caminho Novo
CS	Caminho de Sabarabuçu
CV	Caminho Velho
DI	Documentos Interessantes
EFCB	Estação Ferroviária Central do Brasil
EFP	Estrada de Ferro D. Pedro
ER	Estrada Real
FLUL	Faculdade de Letras da Universidade de Lisboa
IBGE	Instituto Brasileiro de Geografia e Estatística
IER	Instituto Estrada Real
VJN	Viajantes Naturalistas

II – ABREVIATURAS

Cap.   capítulo, capítulos

Cf   Confrontar, conferir

Cx.   Caixa

Cod.   Códice

doc., docs.   Documento, documentos

hab.   Habitante, habitantes

kg.   quilograma, quilogramas

km.   quilómetro, quilómetros

Ib.   *Ibidem*

Id.   *Idem*

n.º   número (s)

ob. Cit.   obra citada

p., pp.   página, páginas

s.d.   sem data

s.l.   sem local

séc., sécs.   século, séculos

seg., segs.   seguinte, seguintes

s.n.   sem editora

Apêndice II

LEI nº 13.173/99, DE 20/01/1999

Dispõe sobre o Programa de Incentivo ao Desenvolvimento do Potencial Turístico da Estrada Real.

O Povo do Estado de Minas Gerais, por seus representantes, decretou e eu, em seu nome, sanciono a seguinte Lei:

Art. 1° – O Programa de Incentivo ao Desenvolvimento do Potencial Turístico da Estrada Real, a ser criado pelo Poder Executivo, obedecerá ao disposto nesta Lei.

Parágrafo único – Para os efeitos desta Lei, consideram-se Estrada Real os caminhos e suas variantes construídos nos séculos XVII, XVIII e XIX, no território do Estado.

Art. 2° – São objetivos do Programa:

I – possibilitar o incremento da arrecadação do Estado e dos municípios mineiros;

II – incentivar o investimento privado no território do Estado;

III – promover a alteração do perfil de distribuição de renda e elevar o nível de emprego da população do interior do Estado;

IV – promover e divulgar a atividade turística interna e de lazer no Estado;

V – resgatar, preservar e revitalizar os pontos de atração turística e de lazer já existentes, bem como os sítios arqueológicos, espeleológicos e paleontológicos e as paisagens naturais não exploradas, Interligados pela Estrada Real.

Art. 3° – Compete ao Poder Executivo a administração e a gerência do Programa, nos termos das leis n.º 12.396 e 12.398, ambas de 12 de dezembro de 1996.

§ **1°** – Fica assegurada a participação de representantes de instituições ou entidades ligadas à historiografia, ao turismo, ao meio ambiente e a outras atividades afins no planejamento, na execução e na fiscalização do disposto nesta Lei.

§ **2°** – A Empresa Mineira de Turismo – TURMINAS -, órgão gestor do Programa, definirá a forma de participação dos representantes citados no parágrafo anterior.

§ **3°** – Cabe à TURMINAS definir e regulamentar o disposto no § I ° deste artigo, sem prejuízo de suas atribuições legais.

§ **4°** – Serão destinadas dotações no orçamento do Estado, com rubricas específicas, nas unidades orçamentárias envolvidas na criação, na administração e na fiscalização do Programa.

Art. 4° -Compete ao órgão gestor providenciar, no âmbito de sua competência:

I – o levantamento de dados e a organização de pesquisas históricas que possibilitem o mapeamento da Estrada Real em território mineiro;

II – a identificação e a divulgação de áreas abrangidas pelo Programa adequadas à prática do turismo e do lazer;

III – a pesquisa e a divulgação das manifestações culturais relacionadas com a Estrada Real, especialmente no que se refere ao folclore regional e local;

IV – a celebração de convênios com entidades de direito público ou privado para a execução do disposto nesta Lei;

V – a criação ou a revigoração de mecanismos institucionais de ação conjunta com associações de municípios e outros Estados da Federação, para a realização dos objetivos desta Lei;

VI – outras ações relacionadas com o desenvolvimento do Programa.

Art. 5° -Serão concedidos, na forma da lei, compensação financeira, incentivo fiscal ou creditício:

I – aos empreendimentos turísticos e de lazer existentes e a serem implantados ao longo dos caminhos da Estrada Real;

II – aos proprietários de terrenos cortados por trechos da Estrada Real considerados de interesse histórico ou sociocultural, desde que os preservem ou revitalizem;

III – aos proprietários de áreas de interesse ecológico ou paisagístico adjacentes à Estrada Real ou por ela cortadas, desde que as preservem ou revitalizem;

IV – aos municípios cortados pela Estrada Real ou a ela adjacentes, desde que direcionem recursos para atividade turística relacionada direta ou indiretamente com a Estrada Real, no montante mínimo equivalente à compensação financeira recebida e definida nos termos da lei.

Parágrafo **único** –A revitalização e a recuperação previstas neste artigo obedecerão a parecer e orientação dos órgãos técnicos competentes.

Art.6° -O Poder Executivo regulamentará esta lei no prazo de sessenta dias contados do início de sua vigência.

Art. 7° -Esta Lei entra em vigor na data de sua publicação.

Art. 8° – Revogam-se as disposições em contrário.

Dada no Palácio da Liberdade, em Belo Horizonte, aos 20 de janeiro de 1999.

Itamar Franco – Governador do Estado

DECRETO N.º 41.205/00, de 08/08/2000

> Regulamenta a Lei nº 13.173, de 20 de janeiro de 1999, que dispõe sobre o Programa de Incentivo ao Desenvolvimento do Potencial Turístico da Estrada Real.

O Governador do Estado de Minas Gerais, no uso de atribuição que lhe confere o artigo 90, inciso VII, da Constituição do Estado, e tendo em vista o disposto no artigo 6° da lei nº 13.173, de 20 de janeiro de 1999,

DECRETA:

Art. 1° – O Programa de Incentivo ao Desenvolvimento do Potencial Turístico da Estrada Real, a que se refere a Lei n? 13.173, de 20 de janeiro de 1999, obedecerá ao disposto neste Decreto.

Parágrafo único – No texto deste Decreto as expressões Programas de Incentivo ao Desenvolvimento do Potencial Turístico da Estrada Real e Programa Estrada Real se equivalem para fins de direito.

Art. 2° – Para os fins deste Decreto, consideram-se Estrada Real os caminhos e suas variantes construídos nos séculos XVII, XVIII e XIX, no território do Estado.

Art. 3° – São objetivos do Programa Estrada Real:

I – possibilitar o incremento da arrecadação do Estado e dos municípios mineiros;

II – incentivar o investimento privado no território do Estado;

III – promover a alteração do perfil de distribuição de renda e elevar o nível de emprego da população do interior do Estado;

IV – promover e divulgar a atividade turística interna e de lazer no Estado;

V – resgatar, preservar e revitalizar os pontos de atração turística e de lazer já existentes, bem como os sítios arqueológicos, espeleológicos e paleontológicos e as paisagens naturais não exploradas, interligados pela Estrada Real.

Art. 4° – Compete ao Poder Executivo a administração e a gerência do Programa Estrada Real.

Art. 5° – A Empresa Mineira de Turismo – TURMINAS é o órgão gestor do Programa Estrada Real, com a assessoria de um Conselho Consultivo composto de 12 (doze) membros e igual número de suplentes, designados pelo Governador do Estado para um mandato de 2 (dois) anos, permitida a recondução.

Art. 6° – Compõem o Conselho Consultivo:

I – o Secretário de Estado do Turismo;

II – o Presidente da TURMINAS;

III – 1 (um) representante da Secretaria de Estado da Cultura;

IV – 1 (um) representante da Secretaria de Estado de Meio Ambiente e Desenvolvimento Sustentável;

V – 1 (um) representante da Assembleia Legislativa do Estado de Minas Gerais;

VI – 1 (um) representante do Instituto Histórico e Geográfico de Minas Gerais;

VII – 1 (um) representante da Associação Brasileira da Indústria de Hotéis, em Minas Gerais;

VIII – I (um) representante da Associação Mineira de Municípios;

IX – 1 (um) representante do Serviço Nacional de Aprendizagem Comercial, em Minas Gerais;

X – **1** (um) representante do Serviço de Apoio às Micro e Pequenas Empresas de Minas Gerais;

XI – 1 (um) representante do Instituto Estrada Real;

XII – 1 (um) representante de, no mínimo, três Organizações Não Governamentais ligadas aos objetivos do Programa Estrada Real, eleito por colégio eleitoral das interessadas.

Parágrafo único – Caberá ao Secretário de Estado do Turismo indicar os representantes das entidades referidas nos incisos VI a XII deste artigo, caso não o façam no prazo de (quarenta e cinco) dias contados da vigência deste Decreto.

Art.7° – O Conselho Consultivo será presidido pelo Secretário de Estado do Turismo e terá como Secretário Executivo o Presidente da TURMINAS.

§ 1 ° – O Presidente do Conselho Consultivo será substituído, em suas ausências e impedimentos, pelo Secretário Executivo.

§ 2° – Nas ausências e impedimentos do Presidente e do Secretário Executivo, as reuniões do Conselho Consultivo serão presididas pelo Subsecretário de Estado do Turismo ou por quem o Presidente designar.

Art. 8° – O Conselho Consultivo se reunirá ordinariamente uma vez por mês e, extraordinariamente, quando convocado pelo Presidente ou pela maioria simples de seus membros.

§ 1º – Perderá o mandato o membro que deixar de comparecer a 2 (duas) reuniões consecutivas ou 3 (três) alternadas durante um ano, sem prévia justificação.

§ 2º – O membro será substituído, sem suas ausências e impedimentos, pelo suplente respectivo.

Art. 9º – O membro do Conselho Consultivo não será remunerado pelo exercício de suas funções.

Art. 10 – Compete ao Conselho Consultivo:

I – sugerir planos de ação visando alcançar os objetivos do Programa Estrada Real;

II – colaborar com a Secretaria de Estado do Turismo e a TURMINAS na elaboração da proposta orçamentária anual do Programa Estrada Real;

III – opinar sobre propostas de convênios e outros instrumentos de interesse do Programa Estrada Real em que haja participação de órgãos ou entidades públicas e particulares;

IV – sugerir e opinar sobre assuntos referentes ao desenvolvimento do potencial turístico da Estrada Real;

V – assessorar a TURMINAS nos atos de gestão do Programa Estrada Real;

VI – oferecer subsídios em questões referentes a compensação financeira, incentivo fiscal ou creditício envolvendo o turismo na Estrada Real;

VII – elaborar seu regimento interno.

Art. 11 – É facultado ao Conselho Consultivo ou ao seu Presidente solicitar ou receber sugestões de órgão, entidade governamental ou entidade da sociedade civil 0sobre questões referentes ao Programa Estrada Real.

Art. 12 – A TURMINAS fornecerá suporte técnico e administrativo para o funcionamento do Conselho Consultivo.

Art. 13 – O Presidente da TURMINAS fará publicar o regimento interno do Conselho Consultivo no prazo de 15 (quinze) dias, contados da reunião de sua instalação.

Parágrafo único – O regimento interno estabelecerá o quorum mínimo para as reuniões e deliberações do Conselho Consultivo.

Art. 14 – Compete à TURMINAS, na condição de órgão gestor do Programa Estrada Real, providenciar:

I – o levantamento de dados e a organização de pesquisas históricas que possibilitem o mapeamento da Estrada Real em território mineiro;

II – a identificação e a divulgação de áreas abrangidas pelo Programa Estrada Real adequadas à prática do turismo e do lazer;

III – a pesquisa e a divulgação das manifestações culturais relacionadas com a Estrada Real, especialmente no que se refere ao folclore regional e local;

IV – a celebração de convênios com entidades de direito público ou privado para a execução do Programa Estrada Real;

V – a criação ou a revigoração de mecanismos institucionais de ação conjunta com associações de municípios e outros Estados da Federação, para a realização dos objetivos do Programa Estrada Real;

VI – outras ações relacionadas com o desenvolvimento do Programa Estrada Real.

Art. 15 – Serão concedidos, nos termos do art. 5° da Lei n° 13.173, de 20 de janeiro de 1999, compensação financeira, incentivo fiscal ou creditício:

I – aos empreendimentos turísticos e de lazer existentes e a serem implantados ao longo dos caminhos da Estrada Real;

II – aos proprietários de terrenos cortados por trechos da Estrada Real considerados de interesse histórico ou sociocultural, desde que os preservem ou revitalizem;

III – aos proprietários de áreas de interesse ecológico ou paisagístico adjacentes à Estrada Real ou por ela cortadas, desde que as preservem ou revitalizem;

IV – aos municípios cortados pela Estrada Real ou a ela adjacentes, desde que direcionem recursos para atividade turística relacionada direta ou indiretamente com a Estrada Real, no montante mínimo equivalente à compensação financeira recebida e definida nos termos da lei.

Parágrafo único – A revitalização e a recuperação previstas neste artigo obedecerão a parecer e orientação dos órgãos técnicos competentes.

Art.16 – Serão destinadas dotações no orçamento do Estado ao Programa Estrada Real.

Art.17 – Este Decreto entra em vigor na data de sua publicação.

Art.18 – Revogam-se as disposições em contrário.

Palácio da Liberdade, em Belo Horizonte, aos 08 de agosto de 2000.

Itamar Franco – Governador do Estado

CONVÊNIO N.º 205/2000 – EMBRATUR/IER
PROCESSO N.º 58-400.002959/00-11

> Convênio n.º 205/00 que entre si celebram, de um lado o Ministério do Esporte e Turismo, por meio da EMBRATUR – Instituto Brasileiro de Turismo e, do outro lado, o INSTITUTO ESTRADA REAL – IER como convenente, visando o apoio ao PROJETO ESTRADA REAL, que tem como objetivo a implementação de ações para a consolidação do turismo nos estados de Minas Gerais, São Paulo e Rio de Janeiro.

Pelo presente instrumento, de um lado o Ministério do Esporte e Turismo, neste ato representado por seu Ministro, CARLOS CARMO ANDRADE MELLES, tendo como interveniente a **EMBRATUR** – Instituto Brasileiro de Turismo, Autarquia Federal, situada no Setor Comercial Norte, Quadra 2, Bloco G, Brasília-DF, CGC nº 33.741.79/0001-01, Autarquia Especial, vinculada ao Ministério do Esporte e Turismo, doravante denominada EMBRATUR, neste ato representada pelo seu Presidente, CAIO LUIZ CIBELLA DE CARVALHO, conforme inciso III, do artigo 13, do anexo I ao Decreto nº 2.079, de 26 de novembro de 1996, portador da carteira de identidade nº 4208562, expedida pela Secretaria de Segurança Pública de São Paulo, CPF nº 577.886.268-72, residente e domiciliado na SQS 316, bloco G, apartamento 604, Brasília-DF, nomeado pelo Decreto sem número, de 23 de fevereiro de 1995, publicado no Diário Oficial da União de 24 de fevereiro de 1995, e do outro lado, o **INSTITUTO ESTRADA REAL – IER,** doravante denominado CONVENENTE, sociedade civil, sem fins lucrativos, criado por iniciativa da Federação das Indústrias do Estado de Minas Gerais, FIEMG, situado na Rua Álvares Maciel, nº 59, 3º andar, no Bairro Santa Efigênia, em Belo Horizonte/ MG, CEP: 30.150-250, inscrito no CGC sob o nº 03.655.675/0001-67, neste ato representada pelo seu Diretor Geral, EBERHARD HANS ALCHINGER, brasileiro, casado, economista, residente e domiciliado na Rua Canópolis, nº 44, Bairro Serra, em Belo Horizonte/MG, portador da carteira de identidade nº MG 2-000.340, expedida pela Secretaria de Segurança Pública do Estado de Minas Gerais, CPF nº 000.572.156-34, eleito para o cargo em 05/10/1999, na Assembleia Geral de Constituição do Instituto e pelo seu Diretor, RODOLFO KOEPPEL, brasileiro, casado, economista, residente na Rua Grão Mogol, nº 815, apartamento 302-B, Bairro Carmo, em Belo Horizonte/MG, portador da carteira de identidade nº 2.839.344, expedida pela Secretaria de Segurança Pública do Estado de Minas Gerais, CPF nº 006.261.986-15, eleito para o cargo em 05/10/1999, na Assembleia Geral de Constituição do Instituto, tendo como interveniente a **Secretaria de Estado de Turismo de Minas Gerais**, localizada naPraça Rio Branco, nº 56, Centro, na cidade de Belo Horizonte/MG, representada neste ato pelo seu Secretário, MANOEL DA SILVA COSTA JÚNIOS, brasileiro, casado, portador da Cédula de Identidade nº 12297065 – SSP/MG, CPF nº 063.277.889-04, residente e domiciliado na Alameda Jacarandá, nº 65, Pampulha, em Belo Horizonte, nomeado para o cargo pelo Ato nº 1075, de 26/02/00, sujeitando-se, no que couber, aos termos do Decreto nº 93.872, de 23 de dezembro de 1986, da lei nº 8.181, de 28 de março de 1991, do Decreto nº 448, de 14 de fevereiro de 1992, da Lei nº 8.666, de 21 de junho de 1993, e suas alterações legais e pela totalidade das normas contidas na Instituição Normativa nº 001, de 15 de janeiro de 1997, da Secretaria do Tesouro Nacional, da Lei 9.452, de

20 de março de 1997, e da Lei nº 9.811, de 28 de julho de 1999, RESOLVEM celebrar o presente Convênio, mediante as cláusulas e condições seguintes:

CLÁSULA PRIMEIRA – DO OBJETO

Este Convênio tem por objeto o apoio ao projeto "Estrada Real", relativo às ações de: Elaboração do Diagnóstico, Produção de Revista Trimestral, Vídeos, Guia Turístico e Site na Internet da Estrada Real.

CLÁUSULA SEGUNDA – DO PLANO DE TRABALHO

Para o alcance do objeto pactuado, os partícipes obrigam-se a cumprir o Pano de Trabalho especialmente elaborado e que passa a fazer parte integrante deste Convênio, independente de transcrição.

CLÁUSULA TERCEIRA – DAS OBRIGAÇÕES DOS PARTÍCIPES

I – Compete à EMBRATUR:

a) efetuar a transferência dos recursos financeiros previstos para a execução deste Convênio, na forma estabelecida no Cronograma de Desembolso do Plano de Trabalho;

b) dar ciência do presente instrumento à Câmara Municipal ou Assembleia Legislativa respectiva, conforme determina o § 2º, do art. 116, da Lei nº 86666/93;

c) analisar os Relatórios de Execução Físico-Financeira e as Prestações de Contas objeto do presente Convênio;

d) acompanhar as atividades de execução, avaliando os seus resultados e reflexos;

e) analisar as propostas de reformulações do Plano de Trabalho, desde que apresentadas previamente, por escrito, acompanhadas de justificativas e que não impliquem mudança de objeto;

f) exercer a atividade normativa, o controle e a fiscalização sobre a execução deste Convênio.

II – Compete à CONVENENTE:

a) executar todas as atividades inerentes à implantação do presente Convênio, com rigorosa obediência ao Plano de Trabalho e em consonância com o disposto na Lei Estadual nº 13.173, de 20/01/99 e do Decreto nº 41,205, de 08/08/00, do Governo de Minas Gerais.

b) movimentar os recursos financeiros liberados pela EMBRATUR, em conta específica de acordo com o que preceitua o artigo 20, e seus parágrafos, da IN nº 01/97 – STN;

c) não utilizar os recursos recebidos da EMBRATUR, bem como os correspondentes à sua contrapartida, em finalidade diversa da estabelecida neste Convênio;

d) prestar contas dos recursos recebidos, na forma da Cláusula Sexta, junto com o relatório de execução dos trabalhos;

e) arcar com quaisquer ônus de natureza trabalhista, previdenciária o social, decorrentes dos recursos humanos utilizados nos trabalhos, bem como, todos os ônus tributários ou extraordinários que incidam sobre o presente Convênio;

f) devolver o saldo dos recursos não utilizados, inclusive os rendimentos de aplicações financeiras, por meio de guia de depósito entre agências, a crédito da EMBRATUR – Instituto Brasileiro de Turismo, Banco do Brasil S/A, agência 3622-1, conta nº 170.500-8, código identificador 185001 18223, código da receita: 007-0, Brasília-DF, no prazo de 30 (trinta) dias da conclusão, extinção, denúncia ou rescisão do presente Convênio;

g) na execução das despesas, sujeitar-se às disposições da lei nº 8.666/93, especialmente naquilo que se refira à licitação e contrato;

h) manter registros, arquivos e controles contábeis específicos para os dispêndios relativos ao presente instrumento;

i) propiciar os meios e as condições necessárias para que os técnicos da EMBRATUR e os Auditores tenham acesso a todos os documentos relativos à execução do objeto deste Convênio, bem como prestar a estes, todas e quaisquer informações solicitadas;

j) apresentar relatório final, explicando as repercussões do Projeto objeto deste Convênio;

k) fornecer todas as informações solicitadas pela EMBRATUR referentes ao Projeto e à situação financeira do executor;

l) não autorizar o pagamento de gratificação, consultoria, assistência técnica ou qualquer espécie de remuneração adicional a servidor que pertença aos quadros de órgãos ou de entidades da Administração Pública Federal, Estadual, Municipal ou do Distrito Federal, que esteja lotado ou em exercício em qualquer dos entes partícipes;

m) recolher à conta do concedente o valor corrigido da contrapartida pactuada, quando não comprovar a sua aplicação na consecução do objeto do convênio;

n) recolher à conta da EMBRATUR o valor correspondente a rendimentos de aplicação no mercado financeiro, referente ao período compreendido entre a liberação do recurso e sua utilização, quando não comprovar o seu emprego na consecução do objeto ainda que não tenha feito aplicação;

o) não realizar despesa a título de taxa de administração, de gerência ou similar;

p) não efetuar despesas em data anterior ou posterior à vigência do Convênio; fazer incluir os recursos recebidos em transferência no seu respectivo orçamento.

CLÁUSULA QUARTA – DOS RECURSOS ORÇAMENTÁRIOS E FINANCEIROS

Os recursos necessários à execução do objeto deste Convênio, no montante de **R$1.222.925,75 (Hum milhão, duzentos e vinte e dois mil, novecentos e vinte e cinco reais e setenta e cinco centavos)**, serão alocados obedecendo a seguinte distribuição:

A) **EMBRATUR: R$978.340,60 (Novecentos e setenta e oito mil, trezentos e quarenta reais e sessenta centavos)**, à conta do Programa de Trabalho 23.695.0414.3782-0001, Elemento de Despesa 33.50.39, Fonte 0100, Nota de Empenho nº 2000NE002277, de 14/12/00, no valor de R$90.000,00 (Noventa mil reais). O restante do valor não empenhado neste exercício, será alocado no exercício de 2001, utilizando recursos do OGU/2.001;

B) **CONVENENTE: R$244.585,15 (Duzentos e quarenta e quatro mil, quinhentos e oitenta e cinco reais e quinze centavos)**, correspondentes à contrapartida ao valor repassado pela Embratur.

PARÁGRAFO ÚNICO

Os recursos serão mantidos em conta bancária específica, somente sendo permitidos saques para o pagamento de despesas previstas no Plano de Trabalho e para aplicação no mercado financeiro, na forma abaixo determinada:

a) as aplicações serão efetuadas pela Instituição Bancária detentora da conta corrente do Convênio, em títulos de responsabilidade do Tesouro Nacional, cuja liquidez não prejudique a consecução do objeto nos prazos pactuados;

b) as receitas oriundas dos rendimentos da aplicação dos recursos no mercado financeiro, não poderão ser computadas como contrapartida e serão, obrigatoriamente, aplicados no objeto do presente Instrumento, sujeitando-se às mesmas condições de prestação de contas.

CLÁUSULA QUINTA – A LIBERAÇÃO DOS RECURSOS

Os recursos financeiros serão liberados de acordo com o Cronograma de Desembolso constante do Plano de Trabalho.

PARÁGRAFO ÚNICO

Na hipótese de constatação de impropriedade ou irregularidade na execução do Convênio, será sustada, ou glosada a parcela a ser transferida, notificando-se ao Convenente para saná-las, no prazo máximo de 30 (trinta) dias.

CLÁSULA SEXTA – DA PRESTAÇÃO DE CONTAS

A Convenente deverá prestar contas do total dos recursos recebidos em decorrência deste Convênio, até 425 (Quatrocentos e vinte e cinco) dias após a data de assinatura deste instrumento.

PARÁGRAFO PRIMEIRO

A prestação de contas deverá ser elaborada com rigorosa observância das disposições, da IN/STN nº 01/97, conforme modelos fornecidos pela EMBRATUR, devendo constituir-se, especialmente, dos seguintes documentos:

a) relatório de cumprimento do objeto;

b)cópia do Plano de Trabalho;

c) cópia do Termo de Convênio;

d) Relatório de Execução Físico-Financeira;

e) Demonstrativo da Execução da Receita e Despesa, evidenciando o saldo e os rendimentos auferidos da aplicação dos recursos no mercado financeiro, quando for o caso;

f) Relação de Pagamentos efetuados dentro do período da vigência do Convênio;

g) Relação de Bens (adquiridos, produzidos ou construídos com os recursos da União);

h) Extrato de conta bancária específica do período do recebimento da 1ª parcela até o último pagamento e conciliação bancária, quando for o caso;

i) comprovante de recolhimento do saldo de recursos à conta indicada pela EMBRATUR;

j) cópia do despacho adjudicatório e homologação das licitações realizadas ou justificativa para suas dispensa ou inexigibilidade, com o respectivo embasamento legal;

k) cópia do termo de aceitação definitiva da obra, quando se objetivar execução de obra ou serviço de engenharia.

PARÁGRAFO SEGUNDO

A não apresentação da Prestação de Contas no prazo estipulado nesta Cláusula, implicará na devolução dos recursos, pelo CONVENENTE, acrescido de juros e correção monetária, na forma da lei, a partir da data de seu recebimento.

PARÁGRAFO TERCEIRO

As faturas, recibos, notas fiscais e quaisquer outros documentos comprobatórios de despesas deverão ser emitidos em nome do CONVENENTE, devidamente identificados com o número do convênio e mantidos em arquivo, em boa ordem, no próprio local em que foram contabilizados, à disposição dos órgãos de Controle Interno e Externo, pelo prazo de 5 (cinco) anos, contados da aprovação da prestação de contas da EMBRATUR, pelo Tribunal de Contas da União, relativa ao exercício em que ocorreu a concessão.

CLÁUSULA SÉTIMA – DA RESTITUIÇÃO DOS RECURSOS

A Convenente compromete-se a restituir o valor transferido, atualizado monetariamente, acrescido de juros legais, na forma da legislação aplicável aos débitos para com a Fazenda Nacional, a partir da data do seu recebimento, nos seguintes casos:

a) quando não for executado o objeto pactuado;

b) quando não for apresentada, no prazo exigido, a prestação de contas parcial ou final;

c) quando não for aprovada a prestação de contas;

d) quando os recursos forem utilizados em finalidade diversa da estabelecida no convênio;

e) quando ocorrer qualquer outro fato do qual resulte prejuízo ao erário.

CLÁUSULA OITAVA – DO CONTROLE E FISCALIZAÇÃO

No caso de paralisação, ou de fato relevante que venha a ocorrer, fica assegurada à EMBRATUR a faculdade de assumir a execução do serviço, de modo a evitar sua descontinuidade.

CLÁUSULA NONA – DO PRAZO DE VIGÊNCIA

O presente Convênio vigorará a partir da data de sua assinatura, até 425 (quatrocentos e vinte e cinco) dias, já incluídos o prazo de 60 (sessenta) dias, para a prestação de contas final, podendo ser alterado ou prorrogado mediante lavratura de Termo Aditivo.

PARÁGRAFO ÚNICO

Havendo atraso na liberação dos recursos, o prazo poderá ser prorrogado "de ofício", pelo exato período do atraso verificado.

CLÁUSULA DÉCIMA – DOS BENS REMANESCENTES

Os bens remanescentes na data de conclusão ou extinção do presente Convênio e que em razão deste, tenham sido adquiridos ou produzidos com os recursos transferidos, serão de propriedade da EMBRATUR.

PARÁGRAFO ÚNICO

Após o cumprimento do objeto deste instrumento e a critério da EMBRATUR, os bens materiais e equipamentos adquiridos com recursos deste Convênio e que sejam necessários para assegurar a continuidade do programa governamental, poderão ser doados ao Convenente, por meio de instrumento específico e observada a legislação pertinente.

CLÁUSULA DÉCIMA-PRIMEIRA – DA INDENIZAÇÃO

A inexecução total ou parcial do presente Convênio, pela convenente, poderá, garantida a prévia defesa, ocasionar a aplicação de sanções previstas no art. 87, da Lei nº 8.666/93.

CLÁUSULA DÉCIMA-SEGUNDA – DA RESCISÃO

O presente Convênio poderá ser rescindido pelos participes, na ocorrência de quaisquer dos motivos enumerados nos artigos 77 e 78, da lei nº 8.666, de 21 de junho de 1993, observado no que couber, os preceitos do artigo 79 e as consequências previstas no artigo 80, do mesmo Diploma Legal.

PARÁGRAFO ÚNICO

O presente Convênio também poderá ser rescindido, em comum acordo entre os partícipes, ou denunciado, mediante notificação escrita, com antecedência mínima de 30 (trinta) dias.

CLÁUSULA DÉCIMA-TERCEIRA – DA ALTERAÇÃO

Este Convênio poderá ser alterado, com as devidas justificativas, mediante proposta de alteração a ser apresentada no prazo mínimo de 20 (vinte) dias antes do seu término e desde que aceitas pelo ordenador da despesa, de comum acordo entre os partícipes, não podendo haver mudança do objeto.

CLÁUSULA DÉCIMA-QUARTA – DA DIVULGAÇÃO

Em qualquer ação promocional relacionada com o objetivo do presente Convênio, será obrigatoriamente consignada a participação da EMBRATUR.

PARÁGRAFO ÚNICO

Fica vedado aos partícipes a realização de despesas com publicidade, salvo as de caráter educativo, informativo ou de orientação social, das quais não constem nomes, símbolos ou imagens que caracterizem promoção social de autoridades ou servidores públicos.

CLÁUSULA DÉCIMA-QUINTA – DA PUBLICAÇÃO

A publicação do extrato deste Convênio, no Diário Oficial, será providenciada pela EMBRATUR até o quinto dia útil do mês seguinte ao de sua assinatura, devendo esta ocorrer no prazo de vinte dias a contar daquela data.

CLÁUSULA DÉCIMA-SEXTA – DO FORO

Para dirimir quaisquer questões decorrentes deste Convênio, que não possam ser resolvidos pela mediação administrativa, os partícipes elegem o foro da Justiça Federal competente, por força do artigo 109 da Constituição Federal.

E por estarem assim justas e de acordo, firmam o presente instrumento, em 03 (três) vias de igual teor e forma, na presença das testemunhas abaixo nomeadas e indicadas, para que surta seus jurídicos e legais efeitos, em juízo e fora dele.

Brasília, 22 de dezembro de 2000.

Pelo Ministério do Esporte e Turismo:

CARLOS CARMO ANDRADE MELLES
Ministro

Pela EMBRATUR:

CAIO LUIZ CIBELLA DE CARVALHO
Presidente

Pelo Instituto Estrada Real – IER:

EBERHARD HANS AICHINGER
Diretor Geral

Pela Secretaria de Estado de Turismo, com Interveniente:

MANOEL DA SILVA COSTA JR
Secretário

DECRETO N.º 43.276/03, DE 19/04/2003

Regulamenta o Fundo de Assistência ao Turismo – FASTUR, criado pela Lei nº 11.520, de 13 de julho de 1994.

O Governador do Estado de Minas Gerais, no uso da atribuição que lhe confere o inciso VII do art. 90, da Constituição do Estado, tendo em vista o disposto no art. 11 da Lei nº 11.520, de 13 de julho de 1994.

DECRETA:

Art. 1º – O Fundo de Assistência ao Turismo – FASTUR, criado pela Lei nº 11.520, de 13 de julho de 1994, tem por objetivo dar apoio e incentivo financeiro ao turismo como atividade econômica e como forma de promoção e desenvolvimento social e cultural em cidades históricas, estâncias hidrominerais e outras localidades com reconhecido potencial turístico no Estado de Minas Gerais.

Art. 2º – Constituem recursos do FASTUR os previstos no art. 4º da Lei nº 11.520, de 13 de julho de 1994.

Parágrafo único – O FASTUR transferirá ao Tesouro Estadual recursos para pagamento de serviço de dívida de operações de crédito contraídas pelo Estado e destinadas ao Fundo, de acordo com cronograma de desembolso a ser estabelecido pela Secretaria de Estado de Fazenda, com observância das normas e condições das operações efetivamente contraídas e da execução financeira do cronograma de desembolsos previstos no âmbito do Fundo.

Art. 3º – O FASTUR, de natureza e individuação contábeis, será rotativo, sem prejuízo do disposto no parágrafo único do art. 2º, e seus recursos serão aplicados sob a forma de financiamento reembolsável.

§ 1º – O prazo para a concessão de financiamento com recursos do FASTUR encerra-se em 14 de julho de 2004.

§ 2º – Com antecedência de dez meses da data prevista no § 1º, o Poder Executivo, por recomendação do Gestor do FASTUR, encaminhará à Assembleia Legislativa projeto de lei, propondo:

I – a prorrogação do prazo de vigência do Fundo, nos termos do parágrafo único do art. 5º da Lei nº 11.520, de 13 de julho de 1994;

II – alternativamente, a extinção do Fundo, especificando a forma da absorção do seu patrimônio pelo Estado e a destinação de parcelas vencíveis dos financiamentos concedidos.

Art. 4º – Poderão ser beneficiárias de operações de financiamento com recursos do FASTUR pessoas jurídicas de direito privado, conforme o disposto no art. 3º da Lei nº 11.520, de 13 de julho de 1994, cujos projetos compreendam investimentos em:

I – unidades turísticas inseridas em setores-chave do parque turístico mineiro, caracterizados pelos fortes efeitos intra-regionais, diretos e indiretos, e pela participação relevante no turismo nacional e no comércio exterior do país;

II – implantação ou expansão de unidades turísticas e iniciativas que propiciem evolução tecnológica, melhoria de qualidade e aumento de produtividade, elevando o grau de competitividade do setor turístico do Estado;

III – outros empreendimentos que direta ou indiretamente venham a contribuir para a integração do parque turístico mineiro.

Art. 5º – A concessão do financiamento fica condicionada à:

I – obtenção de parecer favorável de enquadramento de viabilidade mercadológica, locacional e de atratividade turística, pela Empresa Mineira de Turismo – TURMINAS, do projeto a ser financiado;

II – conclusão favorável da análise do projeto em seus aspectos técnicos, econômicos, financeiros, jurídicos e cadastrais, a cargo do Banco de Desenvolvimento de Minas Gerais S.A. – BDMG;

III – apresentação, pelo beneficiário, dos seguintes documentos:

a) certidão negativa de débito fiscal expedida pela Secretaria de Estado de Fazenda, quando o mesmo estiver sujeito à tributação estadual;

b) documentos de licenciamento ambiental emitidos pelos órgãos competentes, atestando regularidade face às normas ambientais, quando for o caso;

c) outros, exigidos pelo Agente Financeiro, e em consonância com a legislação em vigor.

Art. 6º – Os recursos do FASTUR serão utilizados no financiamento de investimentos fixos e mistos, em projetos de comprovada viabilidade técnica e econômico-financeira, estando as operações sujeitas às seguintes condições gerais:

I – o valor do financiamento não poderá ultrapassar 80% (oitenta por cento) do investimento global previsto;

II – caberá ao beneficiário prover o restante dos recursos necessários à implantação do projeto;

III – os financiamentos para inversões fixas e os financiamentos mistos, que abrangem inversões fixas e capital de giro, terão prazo total de até sete anos, sendo até dois anos de carência e até cinco anos de amortização;

IV – O reajuste monetário do saldo devedor será integral, calculado de acordo com a variação do Índice Nacional de Preços ao Consumidor Amplo – IPCA apurado pela Fundação IBGE;

V – aos juros, à taxa de 5% a.a. (cinco por cento ao ano), nela incluída a remuneração do agente financeiro de 3% a.a. (três por cento ao ano), serão calculados sobre o saldo devedor reajustado, pagos mensalmente no período de carência e juntamente com o principal no período de amortização;

VI – nos financiamentos para capital de giro, o Agente Financeiro poderá cobrar, além do previsto no inciso anterior, comissão de abertura de crédito, definida pelo Grupo Coordenador, descontada no ato da liberação dos recursos;

VII – a amortização do principal será mensal, a partir do término da carência;

VIII – as garantias reais, subsidiárias ou fidejussórias, serão definidas pelo Agente Financeiro em cada financiamento, de acordo com suas normas operacionais.

Parágrafo único – Resolução Conjunta dos Secretários de Estado de Turismo, do Planejamento e Gestão e de Fazenda poderá definir critérios distintos de financiamento relativos a prazos, garantias, contrapartida do beneficiário, valores mínimos e máximos dos financiamentos e demais condições, de acordo com o tipo de empreendimento e seu interesse econômico, turístico e social para o Estado, respeitado o disposto neste artigo.

Art. 7º -No caso de inadimplemento de suas obrigações, ao beneficiário do FASTUR serão aplicadas as seguintes penalidades:

I – cancelamento ou suspensão do saldo a liberar, se houver;

II – exigibilidade imediata da dívida, acrescida de reajuste monetário, multa de até 10% (dez por cento) e juros moratórios de 12% a.a. (doze por cento ao ano) calculados sobre o saldo devedor, desde a data de seu vencimento até sua liquidação, sem prejuízo de penalidades administrativas e medidas judiciais cabíveis.

§ 1º – Além das penalidades, o beneficiário e coobrigados poderão, a critério do agente financeiro, ser impedidos de obter financiamento por um período de doze meses, contados da data de quitação final da dívida, prorrogável por dois anos se houver execução judicial.

§ 2º – No caso do inadimplemento se referir a atraso de pagamento das prestações de financiamento, os encargos e as cominações previstos no inciso II deste artigo incidirão somente sobre o valor da prestação inadimplida, desde a data de seu vencimento até sua liquidação.

§ 3º – Exceto nos casos de prática comprovada de sonegação fiscal, o Agente Financeiro poderá transigir, para fins de recebimento, com relação a prazos e penalidades mencionadas nos incisos I e II deste artigo.

Art. 8º – A suspensão da liberação das parcelas de financiamentos poderá ser determinada pelo Agente Financeiro nas seguintes situações:

I – constatação de quaisquer irregularidades com relação ao beneficiário;

II – constatação ou comunicação por órgão competente de inadimplemento do beneficiário junto a órgão, instituição ou fundo estadual;

III – superveniência de restrição cadastral do beneficiário ou de seus controladores;

IV – descumprimento da legislação ambiental em relação ao empreendimento, mediante comunicação da Fundação Estadual do Meio Ambiente – FEAM ao Agente Financeiro;

V – irregularidade fiscal durante o período de financiamento, relativo ao beneficiário, mediante comunicação da Secretaria de Estado de Fazenda ao Agente Financeiro;

VI – mudança de titularidade ou do controle societário do beneficiário, sem prévia anuência do Agente Financeiro;

VII – descumprimento, por parte do beneficiário, de obrigações previstas no instrumento de financiamento.

Art. 9º – Sem prejuízo da aplicação da legislação civil, a dívida também será imediatamente exigível quando as situações referidas no art. 8º não forem solucionadas no prazo de noventa dias, contados da comunicação do Agente Financeiro ao beneficiário.

§ 1º – Nas hipóteses previstas neste artigo, serão aplicadas as seguintes penalidades:

I – cancelamento de saldo a liberar, se houver;

II – exigibilidade imediata da dívida, acrescida de reajuste monetário, multa de até 10% (dez por cento) e juros moratórios de 12% a.a. (doze por cento ao ano), contados da data do vencimento antecipado até sua liquidação, sem prejuízo de penalidades administrativas e medidas judiciais cabíveis.

§ 2º – Exceto nos casos de prática comprovada de sonegação fiscal, o Agente Financeiro poderá transigir, para fins de recebimento, com relação a prazos e penalidades mencionadas nos itens 1 e 2 do § 1º deste artigo e levar a débito do Fundo os valores não recebidos e quantias despendidas em decorrência de procedimentos judiciais.

Art. 10 – A gestão do FASTUR cabe à Empresa Mineira de Turismo – TURMINAS, ou entidade que vier a sucedê-la, a quem compete:

I – participar, em conjunto com o Banco de Desenvolvimento de Minas Gerais S.A. – BDMG, dos trabalhos relativos à elaboração da proposta orçamentária anual do FASTUR; **II** – providenciar a inclusão de recursos no orçamento do Fundo, após consulta ao BDMG e sob a supervisão da Secretaria de Estado de Fazenda;

III – organizar o cronograma financeiro de receita e despesa, e acompanhar a sua execução;

IV – elaborar, em conjunto com o BDMG, o plano de aplicações dos recursos do Fundo, segundo diretrizes do governo para atividades turísticas;

V – propor a readequação ou a extinção do Fundo, nos termos do § 2º do art. 3º deste Decreto, ou a qualquer momento, se necessário.

Parágrafo único – A Gestora deverá apresentar ao Tribunal de Contas do Estado, à Secretaria de Estado de Fazenda e ao Grupo Coordenador do FASTUR relatórios específicos, quando solicitados, após consulta ao Banco de Desenvolvimento de Minas Gerais S.A. – BDMG.

Art. 11 – O Banco de Desenvolvimento de Minas Gerais S.A. – BDMG é o agente financeiro do FASTUR, com as seguintes atribuições:

I – realizar as análises necessárias, com vistas à concessão de financiamento com recursos do Fundo;

II – receber e protocolar as propostas de financiamento;

III – definir as garantias reais, subsidiárias ou fidejussórias de acordo com suas normas operacionais;

IV – decidir sobre a aprovação das propostas de financiamento, contratando as operações respectivas e liberando no segundo dia útil subsequente ao de disponibilidade os recursos correspondentes, respeitada a disponibilidade de caixa do Fundo;

V – acompanhar o cronograma físico-financeiro dos projetos de financiamento;

VI – promover a cobrança dos créditos concedidos, podendo transigir, para efeito de recebimento de dívida vencida, com relação a prazos, penalidades e cominações decorrentes de inadimplemento do beneficiário, e levar a débito do Fundo os valores não recebidos e quantias despendidas em decorrência de procedimentos judiciais;

VII – participar, junto com a gestora, dos trabalhos relativos à proposta orçamentária anual e à elaboração do plano de aplicação dos recursos do Fundo;

VIII – creditar, até o segundo dia útil do recebimento, em conta específica do Fundo, os valores relativos a aporte e retorno das parcelas de financiamentos concedidos;

IX – tomar as providências cabíveis nas hipóteses previstas nos arts. 7º, 8º e 9º deste Decreto;

Parágrafo único – O Agente Financeiro deverá apresentar ao Tribunal de Contas do Estado, À Secretaria de Estado de Fazenda e ao Grupo Coordenador do FASTUR relatórios específicos, quando solicitados.

Art. 12 – O ordenador de despesas do FASTUR será o titular do Banco de Desenvolvimento de Minas Gerais S.A. – BDMG, que poderá delegar esta atribuição. Parágrafo único – O emprenho de despesas do FASTUR será precedido de manifestação favorável da Gestora.

Art. 13 – O Banco de Desenvolvimento de Minas Gerais S.A. – BDMG atuará como mandatário do Estado para os fins do parágrafo único do art. 6º da Lei nº 11.520, de 13 de julho de 1994.

Art. 14 – Compete à Secretaria de Estado de Fazenda:

I – a supervisão financeira da Gestora e do Agente Financeiro do FASTUR, especialmente no que se refere à:

a) elaboração do cronograma financeiro da receita e da despesa do Fundo;

b) elaboração da proposta orçamentária do Fundo;

II – a análise da prestação de contas e dos demonstrativos financeiros do Fundo, sem prejuízo do exame do Tribunal de Contas do Estado;

III – comunicar ao Agente Financeiro e á Gestora a prática comprovada de sonegação fiscal do beneficiário do Fundo, do que decorrerá a imediata suspensão de parcelas a liberar e a aplicação das penalidades e comunicações previstas neste Decreto;

IV – definir a forma de aplicação das disponibilidades transitórias de caixa, nos termos do § 2º do art. 8º da Lei nº 11.520, de 13 de julho de 1994.

Art. 15 – O Grupo Coordenador do FASTUR será composto por representantes dos seguintes órgãos e entidades:

I – Secretaria de Estado de Fazenda;

II – Secretaria de Estado de Planejamento e Gestão;

III – Secretaria de Estado de Desenvolvimento Econômico;

IV – Secretaria de Estado de Turismo;

V – Banco de Desenvolvimento de Minas Gerais S.A. – BDMG;

VI – Conselho Estadual de Turismo – CET;

VII – Empresa Mineira de Turismo – TURMINAS – ou a entidade que vier a sucedê-la.

§ 1º – Os membros do Grupo Coordenador poderão ser substituídos, em seus impedimentos, por suplentes por eles previamente indicados.

§ 2º – A presidência do Grupo Coordenador caberá ao titular da Empresa Mineira de Turismo – TURMINAS, ou da entidade que vier a sucedê-la, o qual, em seus impedimentos, será substituído pelo titular da Secretaria de Estado de Planejamento e Gestão ou da Secretaria de Estado de Fazenda, nessa ordem.

§ 3º – O Grupo Coordenador se reunirá, ordinariamente, duas vezes por ano e, extraordinariamente, por convocação de seu Presidente ou da maioria de seus membros.

Art. 16 – Compete ao Grupo Coordenador:

I – elaborar a política geral de aplicação dos recursos, fixar diretrizes e prioridades e aprovar o cronograma previsto, conforme diretrizes estabelecidas nos planos de ação do governo;

II – acompanhar a execução orçamentária do Fundo;

III – propor a criação de programas a serem implementados com recursos do Fundo;

IV – definir a comissão de abertura de crédito a ser cobrada, nos termos do inciso VIII do art. 6º da Lei nº 11.520, de 13 de julho de 1994;

V – recomendar ao Gestor a readequação, a prorrogação ou extinção do Fundo, se necessário.

Art. 17 – As normas operacionais e específicas, com vistas ao funcionamento do FASTUR, serão estabelecidas por meio de Resolução Conjunta dos Secretários de Estado de Turismo, de Planejamento e Gestão e de Fazenda, observadas as condições definidas na Lei nº11.520, de 13 de julho de 1994, e as estabelecidas neste Decreto.

Art. 18 – Este Decreto entra em vigor na data de sua publicação.

Art. 19 – Fica revogado o Decreto nº 41.850, de 27 de agosto de 2001.

Palácio da Liberdade, em Belo Horizonte, aos 19 de abril de 2003; 212º da Inconfidência Mineira.

Aécio Neves – Governador do Estado

DECRETO 43.405/03, de 01/07/2003

> Designa os Gerentes Executivos dos Projetos Estruturadores do Governo.

O Governador do Estado de Minas Gerais, no uso da atribuição que lhe confere o inciso VII do art. 90, da Constituição do Estado, e tendo em vista o disposto no Decreto nº 43.378, de 16 de junho de 2003,

DECRETA:

Art. 1º – Ficam designados para exercer a função de Gerente Executivo nos Projetos Estruturadores do Governo, os agentes públicos relacionados no Anexo Único deste Decreto.

Parágrafo único – No exercício da função de Gerente Executivo dos Projetos Estruturadores, os agentes designados se reportarão diretamente aos titulares das Secretarias de Estado responsáveis pela coordenação dos respectivos projetos.

Art. 2º – Este decreto entra em vigor na data de sua publicação.

Palácio da Liberdade, em Belo Horizonte, em 1º de julho de 2003; 212º da Inconfidência Mineira.

Aécio Neves – Governador do Estado

Anexo

(a que se refere o art. 1º do Decreto nº 43.405, de 01 de julho de 2003.)

Projeto estruturador	Secretaria responsável	Gerente executivo	Cargo
Estrada Real	Secretaria de Estado de Turismo	Roberto Luciano Fortes Fagundes	Secretário adjunto

(não vimos a necessidade de listar os outros 29 projetos estruturadores das diversas áreas da administração pública do Estado, mas que poderão ser consultados no texto original do referido Decreto, no site do governo)

ANEXO F

DECRETO N.º 43.539/03, de 21/08/2003

Cria, no âmbito do Fundo de Fomento e Desenvolvimento Socioeconômico do Estado de Minas Gerais – FUNDESE, o Programa de Desenvolvimento de Empreendimentos da Estrada Real – FUNDESE/ESTRADA REAL.

O Governador do Estado de Minas Gerais, no uso da atribuição que lhe confere o inciso VII do art. 90, da Constituição do Estado, e tendo em vista o disposto no art. 8º, parágrafo único, inciso III, da Lei nº 11.396, de 6 de janeiro de 1994 com a redação dada pela Lei nº 12.708, de 29 de dezembro de 1997, e no artigo 11, § 4º, alínea "b", do Decreto nº 39.755, de 21 de julho de 1998,

DECRETA:

Art. 1º – Fica criado o Programa de Desenvolvimento de Empreendimentos da Estrada Real – FUNDESE/ESTRADA REAL, no âmbito do Fundo de Fomento e Desenvolvimento Socioeconômico do Estado de Minas Gerais – FUNDESE de que trata a Lei nº 11.396, de 6 de janeiro de 1994, com a redação dada pela Lei nº 12.708, de 29 e dezembro de 1997, com o objetivo de conceder financiamentos a microempresas, empresas de pequeno e médio portes e cooperativas de produção e comercialização, localizadas ou a serem implantadas nos municípios definidos no Anexo deste Decreto, desde que o empreendimento objeto do financiamento tenha vinculação direta com o circuito turístico da ESTRADA REAL.

Art. 2º – O Programa FUNDESE/ESTRADA REAL concederá financiamentos nas seguintes modalidades:

I – financiamento de investimentos fixos e capital de giro associado, para projetos de implantação, expansão e modernização de estabelecimentos;

II – financiamento de capital de giro dirigido especificamente a atividades relacionadas à modernização e aumento da competitividade da empresa ou cooperativa.

Art. 3º – Os recursos do FUNDESE/ESTRADA REAL serão constituídos por:

I – retornos de financiamentos do Programa FUNDESE/GERAMINAS, limitado a R$ 10.000.000,00 (dez milhões de reais), observada a legislação vigente e o cumprimento do seu cronograma orçamentário e financeiro de liberações;

II – até 90% (noventa por cento) dos recursos relativos aos retornos das parcelas de financiamento concedidos pelo Programa Emergencial de Socorro a Empresas e Cooperativas localizadas em Municípios Afetados por Inundações FUNDESE/ SOLIDÁRIO, de que trata o Decreto nº 43.216, de 14 de março de 2003;

III – retornos de operações de financiamento contratadas no âmbito do Programa criado por este Decreto.

Parágrafo único – Durante o exercício de 2003, as despesas do Programa correrão à conta da dotação orçamentária 4111 22661 745 1164.

Art. 4º – Poderão ser beneficiárias de operações de financiamento pelo FUNDESE/ ESTRADA REAL, microempresas, empresas de pequeno e médio portes e cooperativas que atendam ao disposto no art. 1º deste Decreto.

Parágrafo único – No caso de estabelecimento já instalado serão adotadas as seguintes definições:

I – microempresa e pequena empresa: aquela que, em seu último exercício fiscal, tenha apresentado receita bruta anual igual ou inferior a valor definido, nas respectivas categorias, no Programa de Fomento ao Desenvolvimento das Microempresas e das Empresas de Pequeno Porte do Estado de Minas Gerais – MICROGERAES, de que trata a Lei nº 13.437, de 30 de dezembro de 1999;

II – média empresa: aquela que, em seu último exercício fiscal, tenha apresentado receita bruta anual igual ou inferior a R$ 35.000.000,00 (trinta e cinco milhões de reais), sem prejuízo do disposto no inciso anterior;

III – cooperativa de produção e de comercialização, desde que apresente receita bruta anual ou anualizada igual ou inferior a R$35.000.000,00 (trinta e cinco milhões de reais).

Art. 5º – O pedido de financiamento, em modelo próprio e acompanhado de documentos comprobatórios de regularidade exigidos em lei, será encaminhado diretamente ao Banco de Desenvolvimento de Minas Gerais S.A. – BDMG, ou por meio de entidade conveniada com o Banco.

Art. 6º – Cabe ao BDMG, na condição de gestor e agente financeiro do FUNDESE, a deliberação quanto à aprovação do financiamento, que está condicionada:

I – ao enquadramento do projeto ou atividade a ser financiada como "diretamente vinculado ao circuito turístico da Estrada Real";

II – a pareceres favoráveis, a cargo do BDMG, sobre:

a) a viabilidade técnica e econômica do projeto ou atividade a ser financiada;

b) a situação cadastral e jurídica do solicitante, assim como de sua regularidade nos âmbitos fiscal, previdenciário e ambiental;

c) a capacidade de pagamento do solicitante e a viabilidade das garantias por ele apresentadas.

§ 1º – A contratação do financiamento e a liberação dos recursos estão condicionadas à comprovação documental de regularidade do beneficiário nos âmbitos fiscal, previdenciário e ambiental.

§ 2º – Para efeitos da comprovação de regularidade ambiental fica autorizada a aceitação de Termo de Ajustamento de Conduta (TAC) com interveniência do Sistema Estadual de Meio Ambiente, desde que este Termo esteja incluído entre os objetivos do projeto a ser financiado.

§ 3º – Fica o BDMG autorizado a cancelar protocolo de pedido de financiamento cuja empresa postulante não apresentar, até noventa dias do protocolo ou da solicitação pelo BDMG, toda a documentação necessária às análises ou à contratação.

§ 4º – Ficam a Secretaria de Estado de Turismo e o BDMG autorizados a firmar convênio com o INSTITUTO ESTRADA REAL para atendimento do disposto no inciso I desteartigo.

Art. 7º – Os financiamentos no âmbito do FUNDESE/ESTRADA REAL observarão às seguintes condições gerais:

I – o valor total a ser financiado não poderá ultrapassar a 80% (oitenta por cento) dos investimentos ou atividades, estando, também, limitado a:

a) no caso de micro e pequena empresa: mínimo de R$ 5.000,00 (cinco mil reais) e máximo de R$ 150.000,00 (cento e cinqüenta mil reais), a critério do BDMG observados o valor total do projeto ou atividade a ser financiada e a capacidade de pagamento da empresa;

b) no caso de médias empresas: até R$ 500.000,00 (quinhentos mil reais) a critério do BDMG observados o valor total do projeto ou atividade a ser financiada e a capacidade de pagamento da empresa.

II – será exigido do beneficiário contrapartida em recursos próprios de no mínimo 20% (vinte por cento) do valor total do financiamento ou atividade a ser financiada.

III – o prazo de financiamento, incluída a carência de que trata o inciso seguinte, será de pelo menos e até sessenta meses, a critério do BDMG observados o valor financiado, a capacidade de pagamento da empresa e a previsão de retorno do projeto ou atividade a ser financiada.

IV – a carência será de pelo menos três e até vinte e quatro meses, a critério do BDMG observados o valor financiado e o período de realização dos investimentos e gastos a serem financiados.

V – a taxa de juros do financiamento será de 12% a.a. (doze por cento ao ano), nela incluída a comissão do agente financeiro de 3% a.a. (três por cento ao ano).

VI – o reajuste monetário do saldo devedor será calculado com base na variação do Índice de Preços ao Consumidor Amplo – IPCA, apurado pelo Instituto Brasileiro de Geografia e Estatística – IBGE, com redutor de 100% (cem por cento).

VII – a taxa de abertura de crédito será de 1% (um por cento) sobre o valor do financiamento, a ser descontada no ato da liberação, para pagamento das despesas de processamento e de tarifas referentes ao contrato;

VIII – as garantias serão reais ou fidejussórias, isoladas ou cumulativas a critério do agente financeiro;

IX – o financiamento será liberado em uma ou mais parcelas, a critério do BDMG, observados o valor total do financiamento, o cronograma de execução do projeto ou atividade e respeitada a disponibilidade de caixa do Programa.

Parágrafo único – No caso de projeto em implantação, o valor do financiamento deverá ser definido após análise técnica do BDMG observados os limites estabelecidos nas alíneas "a" e "b" do inciso I deste artigo.

Art. 8º – O prazo para a concessão de financiamento no âmbito do FUNDESE/ESTRADA REAL encerra-se em 31 de agosto de 2008.

Art. 9º – As competências e atribuições dos agentes envolvidos na administração do Programa, assim como demais normas de seu funcionamento, em especial as relacionadas a sanções e penalidades no caso de inadimplemento, são as definidas no Regulamento do FUNDESE, aprovado pelo Decreto nº 39.755, de 21 de julho de 1998, observadas também as disposições da Lei Complementar nº 27, de 18 de janeiro de 1993.

Parágrafo único – O BDMG apresentará à Secretaria de Estado de Turismo relatórios anuais sobre o desempenho do Programa.

Art. 10 –Normas operacionais complementares, quando necessárias, serão estabelecidas pelo BDMG em documento próprio.

Art. 11 – Este Decreto entra em vigor na data de sua publicação. Palácio da Liberdade, em Belo Horizonte, aos 21 de agosto de 2003; 212º da InconfidênciaMineira.

Aécio Neves – Governador do Estado

BOLETIM GEOGRÁFICO 1943, nº 9, v. I, pp. 5-8.

A REVISÃO TOPONÍMICA

Engº. ARTUR CARDOSO DE ABREU

Chefe da Carteira. de Divisão Territorial do Serviço de Geografia. e Estatística Fisiográfica.

Grande é o interesse despertado pela eliminação das duplicatas dos nomes de cidades e vilas brasileiras, que está sendo processada em todas as unidades federativas.

Como afirmou o Sr. Embaixador José Carlos de Macedo Soares, Presidente do Instituto Brasileiro de Geografia e Estatística, na exposição dirigida a S. Excia. o Sr. Presidente da República, quando submeteu à alta consideração de S. Excia., o projeto de lei, depois convertido no Decreto-lei nº. 311, de 2 de março de 1938, que dispõe sobre a divisão territorial do pais: "A desordem e a confusão que sempre reinaram no quadro territorial do Brasil, considerado no seu conjunto, apresenta diversos aspectos, que segundo as observações levadas a efeito pelos serviços estatísticos, resultam de numerosas anomalias, de extensão variável, todas, porém, grandemente prejudiciais à normalidade de vida nacional", que não seria oportuno rever em 1938 os nomes das cidades e vilas brasileiras em todo o país, estabelecendo-se, que fosse evitada a repetição dos topônimos das referidas localidades somente em cada unidade federativa.

De acordo com o art. 10 da referida lei: "Não haverá, no mesmo Estado, mais de uma cidade ou vila com a mesma denominação."

Apesar disso, segundo verificação realizada na Repartição Central do Conselho Nacional de Geografia, há no Brasil 11 circunscrições com o nome de Santa Luzia; distribuídas pelos Estados da Bahia, Ceará, Espírito Santo, Goiás, Mato Grosso, Minas Gerais, Pará, Paraíba, Rio Grande do Norte, São Paulo e Sergipe.

Verificando-se que existem no país 1 747 circunscrições com nomes iguais, das quais 612 serão conservadas e os das 1 135 duplicatas, ou sejam, 23,44% de repetições, terão de ser mudados.

Ainda relativamente à toponímia, estabelece o mencionado Decreto-lei, nos articulados seguintes que:

Art. 3.º A sede do município tem a categoria de cidade e lhe dá o nome.

Art. 4.º O distrito se designará pelo nome da respectiva sede, a qual, enquanto não for erigida em cidade, terá a categoria de vila.

Art. 5.º Um ou mais municípios, constituindo área contínua, formam o termo judiciário, cuja sede será a cidade ou a mais importante das cidades compreendidas no seu território e dará nome à circunscrição."

Completando a citada lei, com justiça denominada "Lei Geográfica do Estado Novo", foi baixado o Decreto-lei nacional, nº. 3 599, de 6 de setembro de 1941, dispondo sobre a nomenclatura das estações ferroviárias do pais.

Antes do Decreto-lei nº. 311, eram comuns os nomes de cidades e vilas formados de várias palavras, como o caso da cidade baiana de Livramento, cujo nome em 1880 era Nossa Senhora do Livramento da Vila Velha do Rio de Contas, o maior dos topônimos encontrados em pesquisas realizadas na Carteira da Divisão Territorial da Repartição Central do Conselho Nacional de Geografia, na investigação de antiguidade no nome das cidades e vilas do quadro vigente.

Os importantíssimos trabalhos atribuídos às referidas comissões de revisão, foram norteados pela Resolução nº 118, de 6 de julho de 1942 e mais recentemente pelo Decreto-lei federal, nº. 5 901, de 21 de outubro de 1943, que dispondo sobre as normas nacionais para a revisão quinquenal da divisão administrativa e judiciária do país, estabeleceu, quanto à toponímia das cidades e vilas que:

"Art. 7.º Ficam estabelecidas as seguintes normas para a eliminação no país, da repetição de topônimos de cidades e vilas, a efetivar-se no novo quadro territorial em preparo:

I – Quando duas ou mais localidades tiverem a mesma denominação, esta prevalecerá para a de mais elevada categoria administrativa ou judiciária, na seguinte ordem de precedência: capital, sede de comarca, sede de termo, sede de município, sede de distrito.

II – No caso de haver mais de uma localidade da mesma categoria com o mesmo nome, este será mantido naquela que o possuir há mais tempo.

III – Como novos topônimos, deverão ser evitadas designações de datas, vocábulos estrangeiros, nomes de pessoas vivas, expressões compostas de mais deduas palavras sendo, no entanto, recomendável a adoção de nomes indígenas ou outros com propriedade local.

IV – Não se consideram nomes novos, e, portantonão estão sujeitos ao disposto no item precedente, os casos de restabelecimento de antigas designações ligadasàs tradições locais, vedadas, porém, as composições de mais de três palavras.

Parágrafo único. Exceções a essas normas, no que toca ao direito de prioridade na nomenclatura, serão admitidos, se ocorrerem motivos imperiosos, mediante acordo entre os governos das unidades federativas interessadas.

Alterando o Decreto-lei federal nº. 3 599, de 6 de setembro de 1941, com referência à nomenclatura das estações ferroviárias o art. 11 deste último Decreto-lei, fixou que:

"A revisão da nomenclatura das estações ferroviárias, prevista no Decreto-lei nº. 3 599, de 6 de setembro de 1941, será ultimada em 1944, cabendo ao Conselho Nacional de Geografia ajustá-la à nova toponímia das cidades e vilas brasileiras.

§ 1.0 A estação ferroviária que for a única a servir a uma cidade ou vila, dentro do respectivo distrito, se designará pelo topônimo dessa localidade, não só no caso de ficar situada dentro do seu perímetro urbano ou suburbano, mas também quando estiver fora desse perímetro, desde que a situação de vizinhança a destine a ficar compreendida, em virtude do natural desenvolvimento da localidade, na respectiva área urbanizada.

§ 2.0 As estações ferroviárias situadas nos municípios das capitais poderão ter denominações especiais."

Desejando ainda facilitar os trabalhos das referidas comissões de revisão, deacordo com o art. 8.0 do dito Decreto-lei nº. 5 901, mencionado:

"No desempenho das atribuições que lhe confere a lei, o Conselho Nacional de Geografia baixará as instruções necessárias aos trabalhos de revisão quinquenal dos quadros territoriais, prestando, como órgão consultivo e técnico, os esclarecimentos que lhe forem solicitados", a Secretaria Geral do Conselho Nacional de Geografia baixou as seguintes instruções complementares para a revisão da divisão territorial do país, ora em estudos, para se fixar o novo quadro territorial, que vigorará inalteravelmente no quinquênio de 1.0 de janeiro de 1944 a 31 de dezembro de 1948.

1) Não: se consideram repetidos os nomes de cidades e vilas nos seguintes casos:

a) de masculino e feminino, como Americano e Americana, Barreiras e Barreiras, Formoso e Formosa, etc.;

b) de Singular e plural, como Agudo e Agudos, Barra e Barras, Dourado e Dourados, Laje e Lajes, Paulista e Paulistas, etc.;

c) de acentuação, como Campanha e Campanhã, Maraú e Marau;

d) de verossimilhança, como Alexandra e Alexandria, Canavieiras e Canas-víeíras, Cêrro e Sêrro, Franca e França, Goiânia e Goianá, Marzagão e Mazagão, Portalegre e Pôrto Alegre, Couto de Magalhães e Couto Magalhães; Guajará-Miri e Guajará-Mirím, etc.

2) Consideram-se repetidos aqueles nomes que, embora se grafem diferentemente, têm o mesmo significado ou etimologia;

a) de união. com o mesmo número de sílabas, como Bom Fim e Bonfim; Bom Sucesso e Bonsucesso, Cana Brava e Cana brava, Igarapé-Açu e Igarapeaçu. Paudalho e Pau d' Alho, Santa Ana e Santana, Santiago e São Tiago, etc.

b) de grafia, como Caetê e Caeté, Chique-Chique e Xique-Xique, Iguassú e Iguaçu, Joazeiro e Juazeiro, Lages e Lajes, etc.

3) É indispensável a investigação dos nomes anteriores das atuais cidades e vilas de denominação repetida no país, por dois motivos:

a) para se saber qual das localidades homônimas e de mesma categoria, na seguinte precedência: capital, sede de comarca, sede de termo, sede de município e sede, de distrito, terá o nome há mais tempo, porque esta, mesmo não sendo a mais antiga na investidura da atual categoria, é a que tem direito a conservar o nome atual, mudando-se-lhe nas outras, por exemplo:

Das 11 circunscrições brasileiras com o nome de Santa Luzia, existem 6 vilas·e 5 cidades, entre as quais, as de maior categoria são as de Goiás, Minas Gerais e Paraíba, que são sede de comarca.

Pelos estudos procedidos na. Carteira da Divisão Territorial do Conselho Nacional de Geografia a conservação do nome Santa Luzia, cabe à comarca de Minas Gerais que já o possuía antes de 1744, como se poderá verificar nas *Memórias Históricas* do *Rio de Janeiro,* do Monsenhor José de Sousa Azevedo Pizarro e Arani, Rio 1922, Livro VIII, cap. 4º.: "De Minas Gerais – Vila Real de Sabará, pág. 105, nota8: "A Freguesia de Santo-Antônio do Bom Retiro da Roça Grande, erigida pelo Rev. Bispo D. Francisco de São Jerônimo, ao lado esquerdo do rio das Velhas por providência do Bispo D. Frei João da Cruz, em visita pastoral de 19 de novembro de 1744, se removeu para a Capela do Arraial de Santa Luzia, que ficava mais ao centro e era mais populosa".

Ao passo que, o local onde existe hoje a Santa Luzia de Goiás, foi desbravado em 13 de dezembro de 1746 por Antônio Bueno de Azevedo, iniciando-se no ano seguinte a construção da Igreja Matriz cujas obras terminaram em 1749. Com alvará de 21 de outubro de 1759 foi criada a freguesia, como se poderá comprovar nos *Apontamentos para* o *Dicionário Geográfico Brasileiro,* de Alfredo Moreira Pinto (1867-1899).

E a da Paraíba, que em 1938 se chamava Santa Luzia do Sabugi, com o Decreto-lei estadual nº. 1.164, de 15 de novembro de 1938, voltou a denominar-se Santa Luzia, nome com que foi fundada em 1702.

b) para orientar a escolha de novos nomes para aquelas localidades que os devam mudar, dentro do critério mais lógico e naturalmente indicado da reconstituição de nomes antigos, por exemplo, com o nome Boa Vista, existem cidades nos Estados de Goiás e Pernambuco e vilas, nos da Bahia, Ceará, Espírito Santo, Paraíba e Santa Catarina, sendo a pernambucana a que há mais tempo possui o nome, cabendo entretanto a sua conservação à capital do Território do Rio Branco, pela sua maior investidura, por força do Decreto-lei nº. 5.812, de 13 de setembro de 1943, que criou os Territórios Federais do Amapá, do Rio Branco do Guaporé, de Ponta Porá e do Iguaçu.

E em ambos os casos, as demais localidades homônimas deverão trocar seus nomes, adotando de preferência a denominação anterior.

4) Há situações especiais merecedoras de tratamento de exceção. São localidades, cujos nomes, segundo os critérios gerais previstos devem ser mudados; mas que, pela sua tradição, pela sua significação histórica ou pela sua importância atual ou por outro motivo relevante, a conservação dos seus nomes constitui uma justiça, um respeito, ou um imperativo.

Para esses casos, excepcionais, que são muito poucos, o mecanismo da lei oferece solução na ampla liberdade conferida aos chefes dos governos estaduais para fixarem a nomenclatura das cidades e vilas, observadas as normas gerais previstas na legislação federal: "Mediante entendimentos entre os governos interessados, será evidenciada a singularidade de cada caso e provida harmoniosamente a solução desejada, abrindo mão do direito de prioridade um Estado em favor do nome da localidade do outro Estado, indiscutivelmente, merecedora dessa homenagem especial".

Assim, cabia à cidade piauiense de Aparecida, conservar o nome, em virtude da sua maior categoria como sede de comarca; entretanto, em atenção às tradições religiosas da sua homônima de São Paulo, S. Excia. o Sr. Dr.Leônidas de Castro Melo, num grande gesto de justiça, que demonstra os sinceros sentimentos de fé católica de S. Excia., cedeu à cidade paulista o direito de conservá-lo.

Igual atitude teve o Estado de Santa Catarina concedendo ao de Pernambuco a conservação do topônimo Arcoverde, homenagem prestada ao primeiro cardeal da América do Sul, e o governo pernambucano aproveitando a oportunidade substituiu o nome da atual cidade de Arcoverde por Mimoso, sua denominação anterior e deu o nome de Arco: verde à cidade de Rio Branco, vigente, em cujo município nascera o ilustre príncipe da Santa Igreja Católica.

Sem receio posso afirmar não haver uma unidade federada que não tenha cedido seus direitos, em atenção ao pedido de outras unidades ou mesmo espontaneamente, numa demonstração de solidariedade nacional.

Na coleta de dados históricos, grande é a azáfama de pesquisadores nos municípios revolvendo arquivos e velhos alfarrábios, em busca de elementos que provem a antiguidade do nome de certa localidade, que na maioria das vezes, não é o próprio rincão natal.

A escolha dos novos topônimos será fácil porque imenso é o vocabulário indígena do Brasil e numerosos são os termos do linguajar luso-africano. quase sempre com propriedade local. Sobejam eles em nossa História e em nosso folclore, em todos os motivos, regionais; enfim, existem outros nomes até agora esquecidos, olvidados pela desídia ou pelo capricho, pelo despeito ou quando menos, por um conservantismo injustificável.

Com a revisão serão saldados os tributos devidos a inúmeros antepassados, opondo-lhes os nomes em substituição a outros inexpressivos, restituindo antigas denominações, tão belas, tão justas, tão humanas, substituídos por qualquer pretexto sendo raríssimo o caso de cidade ou vila que não tivesse adotado menos de 3 nomes como, merecendo especial menção o caso da cidade de União do estado deAlagoas, cujos nomes, a partir do atual, foram os seguintes: Imperatriz – Vila Nova da Imperatriz – Santa Maria – Santa Maria Madalena e Macacos, primitiva denominação do povoado, adotada em princípio do século XIX.

Já estão concluídos os trabalhos da maioria das missões especiais incumbidas do reajustamento do vigente quadro territorial – simultaneamente administrativo e judiciário – e da revisão da sua toponímia, instalando-se, solenemente às 15 horas do dia 1º. de janeiro próximo, o quadro fixado para o 2º. quinquênio: 1944-1948, sem que nele figurem duas circunscrições homônimas, acarretando-se automaticamente a eliminação, dos designativos repetidos das estações ou paradas ferroviárias e ficando estabelecido que, ainda durante o referido período quinquenal, será promovida a eliminação das duplicatas dos nomes de povoados.

São campanhas como esta que confirmam o elevado grau de patriotismo dos brasileiros e evidenciam o alto nível cultural e geográfico do Estado Nacional.

Agradecimentos

UMA PESQUISA ASSEMELHA-SE COM uma viagem. Se alguém faz uma viagem, tem muito o que contar. Tal como um viajante, o pesquisador percorre campos a ele desconhecidos, procura informações, traça itinerários, seleciona a bagagem e escolhe só o necessário para levar ou trazer. E quando encerra esse percurso – ponto de chegada - anseia divulgá-lo. É claro que essa viagem não se faz somente no isolamento e na reflexão que a escrita exige, nas bibliotecas e arquivos, mas também, pelo mundo afora, agregando apoio e orientação. Nessa busca, devo os agradecimentos a muitas pessoas, que de perto ou de longe se fizeram presentes nas minhas idas e vindas.

Agradeço à Professora Maria Vicentina de Paula do Amaral Dick por me instigar à realização deste trabalho e por ter aceitado orientá-lo; pelo cuidado, rigor e sensibilidade com que o fez; aos professores Zilda Gaspar Oliveira de Aquino, Adriana Cristiana Cristianini, Irenilde Pereira dos Santos e João Hilton Sayeg de Siqueira; à Fapesp pela bolsa de doutorado, imprescindível apoio para a execução deste trabalho, e à Capes pela bolsa-sanduíche que me proporcionou ir além do Oceano Atlântico; à Professora Elisa Guimarães pela amizade e pela franqueza, bem como pelo encorajamento que sempre me fez chegar a propósito. Por sua casa sempre aberta e pela mesa posta; aos professores que participaram dos exames de qualificação e de defesa e que ofereceram sugestões e críticas para o meu trabalho; à secretária e amiga Sandra Messora, companheira de todos os momentos, que dividiu comigo as angústias e as alegrias da execução de cada parte deste trabalho; à Professora Odete de Carvalho Lucas Filha que me auxiliou na tarefa de revisão; ao amigo Douglas Dalto Messora pelo empréstimo de obras raras e pelo interesse por minha pesquisa; aos amigos portugueses que me acolheram com carinho: Teresa, Milú e Cônego Janela; ao Cobrinha, Ademir, Rosilene Mancilha e Cida, pelo imprescindível apoio de sempre; à inesquecível Janice que compartilhou minhas esperanças e tanto me incentivou, mas que partiu para junto de Deus antes deste livro vir a lume.

Esta obra foi impressa em São Paulo pela P3 Gráfica no outono de 2015. No texto, foi utilizada a fonte Arno Pro em corpo 11 e entrelinha de 15 pontos.